Les grands écrivains publiés dans le Figaro (1836-1941)

Du même auteur

Tout-Paris, Éditions Grasset, 2011
Fragments d'impertinence : la France au crible, Éditions Plon, 2008
Le Roman de la victoire, Éditions du Rocher, 2007
Le Roman du Figaro : 1826-2006, Éditions Plon/Le Figaro, 2006
Jacques Laurent, Éditions Julliard, 1995

Remerciements à Lauren Malka pour sa collaboration documentaire au projet à partir des archives du *Figaro*. Sa recherche patiente et intelligente des articles a grandement contribué au choix des textes retenus.

www.editions-acropole.com
www.lefigaro.com

ISBN : 978-2-7357-0342-5
N° d'éditeur : 104

Illustrations : Vic
Mise en page : Nord Compo

Bertrand de Saint Vincent

Les grands écrivains publiés dans le Figaro (1836 - 1941)

Préface de Jean d'Ormesson

LE FIGARO

ACROPOLE

Préface

Toujours jeune et au premier rang de nos journaux nationaux, *Le Figaro* peut se vanter aussi d'être le plus ancien des titres de la presse quotidienne française. Dans une quinzaine d'années, il fêtera son deuxième centenaire. Et depuis plus de cent cinquante ans, il est par excellence le journal des écrivains.

De Théophile Gautier, de Gérard de Nerval, de Barbey d'Aurevilly, de Maupassant, à Mauriac, à Valéry et à Claudel, la liste des écrivains qui ont publié des textes dans *Le Figaro* est impressionnante. Elle frappe surtout par sa diversité. L'Académie y est largement représentée, mais adversaires des institutions et francs-tireurs ne manquent pas. La gauche y est aussi active que la droite. Jules Vallès, Zola, Mirbeau, Gide y côtoyent Bernanos, Montherlant ou Paul Morand. La liberté règne. Et le talent.

Émile Zola publie dans *L'Aurore* sa fameuse lettre « J'accuse ». Mais pendant trente ans, de 1866 à 1897, il donne au *Figaro*, sur la littérature, sur l'amour, contre les hommes d'esprit, pour les juifs, des chroniques remarquables d'intelligence et de force, et qui se lisent encore aujourd'hui avec beaucoup de plaisir et d'intérêt. À propos du divorce et des débats qui s'instaurent à son sujet, Zola écrit dans *Le Figaro* ces mots qui éclairent toute son œuvre : « Le rôle véritable du grand écrivain n'est pas de plaider des causes sociales ; son rôle est d'étudier l'humanité et de la peindre [...] Les sociétés passent et l'homme reste. Toute la littérature qui n'est que sociale, humanitaire, progressive, devient illisible et ridicule au bout d'un demi-siècle ; tandis que les œuvres écrites sur l'homme sont éternelles comme l'humanité elle-même. » Du coup, il émet des doutes sur le théâtre à succès de son temps : « À la place de

M. Dumas fils, je tremblerais pour mes pièces à thèse, pour celles qui ont le plus remué les contemporains. Les thèses vieillissent vite. » Il n'est pas plus tendre pour Dumas père. Il lui oppose Stendhal, Flaubert, Michelet – et surtout Balzac : « Nous ne repoussons pas Alexandre Dumas. Nous demandons simplement que Balzac passe le premier [...] Je donnerai cent francs pour la statue d'Alexandre Dumas, lorsque j'aurai donné mille francs pour la statue de Balzac. »

Un quart de siècle plus tard, très loin de Zola – et aussi de Balzac –, un autre géant, Marcel Proust, publie dans *Le Figaro* un texte important, bien connu de ses admirateurs, « Sentiments filiaux d'un parricide ». On voit, dans ces pages, l'auteur de la *Recherche* « jeter un regard sur *Le Figaro*, procéder à cet acte abominable et voluptueux qui s'appelle *lire le journal* et grâce auquel tous les malheurs et les cataclysmes de l'univers pendant les dernières vingt-quatre heures, les batailles qui ont coûté la vie à cinquante mille hommes, les crimes, les grèves, les banqueroutes, les incendies, les empoisonnements, les sucides, les divorces, les cruelles émotions de l'homme d'État et de l'acteur, transmués pour notre usage personnel à nous qui n'y sommes pas intéressés, en un régal matinal s'associent excellemment, d'une façon particulièrement excitante et tonique, à l'ingestion recommandée de quelques gorgées de café au lait. » Dans cette phrase interminable, si représentative de son art, Proust illustre très bien ce que Hegel appelait « la prière du matin » de la modernité : la lecture du journal.

Bien d'autres trésors figurent dans ce recueil. Colette y avoue sa réticence à écrire : « Non, je ne voulais pas écrire. Quand on peut pénétrer dans le royaume enchanté de la lecture, pourquoi écrire ? Cette répugnance, que m'inspirait le geste d'écrire, n'était-elle pas un conseil providentiel ? Il est un peu tard pour que je m'interroge là-dessus. Ce qui est fait est fait. Mais dans ma jeunesse je n'ai jamais, *jamais*, désiré écrire. [...] Car je sentais, chaque jour mieux, je sentais que j'étais justement faite pour ne *pas* écrire. »

Et Bernanos ! Il cite Benoît XV qui, dès 1920, à l'époque où la révolution enflammait les esprits, a ces paroles prémonitoires dans son *Motu proprio* : « Voici que mûrit l'idée d'une République universelle basée sur le principe d'égalité absolue des hommes et la communauté des biens d'où soit bannie toute distinction de nationalité... Mises en pratique, ces théories doivent fatalement déchaîner un régime de terreur inouïe. »

Et Valéry ! C'est dans une chronique du *Figaro*, intitulée « Fluctuations sur le mot "Liberté" » que figure la formule célèbre : « Si l'État est fort, il nous écrase. S'il est faible, nous périssons. »

Il faudrait parler de Maupassant, de Barrès, de Morand, de Cocteau, de Gide, de tant d'autres qui ont choisi *Le Figaro* pour s'exprimer. Ah ! bien sûr, il faudrait parler de Mauriac : « Une certaine souffrance et même un certain désespoir sont aussi du bonheur. [...] Ce soir, criblés par les flèches du couchant (que le soleil est lent à disparaître !), nous songeons à ces jours sombres où les embruns, sur notre figure, auront ce goût de sel qui nous est familier depuis les larmes de la petite enfance. » Mais chacun sait que la vie et l'œuvre de Mauriac se confondent en grande partie avec *Le Figaro*. Et la place me manque.

Un mot pourtant sur Claudel. Le lecteur trouvera dans ce recueil deux poèmes de l'auteur du *Soulier de satin* : « Paroles au Maréchal », de mai 1941, et « Au général de Gaulle », de décembre 1944. Dans le premier poème le poète parle à la France :

« France, écoute ce vieil homme sur toi qui se penche et qui te parle comme un père.

Fille de Saint Louis, écoute-le ! Et dis, en as-tu assez, maintenant, de la politique ?

Écoute cette voix raisonnable sur toi qui propose et qui explique,

Cette proposition comme de l'huile et cette vérité comme de l'or ! »

Et dans le second cette fois, c'est la France elle-même qui parle :

« Et vous, monsieur le Général, qui êtes mon fils, et vous qui êtes mon sang, et vous, monsieur le soldat ! Et vous, monsieur mon fils à la fin qui êtes arrivé !

Regardez-moi dans les yeux, monsieur mon fils, et dites-moi si vous me reconnaissez ! »

Que s'est-il donc passé ? Ce qui s'est passé ? Entre les deux textes, l'histoire a passé.

Jean d'ORMESSON
de l'Académie française

XIXe siècle

Théophile Gautier

(1811-1872)

vic
2011

Gautier, le flamboyant

Quelle fantaisie, quelle ardeur, quelle insolence ! Contre l'ennui, lisez Théophile Gautier. C'est un jeune homme du XIXe siècle. Vingt ans au début des années trente ; les cheveux longs, romantique, il vénère Hugo comme la jeunesse d'hier ou d'aujourd'hui Mick Jagger. À la première d'Hernani – les pièces de théâtre sont les concerts rock d'antan –, il monte au front, pourpoint de satin rouge, pantalon vert d'eau, à liseré de velours noir, pardessus gris pour mener la bataille contre les détracteurs du maître. C'est un tableau chatoyant ; son œuvre aussi. Il est poète, baigne dans la couleur, les sensations fortes, les diableries. Lui et ses amis « Jeune-France » s'autoproclament « brigands de la pensée ». Il bouscule les classiques en faisant l'éloge, dans Les Grotesques, *d'auteurs oubliés du XVIIe, et la morale en publiant* Mademoiselle de Maupin, *jeune fille travestie en homme. La beauté est son souci ; il place l'art au-dessus de tout ; voudrait être « impeccable », qualificatif qu'emploiera Baudelaire dans sa dédicace des* Fleurs du mal *pour lui rendre hommage. Au passage, il étrille dans sa préface – il excelle dans le court – les journalistes : « Nous regardions en ce temps-là les critiques comme des cuistres, des monstres, des eunuques et des champignons. » Puis, sur la suggestion de Balzac, il débute une collaboration à la* Chronique de Paris. *Il ne quittera plus les journaux, comme un danseur les planches. Il y sera portraitiste, critique d'art ou dramatique.*

Le Figaro l'accueille. C'est son époque joyeux drille. Comment va Jack ? Il va mourir : « Appeler des médecins auprès de quelqu'un malade et dont on ne désire pas hériter, la chose n'est pas prudente. » Jack est l'orang-outang du Jardin des Plantes. Au fil de ses chroniques, irrégulières et rarement signées[1]*, Gautier se moque de la mort, qui rend si parfaits les défunts, habille et déshabille les artistes, dessine une galerie de jolies actrices. Les modèles féminins ont ses faveurs. Il en trace les contours, aérien comme un plumeau. Au passage, il affine sa vision de l'art : « Doit-il être palpitant d'actualité ? » La réponse est non : « L'art doit être rétrospectif et s'occuper le moins possible de ce qui est autour de lui... Il est la cristallisation de la poésie du passé. » Son côté antique, masque romain, impassible. Il prend ses distances, y compris avec les sentiments. Pas d'effusions. Il préfère correspondre avec les morts. La phrase doit se suffire à elle-même, briller de son propre éclat. Il cisèle son style, affine ses mots. L'écriture est une marqueterie. Il inspirera une école – celle des Parnassiens –, avant de sauter par la fenêtre ; c'est une image pour dire que professer n'est pas son genre.*

En 1837, Fortunio *parait en feuilleton dans* Le Figaro *sous le titre « L'Eldorado : fantaisie libertine ». L'année suivante, Gautier cesse sa collaboration à ce journal, qui en a assez de son indiscipline. Il poursuit ses critiques ailleurs, entreprend de grands voyages, met en chantier* Le Capitaine Fracasse, *héros sous Louis XIII, qui assurera sa postérité. Dédaigné des Académies, il poursuit sa quête de la perfection formelle, d'une brièveté nette : « Carmen est maigre – un trait de bistre/cerne son œil de gitana./Ses cheveux sont d'un noir sinistre,/Sa peau, le diable la tanna. » Serge Gainsbourg aurait pu le mettre en musique. Gautier est moderne. Léger comme un nuage, il adoucit les morsures du réel.*

1. Note de l'éditeur : Théophile Gautier ne signait que très rarement ses articles. Le vicomte Charles de Spoelberch de Lovenjoul, spécialiste des écrivains du XIXe siècle, a étudié, puis identifié ces articles comme étant bien de la plume de Théophile Gautier.

Paru le samedi 1er octobre 1836

Du physique des acteurs

Une chose, bien importante cependant, et tout à fait négligée par messieurs du feuilleton et de la critique théâtrale, c'est la forme extérieure et palpable des pièces dont ils rendent compte.

Pas un mot de la tenue de l'acteur, de ses moyens physiques, de la beauté de sa figure, de la sonorité de sa voix, de sa manière de porter le manteau ou l'habit de cour ; pas le moindre conseil sur sa diction, sur ses gestes, sur la façon dont il marche ou s'assoit, dont il parle et dont il écoute.

Un feuilleton est une espèce de tréteau où l'on vient faire hebdomadairement le saut du tremplin et la cabriole devant le public (si public il y a), et assurément le sujet dont on s'y occupe le moins c'est le théâtre.

Grâce à cette négligence, il s'introduit tous les jours des nez déplorables sur les plus belles scènes de *la première ville du monde !* Encore si c'était aux Funambules ou au spectacle forain du Luxembourg, nous ne sommes pas assez injustes pour demander à un nez de vingt-cinq francs par mois une pureté de linéament tout à fait grecque ; mais nous trouvons exorbitant que des gens dont le moindre est plus payé que six poètes lyriques et deux cuisiniers aient cette impudence d'oser se produire devant nous avec de pareilles trompes.

Qu'on n'aille pas nous accuser de personnalité, l'apparence de l'acteur et de l'actrice appartient au public.

Du moment qu'un homme se promène sur des planches en long et en large, en arrondissant les bras, en se donnant des airs de tête et en faisant mille petites mines plus ou moins gracieuses devant un certain nombre d'honnêtes spectateurs, qui le regardent avec des lorgnettes achromatiques, des jumelles, des télescopes de poche ou de simples lunettes à verre bleu ou blanc, il livre son corps à la critique, comme un roman, comme un tableau.

On a le droit de lui dire sans qu'il se fâche : Monsieur le tyran, vous avez l'air d'un bison qui rumine et dont on aurait scié les cornes. D'ailleurs vos bas sont mal tirés et votre culotte manque de férocité.

Monsieur l'amoureux, vous êtes hors de toute proportion passionnée et humaine ; vous avez un ventre d'hippopotame hydropique, faites-vous mettre en perce, allez pondre quelque part, et mettez-vous au régime des jockeys qu'on *entraîne* pour la course.

Ou, mademoiselle la jeune première, est-ce que vous êtes chargée par le gouvernement de transmettre les dépêches, car vous avez des bras diablement télégraphiques, en outre, votre robe est d'une blancheur suspecte.

Madame la grande coquette, prenez garde, les fossettes de vos joues où nichaient les amours commencent à ressembler à des fosses où l'on va les enterrer sans épitaphe avec les *Ris*, leurs petits frères. N'oubliez pas, s'il vous plaît, que l'autre soir, dans la grande scène de passion où vous vous êtes jetée à genoux, il a fallu trois machinistes pour vous remettre sur vos jambes.

Cela n'est pas plus cannibale et n'insulte pas plus aux infirmités humaines que d'avertir un auteur célèbre qu'il ne sait pas le français et de l'engager à prendre des leçons d'orthographe.

On peut attaquer l'acteur de ce côté avec une sécurité de conscience d'autant plus grande qu'on doit effectivement le considérer comme un tableau, car l'acteur est une toile sur laquelle il peint lui-même le personnage qu'il veut représenter.

N'a-t-il pas une palette chargée de couleurs et parfaitement montée, ainsi qu'un véritable peintre n'a-t-il pas le rouge, le blanc, le bouchon brûlé, l'azur pour faire les veines, le jus de réglisse, l'encre de Chine et mille autres ingrédients.

Quand il a mélangé ses tons d'une manière maladroite, qu'il est d'une mauvaise couleur et d'un dessin incorrect, on l'appelle barbouilleur et tout est dit, ou plutôt personne ne s'en inquiète et la critique vous parle de ses lilas en fleurs et de son sofa rococo qu'il a acheté dernièrement chez Mlle Delaunay. Hélas ! le souci de la beauté s'en va le goût de la forme se perd et c'est ainsi que périssent tous les arts. On laisse un acteur être tranquillement aussi laid qu'il le veut ; les actrices elles-mêmes jouissent sans contestation du malheureux privilège de n'être ni jeune ni belle ; il est vrai qu'elles s'en consolent en étant vertueuses, ce qui leur est d'autant plus facile et devient un avantage pour tout le monde.

Il n'y a pas d'actrice en vogue à Paris qui ne soit au moins quinquagénaire ; celles-là font les ingénues et les enfants au maillot.

Il est triste de voir les théâtres se transformer en ossuaire et en charnier, la solitude et le silence aidant à l'illusion, il est facile de se croire dans les catacombes ou dans quelque crypte égyptienne, en présence de ces horribles momies conservées avec du fard et du cosmétique.

Que sont donc devenues les belles et les jeunes ? N'y a-t-il donc plus une jolie femme en France, et faut-il indispensablement avoir soixante ans pour jouer les amoureuses ? Est-ce qu'après avoir dit les dieux s'en vont, les rois s'en vont, il faudra dire aussi, ce qui serait bien autrement douloureux, les belles femmes s'en vont ? Grâce aux révolutions et à la politique, nous devenons un peuple assez peu galant et assez maussade pour mériter cette punition du ciel ?

Ô bon Homère ! toi qui trouvais de ton temps que les hommes dégénéraient déjà, que dirais-tu si tu voyais les figurants et les figurantes, les choristes mâles et femelles, et même les danseuses les plus vantées !

Est-ce que ce sont vraiment des hommes et des femmes, ces machines couvertes de peau, qui battent de temps en temps de l'aileron comme des perroquets qu'on agace, et dont il faut entendre grincer à chaque mouvement les rouages et les ressorts mal graissés ? Quoi, ces coudes rouges et pointus, ces pieds énormes et violemment tournés en dehors, cette poitrine concave, ce dos convax, ces bras qui ressemblent à des brancards de cabriolet, ces jambes qu'on prendrait pour des cuisses de sauterelle, ce long col plus long que celui du héron de La Fontaine, ces gros yeux mal garnis, ce gros fard, ces faux cheveux, ce faux sourire, cette ouate et ce coton, tout cela c'est une femme ? Je ne suis pas assez impoli pour le croire ; ou bien, sexe enchanteur, né pour charmer notre vie et raccommoder nos bas, aurais-tu réellement volé ton épithète de beau, et les peintres et les poètes seraient-ils tous d'abominables menteurs ?

Paru le lundi 3 octobre 1836

De l'à-propos dans la mort

Madame Malibran n'est plus ! Celle qui par sa voix faisait les délices de l'Europe et de l'Amérique est maintenant silencieuse.

C'est avec cette phrase d'assez pauvre style que tous les journaux, grands et petits, ont déploré la perte irréparable de la grande cantatrice.

Rien n'est plus fade que cette douleur officielle, faite à coups de ciseaux, et qui songe à épargner des frais de rédaction.

Soyez donc madame Malibran, c'est-à-dire une jeune femme, une belle femme, la plus poétique tragédienne, la prima donna la plus téméraire et la plus heureuse dans ses hardiesses, pour qu'à votre mort on ne se donne même pas la peine de rédiger les vingt lignes qui vous sont réservées entre les réclames pour le dernier roman de M. Alphonse Brot et les annonces de la pâte tylacéenne !

Oh ! triste, triste en vérité.

Pour nous, qu'il nous soit permis de ne pas pleurer nos larmes d'encre sur cette tombe à peine fermée. Nous nous garderons de toute anecdote attendrissante, et nous ne dresserons pas ici le catalogue des vertus de la pauvre Desdemona, réellement étouffée sous l'oreiller fatal. Rien ne sent plus le garde-champêtre et le cuistre à l'école primaire que tous ces panégyriques de qualités posthumes, qu'heureusement personne n'a jamais eues.

Il est bien entendu, une fois pour toutes, que tout homme qui meurt est nécessairement bon père, bon époux, bon fils, excellent citoyen, électeur agréable, charmant en société, etc., etc. C'est pourquoi il y a tant de gredins sur terre ; les braves gens sont dessous.

Toute femme fraîchement décédée, mère parfaite, fille délicieuse, épouse unique, charitable, serviable, d'égale humeur, pieuse, compatissante, sachant broder au tambour, et douée de façon à faire regarder les anges du ciel comme de vrais misérables, que sais-je ? Allez voir les épitaphes et les articles nécrologiques.

Madame Malibran est morte, c'est un malheur pour nous, c'est un bonheur pour elle. Mourir jeune, adorée, triomphante, subitement, sans souffrance, avec une chanson et un sourire à la bouche ; quoi de plus beau, quoi de plus désirable ?

Morte à vingt-huit ans, âge charmant, âge qu'on peut avouer, poétique, étincelant, où l'on a toute la verve, tout le feu, tout l'entraînement de l'extrême jeunesse, avec l'étude, le monde, l'observation et la science de la vie, avec la force, la sûreté et l'aplomb, tout ce qui fait les grands génies et les grands talents. Qui ne voudrait finir ainsi ?

Comme la mort fut spirituelle et bonne de la prendre avant qu'elle n'eût été obligée de changer ce 2 que toutes sortes de chiffres peuvent suivre sans qu'on s'en inquiète contre ce 3 formidable, terreur des femmes : qui apporte avec chaque unité qui s'y ajoute une ride de plus et une grâce de moins.

30 ans ! chiffre plus sinistre que 93.

Car le lendemain du jour où une femme a 30 ans, elle en a 40 et le surlendemain 50.

Malibran, morte à 28 ans, est une jeune fille, un enfant, un rêve qu'on a eu, quelque chose de ravissant qu'on n'espère plus revoir, et que Dieu, amateur de bonne musique, a engagé pour la saison de l'éternité au théâtre du ciel. Quelques années plus tard, ce n'aurait été qu'une femme assez bien conservée, et qui n'aurait plus donné le *fa* d'en haut, à la grande indignation de tous les XXX, et de tous les ZZ, et de tous les JJJ de feuilleton.

Elle est morte vivante, avec ses cheveux, son beau regard, sa belle voix, son sourire éclatant, toutes ses notes, pures, franches, vives, irréprochables, au bruit des applaudissements que la crainte de la réveiller sur son chevet de malade pouvait à peine comprimer.

Aucun artiste n'a bonne grâce à vieillir ; il ne peut qu'apparaître, briller un moment et s'éteindre. Son enfance et sa vieillesse, cette autre enfance, doivent rester inconnues : est-ce que vous n'aimeriez pas mieux la mort de Géricault que celle de Gros ? Mourir, ce n'est pas seulement fermer les yeux, devenir raide et froid, et se laisser clouer dans cette boîte à violon qu'on nomme cercueil ; c'est n'avoir plus d'esprit, n'avoir plus de génie ; peintre, brouiller les couleurs ; musicien, chanter faux ; poète, faire des vaudevilles. Que de cadavres marchent dans les rues, se traînent sur la scène avec des béquilles, qui seraient plus décemment avec six pieds de terre sur le ventre, dans le coin de quelque cimetière, ou au fond d'une province, à jouer à la bouillote aux soirées de la sous-préfecture. Quel pitoyable spectacle que ces morts-vivants, qui sont le tombeau de leur gloire et de leur âme !

Lord Byron, qui joignait à un puissant génie l'art de le mettre en scène, comprit bien qu'il n'y avait rien de plus misérable que de voir un poète chauve avec un gros ventre, des favoris grisonnants, une bouche édentée et pendante, disant des platitudes surannées, et mettant après dîner les coudes sur la table ; et il s'en alla mourir en Grèce le plus héroïquement qu'il put, d'un poétique accès de fièvre, tout près de Missolonghi. Fin adroite s'il en fut, et qui mit le sceau à sa réputation. Aussi Byron est-il resté aussi mystérieux, aussi idéal que les héros de ses poèmes, et bien supérieur en cela comme en tout à M. de Lamartine que l'on voit, à la chambre des députés, écoutant les discours de MM. Fulchiron et Paturle.

Qu'aurait fait Raphaël après la Transfiguration, qu'aurait fait lord Byron après Don Juan, qu'aurait fait Mme Malibran après Desdemona ? Il y a certaines œuvres sur lesquelles on doit mourir.

Le roi de Prusse avait ordonné que l'on portât les armes à la cantatrice, et qu'on lui rendît les honneurs comme à un membre de la famille royale. Sa voiture avait été dételée vingt fois et traînée par les dilettanti enthousiasmés. Que désirez-vous de plus, et qu'auraient ajouté quelques années à de pareilles émotions ?

Et puis qui sait ? Tous les publics ressemblent un peu aux Athéniens et s'ennuient d'entendre appeler Aristide juste. Peut-être par la difficulté de trouver de nouvelles formules laudatives se serait-on tourné vers de naissantes étoiles, comme après s'être ébloui les yeux à regarder la lune on va chercher au bord d'un nuage quelque petite nébuleuse à la lueur intime et discrète.

En tout cas, n'est-il pas préférable de mourir comme madame Malibran que de vivre comme mademoiselle Mars, qui a dans sa chambre son portrait et un miroir, et qui peut voir ainsi ce qu'elle fut et ce qu'elle est ?

Paru le vendredi 21 octobre 1836

Nouvelle du Jardin des Plantes

Bulletin de la santé de Jack

Monsieur Jack est indisposé, il sent des lassitudes dans tous les membres, sa tête est lourde, le côté lui fait mal, et pour nous servir d'une langue plus universellement comprise des savants que le français,

Habet grandam fievram cum redoublamentis,
Grandam dolorem capitis,
Et grandum malum au côté,
Cum granda difficultate
Et pœna a respirare…

Ô ciel ! son nez pâlit, ses lèvres bleuissent, il a un commencement de fluxion de poitrine, l'Orang-Outang, le jeune Orang-Outang, le seul Orang-Outang de France, l'espoir des flâneurs, la joie des tourlourous, l'admiration des bonnes et des académiciens étonnés de la ressemblance, l'amour des quatre parties du monde et de la Polynésie, ce singe si beau, si charmant, si spirituel, qui ressemble tant à feu M. Andrieux, auteur du fameux vers :

« Au char de la raison attelés par-derrière. »

Un singe posé, raisonnable, agréable en société, sachant se présenter dans le monde, aimé des dames, estimé de ses chefs, beau joueur, bon valseur, sachant faire de petits tours de physique ; il va mourir, le Styx avare nous envie notre Orang-Outang. Que faire ? Tout le Jardin des Plantes est en émoi. Appeler des médecins auprès de quelqu'un malade et dont on ne désire pas hériter, la chose n'est pas prudente.

C'est pourtant ce qu'on fit : aussi l'on peut dès à présent regarder le pauvre Jack comme bien et dûment mort et enterré.

On appela M. Serres et M. de Bleville, l'un descendant en droite ligne de M. Desponandès, et l'autre de M. Macroton, médecins célèbres du temps.

Les deux médecins se hâtèrent d'accourir, on sortit M. Jack de sa cage, on l'assit sur une chaise entre les docteurs, et la consultation commença.

M. Serres prit le premier la parole :

« Venerandissime doctor, quid putas de morbo istius babouini cypræsentis ? mihi videtur non bene se portare, prœsentat symptomos tam graves, ut crevaturum illum existimem paucos ante dies ; sed scientia tua felicior in cingis quam in hominibus potest reducere orangum-outangum e limite Orci ; notas olim addidisti famoso tractatui de cingis et babouinis magni Habeleni et materiem funditus cognoscis. »

M. de Bleville répondit :

« Savantissime medicine facultatis et doctor, talis est opinio mea ; œgrotum oportet seignare et deinde seignare et postea reseignare. Ma adia cingi causam habet in sanguine qui facit ei malum au coté propter interiorem effusionem ; quando sanguine vacuatus erit certe crevabit aut guaritus erit. Vide Galienum et Hippocratem, medicinæ patrem ; verum enim vero Hippocrates non fuit medicinus babouinorum, sed quod convenit hominibus convenit œqualiter babouinis propter similitudinem conformationis.

— Ita est. Multi homines veras figuras cingorum habent et reciprociter, et Hippocratis autoritas potest prœvalere in materiâ babouinicà. Attamen, cum toto respectu quem debeo tibi et patri medecinœ, ut illum nominasti tam eloquentur, non credo opportunum esse seignandi Jocobum ; vellem ei clysterium donare benignem et lenitivum ut humoribus fœdissimis expurgatur et ensuita bene se portat sicuti vous ou moi. Quod mihi semblat esse totius medicinœ finis, id est morbi sanatio. Dixi.

— Cassia non est dulcior quam oratio tua, mi fratercule ; parlas ut liber, sed faciamus unam chosam. Accorda mihi seignandi, tibi permittam clysterisandi – sic babouinus non potest echappare –, remedium tuum bonum est aut meum ; conclusion em facile est tirare. Faciendo omnia remedia, chancam habes veram trovandi. – Tende mihi brachi um, babouine, ut tibi tatem pulsum, et tira linguam. »

Je vous laisse à penser la figure que faisait maître Jack pendant cette grave consultation entre ces deux docteurs à mine sévère ; il se grattait sous l'aisselle, il plissait la peau de son mufle, il roulait des yeux exorbitants, brochait ses babines, passait sa langue sur son nez et se livrait à toutes les mines qu'emploient les singes du grand monde pour faire entendre aux gens qu'ils ne goûtent pas leur société. Mais le rébarbatif M. Serres et le terrible de Bleville n'en tenaient aucun compte et continuaient leur savante discussion.

M. Jack, si les grands journaux sont bien informés, supporta la saignée avec un courage héroïque, mais il ne se prêta pas aussi complaisamment à la seconde partie de la prescription.

Quand il vit arriver *l'arme de M. Fleurant*, il se mit à faire des cabrioles prodigieuses et à se démener de la belle façon ; ce fut une répétition tout à fait réjouissante de la scène de M. de Pourceaugnac ; poursuivi par les matassins, le malheureux Jack finit par succomber au nombre et à la trahison. Mais cependant, disent les grands journaux bien écrits, on ne put parvenir à lui administrer qu'un très léger lavement ; l'a-t-il rendu ? nous l'ignorons : nous espérons que ces messieurs, si bien instruits à l'endroit des chiens noyés, des serins envolés et des singes qui ont la migraine, nous tiendront au courant de la maladie de Jack, l'Orang-Outang, et nous diront l'effet qu'a produit ce léger lavement.

Ne voilà-t-il pas de beaux sujets pour des faits Paris !

Autres nouvelles, toujours du Jardin des Plantes

Cieux, écoutez ; terre, prête l'oreille.

Il s'est passé récemment quelque chose d'étrange, d'inouï, de phénoménal, de fabuleux !

Qu'est-ce donc, de quoi s'agit-il ?

Est-ce que l'emprunt espagnol aurait été remboursé ?

Le peuple souverain (dont on boit la sueur) aurait-il eu une transpiration rentrée ?

Mahmoud, le sultan progressif, vient-il de joindre un établissement de briquets phosphoriques et physiques à son commerce déjà si florissant d'accordéons et d'harmonicas ?

M. Alfred Mousse (de l'Aisne), venant directement de Laon, continue-t-il à publier des *couronnes* sous le pseudonyme d'Arsène Houssaye ?

Les Hassaki et les odalisques ont-elles enfin adopté l'usage si essentiellement civilisateur des socques articulés et de la moutarde blanche ?

Est-ce que l'on aurait pris la barbe tricolore de l'éditeur Souverain (ne pas confondre avec le peuple souverain) pour en faire un drapeau de mairie ?

Le panthéiste Lassailly, inventeur de la classification des grands hommes en grands hommes mâles et en grands hommes femelles, est- il guéri de la *mentagre* qui le tourmentait si fort ?

Mademoiselle Mars, dont l'organe est si pur, aurait-elle consenti à accepter un rôle de veuve de trente ans ?

La seconde édition des *Roueries de Trialph* (ce qui veut dire « gâchis » en danois) et la première de *Voix de mes âmes*, si impatiemment attendues, sont-elles prêtes à paraître ?

L'aiguille de Louqsor, cette gigantesque betterave de granit, en dépit des *bigues*, des *palans*, des *moufles* et de M. Lebas, cet ingénieur si peu ingénieux, se tiendrait-elle enfin debout sur son dé ?

Ce n'est pas cela, non : quoi donc ?

M. Planche a embrassé M. Hugo à la joue sans le mordre. – M. Karr a pêché un nouveau cuirassier. – M. Théophile Gautier est devenu négrophile néo-chrétien mystagogue, bucheziste et distribue des soupes de moules de boutons à la classe la plus nombreuse et la plus pauvre. – L'ombre du bibliophile Jacob s'est montrée en plein jour, sur le quai des morfondus, au commis de l'éditeur Renduel qui en a été trois jours malade de peur.

Vous n'y êtes pas, mon cher, vous n'y êtes pas. Donc, pour ne pas vous faire languir plus longtemps, car je vois que vous ne devineriez jamais, voici la grande, la triomphante, l'héroïque et l'incroyable nouvelle attestée par tous les grands journaux du soir et du matin :

LA GIRAFE EST SORTIE HIER DE SON CARACTÈRE HABITUEL.

Paru le vendredi 18 novembre 1836

Chronique

L'art (qu'on nous pardonne d'employer ce mot dont on a fait un si étrange abus) doit-il être contemporain, c'est-à-dire reproduire de préférence des sujets et des idées modernes ; l'art doit-il être *palpitant d'actualité ?*

Beaucoup de gens sont de cet avis.

En effet, il semble au premier abord qu'en suivant cette route on court moins risque de s'égarer et l'on a plus de chances d'atteindre à la vérité. Les modèles sont là, il ne s'agit que de copier.

Il est plus facile d'étudier une société dont on fait partie, et dont on connaît familièrement tous les individus, que de reproduire des mœurs abolies et des usages qui ne sont plus.

Ou bien l'art doit-il de préférence choisir des sujets dans les époques anciennes et dans les sociétés révolues ?

Quelques critiques prospectifs, progressifs et palingénésiques tranchent la difficulté en affirmant que l'art doit être la prophétie de l'avenir et formuler les choses qui ne sont pas encore.

Nous ne perdrons pas notre temps à réfuter sérieusement une pareille doctrine ; mais nous discuterons aussi logiquement que possible nos deux premiers points d'interrogation.

Quoique la chose puisse paraître quelque peu hasardée au premier coup d'œil, nous n'hésiterons pas à dire que l'art doit être rétrospectif et s'occuper le moins possible de ce qui est autour de lui.

L'art se compose de deux choses : l'imitation et la fantaisie. La fantaisie est de tous les temps.

L'imitation ne peut exister que pour des événements accomplis, des faits et des objets dont les formes sont arrêtées ; en outre pour copier une chose il faut être à distance et pouvoir se reculer assez pour se mettre au point de vue. Les lignes de la perspective exigent impérieusement que l'angle visuel soit placé hors du tableau, sans quoi tous les contours sont tordus de façon à être méconnaissables, les personnages deviennent strapassés et les fonds ne sont plus qu'un dédale confus de linéaments où l'on ne peut saisir nettement la silhouette d'aucun objet.

Les acteurs ne voient pas les pièces qu'ils jouent et ils peuvent moins que personne parler de l'effet qu'ils produisent.

Il en est de même de tous les arts : et vouloir faire de l'art contemporain c'est avoir la prétention d'être en même temps à la galerie et sur le théâtre ; ce qui est assez difficile, à moins d'être doué d'une dualité fort rare.

Tout art fait nécessairement de l'archaïsme – l'art n'étant que la cristallisation de la poésie du passé.

Les Allemands, qui sont le peuple du monde le plus intelligent en fait d'esthétique, ont parfaitement compris cela ; et ils ont franchement abordé la question.

L'école de peinture de Munich, à la tête de laquelle se placent naturellement Cornelius et Overbeck, a complètement tourné le dos au siècle dont elle fait partie ; elle est remontée d'un saut au quinzième siècle. Overbeck même ne s'est pas arrêté là. Il a été jusqu'au quatorzième et au treizième, il n'a pas trouvé que c'était assez d'être gothique, il s'est fait byzantin ; il regarde Raphaël comme un païen moderne, et le vieux Pierre de Pérouge lui semble quelque fois trop mondain et trop coquet malgré la sainte raideur de ses articulations et la maigreur toute catholique de ses personnages ; il n'admet sans restriction que l'ange de Fiesole, Buffalmacco, Orcagna, Giotto et Cimabue, et les autres vieux maîtres Pisans du Campo-Santo. Nous ne poussons pas la rigueur à ce point, mais nous pensons que l'art ne doit pas dépasser la fin du seizième siècle, ou tout au plus du dix-septième siècle ; les deux autres sont trop près de nous pour que nous puissions les voir, et il faut les laisser à nos petits-neveux.

Ceci n'est pas un paradoxe, mais une conviction intime et sérieuse.

Les peintres surtout sentiront la vérité de ce que je dis ; car plus on se rapproche des sujets et des costumes modernes, plus la grande peinture devient impraticable, et cela est si vrai qu'un des hommes les plus heureusement doués de l'école moderne, M. Eugène Delacroix, ayant à décorer une salle au Palais-Bourbon, s'est hardiment jeté en pleine allégorie, et a bravement fait de la mythologie avec des déesses et des personnifications toutes nues, en quoi il a montré qu'il était non seulement un peintre très habile, mais encore un homme d'infiniment d'esprit.

Nous voici quelque peu loin d'Overbeck dont nous voulions uniquement parler en commençant cet article, mais ces réflexions nous ont été suggérées par les reproches que beaucoup de critiques et même de critiques allemands ont adressé à Overbeck d'être un esprit rétrograde et de s'attacher désespérément au bord du linceul d'une religion morte. En un mot, de faire du catholicisme après coup, et de n'être qu'un faiseur de pastiche et un copiste des vieux peintres gothiques.

Quoiqu'en disent les critiques, Overbeck n'en est pas moins un maître et un grand maître dans toute l'étendue du mot.

Pour se détacher aussi entièrement de son siècle, il faut une force de génie très rare. Overbeck n'est pas un copiste d'Angelo da Fiesole ; c'est un autre Angelo da Fiesole, plus la science et l'intelligence philosophiques. Il s'est assimilé complètement l'esprit du catholicisme et pour faire de meilleure peinture il s'est plongé aux sources mêmes de la foi. Il a abjuré la religion protestante et s'est fait catholique.

Overbeck a mieux compris la grâce mystique et la suavité intime du catholicisme que les peintres même du Moyen Âge qui, placés naturellement dans ce milieu et y vivant, devaient en être moins frappés. Dans ce travail de reconstruction, il n'a employé que des matériaux choisis et n'a chargé sa palette que de couleurs authentiques ; toutes ces choses pleines de poésie pour nous n'en avaient pas pour les gens de ce temps, car l'éloignement seul fait la poésie, et ce n'est que quand il n'y a plus eu à proprement parler de catholicisme que l'on s'est avisé d'en faire la synthèse et la poétique. *Le Génie du christianisme* de M. de Chateaubriand et les *Méditations religieuses* de M. de Lamartine ne sont venus qu'après la révolution de 93, lorsque les églises eurent été dévastées et la déesse Raison intronisée sur les autels du ci-devant Dieu, convaincu de jésuitisme et d'aristocratie.

C'est pour ce motif que, bien qu'il n'y ait jamais eu moins de religion que maintenant, jamais on n'a vu une pareille quantité de poésies chrétiennes et d'œuvres catholiques : les artistes poètes et peintres sentent instinctivement que le moment est tenu de laisser tomber leur goutte d'ambre sur les pétales d'argent du lys séraphique qui ne doit plus refleurir, pour le conserver embaumé dans une cristallisation transparente et le léguer ainsi pétrifié à l'admiration des siècles futurs.

Au plein milieu du catholicisme, une semblable réaction eut lieu parmi les artistes, ces sublimes flatteurs de toute puissance déchue, en faveur des anciens dieux de la Grèce, menacés d'un oubli total et dont la beauté sensuelle ne survivait plus que dans quelques marbres écornés et rongés par les ans. Ils recueillirent avec soin les traditions du culte antique de la firent et ferait une seconde fois sortir Vénus de la mer dans sa conque de nacre. Grâce à ce caprice, toute une civilisation dont le souvenir s'éteignait sans retour fut restaurée et conservée. Service immense ! La perte d'une poésie est le plus grand malheur qui puisse arriver au monde, surtout maintenant où il est peu sûr qu'il se refasse jamais une poésie.

Ce qu'ont fait les artistes de la renaissance pour l'art grec, Overbeck le fait pour l'art catholique, il résume l'esprit des vieux maîtres dont les œuvres s'effacent tous les jours et dont le sens devient de plus en plus indéchiffrable pour les yeux peu accoutumés à lire ces pages mystérieuses. Quand les tableaux des anciens peintres chrétiens n'existeront plus, les tableaux d'Overbeck, plus jeunes de beaucoup de siècles, subsisteront encore et serviront d'anneaux pour relier l'avenir au passé.

C'est donc une belle et noble tendance que la tendance rétrospective de l'art ; la mission de l'art est de témoigner dans les siècles des idées que les hommes ont eues. L'art est l'histoire de la pensée, comme la chronique est l'histoire du fait. Pour écrire le fait, il faut attendre qu'il soit accompli ; pour formuler l'idée, il faut que l'idée ait existé. Or, nous ne pouvons discerner l'idée que nous portons en nous, par la raison que l'œil ne se voit pas lui-même ; nous savons très bien ce qu'ont pensé nos pères ; nos enfants sauront ce que nous pensons nous-mêmes, pour nous, nous l'ignorons.

Dans notre prochaine chronique, nous examinerons l'œuvre d'Overbeck en elle-même et sous le rapport de l'exécution.

Paru le vendredi 28 avril 1837

Vêtements artistes

Le clerc d'huissier, l'apprenti fumiste, le jeune homme de génie, l'*artiste* enfin, est incessamment tourmenté d'une grande inquiétude pour ses vêtements ; il lui faut un chapeau artiste, un habit artiste, une cravate artiste et tout ce que la foule trouve assez laid pour ne le point porter.

Il poursuit toute sa vie une forme d'ajustements idéale, une tournure au-dessus du vulgaire, et l'incurie des marchands le condamne à rester au-dessous. On comprend mal ses nobles fantaisies ; et ses efforts n'aboutissent jamais qu'à des essais monstrueux.

Il demande un chapeau Louis XII,
On lui vend un feutre de charbonnier.
Il veut de larges bords,
On lui donne un parasol.
Il fait rogner les bords,
C'est un gobelet.
S'il veut hausser la forme,
C'est un champignon.
Il la veut conique,
C'est une toupie d'Allemagne.

S'il veut un habit d'une coupe régénérée, le tailleur s'égare en dehors des méthodes connues, et lui fait la plus triste enveloppe, le plus misérable haillon de carnaval qui ait jamais osé descendre dans la rue. Et comme l'argent manque surtout au jeune homme de génie pour renouveler souvent ces tentatives, le voilà condamné pour un ou deux ans à traîner sa honte par la voie publique, plus pauvre, plus ignoble, plus laid que les épiciers qui le sont déjà bien assez.

Quelquefois pourtant l'œuvre du marchand réalise son rêve, on a saisi les justes proportions. Il s'est miré de trois quarts et de profil avec un chapeau prodigieux, et il s'est trouvé bien. Alors il dresse la tête, il prend des airs triomphants ; il fait tableau, il se pose en Van Dyck, il marche en cavalier. Il se regarde en passant aux vitres des étalages ; il se suit d'un œil amoureux dans les glaces des charcutiers. Jusqu'à ce qu'un de ces miroirs malencontreux lui révèle par-derrière sa vraie tournure d'allumeur de réverbères, et le ramène au sentiment de son ignominie.

Il y en a, et c'est le plus grand nombre, à qui rien n'ouvre les yeux sur leurs infirmités ; la foule qui s'ébahit leur semble applaudir ; ils portent leur fourreau de chienlit avec le même enthousiasme et continuent à poser héroïquement comme un acteur qui déclamerait sans se douter que son maillot est troué ou que sa cotte de mailles s'ouvre par-derrière.

Du reste, l'artiste accoutumé dès longtemps aux huées des petits polissons a su se faire un front qui ne rougit jamais. Il méprise les passants ; la garde municipale l'intimide à peine ; il est sans honte et sans pudeur ; il va sortir avec tout ce que vous voudrez et avec aussi peu que vous voudrez. Il sortira en manches de chemise, en robe de chambre, en caleçon de flanelle, il sortira nu si vous voulez : cela va jusqu'à l'indécence.

Une veste de Turc,
Un surtout de matelot,
Un chapeau ciré,
Un brûle-gueule,
Des chaussons de lisière,
Une calotte à la grecque,

Et toutes les friperies imaginables, toutes les loques excentriques qu'il pourra trouver. Cela ne différera pas assez de sa mise ordinaire pour lui être de quelque difficulté.

Chez lui, ce laisser-aller n'a plus de bornes ; la fantaisie n'a plus de frein ; il s'accroche alternativement sur la tête et sur les bras tous les ustensiles, tous les chiffons, toutes les défroques qui pendent aux murs de sa chambre. Il se drape et se harnache de cent façons, et comme il faut toujours un peu de public à ces préoccupations de la forme, il se montre le plus qu'il peut dans ces appareils à sa fenêtre ou sur le carré.

C'est toujours pour les gens qui le vont voir et pour les locataires de sa maison de nouveaux épouvantements ; on le voit tantôt paraître avec un rideau drapé en toge, tantôt avec une housse de fauteuil en turban, tantôt avec un baudrier de garde-champêtre, tantôt avec un caleçon de bain, tantôt sans caleçon.

La portière frissonne, les passants s'étonnent, le propriétaire parle de cours d'assises ; mais lui, l'artiste, il les méprise, et s'admire dans sa pose, toujours souriant et serein.

Il ne se trouve réellement sous le coup des réglements de police que dans les cas assez fréquents où il épouvante des dames âgées, en traversant nuitamment les étages supérieurs dans un négligé par trop antique.

Paru le jeudi 26 octobre 1837

Galerie des belles actrices

Mlle Georges

Il y a bien longtemps que Mlle Georges est belle, et l'on pourrait dire d'elle ce que le paysan disait d'Aristide : « Je te bannis, parce que cela m'ennuie de t'entendre appeler juste. »

Nous ne ferons pas comme ce brave manant grec, quoiqu'il soit évidemment plus difficile d'être toujours beau que d'être toujours juste ; cependant Mlle Georges semble avoir résolu cet important problème. Les années glissent sur sa face de marbre sans altérer en rien la pureté de son profil de Melpomène grecque.

Sa conservation est bien autrement miraculeuse que celle de Mlle Mars, qui n'est, du reste, aucunement conservée et ne peut plus faire illusion dans les rôles de jeune première qu'à des fournisseurs de la République et à des généraux de l'Empire.

Malgré le nombre exagéré de lustres qu'elle compte, Mlle Georges est réellement belle et très belle.

Elle ressemble à s'y méprendre à une médaille de Syracuse ou à une Isis des bas-reliefs éginétiques.

L'arc de ses sourcils, tracé avec une pureté et une finesse incomparables, s'étend sur deux yeux noirs pleins de flammes et d'éclairs tragiques ; le nez mince et droit, coupé d'une narine oblique et passionnément dilatée, s'unit avec son front par une ligne d'une simplicité magnifique ; la bouche est puissante, arquée à ses coins, superbement dédaigneuse, comme celle de la Némésis vengeresse qui attend l'heure de démuseler son lion aux ongles d'airain ; cette bouche a pourtant de charmants sourires épanouis avec une grâce tout impériale, et l'on ne dirait pas, quand elle veut exprimer les passions tendres, qu'elle vient de lancer l'imprécation antique ou l'anathème moderne.

Le menton, plein de force et de résolution, se relève fermement et termine par un contour majestueux ce profil qui est plutôt d'une déesse que d'une femme.

Comme toutes les belles femmes du cycle païen, Mlle Georges a le front plein, large, renflé aux tempes, mais peu élevé, assez semblable à celui de la Vénus de Milo, un front volontaire, voluptueux et puissant, qui convient également à la Clytemnestre et à la Messaline.

Une singularité remarquable du col de Mlle Georges, c'est qu'au lieu de s'arrondir intérieurement du côté de la nuque, il forme un contour renflé et soutenu qui lie les épaules au fond de la tête sans aucune sinuosité, diagnostic de tempérament athlétique, développé au plus haut point chez l'Hercule Farnèse.

L'attache des bras a quelque chose de formidable pour la vigueur des muscles et la violence du contour. Un de leurs bracelets ferait une ceinture pour une femme de taille moyenne ; mais ils sont très blancs, très purs, terminés par un poignet d'une délicatesse enfantine et des mains mignonnes frappées de fossettes, de vraies mains royales faites pour porter le sceptre et pétrir le manche du poignard d'Eschyle et d'Euripide.

Mlle Georges semble appartenir à une race prodigieuse et disparue ; elle vous étonne autant qu'elle vous charme. L'on dirait une femme de titan, une Cybèle mère des dieux et des hommes, avec sa couronne de tours crénelées. Sa construction a quelque chose de cyclopéen et de pélasgique. On sent en la voyant qu'elle reste debout, comme une colonne de granit, pour servir de témoin à une génération anéantie, et qu'elle est le dernier représentant du type épique et surhumain.

C'est une admirable statue à poser sur le tombeau de la tragédie ensevelie à tout jamais.

Paru le mardi 16 janvier 1838

Galerie des actrices d'esprit

Mme Dorval

Il y a une erreur enracinée chez tous les gens qui voient seulement l'extérieur du théâtre, une erreur banale et béotienne : c'est que les auteurs ou les acteurs du *drame* proprement dit doivent avoir communément la mine allongée, l'extérieur sombre et un poignard catalan dans leur gousset. La gaieté semblerait une anomalie choquante à ces bons bourgeois s'ils la rencontraient sur le visage d'Alexandre Dumas ou de Bocage, de Victor Hugo ou de Frédérick Lemaître. Ils vous raconteront que Dumas a tué plusieurs matelots dans son voyage de Sicile, que Bocage va chaque matin pleurer au cimetière Vaugirard, que Victor Hugo habite une caverne non loin de Paris, et que Frédérick Lemaître a tenté nombre de fois de s'asphyxier *sous les fenêtres* d'une princesse russe.

L'esprit et la verve joyeuse qui caractérisent la conversation de Dumas, les allures tranquilles et paternelles de Victor Hugo les confondraient. Bocage et Frédérick Lemaître, vêtus de bleu barbeau et jouant au billard près de l'Ambigu, les confondraient de surprise.

Jugez ce que ce gros public doit penser nécessairement des actrices qui jouent le drame ?

À leur tête se place naturellement Mme Dorval. Mme Dorval leur paraît une véritable victime. Quelle âme, quelle tristesse élégiaque empreinte dans ce regard doux et voilé ! – Je suis sûr que c'est une femme qui pleure huit heures par jour, dit un miroitier à son voisin. – On m'a dit qu'elle avait une chambre en velours noir. – Elle va à l'église, etc., etc.

C'est ainsi que le miroitier ingénu, qui a vu Mme Dorval dans Adèle, d'*Antony*, dans la femme du joueur, dans *Charlotte Corday*, et surtout dans Marguerite, du *Faust*, de Goethe, rôles empreints de tout le génie douloureux et de la passion résignée de Mme Dorval, juge cette grande comédienne. Heureusement que le bourgeois et le miroitier (nous l'espérons bien pour l'honneur du corps des journalistes) n'écrivent ni biographies ni feuilletons.

Mme Dorval est une de ces natures privilégiées qui doivent échapper au sens vulgaire, elle ne se révèle guère qu'à son monde d'initiés, à ses amis ou à ses auteurs habituels. Cette Adèle, d'*Antony*, dont le sourire a tant de tristesse et de larmes, déploie chez elle tous les trésors de son esprit naturellement vif et joyeux. Le propre de l'esprit de Mme Dorval, c'est une gaieté franche et de bon aloi, naïve et jeune comme la chanson de l'oiseau qui court les épis, obligeante et vous mettant tout de suite à l'aise, qui que vous soyez, ce qui est le propre des véritables riches en fait d'esprit, nobles cœurs qui tendent la main aux plus pauvres. La conversation de Mme Dorval ne s'alimente jamais de ces lieux communs si tristes, que Voisenon appelle *de bons amis qui ne manquent jamais au besoin* ; elle se pend au contraire le plus follement du monde aux branches de la folie ou du paradoxe, secouant l'arbre à le briser, animant tout, raillant tout, imprudente à se dépenser de mille façons, et ne concevant pas que l'on puisse faire des économies. Nullement ambitieuse de l'effet, n'affichant aucune prétention au *mot*, Mme Dorval l'atteint sûrement, toutes ses témérités d'esprit sont heureuses. La candeur de cet esprit est son cachet, il vous monte au nez comme le bouquet du meilleur vin. Ce qu'il y a d'inouï chez Mme Dorval, c'est qu'elle pourrait à coup sûr en tirer un autre parti. Nous ne craignons pas de dire que si Mme Dorval voulait écrire n'importe quel livre sans le signer, le livre serait lu. Nous tenons en main un album où Mme Dorval a consigné quelques pensées et maximes d'écrivains de tous les pays, cet album est une Babylone de choses, on y rencontre les noms de Schiller, de Victor Hugo, de Napoléon, de Jésus-Christ, de Mahomet, de Ste-Beuve, etc., etc. Ces extraits divers sont le résultat des lectures de Mme Dorval ; mais leur choix indique une fantaisie et une *humeur* que rien ne peut rendre. Vous diriez, à parcourir ce livre, écrit en entier de la main de Marie Dorval, que vous suivez le fil d'une de ces bacchanales admirables de Jordaëns, les pensées se croisent avec les histoires, la poésie avec la prose, il y a des calculs d'arithmétique et des prédictions d'astronome ; tout cela danse en spirale fantasque, tout cela forme autant de fusées qui semblent éclairer la route parcourue jusqu'ici par Mme Dorval.

Nous nous sommes entendus demander plus d'une fois par des gens de province, moins béotiens que le miroitier précité : « Mme Dorval a-t-elle de l'esprit ? » Nous avons répondu à ces gens que nous ne pouvions décemment nous présenter chez l'aimable actrice. « L'avez-vous vu dans la *Jeanne Vaubernier*, de M. Balissan de Rougemont ? »

Ce rôle est en effet une des meilleures preuves de l'esprit de Mme Dorval. Elle le joue en comédienne qui a de l'ironie et du trait dans chaque pli de son éventail. Il ne faut pas que M. Balissan de Rougemont se rengorge pour cela, car c'est bien malgré lui que Mme Dorval a déployé tant de finesse joyeuse dans cette fable banale. Les bonnes comédiennes jouent quelquefois de bons tours aux mauvais auteurs ; un tour comme celui-ci est une noble vengeance.

Afin que cet article rassure pleinement les gens qui persistent à croire que Mme Dorval habite un tombeau, nous voulons bien leur dire que son salon a l'air d'une véritable succursale de celui de Marion Delorme. On y trouve tout le confortable et toute l'élégance du jour, des albums, des tableaux, des statuettes, un piano, des fleurs, de la tapisserie, et des porcelaines. Nous n'y avons pas vu de voile noir, de poison Borgia, de lame de Tolède, ni de stylets. On y prend du thé, on s'y étend sur de bons sofas, on y cause avec des gens d'esprit, on se permet d'y rire de certaines actrices, et l'on y voit assez rarement des acteurs.

Gérard de Nerval

(1808-1855)

VIC
2011

Nerval, l'ombre de lui-même

Ses proches disent de lui que c'est un être charmant, aérien, absorbé dans ses pensées. Un oiseau. Il ne se pose jamais très longtemps au même endroit, ne tient pas en place : « Il travaillait en marchant et, de temps à autre, il s'arrêtait brusquement, cherchant dans une de ses poches profondes un petit cahier de papier cousu, y écrivait une pensée, une phrase, un mot, un rappel », se souvient son plus fidèle ami, qui fut son condisciple au lycée Charlemagne, Théophile Gautier. Gérard Labrunie, dit de Nerval, est un poète, un esprit vagabond, qui erre dans la brume d'un monde aux contours incertains. Il ne fait pas de bruit, ne s'applique pas à briller, s'habille avec discrétion dans un milieu porté à l'excentricité. « Il cherchait l'ombre avec le soin que mettaient les autres à chercher la lumière », souligne Gautier. « Que d'efforts il a fait pour rester inconnu ! »

À dix-huit ans, Nerval fait paraître une traduction de Faust, *du grand Goethe, qui lui vaut un éclat parmi ses congénères et cette lettre du maître qui l'ennoblira à jamais : « Je ne me suis jamais si bien compris qu'en vous lisant. » Le jeune homme est fasciné par le romantisme allemand, cette exaltation mystique, ces figures étranges, fantasques, qui habitent des paysages mouvants, cette confusion entre rêve et réalité. Il voyage en lui-même, secret comme un rocher. Des journaux en vogue lui ouvrent leurs colonnes. Il donne ici ou là des contributions légères, « articles de genre » se rapportant à la vie quotidienne, souvent d'inspiration satirique. La plupart sont anonymes : « Il sera difficile de reconnaître ses œuvres dans les catacombes poudreuses du journalisme », prévient Théophile Gautier. Des experts s'y sont essayés.*

L'un d'entre eux, Jean Richer[1], *attribue à Nerval la paternité de quatorze articles parus dans* Le Figaro.

L'artiste bohème se moque du confort, se croit indigne de la gloire. Il vit dans l'insouciance, s'offrant parfois quelque objet de luxe quand il lui reste à peine de quoi survivre ; amoureux fou d'une femme qui n'existe pas, la reine de Saba, et d'une autre qui n'est pas celle qu'il croit, actrice anglaise, qui se rêve chanteuse d'opéra et qu'il va idéaliser, Jenny Colon. Elle repousse ses avances, y cède, en épouse un autre. Déchirure. Elle va hanter son œuvre, ses jours, ses nuits. Il brûle de l'intérieur ; par instants, des flammes commencent à apparaître. En 1842, quelques mois après la mort insupportable de l'aimée, il part pour son grand voyage en Orient. Le Caire, la Syrie, Constantinople, il s'enivre de visions, se perd de plus en plus profondément dans des labyrinthes énigmatiques, des fuites symboliques. Il en publiera le récit. Mais les accès de folie se multiplient. Entre deux séjours dans la clinique du docteur Blanche – où s'éteindra plus tard Maupassant –, il rédige des souvenirs d'enfance teintés d'une mystérieuse poésie. La fièvre hallucinatoire se bat avec la froide raison. Dans ce combat, ses forces s'épuisent. Seul, dénué de tout, au milieu d'ombres effrayantes, il ne trouve plus son chemin : la forêt est trop noire. Le 26 janvier 1855, au petit matin, on le découvre, pendu à une grille, dans la rue de la Vieille-Lanterne, au Châtelet.

---

1. Note de l'éditeur : Jean Richer a mené un travail de recheche considérable sur l'œuvre de Nerval et a authentifié certains de ses textes « anonymes ». Michel Brix a remis en question l'étude réalisée par Jean Richer et ses conclusions dans son ouvrage, *Nerval journaliste (1826-1851). Problématiques. Méthodes d'attribution* (Presses universitaires de Namur, 1986).

Paru le lundi 20 février 1837

Flâneries extra-parisiennes[1]

Les beaux jours vont rendre la vie au *fait-Paris*. Le *fait-Paris*, qui ne sortait pas du centre des rues populeuses, et qui se bornait depuis longtemps à quelques laitières écrasées, devantures enfoncées et Omnibus renversés, commence à prendre sa volée et se hasarde déjà dans les promenades publiques. La place Louis XV fournit chaque jour une vingtaine de lignes sous la rubrique : *Obélisque, statues des villes de France*, ou *fronton de la chambre des députés* ; quelques flâneurs se sont déjà lancés jusqu'au Jardin des Plantes, et ont inventé le *fait-Paris* de l'ourse et du commissionnaire, où M. le préfet de police remplit le rôle de la Providence ; le tout avec apophtegme et affabulation : *O muthos teleï...* Cette fable démontre que les animaux sont plus humains souvent que les commissionnaires.

Peu de *faits-Paris* ont osé s'aventurer hors des barrières. Un flâneur aventureux nous donne sur Versailles et sur St-Germain quelques détails nouveaux que nous nous empressons d'insérer.

Presque toutes les statues du pont Louis XV ont déjà pris place devant le château de Versailles, comme pour servir d'introducteurs aux visiteurs prochains du musée. D'un peu loin sur la route, toutes ces statues médiocres font un peu l'effet des *poupées* disposées devant la plaque d'un tir pour l'amusement des lycéens et des commis-marchands. De près seulement, on voit *trop bien* les statues, ce qui est fâcheux. Ne pouvait-on faire autre chose de ces énormes morceaux de marbre, puisqu'il fallait à tout prix les *utiliser* ?

1. Note de l'éditeur : Cet article serait le fruit d'une collaboration entre Gérard de Nerval et Théophile Gautier.

Le grand travers de notre temps, c'est de vouloir utiliser tout. Autrefois on eût déposé les malencontreuses statues dans quelque grenier du Garde-Meuble et personne n'y eût plus songé ; aujourd'hui, l'on dépense beaucoup d'argent et l'on en casse trois pour voir *l'effet* qu'elles produiront sur la place du Château de Versailles. Si le public les trouve encore indignes de cette position, on les transportera ailleurs, en en cassant plusieurs autres, tant l'on vise à satisfaire *l'opinion* publique, peu sensible à tant d'efforts.

Le musée de Versailles est un vaste sacrifice fait encore à *l'opinion*. Depuis plusieurs années, le bourgeois se demandait, dans ses instants de loisir, *à quoi servait* donc le château de Versailles. Puisque j'ai pulvérisé la tyrannie, se disait le garde national en blanchissant sa buffleterie, pourquoi conserver inutilement un des repaires du despotisme ? Ne pourrait-on pas démolir tout cela pour en faire un marché, un abattoir, ou quelque grenier à sel ? Ce château rappelle des souvenirs peu décents pour la jeunesse, et fort immoraux à l'égard des épouses que l'on peut avoir.

Ces observations n'ont pas été perdues. On a voulu donner satisfaction à tant d'exigences vulgaires, sans trop compromettre toutefois l'existence de l'édifice ! À tout point d'interrogation parti désormais de la rue St-Denis sur l'inutilité du château de Versailles, on répond : Musée historique ! Gloire nationale ! Le grand homme ! France ! Honneur et beaux-arts, etc. À ces explications, le bonnetier salue et se retire en fredonnant : « Salut, monument gigantesque, – de la valeur et des beaux-arts ! D'une gloire chevaleresque –, toi seul colore nos remparts, etc. » Il demande seulement si l'on n'y réservera pas un coin pour la nationalité polonaise ! (*bis*).

Ainsi, grâce à ces banalités nationales, nous conserverons Versailles. Toutes ces longues enfilades de tableaux de l'empire et autres sont peu agréables à voir ; mais nous aurons toujours les plafonds du temps, les appartements de Louis XIV restaurés, avec leur mobilier royal rassorti le mieux possible, et une ravissante salle de spectacle du temps de Louis XV, pleine de rocailles et de sculptures maniérées que l'on a le bon esprit de redorer sans chercher à en modifier le style par des restaurations *de bon goût*, comme l'Empire en a tant fait dans Versailles.

On répare aussi le grand Trianon, de sorte que les étrangers n'ont rien à voir pour le moment que la chapelle et le petit Trianon, cette ingénieuse mystification, où le concierge gagne tant d'argent à faire voir les chambres de sa femme et de ses enfants comme appartements royaux. On vous y montrera le *lavabo* de monseigneur le duc de Nemours auprès de celui de l'impératrice Joséphine ; deux meubles qu'un ouvrier chambrelan trouverait mesquins pour l'intérieur de son ménage. *Ô luxe des cours !* tu n'es que vanité !

La fureur de vouloir tout utiliser a créé, pour les curieux, un désappointement plus sérieux à Saint-Germain-en-Laye. Il y avait à Saint-Germain, comme vous savez, un magnifique château de la Renaissance, dont la forme présentait un D gothique, en l'honneur de Diane de Poitiers. Les marchands de bœufs, en traversant Saint-Germain, se demandaient quelquefois : À quoi bon le château ! Pourquoi laisser debout ce monument féodal ?... Il a bien fallu donner aussi satisfaction à ces honorables citoyens. On a *utilisé* le château : on en a fait une prison. Ceci ne serait rien ; on fait bien des greniers à foin avec des églises pour les utiliser ; mais le pire, c'est qu'il a fallu griller toutes les fenêtres et élever tout autour du château un mur de douze pieds, en belle maçonnerie fort blanche, avec des guérites de loin en loin ; appareil qui reporte l'esprit fort loin des souvenirs d'amour et de magnificence royale que cet édifice inspirait. Les habitants de Saint-Germain sont peu reconnaissants de la destination dangereuse qu'on a donnée à leur château.

Vous voyez qu'on peut faire pis qu'un *musée historique*, pour donner un motif national à la conservation d'une demeure royale et d'un monument de l'ancienne architecture française. Soyons donc indulgents pour l'*idée* du musée de Versailles. Il ne s'ouvrira pas, dit-on, avant les premiers jours d'avril.

Paru le mardi 4 avril 1837

Un club de célibataires[1]

Depuis assez longtemps l'humanité, entre autres fléaux, est affligée de celui qu'on nomme célibataire. Sans ces maudits préjugés qui faussent le jugement, un célibataire, mais là, un vrai célibataire s'entend, aurait la jouissance d'être regardé comme rien du tout. À chacun selon ses œuvres. Un célibataire est un monstre assez bien léché, une espèce de bipède anti-social et presque sauvage, quelque chose de froid et de solitaire. Au peintre qui voudrait personnifier l'isolement et l'égoïsme, je donnerais de grand cœur un célibataire, et même davantage.

Si les idées et les goûts de ces gens-là prévalaient, nous pourrions appliquer à l'humanité le système cellulaire des prisons. Chacun jouirait de l'agrément de s'éteindre dans son trou ; et comme dit le vulgaire, le dernier fermerait la porte… la porte du cimetière universel… Après vous, s'il vous plaît !

Pour moi, je ne vois jamais un célibataire sans penser à la fin du monde. Chacun de ces messieurs me fait l'effet d'un antéchrist, et je regarde aussitôt si la lune est en place et si les étoiles ne font pas mine de me tomber sur l'occiput, ce qui est un signe infaillible que notre fin approche, attendu qu'il en faudrait beaucoup moins pour nous clouer en terre.

Jadis le célibataire n'était que toléré ; aussi faisait-il patte de velours avec la société. Il se croyait obligé de se disculper comme un coupable ; il courait après la circonstance atténuante. Je suis céliba-

1. Note de l'éditeur : L'étude de Michel Brix remet en cause l'attribution de cet article à Gérard de Nerval.

taire, je le confesse ; mais ce n'est pas par ma faute, ma faute, ma très grande faute. Et alors il appelait comme témoins à décharge tous les lieux communs par lesquels on promène la frivolité et l'inconstance du sexe ; ou bien il invoquait des malheurs particuliers : il citait victorieusement un amour sans succès, une passion incomprise ; il trouvait pour excuse des soupirs perdus. Dans tous les cas, il se gardait bien de laisser craindre une impénitence finale. Il ne demandait pas mieux que de se convertir et de vivre. La péroraison de ses plaintes se terminait toujours par une espérance d'un avenir meilleur. Il promettait de prendre femme… *mais… si…* toutes conjonctions qui n'amenaient pas un *conjungo* subit, mais qui du moins le laissaient entrevoir dans un vague lointain. En foi de quoi le sexe daignait sourire à son ennemi *mortel* et lui donnait sa bénédiction, disant aux célibataires de ne pas croître et multiplier… leur nombre.

On voit que, jusque-là, les choses se passaient avec assez d'égards et de procédés, et que les deux partis, s'ils n'étaient pas au fond très contents l'un de l'autre, avaient l'air du moins, vis-à-vis du public peu intelligent, de vivre en bonne intelligence.

Mais aujourd'hui l'étendard de la guerre a été déployé. Le célibataire a eu l'audace de se réunir en société, de se poser en système, de s'organiser en club, de se constituer enfin, à la barbe… ah ! pardon ! je voulais dire sous le nez du sexe ennemi, ami de l'homme. Races futures (car il faut espérer que le célibat ne fera pas le tour du monde) ! Races futures ! Pourrez-vous croire à cette conspiration ouverte contre le sexe et contre vous-mêmes ? Qui a donné ce fatal exemple ? L'Amérique, le Nouveau Monde, qui ne deviendra pas *ancien* s'il s'inquiète si peu du monde nouveau. C'est à Philadelphie que la société anti-matrimoniale a reçu un commencement d'exécution. Voici quels statuts la régissent :

« Article unique. – Tout individu qui aura une femme ou un enfant sur la conscience, sous quelque prétexte que ce soit, ne sera pas digne d'entrer dans la société. Celle-ci aura des entrailles de mère pour tous les autres. »

Eh bien ! le club qui vit sous un tel régime, qui obéit à de telles lois, n'a-t-il pas eu l'effronterie de donner une soirée dansante le jour de Saint-Valentin ? Ô amère dérision ! ô infâme parodie ! ô blasphème en action ! Femmes, il fallait laisser ces messieurs dévorer leurs danses en famille ; il fallait les réduire à la contredanse sans vis-à-vis, aux horreurs de la valse dansée avec une chaise ou un mannequin ; il fallait les condamner à une soirée sans plaisir, sans parfums, sans femmes. Mais j'oubliais que vous possédez un cœur tendre et sensible ; vous avez voulu ramener au bercail ces brebis égarées, en les attachant à vos charmes et à vos attraits. Peut-être avez-vous raison. *Plus fait douceur que violence.*

Quoi qu'il en soit, les célibataires ont eu des femmes charmantes, des musiciens étourdissants et des valses humanitaires à Philadelphie. M. Johnson, le Musard du lieu, a cassé toutes les chaises, tous les fauteuils de l'honorable société, ce qui a forcé tout le monde de danser toujours sous peine de s'asseoir par terre.

Pour nous qui cherchons le fond sous les prestiges de la forme, nous disons aux dames : « Vous vous êtes livrées, le sourire à la bouche, à des Judas gantés qui vous ont trahies avec politesse : ils ne vous en ont pas moins congédiées, de la même manière que Platon chassait les poètes de sa République, avec des couronnes de fleurs. Les fruits sont préférables, qu'en pensez-vous ? »

Jules Vallès

(1832-1885)

Vallès, le survolté

C'est la recrue la plus extravagante du Figaro. *Jules Vallès a vingt-cinq ans. Vagabond aux poches trouées, venu à Paris pour sortir de l'ombre, il traîne sa misère et ses ébauches de romans, pièces de théâtre, dans le Paris de Napoléon III. Il a faim, il voudrait exister, il n'en peut plus d'écouter son estomac gronder et de cette littérature qui fait l'éloge, romantique ou amusé, du dénuement. L'année précédente, il a publié, sans nom d'auteur – les pauvres n'ont rien – son premier ouvrage,* L'Argent, *réquisitoire contre les écrivains qui idéalisent le passé et appel au soulèvement contre la pauvreté : « La misère a fait son temps, y proclame-t-il, je passe du côté des riches. »*

Le rédacteur en chef du Figaro, *Villemessant, renifle chez ce provocateur une nervosité, une sensibilité hors pair. Il l'engage pour tenir la chronique boursière, puis lui ouvre plus largement ses colonnes. Le 1er novembre 1860, parait en Une sa première publication d'envergure, « Le dimanche d'un jeune homme pauvre ». Vallès a mis toutes ses forces dans la mêlée : « J'ai jeté de l'encre de tous côtés. Je me suis coupé avec les ciseaux, piqué avec des épingles », relatera-t-il vers la fin de sa vie dans* L'Insurgé. *« On dirait les mémoires d'un chiffonnier assassin. » L'article fait mouche. Vallès tremble de rage et de froid, secoue la misère comme le linge ; ses phrases claquent et pincent. Il poursuit sa collaboration. Fiévreuses, tendues, constellées de points d'exclamation, de piques assassines, ses chroniques sont des salves qu'il décroche tous azimuts : « J'avais la révolte au bout de ma plume », écrira-t-il à son ami Hector Malot. Maniant un vocabulaire guerrier, vif comme un guérillero, il s'affiche volontiers en Robin des bois des déshérités. Il prévient : « On a assez d'armes contre nous,*

nous n'en demandons qu'une, qui sera notre baïonnette : l'ironie. » Il frôle la caricature, en fait même l'apologie. Son ami, le dessinateur Gil, le représente en chien de garde, l'œil en feu, le poil hérissé, dévoilant des crocs redoutables. Il aime apparaître indomptable même si l'argent, qu'il commence à gagner, adoucit parfois ses flèches. Il n'est pas à l'abri de la contradiction. Mais il reste un réfractaire, vibrant pour l'action, la révolution politique.

En 1870, il rejoint la Commune. Dernier sur les barricades, il échappe au peloton d'exécution en se réfugiant à l'hôpital de la Pitié, où il se fait passer pour un infirmier. Aux yeux du Figaro, *il est désormais l'homme à abattre. C'est le temps de l'exil. Dans un grenier de Londres, rendu à cette misère qui l'a pourchassé toute sa vie, il rédige dans un style alerte, limpide et ironique, le premier tome des aventures, largement autobiographiques, de* Jacques Vingtras, L'Enfant. *Dans ce récit, publié sous pseudonyme, dédié à tous ceux qui « furent tyrannisés par leurs maîtres ou rossés par leurs parents », et qui l'inscrit, à jamais, dans le monde des Lettres, l'écorché vif se met à nu avec éclat. Viendront ensuite* Le Bachelier *puis, après sa mort,* L'Insurgé *: Vallès frappe, comme au théâtre, trois coups pour qu'on l'écoute enfin.*

Paru le jeudi 1er novembre 1860

Le dimanche d'un jeune homme pauvre ou le septième jour d'un condamné...

h. du matin

Il fait grand jour ; hier, l'on s'est couché tard. Les hommes de lettres font le samedi, comme les cordonniers le lundi.

Dans votre escalier, on court, on se heurte, on crie, on chante. C'est une suite de bonjours, d'embrassades et de gros rires. Dehors, c'est la chanson monotone et lourde qu'entonnent les cloches sur les églises.

Par la fenêtre arrive un jour pâle et mélancolique ; le soleil est froid, son regard est triste, et le cœur se serre sans qu'on sache pourquoi... On découvre une lacune dans son roman, une invraisemblance dans sa pièce, des trous à son pantalon ; on n'a de courage à rien, on se sent pauvre, bête et lâche.

Les heures seront longues et tristes aujourd'hui.

C'est dimanche !

Tenez ! voici son parrain qui monte ; le M. Dimanche de Molière, revu, corrigé et considérablement... par la société nouvelle. On ne le *roule* plus aujourd'hui ; il n'est plus votre dupe, vous êtes sa victime, et il vous faut tôt ou tard passer sous les fourches caudines de ce Samnite.

Cependant le créancier du septième jour n'est pas le même que le créancier de semaine. C'est souvent un compatriote qui, parce qu'il est de votre endroit, vous a fait à crédit un habit et un pantalon noir, costume de cérémonie que vous avez traîné dans toutes les brasseries et abreuvé de bière du Nord. Il vient donc, le dimanche, comme un ami après son travail, vous parler de ses petites affaires, de ses petits enfants, et vous montrer la *petite* note ! Il vous prend par la pitié, pleure dans vos draps, vous passe vos effets, les brosse, et il ne faut pas moins pour le chasser que l'arrivée d'une visiteuse, que vous faites passer pour une marquise, votre maîtresse, en le faisant passer, lui… par une autre porte.

Il part, vous ouvrez ; c'est la *blanchisseuse* ! Cette femme – du monde qui savonne – vous apporte le linge hebdomadaire avec un papillon blanc taché de noir piqué au ventre d'une chemise. Vous connaissez l'insecte ; il y en a une collection dans votre tiroir marquée en chiffres connus. Celui-ci est gros : 3 fr. 50. Vous avez 20 sous dans la poche de votre gilet ; comment éloigner l'ennemi ? En lui donnant à laver d'autre linge ou un ouvrage de vos amis – marqué 3 fr., prix fort.

Et vous restez seul avec votre chemise ! trop heureux encore ! tant d'autres n'en ont pas ! l'auteur de l'ouvrage prêté plus haut, par exemple, qui, quand il veut en changer, prend du papier et une plume, écrit sur le revers *Longue-ville*, et se passe cette guirlande au cou !

N'importe, vous êtes triste ; tout cela n'est pas gai. À ce métier, l'esprit se gâte, le cœur se fane. Et alors qu'il faudrait, pour vous distraire des douloureuses rêveries, une chanson joyeuse à vos oreilles, l'éclat du rire entre des lèvres roses, sous votre fenêtre, dans la cour, une voix de femme pleure sur un ton nasillard quelque romance de Paul Henrion. On ne l'entend que ce jour-là. C'est le crapaud qui vient pousser sa plainte hebdomadaire, lâcher sa *petite note*. C'est le *la* du dimanche.

On passe son paletot, on ouvre ses croisées. Aux fenêtres voisines, des hommes velus s'écorchent le poitrail avec des serviettes de toile jaune.

Car voici le grand jour de la *lessive* humaine (H. Moreau). Ce sont les artisans honnêtes qui essuient la poussière du travail, comme les soldats la poudre après la bataille.

On descend.

La rue a aujourd'hui une nouvelle physionomie. On ne se croirait plus dans son quartier, pas même dans son pays.

Au lieu des jeunes femmes en petit bonnet qui passent tous les matins, leur panier à ouvrage au bras, on n'aperçoit que demoiselles en chapeaux qui vont comme le diable. Tout le monde, du reste, marche vite à cette heure-là, les vieux, les jeunes, les hommes, les femmes et les Auvergnats. On court chez un ami, chez le coiffeur, chez la modiste, chez grand-papa, chez grand'maman... On dirait des morceaux d'un serpent coupé qui se cherchent.

Les morceaux mâles ont ce jour-là des couvre-chefs achetés au : *Halte-là ! ne passez pas sans lire !* Au bout de tous les bras s'étendent, comme des taches, des gants de laine ou de chevreau mort-né, au bout des gants des morceaux de bois qu'on appelle des cannes.

Le dimanche est le Mardi-Gras des cannes et des gants.

Des hommes qui paraissent avoir les reins cassés et qui jettent leurs jambes de droite et de gauche, comme s'ils n'en voulaient plus, promènent dans les rues des paquets enveloppés de serge noire, et cognent tous les passants. Ces déhanchés sont des tailleurs qui vont chez la pratique. C'est le dimanche qu'on étrenne les redingotes à ressource et les culottes à fond de bois.

Cependant, chez les charcutiers, des mères de famille en déshabillé et des enfants morveux vont soulever le couvercle en fer-blanc de la boîte aux saucisses, et piquent la fourchette dans les boyaux qu'on vend sous des noms divers à une population abrutie – ou bien on commande une *assiette assortie* – de la cochonnaille en alinéas. Le petit salé triomphe !

Sous les quais, on voit descendre des hommes à la mine grave, à l'œil rêveur, qui regardent avec mélancolie des vers se tordre dans du son. Ce sont les victimes de la pêche à la ligne, des Français qui, détournés par leurs occupations ordinaires de leur fatale passion, viennent, le jour du repos, s'y livrer avec fureur, et oublier sur les bords de l'eau sous-chef, femme, enfants et patrie !

Là-haut, au milieu du chemin, deux rosses poitrinaires traînent un fiacre taché de boue, dans lequel un Pierrot éreinté dort d'un sommeil pénible, sur l'épaule d'une catin *levée* la nuit au bal.

On se trouve seul au milieu de cette foule armée de cannes, de gants, de paquets et de lignes à ablettes ; et l'on cherche dans son esprit quel camarade l'on pourrait bien aller voir pour égorger l'ennui. Les camarades, les amis, où sont-ils, ce jour-là ? L'employé n'est pas à son bureau, un autre est chez son père, cet autre, chez sa maîtresse, celui-ci déjeune aux Batignolles, celui-là cherche à déjeuner.

On va prendre ses *quatre de riz* ou ses *cinq de chocolat* à la crèmerie habituelle. Ce ne sont plus les mêmes gens, les mêmes *petites ouvrières honnêtes* et... autres, qui vous souriaient comme à un camarade de misère ; les voisins de table à qui l'on retenait le *Siècle*..., la bonne est triste, le lait tourne.

Que faire ? De la fausse monnaie ? Pas d'outils. De l'argent ? Où, chez qui, comment ? Il n'y a pas 7 fr. 50 à emprunter dans Paris maintenant ! Une culotte vous reste, un paletot gris, un gilet vert. Le Mont-de-Piété est là !

Insensé, ignorant ! Le Mont-de-Piété est encore ouvert, mais ouvert aux heureux ! On dégage jusqu'à midi : mais

ON N'ENGAGE PAS LE DIMANCHE !

Auriez-vous dans votre gousset une lettre de change sur M. Bapaume ou M. Mirès, vous ne toucherez pas plus l'une que l'autre. Banquiers, correspondants, tous ont fermé la caisse. La poste a changé ses heures, les courriers partent plus tard, plus tard, les locomotives font leur dimanche.

Les sangsues même font relâche. Les marchands d'habits borgnes, ceux qui prêtent 5 francs sur le paletot d'hiver, et 40 sous sur *la grande*, ceux-là aussi ferment leur baraque. À travers le carreau cassé, qui porte un bandeau de papier sur l'œil, on voit bien trembler quelque guenille, on entend bien aussi quelque bruit dans le fond. Mais il est inutile de frapper, le prêteur n'ouvrirait pas ; le vampire digère.

Midi

Où donc porter ses pas et quels lieux visiter ?
(PONSARD.)

LA MORGUE

Peut-être trouverait-on sur les dalles quelqu'un de sa connaissance, son bottier, par exemple. Ce spectacle jetterait un peu de gaieté dans l'âme. Mais non : ces canailles-là ne meurent que quand on les a payés ! Il a encore longtemps à vivre.

LES CAFÉS

Dans la semaine, on va faire un tour au café. Si l'on n'a pas d'argent, on a toujours un ami en face duquel on s'assied, comme si l'on avait une confidence solennelle à lui faire. Quand le garçon demande : Que faut-il servir à monsieur ? *Grog ? Demie ?* On répond un : *Je m'en vais*, significatif. Le garçon, qui connaît ce genre de consommation, s'éloigne, et l'on reste deux heures à la table.

Mais c'est aujourd'hui une autre population qui envahit le local, ceux-là même qui ont des figures connues ont une autre tournure et d'autres airs de tête. Les consommateurs sont agités, bruyants. Ils jouent des parties de cartes interminables ou remuent, comme un chapelet de vieilles dents, un jeu de dominos crasseux qu'ils font tourner avec frénésie en attendant le moment favorable pour passer leur double.

On se résigne donc. On pèse dans sa poche ce qui reste après déjeuner sur la pauvre pièce de 20 sous, on compte, on se décide, et l'on demande sa demi-tasse sans petit verre. On contemple avec tristesse le ventre jaune des carafons, qui ne se déboutonnent, hélas ! que pour la somme de 20 centimes…

Cependant, autour de vous, des gaillards à la mine rose, en gilet long, en culottes courtes et en guêtres jaunes s'arrosent le gosier avec une insolente générosité, et prodiguent les *consolations* à leurs glorias. Ce sont des laquais de bonne maison. Ils campent fièrement sur l'oreille leur melon de velours ou leur casquette aux tons luisants – le casque en cuir bouilli de la domesticité.

Vous cherchez les journaux. Tous sont en main. Un monsieur à lunettes jette *Le Figaro* avec un air de dédain. Vous l'empoignez. Malheureux ! tu l'as lu, relu, avec *L'Illustration*, *Le Monde illustré*, *Le Journal amusant* et tous les petits journaux ennuyeux, datés d'aujourd'hui, nés d'hier.

On se tourne alors mélancoliquement vers le billard. C'est bien autre chose ! On y joue des parties à quatre ; c'est une forêt de queues en délire. On regarde la règle, on fait rouler de petites boules en bois peint sur des tringles sales.

— Guâtre aux chaûnes, dit un Alsacien.

— Chè moa qui a les noerrs, mâche l'Auvergnat.

— Et moi les rouzes, dit le Marseillais.

Et tout ce monde-là vous flanque des coups de queue dans la tête, puis vous demande pardon en vous grattant vos bosses. Et les cous de se tendre, les jambes de se lever, ils suivent la bille des yeux, des reins, du derrière !

— Forcez, la blanche ! – Assez, la rouge ! – Collez-vous ! – Passe derrière. – Va toujours ! – Là !… très bien !… – Elle est masquée. – La grosse queue !

Pendant que les hommes jouent, les femmes font des canards et cherchent les images.

On se lève. Pour atteindre à son chapeau, il faut marcher sur des queues de chien, des têtes d'enfant, froisser les jupes, renverser les verres, et, par-dessus le marché, s'entendre appeler, à mi-voix : « Maladroit ! butor ! grand râpé ! » Vous mettez la main au bouton de la porte, une voix sinistre prononce votre nom. Vous vous retournez. C'est un créancier à vous qui prend une *cruche* avec un confrère. Il vous parle par-dessus la table : « Pensez-vous à moi ? Il y a bien longtemps que ça dure... On ne me donne pas le cuir... » Tout cela dit avec une discrétion hypocrite, de façon à ce que les voisins entendent et écartent leurs chaises en se signant. N'allez pas au café ce jour-là ; on n'y trouve que des domestiques, des esclaves et des créanciers.

Le dimanche, si triste pour l'homme libre, est le jour de fête des vaincus. C'est ce jour-là que les règlements ouvrent aux visiteurs les portes des hôpitaux et des prisons.

Ceux qu'ont jetés à Sainte-Pélagie les hasards de la politique, ceux qui expient dans le grand jardin triste de Clichy leurs folies de jeunesse, tous ces exilés de la vie militante attendent en frémissant les visites amies. Les cœurs battent dans la prison quand le pas du gardien préposé au parloir retentit dans la galerie. « Est-ce pour moi que l'on vient ? » se dit chacun en prêtant l'oreille. Et l'on reprend triste et découragé sa promenade solitaire, si c'est un autre nom qu'a prononcé la voix indifférente de l'homme à casquette étoilée d'argent.

Dans les hôpitaux, de pauvres garçons aux joues creuses, aux yeux éteints, viennent tendre à travers le guichet leurs mains que fait trembler la fièvre. C'est bien triste, allez ! un parloir d'hôpital.

De ce côté la santé et la vie, mais l'inquiétude et la douleur.

De l'autre côté de la grille, dans l'antichambre de la mort, des casaques grises, et des bonnets de coton blanc qui ne font plus rire, je vous jure, et qui retombent en plis tristes sur des têtes pâlies.

Mais dans le monde où nous vivons, on ne va guère à l'hôpital que pour boire du vin ou pour mourir. Les vieux de la vieille et les vieux de la jeune le savent bien. L'amitié d'un interne vous ouvre pour quinze jours un réfectoire. Ce sont des relais de santé, où s'arrêtent chacun à leur tour les ambitieux qui courent la poste sur le chemin de la gloire. Pendant quinze jours, on déjeune et l'on dîne, on boit du sang de roast-beef et de raisin, et l'on quitte le râtelier un peu plus gros, un peu plus fou, pour enfourcher de nouveau son dada et dévorer la route.

Pourquoi aller voir ceux-là ? Pourquoi aller voir les autres, ceux qui ne sont venus que pour mourir ? Pendant dix ans, ils ont gardé suspendu un point d'interrogation dans leur estomac vide. Mangerai-je aujourd'hui ? Mangerai-je demain ? Ils ont cru que la faim ne mordrait pas sur leur santé parce que la fièvre les soutenait, colorait leurs joues pâles, allumait leurs yeux noirs ; ils ont ri au nez de la misère, et elle s'est vengée. Ils ne pourraient même plus se traîner jusqu'au parloir, et pour causer avec eux du temps passé, pour écouter leurs suprêmes paroles, le jour est mal choisi. Il faut au mourant qui murmure la sainte majesté du silence. Et dans ces salles si tranquilles va tout à l'heure entrer avec fracas une foule banale. Sur le parquet jaune vont se traîner, en le rayant, les souliers ferrés de l'ouvrier et les sabots du paysan ; triste refrain pour un *De Profundis*.

Il ne fait pas bon mourir le dimanche.

Les églises elles-mêmes n'ont plus l'aspect solennel du temple, où venaient s'agenouiller dans l'ombre les Madeleine. Il y a bien des coquettes et bien des indifférentes ; mais la Charité veille aux portes. Les dames quêteuses tendent de leur main blanche la bourse à glands d'acier ; je laisse tomber un sou dans l'aumônière. Le bedeau, qui joue avec le fer de sa lance, me jette un regard de mépris.

En sortant de la messe, quelques femmes vêtues de noir se réunissent et prennent le chemin du cimetière ; elles vont pleurer sur des tombes, attacher à la grille du caveau ou à un bras de la croix noire une couronne d'immortelles. Seuls les morts dans la fosse commune dorment sans fleurs et sans prière.

2 h

Les maisons sont abandonnées, les magasins fermés, les portes closes. Tout Paris est dehors, et pourtant la plupart des rues sont vides. Ceux qui passent vont lentement et sans bruit, comme des gens qui suivent un enterrement. On dirait qu'un fléau a passé par là : la guerre ou le choléra.

Plus de camions roulant avec fracas sur le pavé, plus de charrettes se heurtant au coin des rues. Elles dorment dans les chantiers, sous les hangars et dans les cours, les reins à terre, les bras en l'air, et, habitué que l'on est au gémissement des essieux, aux hennissements des chevaux, aux jurons des charretiers, on regarde avec tristesse rouler les petites voitures de place et les longs omnibus conduits par des cochers muets.

Le gamin de Paris, cette sauterelle de la rue, n'est pas là qui gambade entre les pieds des bêtes et les jambes des hommes, jetant au vent son coup de sifflet ou sa chanson. Le cri nasillard du marchand d'habits, la fanfare du fontainier, l'appel plaintif du Savoyard ; morts, tous ces bruits, tous ces refrains ! La vie a disparu ; les vivants même ont l'air de n'avoir point d'âme.

Dans la semaine, on va, on vient, on se rencontre, on se bouscule, flâneur ou employé, riche ou pauvre, député, artiste, ouvrier, les paresseux et les vaillants, tous s'agitent, sortent d'ici, courent là-bas, cherchent ceci, cherchent cela, du pain, de la gloire, une femme, une rime, un million. Ils vont au bureau, au cours, au journal ou à l'atelier, chez le notaire, chez l'usurier.

Aujourd'hui, ils se promènent ! mot bête ! Tout Paris est sur les boulevards, rue de Rivoli, dans les jardins publics, aux Tuileries, aux Champs-Élysées. Le long des trottoirs et des allées, on voit descendre à petits pas une foule tranquille, émaillée de redingotes vertes et d'habits noirs, de bonnets en tulle et de capotes à plume ; de temps en temps passe un polytechnicien le manteau sur l'épaule, ou un élève de Saint-Cyr les mains dans son pantalon rouge, et ici, comme au café, comme partout, le môme abonde ; quelques-uns sont habillés en zouaves, avec des culottes fendues par-derrière.

Combien triste et banal ce voyage à travers cette foule épaisse, où se pressent, se mêlent et se heurtent les acteurs en vacances de la grande comédie humaine ! Pas une figure ne se détache en traits heureux sur le fond terne du tableau. Hier samedi, avant-hier, tous les autres jours enfin, les visages reflétaient les âmes, la lèvre était plissée, le pas rapide, le geste vif, le front inquiet, l'œil ardent. Aujourd'hui, le masque est tombé ; on ne voit que des têtes banales sur des épaules bien couvertes : sourires fades, airs béats. À demain, les affaires sérieuses, les physionomies éclairées au feu des passions sottes ou grandes, la cupidité, l'ambition, l'amour…

Dirai-je les fiacres pleins, les omnibus complets, les bureaux de tabac encombrés ? Les chevaux sont sur les dents, les conducteurs n'entendent pas, il pleut des cigares d'un sou !

Sur les places, les saltimbanques tordent les reins à leurs enfants, devant l'obélisque, des opticiens râpés enseignent des astronomies révolutionnaires et montrent la lune aux passants.

À travers cette foule tortillent comme des serpents bruns des bandes de collégiens abrutis, conduits par un pion à barbe rouge, et précédés d'un domestique cagneux en habit de préfet à collet groseille. Deux ou trois petits mulâtres font tache dans la bande. Pauvres enfants ! pauvre homme ! plus à plaindre encore que moi !

Ils sont prisonniers, je suis libre !

Libre ?

Non, tu ne l'es pas, rôdeur au paletot chauve, au chapeau rougeâtre ! Tu passes triste, honteux, au milieu de ces promeneurs en toilette neuve ; tu as peur de rencontrer l'ami riche, le protecteur puissant, tu n'oses regarder en face les belles créatures qui flânent par là, dans leur cuirasse de soie et de velours ! Tout le monde a l'air heureux ici, les braves gens et les filous, les élégants et les grotesques, les artistes et les notaires, les gandins aux fines moustaches et les souteneurs aux gros favoris, les impures célèbres et les ouvrières modestes, les pères de famille et les mères de louage ; dans la poche du plus mince employé, du plus pauvre artisan, on entend tinter les pièces blanches qu'ils feront sauter sous la forme d'un lapin à la barrière ou d'une grisette au Casino ; dans ta poche, à toi, qu'y a-t-il ? Un manuscrit fripé des bords, avec un titre... qu'on n'escompte pas à la Banque...

Tous les plaisirs te sont défendus. Tu n'entreras même pas au café-concert, où des *fruits secs* du Conservatoire et de la rue Bréda écorchent Auber et Rossini : le patron se charge des consommateurs. Ne t'arrête pas trop longtemps : le *gérant* viendra te dire que tu presses trop sur la chaîne.

Il te reste Guignol, Polichinelle, les macarons, la balançoire ; tu peux encore, en te ruinant, monter sur l'Arc de Triomphe, entrer dans la colonne Vendôme, te faire peser, pour voir de combien de livres on maigrit chaque année, *dans les lettres*.

L'AMOUR

L'amour nous reste !

Mais le *jeune homme pauvre* a pour maîtresses les maîtresses de tout le monde ou la femme d'un autre.

Celles de tout le monde, elles vont où fleurit la demi-tasse, le dîner à 32 sous, le cheval de bois et le quadrille échevelé ; elles vont aux poches enceintes.

La femme d'un autre, l'*épouse adultère*, elle est prise aujourd'hui : *il est là*. À *Roger* la semaine, au mari le dimanche... C'est lui qui délace le corset de Fanny, ou bien, ce sont les enfants qu'on a amenés ce jour-là, pauvres petits êtres dont on est jaloux, et qui font à leur mère un rempart de leur innocence... C'est encore la famille des grands-parents, qui vous regarde comme un ennemi, il vous vient presque des remords.

5 h 40

PANEM !

La foule remonte, les jardins publics se vident, les rues se repeuplent, les restaurants commencent à se remplir. Le patron étire les serviettes, essuie les carafes, presse le chef, gourmande l'officier – cet enfant de troupe de la cuisine.

Cependant, trois familles sont déjà installées. Une julienne ouvre la marche du Balthasar, deux purées croûtons lui succèdent, le rognon saute, le bourgeois frémit, l'orgie commence.

On voit à travers les carreaux l'homme et la femme qui feuillètent la carte, qui s'interrogent d'un air tragique. « À quoi avons-nous droit ? » Tel est le premier cri qui s'échappe des deux bouches (1 potage, 3 plats au choix, 1 dessert pouvant se remplacer par un petit-verre de vespetro (quel nom !), une demi-bouteille de Mâcon (!!) pouvant se remplacer par une bouteille et même deux, si l'on veut y mettre l'argent). Ils se consultent... On les entend demander du faisan ! Il y a donc des gens, au dix-neuvième siècle, après soixante ans de révolution, après les cas d'asphyxie signalés de toutes parts, qui viennent demander du faisan dans les restaurants à 32 sous !

LE VER SOLITAIRE

Si aveugles que soient les potages, si faisandé que paraisse le faisan, la vue des plats qui passent met le ventre de belle humeur, les grosses dents se rejoignent, l'estomac tressaille. Le ver solitaire se démène. Tout homme de lettres porte en lui de douze à quinze mètres de ver solitaire. Il ne rend le dernier centimètre que le jour où il est arrivé. Les bonnes femmes nourrissent le leur avec du lait, nous tuons le nôtre avec de l'encre.

On songe donc à faire comme tout le monde, à dîner ! On se dirige machinalement du côté de l'hôtel, vers la *pension*.

Point de lumière ; le silence ! Un frisson vous court dans le ventre… C'est le *lasciate agni speranza* du Dante… c'est le règlement de la table d'hôte.

ON NE DÎNE PAS LE DIMANCHE !

Reste l'ami calicot ou pion qui vous a donné rendez-vous sous l'Odéon à sept heures pour passer la soirée ensemble en prenant *quelque chose*. Les esclaves ont toujours de l'argent dans leurs bottes. Il vous offrira, au lieu de gloria, le petit pain et la saucisse, l'implacable saucisse ! On ne connaît pas assez, à notre époque, l'influence du cochon en littérature. Je connais des hommes de lettres, maintenant en route pour l'Académie, qui ont mangé un kilomètre de boudins pendant les années difficiles du noviciat. Quelques-uns qui, ne pouvant tenir à la peine, sont descendus des hauteurs du Parnasse et du Quartier latin pour entrer comme employés dans un bureau, une étude ou un magasin, se prennent parfois à regretter ce temps d'émotions salées. Ils ont la nostalgie de la saucisse.

Il en est d'autres, au contraire, dont ce régime a perverti les idées, les sentiments, l'estomac. La charcuterie me fait peur, me disait une ancienne victime du boudin littéraire, j'aimerais mieux les garder qu'en manger encore !

On se promène donc de long en long. Les trois boutiques de libraires sont fermées. Seuls, deux élèves de l'École normale et un homme en chapeau pointu lisent les feuilles du soir chez le père… le marchand de journaux. Les pas résonnent sur les dalles comme dans les corridors d'un château où il y a encore des revenants. Ici les revenants se tiennent au bout des galeries, entre des barrières. Des sergents de ville sont là qui les empêchent d'agiter leurs chaînes. Ces ombres attendent que sept heures et demie sonnent à l'horloge du monastère pour aller se perdre dans les Catacombes. Il y aura ce soir tragédie : on donne *Britannicus*.

Vous, pourtant, vous attendez, l'estomac dans les jambes, la tête en feu ! Mais la saucisse ne vient pas : les boyaux grognent, le cœur se serre ! le cœur, le vrai malade. Dans ce duel avec la faim, ce n'est pas l'estomac qui souffre, c'est l'âme. Mille maux pour un sont plus douloureux ; une migraine, un lumbago, une coupure au doigt. Mais il y a dans le spectacle de son impuissance je ne sais quoi de cruel et de sombre qui pousse à la révolte, le pouls bat moins fort que le cœur.

Voilà ce que c'est qu'avoir faim dans le pays des orgueilleux !

Alors on s'en va rôdant à travers les rues, et, par une ironie féroce du hasard, on passe devant les cuisines sérieuses des Foyots, des Janodets... On est pris à la gorge par le parfum des sauces, on s'arrête, l'œil hagard, devant les bassins factices où se crispe sur le jet d'eau l'écrevisse, ce cardinal du ruisseau.

Dans l'intérieur, les cuisiniers vêtus de blanc, comme les sacrificateurs des temps antiques, taquinent le brasier, font voler les couvercles, passent au fil de la broche les perdrix rondelettes, au ventre azuré par les truffes, et les gigots à la Rubens qui pleurent à chaudes larmes dans la lèchefrite... l'oignon siffle, le beurre chante...

Dehors il fait froid, il fait faim.

Et ces canailles de marmitons qui trempent leur doigt dans la sauce, et se le sucent jusqu'à l'épaule !

LE REPOS DE PHILISTIN

Il y a bien par là-bas, bien loin, dans la rue des Jeuneurs, une famille du pays qui soupe à huit heures, chez laquelle votre couvert est mis les dimanches et jours fériés, mais la mère est hydropique, la fille à peu près hydrocéphale, le père presque hydrophobe. Il mordrait volontiers aux jambes quiconque parle peinture, théâtre ou roman. On n'y va pas sans muselière.

9 h

Où tuer le temps ? Quels refuges nous restent ?

LA BRASSERIE

Elle est pleine de monde et elle est vide, on y trouve deux cents consommateurs, et l'on n'y rencontre personne. Les uns courent le guilledou, d'autres mangent le gigot à l'ail au sein de la famille, quelques-uns dînent chez un camarade frais marié, qui a dit adieu à la vie d'aventures, et met le pot-au-feu tous les dimanches. Que Dieu fasse bouillir la marmite !

LE RETOUR

On revient machinalement vers son quartier. Les rues paraissaient tristes à midi. Qu'est-ce donc à cette heure ?

Tout est clos ! c'est la nuit, c'est la mort.

Ces magasins, où hier se heurtaient des légions d'employés, où le luxe étalait ses merveilles dans des flots de lumière, ils sont vides, rangés comme des cercueils le long de la voie Appienne. On a éteint le gaz, fermé la porte, *soufflé la chandelle*. Et les passants vont tâtant les murailles, dérangeant les ivrognes, effarouchant les couples qui s'embrassent sous les portes cochères...

Quelques maisons sont encore ouvertes,

LES ÉPICERIES

Mais l'épicier n'est plus l'être béat et vil que vous connaissez. C'est fête dans la salle du fond. On dîne avec le frère et le beau-frère ; le patron, la patronne et jusqu'à M. Théodore, le garçon au nez violet, tout le monde joue aux cartes autour de la table ronde. Ils ne viennent que quand on connaît l'atout, vous servent en grognant, encaissent sans remercier, et replongent dans l'arrière-boutique.

LES CHANGEURS

Mais les pièces de 100 sous ne dansent pas dans la balance, les billets de banque ne crient pas sous l'ongle ; à peine de temps en temps un Anglais funèbre tourne le bouton de la porte et réveille les louis endormis dans l'écuelle.

Sont encore ouverts les pharmaciens, les herboristes, les marchands de fromage et les charbonniers !

LES CHARBONNIERS

Existence étrange que celle-là ! On a fait comme un trou au bas d'une maison. Le charbonnier est venu qui a apporté là sa bascule, quatre poids de quarante, quelques cadavres de hêtres coupés en morceaux, sur lesquels il s'acharne, comme un assassin en chambre sur sa victime, à coups de hache, à coups de scie ; il fend le bois, le taille, le rogne, et il le pèse : 13 sous le cotret, 2 fr. 50 c. les 100 livres !

Puis il fait venir le charbon, ce bois de couleur ; il se jette sur lui, le décharge, le met en tas, et à grands coups de pioche il fend le crâne aux pierres noires comme des têtes de nègres déterrés ou d'ours bruns ; la cervelle vole en éclats et inonde de ses débris les mains et le visage du charbonnier. Et ainsi de la charbonnière ! Ainsi des petits *carbonari*, qui font là-dessus leurs dents, leurs prières et leurs ordures. L'eau est bien là pour laver les flots de poussière ; l'eau, ils la vendent – comme le feu – et ils achètent de la terre. Ils vivent de cette façon dans leur antre, exilés, sous la cuirasse noire, n'ôtant jamais leur masque, pas même le dimanche !

LES MARCHANDS DE FROMAGE

Passons, passons.

MYSTÈRES !

Derrière des vitres crasseuses, quelques bocaux sales, remplis de poudres blanchâtres ; sur les autres rayons, des pompes foulantes à bec de héron à l'usage du corps humain, des bandages en cuir de gendarme, et... des porte-monnaie cousus de fil blanc.

Sur les lettres de l'enseigne, au-dessus de la porte, pendent comme des cheveux jaunes des bouquets d'herbe sèche, des bouchons de paille : de chaque côté, en boucles d'oreilles, des chapelets de pavots. Il y a de tout, des éponges qui donnent soif rien qu'à les voir, des pots de pommade, des feuilles de nénuphar, des brosses pour les souliers et pour le ventre, et du chiendent ! Sous toutes les formes, pour frotter le velours et pour laver les entrailles. Sur le carreau du milieu, une larme verte, et au-dessus cette inscription mystérieuse :

HERBORISTERIE ET SANGSUES

Ils ne ferment jamais, jamais ! Et pourtant on ne se rappelle pas avoir vu entrer là-dedans un être humain. On n'y fait pas de bruit, on y brûle de la chandelle.

Ouvertes encore,

LES PHARMACIES

Ces herboristeries du grand monde, avec leurs bocaux verts, leur odeur fade et rance, leurs serpents dans l'esprit de vin, leurs fœtus confits.

LES PARADIS PROFANES

Le vice ne fait jamais relâche : les filles perdues traînent leur uniforme dans la boue, et, au seuil des allées noires, pendent des tabliers blancs sur le ventre des matrones ; c'est le drapeau du régiment.

10 h du soir
Hôtel de Rome, chambre 19

Il fait sombre, il fait triste !

Hier, on était troublé par le bruit ; on l'est aujourd'hui par le silence. Rien que la voix des horloges qui se répondent d'une tour à l'autre ! Les autres jours on tend l'oreille, on compte les coups ; elles sonnent l'heure du travail ou du plaisir, marquent un accident, rappellent une promesse ou un devoir.

En ce moment, ces heures qui tombent une à une vous disent seulement que vous vieillissez, triste et inconnu, trouvant les journées longues, les années courtes !

On se prend à songer aux dimanches des jeunes années, aux bons dimanches de province qui passaient si vite, ceux-là ! Et dans cette solitude muette, en ce jour de trêve, où la voix du péril n'est point couverte par le bruit du combat, la fièvre tombe, le cœur s'en va...

La mansarde est triste comme la cellule d'un captif ou comme la chambre d'un exilé.

On se couche et l'on ne dort pas ; on se met à sa table, et l'on fait de pauvre besogne.

Si mon article vous a paru chagrin et bête, pardonnez-moi.

Je l'ai fait un dimanche !

Paru le jeudi 9 octobre 1862

Les victimes du livre

Pas une de nos émotions n'est franche.

Joies, douleurs, amours, vengeances, nos sanglots, nos rires, les passions, les crimes, tout est copié, tout !

Le *Livre* est là.

L'encre surnage sur cette mer de sang et de larmes !

Cela est souvent gai, quelquefois triste. Mais à travers les débris, les fleurs, les vies *ratées*, les morts *voulues*, le Livre, toujours le Livre !

« Cherchez la femme, » disait un juge. C'est le volume que je cherche, moi, le chapitre, la page, le mot…

Combien j'en sais dont tel passage lu un matin a dominé, défait ou refait, perdu ou sauvé l'existence !

Une *pensée* traduite du chinois ou du grec, prise à Sénèque ou à saint Grégoire, a décidé d'un avenir, pesé sur un caractère, entraîné une destinée. Quelquefois le traducteur s'était trompé, et la vie d'un homme pivotait sur un contresens.

Souvent, presque toujours, la victime a vu de travers, choisi à faux, et le Livre la traîne après lui, vous faisant d'un poltron un crâneur, d'un bon jeune homme un mauvais garçon, d'un poitrinaire un coureur d'orgies, un buveur de sang d'un buveur de lait, une *tête-pâle* d'une queue rouge.

Tyrannie comique de l'*Imprimé !*

D'où vient cela ?

Je ne sais ; mais l'influence est là ! Tous la subissent, jusqu'à nous, les corrompus, qui lisons mieux sur la mise en page que sur le manuscrit, et croyons plutôt que *c'est arrivé*.

Joignez à cette autorité de l'imprimé l'intérêt du roman. Que l'écrivain ou l'écrivailleur ait donné à ses personnages une physionomie saisissante, dans le mal ou le bien, sur une des routes que montre Hercule, moine ou bandit, ange ou démon ! et c'en est fait du simple ou du fanfaron sur qui le bouquin tombera. Ce sera une bosse ou un trou, une verrue ou une blessure, suivant la chance ! Mais la trace est ineffaçable comme la tache de sang sur la main de Macbeth ! Ils gratteront à en saigner ; le *pâté* y est, il restera !

Et cela sans qu'ils s'en doutent, sans qu'ils sachent qu'ils ont le cerveau gonflé de vent et que leur cœur bat… dans l'écritoire d'un autre.

Rares, d'ailleurs, bien rares, dans Paris comme à la banlieue, à l'Académie comme dans la boutique, ceux que n'a pas plus ou moins entamés le Livre, qui n'en portent pas un peu la marque dans la tête ou dans la poitrine, sur le front ou la lèvre !

Combien de fois, sans le vouloir au juste ni le savoir tout à fait, tel qui croit être *lui* ne s'est-il pas tenu en face d'une émotion ou d'un événement dans l'attitude de la gravure, avec le geste d'Edgar ?

Si l'on était franc et si l'on cherchait bien, comme on se surprendrait en flagrant délit de contrefaçon ! En faisant le siège de son âme, combien de brèches par où passe un bout de chapitre, un coin de page !

Que de mensonges il fait faire à soi-même, le Livre ! que de lâchetés il excuse, que de faiblesses il autorise !

On croira n'être pas gai, pas triste, point en joie, pas en train, parce que le Livre marque autre chose à cet endroit. On voulait être simple, on est précieux ; passer outre, on s'arrête ; pardonner, on se fâche ; saluer, on insulte. – *Ici l'on rêve. – Ici l'on flâne. – Ici l'on pleure.* Et un tas d'autres poteaux plantés tout le long de la vie, auxquels le *premier mouvement* vient se casser les ailes, et sur lesquels on lit son chemin, au lieu de le faire, l'œil en avant, le cœur en haut !

Pauvre cœur qui avance ou retarde ; qu'on règle sur le volume comme un bourgeois règle sa montre sur une horloge ; on regarde à ce cadran l'émotion qu'il est ! pauvre cœur ! – vieil oignon !

C'est partout, c'est toujours ! en haut, en bas ; à dix ans, à quarante !

Victime convaincue ou désespérée, gaie ou funèbre, qui fera rire ou fera pleurer, tout petit, le Livre vous prend ! Il vous suit des genoux de la mère sur les bancs de l'école, de l'école au collège, du collège à l'armée, au palais, au forum, jusqu'au lit de mort, où, suivant le volume feuilleté dans la vie, vous aurez la dernière heure sacrilège ou chrétienne, courageuse ou lâche !

Regardez !

C'est d'abord les livres d'enfance.

Les contes du chanoine Schmidt, *Les Œufs de Pâques*, *La Couronne de houblon, Théophile ou le petit hermite.*

Robinson !

Qui de nous n'a pas été un peu victime de Robinson ?

Qui n'a pas rêvé son petit naufrage et son île déserte ? L'île déserte, avec le canot, la chasse, *son* château, *ses* vignes, du tabac, du melon, la liberté !

Mon Dieu ! de 10 à 13 ans, que j'ai donc souvent prié le ciel de m'égarer ! Je ne m'aventurais jamais dans la basse ville ou hors la barrière que muni de tout ce qui peut être utile à un naufragé. Ficelle, aiguilles, hameçons, ce qu'il faut pour écrire ; un briquet, de peur de ne pouvoir faire de flamme en frottant les morceaux de bois.

J'ai passé des journées, vous aussi, allons ! à frotter des copeaux l'un contre l'autre pour avoir du feu, sans obtenir jamais que des ampoules. On mouillait sa chemise, on suait, on soufflait, il n'y avait que le bois qui restait froid, le copeau étant plus sensible sous un ciel que sous un autre et le frottement de la civilisation ne valant pas, à ce qu'il paraît, celui de la barbarie. Dans mes poches des noyaux de cerises, d'abricots, de pêches, ramassés dans toutes les boues ! des grains de blé pour semer dans l'île, au cas où ma récolte de manioc ou de pommes de terre manquerait.

Et le linge ? Je me souviens d'un jour où l'on m'arrêta à l'octroi comme suspect. Il faisait 33 degrés à l'ombre. J'avais en dessous de ma culotte de collégien le pantalon noir de mon père, des bas de laine dans mes chaussettes, et deux chemises, dont une à ma mère, plus longue, pour agiter du haut du rocher, s'il passait une voile à l'horizon.

Comme on prenait ses précautions, et quelle conscience on y mettait ! je me souviens. On se trouvait, *sans savoir comment*, dans un chemin qui n'était plus le sien. On n'y prenait garde d'abord, *oubliant toute prudence*, puis tout d'un coup on s'apercevait qu'on s'était perdu.

« Où suis-je ?.... Je ne connais pas ces plantes... On dirait un matelot qui appelle... Pas une habitation... Que dira ma mère, ce soir ? »

La mère vous donnait une semonce et une taloche, en vous voyant revenir tout crotté de votre naufrage. Cela ne vous guérissait point, et vous vous couchiez en rêvant de la terre inconnue où tous les jours étaient des dimanches et les vendredis des domestiques.

Quelquefois on *tombait* chez les sauvages, qui vous nommaient grand-esprit, ou bien l'on était quelque part sur les côtes d'Afrique *coiffeur de la reine...*

Quels rêves, mon Dieu ! et que d'heures passées derrière le pupitre, le nez sur le *gradus*, la tête au diable, à mille lieues de là, sur le Grand Océan ! On a bien autre chose à faire vraiment qu'à éviter les solécismes et à mettre la quantité ! Et les voyages au vaisseau, et les découvertes dans le nord de l'île !...

Si l'on est roi, les traités à signer, les ambassadeurs à recevoir, les finances à désorganiser – tout est là – pour partir un jour avec la caisse sur un navire faisant voile pour « la vieille Europe ».

Ah ! quand M. Chose vous reverra, l'homme du second qui nous appelait les *pannés* du cinquième, et la demoiselle du sous-chef qui riait toujours de vos culottes rapiécées et de vos gilets trop longs... Quand ils sauront que vous avez été roi, et des Caraïbes encore ! et que vous revenez millionnaire... – on disait millionnaire, de mon temps.

Quelles petites vengeances on mitonne avec ça ! Il y a des gens dont on fait brûler les maisons, voler les papiers, enlever les femmes ; on a une police, des noirs, des blanches, un sérail. Coquin d'enfant !

Les Livres bleus

À côté du livre qu'on lit dans la bibliothèque de son père ou qu'on a en prix à la distribution, celui qu'on feuillette d'une main avide, qu'on parcourt d'un œil hagard dans la case, en bouquiniste, imprimé sur un papier gris, à chandelles, en peau de chien, avec des gravures ! Livre souvent autorisé, quelquefois défendu, quoique souvent le titre promette plus que l'ouvrage ne tient.

Histoire d'une jolie femme, L'Amour conjugal...

On feuillette ceux-là sans les comprendre, on dévore les autres sans reprendre haleine.

— *Le Collège incendié.* Comme on aurait voulu que ce fût le sien, comme on aurait sournoisement soufflé le feu, et qu'on se serait bien gardé d'avertir ! Les *De viris* et les *Selectæ* brûlés, les classes détruites, le censeur, un chien fini, rôti jusqu'à l'os ; le désordre, le bruit, un congé !

— *Les Aventures de Cartouche*, ou de Mandrin, ou d'un autre, d'un capitaine de voleurs illustré pour tout dire : un voleur courageux, galant, poli avec les dames, s'il est dur avec les gendarmes, jurant à la belle étrangère qu'elle ne sera que détroussée, lui offrant le bras pour passer au salon de la caverne. Des brigands qui ont des salons, des habits bourgeois, qui vont entendre lire leur condamnation à mort par le crieur public sur la place de la ville, qui s'évadent par les toits, les caves, sur le dos de leurs confesseurs, rient au nez de leurs juges et montent au pilori en martyrs.

Comme c'est toujours à la veille de se retirer ou de céder son fonds à son lieutenant que le capitaine est pincé, on se promet bien de partir la veille et d'aller quelque part bien caché mener la vie du brigand honoraire qui a le sac sans la corde – quitte à faire dire des messes et à fonder un prix de vertu pour étouffer le remords.

Cette vie d'aventures hardies et d'évasions miraculeuses couronnée d'une bonne retraite n'a rien que de fort agréable, et je sais bien que si, en quatrième, on m'avait offert un engagement dans une troupe convenable, avec espoir d'avancement et de feux, j'aurais signé des deux mains, et j'aurais envoyé mon traité à ma mère.

L'histoire de Jean Bart

Jusqu'à présent le mal n'est pas grand.

On a beau tout faire pour s'égarer, la bonne vous retrouve toujours. On n'a pas, comme cela, la chance d'être jeté dans une île déserte par terre, et quant aux brigands, ils ont beaucoup baissé depuis les chemins de fer.

Mais voici que les jambes grandissent, on attend les moustaches, on se rase avec un couteau, on a l'âge pour être *mousse*.

Après le livre de récréation, le livre d'histoire. Après Robinson, Jean Bart !

Difficile à mener le moutard qui a été empoigné par cette légende et qu'achèvent de troubler toutes les histoires de mousses arrivés, dont sont pleins *Le Journal des Enfants*, *Le Musée des familles*, *La France maritime*...

À peine il a achevé sa lecture, il parle de quitter les classes de latin pour entrer *en élémentaire*, et se préparer à la marine. Il demande à sa tante une boîte de compas, à son parrain une boussole pour son jour de l'An. Il se fait acheter une petite casquette avec un galon d'or, s'il est riche – s'il est pauvre, un chapeau de toile cirée sur lequel il colle en lettres de papier *d'or* le nom de son navire : le *Vengeur*, la *Méduse*.

Cela n'est souvent qu'une fantaisie qui passe avec un rhume attrapé dans une manœuvre à sec faite pour s'habituer à la mer. Mais si le livre était ardent, le récit touchant, qu'on y prenne garde ! Ne brutalisez pas cette impression d'enfant, ou malheur à vous, malheur à lui ! Il sortira de là un mauvais sujet ou un mauvais fils.

Le Livre tuera le père.

L'écolier mettra pavillon à bord de la Révolte. Il se fera punir, chasser peut-être ! – ou bien il partira le premier, lèvera l'ancre.

Un jour avec 100 sous gardés de ses étrennes, sa gourde, son livre, il *filera*. Il marchera sur Toulon pour s'embarquer. Vous le ferez arrêter par les gendarmes, mettre au séquestre, même au cachot ; vous le corrigerez par vos mains. Ce gamin de douze ans se redressera fier sous le châtiment ; il se croit déjà devant l'ennemi.

Je n'ose pas dire que Toulon l'attend.

Mais voici un abîme qui se creuse entre le fils et le père, où peut s'engloutir une jeunesse.

Au lieu de faire naufrage « *sur la côte lointaine* », il ira, l'amiral manqué, se briser contre les écueils à fleur de boue de la vie banale. On le retrouvera aux compagnies de discipline un jour, ou dans une bande d'aventuriers ; peut-être bien sur un navire, mais sans pavillon, faisant la contrebande ou la traite.

Peut-être encore, sur les bords de la Seine, cadavre verdi par l'eau, noyé de l'autre quinzaine, souffleté au courant par la rame des canotiers d'Asnières, piqué au ventre par la gaffe d'un *marinier*, échoué contre le Pont-Neuf.

Comme nous sommes loin de l'île déserte et de l'histoire de Jean Bart ! Et pourtant, je vous l'assure, il est parti de là pour arriver ici.

Le corsaire

Après la bibliothèque de collège, celle du cabinet de lecture, après le naufrage connu, l'homme sans nom ; après Jean Bart, Jean Fatal…

Le Pirate, Arthur, La Gorgone... Eugène Sue, La Landelle, etc., etc.

Le fameux corsaire au nez d'aigle, à la lèvre pâle, à l'œil bleu d'enfer, qui ne parle pas, qu'on n'entend que dans le danger, l'orage ou la bataille... D'où il vient ?... Nul ne le sait ! Il n'a pas de pays, pas de patrie. *Ubi mare, ibi patria.* Qui l'a fait si sombre ?... Est-ce un amour, un crime ? Le mousse dit qu'une fois il l'a vu pleurer.

Toujours est-il qu'il ne rit jamais. Ses hommes lui obéissent comme à Dieu et le craignent comme le diable ; et il va, entre le ciel et l'eau, faisant sauter les têtes et les navires...

Tempêtes, massacres, incendies, un peu de viol au besoin : l'orgie sur le pont où le tafia ruisselle ou dans la taverne où les couteaux marchent !

Voilà pourtant les rêves que caressent, dans leurs fauteuils en cuir vert, de braves gens qui ne feraient pas tort d'un sou à personne, et qui ont peur des revenants ! Vous entendez des hommes qui ont un ventre à ne pas pouvoir lacer leurs souliers, ou des pituites à faire rendre la Garde, vous dire qu'ils étaient nés pour être corsaires, qu'il leur fallait cette vie d'émotions ardentes, coupables... comme dans *Couprre*, d'autres prononcent *Cauau père.*

Cela ne les empêche pas d'être bons garçons, de jouer au bésigue dans les cafés, et de dire la leur quand chacun dit la sienne – mais tous ne se résignent pas ainsi !

J'en sais qui poussent la force jusqu'au bout, et se condamnent au *corsaire forcé* pour la vie : gens qui se font une figure en coin de rue qu'on dépave, qui posent pour le front pâle, le regard dur, qui donneraient 100 sous d'une ride, et feraient des billets pour une cicatrice.

Ils portent chez eux leur bonnet de coton à la Masaniello, dans la rue leur panama en sombrero, leur pet-en-l'air en veste de combat, muets ou bruyants, tout glace ou tout feu, tombe ou trombe, comme dirait Hugo – cela dépend de la coupe de la barbe et de la couleur des cheveux. Les nuances du reste ont traité à l'amiable : le blond a pris l'*énergie froide*, le brun l'*énergie sauvage*... L'un raille et l'autre blasphème, l'un ricane et l'autre hurle.

Ces gaillards-là sont comiques au café, dehors, au soleil ; mais chez eux, dedans, ce sont des monstres. Ces énergiques de carton, qui veulent se donner des airs de commandeurs du sud, cassant le fouet sur le dos des esclaves, de négriers jetant, quand le croiseur les chasse, leur lest de chair humaine dans l'Océan, et qu'on s'obstine à ne pas craindre, ils se vengent de la bienveillance blessante des étrangers sur le dos des leurs ; ils s'arrangent de façon à ce qu'il n'en soit pas ainsi à la maison.

Ils sont là sur leur bord ! Ils commandent comme à des nègres ; ils demandent une fourchette comme ils crieraient : « Coupez le grand mât ! »

Ils rendent la vie insupportable aux domestiques, à l'inférieur, à leurs enfants et à leur femme, qu'ils font pleurer, pour se venger d'avoir fait rire. Ces comédies finissent quelquefois par des drames. Le moins qui puisse leur arriver, c'est d'être cocus. C'est pain béni, et je m'offre pour le châtiment.

Le dernier des Mohicans – La Prairie

Victime de Cooper, celui-là.

Il entrevoit, à travers les carreaux de son grenier ou de sa boutique, le ciel plafond du Nouveau Monde. Il est avec le vieux Trappeur contre la Jeune Amérique, avec les vaincus contre l'envahisseur, pour le grand chef des Delawares contre le général en chef des Visages-Pâles.

Il rêve d'aller là-bas chasser le daim, manger la bosse de bison, faire la guerre du sauvage. Ce ne sont que chevaux détachés, rivières passées à la nage, pirogues de cuir, cachettes de feuillages, ruses de combat, chants de guerre !

Et, sur le soir, comme dans la gravure, sur l'horizon triste, il se détache dans sa hauteur, le menton appuyé sur le canon de sa carabine, le front mélancolique et l'œil rêveur !

Ah ! les plus sages y ont songé ! Sur cette terre de loyers lourds, où l'on étouffe entre des murs malsains et des lois cruelles, où l'on vit de bêtise, où l'on meurt de faim, on se prend, sur la foi du livre, à désirer cette vie honnête, simple et grande, sous un ciel bleu, sans censeurs ni gendarmes !

Walter Scott

Lui-même.

Que de jeunes têtes tournées par *La Dame du Lac !*

Après *Ivanhoé, Quentin Durward, Le Sanglier des Ardennes*. Quel appétit de Moyen Âge ! *Comme on aurait voulu vivre dans ce temps-là !...*

Il existe des familles entières qui ont fait leurs malles et pris le chemin de l'Écosse, sur les talons du romancier.

Ils ont, les braves gens, traversé au galop de leurs chaises de poste d'interminables lieues de brouillard, visité les filatures de Glasgow et les boutiques d'High Street à Édimbourg, et sont repartis tout écorchés par les notes d'hôtellerie et les banquettes de wagon, très dégoûtés du montagnard écossais...

D'autres, plus heureux, ont gardé leur illusion toute la vie et sont morts à cinquante ans, au fond d'une arrière-boutique, en murmurant : *Rowena, Woodstock.*

Quelques-uns chez qui le rêve s'est éteint dans un bon rhume ou une fluxion de poitrine prise au *lac* d'Enghien.

Peu dangereuses jusqu'ici, ces lectures qui transportent l'esprit dans un monde imaginaire ou mort, ces livres qui ont pour théâtre le Moyen Âge, l'Océan, la forêt vierge.

C'est si loin !

Tout a marché sur des roulettes jusqu'à présent.

On est de première force aux armes : à la carabine, à l'épée, au chausson, à la course, à la lutte.

On s'y porte ! Poitrines de fer, muscles de bronze, fronts de marbre !

Dieu sait pourtant si l'on boit comme on mange !

Ce ne sont que festins et batailles.

Batailles d'où l'on sort toujours avec le sac ou la croix, une cargaison ou une épaulette. Les navires sombrent, la poudre parle, l'incendie éclate ; vous vous promenez là-dedans comme l'homme du Cirque dans son brasier : on peut vous trouer, vous brûler, vous fendre ; allez-y ! *Puisqu'on sait qu'on en reviendra.*

De la légende... des histoires de l'autre monde... des victimes pour rire !

Mais voici que nous entrons dans la vie.

Nous allons saisir la manie toute chaude, couper tout frais le livre.

Entendez les passions qui grondent, l'ambition, l'amour, les vices qui grognent, l'ivrognerie, la débauche, l'ennui qui bâille, la faim qui hurle, les soldats qui passent !

II

Tout cela grouille, gronde et grogne, comme un troupeau d'esclaves.
Un volume a donné le *la*, in-16 ou in-8°.
René ou Antony, Werther ou Manfred, Mardoche ou Rubempré.

René

Ah ! qu'on me ramène aux Caraïbes !

Quel livre ! et quelles victimes, ces victimes du *vague à l'âme*, ce chevalier du *Vide immense* ! qui joue aux mélancolies creuses coupées de sourires blafards, de regards noyés, d'aboiements plaintifs !

Rien ne l'amuse, rien ne l'émeut ; il bâille au nez de la vie qui passe.

Pauvre garçon ! Il mange du bout des dents – un désespéré n'a pas d'appétit – le gigot est lourd aux mélancolies – la gastrite arrive. Il n'a plus faim, plus soif !

Il ne s'ennuie plus pour de rire, il s'embête pour tout de bon.

Ce farceur, qui la demandait *courte et bonne*, la mène bête et triste, et un beau jour, il meurt de spleen et d'écœurement, dans son agonie tenant d'une main la main de René, de l'autre *le nez du père Aubry*.

Heureux encore si, le cœur troublé par les aveux arrachés à la triste et infortunée Amélie, il ne se sent pas tressaillir quand sa sœur l'embrasse, et ne se surprend pas à craindre que les caresses de l'espiègle et rieuse enfant ne cachent un amour criminel !

Antony

Tous les chevaux s'emportent… dans les livres. Vous sautez à leur tête ; ils vous écrasent sous leurs pieds.

À partir de ce moment, on ne se rappelle plus rien… Quand on se réveille, on est *tout étonné* de se trouver dans une chambre éclairée d'un jour pâle, avec une comtesse qui vous embrasse.

C'est la grande dame de la voiture, la femme du vieux général en tournée, la veuve de Pondichéry.

Comme l'enfant « *qui n'a pas eu de mère !* ».

Mais, à partir d'Antony, l'enfant abandonné se fâche ; il ne geint point, ne pleurniche plus – il sauve, il aime, il tue !

« Elle me résistait… JE L'AI ASSASSINÉE ! »

Cri admirable, du reste, qu'on voudrait pousser rouge du sang d'Adèle, devant le mari, les gendarmes et le reste...

Dire cela et mourir !...

Lorbiron

Les lettres écrivent Lord Byron, les malins disent Baïronn.

Il a troublé aussi quelques âmes, celui-là ! Il a dérangé quelques têtes ! Son ours apprivoisé, ses orgies dans la salle basse du château, sa vie, sa mort... Il y avait là, dans ce mélange de farces lugubres et d'actions glorieuses, de quoi faire tourner le sang aux vaillants et la tête aux faibles...

Les vaillants ? Ils luttent, ils sont morts !

Les faibles ? Quand on fait un punch, ils soufflent les bougies ou tournent la lampe et font brûler des saletés dans des verres pour qu'on ait des faces de damné !

Ils boivent du cidre dans des crânes et mendient des os de squelettes pour faire des manches de couteau.

Devant le monde, les giaours ! ils crient au bon Dieu : « Foudroie-moi ! » Quand il tonne la nuit, ils cachent leur nez sous la couverture et font le signe de la croix. Avec Don Juan, ils rient des maris, des femmes, raillent la vertu, l'amour, et la première blonde qui passera va leur faire cracher le sang, pleurer tout ce qu'ils savent, donner tout ce qu'ils ont.

Des provinciaux.

J'arrive à des victimes plus fraîches, toutes saignantes.

Voici les bourreaux :

A. de Musset

Ce qu'il a égaré de talents, ce grand poète, vous le savez ; ce qu'il a fait d'ivrognes, on l'ignore.

Il n'y a pas eu que des cœurs brûlés à cet incendie d'une âme et de petits génies *flambés*, mais aussi des poumons fondus, des entrailles grillées...

On s'est grisé après Rolla, on a couru les cabarets et les maisons de filles avec Don Juan.

J'ai vu des garçons avaler de la bière qui les rendait bêtes, de l'absinthe qui les rendait fous, point par plaisir, parce qu'ils avaient soif, non ! mais parce que c'était déjà être poète que boire ainsi ! Très mécontents si la tête eût résisté ou si le cœur eût tenu bon.

Ceux qui avaient la chance de n'avoir pas de santé, dont l'estomac se révoltait aux premières gorgées, se vantaient d'ivresses et se flattaient d'indigestions qu'ils n'avaient point eues, prenant, au besoin, pour faire croire à l'orgie de la veille, l'air abruti du lendemain.

Après l'orgie à tant par tête, la débauche à cent sous l'heure, avec des filles qu'on aurait bien voulu rosser un peu comme le maître, mais qui, quand vous leviez la main, regardaient s'il y avait des gants...

Je me suis fait des ennemis de bien des poètes, pour n'avoir pas dit d'eux « qu'ils se saoulaient comme des brutes et qu'ils donnaient des coups aux femmes », pour les avoir, au contraire, défendus naïvement, quand on en parlait. On ne m'y prendra plus !

Les bien bâtis, les bien doués, ceux qui ne font là que jeter leur gourme, en reviennent ; mais les demi-cerveaux y restent, éponges qui s'imbibent d'alcool et de fiel ou s'émiettent comme l'amadou.

Il y a au bout de cela le réchaud d'Escousse, le pistolet de Rolla ?... Pas même ! On devient idiot ou l'on reste ivrogne ; on a des tubercules dans les poumons et des tremblements dans les mains. Si l'on ne meurt pas, on engraisse, on n'a plus le front pâle, mais le nez rouge ; et quand, par un jour de remords, on remonte ce fleuve de bière et de crachats où s'est noyée la vie, on ne se rappelle pas que la source est au bas de la page, au coin d'un vers.

C'est pourtant vrai. Ajoutons que le poète, ici, renchérissait, dit-on, sur ses héros.

Pauvre Musset ! qui arrosait de feu sa blessure et donnait à boire au vautour ! Ils voulaient faire comme lui, ces gamins ! et ils *buvaient pour oublier* ! comme s'ils avaient quelque chose à oublier, puisqu'ils n'avaient jamais rien appris ! Et, fût-elle vraie, cette théorie de la muse fouettée par la bière, des larmes *battues* par l'absinthe, encore faudrait-il, ce me semble, qu'on eût souffert à jeun et pleuré avant boire...

« *Voyez Musset !* » Ils vous fermaient la bouche avec ce mot.

Ils avaient toujours rencontré le poète, l'autre soir, dans une rue borgne, ivre et malade, cherchant le gros chiffre.

Ils mentaient ! Je me rétracte... ils se trompaient. Dans leur ivresse, et pour les besoins de la cause, ils voyaient des Musset partout. On m'en a bien montré une dizaine.

Il est mort sans que je l'aie vu !

Ce n'est plus l'absinthe de Musset, maintenant : c'est l'opium de Baudelaire ! Je croyais d'abord qu'ils se calomniaient, ces jeunes gens ; que de gaieté de cœur on ne se détruisait pas l'estomac, on ne se cassait pas le cerveau ; mais non, on en avale bel et bien dans les cafés de Montmartre et du Quartier latin ! Ils en mâchent pour dix sous, et ils en rendent pour cinq francs !

Murger

Je passe vite.

Tous ceux qui ont eu trente ans hier, ou les auront demain, ont chanté dans des chambres du Quartier latin le fameux refrain :

« La jeunesse (*ter*) n'a-qu'un-temps ! »

Vous souvient-il de ce temps-là et de cette jeunesse – qu'on dépensait, faute de mieux, en compagnie de quelques pauvres filles qui en vivaient aussi de la Bohême, en attendant qu'elles en mourussent : la pauvre Maria, Andrée la folle, et Fleurinette, si heureuse quand elle crachait le sang, comme Mimi ?

Tristes, faut-il le dire maintenant, ces amours qui avaient faim ! Triste toute cette vie de misère fiévreuse et d'insouciance fanfaronne : *vie d'été*, qu'il faut peut-être mener avant l'autre, la vie d'hiver ; mais qui ne doit avoir qu'une saison.

La jeunesse ! la jeunesse ! (*Musique de M. Artus.*)

On scandait encore le refrain qu'on n'en avait déjà plus ni l'air ni la chanson !

Que de soins perdus ! Quoi de fait ? Un dîner sur l'herbe dans un coin de toile, une musette au bout d'un sonnet, quelques iambes rougis au feu des émeutes, tout commence, rien de fini… que la jeunesse !

Le voici venir maintenant, derrière ces gens de printemps et de vers, cet homme en prose :

Balzac

Ah ! sous les pas de ce géant, que de consciences écrasées, que de boue, que de sang ! Comme il a fait *travailler* les juges et pleurer les mères !

Je le sais, moi qui ai pu voir de près le bataillon des Irréguliers parisiens.

Combien se sont perdus, ont *coulé*, qui agitaient au-dessus du bourbier où ils allaient mourir une page arrachée à quelque volume de *La Comédie humaine*.

Ceux-ci, avec Rastignac, du haut d'une mansarde ou debout sur le pont des Arts, ont montré le poing à la vie et crié au monde : *À nous deux !* jurant, sur *Le Père Goriot* ou le volume à côté, de faire leur trou à coup d'épée – ou de couteau, prêts à jouer tout, et, pour forcer la porte, sauter dans l'arène, passant d'avance sur le ventre des hommes et le cœur des femmes.

Les femmes, des drôlesses sentimentales, qui vous jettent des places, des croix par les alcôves, vous font entrer dans leur boudoir devant le mari qui s'en va, et vous promènent à leurs bras à travers les salons, au théâtre, au bois, devant le monde qui salue.

On ne parle que par millions et par ambassades, là-dedans ! Les hommes de lettres y font des vies ! les *attachés* s'en donnent !

La patrie tient entre les mains de quelques farceurs, canailles à faire plaisir, spirituels à faire peur, qui allument des volcans avec le feu de leur cigare et écrasent vertu, justice, honneur sous la semelle de leurs bottes vernies.

Il s'est trouvé des gens – des conscrits – pour prendre le roman à la lettre, qui ont cru qu'il y avait comme cela de par le monde un autre monde où les duchesses vous sautaient au cou, les rubans rouges à la boutonnière, où les millions tombaient tout ficelés et les grandeurs toutes rôties, et qu'il suffisait de ne croire à rien pour arriver à tout…

Monde de filous et d'entretenus.

Dans l'ombre, au second plan, *La Vieille Fille*, les *Deux Frères*, les chefs-d'œuvre !

Au soleil, le sermon de Vautrin, coupé par le célèbre jet de salive ! Et les pauvres garçons d'en faire un évangile, crachant comme lui, en homme supérieur (voyez la page), au nez de la société, qui les a laissés s'embarrasser dans leurs ficelles et tomber ! de ces chutes dont on porte la marque sur l'épaule.

Les Grands hommes de province à Paris ! J'ai vu s'en aller un à un, fil par fil, leurs cheveux et leurs espérances, et le chagrin venir, quelquefois même le châtiment – en voiture jaune, au galop des gendarmes. Qu'on en a reconduit de brigade en brigade, de ces *Illusions perdues !*

Les plus heureux, je vous les nommerai un jour, jouent au La Palférine dans les escaliers de ministère, les antichambres de financiers, les cafés de gens de lettres, et font des mots, n'ayant pas pu faire autre chose. Ils attendent l'heure de l'absinthe, après avoir laissé passer celle du succès.

Je m'arrête à Balzac.

Il résume la grandeur du livre et ses dangers.

J'aurais pu parler de Dumas, de Mme Sand !

C'est assez d'Antony, et je ne veux pas passer en revue le régiment des Amazones.

La Bovary, Fanny, Lélia, le monde des amoureuses, *les victimes d'amour !*

Je mets des points et je jette du blanc.

Que chacun y loge ses souvenirs, et qu'on me dise s'il n'y avait pas du livre dans tout cela – avant, pendant, et après ?

Elles ont un livre pour exécuter toutes leurs trahisons, poétiser leurs crimes !

La courtisane a *Manon Lescaut*, Léonie Chéreau copie *La Dame aux Camélias*, Angélina Lemoine lit *Marion Delorme*. Mme Lafarge avait lu aussi !

Toutes les femmes qui ont un peu empoisonné leur mari, jeté au feu leur enfant : des victimes du Livre !

Tout assassin en redingote, tout suicidé en blouse, victime du Livre !

Et si je regarde plus haut, sur le théâtre de l'histoire, qu'y vois-je ? Derrière l'armée de Béotie s'avance la légion thébaine, noire de poudre...

Notre génération n'a pas été avare de son sang ! Sur la route où nous hésitons est passé un peuple de courageux, et dans les cimetières qui bordent l'arène est couché un bataillon de martyrs.

Eh bien, si l'on déterre les victimes, je mêle ici les cadavres, gentilshommes ou plébéiens, républicains et royalistes, crânes cassés à la Pénissière ou à Saint-Merry, combien qui s'étaient jetés dans la mêlée, grisés par l'odeur chaude de certains livres, histoires de la Montagne ou de la Vendée, des *Girondins* ou de *Dix ans !* Esquiros ou Crétineau-Joly, Lamartine ou Louis Blanc !

Je les salue, ces morts qui rendirent leur âme avant leur épée !

Je les plains – au lieu de les insulter –, ceux qui vécurent pauvres et seuls, par-delà la frontière, et ceux surtout ceux qui sont restés là-bas, plus loin, de l'autre côté de l'Océan.

Mais, disons-le – non sans tristesse –, chez quelques-uns de ces héros, l'amour des batailles l'emportait peut-être sur l'amour du bien ; on avait plus soif de poudre que de justice, la tête *donnait* plus que le cœur.

Ah ! que n'ai-je le droit et le temps d'en parler ? Ce loisir, je l'aurai ; ce temps, je le prendrai. Mais dès à présent, je l'affirme, tous, presque tous, ces chercheurs de dangers, ces traîneurs de drapeaux, apôtres, tribuns, soldats, vainqueurs, vaincus, ces martyrs de l'histoire, ces bourreaux de la liberté : des *Victimes du Livre*.

Paru le jeudi 23 novembre 1865

La caricature

Nous avons besoin, dans ce monde, d'être applaudis plus souvent que sifflés, et je ne sache rien qui donne du courage aux vaillants et amuse les tristes comme cette caricature maligne ou cruelle qui saisit au vol les ridicules et les sottises pour les clouer sur le papier par l'aile ou la patte, avec le bec d'une plume ou la pointe d'un crayon.

Tant pis pour ceux qui sont atteints et à qui la plaisanterie fait saigner des verrues ! Qu'il y ait cruauté ou justice, que la plaisanterie porte à faux ou frappe juste !... Qu'importe ! Si la caricature a trouvé le défaut et qu'elle atteigne à la vérité par le trou de la cuirasse, n'est-il point heureux qu'un artiste se soit trouvé là pour venger ainsi bon sens, justice ? Si l'on ricane par méchanceté ou par bêtise, celui sur lequel on aura visé aura pour lui les rieurs et les honnêtes gens, et il devra être non pas triste, mais fier d'en être là qu'on ait besoin de mentir pour l'attaquer et de le calomnier pour le vaincre ! C'est un danger, c'est un honneur.

Le ridicule tue, dit-on. Qui donc ose répéter encore ce proverbe stupide et faux, et montrez-moi l'homme que le ridicule a tué : historien ou représentant, avocat ou journaliste, romancier en critique ? Qui donc ?

Pour regarder seulement autour de nous, est-ce que les plaisanteries, fines ou mauvaises, de triste ton ou de bon goût, qu'on a faites sur l'un, sur l'autre, sur la laideur de Crémieux, les cheveux de Pierre Leroux, les oreilles de Sarcey ou le courage de Champfleury, ont empêché MM. Crémieux, Pierre Leroux, Sarcey et Champfleury de conquérir une réputation ou de garder leur gloire ?

À qui tout ce tapage et ces charivaris ont-ils enlevé une once d'estime, un grain de talent ? Ne faut-il pas dire plutôt que toutes ces farces qualifiées par les borgnes d'injures ont mis en relief le caractère et le mérite de ceux qu'atteignaient leurs flèches ! Tout le monde n'a pas la tête assez dure pour qu'on puisse longtemps s'essayer sur elle, et n'est pas cible qui veut dans le pays de la médisance ou de la diffamation.

Laissons donc de côté cette sottise, et jetons au feu comme des guenilles nos craintes et nos rancunes. Saluons d'un sourire, dût-il être un peu forcé, toutes les attaques qui ont un air de gaieté. Pour moi qui ai l'amour de mon art, alors même que le ridicule m'atteint (et s'il m'atteint, je l'ai mérité), j'éprouve la joie heureuse de l'artiste quand je sens entrer dans mes ridicules une arme luisante. En acceptant ainsi l'ironie qui vous touche, on passe à travers la vie, la tête fraîche et la main ouverte. L'orgueil panse les souffrances de la vanité, et l'on est le premier à rire de la perspicacité maligne de l'ennemi ! On fait mieux que d'en rire, on en profite. Voilà aussi pourquoi j'aime toutes les formes de l'ironie, adoucies, violentes, polies, barbares. Elle ne fait peur qu'aux faibles, et elle est la leçon et l'honneur des forts.

L'*Histoire de la caricature*[1] par M. Champfleury est surtout consacrée à la glorification de Daumier. Je parlerai donc de Daumier.

J'ai eu peur jadis qu'il n'en fût de ce talent comme de tant d'autres à qui un caprice du sort ou les caresses d'une coterie ont fait des réputations non méritées. Je n'admets comme sûres que mes sensations, et je respecte mais ne subis pas les idées des autres. Aussi m'étonnais-je de trouver, dans les caricatures que Daumier publiait au *Charivari*, une bizarrerie factice et monotone qui trahissait non la force mais la pauvreté.

Je parle d'il y a huit ou dix ans. J'ai respiré et la tranquillité m'est revenue quand j'ai appris que les admirateurs même de Daumier à cette époque souffraient en face de l'artiste attristé et las. Cette période a été sa période de faiblesse ; dans le forum désert, après que la politique s'était tue, l'art se taisait aussi ! Il est des coups qui atteignent et le cœur et la tête, et les convictions et le talent. Daumier, n'ayant plus la liberté, n'avait plus le génie.

1. Note de l'éditeur : L'auteur fait ici référence à *Histoire de la caricature moderne* (E. Dentu, 1865). Par la suite, M. Champfleury a poursuivi son œuvre en écrivant *Histoire de la caricature antique* (1867), *Histoire de la caricature au Moyen Âge* (1870), *Histoire de la caricature sous la République, l'Empire et la Restauration* (1877) et *Histoire de la caricature sous la Réforme et la Ligue. Louis XIII à Louis XVI* (1880).

M. Champfleury a fait revivre le Daumier de jadis, et toutes mes appréhensions sont tombées, il a ouvert devant moi ses cartons, et je suis resté étonné et comme effrayé en face de cette œuvre étrange où l'on écrase les bosses, où l'on élargit les plaies à coup de gaieté, d'audace. L'artiste taille son crayon avec une lame de couteau ou le fer édenté d'une scie, marquant chaque page à son empreinte, et de son pouce ennoblissant les têtes ou avilissant les masques ! On ne dirait pas que c'est un dessin, mais une sculpture, il n'a pas seulement tracé les lignes, mais pétri les têtes ; je vois sous son pouce les chairs qui enfoncent et j'entends les os qui craquent.

M. Champfleury s'attache principalement à faire valoir la série des caricatures politiques publiées après 1830. C'est en effet un musée curieux que celui-là. On y voit exposés comme des criminels, accrochés comme des pendus, hideux, grotesques, tous ceux qui furent à cette époque l'effroi du peuple. Rien qu'à les voir, il vient des idées de dégoût et de haine. Quiconque a vu le Lameth avec sa mine de cordonnier Simon, son air abêti et féroce, éprouve pour cet ancien galant homme de la Révolution un sentiment de mépris, d'horreur. Je me rappelais pourtant qu'il avait eu jadis l'attitude chevaleresque et que la jeune liberté avait eu pour conscrit cet aristocrate élégant et généreux. Il m'a suffi de regarder la caricature pour oublier le passé et croire que l'histoire avait menti.

À côté de ces portraits terribles, il y a des tableaux aussi qui font peur.

La planche qui représente les massacres de la rue Transnonain est sinistre. On éprouve en face de ce lit défait, de ce cadavre à terre, dans cette chambre pauvre, un serrement de cœur et un frémissement de colère.

Il y en a une plus belle encore. C'est cette page où Ney, revenant de la tombe, apparaît vêtu du drap funéraire, étendant le bras, et d'une main qui semble encore vivante, écrit avec son bâton de maréchal sur les murs sombres de la Chambre des pairs : PALAIS DES ASSASSINS. Il a ses bottes de soldat qui sonnent sur la pierre, et sur ses épaules on dirait qu'il n'y a plus de tête, comme si la guillotine l'avait coupée là. Il semblerait que pour déshonorer les juges, Daumier ait voulu ravaler le supplice et faire croire qu'il était mort non pas sous les balles des soldats, mais sous le coutelas du bourreau.

D'autres tableaux représentent le préau des prisons et le cimetière des suppliciés. Des hommes graves, qui ne jettent point des cris de guerre ou de désespoir, mais portent sans ostentation les marques des blessures faites par le tranchant des sabres ou l'anneau de leur chaîne, rôdent résignés et tristes entre les murailles ou à travers les tombes. À un moment, on voit des têtes sortir de dessous terre, détachées des troncs et qui tiennent mal à des corps hachés, et l'on entend monter vers le ciel ce cri : *C'était bien la peine de nous faire tuer !*

Il y a plusieurs planches dans ce même genre représentant les défaites et les tristesses de la liberté. Comme le Christ, elle soulève la pierre d'un tombeau, ou, comme une déesse antique, elle s'envole entourée de lumière et d'ombre. Tantôt l'artiste voile le soleil d'un nuage et lui prête une lueur blafarde, tantôt il donne aux ténèbres un éclat magique, les figures se détachent dans la pénombre pour la postérité.

La caricature s'écarte ici de son domaine, et tout en admirant je me plains. Je n'aime pas la solennité et je m'ennuie de l'allégorie. Je ne veux pas voir à mes héros des ailes pour nager dans l'espace, et je préfère me tenir près de la terre que près du ciel. Pourquoi se moquer de la mythologie antique si l'on refait une mythologie moderne ? Défions-nous des apothéoses, et que la caricature, pas plus que la philosophie, ne noie pas dans les limbes la liberté !

Cette série de grands dessins politiques prouve un talent vigoureux et hardi chez celui qui a meurtri ces visages, marqué ces hontes, mais je préfère la caricature qui s'attaque aux mœurs à celle qui atteint seulement les gouvernements : je m'amuse plus devant le ventre de Robert Macaire que devant la *poire* de Louis-Philippe ; j'aime mieux voir ce qu'une époque a dans le cœur, ce qu'une société a dans le ventre, que d'apprendre ce qu'un monarque constitutionnel et des ministres responsables avaient dans la tête.

La caricature devient alors une arme de discussion et un instrument de parti. L'artiste sera bientôt le loustic du régiment, voilà sa naïveté qui s'en va et la gaieté qui tombe ! L'injustice arrive !

La caricature ne doit croire à rien et dans la querelle se moquer de la majesté de Junon comme de la laideur de Vulcain, rire non pas seulement des gens d'en haut mais aussi des gens d'en bas, ne pas s'arrêter au rire comique, fustiger encore les vertus terribles.

Le Daumier, interprète de l'opposition jacobine et militaire, faisant le coup de crayon comme d'autres faisaient le coup de fusil, me plaît moins, je le déclare, que le Daumier qui dessine l'Iliade grotesque du monde antique.

À la bonne heure ! c'est l'ironie joyeuse, le rire ardent ! On fouette ceux qui ont été des dieux ! La caricature est dans son rôle, elle ramène au niveau du sol ceux que les peuples jeunes adoraient dans l'espace, elle fait aux maîtres du monde, pendant des siècles, des dos bombés, des mains débiles. C'est le bon terrain ! On ne circonscrit plus la bataille ; le ridicule ne tient pas dans la redingote d'un satisfait, l'héroïsme dans l'habit d'un bousingot, on ébranle tout ce qui est autel de circonstance, Dieu d'occasion ! Tous les *pasteurs de peuple*, les apôtres et les pontifes, tout le monde des pédants et des pleurards sont atteints par le coup de crayon joyeux, hardi, qui par la gaieté corrige l'enthousiasme et tient en garde contre les héroïsmes et la divinité ! Nous ne pouvons pas toucher au Calvaire. Voyez l'Olympe !

Robert Macaire, comme Calchas, joue son rôle dans l'œuvre de Daumier, et c'est merveille que la caricature ait popularisé ce type de filou bizarre, espèce de Falstaff tragique qui se plaît dans la boue comme son frère d'Angleterre dans le vin, et vide les bourses avec l'insouciance que l'autre met à vider les fioles. Il roule jusqu'au crime comme un tonneau, et écrase en route les corps, les têtes ! Mais de quel pied puissant le caricaturiste l'a poussé ! Comme il a complété Frédérick ! S'il y a encore des gogos pour se laisser plumer, ce n'est pas la faute de Daumier. Ne vous a-t-il pas montré le vendeur d'orviétan ou le lanceur d'actions, battant la caisse sur vos bedaines gonflées ou vos têtes vides ! Ne vous consolez pas de votre ruine en vous disant qu'il sera châtié et que la justice vous vengera.

— Il y a des gendarmes dans le pays, fait observer à un moment donné Bertrand qui a peur.

— Des gendarmes, dit Robert Macaire, tant mieux, ils te prendront des actions.

Voyez-le, bouffon, cynique, assassin, farceur, saignant le pauvre monde par tous les bouts ! C'est Bilboquet, c'est Saltabadil, il ricane, il prêche, il carotte, il tue ! Vous le reconnaîtrez maintenant ! Serrez vos clefs, fermez vos armoires, gardez vos titres.

Il y aurait une étude curieuse et hardie à faire sur tous ces types de la caricature moderne, il faudrait les prendre l'un après l'autre pour montrer comment ils ont influé sur les mœurs d'un peuple.

Eût-elle seulement fait rire, la caricature aurait droit à notre reconnaissance ! Notre génération a traversé des heures douloureuses, passé par des chemins sanglants. Il a été bon que des éclats de rire partissent à travers ce bruit de batailles, et qu'un peu de gaieté couvrît les tristesses, vengeât les défaites.

J'entends dire, hélas ! que la caricature se meurt et qu'elle est morte ; les censeurs la surveillent !

Pourquoi ? Quel danger le pouvoir voit-il, tandis qu'il conduit le char, à ce que Triboulet grimpe derrière et fasse des niches aux passants, et même au roi ! Est-ce que François Ier se fâchait ? Ah ! s'il avait toujours écouté Triboulet !

Empêche-t-on l'esprit d'aiguiser ses flèches, et les mots méchants de courir et d'arriver ? Ne forge-t-on pas dans les salons ou le long du ruisseau des pointes qui tuent et qui déchirent ? Nous aimons à faire des épigrammes en France, et plus on nous les défend, meilleures elles sont. L'ironie au vent de la liberté *écarte*, et quand on la comprime, elle fait balle.

Nous ne vous demandons que le droit de rire un peu ! C'est la consolation des pauvres et toute la vengeance des vaincus. Le droit de rire, s'il vous plaît ! De rire de l'un, de l'autre ; de celui-ci, de celui-là ; de vous, de moi !

Nous tirerons sur tout le monde.

Je m'aperçois que je n'ai point parlé du livre de M. Champfleury. C'est la faute de l'auteur. J'aurais voulu qu'il m'obligeât justement à faire sous ses pas cette étude, dont je parlais tout à l'heure, sur Robert Macaire, le nouveau Prudhomme, le père Mayeux, tous ces représentants ronds, carrés, tordus, d'une société malade.

Il n'a point essayé cette analyse, et son volume n'est qu'un recueil d'articles consciencieux, aimables, mais qui ne donne point une pensée ferme, et d'où ne se dégage pas une affirmation hardie. Comme histoire de la caricature moderne, l'œuvre n'est pas complète : comme portrait de caricaturistes et peinture des types, c'est incomplet encore. M. Champfleury est justement un de ceux que la caricature a le plus mordus, et qui ont ri le plus volontiers des épigrammes finement taillées et des plaisanteries joyeuses. Il a répondu par l'indifférence et la victoire. J'espérais qu'il aurait dit, avec autorité et en insistant, ce que j'essaie de dire en courant, ou à savoir que la caricature est le correctif nécessaire de l'enthousiasme aveugle, que tout d'ailleurs dans le monde est mélangé de sourires et de pleurs. On a assez d'armes contre nous, nous n'en demandons qu'une, qui sera notre baïonnette : l'ironie.

Jules Barbey d'Aurevilly

(1808-1889)

VIC 2011

Barbey d'Aurevilly, de cape et d'épée

Un souffle guerrier l'anime ; il pourfend, fusille, étripe, écartèle. C'est un reître à l'ancienne. On le surnomme le « connétable des Lettres », « l'exterminateur ». Il est sans pitié. Dans le Paris du milieu du XIXe *siècle, Jules Barbey d'Aurevilly tranche. Redingote, gants blancs, habits à boutons d'or, pantalons galonnés, sa fière silhouette à moustache défie l'ordre bourgeois. Il voit rouge, sa couleur de prédilection. Du liseré de sa carte de visite qu'il distribue avec hauteur à l'encre de sa plume, il vit pour faire couler ou bouillonner le sang ; y compris le sien, qui doit être bleu : origine normande et aristocratique, d'une lignée de prêtres, agriculteurs ou soldats, teinture romantique. À ses débuts, Barbey papillonne, épingle les conquêtes féminines, publie une plaquette de vers, un essai sur le dandysme et Brummel. Bien qu'extravagant, il se proclame furieusement catholique, monarchiste enfiévré. Son premier roman,* Une Vieille Maîtresse *fait scandale. Il y décrit sans fard les ravages de la passion. Dans une préface ultérieure, il s'en justifiera : « Le catholicisme n'a rien de prude, de bégueule, d'inquiet... L'art consiste à ne rien diminuer du péché ou du crime qu'on avait pour but d'exprimer. » Il poursuit sa fouille de l'âme humaine avec* L'Ensorcelée, *portrait d'un prêtre solitaire égaré, exalte l'héroïsme à travers le modèle chouan dans* Le Chevalier des Touches *: tièdes, passez votre chemin ! Le décor est grandiose : femmes enragées, landes vendéennes, traîtres mis en croix. Passion de l'énergie, éloge de l'élégance, mépris des sentiments vils. Les comparaisons abondent, Shakespeare flotte dans l'ombre, Barbey ne voit que grand. Il poursuit la pièce dans les journaux, scène de théâtre dont il perçoit l'influence grandissante. Il y joue la comédie, avec* *une gravité hautaine. Le rire emporte tout, comme un fleuve puissant. Le sien est éclatant, dévastateur : « C'est la musique de l'esprit, sa fanfare et son tintamarre. » À grands coups de points d'exclamation, d'envolées féroces, il défigure ses contemporains, qui abaissent la littérature ; détruit les idées à la mode, y compris la République, « puisqu'il faut bien l'appeler par son nom, comme la peste ». Les journaux qui l'engagent s'en mordent rapidement les doigts. Il y passe comme un orage, dévastateur ; déchire les cœurs, lacère les réputations. On le jette dehors. En 1863, mis à la porte du* Pays, *journal de l'Empire, il débarque au* Figaro. *D'entrée de jeu, il y met le feu en assassinant le directeur de* La Revue des Deux Mondes, *M. Buloz. Les protestations font rage, l'accusé répond aux « Chicaneau littéraires », qui monnayent leurs vanités. Villemessant s'en sépare. Il va frapper ailleurs, revient dix ans plus tard. Il ne s'est pas assagi : il est d'un métal qui ne fond pas. Il réclame à tue-tête de l'ordre, de l'autorité, du patriotisme, du panache ; fusille la Commune, se souvient des rois, passe les Grands Hommes qui ont failli au peloton d'exécution : Hugo, Courbet. Ses phrases chutent comme du haut d'un escalier. C'est sonore.*

L'âge vient, on l'oublie. Il poursuit son œuvre – Les Diaboliques, Un prêtre marié –, *décrivant à grands traits exaltés la passion dans « son étrange et abominable gloire ». Modeste, reclus dans une chambre meublée de la rue Rousselet ; de jeunes disciples lui rendent visite. À quatre-vingts ans, telle une lame, le vieux guerrier se brise sans avoir rouillé.*

Paru le dimanche 24 mai 1863

Les Chicaneau littéraires

I

C'est une race nouvelle, qui date de ce temps. Elle était entièrement inconnue du temps de Racine, et c'est dommage, car elle lui eût inspiré une comédie de plus, bien plus comique que ses *Plaideurs*. Des gens qui plaident pour leurs intérêts de fortune peuvent être comiques assurément, et le grand poète l'a bien prouvé dans son immortelle comédie ; mais des gens qui plaident dans l'intérêt de leurs vanités, et de la plus subtile de leurs vanités – la vanité littéraire –, sont d'un comique bien supérieur à tous les genres de comique. Trissotin est déjà très gai au théâtre, mais Trissotin, diffamé, dit-il, par Clitandre, parce que Clitandre se moque de lui en homme de bonne compagnie, mais Trissotin, réclamant des dommages-intérêts pour le tort qu'on fait à la considération de son génie, voilà un spectacle – tout moderne – de la plus haute bouffonnerie et auquel Molière, Molière lui-même n'avait pas pensé !

C'est que Molière, comme Racine, n'était que de son temps, et qu'alors s'il y avait des ridicules, il n'y avait pas celui-là ! Celui-là est à nous, à nous seuls ! Je ne dirai pas que nous le devons à la Révolution française, mais enfin, nous l'avons et nous le tenons bien... Du temps de Racine et de Molière, en fait de Trissotin et de Chicaneau il n'y avait que des Chicaneau et des Trissotin tout court. C'étaient deux espèces de personnages, très distincts et très séparés. Il n'y avait pas de Trissotin et de Chicaneau réunis, fondus l'un dans l'autre, ridicule redoublé et complexe ! Les Trissotin d'alors avaient de l'aristocratie. Très acharnés à se donner pour des gens à talent, ils étaient très indifférents à la monnaie. Nul Trissotin d'alors qui voulût être un Chicaneau par-dessus le marché, mais des Trissotin-Chicaneau, par alliance, mais la maison Chicaneau épousant la maison Trissotin, mais les Trissotin-Chicaneau ne se contentant plus de leurs petites plaidoiries dans le salon bleu des Femmes savantes, leurs juges en cornette, mais impayablement sérieux, invoquant les tribunaux – les vrais et les grands tribunaux –, contre ceux qui nient leur génie, et vous envoyant ou menaçant de vous envoyer des huissiers, parce que vous ne les trouvez pas spirituels, c'est là un ridicule prodigieux qui fut épargné à nos pères ! C'est là une prétention de vanité, sotte et sordide, que ne connurent ni le dix-septième siècle, ni le dix-huitième siècle, ni aucun siècle avant le nôtre, dans cette France d'esprit qui avait bien ses ridicules mais qui, du moins, ne les avait ni bêtes ni odieux !

Et ce n'est rien encore que Trissotin devenant Chicaneau !... Mais figurez-vous, je vous prie, Chicaneau se croyant Trissotin, et ne l'étant même pas ! Chicaneau se rêvant littéraire, parce qu'il vend de la littérature comme l'épicier du coin vend des épices ! Figurez-vous l'étalagiste Chicaneau se croyant responsable, comme les auteurs de ses bouquins, des bouquineries qu'il étale, Chicaneau se fâchant tout rouge dans son jabot de dindon, et affolé de plaider, parce qu'on ne trouve pas son choix de bouquins fait avec le discernement qu'on lui souhaite ! Et demandez-vous et répondez-vous, si ce n'est pas là une des choses les plus effrontément et les plus énormément drôles de l'histoire de nos mœurs au dix-neuvième siècle ! Énormément drôle... oui ! mais triste aussi ; car toute comédie est doublée d'une tristesse... Page curieuse de l'histoire du temps que le moraliste doit essayer d'écrire en attendant le poète comique... qui viendra tôt ou tard, le Vengeur !

II

Ce qui distinguait la littérature autrefois, c'est qu'elle était purement et simplement, mais absolument la littérature. Elle avait son existence propre, et ses lois, et ses mœurs ; et les hommes qui, sans être littéraires, touchaient à elle par quelque côté d'intérêt inférieur ou d'industrie participaient à ses mœurs et ne tardaient pas à s'élever au-dessus de leur état par leurs conceptions, leurs sentiments et leur langage. On se rappelle la solidité, le bon sens cultivé, l'étonnante instruction, le ton excellent de la vieille librairie française. Nul n'oubliera, parmi ceux qui écriront notre histoire littéraire, et qui voudront l'écrire avec conscience et profondeur, le magnifique chapitre qu'on doit à cette vieille librairie... Eh bien ! c'est cette existence particulière à la littérature, c'est cette sphère fermée à tout ce qui n'était pas elle, c'est l'influence *sui generis* qu'elle exerçait, c'est cette législation, écrite par toutes ses plumes, contre les sots, les ignorants et les ennuyeux – les seuls grands coupables qu'il y ait en littérature –, et qu'elle appliquait à sa manière, sans que personne en appelât à d'autres tribunaux que les siens, sans que le Trissotin fustigé pensât à se métamorphoser en Chicaneau furieux sous les épigrammes, et à demander des dommages-intérêts – MATÉRIELS – pour le tort INTELLECTUEL qu'on lui avait fait en le jugeant ; eh bien ! c'est tout cet ensemble de choses fortes et charmantes qui créaient et maintenaient ce monde à part qu'on appelait le *monde des lettres*, c'était tout cela enfin qui, présentement, n'existe plus !

Aujourd'hui, en effet, il y a bien certainement parmi nous des hommes de talent qui honoreraient une littérature ; mais ils cherchent en vain autour d'eux le quelque chose d'uni, de sympathique, de solidaire, de protecteur, d'entendu à demi-mot et de compris de tous, qui en constituait une autrefois. Ah ! eux, les premiers, et plus que personne, ils souffrent cruellement de la mort de nos anciennes mœurs littéraires ! Ils se sentent isolés dans le vide, et pis que dans le vide, dans la mauvaise compagnie ! Ils se sentent coudoyés par un tas d'intrus qui se croient littéraires, parce qu'ils ont la première encre venue aux mains ! Nos individualités de toute espèce entrent, sans se gêner, dans la littérature, comme dans leur moulin, y intervenant soit au nom d'intérêts pécuniaires et non littéraires, soit au nom des plus grotesques prétentions de leur amour-propre, et croyant candidement qu'elles sont égales aux autres – là, comme ailleurs ! jamais on ne vit une telle nuée de prétentions ! S'estime littéraire de bonne foi un entrepreneur de littérature, qui ne l'est même pas comme l'est un entrepreneur de roulage, car un entrepreneur de roulage ne maltraiterait pas ses chevaux !... S'estime littéraire de bonne foi tout gaillard capable de tourner une lettre, comme nous en avons lu, et peut-être que le commissionnaire qui la porte à son adresse se croit aussi un homme de lettres ! Et ce n'est là que moitié mal encore ! Toutes ces plaisantes individualités à mourir de rire ne se contentent pas d'entrer, en se bousculant, dans la littérature ; comment donc ? mais elles s'y prélassent, elles s'y *gorgiasent*, comme dirait notre vieux Rabelais, et, si on se permet de rire un peu, elles y menacent ! Et les voilà qui deviennent tout à coup un danger pour chacun de nous, parce que nous ne leur reconnaissons pour tout droit que le droit de se faire moquer d'elles !

III

Certes ! je comprends qu'elles le contestent. Je comprends qu'elles déclarent la guerre aux railleurs ; mais la guerre comme on la faisait autrefois en littérature ! Je comprends qu'elles montrent, si elles le peuvent, plus d'esprit, plus de mordant que leurs adversaires et, à cette condition, je serai même pour elles contre eux. Mais ce n'est plus cela. Les choses sont bien changées. Autrefois la vanité des faux littérateurs, des littérateurs apocryphes, n'était que la susceptibilité irritable, connue depuis le commencement du monde… *Vatum irritabile genus* : susceptibilité très violente, souvent très amusante, toujours très ridicule, comme toute vanité qui empêche de se voir et de se juger ; mais enfin elle était littéraire. Elle restait sur le terrain de l'esprit. Elle se battait avec les armes de l'esprit. Elle vous suspendait sur le front l'épée de Damoclès de la critique ou de la satire, elle n'y suspendait pas un exploit ! Fréron, qui n'était pas un faux littérateur, mais un grand critique, malgré les injures de Voltaire, n'a pas fait à Voltaire un procès en dommages-intérêts, et Desfontaines non plus, qui était un cuistre, mais les cuistres de ce temps-là valaient mille fois mieux que les cuistres actuels ! Voltaire, à son tour, n'envoyait pas d'huissier, lui, l'auteur de ce brave vers :

Vous me sifflez… je vous le rends, mes frères !

Et quand il en envoya un au président de Brosses, ce n'était pas pour de la littérature, c'était pour des fagots !… Ah ! Voltaire, s'il revenait au monde et qu'il vît les Chicaneau littéraires dont nous sommes affligés, qu'il entendît le cri du boutiquier à travers la plainte du vaniteux blessé, qui croit fermer les blessures de son amour-propre en appliquant dessus les pièces de cent sous des dommages-intérêts obtenus, rirait-il, lui qui aimait tant à rire ? Et ne dirait pas plutôt avec un étonnement bien triste :

« Voilà donc la France à présent et ses mœurs nouvelles ! Comme on m'a changé mes Français ! »

Paru le vendredi 5 avril 1872

La généreuse jeunesse

I

Vous vous le rappelez !... C'est le mot consacré que les badauds de la plume se passent de la main à la main, comme la lampe de Lucrèce ; c'est le mot que, depuis cinquante ans et plus, le journalisme, bêta et crocodile tout à la fois, n'a pas cessé de répéter, à chaque coup de sifflet, à chaque grognement, à chaque gros sou, à chaque trognon de pomme que cette généreuse jeunesse envoyait, trop généreusement, à la tête de ses professeurs !

Eh bien ! cette généreuse jeunesse continue ses générosités. Les Polonais seront toujours les Polonais. La jeunesse française sera toujours la généreuse jeunesse. Et rien n'y fera !... Mais rien ! Elle le sera après comme avant les Prussiens ! L'autre jour encore, cette jeunesse n'a pu résister à l'impétuosité de son généreux tempérament, et elle a insulté et sifflé bravement un pauvre professeur désarmé, devant elle ; et ses sifflets même ont tellement troublé la tête de ce pauvre professeur qu'il s'est cru obligé, le brave homme, de faire la preuve qu'il n'était pas coupable de l'action dont ses terribles élèves l'accusaient : ce qui, selon moi, est implicitement reconnaître le droit de haute et basse justice du sifflet. Anarchie de plus ! Anarchie des élèves ! Anarchie du maître ! Tour de Babel ! Confusion !

II

Mais en tout, c'est éternellement la même histoire. Si ce n'était pas ainsi, quelque chose boiterait... Une goutte d'eau réfléchit le monde. Cette goutte d'eau troublée des écoles réfléchit exactement toute la société de ce temps. Les écoles semblent loin de nous ; mais le mal vient de plus loin encore... Ces polissons au moins par l'âge et par la conduite, qui se font conseil des Dix, à cinq cents têtes, contre le professeur, et qui croient l'exécuter en le sifflant, ne sont pas les plus coupables.

Il y a bien plus coupables qu'eux, ce sont leurs pères.

Ce sont leurs pères, auxquels, avant de venir siffler leurs professeurs, ils ont probablement fait des cornes dans cette intimité de la famille, devenue maintenant une promiscuité. La famille, en effet, la famille de cette époque de ramollissement universel, où les législations deviennent aussi lâches que les mœurs, a rejeté les éléments sévères qui entraient dans sa forte constitution autrefois. Plus de moralité spirituelle ! Tout s'y est fondu de tendresse animale et physique. En attendant que ces aimables gamins qui sifflent leurs maîtres, les battent – ce qui, si on n'y met ordre, arrivera un de ces jours –, ils ont probablement, enfants, de leur jolie petite main, battu leur mère ou leur nourrice, et *maman* a trouvé peut-être ce petit geste de révolte charmant, et baisé la menotte rose qui se levait si gentiment contre elle ! Mièvrerie absurde ! Comme si l'éducation de ce petit pervers qu'on appelle l'homme ne commençait pas à la première gorgée de lait qu'il avale ! Nous portons la peine de ces mollasseries de cœur. Combien de fois pour ma part n'ai-je pas entendu dire : « Je veux que mon fils m'aime. Je ne me soucie pas qu'il me respecte. Je veux être, avant tout, l'ami de mon fils ! » Mais, crétin de tendresse, vous êtes bien plus que son ami, vous êtes son père. Pourquoi voulez-vous abdiquer ?

Mais ils le veulent tous. C'est une déliquescence. J'en connais, des pères, qui par amour paternel vont au bal Mabille avec les maîtresses de leurs fils. Voilà donc où en sont maintenant la Paternité, la Maternité, la Famille ! Le Père, l'auguste *pater familias* du Droit viril et romain ; la Mère, cette Matrone, adoucie seulement par la chrétienne et qui a duré jusqu'à la Révolution française, se sont abaissés jusqu'à n'être plus que les amis, les camarades et les complices de leurs enfants ; et Messieurs les Enfants – comme a dit M. Legouvé, le sentimental flatteur de ces moutards – se sont cru les égaux du Père et de la Mère. Et comme on juge ses égaux et qu'on peut les siffler, si le cœur en dit, ils les ont certainement sifflés dans la maison paternelle : car la moquerie a bien d'autres formes que le sifflet. Ils les ont sifflés. On peut le dire sans avoir peur de se tromper : qui siffle son maître en public doit avoir sifflé son père, le premier des maîtres en particulier. Après cela, quoi d'étonnant, n'est-ce pas, que l'insolent de la famille devienne l'insolent de l'école !

J'accuse donc hardiment les pères de l'anarchique sifflet des enfants.

III

Et voilà pourquoi, en tant qu'il faille réprimer cette anarchie, qui est partout, dans tous les rapports de la vie publique et privée – et il le faut sous peine non pas de tomber dans l'abîme, mais d'y couler –, voilà pourquoi nous ne nous laisserons pas troubler, dans cette question du châtiment des écoles, par ces considérations de famille qu'on a fait quelquefois valoir : car les familles sont aussi coupables que l'écolier rebelle qu'elles ont élevé, et il est juste que la punition remonte jusqu'à elles. Nous ne sommes pas, nous, un toqué d'amnistie. Nous ne voulons pas même de celle du *dédain*. Nous ne croyons qu'à la Répression, qu'à la Punition, qu'à la Peine. Dès qu'elle est méritée, il faut qu'elle soit. Selon nous, il n'y a plus d'école, ou tout tapageur d'école doit être mis à la porte de l'école où il a tapagé. Mais ce n'est pas tout ; il ne doit pas y rentrer. N'y pas rentrer sera la punition méritée qui atteindra la famille responsable, puisqu'elle a élevé ce polisson tapageur et ne lui a pas appris le respect qu'on doit à ses maîtres.

Demandez plutôt aux républicains ce qu'on aurait fait aux petits Spartiates des bords de l'Eurotas s'ils avaient sifflé leurs professeurs de gymnastique.

IV

Mais que feront les gens du provisoire.

M. Dolbeau, tremblant devant les bambins qui l'ont sifflé, a demandé une enquête pour se *justifier* devant la juridiction de ces bambins. Ce n'est pas très fier. Le mellifluent M. Jules Simon promet de son côté de donner à cette enquête la plus grande publicité. C'est toujours la même basse préoccupation du pouvoir devant toute cohue ; c'est toujours le même embarras quand il faut être net et frapper.

Il s'agit bien de M. Dolbeau ! Il s'agit de sa fonction insultée ; il s'agit de l'autorité qu'il faut qu'on respecte, sous quelque forme qu'elle soit constituée, depuis la botte de Charles XII jusqu'au bonnet carré du professeur.

Paru le jeudi 11 avril 1872

Courbettes... à Courbet

I

Elles se font de partout, et l'on peut dire comme dans *Les Fâcheux* : « Que de coups de chapeau ! » Mais qui donc, le premier, les a faites avant tous les autres ! Qui a eu, le premier, des reins au service de M. Courbet...

Parbleu ! c'est le *Rappel !* Le croira-t-on jamais ? c'est le *Rappel !* Le journal de M. Victor Hugo, l'ancien chanteur de la Colonne, qui se fend en révérences à grand écart et en bonnetades jusqu'à terre devant le déboulonneur de la Colonne ! Il leur a donc déboulonné aussi l'entendement, la mémoire, le respect, à ces gens qui, d'aucune façon, ne sont des colonnes, et qui par conséquent sont plus faciles à déboulonner ! Maître Courbet est pour l'heure plus maître que M. Hugo chez M. Hugo. Ce *vieux casque* d'Hugo, comme disait Titi-Rochefort, n'est plus qu'une casquette. Le casque à présent, c'est Courbet ; mais, les incendies de Paris l'attestent, ce n'est pas un casque de pompier. Cet artiste, tronqué par la tête, ce pleutre sans idéal, qui peignait par goût le commun avant d'aller à la Commune, cette espèce de Trouillefou du pinceau, a pu être mis très simplement et très naturellement à la porte de l'Exposition pour deux choses comme il sait en faire – deux tableaux ; l'un de pommes crues, dit le *Rappel*, qui les voudrait cuites, et une femme vue... de dos, dit encore modestement le *Rappel*, qui colle sur ce dos le mouchoir de Tartufe, et qui se met à crier comme un âne, ce colleur de mouchoir et d'affiche, parce que des haines de parti et de basses passions d'artiste ont mis à la porte d'une Exposition française le plus grand peintre de l'univers.

II

Ne voilà-t-il pas une grande affaire ! Ne voilà-t-il pas un fier coup de tonnerre pour une omelette ! Le jury de peinture a renvoyé le plat de pommes de M. Courbet, comme, au restaurant, on l'eût renvoyé par le garçon, et il a renvoyé aussi sa femme vue... de dos, qui a l'air de faire quelque chose ; mais quoi ?... C'est inquiétant avec M. Courbet ! Nous avons déjà eu de lui des femmes vues... de dos. Nous avons eu ces fameuses *Baigneuses* dont notre nez se souvient autant que notre œil, ces *Baigneuses* plus fortes que l'eau qu'elles tachaient, car cette eau ne les lavait pas !

Vous vous souvenez de cette immondice en peinture ! Le jury du temps, vierge alors de malpropretés, l'admit avec la naïveté d'un coquebin ; mais les jurys se suivent et ne se ressemblent pas. Celui d'aujourd'hui fait ce que les *Baigneuses* de M. Courbet ne font pas : il se lave ; il se lave en n'admettant pas les peintures de M. Courbet. Eh bien ! voyons !... après ?... L'art est-il violé, dans le plus pur de sa substance, parce qu'on refuse les deux toiles de M. Courbet ! Le jury les refuse, à ses risques et périls ; mais M. Courbet, qui, une fois déjà, a fait une exposition à lui seul, montrera chez lui – n'en doutez pas ! – ce que le jury rejette, et il sera vengé de l'opinion du jury, s'il est si fort et si sa peinture est si bonne ! Pour mon compte, j'y compte bien. Quoique Normand, je suis assez indifférent au plat de pommes ; mais la femme vue de dos m'intéresse et m'intrigue, et je voudrais savoir ce qu'elle fait là !...

Le *Rappel* a l'air d'insinuer qu'elle pétrole, en affirmant que le jury a vu en elle une pétroleuse discrète, qui se détourne et qui se cache, une Vestale pudique du feu sacré ! Est-ce la vérité, cela ?... Assurément, le balourd, mais malicieux Courbet, dans l'intérêt du tapage de son tableau, est bien capable de cette sournoiserie ; mais le jury l'a déconcertée. Le jury, lui, n'a pas voulu permettre qu'un succès de parti se substituât à un succès de peinture, et il a rejeté cette suspecte femme vue de dos, qui pétrole peut-être en *catimini*, parce que ce dos mystérieux pouvait être pris pour un dos d'incendiaire par tous ceux qui ont le goût de l'incendie et qui ne cherchent qu'à l'entretenir et à le propager !

Certes ! si cela est, le jury a bien fait. Bien fait de toutes manières. Bien fait de refuser la peinture de M. Courbet s'il l'a trouvée mauvaise.

Bien fait, s'il ne l'a pas trouvée mauvaise, de refuser la femme au dos, s'il a cru y voir l'intention d'une pétroleuse ! Mais, selon moi, et contrairement à l'opinion généralement exprimée par les journaux, il a bien fait et mieux fait encore si, comme on le dit ce matin, il a refusé la peinture de M. Courbet, par la raison unique que c'est la peinture de M. Courbet !

III

Oui ! voilà la raison péremptoire et souveraine ! C'est M. Courbet. Ses œuvres pétilleraient-elles et flamberaient-elles de génie (le seul incendie qu'il ne connaisse pas !), elles devraient être impitoyablement refusées dans une exposition publique fondée par l'État et sous le patronage d'un gouvernement qu'il détruirait, lui et ses amis, s'il pouvait le détruire, s'ils n'étaient pas pour le moment heureusement réduits à l'impuissance ! M. Courbet n'est pas seulement un condamné politique qui a fait sa peine, et, comme on dit, payé sa dette. Diable non ! il n'est pas que cela ! C'est un excommunié social ; et, ne vous y trompez pas ! c'est un excommunié qui s'est excommunié lui-même.

Les atroces bandits de la Commune, qui avaient pour pitre M. Courbet, ne sont pas des ennemis politiques. Ils travaillent plus en grand et dans les dessous. Ce sont les ennemis de toute société et de tout ordre sur lequel s'établit toute société. Savez-vous et pouvez-vous dire quel est leur idéal politique ? Allez ! pas plus que vous ne pouvez dire quel est l'idéal esthétique de M. Courbet ! Leur idéal, à eux, c'est de prendre, de tuer et de brûler pour prendre, comme son idéal, à lui, c'est de peindre brutalement le fait concret, le détail vulgaire et même abject. S'il n'avait été du reste qu'un communard en peinture, il n'y aurait plus que la question des œuvres à examiner ; mais il a été communard de l'autre manière, et la question de l'homme se lève de toute sa hauteur.

Faire de M. Courbet un ennemi politique qui veut rentrer dans les bénéfices que confère l'État, qu'au besoin il troublerait encore, en vérité, c'est se moquer de nous ! Pour moi, je n'admets pas que, comme maître Jacques, il n'ait qu'à retourner sa casaque d'artiste, en mettant par-dessous le côté du communard et du pétroleux, pour jouir bien commodément des avantages que l'État fait aux artistes qui ne le troublent pas, et qui se contentent de l'honorer.

Je regarde comme de la plus haute indécence, et de la plus sanglante impertinence aussi, qu'on puisse venir faire parader ses toiles dans un monument qu'on a oublié de brûler… L'Art, l'Art dont on parle tant, n'exige pas qu'un jury français se ploye jusqu'à cette bassesse de recevoir avec respect des toiles que M. Courbet, plus fier, quoique communard, n'aurait jamais dû envoyer. L'Art n'est pour rien là-dedans. Ce sont des mots qu'on fait tinter aux oreilles des imbéciles. Si M. Courbet a fait des chefs-d'œuvre, il trouvera bien ailleurs qu'à l'Exposition des contemplateurs.

Voilà donc son intérêt et celui de l'Art préservés ; mais les intérêts de la morale publique, d'une convenance plus haute que tout, des exemples à donner, des sévérités nécessaires et salutaires, tels sont ceux qui doivent triompher dans cette question qu'on étrique, les uns par hypocrisie, pour soutenir le communard, et les autres par cette niaiserie qui fait croire aux esprits fourbus que l'égalité, c'est la justice !

Mais moi, je suis de l'avis du jury – et si, comme on l'a dit perfidement, c'est le jaloux Meissonnier qui a enlevé la décision de ses confrères, moi qui ne suis pas peintre et qui ne suis pas jaloux, je suis de l'avis de M. Meissonier.

Paru le lundi 13 mai 1872

Un poète prussien

I

Il s'appelle M. Victor Hugo.

Jusqu'ici on le croyait français. Démocrate, c'est vrai, avec la haine inconséquente, folle et plus souvent bête de la Démocratie pour tout ce qui a fait, dans le passé, la gloire de la France et la personnalité de la patrie ; mais après tout, malgré les ivresses et les idées fausses, français pourtant ! On le croyait – et il ne l'est plus ! Tombé sans être Lucifer ! Si la France y tenait, elle pourrait en faire son deuil ! *L'Année terrible* (elle le sera pour lui) est un terrible livre qui nous montre M. Hugo sous un aspect inattendu même pour ses ennemis, même pour ceux qui ne savent que trop le désordre de cette tête égarée...

Il le montre... Prussien ?

Prussien, avec des mots français et des déclamations françaises. Prussien sans le savoir ou en le sachant. S'il le sait, il passe à l'ennemi. S'il ne le sait pas, car la gangrène s'ignore – elle ne se sent point –, il reste avec nous, mais nous n'en voulons plus ! Seulement alors, il est... Mettez le mot que nous n'écrirons pas !

II

Le livre de M. Victor Hugo n'est qu'une élégie enflammée, violente, hypocrite et comminatoire, sur les malheurs et les punitions de la Commune. De ses crimes, rien ! *Personne n'est coupable*, dit-il en toutes lettres. Et si pourtant ! Quelqu'un le serait, pour peu que ce fou fût logique ; mais elle se soucie bien d'être logique, sa malheureuse tête ! Quelqu'un le serait, Versailles et l'armée ! Ceux qui, provoqués par les exécrables assassins de la Commune, ont éteint avec des obus nécessaires les incendies allumés par eux ! Ce serait enfin la France qui – toute – était avec Versailles contre la Commune de Paris ! En déplorant *crocodilement* les guerres civiles, le poète sans sincérité de *L'Année terrible* n'a de pleurs, d'indignations, de frémissements et de cris que pour les provocateurs et pour les bourreaux ; mais il n'a pas un mot, pas un soupir pour les victimes ! Cette *pleureuse* des Communards n'a de pitié que pour ceux qui furent sans pitié. Et on l'a dit. Même les hébétés d'admiration pour le génie hébétant du poète, l'ont vu et ils l'ont dit. C'est là (ont-ils dit) un parti pris, coupable et dangereux. Mais le vrai crime personne ne l'a vu, et le voici.

Paris était cerné par le Prussien. L'ennemi n'avait pas osé, même pour s'en vanter à ses femmes quand il serait rentré dans son pays, dépasser, en entrant dans Paris, la place de la Concorde, où il fut sifflé par des gamins. L'empereur prussien ne s'était pas risqué à rendre à Paris la visite faite à Berlin par l'empereur Napoléon, quand il le traversa de part en part, sur son cheval au pas, à la tête de sa garde, le pistolet à la main. Mais il était là, l'ennemi. Nous étions son spectacle. Il avait ses loges à Saint-Denis. Des loges indécentes et insolentes ! Il y caressait ces cocodettes qui sont cosmopolites, comme M. Hugo, et y buvait notre vin de Champagne à la mort de la France, lorgnant obstinément dans ce cirque où il n'était pas descendu. Eh bien ! tout à coup il y vit... ce qu'on n'avait vu chez aucun peuple, à nulle place de l'histoire.

Il y vit la ville qu'il haïssait – qu'il lui avait été impossible de détruire – détruite, massacrée, incendiée par les Communards ! Des gens du pays qui agissaient, eux, comme lui, l'ennemi, n'avait pas osé faire ! Payée ou non, car qui est entré dans cet abîme de boue ? Il vit la Commune brûler Paris. Il goûta l'incendie avec son champagne et fit claquer sa langue après : il le trouva meilleur. Et ceux qui lui donnaient cette joie, qui régalaient ainsi la sensualité de sa haine, ces valets de l'ennemi, ces aides de bourreaux oisifs, ces goujats de la Prusse, M. Victor Hugo les inonde de ses larmes, les grandit, les idéalise !

Il est le payeur de la Prusse. Avec son livre les voilà payés, ces goujats prussiens !

III

Et c'est là le crime de M. Victor Hugo – le crime de son livre. Nous ne voulons pas l'examiner littérairement. Nous dédaignons de descendre jusqu'à cette besogne sur sa poésie, du haut du crime qui la rapetisse, qui la souille, et qui la frappe d'une honteuse immortalité. La littérature, quand il s'agit de la patrie ! Nous croyez-vous si byzantins ?...

Qu'importe que toute cette vieille poésie qui radote ne soit plus que de la poésie à *procédé* où rien ne tient ni à clous ni à cheville, en bon sens, mais où il y a beaucoup de chevilles et encore plus de clous, en vers ! Qu'importe que le poète de *L'Année terrible* ne soit plus qu'un rabâcheur d'*aurores*, de *rayons*, de *gouffres* et de *ténèbres !* Qu'importe sa bassesse enthousiaste avec le peuple, qu'il flatte comme son tyran, à lui et comme nous, nous n'avons certes ! jamais flatté les nôtres ! Qu'importent même ses familiarités grotesques, si elles n'étaient blasphématoires, avec Notre-Seigneur Jésus-Christ ! Tout cela est trop petiot pour que cela nous choque. Mais tout cela, pour d'autres que pour nous, se discuterait et serait matière à dispute, tandis que ceci ne souffre pas de discussion. Ceci est infiniment simple et entre de plain-pied dans tous les esprits : vous *faites plaisir* à tous ceux qui ont *fait plaisir* à la Prusse. Qu'on vous attelle avec le Prussien Courbet !

Vous payez en admiration et en attendrissements les gages des ouvriers d'incendie de la Prusse contre nous. Cela la dispense de les payer. Quel service vous lui rendez là ! Vous n'êtes donc, dans votre *Année terrible*, qu'un employé volontaire de la Prusse ; et, s'il y a des gens qui, en vous lisant, ne le comprennent pas ou le nient, c'est que le cosmopolitisme leur a pourri dans le cœur le sentiment de la patrie, comme à vous ! Vous pouvez renoncer à la langue française, qui ne s'en plaindra pas : car depuis longtemps vous l'avez assez éreintée. Écrivez votre prochain livre en allemand. Vous le dédierez à cette Allemagne dont vous avez fait dans une pièce spéciale de votre livre – *Choix entre les deux Nations* – une glorification monstrueuse, à cette place et dans ce moment, quand elle a encore le pied sur nos poitrines.

Vous, c'est ce moment-là que vous choisissez pour le baiser, ce pied oppresseur ! Baisez-le donc et laissez-nous tranquilles !

Vous avez mérité l'Aigle Noir.

Paru le lundi 27 janvier 1873

Le journal de Louis XVI[1]

Publié par M. Louis Nicolardot

I

Il n'y a point de petite découverte en histoire. L'histoire fait rafle de tout. Même celles qui semblent les plus petites sont quelquefois les plus grandes, car des moindres il peut jaillir tout à coup, raccroc inattendu, le rayon qui éclaire intégralement enfin, et arrête nettement la physionomie d'un homme ou d'une chose ! Rappelez-vous cette publication d'il y a quelques années intitulée, je crois, *Journal de la santé du roi Louis XIV*. Ce n'était que des notes de médecin ou d'apothicaire qui pouvaient faire rire, mais qui, après avoir fait rire, faisaient penser. L'histoire prit ces notes, bonnes à mettre non pas au *cabinet*, mais dans son cabinet, à elle.

Or, voici d'autres notes qu'elle va prendre aujourd'hui. Voici, dans un autre genre, une découverte plus curieuse et plus importante. C'est *Le Journal du roi Louis XVI*. Ce n'est plus ici le simple journal de la santé, quoiqu'elle y soit aussi, la santé, le compte des médecines qu'on a prises vérifié par un Purgon de cour ou un monsieur Fleurant, respectueux sujet en *toutes ses parties*, mais c'est le journal de toute la vie, heure par heure, écrit non de la main d'un tiers, mais de la main même du Roi, – du Roi qui n'a pas passé un seul jour de son règne sans noter pieusement (pieusement envers lui-même) tout ce qu'il a fait dans la journée et qui, mettant à le noter une exactitude qu'aucune circonstance, aucun événement n'a pu ni interrompre ni troubler, s'est peint, sans le savoir, avec une naïveté et une transparence qui envoient promener du coup tous les Tacite de la terre et se passent très bien de leurs profondeurs.

1. Chez Dentu.

Assurément, c'est là en soi une chose précieuse, et c'était, jusqu'à ce moment, une chose ignorée ; et cependant la découverte que nous annonçons n'était pas bien difficile à faire. Il ne fallait qu'aller aux manuscrits de la Bibliothèque nationale pour y trouver le manuscrit de Louis XVI, y dormant, dans son carton, du sommeil du juste pour, du bout d'une plume de copiste curieux, l'éveiller. C'est ce qu'a fait M. Louis Nicolardot, l'éditeur actuel du manuscrit. Il a copié fidèlement et intégralement le *Journal de Louis XVI,* et il le plante aujourd'hui sous les yeux du public : dans toute son authenticité, étonné lui-même de n'avoir pas été devancé par quelqu'un dans cette besogne si facile, car bien des gens étaient passés par là.

Les gros bonnets de l'histoire de la Révolution, MM. Thiers, Mignet, Louis Blanc, Michelet, et les petits à leur suite, avaient dû y venir. Ils avaient dû certainement aviser l'objet, dans son coin, sommeillant, mais ils n'avaient pas osé réveiller le chat qui dormait, car c'était pour eux un chat que ce manuscrit roulé et tapi dans son carton, qui aurait sauté à la figure de leurs idées, de leurs manières de voir, de leurs portraits, et qui les aurait mis en pièces !... Songez donc ! *Le Journal de Louis XVI*, de la propre main de Louis XVI ! Quel document et quel redressement pour son histoire ! Imaginez-vous qu'on eût découvert *Le Journal de Périclès* par Périclès ; *Le Journal d'Auguste,* écrit de la main d'Auguste !

Et pourtant Auguste et Périclès sont, à part leur grandeur historique et la poésie de l'éloignement, bien moins intéressants pour nous que Louis XVI, auquel nous touchons et dont nous sommes sortis, notre aïeul direct en histoire ! Louis XVI, si controversé encore, et sur lequel, quand il s'agit de le juger, tous les jugements tremblent – et il y a de quoi ! – entre le mal que, sans le vouloir, il a fait et le bien qu'il voulait et qu'il n'a pas su faire – entre les incompréhensibles faiblesses de sa vie publique et l'héroïsme surnaturel de sa mort.

Eh bien ! après la lecture de ce journal, peut-être ne trembleront-ils plus !

II

En effet, quand on l'aura lu, on verra mieux et on connaîtra plus intimement Louis XVI qu'on ne l'a jamais vu et connu dans toutes ses histoires. On saura que penser de cet homme dont le sang répandu fait pourpre sur sa vie entière et empêche de la voir et de la juger telle qu'elle fut, à travers l'auréole pourprée de ce sang. Le malheureux Louis XVI n'a pas eu que la tête coupée par la Révolution. Après sa mort, révolutionnaires et royalistes ont écartelé sa mémoire, les uns pour diminuer le crime du coup de hache et les autres pour le grandir.

Pour les uns, Louis XVI, aux gros yeux de bœuf, au front fuyant, à la lourde encolure, n'a guère plus que la stupidité de la victime destinée, dès le début de son règne, à être l'hécatombe de la royauté. Pour les autres, au contraire, il est la radieuse bonté de l'Innocence dans la providentielle attente d'un martyr accepté et souffert en expiation des crimes qu'il n'a pas commis. Mais tout cela est franchement trop bête ou trop ange, comme dirait Pascal. L'homme passe dans l'entre-deux, et c'est précisément l'homme que nous donne aujourd'hui ce *Journal de Louis XVI*, tiré à la lumière. L'homme, dans Louis XVI, n'avait pas encore été saisi… Aussi l'étonnement va-t-il être profond.

À partir de ce *Journal*, les idées courantes sur Louis XVI seront prises au collet mais par lui et ne devront plus courir !… Il s'arrêtera lui-même comme Harpagon. Seulement Harpagon est fou dans le moment de la pièce, et lui, Louis XVI, dans son *Journal*, a le calme, la raison, la méthode, la clarté, la mémoire, la ponctualité d'un homme d'ordre qui, chaque soir, fait sa caisse et épluche son budget – et je doute même que le fameux *Compte rendu* de Necker fût aussi soigné, aussi exact, aussi pointilleux que le sien.

C'est un admirable inventaire. Tout y est : la santé, les maladies, les indispositions, les bains, les médecines, les dîners, les jeux, les loteries, les bals, les chasses, les comédies, les revues, les pensions, les libéralités, les messes, les communions, les dévotions, et tous les événements du temps et leurs dates, tout cela classé, récapitulé et réglé, comme dans un herbier des plantes mortes ; tout cela à l'état de faits morts aussi, qui n'engendrent pas une pensée dans la tête qui les relate, et n'y appellent jamais une réflexion… Louis XVI n'est jamais là-dedans que le plus stérile des nomenclateurs, de la plus étonnante impassibilité.

À quoi pensait-il donc, ce roi, qui ne manquait ni de bon sens, ni de capacité, ni de droiture, et qui avait été bien élevé, comme le prouve le traité sur l'éducation de M. de la Vauguyon, que M. L. Nicolardot a mis à la tête de son livre, en guise de préface ; idée profonde !… À quoi pensait-il au milieu d'événements qui auraient dû le frapper, l'avertir, le distraire des étiquettes et du tous-les-jours de la vie ?… Imaginerait-on jamais que l'impératrice Marie-Thérèse, sa belle-mère, à lui, meurt, et qu'il note sa mort, sans autre souci que des révérences qu'il compte, ce jour-là, comme un maître à danser : 314 d'hommes et 256 de femmes ! Et pourtant, c'était bien quelque chose que Marie-Thérèse, en Europe, et sa mort devait faire un trou dans le tissu de ces tisserands qu'on appelle des hommes politiques et des directeurs de cabinets !

Ainsi de même pour tous les faits majeurs contemporains, pour les plus importants, pour les plus menaçants comme les plus futiles, pour la convocation des états généraux, la prise de la Bastille, le six octobre, etc., etc. On dirait au dégagé de la note, à la prestesse de la date, sur laquelle il ne pèse que le temps de la tracer, que ces faits ne le regardent pas, ces faits menaçants, précurseurs, qui commencent d'aiguiser sur une pierre invisible la hache qui lui coupera le cou ! Est-ce là du sang-froid de nature, de la distraction ou de la frivolité ? Mais quoi que ce soit, il est sûr qu'il se dégage du *Journal* où l'on trouve ces choses un Louis XVI auquel vraiment on n'aurait jamais osé penser !

Le Louis XVI des opinions faites vivait un peu sur le mot de Mirabeau : « Il avait d'inertes vertus. » Mais le Louis XVI du *Journal* d'aujourd'hui n'est ni si vertueux (l'est-on sans combat ?) ni si inerte. Il est très actif, au contraire : seulement, de quelle activité ? Ce n'est pas du tout un roi fainéant de la première race. C'est un roi excessivement occupé, mais occupé des *infiniment petits* d'un règne où il y avait des *infiniment grands* terribles ! Que dis-je ? Ce *Journal* présent de Louis XVI montre parfaitement, malgré sa sécheresse, que ce vertueux inerte fut un passionné – un passionné comme tous ceux de sa race ! Ceci est un peu fort, n'est-ce pas ? Oui, le *Journal de Louis XVI* montre parfaitement que ce roi, auquel on avait donné des mœurs bourgeoises, car on voulait à toute force qu'il fût un bon bourgeois dans sa maison, le dos au feu, le ventre à table, était, de pied en cap, aussi prince de goût et de mœurs que peut l'être un prince, et, chose nouvelle et plus stupéfiante encore, que, comme son grand-père Louis XV, Louis XVI a laissé s'en aller bas la monarchie, parce qu'il avait *sa passion*, son absorbante passion, comme son grand-père avait la sienne.

Certes, à qui risquerait cela de son chef que n'opposerait-on pas ? Crierait-on assez au paradoxe ?… Heureusement, *Le Journal de Louis XVI* est là pour rasseoir les indignés et convaincre les incrédules. Ce *Journal*, si curieux, donne en effet les proportions ignorées jusqu'à ce jour de la passion qui tenait Louis XVI et qui ne lâcha jamais. Cette passion du petit-fils de Louis XV ne fut, il est vrai, ni pour une Dubarry ni pour une Pompadour. Plus prince qu'homme en cela, sa maîtresse favorite, à lui, fut la chasse ; mais, lui aussi, il trouva là son Parc-aux-Cerfs ! Louis XVI a vécu pour la chasse comme Louis XV pour les femmes. Ce fut sa volupté, à ce continent. Il fut le Sardanapale de la chasse. Sa serrurerie avec Gamain n'est qu'une amusette, mais la chasse est la chose sérieuse, la passion vraie et dévorante de sa vie. Il s'y est jeté, absorbé, perdu, anéanti – comme tous les passionnés dans *leur* passion quelconque !

Il y a oublié ses devoirs et sa fonction de roi, les difficultés de son règne. Il n'a pas dit : *Après moi, le déluge !* comme Louis XV, qui, sinistre, du fond de sa bergère rose, au moins y pensait. Louis XVI n'y pensait pas, à ce déluge qui venait. Il ne le voyait pas. Il ne voyait pas plus loin que le bout de son fusil de chasse. Les bêtes à tuer dans ses forêts lui bouchaient tout, à ce roi, qui dans son État et pour le bien de son État n'a jamais su faire tuer deux hommes ! Et cela est si vrai que la chasse était l'aveuglement de toute sa vie que les jours où il n'a pas chassé, il écrit tranquillement et simplement sur son calepin : « *Il n'y a rien.* Je n'ai pas chassé. » Comme Titus disait : « J'ai perdu ma journée. » Et ces jours-là étaient peut-être de ces jours qui emportaient un morceau de son trône ou un fragment de sa couronne. Mais que lui importait ! Il maintenait son mot et il le répétait. Il n'avait pas chassé. Il n'y avait donc *rien !*

III

Tel est le Louis XVI du *Journal de Louis XVI.* Qui le connaissait comme le voilà ! Pardieu ! on savait bien qu'il avait chassé. La chasse, c'est la tradition pour tous les princes. Mais avec cette préoccupation et cette furie, on ne le savait pas. Personne ne l'avait dit. Charles X paraissait un plus grand chasseur que Louis XVI. Mais des deux, c'est Louis XVI pourtant qui est le Nemrod ! M. Louis Nicolardot, qui a mis des titres piquants aux classifications diverses de ce journal, qu'il nous montre aujourd'hui comme une lanterne magique de faits et de chiffres, M. Nicolardot émerveillé a risqué cette grande épithète de Nemrod et c'est comique, l'effet de ce nom, appliqué au Louis XVI des idées communes, à cet homme, bonhomme avant le temps, à ce ventru, à ce gros pacifique, auquel nous sommes accoutumés ! Pacifique ! il l'était d'ailleurs, bien plus de politique que d'humeur, car la chasse, c'est la sœur de la guerre.

On a reproché justement à Louis XVI d'avoir été le roi sans épée de sa race ; mais le couteau de chasse est un bout d'épée, et s'il l'avait employé autrement que contre des cerfs et des sangliers, il se fût allongé à son poing et aurait peut-être sauvegardé sa tête ! En somme, on a beaucoup trop vu Louis XVI sous la lévite des grands papas de Greuse, ou souriant béatement en habit groseille comme dans les portraits sur porcelaine de sa manufacture de Sèvres. Par sa passion pour la chasse, le porteur de lévite, café au lait, et d'habit groseille, touchait au soldat. Par cela seul qu'il était chasseur, il montait à cheval. Il fait le compte dans son journal des chevaux qu'il monte dans ses chasses. Il aurait pu être aussi un roi équestre, le seul genre de roi qui convienne aux Français, disait madame de Staël.

Enfin, pour l'achever par un dernier trait, ce bourru bienfaisant, comme on l'a nommé, avait l'impitoyabilité du grand chasseur. Il ne regarda jamais au massacre. Il tuait des masses de gibier ; il entendait la chasse par masses comme Bonaparte entendait la guerre. Le *Journal* constate que de 1774 à 1787, il a tué cent quatre-vingt-neuf mille deux cent soixante-quatorze cerfs. Tout lui était bon pour l'abattre. Il tuait jusqu'aux martinets et jusqu'aux écureuils. Il finit même par tuer des hirondelles, ces pauvres oiseaux que les Anciens regardaient comme le charme préservateur du foyer. Tué, disait-il au *Journal*, aujourd'hui *deux cents* hirondelles... Cela n'a pas porté tant de bonheur à sa maison !

IV

Et maintenant que nous avons fait émerger un Louis XVI nouveau du *Journal de Louis XVI*, il s'agit de conclure. Nous l'avons dit : ce *Journal de Louis XVI*, que le livre de M. Nicolardot va populariser, est un vrai bénéfice pour l'histoire. L'éditeur l'a trouvé, sous sa main, en préparant une histoire de Louis XVI à laquelle il travaille depuis plusieurs années, et sur les conclusions de laquelle nous n'ayons rien à préjuger. Ce qui nous a suffi pour l'heure, c'est d'avoir prouvé par ce *Journal* que Louis XVI n'était pas uniquement de la pâte à victime, comme les écrivains de la Révolution l'avaient fait et voulaient le garder.

C'est d'avoir établi qu'il n'était pas l'espèce de mollusque royal qu'ils disaient ; qu'il y avait en lui quelque chose d'intense qu'on ne soupçonnait pas, et qu'il s'est plus perdu par l'excès d'une passion que par l'ignavie qu'on lui a toujours reprochée. Le sang de Louis XVI est plus rouge que le sang de ceux qui l'ont tué… L'héroïsme de la maison de Bourbon y roulait ses plus nobles, ses plus intrépides gouttes. Vous auriez vu Louis XVI à Fontenoy, si de son temps il y avait eu un Fontenoy. Vous l'auriez vu, lui qui un jour brutalisa à la chasse un de ses gentilshommes, qui se mettait entre lui et la bête furieuse, crier comme son aïeul Henri IV à Ivry : « Vous m'empêchez de voir l'ennemi, messieurs ! » Si ce tueur d'hirondelles s'était servi des facultés militaires qui étaient en lui, puisque tout chasseur, physiologiquement, enveloppe un soldat, la monarchie capétienne dont il fut le dernier représentant, peut-être, n'en aurait pas moins péri, mais du moins, il aurait été roi – et il ne le fut jamais.

Je me trompe. Il le fut seulement le jour où il fallut ne l'être plus.

Émile Zola

(1840-1902)

Zola, la fureur d'écrire

C'est l'un des auteurs les plus détestés de son époque. La haine qu'il suscite ne freine pas ses ardeurs. On dirait même qu'elle l'alimente. Il s'en nourrit. Elle est son combustible. En 1870, Émile Zola, romancier inconnu de trente ans, lance le grand projet de sa vie : écrire le « roman expérimental » : l'histoire naturelle et sociale d'une famille sous le second Empire. Ce sera le cycle des Rougon-Macquart. Avec une foi absolue en sa vision, prenant la science pour modèle et l'homme pour cobaye, il va puiser dans ses entrailles, et dans celles des classes les plus basses, pour décrire un monde sans illusions. La noirceur est sa couleur naturelle, l'hérédité, la loi qu'il met en application. On n'échappe pas à son destin. D'une plume féroce, crue, il regarde les êtres se débattre en enfer comme dans une éprouvette.

Ses premiers volumes rencontrent un écho mesuré. Puis c'est L'Assommoir, *en 1877 : la déchéance d'une femme, Gervaise, y est retracée dans une lumière blafarde ; l'univers ouvrier dépeint sans pitié. Le livre fait un « boucan d'enfer ».* Le Figaro *fustige ce « réalisme, qui n'est que de la malpropreté » ;* Le Gaulois *parle de « vomissements ». On le trouve obscène. Il continue à touiller. En 1880,* Nana, *roman sur la prostitution, est lancé à grands coups de slogans publicitaires. Cette fois, dans* Le Figaro, *Albert Wolff ne cache pas son admiration pour ce futur best-seller.*

Zola rejoint en tant que collaborateur attitré le quotidien. Entre deux romans, le journalisme est le marteau dont il se sert pour écraser les bibelots d'une République qu'il soutient avec rage, mais qui se définit par ce mot qu'il abhorre : opportuniste. Francis Magnard, rédacteur en chef, lui offre un salaire royal pour jouer du tambour sous les fenêtres de ses amis radicaux. De part et d'autre, la fureur s'accroît. Zola n'y va pas de main morte. Il fustige d'emblée « les ratés de la littérature et de l'art qui se partagent la France ». C'est le jeu de massacre. Victor Hugo, génie vieillissant vénéré dans les chaumières, en prend pour son grade ; le chef d'école réclame une statue pour Balzac, rabaisse Dumas. Il prend la littérature et lui-même très au sérieux. Quand il définit le naturalisme, sa modestie est feinte, son arrogance réelle. Le combat s'étend jusque dans les colonnes du Figaro. *Les plumes s'entrechoquent. L'encre coule, Zola est furieux ; c'est son état naturel. Il veut jeter le gant : « Le journalisme, dernier des métiers ! », proclame-t-il en claquant la porte. Il reviendra. L'affaire Dreyfus ranime sa fureur. Il flaire l'injustice. Dans le quotidien, qui lui ouvre avec gourmandise ses colonnes, il prend la tête des défenseurs du capitaine, devenu le bouc émissaire d'un antisémitisme dont il dénonce la stupidité. Il assène, martèle, ne faiblit jamais, sauf devant les honneurs, ce qui lui vaudra une descente en flammes de Mirbeau.*

Dans la nuit du 29 au 30 septembre 1902, glorieux mais meurtri, il meurt asphyxié dans son appartement parisien : une telle existence ne pouvait s'achever que par une catastrophe.

Paru le mardi 20 novembre 1866

Les violettes

Vous devez connaître les terribles nuits d'insomnie : la fièvre bat dans les veines, des pointes fines piquent la chair, et les yeux qui ne peuvent se fermer regardent fixement les ténèbres. On se retourne entre les draps, on a peur.

Hier, le cauchemar s'était posé sur ma poitrine et m'étouffait. Je me suis vêtu à la hâte, et je suis descendu dans la rue. Quatre heures sonnaient au Luxembourg, il faisait encore nuit noire. Un brouillard humide pénétrait l'air de frissons, et le vent froid qui se levait par souffles irréguliers souffletait brusquement le visage.

Paris est morne et désolé à ces heures matinales. On ne lui a pas encore fait un bout de toilette. À le voir, on dirait une vaste salle à manger toute tiède et toute souillée de l'orgie de la veille : il y a des os qui traînent à terre, et, sur la nappe rougie, sont jetées au hasard les assiettes grasses de sauce. Les maîtres se sont couchés ivres et endormis, sans songer à faire desservir, et le matin seulement la servante donne un coup de balai et nettoie la salle à manger pour l'orgie du jour.

J'ai pris le boulevard Saint-Michel. Les longues lignes grises des maisons coupaient dans le ciel une bande d'un noir sale ; le gaz pâlissait, les trottoirs étaient déserts, et j'entendais autour de moi des pas lourds dont les bruits réguliers sortaient de l'ombre. Sur la chaussée, il y avait par instants un grand vacarme de charrettes. J'ai suivi la file démesurée de ces charrettes, et je suis arrivé à la Halle.

Là, tout un peuple se pressait aux lueurs vacillantes et blafardes des lanternes et des becs de gaz. Je venais de voir les servantes qui balayaient la salle à manger, et je me trouvais maintenant devant l'office colossale qui allait alimenter l'orgie du jour. J'ai entrevu, dans la clarté pâle, des tas rouges de viande, des paniers de poissons qui luisaient avec des éclairs d'argent, des montagnes de légumes piquant l'ombre de taches blanches et vertes.

Et, comme je regardais la grande orgie se préparer, j'ai aperçu dans un coin sombre une foule qui s'agitait sinistrement. Les lanternes jetaient une lumière jaune sur cette foule. Des enfants, des femmes, des hommes fouillaient à pleines mains dans de larges tas noirâtres qui traînaient sur le sol. J'ai pensé que c'étaient là des débris de viande qu'on vendait au rabais, et sur lesquels se précipitaient les misérables.

Je me suis approché. Les tas de débris de viande étaient des tas de violettes.

Toute la poésie fleurie des rues de Paris traînait sur ce trottoir boueux, au milieu des mangeailles de la Halle.

Les jardiniers de la banlieue venaient d'apporter par grosses bottes leur moisson odorante, et la cédaient aux revendeurs et aux petits marchands. Les violettes, brisées par les doigts rudes des paysans, passaient aux mains sales des crieurs des rues. Et tous ces gens avaient l'air de faire un mauvais coup et de tremper leurs mains dans des mares de sang. Le vent soufflait, un jour pâle et sinistre commençait à blanchir le brouillard.

Au grand jour, les jardiniers devaient être partis. La vente des violettes, à Paris, est une œuvre de nuit. En hiver, elle se fait de quatre à six heures. Tandis que la ville dort et que les bouchers lui préparent ses indigestions, dans un coin voisin on trafique de la poésie. Lorsque le soleil luira, la viande, d'un beau rouge brillant, sera proprement coupée, et les violettes, montées sur des brins d'osier, auront un doux éclat au milieu de leur élégante collerette de feuilles vertes. À cette heure, dans la nuit, les bœufs éventrés saignent un sang noir, les fleurs foulées aux pieds gisent sur le trottoir, près du ruisseau.

Je m'étais arrêté devant les marchands, et rien ne m'a paru triste comme ces pauvres fleurs expirantes jetées brutalement sur la pierre. Elles étaient toutes froissées, humides encore, serrées brutalement par des liens qui coupaient leurs tiges délicates. Les paquets amoncelés, pressés les uns contre les autres semblaient humbles et craintifs sous les mains cruelles des hommes.

J'ai aperçu à mes pieds une grosse botte de violettes qui avait glissé d'un tas voisin, et qui trempait à moitié dans le ruisseau. Je l'ai prise entre mes doigts. Tout un côté du bouquet était souillé de boue ; l'eau grasse et puante de l'égout avait laissé des traces noirâtres sur les fleurs. Et je me suis mis à songer, en regardant ces filles exquises des jardins et des bois, égarées dans les saletés de la ville.

Sur quelle gorge de femme allaient s'épanouir ces misérables fleurs ? La revendeuse les tremperait dans un seau d'eau, et elles ne conserveraient des odeurs âcres de la fange qu'une senteur insaisissable qui se mêlerait étrangement à leur parfum doux et tendre. L'eau les laverait de leur souillure ; elles pâliraient coquettement et deviendraient une volupté pour l'odorat et la vue. Mais au fond de leur corolle, il resterait toujours un peu de boue qui témoignerait de leur impureté.

Un instant j'ai eu la pensée de rendre au ruisseau ce bouquet qui lui appartenait déjà. Je voyais la gorge blanche qu'il irait embaumer, et il me demandait d'être le complice de cette duperie amère. Puis j'ai songé que les fleurs souillées conviennent aux villes emportées et fiévreuses ; et que ce bouquet impur trouverait aisément dans Paris une poitrine où la fange aurait aussi laissé des traces légères. J'ai rejeté les violettes sur leur tas.

Alors je me suis demandé quelle somme d'amour représentait cet entassement de touffes fleuries qui grelottaient sous le vent froid. À quels amants, à quels indifférents, à quels égoïstes allaient ces milliers de violettes. Dans quelques heures, elles seraient disséminées aux quatre coins de Paris ; les passants, pour deux sous, achèteraient le printemps dans la rue boueuse. Et je me plaisais à rêver la jeune fille qui attacherait à son corsage les violettes que je poussais du bout de mon soulier.

Je crois que je n'étais pas bien éveillé encore. Les fraîcheurs pénétrantes du matin secouaient ma chair, sans détendre mon esprit. Le jour grandissait, et, devant ce trottoir changé en un parterre étrange, un songe de joie et de douceurs succéda à mes cauchemars...

Je rêvai la dernière promenade que je fis à Fontenay-aux-Roses avec la bonne fée de mes vingt ans. Le printemps naissait, et les jeunes feuillages luisaient au blanc soleil d'avril. Le petit sentier qui suivait la côte était bordé de larges champs de violettes. Quand on passait, il montait tout autour de vous une odeur douce qui semblait vous pénétrer et alanguir votre âme.

Elle s'appuyait sur mon bras, toute pâmée, comme endormie d'amour par l'odeur douce. La campagne était blanche, et il y avait de petits insectes qui bourdonnaient au soleil. Un grand silence tombait du ciel. Le bruit de notre baiser fut si discret qu'il n'effaroucha pas les fauvettes des haies.

Au détour d'un chemin, dans un champ, nous vîmes des vieilles femmes courbées et dont les mains sèches cueillaient à la hâte des violettes qu'elles jetaient au fond de grands paniers. Ma compagne regarda les fleurs avec envie, et j'appelai une des vieilles femmes :

— Vous voulez des violettes, me demanda-t-elle ? Combien… une livre ?

Bon Dieu ! elle vendait ses fleurs à la livre. Nous nous sauvâmes désolés, croyant voir dans la campagne une vaste boutique d'épicier.

Des violettes achetées au poids doivent sembler bien lourdes, et nous jugeâmes qu'il était sage de voler ce qu'on voulait nous vendre. Une fleur volée a un parfum de plus. Je me glissai le long des haies, je me piquai les mains, je rapportai quelques violettes maigres et déchirées à ma compagne qui les accueillit avec des cris de joie.

Puis nous montâmes au bois de Verrières, et là-haut ce fut une fête, sur les larges tapis d'herbe fine, sous les feuillages verts et tendres. Et voilà qu'il y avait des violettes dans l'herbe, des violettes toutes petites qui avaient une peur terrible et qui savaient se cacher avec une foule de ruses.

Vite nous jetâmes les violettes volées, ces bêtes de violettes que les hommes avaient fait pousser dans un champ labouré ; nous voulions des fleurs du bon Dieu, des filles de la rosée et du soleil levant. Pendant deux grandes heures, je fouillai l'herbe désespérément, je furetai dans chaque coin, et dès que j'avais trouvé une fleur, je courais la vendre à ma compagne. Elle me l'achetait un baiser…

Et je songeais à ces choses, au milieu des cris de la Halle, devant les pauvres fleurs mortes auxquelles le trottoir servait de cimetière. Je me rappelais ma bonne fée qui n'est plus, et ce bouquet de violettes séchées que j'ai chez moi, au fond d'un tiroir. J'ai compté, en rentrant, les brins flétris ; il y en a vingt, et j'ai senti sur mes lèvres la brûlure douce de vingt baisers.

Je saurai maintenant d'où viennent ces fleurs qu'on brouette dans nos rues et que des femmes tiennent, en minces bouquets, entre leurs doigts rougis par le froid. Voici l'hiver, la saison noire et triste : les violettes sont les seules gaietés des champs qu'on rencontre dans les brouillards de Paris.

Ne vous êtes-vous jamais amusé à suivre une de ces marchandes qui se promènent lentement sur les trottoirs, offrant des fleurs aux passants ? C'est la misère, d'ordinaire, qui fleurit Paris, et il y a de désolants contrastes entre l'Indienne trouée des pauvres créatures et la grâce parfumée de leur marchandise.

Je les ai souvent regardées pour ma part, et j'ai étudié avec curiosité les personnes qui forment leur clientèle. Cette clientèle compte beaucoup plus d'hommes que de femmes, et les jeunes gens dominent. J'ai bien des fois suivi d'un regard rêveur ces petits bouquets qui partaient un à un, emportés par des mains froides ou tièdes, et qui allaient je ne savais où. Et toujours il me semblait les voir courir se poser sur le cœur d'une femme.

Un jour, comme je suivais une marchande de violettes, un gros homme soufflant et toussant s'est approché d'elle. Il avait une large face rouge, satisfaite de sa graisse. Il acheta deux bouquets, qu'il plia proprement dans un morceau de papier blanc, et qu'il mit ensuite au fond de sa poche.

Cet homme piqua vivement ma curiosité, et je me dis que c'était sans doute là un amoureux rangé et discret. Je me mis à le suivre, voulant connaître le sort des violettes.

Il me fit courir un bon quart d'heure. Dans une rue, il rencontra une jeune dame, et je crus qu'il allait tirer les bouquets de sa poche. Il n'en fit rien. Il entra dans un restaurant ; j'y entrai derrière lui.

Là, il mangea beaucoup de viande, faisant un bruit terrible en mâchant. Puis il commanda une salade qu'il assaisonna largement de poivre. Alors, il tira le papier de sa poche, le déplia soigneusement, et se mit à éplucher avec délicatesse les violettes qu'il posait une à une sur sa salade. Il remua le tout.

Et, de temps à autre, entre deux feuilles d'escarole, il piquait une violette sur son assiette et l'avalait avec délices. Comme je me trouvais en face de lui et que je le regardais douloureusement surpris, il me jeta un coup d'œil d'intelligence, et, élevant une violette embrochée dans une dent de sa fourchette :

— C'est excellent, me dit-il, très tendre et très parfumé. J'en mange deux bouquets tous les jours… Seulement il faut beaucoup de poivre.

Il y a des gens qui ne comprennent les fleurs qu'en salade.

Paru le lundi 24 décembre 1866

Un mariage d'amour

Le roman que publie *Le Figaro* et qui obtient un si légitime succès d'émotion me rappelle une terrible histoire de passion et de souffrance. Je vais la conter en quelques mots, me réservant d'écrire un jour le volume qu'elle demanderait. Si je me décide à la faire connaître aujourd'hui, c'est qu'elle renferme une haute leçon et qu'elle montre le coupable trouvant une effroyable punition dans l'impunité même de son crime.

Imaginez que Furbice ait épousé Margaï, après avoir réussi à cacher l'assassinat de Pascoul à la justice des hommes. Les deux meurtriers, l'amant et la femme adultère, ont sauvé leur honneur ; ils vont maintenant vivre la vie de félicité qu'ils ont rêvée ; les voilà réunis à jamais, liés par la volupté et par le sang, pouvant contenter enfin à l'aise leurs appétits de richesse et de luxure.

Écoutez l'histoire d'un semblable mariage d'amour.

Michel avait vingt-cinq ans lorsqu'il épousa Suzanne, une jeune femme de son âge, d'une maigreur nerveuse, ni laide, ni belle, mais ayant dans son visage effilé deux grands beaux yeux qui allaient largement d'une tempe à l'autre. Ils vécurent trois années sans querelles, ne recevant guère que Jacques, un ami du mari, dont la femme devint peu à peu passionnément amoureuse. Jacques se laissa aller à la douceur cuisante de cette passion. D'ailleurs, la paix du ménage ne fut pas troublée, les amants étaient lâches, et reculaient devant la certitude d'un scandale. Sans en avoir conscience, ils en arrivèrent lentement au projet de se débarrasser de Michel. Un meurtre devait tout arranger, en leur permettant de s'aimer en liberté et selon la loi.

Un jour, ils décidèrent le mari à faire une partie de campagne. On alla à Corbeil, et là, lorsque le dîner eut été commandé, Jacques proposa et fit accepter une promenade en canot sur la Seine. Il prit les rames et descendit la rivière, tandis que ses compagnons chantaient et riaient comme des enfants.

Quand la barque fut en pleine Seine, cachée derrière les hautes futaies d'une île, Jacques saisit brusquement Michel et essaya de le jeter à l'eau. Suzanne cessa de chanter ; elle détourna la tête, pâle, les lèvres serrées, silencieuse et frissonnante. Les deux hommes luttèrent un instant sur le bord de la barque qui s'enfonçait en craquant. Michel, surpris, ne pouvant comprendre, se défendit, muet, avec l'instinct d'une bête qu'on attaque ; il mordit Jacques à la joue, enleva presque le morceau, et tomba dans la rivière en appelant sa femme avec rage et terreur. Il ne savait pas nager.

Alors Jacques, prenant Suzanne dans ses bras, se jeta à l'eau de façon à faire chavirer la barque. Puis il se mit à crier, à appeler au secours. Il soutenait la jeune femme, et, comme il était excellent nageur, il atteignit aisément la rive, où plusieurs personnes se trouvaient déjà rassemblées.

La terrible comédie était jouée. Suzanne, évanouie et froide, gisait sur le sable ; Jacques pleurait, se désespérait, implorant de prompts secours pour son ami. Le lendemain, les journaux racontèrent l'accident, et les amants ayant toujours été aussi prudents que lâches, la pensée qu'un crime avait pu être commis ne vint à personne. Jacques en fut quitte pour expliquer la large morsure de Michel, en disant qu'un clou de la barque lui avait déchiré la joue.

Il fallait attendre au moins treize mois. Les amants s'étaient concertés à l'avance et avaient décidé qu'ils agiraient avec la plus grande prudence. Ils évitèrent de se voir ; ils ne se rencontrèrent que devant témoins.

Le moindre empressement aurait peut-être éveillé les soupçons.

Jacques, pendant les huit premiers jours, alla régulièrement à la morgue chaque matin. Quand il eut retrouvé et reconnu sur une des dalles blanches le cadavre de Michel, il le réclama au nom de la veuve et le fit enterrer. Il avait commis froidement le crime, et il éprouva un frisson d'épouvante en face de sa victime, horriblement défigurée, toute marbrée de taches bleues et vertes. Dès lors, il eut toujours devant les yeux le visage gonflé et grimaçant du noyé.

Dix-huit mois s'écoulèrent. Les amants se virent rarement ; à chaque rencontre, ils éprouvèrent un étrange malaise. Ils attribuèrent cette sensation pénible à la peur, à l'âpre désir qu'ils avaient d'en finir avec cette funèbre histoire, en se mariant et en goûtant enfin les douceurs de leur amour. Jacques souffrait surtout de sa solitude ; les dents de Michel avaient laissé sur sa joue des traces blanches, et il semblait parfois au meurtrier que ces cicatrices brûlaient sa chair et dévoraient son visage. Il espérait que Suzanne, sous ses baisers, apaiserait la cuisson des terribles brûlures.

Quand ils crurent avoir assez attendu, ils se marièrent, et toutes leurs connaissances applaudirent. Ils goûtèrent, pendant les préparatifs de la noce, une joie nerveuse qui les trompa eux-mêmes. La vérité était que, depuis le crime, ils frissonnaient tous deux la nuit, secoués par d'effrayants cauchemars, et qu'ils avaient hâte de s'unir contre leur épouvante pour la vaincre.

Lorsqu'ils se trouvèrent seuls dans la chambre nuptiale, ils s'assirent, embarrassés et inquiets, devant un feu clair qui éclairait la pièce de larges clartés jaunes.

Jacques voulut parler d'amour, mais sa bouche était sèche, et il ne put trouver un mot ; Suzanne, glacée et comme morte, cherchait en elle avec désespoir sa passion qui s'en était allée de sa chair et de son cœur.

Alors, ils essayèrent d'être banals et de causer comme des gens qui se seraient vus pour la première fois. Mais les paroles leur manquèrent. Tous deux ils pensaient invinciblement au pauvre noyé, et, tandis qu'ils échangeaient des mots vides, ils se devinaient l'un l'autre. Leur causerie cessa ; dans le silence, il leur sembla qu'ils continuaient à s'entretenir de Michel. Ce terrible silence, plein de phrases épouvantées et cruelles, devenait accablant, insoutenable. Suzanne, toute blanche dans sa toilette de nuit, se leva et, tournant la tête :

— Vous l'avez vu à la morgue ? demanda-t-elle d'une voix étouffée ?

— Oui, répondit Jacques en frissonnant.

— Paraissait-il avoir beaucoup souffert ?

Jacques ne put répondre. Il fit un geste, comme pour écarter une vision ignoble et odieuse, et il s'avança vers Suzanne, les bras ouverts.

— Embrasse-moi, dit-il en tendant la joue où se montraient des marques blanches.

— Oh ! non, jamais..., pas là ! s'écria Suzanne qui recula en frémissant.

Ils s'assirent de nouveau devant le feu, effrayés et irrités. Leurs longs silences étaient coupés par des paroles amères, par des reproches et des plaintes.

Telle fut leur nuit de noces.

Dès lors, un drame navrant se passa entre les deux misérables. Je ne puis en raconter tous les actes, et je me contente d'indiquer brièvement les principales péripéties.

Le cadavre de Michel se mit entre Jacques et Suzanne. Au lit, ils s'écartaient l'un de l'autre et semblaient lui faire place. Dans leurs baisers, leurs lèvres devenaient froides, comme si la mort se fut placée entre leurs bouches. Et c'étaient des terreurs continuelles, des effrois brusques qui les séparaient, des hallucinations qui leur montraient leur victime partout et à chaque heure.

Cet homme et cette femme ne pouvaient plus s'aimer. Ils étaient tout à leur épouvante. Ils ne vivaient ensemble que pour se protéger contre le noyé. Parfois encore ils se serraient avec force l'un contre l'autre, s'unissaient avec désespoir, mais c'était afin d'échapper à leurs sinistres visions.

Puis la haine vint. Ils s'irritèrent contre leur crime, ils se désespérèrent d'avoir troublé leur vie à jamais. Alors ils s'accusèrent mutuellement. Jacques reprocha amèrement à Suzanne de l'avoir poussé au meurtre, et Suzanne lui cria qu'il mentait et qu'il était le seul coupable. La colère accroissait leurs angoisses, et chaque jour, pour le moindre souvenir, la querelle recommençait, plus âpre et plus cruelle. Les deux assassins tournaient ainsi comme des bêtes fauves, dans la vie de souffrance qu'ils s'étaient faite, se déchirant eux-mêmes, haletants, obligés de se taire.

Suzanne regretta Michel, le pleura tout haut, vanta au meurtrier les vertus de sa victime, et Jacques dut vivre en entendant toujours parler de cet homme qu'il avait jeté à l'eau et dont le cadavre était si horrible sur une dalle de la morgue. Il avait souvent des heures de délire, et il accablait sa complice d'injures, la battait, lui répétait avec des cris l'histoire du meurtre, et lui prouvait que c'était elle qui avait tout fait, en lui donnant la folie de la passion.

S'il n'avait eu peur de trop souffrir, il se serait coupé la joue, pour enlever les traces des dents de Michel. Suzanne pleurait en regardant ces cicatrices, et le visage de Jacques était devenu pour elle un objet d'horreur dont la vue la secouait d'un éternel frisson.

Enfin se joua le dernier acte de ce drame poignant. Après la haine, vinrent la crainte et la lâcheté ; les deux assassins eurent peur l'un de l'autre.

Ils comprirent qu'ils ne pouvaient vivre plus longtemps dans la fièvre du remords ; ils voyaient avec terreur leur abattement mutuel, et ils tremblaient en pensant que l'un d'eux parlerait à coup sûr un jour ou l'autre.

Alors ils se surveillèrent ; leurs souffrances étaient intolérables, mais ils ne voulaient pas la délivrance par le châtiment. Ils se suivirent partout, ils s'étudièrent dans leurs moindres actes ; à chaque nouvelle querelle, ils se menaçaient de tout dire, puis ils se suppliaient à mains jointes de garder le silence, et ils restaient soupçonneux et farouches. Vie terrible, qui les traînait dans toutes les angoisses du remords et de l'effroi.

Ils en vinrent chacun à l'idée de se débarrasser d'un complice redoutable. Suzanne espérait vivre plus calme, lorsqu'elle ne verrait plus la joue couturée de Jacques, et Jacques pensait pouvoir tuer son premier crime en tuant Suzanne.

Un jour, ils se surprirent, versant mutuellement du poison dans leurs verres. Ils éclatèrent en sanglots, leur fièvre tomba, et ils se jetèrent dans les bras l'un de l'autre. Ils pleurèrent longtemps, demandant pardon, comprenant leur infamie, se disant que l'heure était venue de mourir. Ce fut là une dernière crise qui les soulagea.

Ils burent chacun le poison qu'ils avaient versé, et expirèrent à la même heure, liés dans la mort comme ils avaient été liés dans le crime. On trouva sur une table leur confession, et c'est après avoir lu ce testament sinistre que j'ai pu écrire l'histoire de ce mariage d'amour.

Paru le mardi 2 novembre 1880

Victor Hugo

Un jeune poète me disait, en parlant de Victor Hugo :

— Nous voulons qu'il s'endorme dans son rêve de souveraineté littéraire, dans la pensée que les lettres françaises ont uniquement préparé sa venue, et qu'après lui elles s'arrêteront. Nous voulons qu'il se croie jusqu'à la dernière heure le seul bon, le seul grand, le seul impeccable, le seul éternel. Nous voulons qu'il ne se doute pas lui-même de ses défaillances, qu'il ne se sente pas vieillir ; et plus il baissera, plus nous l'envelopperons d'une telle chaleur d'enthousiasme, que son agonie sera comme une résurrection.

Rien de plus touchant. C'est l'histoire d'un père de famille adoré des siens. Quand l'âge est venu, on lui cache, on lui facilite les infirmités. Tous s'immolent, les garçons et les filles se plaignent de leurs vingt ans, pour exalter ses trois quarts de siècle. Chacune de ses paroles est acclamée. C'est l'aïeul, et l'on jette sur sa misère humaine le manteau des fils de Noé, on respecte en lui l'honneur et la gloire de la famille, jusqu'à mentir. Mensonges pieux, injustices attendrissantes, abnégation filiale du présent devant le passé.

Et voilà comment Victor Hugo a, aujourd'hui, cette situation d'aïeul dans notre littérature. Lui seul reste debout d'une époque disparue. On ne lui tient pas compte seulement de la gloire, on voit en lui toute la gloire de son âge. Sans parler des admirations intéressées qui se chauffent à ses rayons, nous l'adorons tous, dans un orgueil patriotique. Sa longue vie a désarmé ses adversaires. À quoi bon le discuter encore ? Il n'entendrait pas, et tout doit être toléré à son continuel labeur et à son grand âge. Les passions politiques se taisent, les passions littéraires patientent. Il n'a plus autour de lui que ses enfants et ses petits-enfants, très respectueux, évitant de lui parler de leurs idées et de leurs passions nouvelles, l'approuvant toujours, même dans l'absurde, remettant au lendemain de sa mort l'affirmation de leur personnalité et de leur volonté.

Certes, dans cet accord tacite de notre famille littéraire, dans ce complot de religieuse tendresse, c'est un rôle cruel que de se lever pour réclamer au nom de la vérité outragée. Ainsi, je viens de lire *L'Âne*, la dernière œuvre de Victor Hugo. Sans doute, je pourrais me taire ; mais dans ma bataille, me taire, c'est accepter. Et si je parle, devrai-je mentir à tout ce que je sens, à tout ce que je crois ? L'aïeul disparaît, je ne vois plus qu'un homme d'erreur dont l'influence menace aujourd'hui l'intelligence française.

Je me révolte qu'on ait étranglé sur l'autel de cet homme tous les autres poètes, et Musset, et Lamartine. Chateaubriand, dont il est le fils, n'est plus qu'un escabeau sous ses pieds. Quant à Balzac, il fait sourire les dévots. Victor Hugo, et c'est assez. Il incarne tout. On le sacre grand poète, grand dramaturge, grand romancier, grand critique, grand philosophe, grand historien, grand politique ; ou, pour mieux dire, on lui donne le siècle de haut en bas, de long en large ; il serait à lui tout seul le dix-neuvième siècle. Je ne raille pas, je résume une opinion courante.

Eh bien ! le respect m'échappe devant cette énormité. J'aime mieux passer pour un mauvais cœur et rester un homme de bon sens. Si, dans une vingtaine d'années, quelqu'un me relit, je ne veux pas qu'il éclate de rire. Et puis meurent les convenances, les égards, les sentiments, meurent nos orgueils et nos gloires, pourvu que la vérité soit ! Il n'y a que la vérité. Il faut aller à elle quand même, en marchant sur les siens et dans la mort de tout ce qu'on a aimé.

Victor Hugo l'homme du siècle, Victor Hugo le penseur, le philosophe, le savant du siècle ! Et cela au moment où il vient de publier *L'Âne*, cet incroyable galimatias qui est comme une gageure tenue contre notre génie français ! Mais, en vérité, aux plus mauvaises époques de notre littérature, dans les quintessences de l'hôtel de Rambouillet, dans les périphrases de l'école didactique, jamais, jamais entendez-vous ! on n'a accouché d'une œuvre plus baroque ni plus inutile. Tant pis ! Je romps le pacte, je dis à voix haute ce que tout le monde se contente de penser très bas.

Voyons l'homme du siècle dans cet *Âne* phénoménal. Le poème est quelque chose comme un conte philosophique. Un âne s'est mis à l'école et a épuisé toutes les sciences. Je dis cela en une ligne ; mais le poète s'étale avec un luxe débordant d'érudition ; de cette érudition qui déterre des noms et des faits inconnus aux bourgeois. C'est ce que j'appellerai encore l'érudition romantique. Connaissez-vous Euctémon, Niebuhr, Œnésidème, Xénarchus, Tiraboschi, Torniel, Zonare, Brovius, Plancarpin ? Non. Eh bien ! Victor Hugo les connaît, et c'est une supériorité évidente qu'il a sur la presque totalité de ses lecteurs. Son âne a donc tout lu, tout étudié ; il a passé par toutes les écoles, a reçu des leçons de toutes les intelligences ; et cet âne est pris d'une grande irritation contre le savoir humain, qu'il nie carrément, avec une amertume de bête dérangée dans la sérénité heureuse de son ignorance.

Mon Dieu ! c'est là une fantaisie comme une autre, d'une originalité et d'une distinction douteuses, mais qu'en somme un écrivain pouvait se permettre. La Fontaine en aurait fait une jolie fable et Voltaire se serait amusé à en tirer un conte exquis d'une dizaine de pages. Le malheur est que Victor Hugo ne l'entend point ainsi. Quand il tient son âne il ne le lâche plus. Son âne devient la bête de l'Apocalypse elle-même ; il enfle, son âne, jusqu'à en emplir l'espace. Et voilà la bête monstrueuse lancée dans un galop d'éléphant, écrasant tout, faisant de l'esprit à tout effondrer. Ce n'est plus le joli petit âne de nos campagnes, si gai et si brave, d'un comique bon enfant ; c'est une mécanique énorme, bourrée de mots, dont on entend grincer les rouages, et qui n'a pas même la naïveté d'un jouet d'enfant.

Comment donner une idée du long discours de cet âne, quelque chose comme deux mille vers, la matière d'un drame en cinq actes ? Imaginez tous les lieux communs, qui, depuis des siècles, traînent contre le néant de la science et contre les infirmités de l'homme ; cousez ces lieux communs ensemble, au hasard ; ajoutez les digressions les plus saugrenues, répétez pendant trois pages la même vieille idée, dans des vers de plus en plus stupéfiants. Et vous obtiendrez cette œuvre qui est le comble de l'extravagance dans la banalité. Il faut dire courageusement ces choses, pour tirer l'esprit français d'un pareil guet-apens.

Le procédé du poète est simple. Il ramasse les rengaines dont aucun de nous n'oserait se servir. Par exemple, son âne se fâche contre les pédants, les collèges, les grimoires qui abêtissent les enfants ; il tonne contre les livres, les gros livres surtout, beaucoup plus coupables, paraît-il, que les petits livres ; il déblatère sur l'attitude que la foule prend à l'égard des hommes de génie ; il juge enfin avec sévérité la conduite de l'homme vis-à-vis de la création, de la société et de lui-même. Tout cela est d'une nouveauté douteuse, je le répète, et le pis est que l'âne n'apporte aucune idée, aucun argument.

Nous pataugeons en plein rabâchage. Seulement, le poète intervient ici et nous donne du rabâchage sublime. Les choses les plus plates prennent des allures tonitruantes. Calino se double d'Isaïe. Cela serait très médiocre, si c'était dit simplement ; mais, comme le poète dit les choses avec une enflure extraordinaire, cela devient absolument illisible. Je défie une femme d'aller jusqu'au bout. C'est consternant. J'ai cru entendre *Malbrough s'en va-t-en guerre*, joué dans les trompettes du jugement dernier.

Et j'arrive au penseur, au philosophe, au savant. Nous connaissons l'opinion de l'âne : l'homme est un infirme, la science est un poison. Sans doute, c'est une bête qui pense de la sorte ; mais il faut entendre que le poète se sert de cette bête pour dire ses propres pensées. Cela se sent à la façon complaisante dont il fait parler son âne ; il lui prête son style et l'approuve de la tête.

Dès lors, quel étrange testament philosophique nous donne là ce fameux homme du siècle, cet esprit qui résume, dit-on, notre époque. Comment ? nous luttons, nous travaillons, nous avons conquis la méthode et nous avançons à pas de géant dans toutes les connaissances ! Comment ? en cent années à peine, des sciences se sont créées et ont grandi, une évolution superbe a lancé l'humanité à la conquête du vrai. Et c'est justement l'heure que cet homme choisit pour lâcher son âne et lui faire insulter la science. Mais cet homme n'est pas des nôtres ! Mais il n'est pas même du siècle, lui qu'on veut nous présenter comme l'homme unique du siècle, l'incarnation du génie moderne ! Il appartient au Moyen Âge, il n'entend absolument rien à nos croyances et à notre labeur.

Sans doute, le poète n'en reste pas aux négations irritées de l'âne. J'ai oublié de dire que les discours de la bête s'adressaient au philosophe Kant ; aimable symbole qui met aux prises la métaphysique et la brute gorgée de savoir. Lorsque l'âne est retourné avec volupté à ses chardons, voilà Kant plongé dans la tristesse, ébranlé et honteux. Et c'est alors que le poète intervient pour dire le dernier mot, pour se prononcer entre l'animal et le philosophe. Écoutez l'Évangile selon Victor Hugo : Ceci est ce que nous devons croire et ce que nous devons espérer.

Oh ! ma tête, ma tête ! Le poète appelle cela : sécurité du penseur. Il est vraiment facile à rassurer, si des croyances aussi vagues lui suffisent. Après avoir déclaré que nul, hors Socrate et le Christ, n'a encore compris « l'ascension ténébreuse de l'homme », ce qui semble indiquer que lui, troisième, a compris cette ascension, il nous déclare solennellement que « le bleu sort de la brume » ; il ajoute que « pas un pli du rideau du temple n'est perdu » ; puis, dans le cas où il n'aurait pas été compris, il nous crie : « Laisse passer l'éclipse et tu verras l'étoile. » Maintenant, si vous le poussez encore, il pourra vous dire que « le verbe a pour racine obscure les algèbres » ; et il daignera même vous apprendre que « du fond de l'idéal, Dieu serein nous fait signe ». Mais, cette fois, il faut que vous soyez convaincu, car je ne trouve plus que cet argument : « un chaos est l'œuf noir d'un ciel », et cet autre : « l'ange a pour chrysalide une hydre ». Voilà !

En vérité, de qui Victor Hugo prétend-il se moquer ? Après avoir fait le procès au savoir humain, il vient tranquillement nous offrir comme solution je ne sais quelle migration des âmes d'astre en astre, quelle métempsycose doublée de panthéisme et accommodée au jus romantique de 1830. Et il se dit plein de sécurité, et il semble nous prendre en pitié, parce que nous nous adressons à la science pour connaître les vérités de l'homme et de la nature ! Mais encore un coup cet homme n'est pas des nôtres ! Qu'on nous dise de quel monastère du douzième siècle il sort avec son déisme nuageux, ses cauchemars de moine secoué de fièvre mystique !

Victor Hugo veut-il savoir quelle aurait été la conclusion du véritable homme du siècle ? Le penseur, le savant accepterait son âne, si cet âne représente, non pas la science, mais l'indigestion des connaissances fausses et des disputes inutiles. Il accepterait également le philosophe Kant, si le poète a voulu incarner en lui la vanité de la métaphysique. Mais, à la dernière page, la scission serait complète, car le penseur, le savant ne parlerait pas, en style de sybille, des échelons de nuit et des marches de lumière qui conduisent de l'ombre affreuse à la sphère céleste. Il dirait beaucoup plus simplement à l'âne et à Kant :

« Renoncez à l'empirisme, brûlez les vieux bouquins qui procèdent du surnaturel, remettez-vous à l'étude de l'homme et de la nature, et n'ayez plus que deux outils : l'observation et l'expérience. Tout le siècle est là. Peut-être nous trompons-nous encore, mais il serait lâche de le croire. Puisque notre loi est le travail, allons devant nous courageusement. Les résultats sont déjà superbes, nous entrons dans la vérité, grâce à la méthode scientifique appliquée en tout et partout. Les faits seuls doivent exister pour nous, et c'est par la connaissance exacte des faits que nous serons libres et forts. »

Tel est le langage d'un homme du siècle. Certes, Victor Hugo est une âme tendre, lorsqu'il rêve le baiser universel des peuples, la fin des guerres, l'arrivée de l'humanité dans une cité de lumière où tout le monde vivrait en pleine béatitude. Mais une telle vision de poète montre combien peu il a le cerveau d'un penseur et d'un savant. À mesure que l'âge est venu, il est tombé davantage dans une humanitairerie de bon vieillard. C'est ce que j'appellerai le gâtisme humanitaire. Il a pleuré sur les petits-enfants en grand-père attendri. Il a pleuré sur les épaules, il a pleuré sur la République, il a pleuré sur Dieu. Il est devenu le pleur ou plutôt le sanglot universel, car il est resté tumultueux. Et je comprends qu'il tienne en pitié les savants, car il a une solution toute prête et bien simple : c'est de monter les uns et les autres dans le soleil et de nous y embrasser. Pourquoi ne faisons-nous pas cela ?

Ah ! l'étrange philosophe, l'incroyable penseur, qui en est à l'attitude symbolique de Dante, et que des farceurs voudraient nous faire accepter comme l'expression de notre génie moderne ! Allons donc ! Est-ce que nous avons besoin de nous planter sur un rocher et de jouer les prophètes, quand nous croyons avoir aujourd'hui une vérité à dire ! Les prophètes sont morts avec le surnaturel ; il ne reste que des observateurs et des expérimentateurs. Claude Bernard n'a pas chevauché un aigle pour annoncer la bonne parole. Le cas de Victor Hugo est purement physiologique. Il y a eu quelque lésion du génie dans ce crâne. L'homme s'est cru dieu, et il annonce gravement comme autant de vérités les incroyables enfantillages de ses rêveries séniles.

Ce que je ne comprends pas, c'est que des républicains positivistes écoutent de pareilles choses sans éclater de rire. Je me suis promis de ne jamais aborder la question religieuse dans ce journal, et je me contente de signaler l'attitude singulière de quelques gaillards de ma connaissance, qui s'aplatissent devant Victor Hugo, lorsqu'ils traquent Dieu et ses saints. Ils ont la mauvaise foi de l'exalter comme penseur, tout en pensant eux-mêmes radicalement le contraire de ce qu'il pense. La vérité est que Victor Hugo, qu'il le veuille ou non, est un croyant des anciens âges, un chevalier d'autrefois, parfaitement perdu dans notre siècle de science, dont il ne comprend ni la vraie besogne, ni la vraie force.

Je ne serai pas assez cruel pour conseiller à quelqu'un de lire *L'Âne*. Mais, si quelqu'un s'est risqué, de bonne foi qu'il dise ce qu'il a bien pu en tirer. Cela échappe même à toute discussion sérieuse. C'est colossal et vide. Nostradamus semble avoir passé par là. Et, au milieu de ce pathos, de ces encombrements de mots, parfois un grand vers lyrique s'envole avec un bruit sublime. Le poète de génie s'est réveillé ; car voilà son lot, sa gloire immortelle : il a été et il restera notre plus grand poète lyrique.

Penseur, philosophe, savant, jamais ! Mais rhétoricien prodigieux, poète roi ! Si la pensée du siècle n'est pas à lui, il a empli son âge d'une musique de mots retentissante, telle que les hommes n'en avaient peut-être jamais entendu de semblable. Aujourd'hui encore, dans ces livres de sa vieillesse qui nous consternent, on retrouve quand même le formidable forgeron d'hémistiches, dont le marteau sonne avec un vacarme de bronze et d'or.

Et voilà mon triste devoir rempli. La jeunesse nous écoute, elle a plus besoin de vérité que de respect. Il faut lui enseigner la haine des idoles, surtout des idoles de rêverie humanitaire. Cela ne suffit pas, de prêcher un idéal de bonté et de concorde, et il y a danger à attendre un avenir de poésie qui ne se réalisera jamais. Le vrai courage est de se mettre à l'œuvre pour conquérir le possible, dans les réalités de ce monde. Telle est la besogne de notre siècle. Telles sont aussi les raisons qui me forcent à me lever devant ce grand vieillard, si plein de gloire, et à protester contre son enseignement. L'avenir me jugera.

Paru le lundi 6 décembre 1880

Une statue pour Balzac

Balzac est mort en mai 1850, il y aura bientôt trente et un ans. Et Paris ingrat, à une époque où les statues poussent en une nuit sur le pavé comme des champignons, n'a point encore songé à honorer le grand romancier du siècle, un des plus illustres enfants de la France. Pas même un buste sur une de nos maigres fontaines, pas même une plaque de marbre rappelant une date de sa vie. On lui a fait l'aumône d'une rue, et c'est tout.

Le puissant créateur de ce monde qui se nomme *La Comédie humaine* aura eu pour destinée d'être méconnu et traqué, même dans la terre. Ses contemporains l'insultèrent et l'écrasèrent sous toutes les médiocrités de son temps. Il faut lire, dans sa correspondance, son cri d'amère douleur, lorsque la presse et le public lui préféraient un Frédéric Soulié ou un Eugène Sue. Ses livres se vendaient à peine, ce ne fut que très tard qu'il obtint un succès de feuilleton avec *Les Parents pauvres*. Dans sa bataille quotidienne contre la dette, il en était réduit à un travail hâtif, mal rétribué, qui le clouait d'un bout dc l'année à l'autre devant sa table de travail. Et, je le répète, aucune consolation, pas un de ses rêves de luxe satisfait, toute la critique le traînant dans la boue.

On peut dire qu'il tomba à la veille du succès, lorsque son mariage allait enfin lui permettre de travailler à ses heures. En 49, il écrivait de Russie à sa sœur qu'il n'était encore arrivé à rien, qu'il avait sa position à faire ; aveu terrible et navrant dans la bouche de ce grand écrivain, dont toute l'œuvre était déjà publiée.

Et comparez un instant à cette existence celle de Victor Hugo. Balzac est seul, sans chapelle, sans dévots, sans ambitions voisines pour le pousser et le défendre ; il lutte dans un grenier, souvent assiégé par le doute, ayant besoin de tout l'orgueil solitaire qu'on lui a reproché pour se tenir debout. Victor Hugo marche, précédé de trompettes sonnant des fanfares, suivi par une queue qui l'encense et l'acclame. Que de fois Balzac a dû regarder passer le cortège de ces braillards, le cœur gros de sa supériorité !

Comparez même sa vie à celle d'Alexandre Dumas. Ici la production était également formidable et les créanciers attendaient aussi à la porte les feuilles toutes fraîches ; mais quelle production heureuse et facile, au milieu d'une popularité souriante ! Dumas, satisfaisant tous ses caprices, jetant l'argent dans des fantaisies princières, n'a jamais eu un doute sur son œuvre et a pu se croire le roi du roman, en abandonnant à Hugo l'empire de la poésie. L'Europe le dévorait et l'applaudissait ; il suffisait de son nom pour enrichir les journaux ; et, certes, si jamais un romancier lui donna de l'inquiétude, ce ne fut pas Balzac, ce fut Eugène Sue.

Je sais bien que cette injustice imbécile des contemporains est réparée de nos jours. La bande romantique de Victor Hugo s'est éclaircie ; et, pendant que le poète vieilli voit son école débandée et agonisante, toute une génération de vigoureux romanciers a poussé sur la tombe de Balzac. Le siècle reste à Balzac, le roman est son domaine, il y règne en maître absolu ; tandis que, d'autre part, Alexandre Dumas ne nous semble plus qu'un amuseur, dont les petits-fils ont sombré dans la pure fabrication, avec Ponson du Terrail et les feuilletonistes actuels que je ne veux pas nommer. Il faut mesurer un écrivain à l'école qu'il laisse et à son action sur l'intelligence générale de son siècle.

Aujourd'hui, voilà donc Balzac très grand, le plus grand. Écoutez le retentissement de son nom et voyez avec quelle puissance son œuvre s'est emparée de nous tous. Et rien ! Pas un buste, pas une plaque de marbre ! La postérité lui marchande une statue, comme ses contemporains lui marchandaient du talent. Singulier sort du génie, même lorsqu'il a triomphé et qu'il est reconnu, d'être sacrifié à la simple verve, à cet esprit amuseur, aisé à comprendre et d'une digestion facile pour tout le monde !

Je songeais à ces choses, en apprenant qu'on allait élever une statue à Alexandre Dumas. Le conseil municipal a donné un des plus larges emplacements de Paris, un comité a été formé, des articles excellents et très émus ont paru ici même. Tout cela est bon. Mais Balzac ?

M'est-il permis, à mon tour, de traiter cette question, avec mon indépendance habituelle ? *Le Figaro* est une tribune ouverte, et l'on veut bien y tolérer depuis quelque temps mes façons de voir. Je tâcherai, d'ailleurs, de ne blesser personne.

Au lendemain de la mort d'Alexandre Dumas, il y a dix ans, on songea, m'a-t-on dit, à faire une édition définitive de ses œuvres complètes, une de ces éditions qui sont comme le monument de bronze d'un grand écrivain. Mais, après une première étude, on dut y renoncer. Outre la quantité effroyable de prose laissée par Dumas, outre la difficulté qu'on aurait eue à démêler ce qui lui appartenait en propre de ce qui appartenait à ses collaborateurs, on reconnut sans doute que les meilleurs de ses romans n'avaient pas assez de consistance pour supporter la publication solennelle d'une édition définitive. Ces romans ont amusé toute une époque, il est possible qu'ils amusent encore quelques personnes aujourd'hui, mais il est certain qu'ils iront prochainement rejoindre les romans de La Calprenède et de Mlle de Scudéry.

L'idée d'une édition complète abandonnée forcément, le projet d'une statue devait tôt ou tard se produire. Je le guettais, je trouve même que le fait prévu s'est fait attendre. Paris est un « gobeur, » qui a besoin d'être amusé. Il faut songer que Dumas a été son enfant gâté pendant près d'un demi-siècle. Paris était à l'aise avec lui, riait de ses mots, lui tapait sur le ventre, gardait la reconnaissance du gros rire dont il l'emplissait. Ajoutez l'engouement de la presse pour un esprit sans profondeur, mais d'une verve intarissable. On adore toujours les gens qui ne vous forcent pas à penser, qui ne vous heurtent pas par un tempérament trop personnel, et dont l'heureuse nature vous entretient dans un doux état d'hilarité.

Tenez ! Un exemple. Dernièrement, meurt un petit journaliste de quelque esprit, Xavier Aubryet. Il avait beaucoup souffert, paraît-il, et sa longue agonie méritait une larme. Mais il appartenait au groupe des amuseurs, à la franc-maçonnerie des « blagueurs » parisiens ; et voilà toute la presse partie, et voilà des lamentations comme on n'en a certainement pas poussé à la mort de Balzac. Pendant quinze jours, l'étranger a pu croire que notre littérature venait de faire une perte irréparable. On nous assassine encore des mots drôles de Xavier Aubryet, qui ne sont pas drôles du tout. Pure affaire d'engouement.

Eh bien ! décuplez cet engouement, élevez-le à la plus forte puissance, et vous comprendrez comment Paris peut être pris de l'impérieux besoin d'élever une statue à Alexandre Dumas, lorsqu'il n'a jamais songé une seconde à en élever une à Balzac. Je suis même certain que ma réclamation va étonner bien du monde. Une statue à Balzac, mais pourquoi faire ? En voilà une idée ! Il n'était pas drôle, il n'amuse pas, et même il s'est parfois montré très grossier pour les journalistes. Puis, c'est un homme de génie ; il a le temps d'attendre ; il obtiendra bien sa statue tout seul ; tandis qu'il faut se hâter de couler en bronze les amuseurs, si l'on veut que le temps ne les mette pas en poussière.

Il y a encore une raison qui explique la statue d'Alexandre Dumas ; et c'est à mes yeux la raison décisive. On érige cette statue à M. Alexandre Dumas fils dans la personne de son père. Supposez Dumas mort sans laisser derrière lui un fils qui est devenu la coqueluche de Paris, et Paris ne penserait pas plus à lui qu'il ne pense à Balzac. Je propose, non une statue, ce qui n'est pas suffisant, mais un groupe, le grand Dumas conduisant par la main le petit Dumas âgé de sept ans, tous les deux en bronze.

Ô Paris, Ville Lumière comme t'a nommée le poète, ou plus simplement, comme nous t'appelons nous-mêmes, ville de toutes les intelligences et de toutes les vérités, as-tu bien songé à cela ? Le jour où tu éprouves le besoin d'honorer le roman, de mettre en face de Molière, le génie de ton théâtre, en face de Voltaire, le génie de ta raison et de ton esprit, un prince littéraire d'une taille égale, le génie même de ton roman moderne, tu vas choisir un producteur qui certes a eu sa gloire, mais qui a sombré dans la production et que notre génération ne lit déjà plus !

Eh ! quoi, il n'y a pas sur tes places un seul romancier en bronze ou en marbre, et le premier qu'il nous faudra saluer, ce sera un simple conteur où nous ne retrouvons rien de nous, rien de notre art, rien de notre philosophie, rien de notre avenir. Serait-ce un essai du suffrage universel en matière de statue, car le peuple, les illettrés et les badauds voteraient sans doute ; mais je doute que les délicats et les artistes donnent leurs voix.

Mettons même pour un instant Balzac à part. Pourquoi ne prends-tu pas Stendhal ? Il est moins populaire que Dumas, ayant eu plus de génie. Celui-là est un esprit supérieur. Il a laissé des études profondes, qui, au lieu de vieillir, grandissent et s'élargissent chaque jour. Jamais il ne deviendrait un embarras sur une de tes places, car il durera autant que la littérature française.

Pourquoi ne prends-tu pas Gustave Flaubert ? Dire que nous allons à grande peine obtenir pour lui un buste à Rouen, sur une fontaine, lorsque toi, Paris, tu élèveras une statue monumentale à Alexandre Dumas, au centre d'un de tes quartiers les plus riches. L'auteur des *Trois Mousquetaires* traité en roi, et l'auteur de *Madame Bovary* relégué mesquinement en province comme une gloire de département ! Tous les cœurs littéraires bondissent à cette idée.

Et si tu dédaignes les romanciers, si tu n'en trouves pas d'assez hauts, pourquoi ne prends-tu pas un historien, Michelet par exemple ? Celui-là aussi attend son marbre. Prosateur, il a été un de nos plus grands poètes. Je sais bien que c'est à lui qu'on attribue cette phrase : « Dumas est une force de la nature. » Phrase obscure comme il les aimait parfois. Cette force est-elle le vent qui passe à grand vacarme et qui tombe ? Dans ce cas, nous serions d'accord.

Puis, voici tes poètes, ô Paris ingrat ! S'il te faut des gloires littéraires, où est la statue de Musset, ce grand poète du siècle, le plus humain et le plus vivant ? où celle de Théophile Gautier, cet artiste parfait, qui valait tout Alexandre Dumas comme écrivain dans son petit doigt ? où celle de Baudelaire, cet esprit rare et personnel, dont l'unique volume de vers pèsera plus dans la balance de la postérité que les cinq cents volumes de l'auteur de *Monte-Cristo ?*

Et tes peintres, tu les oublies donc également ? Je n'en vois pas un seul sur tes places publiques. Ni Ingres qui fut un grand dessinateur, ni Delacroix qui fut un grand peintre, tous deux superbes de conviction, et qui sont morts de la passion de leur art. Et Courbet, le dernier de nos maîtres ; le plus sain et le plus fort, celui qui eut un jour l'idée bête de vouloir renverser la colonne : tu as manqué d'esprit, ô Paris, en ne lui élevant pas une statue au lendemain de sa mort !

Préfères-tu un musicien ? Prends Berlioz que tu as sifflé, tant qu'il a vécu, et que tu acclames comme un génie, maintenant qu'il dort dans la terre. Aimes-tu mieux un savant ? Prends Claude Bernard, dont les grands travaux ont montré que la méthode expérimentale est l'outil même du siècle. Et, si décidément tu revenais à la littérature et qu'il te fallût un critique, prends Sainte-Beuve qui ferait encore bonne figure sur un piédestal, car il a aimé la vérité avec ferveur et parfois il a même osé la dire.

Mais vois-tu, ô Paris, les étrangers s'arrêter devant la statue d'Alexandre Dumas, et ne trouvant dans tes murs que ce romancier de bronze, s'écrier : « Voilà donc le plus grand de leurs romanciers ! » Eh bien, non ! eh bien, non ! cela n'est pas vrai ! Il y en a dix avant lui. Je demande que tout au moins tu mettes sur le socle les raisons de ton engouement : À Alexandre Dumas, parce qu'il était bon enfant, parce qu'il nous a amusés, parce qu'il est le père d'Alexandre Dumas fils !

J'imagine qu'un matin Balzac quitte la froide terre et qu'en visitant ce Paris qu'il a tant aimé, il aperçoive tout d'un coup un gigantesque Alexandre Dumas de bronze, au milieu d'une vaste place. Quelles ne seraient pas sa surprise et son amertume ? « Eh ! quoi, c'est lui qui est là-haut, ce n'est pas moi ! » Tel serait le cri de son cœur.

Voici ce qu'il écrivait à la comtesse Hanska, le 21 décembre 1844 : « Je comprends, chère comtesse, que vous ayez été choquée des *Mousquetaires*, vous si instruite, et sachant surtout à fond l'histoire de France, non seulement au point de vue officiel, mais jusqu'aux moindres détails intimes des petits cabinets du roi et du petit couvert de la reine. On est vraiment fâché d'avoir lu cela, rien n'en reste que le dégoût pour soi-même d'avoir ainsi gaspillé son temps. »

Est-il besoin de mettre aujourd'hui face à face l'auteur de *La Comédie humaine* et celui des *Trois Mousquetaires*, pour faire à chacun sa part dans notre littérature ? Il ne s'agit plus d'auteurs vivants sur le compte desquels les passions du jour peuvent égarer. Tout le monde est d'accord, Balzac est le maître indiscuté du roman contemporain. M. H. Taine, dans la belle étude qu'il a écrite sur lui, a dû, pour trouver un homme à sa taille, remonter jusqu'à Shakespeare. Oui, notre Shakespeare français, ce n'est pas Victor Hugo, dont les figures sont de pures imaginations, toutes coulées dans le même moule ; c'est Balzac, qui a créé un monde, ainsi que le grand tragique anglais. Eux deux seuls ont tiré de leurs cerveaux des centaines de créatures distinctes, ayant chacune sa vie propre ; et leurs œuvres sont ainsi restées des magasins de documents humains, les plus vastes que l'on connaisse.

Si l'on veut savoir le fond de ma pensée, je dirai que je suis d'avis de n'élever de statue à personne. Pour les écrivains surtout, les œuvres sont là qui suffisent comme monument. Si vous laissez des œuvres grandes, à quoi bon une statue qui paraîtra toujours plus petite ; et si vos œuvres sont médiocres, si vos flatteurs pensent les hausser en mettant un bronze dessus, ce bronze, trop grand pour vous, vous rapetissera encore devant les générations. Seulement, lorsqu'on dresse des statues, encore faut-il qu'on les dresse avec quelque logique et quelque justice.

Nous ne repoussons pas Alexandre Dumas. Nous demandons simplement que Balzac passe le premier. C'est de l'équité littéraire, rien de plus. Une Académie peut être injuste ; une grande ville comme Paris ne saurait l'être.

Et c'est uniquement ici l'appel d'un écrivain, d'un fils dévoué de Balzac, qui n'a entre les mains aucun moyen d'exécution et qui laisse à d'autres toute la besogne matérielle. Qu'on cherche des journaux, qu'on forme un comité, qu'on obtienne du Conseil municipal un emplacement, le plus large et le plus central qu'on pourra trouver. Il me suffira d'avoir rétabli les rangs et empêché une œuvre de suprême injustice.

Je m'inscris pour mille francs.

Je donnerai cent francs pour la statue d'Alexandre Dumas, lorsque j'aurai donné mille francs pour la statue de Balzac.

Paru le lundi 17 janvier 1881

Le naturalisme

Eh bien ! oui, parlons-en ! Mais, avant tout, je tiens à faire remarquer quelle discrétion exagérée j'y ai mise. Voici quatre mois que je suis en représentations au *Figaro*, et pas un mot encore du fameux naturalisme ! Mes articles se sont succédé, je publie aujourd'hui le vingtième, et si je me décide à écrire celui qu'on s'attendait, paraît-il, à me voir lancer dès le premier jour, comme une profession de foi, c'est tout bonnement que la semaine a été très pauvre et que je n'ai pas trouvé d'autre sujet. Mon Dieu ! oui, parlons du naturalisme, puisque nous n'avons rien de mieux à faire.

D'ailleurs, je n'apporterai aucun argument nouveau. Je me suis expliqué cent fois, je ne puis que me répéter. Seulement, je donnais alors mes explications dans des caves opportunistes, d'où le grand public ne m'entendait guère. Aujourd'hui que je m'adresse aux cinq cent mille lecteurs du *Figaro*, l'occasion me semble bonne pour plaider l'affaire une dernière fois et tâcher d'avoir raison.

Je veux donc étaler mes turpitudes. On va voir jusqu'où je pousse l'extravagance de ma folie. Personne n'ignore que je suis l'ordure en personne, que je ne puis dire deux mots sans lâcher une incongruité, que ma littérature et ma critique sont aussi bêtes que sales. Toute la presse est d'accord là-dessus. Pourtant, je rassure les dames et leur affirme qu'elles peuvent rester : il n'y a pas lieu de plaider l'affaire à huis clos.

Sans remonter au déluge, voici quelques faits pris dans notre histoire littéraire.

À la fin du dix-huitième siècle, l'ancienne formule classique craque de toutes parts. Voltaire, le grand démolisseur, y touche pourtant très peu ; au contraire, il la conserve et la défend. Mais près de lui, Diderot et Rousseau se produisent et lancent les lettres dans des voies nouvelles. Avec Diderot, qui est l'ancêtre de nos positivistes d'aujourd'hui, naissent les méthodes d'observation et d'expérimentation appliquées à la littérature. Avec Rousseau, le catholicisme tourne au déisme, la passion lyrique se déclare et chante l'âme du monde. Sous toute question littéraire, il y a une question philosophique. Le panthéiste Rousseau allait devenir le père des romantiques ; tandis que le positiviste Diderot, malgré ses contradictions, est le véritable aïeul des naturalistes, car il a réclamé le premier la vérité exacte au théâtre et dans le roman.

Certes, je néglige les nuances. Je résume ici, et à grands traits. Mais suivez la filiation des deux écrivains. Tous deux sont révolutionnaires et attaquent la tradition classique, le personnage abstrait, taillé d'après le dogme, pure intelligence dégagée du corps et du milieu. Seulement, leurs descendances restent distinctes et finiront par se combattre. Pendant que les romantiques gardent les types, les abstractions généralisées de la formule classique, et se contentent de les costumer autrement, les naturalistes reprennent l'étude de la nature aux sources mêmes, remplacent l'homme métaphysique par l'homme physiologique et ne le séparent plus du milieu qui le détermine.

Le premier fils de Rousseau est Chateaubriand. Il ne faut pas s'arrêter aux divergences apparentes des opinions religieuses. Chateaubriand est plus encore un déiste qu'un catholique, un poète qu'un croyant. C'est lui qui a réellement inventé le romantisme avec Mme de Staël, l'art chrétien opposé à l'art antique. On sait que Boileau refusait aux poètes le droit de mettre en œuvre le christianisme, comme une chose inconvenante, au point de vue de la religion et de la littérature. La grande querelle des Anciens et des Modernes, qui a occupé le dix-septième siècle et le dix-huitième, se livrait précisément sur ce terrain ; et lorsque, dans la première moitié de notre siècle, les romantiques et les classiques s'égorgèrent, c'était toujours la même bataille, dont les combattants renaissaient sous des noms différents. N'est-il pas singulier que le grand mouvement social du christianisme n'ait trouvé son expression complète, en littérature, que dix-huit cents ans après la mort du Christ ?

Chateaubriand a enfanté Victor Hugo. On fait aujourd'hui du poète l'initiateur du siècle, le père de la littérature moderne, et l'on oublie qu'il a trouvé cette littérature toute formulée par Chateaubriand. Il n'a pas eu à inventer le romantisme qui existait déjà dans *Corinne* et dans *Le Génie du christianisme*. Ce qu'il a réellement apporté, c'est sa rhétorique personnelle et son génie lyrique. Lui aussi est un déiste comme Rousseau. Sainte-Beuve disait souvent : « Hugo serait depuis longtemps rentré dans le giron de l'Église, si son orgueil ne l'en empêchait. »

Puis, il faudrait citer toute la queue romantique. Dans le roman, je me contenterai de nommer George Sand, cette fille attendrie et rêveuse de Rousseau qui a l'adoration passionnée de la nature, mais qui ne la voit jamais, comme son père, qu'à travers les imaginations les plus chimériques. La filiation s'est ainsi continuée jusqu'à nos jours, puissante, triomphante ; elle a régné pendant toute la première moitié du siècle, et ce n'est guère que dans ces trente dernières années qu'elle s'est heurtée contre la filiation de Diderot, qui aujourd'hui est en train de triompher à son tour.

En effet, pendant que les romantiques s'imposaient par un éclat de style extraordinaire, les naturalistes, de leur côté, accomplissaient dans l'ombre leur besogne. Il était logique que les rhétoriciens eussent d'abord plus de puissance sur la foule que les analystes ; sans compter que le mouvement social avait voulu, au lendemain de la Révolution, la victoire de Chateaubriand et de Victor Hugo.

Stendhal fut le premier fils de Diderot. Je n'indique toujours pas les nuances, ce qui m'entraînerait trop loin. Il faut se souvenir que Stendhal naquit en 1783 et qu'il relie le dix-huitième siècle au nôtre. La chaîne est ininterrompue. Adversaire de l'antique formule littéraire, Stendhal fut un romantique de la première heure ; je veux dire qu'il se rua contre les classiques ; mais il ne tarda pas à se séparer des fils de Rousseau, lorsqu'il les vit se noyer dans la rhétorique et reprendre tous les mensonges, sous de nouveaux masques. Il s'en tint à l'analyse exacte, sèche et vive, et n'eut d'ailleurs aucun succès de son temps.

Ensuite parut Balzac, ce génie tumultueux et qui a eu si souvent l'inconscience de sa vraie besogne. Sous les enflures de son style, qu'il outrait désespérément pour lutter d'éclat avec les poètes lyriques de son époque, il travaille à la même évolution que Stendhal : c'est un observateur, c'est un expérimentateur, qui a pris le titre de docteur ès-sciences sociales et humaines. Il a pu professer ouvertement des opinions catholiques et monarchiques, toute son œuvre n'en est pas moins scientifique et démocratique, dans le sens large du mot. S'il n'a pas inventé le roman naturaliste, pas plus que Victor Hugo n'a inventé le lyrisme romantique, il est certainement le père du naturalisme, comme Victor Hugo est le père du romantisme.

Puis, je nommerai Gustave Flaubert, qui s'est rencontré au confluent de Balzac et d'Hugo ; Edmond et Jules de Goncourt, les moins classiques de nos écrivains contemporains, ceux qui n'ont pas d'ancêtres, qui se sont fait une originalité avec des notes du dix-huitième siècle, senties et vécues par des artistes du nôtre ; et enfin nous, les cadets, qui sommes encore trop dans la bataille pour être classés et jugés froidement.

On le voit donc, les deux filiations sont très nettes. Je sais bien que, pour mieux me faire entendre, je systématise un peu les personnalités. Mais, en somme, si j'ai pris comme ancêtres Diderot et Rousseau, c'est, je le répète, afin de démontrer que le naturalisme et le romantisme partent tous deux du même sentiment de rébellion contre la formule classique. Seulement, au lendemain de la victoire, romantiques et naturalistes se sont trouvés face à face comme nos opportunistes et nos intransigeants d'aujourd'hui.

Philosophiquement, les romantiques s'arrêtent au déisme ; ils gardent un absolu et un idéal ; ce ne sont plus les dogmes rigides du catholicisme, c'est une hérésie vague, l'hérésie lyrique d'Hugo et de Renan, qui mettent Dieu partout et nulle part. Les naturalistes, au contraire, vont jusqu'à la science ; ils nient tout absolu, et l'idéal n'est pour eux que l'inconnu qu'ils ont le devoir d'étudier et de connaître ; en un mot, loin de refuser Dieu, loin de l'amoindrir, ils le réservent comme la dernière solution qui soit au fond des problèmes humains. La bataille est là.

C'est fort ennuyeux, tout ce que je viens d'écrire ; et c'est pourquoi je ne me hâtais pas de l'écrire dans *Le Figaro*. On voit que le naturalisme n'a pas même l'intérêt d'être une polissonnerie. Hélas ! il n'agite que des questions de philosophie et de science.

Mais le pis est que je disparais complètement dans tout ceci. On doit comprendre si ma vanité en souffre, cette vanité légendaire qui fait tant rire mes amis ! Mon Dieu ! oui, je n'ai rien inventé, pas même le mot naturalisme, qui se trouve dans Montaigne, avec le sens que nous lui donnons aujourd'hui. On l'emploie en Russie depuis trente ans, on le trouve dans vingt critiques en France, et particulièrement chez M. Taine. Je le répète un beau jour, à satiété il est vrai, et voilà tous les plaisantins de la presse qui le trouvent drôle et qui éclatent de rire. Aimables farceurs !

Si je n'ai pas inventé le mot, j'ai encore moins inventé la chose. Il n'y a que les poètes lyriques, comme Victor Hugo, qui s'imaginent avoir trouvé une littérature dans leur poche. Les romanciers analystes de mon espèce savent trop bien que ce sont les sociétés qui font les évolutions littéraires, et qu'un écrivain, quel que soit son génie, est un simple ouvrier apportant sa pierre et continuant, selon ses forces, le vieil édifice national. On est toujours le fils de quelqu'un, disait Musset, un vrai poète qui restera par la profonde humanité de ses œuvres, lorsque des œuvres plus retentissantes verront leurs côtés factices tomber en poussière. De tout l'entassement orgueilleux de Ronsard, il ne reste que quelques strophes attendries.

Donc, je ne suis pas un chef d'école, et je raye gaiement cela de mes papiers. J'ai trente-six mille pères avant Diderot ; et, depuis Diderot, je compte des maîtres illustres. Avez-vous vu un brave homme qu'on veut faire chef d'école malgré lui ? Non. Eh bien ! regardez-moi ! J'ai eu beau crier sur les toits qu'il n'y avait pas plus d'école que d'élèves, les sourds de la presse ont continué leur plaisanterie. Ils la trouvent spirituelle sans doute ; c'est vraiment qu'ils ne sont pas difficiles.

La vérité est pourtant bien simple. Je suis un critique, pas davantage. Comme critique, j'ai étudié notre littérature contemporaine et je me suis forcément inquiété d'où elle venait et où elle semblait devoir aller. Dans mes études, ce qui m'a intéressé surtout, c'est l'évolution générale des esprits, ce grand courant qui se produit dans une société sous l'influence des circonstances humaines et historiques. Et j'ai été amené ainsi, en partant du dix-huitième siècle, à constater l'évolution naturaliste, qui s'est déclarée d'abord par l'insurrection romantique, et qui aujourd'hui paraît aboutir à l'emploi, dans les lettres, des méthodes scientifiques d'observation et d'expérimentation.

Lisez attentivement Sainte-Beuve et voyez quel est son cri de misère, lorsqu'il s'aperçoit de l'avortement brusque du romantisme. Il s'était battu au premier rang, il avait cru entrer dans une renaissance des lettres, dans plusieurs siècles de santé et de force littéraires ; puis, tout d'un coup, en quelques années, le romantisme croulait, tombait à la caricature et à la démence. Sainte-Beuve, effaré, se rejeta dans les siècles classiques. Il ne comprit pas Balzac, il nia l'avenir. Eh bien ! l'avenir est à Balzac et à ses continuateurs, voilà tout. Je me suis toujours contenté d'affirmer ce fait. Mon credo est que le naturalisme, j'entends le retour à la nature, l'esprit scientifique porté dans toutes nos connaissances, est l'agent même du dix-neuvième siècle. Et j'ajoute que le romantisme, la première période, affolée et lyrique, doit nécessairement conduire au naturalisme, la seconde période, nette et positive. Ce n'est qu'une question d'ordre : un État solide doit sortir de toute insurrection, sous peine d'effondrement final.

Et les gros mots, et les ordures, et le naturalisme des reporters et des chroniqueurs ? Il est plus amusant, il fournit des scènes aux revues de fin d'année et des fantaisies aux articles de tête. C'est le naturalisme de la blague parisienne. Il faut bien que Paris ait un joujou.

Ce qui m'égaye, dans mon coin, c'est lorsqu'un simple amuseur prend tout d'un coup un air très grave, affecte de comprendre et se lance dans l'esthétique la plus folle, à propos du naturalisme. Il distingue : il y a le bon naturalisme et le mauvais naturalisme ; c'est comme si l'on disait que la science est une question de convenances : un corps qui se combine chimiquement avec un autre corps est prié de ne pas le faire trop vivement devant les dames. Mais, par grâce, comprenez donc une bonne fois ! Le naturalisme n'est qu'une méthode, ou moins encore, une évolution. Les œuvres restent en dehors.

Maintenant, tombez sur mes romans, s'ils vous choquent. Ils sont répugnants, odieux, abominables ; c'est tant pis pour moi ! Le naturalisme n'a rien à voir là-dedans. Je n'ai pas l'outrecuidance d'incarner une littérature. Quelle est donc cette rage de tout rapetisser, de vouloir juger dans ma pauvre personne une évolution littéraire qui s'opère depuis cent ans ! Eh ! que diable, j'écris ce que je crois devoir écrire ; on me jugera. Mais, si je n'accepte pas la responsabilité des œuvres qu'on publie à côté des miennes, je n'entends pas imposer la responsabilité de mes œuvres aux lettres de mon temps.

Le critique, en moi, constate donc l'évolution naturaliste qui s'est dégagée du romantisme, et qui triomphe aujourd'hui. Cette évolution est indéniable. Quant au romancier, en moi, il ne croit absolument qu'au talent. Les évolutions passent et se succèdent, les œuvres restent. Ayez beaucoup de génie, tâchez de dire la vérité de votre siècle : l'immortalité est là. Et si l'on me poussait davantage, j'avouerais que mon seul rêve d'orgueil dans notre anarchie littéraire serait d'être le pacificateur des idées et de la forme, un des soldats de l'ordre, un classique travaillant à la fondation d'un État solide et définitif, basé sur la science.

Paru le lundi 14 février 1881

Le divorce et la littérature

Le divorce vient d'être repoussé à la Chambre, par trente et quelques voix seulement ; c'est dire que M. Alfred Naquet gagnera sa cause devant la Chambre de demain, lorsque la question aura mûri davantage. On peut donc considérer comme prochaine l'époque où l'homme et la femme mal assortis, tombés aux gifles ou à l'adultère, n'auront qu'à prendre leur chapeau et à s'en aller chacun de son côté.

J'avoue que cette question du divorce, dont on nous rebat furieusement les oreilles depuis de longs mois, ne m'a jamais passionné. La logique peut le réclamer, et il y aura là sans doute un progrès dans le juste équilibre de nos lois. Qu'on rétablisse donc le divorce, je crois que ce sera une mesure sage. Seulement, si la raison y gagne, je doute fort que le bonheur de l'espèce en soit augmenté le moins du monde.

Quand on est marié, le mieux, à mon sens, est de s'arranger dans son coin, pour être le mieux marié possible. Cela dépend absolument de l'homme et de la femme. Il faut qu'ils sachent se tolérer, la cohabitation continue de deux êtres étant le plus souvent désagréable. La vie est triste, la bêtise et la scélératesse sont partout. Dès lors, on doit s'en tenir à son lot, tâcher de l'améliorer par le plus de raison possible, se dire surtout qu'à droite et à gauche les souffrances sont les mêmes, et qu'il n'y aurait par conséquent aucun avantage réel à tenter ailleurs la félicité parfaite. Imaginez un malade qui se tourne et se retourne dans son lit, sans arriver à trouver une position vraiment agréable. Eh bien, ce malade, c'est la pauvre humanité dans le mariage.

Oui, je suis absolument convaincu que la question du bonheur en ménage ne saurait être résolue que par la tolérance des époux.

Améliorez les lois, faites-les très justes, très logiques : elles restent de pures abstractions, elles ne sont jamais qu'un mécanisme plus ou moins ingénieux ; et comme elles ne peuvent réglementer les passions humaines, elles laissent, sous le fonctionnement apparent de la machine sociale, tout le flot effroyable de nos douleurs, nos larmes, nos catastrophes, nos désespoirs. Si vous travaillez pour l'amour de la logique, votez le divorce ; si vous travaillez pour le bonheur du genre humain, dites aux hommes et aux femmes de s'en tenir à leur première rencontre, car plus ils se remueront, et plus ils souffriront. Il n'est pas d'enfer conjugal, à moins d'avoir affaire à des fous, qui ne devienne supportable, quand de part et d'autre on a un peu de bon sens et beaucoup de pitié.

Les avocats du divorce ont gagné leur cause en racontant une foule d'histoires, prouvant combien on est malheureux dans le mariage indissoluble. Laissez rétablir le divorce, et avant dix ans on pourra citer des faits aussi lamentables, dus à l'application des lois nouvelles. C'est, encore un coup, que l'on confond l'idée de justice avec le fait du bonheur. Je veux bien que les législateurs prennent feu à la pensée de perfectionner le Code. Mais je plains sincèrement les hommes trompés et les femmes giflées qui se passionnent, en s'imaginant qu'ils éviteront les trahisons et les gifles, s'ils changent d'alcôve. L'âne a beau changer de moulin, il y a toujours un bâton derrière la porte.

Donc, je ne m'intéresse nullement à la pratique du divorce, persuadé que chacun doit attendre le bonheur de sa raison et non des lois existantes. Une seule question me touche, dans le divorce, la question littéraire.

Depuis des années, depuis que des maris en larmes nous exposent leur cas, depuis que des femmes affolées nous montrent leurs bras meurtris, depuis que des conférenciers et des députés touchent les cœurs sensibles en étalant les dossiers de tous les adultères de France, je pense, au coin de mon feu, en romancier égoïste, que ces gens partis en guerre vont singulièrement bouleverser le champ de nos observations. Savez-vous bien que, le jour où le divorce sera rétabli, il y aura un véritable cataclysme dans notre littérature ? Personne ne semble avoir songé à cela. Aucun de mes confrères ne s'en est ému. C'est pourtant diablement grave !

Voyez la situation dans dix ans. La loi nouvelle fonctionne, une trahison ou simplement une querelle un peu vive rompt le mariage devant les tribunaux. On se quitte comme on s'est pris, et personne ne s'en étonne ; même ce serait une stupeur, si un autre dénouement se produisait. Alors, que deviennent les romans et surtout les drames écrits jusqu'à ce jour ? Ils n'ont plus aucun sens, ils tombent dans le ridicule, car ils sont tous plus ou moins bâtis sur l'adultère, et ils ont tous des dénouements inacceptables, coups de couteau, coups de fusil, violences inutiles et odieuses. Du moment qu'on pourra lâcher sa femme, je compte qu'il ne sera plus permis de la tuer. Sous le régime du divorce, un époux qui assassinerait son épouse, même prise en flagrant délit, devra passer aux assises et être guillotiné. J'espère bien qu'un député introduira cet article dans la loi.

Voilà donc notre répertoire détruit. Jamais, par exemple, on n'osera reprendre *La Femme de Claude*. Lorsque Claude tirera sa femme comme un pigeon, la salle entière s'indignera de cette brutalité abominable. Presque toutes les pièces de M. Dumas fils seront ainsi gravement atteintes, car elles sont généralement basées sur la lutte dans le mariage indissoluble. Il en est de même pour certaines œuvres de M. Émile Augier et de M. Sardou, sans compter le nombre considérable de pièces qui traitent de la même matière. Depuis une trentaine d'années, en effet, on n'a guère mis au théâtre que le problème social de l'homme et de la femme, envisagé sous les faces diverses : question de l'adultère, question de la paternité, question des enfants, questions multiples de la famille allant du salon à l'alcôve. Or, ces pièces reposaient toutes sur l'idée de la famille indestructible. Si l'on introduit le divorce, elles se détraquent et ne sont plus que des documents poudreux, dont on sourit.

Et remarquez que je ne parle pas seulement des œuvres écrites pour plaider la cause du divorce. Il est certain que, le divorce rétabli, ces œuvres disparaissent, de même que les plus belles plaidoiries pâlissent, quand le procès est gagné. Je citerai *Madame Caveriet*, qui est une œuvre très remarquable de M. Émile Augier : elle perdra beaucoup de son intérêt, elle ne sera plus qu'une curiosité, le jour où l'on divorcera aussi aisément en France qu'en Suisse.

Je parle des mille pièces où nos auteurs montrent les personnages acculés dans l'impasse du mariage, tel qu'il existe aujourd'hui, et ne pouvant en sortir que par des moyens violents. Les spectateurs futurs devront faire un effort pour comprendre. À quoi bon toutes ces complications, diront-ils, puisqu'il est si facile de se quitter. Il y aura deux répertoires : le répertoire avant le divorce, et le répertoire après le divorce ; et le premier ne sera plus guère qu'un musée dramatique, où l'on ira voir des mœurs anciennes, comme on va voir des bijoux historiques au Louvre.

Mais la révolution que le divorce apportera dans les mœurs, et par suite dans la littérature, ne vieillira pas seulement les œuvres écrites, elle modifiera encore les œuvres à écrire.

On pourra même reprendre les sujets traités, pour les employer à nouveau, avec les péripéties neuves que la pratique du divorce fournira. Remarquez que ce sera un renouvellement complet de ce terrain du mariage et de l'adultère, sur lesquels nos auteurs dramatiques les plus connus piétinent depuis longtemps. Nous ne pouvons même aujourd'hui en prévoir la richesse, car nous ne nous doutons pas des cas intéressants que l'usage du divorce déterminera dans la vie sociale. Pour moi, je m'attends à des situations absolument neuves, comme on dit au théâtre. Toutes les questions resteront debout, seulement elles se présenteront d'une façon nouvelle : la question de la femme, la question du mari, la question des enfants. Terrain vierge, vaste champ à moissonner pour les observateurs et les analystes.

Le divorce nous a même déjà donné une de ces pièces de l'avenir. Je veux parler de *Divorçons !*, l'œuvre de M. Sardou qui a un si joli succès et qui prouve combien cet écrivain de tant d'esprit a eu tort de vouloir se hausser à la grande comédie littéraire et philosophique, avec *Daniel Rochat*. Eh bien ! tous nos auteurs referont *Divorçons* ! mais sérieusement, sans avoir besoin d'employer d'ingénieuses ficelles. Poussez la farce aimable du Palais-Royal au drame, ou bien voyez-la à la Comédie-Française, très étudiée et très écrite, et vous aurez certainement les pièces qu'on jouera à nos fils dans un demi-siècle, lorsque le divorce aura modifié profondément le mariage et sa famille. Je m'amuse simplement à prévoir ici une évolution logique qui se produira à coup sûr.

Voyez quelle influence décisive le mouvement social de 89 a eue sur le mouvement littéraire de notre siècle. Notre roman et notre théâtre sont sortis du Code nouveau qui a fait une société nouvelle. Les écrivains les plus idéalistes subissent leur temps et leur milieu. C'est pourquoi la bourgeoisie d'abord, et plus tard le peuple, ont conquis leur droit de cité dans le livre et sur les planches, d'où ils ont même chassé peu à peu les grands de ce monde. Ce mouvement continue, chaque loi votée par les Chambres doit modifier plus ou moins les mœurs et aura dans l'avenir des conséquences littéraires.

Or, la loi sur le divorce est certainement une de celles dont l'action sera énorme, car elle touche à cette matière des rapports de l'homme et de la femme, qui fait vivre les romanciers et les dramaturges.

Voilà donc sous quel point de vue intéressé le divorce nous passionne, nous autres écrivains. C'est de la bonne besogne qu'on nous prépare. Quand une nouvelle maladie paraît, le cœur des médecins peut saigner, mais ils n'en retroussent pas moins gaillardement leurs manches, avec une joyeuse curiosité d'intelligence. À cette heure, nous avons cet appétit de l'observation, cette joie de la découverte, en face du divorce qui va souffler. Attention ! aiguisons nos plus fins scalpels, préparons nos plumes et notre papier ! Que se passera-t-il dans les pantins dont nous fouillons éternellement la poitrine ? Ce sera bien toujours le même drame, la misère humaine, la maladie et la mort au bout ; mais le mal ira-t-il à gauche ou à droite, et dans un hoquet, dans un tressaillement, ne surprendrons-nous pas un coin du mystère de la vie, cette continuelle espérance qui seule nous donne la force du travail ?

Je conclurai en disant que le rôle véritable du grand écrivain n'est pas de plaider des causes sociales ; son rôle est d'étudier l'humanité et de la peindre.

En commençant, je disais combien pâliront les œuvres de ceux qui ont argumenté pour ou contre le divorce, lorsque le divorce sera dans nos mœurs. Il en est de même toutes les fois qu'on reste dans le relatif des problèmes d'une époque. Voyez ce que la postérité retient de Rousseau : elle lira toujours les *Confessions*, où tout l'homme s'est donné ; elle bâille déjà sur l'*Émile*, où elle ne sent plus que le moraliste à systèmes. Eh bien ! j'ai grand-peur que les œuvres les plus applaudies de nos écrivains célèbres d'aujourd'hui disparaissent de la sorte, avec le moment historique qui les a fait naître. C'est justement parce qu'elles passionnent la foule à cette heure, grâce à leur actualité, que plus tard elles seront à peine comprises, lorsqu'elles se trouveront en face d'un public dont les idées et les besoins auront changé.

À la place de M. Dumas fils, par exemple, je tremblerais pour mes pièces à thèse, pour celles qui ont le plus remué les contemporains. Les thèses vieillissent vite. Chaque siècle a les siennes, qui font sourire le siècle suivant. Dès qu'on sort de l'observation pour entrer dans le plaidoyer, on renonce à élever un monument de marbre et d'airain. Rien n'est étroit en somme comme cette éternelle question du mariage, envisagée au point de vue social. Faut-il tuer la femme ? Faut-il tuer l'amant ? Faut-il tuer le mari ? On a retourné la question de cent manières, on a sauté sur place dans cette « toquade » de notre temps, que le dix-huitième siècle a ignorée et qui fera hausser les épaules du vingtième.

Ce qu'il faut dire, c'est que les sociétés passent et que l'homme reste. Toute la littérature qui n'est que sociale, humanitaire, progressive, devient illisible et ridicule au bout d'un demi-siècle ; tandis que les œuvres écrites sur l'homme sont éternelles comme l'humanité elle-même. Est-ce que Homère, Shakespeare, Molière, Balzac ont eu l'étrange idée de vouloir modifier le mariage de leur temps ? Est-ce qu'ils ont bâti des œuvres de l'imagination la plus voulue et la plus apprêtée pour prouver qu'on devait tuer ou ne pas tuer les femmes coupables ? Non, certes ! Ils se sont contentés de mettre debout l'homme éternel, en l'étudiant dans la société de leur époque. On trouve chez eux le mariage tel qu'il était à un certain moment ; ils ne donnent que des documents humains, ils ne les défigurent pas par un plaidoyer, et c'est plus tard aux législateurs qu'il appartient d'intervenir, si les lois ne sont ni justes ni logiques.

Nous ne sommes que des greffiers. Tuez-vous ou divorcez, nous dresserons le procès-verbal. Et les plus grands d'entre nous ne seront pas ceux qui vous auront voulus meilleurs, mais ceux qui vous auront peints dans votre vérité.

Paru le lundi 23 avril 1881

Nos hommes d'esprit

Nous sommes très fiers en France de nos hommes d'esprit. Ils sont une des curiosités de la nation, une des gloires de Paris, comme le pâté aux alouettes est la gloire de Pithiviers. Notre théâtre a popularisé l'homme d'esprit français, grand faiseur de mots, qui garde des grâces de ténor dans toutes les fortunes et sous tous les climats, à Bruxelles ou à Pékin, chez les Lapons ou chez les Cafres.

Mais, depuis une cinquantaine d'années, le développement considérable de la petite presse a surtout fait pousser toute une race d'hommes d'esprit. Du jour où il a fallu cuisiner les informations à une sauce aimable, amuser les lecteurs par le tour plaisant donné aux faits de la chronique quotidienne, il s'est créé forcément une situation nouvelle dans le journalisme, celle des hommes d'esprit fonctionnant à ce seul titre, vendant de l'esprit comme on vend de la science et du bon sens. Ah ! oui, un tel, il a de l'esprit ! Et c'est uniquement sa raison d'être.

Certes, ce sont des gens utiles dans les journaux, dont la note gaie est fort agréable au public et qui aident à répandre le goût de la lecture. J'en connais même quelques-uns qui ont manqué avoir du talent. Seulement, je voudrais bien qu'ils ne sortissent jamais de leur spécialité ; puisqu'ils ont de l'esprit, qu'ils ne se risquent pas dans la critique, dans les questions générales, difficiles à égayer ; car ils y perdent pied dès la seconde phrase, et rien n'est plus irritant ni plus douloureux que cette blague parisienne, mirlitonnant à faux sur des sujets où il n'y a pas le plus petit mot pour rire.

Par exemple, voici M. Aurélien Scholl. Il me fait l'honneur de s'occuper souvent de moi dans ses chroniques. Je me permettrai de le nommer aujourd'hui, et si je ne puis y mettre l'esprit qu'il me refuse évidemment, j'abuserai au moins de mon avantage d'homme lourd pour être poli.

Les meilleurs amis de M. Scholl prennent des airs affligés, lorsqu'ils parlent du talent de poète, de romancier et d'auteur dramatique qu'il aurait pu avoir. Savez-vous qu'il a écrit des vers comme tout le monde, des romans et des pièces qui ne sont pas plus mauvais que d'autres ? Seulement, il me paraît dangereux d'insinuer que le journalisme l'a tué, car il ne vaut réellement que comme journaliste, et je ne vois pas trop ce qu'il resterait de son bagage si l'on en retranchait les nouvelles à la main qui ont fait sa réputation.

J'ai lu ses vers et ses romans, j'ai vu ses pièces : c'est bien médiocre. Il n'a tenu sa petite place, dans ces vingt dernières années, que par sa verve batailleuse. Il est généralement exquis en dix lignes, bon quelque fois en cinquante, toujours ordinaire en cent. S'il se lance dans un article de fond, il devient détestable. Tâchez de lire les chroniques sérieuses qu'il risque sur des questions politiques, philosophiques ou littéraires ; c'est d'une lourdeur, d'une confusion où l'on sent toute la misère, tout le néant de notre fameux homme d'esprit, voulant se battre avec une idée. Pour être à l'aise, pour retrouver sa souplesse et faire plaisir aux lecteurs, il doit retourner à son turlututu, à ses anciens échos, qu'il a l'unique tort de trop souvent repêcher dans ses tiroirs. Dame ! on finit par se vider, à un pareil métier d'amuseur !

L'idée est la grande ennemie des hommes d'esprit. On ne plaisante pas avec l'idée ; s'ils résistent, elle passe sur eux et les écrase ; s'ils veulent la servir, ils restent tout petits, les mains maladroites, sans force. C'est bien pour cela qu'ils se trouvent condamnés aux paradoxes à perpétuité, à la blague qui exagère et qui déforme tout. Dès qu'ils cessent de blaguer, ils ne sont plus que des Prudhommes. Je parle bien entendu de nos petits journalistes, de nos hommes d'esprit qui n'ont que de l'esprit, dans le sens drôle du mot, et qui ne le poussent pas jusqu'au génie comme Voltaire.

Mon Dieu ! oui, M. Scholl est un Prudhomme. Il peut avoir l'esprit du mot, il n'a certainement pas la haute et libre allure de l'intelligence. Toutes les fois qu'il a abordé un sujet grave, je l'ai vu répéter des lieux communs, s'enfoncer en pleine banalité jusqu'aux épaules. Je ne connais pas, dans le domaine de la pensée, d'homme plus ordinaire, de bourgeois plus épais que ce cavalier élégant et spirituel de l'anecdote. On se tromperait souvent, si l'on voulait juger, sur la mine, de l'aristocratie littéraire : tel qui passe, avec des petites phrases légères et fringantes, n'est au fond qu'un pataud ; tel qui s'en va carrément, en brave homme aux chaussures solides, a la tête dans les étoiles.

Mais ce qui est d'une particularité plus amusante, c'est que M. Scholl, ce pourfendeur dont les jeunes journalistes se font peur entre eux, est certainement au fond un élégiaque, une âme tendre et sensible. Il aime les petites fleurs et les papillons. Le poète gobeur a persisté chez le sceptique féroce de la nouvelle à la main. Lui, qui a marché sur tant de vilenies, dans sa guerre d'épigrammes, est pris de brusques nausées, quand il parle de la littérature naturaliste, par exemple. Sa conscience et sa pudeur sont blessées, il a des indignations de bon bourgeois dont on veut pervertir la fille. Pur regain de poésie, évidemment.

Le voilà donc homme d'esprit, sans rien par-dessous. Quand il est spirituel, tout va bien, on n'est pas en droit de lui demander autre chose. Mais, quand il ne l'est pas, cela devient simplement funèbre.

Je suis mauvais juge sans doute, car on sait que je n'ai pas d'esprit, et d'autre part M. Scholl exerce le sien à tâcher de me rendre ridicule, ce qui m'empêche peut-être de le goûter comme il convient. Aussi, me défiant de mon appréciation, vais-je le prendre lui-même pour juge.

Par exemple, il a écrit dernièrement un article, dans lequel il parodiait l'étude que j'ai donnée ici sur Huysmans et Céard. Dès la première ligne, il trouve énormément spirituel de défigurer leurs noms et de les appeler Chouya et Boulou. Voyons, monsieur, rentrez un instant en vous-même, dites-moi si vous trouvez cela vraiment drôle ? Ne vous gênez pas, si vous le trouvez drôle, dites-le, pour que nous sachions au moins une bonne fois quelles sont vos idées sur l'esprit.

Dans mon article, j'avais dit que Céard était un tempérament équilibré. M. Scholl arrange ainsi la phrase, pour la rendre extrêmement piquante : « Il y a chez lui un besoin d'équilibre, surtout le soir. » D'abord, on ne comprend pas ; puis, on se doute qu'il y a là une fine accusation d'ivrognerie quotidienne. Monsieur, la main sur la conscience, est-ce drôle ? Encore un coup, parlez librement, ayez le courage de votre goût littéraire. Si vous trouvez ça drôle, dites-le bien haut, dites-le de façon à ce que personne ne l'ignore désormais.

Plus bas, M. Scholl lâche ce délicat jeu de mots : « Je m'en tiens les côtes de Bretagne. » Très joli. Je ne sais si ça fait rire les bons lecteurs ; moi, ça me fait pleurer. Cette ânerie du *Tintamarre* est-elle drôle, monsieur ? Non, n'est-ce pas ? Vous me l'abandonnez. Mais alors où est-ce drôle, mon Dieu ! Il faut pourtant que ce soit drôle.

Je trouve une phrase que je ne comprends pas : « On dit que nous manquons d'imagination, c'est possible, mais, faute de personnages, nous mettons beaucoup d'humanité dans nos récits. » Cela est certainement très fin, car cela m'échappe. Ajoutez que c'est écrit en savoyard. Que peut bien vouloir dire « faute de personnages ? » Enfin, ce n'est pas encore ça qui est drôle. Passons.

Cette fois, je crois y être. Voici la perle de l'article, l'essence de l'esprit, le mot destiné à faire le tour des cafés des boulevards. Il s'agit de ma personne. « Physiquement, il a trouvé la quadrature du cercle : c'est sa tête, un fromage de Hollande incrusté dans une pierre de taille. » Mon Dieu ! l'image ne me blesse pas outre mesure. Les gens d'esprit du journalisme m'ont comparé déjà à des choses si sales que le fromage de Hollande me laisse sans répugnance ; il me flatte même. Mais, en vérité, ce fromage est-il drôle ? Vous, monsieur, qui avez imaginé cette comparaison spirituelle, digne de Chamfort auquel on vous compare, étudiez-la donc de près, maintenant que vous n'êtes plus dans le feu sacré de l'inspiration, et avouez-moi franchement, de confrère à confrère, ce que vous pensez de ce fromage incrusté dans cette pierre de taille. Il n'est pas drôle, avouez donc qu'il n'est pas drôle.

Eh bien ! voilà la qualité de cet esprit. Il est à fleur de mots, il va du coq-à-l'âne à l'amphigouri. Sa drôlerie ne porte que sur une poignée de Parisiens oisifs, et elle vit au plus l'espace d'un matin. Parfois, on me répète en pouffant de rire le mot d'un chroniqueur dont Paris se tord jusqu'au soir ; je reste glacé, je n'ai pas le sens de ce rire-là. Mais si je répète le mot deux ou trois jours plus tard, on est tout aussi glacé que moi, on ne comprend plus. Cet esprit, c'est le tic nerveux qui agit sur la bêtise d'une foule, c'est le refrain idiot qui s'empare de tous pour une semaine. Rien n'est au fond plus vide ni plus sot. Et le pis est que, lorsqu'un journaliste a été sacré homme d'esprit, il peut lâcher toutes les pauvretés imaginables : tant de gens s'ennuient d'eux-mêmes qu'il s'en trouve toujours quelques-uns pour se pâmer. Ah ! grand Dieu ! Non, ce n'est pas drôle ! C'est triste à pleurer !

Et j'élargis la question, car je n'entends nullement m'acharner contre M. Scholl, avec lequel j'ai eu des rapports fort courtois, pendant les quelques mois qu'il a été rédacteur en chef du *Voltaire*. Je parle de tous les amuseurs du journalisme ; je dis qu'ils font souvent une mauvaise besogne, lorsqu'ils cherchent, par besoin de métier, à ridiculiser les choses les plus sérieuses et les plus courageuses du monde.

Oui, c'est là mon plus grave reproche. Nos hommes d'esprit n'ont pas la bravoure philosophique et littéraire. Jamais vous n'en verrez un défendre un novateur, marcher en avant d'une idée, se ranger du parti des plus faibles. Et cela s'explique aisément : nos hommes d'esprit sont forcés, par leur rôle même d'amuseurs, de se mettre toujours derrière la foule, car ils doivent faire rire le plus grand nombre. Ce sont les forçats de la gaieté universelle. Dès lors, ils ont toutes sortes de ménagements à prendre, il faut qu'ils se fassent bêtes à plaisir. Comme la foule aime à rire des nouveautés, des héroïsmes de l'intelligence, ils la grattent à cet endroit, ils tapent sur les tempéraments originaux qui se produisent, pour la plus grande hilarité du public bourgeois. À Jérusalem, les hommes d'esprit du temps ont dû écrire des nouvelles à la main contre le Christ.

La colère me prend, quand je lis certains articles, écrits par ces amuseurs uniquement pour flatter la férocité de M. Prudhomme. Ils blaguent la jeunesse, ils blaguent la volonté, ils blaguent tous ceux qui cherchent et tous ceux qui osent. Je l'ai dit, ils sont M. Prudhomme lui-même, sous leurs airs fanfarons, M. Prudhomme avec ses préjugés, son horizon étroit, son art et sa morale aux grands mots vides. Leurs phrases ont beau sonner des fanfares : elles cachent une soumission aux sottises courantes, elles répètent les lieux communs, elles traînent l'intelligence française dans la banale ornière de tout le monde.

Encore s'ils n'étaient que méchants, méchants d'une façon large et avec quelque littérature ; mais c'est qu'ils sont plus médiocres que mauvais. Ah ! qui donc collectionnera les clichés de nos hommes d'esprit, les plaisanteries toutes faites dont ils vivent depuis quarante ans ! Cela devient surtout très sensible dans la génération actuelle, qui a jeté son éclat avant la guerre. Voilà dix ans qu'ils vivent sur leur réputation, réputant les mêmes farces, riant de ce même rire nerveux, noté par Offenbach dans ses opérettes. Gaieté fausse et irritante, qui a aujourd'hui des cheveux blancs. Rien n'est plus factice, rien ne sent davantage le procédé. Heureux les pauvres d'esprit, en vérité ! La bêtise est moins bête au fond, plus saine et plus désirable, que ces cabrioles réglées comme les pas d'un ballet.

J'en parle, du reste, sans rancune et sans peur, car ils n'ont pas de réelle puissance. Ils peuvent faire rire la galerie, ils ne la persuadent pas. Ce ne sont que des insulteurs qui accroissent le tumulte du triomphe. Quand ils s'attaquent à un homme vraiment fort, leurs mots fameux retombent à terre comme des flèches émoussées. J'ai vu ce spectacle cent fois. Balzac, Victor Hugo, Delacroix, Flaubert, les Goncourt, tous les puissants, sont debout, sans une égratignure, après avoir servi de cible à tous les hommes d'esprit de leur âge. Allez, cherchez des drôleries, plaisantez notre effort, rééditez les clichés qui ont servi contre nos aînés, cela ne nous effleurera même pas. Et nous ne regretterons qu'une chose, c'est que vous soyez si rarement drôles, car nous aurions au moins quelque bénéfice à vous lire.

Ô génie français, esprit français, si net et si droit, fait de bon sens solide et de vive personnalité, tu sais bien quel faux esprit m'exaspère et me jette ainsi hors de moi ! C'est cet esprit de tremplin, cet esprit de culbute dans les idées et dans les mots, qui a faussé notre journalisme et notre théâtre, qui a gâté des hommes tels que M. Dumas fils, et fait de nos chroniqueurs les mieux doués des amuseurs de parade foraine. Toi seul es l'esprit, ô vieil esprit national, toi qui tires le rire de la raison, qui es simplement la fleur de l'intelligence et de la vérité !

Pardon pour les gens qui te salissent. Tu n'es pas en question lorsque mes yeux tombent sur un journal et que cette exclamation découragée m'échappe : « Mon Dieu ! que c'est donc bête un homme d'esprit ! »

Paru le samedi 16 mai 1896

Pour les juifs

Depuis quelques années, je suis la campagne qu'on essaye de faire en France contre les juifs, avec une surprise et un dégoût croissants. Cela m'a l'air d'une monstruosité, je veux dire une chose en dehors de tout bon sens, de toute vérité et de toute justice, une chose sotte et aveugle qui nous ramènerait à des siècles en arrière, une chose enfin qui aboutirait à la pire des abominations, une persécution religieuse, ensanglantant toutes les patries.

Et je veux le dire.

D'abord, quel procès dresse-t-on contre les juifs, que leur reproche-t-on ?

Des gens, même des amis à moi, disent qu'ils ne peuvent les souffrir, qu'ils ne peuvent leur toucher la main sans avoir à la peau un frémissement de répugnance. C'est l'horreur physique, la répulsion de race à race, du blanc pour le jaune, du rouge pour le noir. Je ne cherche pas si, dans cette répugnance, il n'entre pas la lointaine colère du chrétien pour le juif qui a crucifié son Dieu, tout un atavisme séculaire de mépris et de vengeance. En somme, l'horreur physique est une bonne raison, la seule raison même, car il n'y a rien à répondre aux gens qui vous disent : « Je les exècre parce que je les exècre, parce que la vue seule de leur nez me jette hors de moi, parce que toute ma chair se révolte à les sentir différents et contraires. »

Mais, en vérité, cette raison de l'hostilité de race à race n'est pas suffisante. Retournons alors au fond des bois, recommençons la guerre sauvage d'espèce à espèce, dévorons-nous parce que nous n'aurons pas le même cri et que nous aurons le poil planté autrement.

L'effort des civilisations est justement d'effacer ce besoin sauvage de se jeter sur son semblable, quand il n'est pas tout à fait semblable. Au cours des siècles, l'histoire des peuples n'est qu'une leçon de mutuelle tolérance, si bien que le rêve final sera de les ramener tous à l'universelle fraternité, de les noyer tous dans une commune tendresse, pour les sauver tous, le plus possible, de la commune douleur. Et, de notre temps, se haïr et se mordre, parce qu'on n'a pas le crâne absolument construit de même, commence à être la plus monstrueuse des folies.

J'arrive au procès sérieux, qui est surtout d'ordre social. Et je résume le réquisitoire, j'indique les grands traits. Les juifs sont accusés d'être une nation dans la nation, de mener à l'écart une vie de caste religieuse et d'être ainsi, par-dessus les frontières, une sorte de secte internationale, sans patrie réelle, capable un jour, si elle triomphait, de mettre la main sur le monde. Les juifs se marient entre eux, gardent un lien de famille très étroit, au milieu du relâchement moderne, se soutiennent et s'encouragent, montrent, dans leur isolement, une force de résistance et de lente conquête extraordinaire. Mais surtout ils sont de race pratique et avisée, ils apportent avec leur sang un besoin du lucre, un amour de l'argent, un esprit prodigieux des affaires, qui, en moins de cent ans, ont accumulé entre leurs mains des fortunes énormes, et qui semblent leur assurer la royauté, en un temps où l'argent est roi.

Et tout cela est vrai. Seulement, si l'on constate le fait, il faut l'expliquer. Ce qu'on doit ajouter, c'est que les juifs, tels qu'ils existent aujourd'hui, sont notre œuvre, l'œuvre de nos dix-huit cents ans d'imbécile persécution. On les a parqués dans des quartiers infâmes, comme des lépreux, et rien d'étonnant à ce qu'ils aient vécu à part, conservant tout de leurs traditions resserrant le lien de la famille, demeurant des vaincus chez des vainqueurs. On les a frappés, injuriés, abreuvés d'injustices et de violences, et rien d'étonnant à ce qu'ils gardent au cœur, même inconsciemment, l'espoir d'une lointaine revanche, la volonté de résister, de se conserver et de vaincre. Surtout on leur a dédaigneusement abandonné le domaine de l'argent qu'on méprisait, faisant socialement d'eux des trafiquants et des usuriers, et rien d'étonnant à ce que, lorsque le régime de la force brutale a fait place au régime de l'intelligence et du travail, on les ait trouvés maîtres des capitaux, la cervelle assouplie et exercée par des siècles d'hérédité, tout prêts pour l'empire.

Et voilà qu'aujourd'hui, terrifiés devant cette œuvre d'aveuglement, tremblants de voir ce que la rage sectaire du Moyen Âge a fait des juifs, vous n'imaginez rien de mieux que de retourner à l'an mille, de reprendre les persécutions, de prêcher de nouveau la guerre sainte pour que les juifs soient traqués, dépouillés, remis en tas, avec la rage dans l'âme, traités en peuple vaincu parmi un peuple vainqueur !

En vérité, vous êtes des gaillards intelligents, et vous avez là une jolie conception sociale !

Eh quoi ! vous êtes plus de deux cents millions de catholiques, on compte à peine cinq millions de juifs, et vous tremblez, vous appelez les gendarmes, vous menez un effroyable vacarme de terreur, comme si des nuées de pillards s'étaient abattues sur le pays. Voilà du courage !

Il me semble que les conditions de la lutte sont acceptables. Sur le terrain des affaires, pourquoi ne pas être aussi intelligents et aussi forts qu'eux ? Pendant le mois que je suis allé à la Bourse, pour tâcher d'y comprendre quelque chose, un banquier catholique me disait, en parlant des juifs : « Ah ! monsieur, ils sont plus forts que nous, toujours ils nous battront. » Si cela était vrai, ce serait vraiment humiliant. Mais pourquoi serait-ce vrai ? Le don a beau exister, le travail et l'intelligence, quand même, peuvent tout. Je connais déjà des chrétiens qui sont des juifs très distingués. Le champ est libre, et s'ils ont eu des siècles pour aimer l'argent et pour apprendre à le gagner, il n'y a qu'à les suivre sur ce terrain, à y acquérir leurs qualités, à les battre avec leurs propres armes. Mon Dieu ! oui, cesser de les injurier inutilement, et les vaincre en leur étant supérieur. Rien n'est plus simple, et c'est la loi même de la vie.

Quelle satisfaction orgueilleuse doit être la leur devant le cri de détresse que vous poussez ! N'être qu'une minorité infime et nécessiter un tel déploiement de guerre ! Tous les matins, vous les foudroyez, vous battez désespérément le rappel, comme si la cité se trouvait en péril d'être prise d'assaut ! À vous entendre, il faudrait rétablir le *ghetto*, nous aurions encore la rue des juifs, qu'on barrerait le soir avec des chaînes. Et ce serait chose aimable, cette quarantaine, dans nos libres villes ouvertes. Je comprends qu'ils ne s'émotionnent pas et qu'ils continuent à triompher sur tous nos marchés financiers, car l'injure est la flèche légendaire qui retourne crever l'œil du méchant archer. Continuez donc à les persécuter, si vous voulez qu'ils continuent à vaincre !

La persécution, vraiment, vous en êtes encore là ? Vous en êtes encore à cette belle imagination qu'on supprime les gens en les persécutant ? Eh ! c'est tout le contraire, pas une cause n'a grandi qu'arrosée du sang de ses martyrs. S'il y a encore des juifs, c'est de votre faute. Ils auraient disparu, se seraient fondus, si on ne les avait pas forcés de se défendre, de se grouper, de s'entêter dans leur race. Et, aujourd'hui encore, leur plus réelle puissance vient de vous, qui la rendez sensible en l'exagérant. On finit par créer un danger, en criant chaque matin qu'il existe. À force de montrer au peuple un épouvantail, on crée le monstre réel. Ne parlez donc plus d'eux, et ils ne seront plus. Le jour où le juif ne sera qu'un homme comme nous, il sera notre frère.

Et la tactique s'indique, absolument opposée. Ouvrir les bras tout grands, réaliser socialement l'égalité reconnue par le Code. Embrasser les juifs, pour les absorber et les confondre en nous. Nous enrichir de leurs qualités, puisqu'ils en ont. Faire cesser la guerre des races en mêlant les races. Pousser aux mariages, remettre aux enfants le soin de réconcilier les pères. Et là seulement est l'œuvre d'unité humaine et libératrice.

L'antisémitisme, dans les pays où il a une réelle importance, n'est jamais que l'arme d'un parti politique ou le résultat d'une situation économique grave.

Mais, en France, où il n'est pas vrai que les juifs, comme on veut nous en convaincre, soient les maîtres absolus du pouvoir et de l'argent, l'antisémitisme reste une chose en l'air, sans racines aucunes dans le peuple. Il a fallu, pour créer une apparence de mouvement, qui n'est au fond que du tapage, la passion de quelques cerveaux fumeux, où se débat un louche catholicisme de sectaires, poursuivant jusque dans les Rothschild, par un abus de littérature, les descendants du Judas qui a livré et crucifié son Dieu. Et j'ajoute que le besoin d'un terrain de vacarme, la rage de se faire lire et de conquérir une notoriété retentissante n'ont certainement pas été étrangers à cet allumage et à cet entretien public de bûchers, dont les flammes sont heureusement de simple décor.

Aussi quel échec lamentable ! Quoi ? Depuis de si longs mois, tant d'injures, tant de délations, des juifs dénoncés chaque jour comme des voleurs et des assassins, des chrétiens mêmes dont on fait des juifs quand on les veut atteindre, tout le monde juif, traqué, insulté, condamné ! Et, au demeurant, rien que du bruit, de vilaines paroles, des passions basses étalées, mais pas un acte, pas un coin de foule ameuté, ni un crâne fendu, ni une vitre cassée ! Faut-il que notre petit peuple de France soit un bon peuple, et sage, et honnête pour ne pas écouter ces appels quotidiens à la guerre civile, pour garder sa raison, au milieu de ces excitations abominables, cette demande journalière du sang d'un juif ! Ce n'est plus d'un prêtre que le journal déjeune chaque matin, mais d'un juif, le plus gras, le plus fleuri qu'on puisse trouver. Déjeuner aussi médiocre que l'autre, et pour le moins aussi sot. Et, de tout cela, il ne reste que la laideur de la besogne, la plus folle et la plus exécrable qui soit à faire, la plus inutile aussi, heureusement, puisque les passants de la rue ne tournent même pas la tête, laissant les énergumènes se débattre comme des diables dans de louches bénitiers.

L'extraordinaire est qu'ils affectent la prétention de faire une œuvre indispensable et saine. Ah ! les pauvres gens, comme je les plains, s'ils sont sincères ! Quel épouvantable document ils vont laisser sur eux : cet amas d'erreurs, de mensonges, de furieuse envie, de démence exagérée, qu'ils entassent quotidiennement ! Quand un critique voudra descendre dans ce bourbier, il reculera d'horreur, en constatant qu'il n'y a eu là que passion religieuse et qu'intelligence déséquilibrée. Et c'est au pilori de l'histoire qu'on les clouera, ainsi que des malfaiteurs sociaux, dont les crimes n'ont avorté que grâce aux conditions de rare aveuglement dans lesquelles ils les ont commis.

Car là est ma continuelle stupeur, qu'un tel retour de fanatisme, qu'une telle tentative de guerre religieuse ait pu se produire à notre époque, dans notre grand Paris, au milieu de notre bon peuple. Et cela dans nos temps de démocratie, d'universelle tolérance, lorsqu'un immense mouvement se déclare de partout vers l'égalité, la fraternité et la justice ! Nous en sommes à détruire les frontières, à rêver la communauté des peuples, à réunir des congrès de religions pour que les prêtres de tous les cultes s'embrassent, à nous sentir tous frères par la douleur, à vouloir tous nous sauver de la misère de vivre, en élevant un autel unique à la pitié humaine ! Et il y a là une poignée de fous, d'imbéciles ou d'habiles, qui nous crient chaque matin : « Tuons les juifs, mangeons les juifs, massacrons, exterminons, retournons aux bûchers et aux dragonnades ! » Voilà qui est bien choisir son moment ! Et rien ne serait plus bête, si rien n'était plus abominable !

Qu'il y ait, entre les mains de quelques juifs, un accaparement douloureux de la richesse, c'est là un fait certain. Mais le même accaparement existe chez des catholiques et chez des protestants. Exploiter les révoltes populaires en les mettant au service d'une passion religieuse, jeter surtout le juif en pâture aux revendications des déshérités, sous le prétexte d'y jeter l'homme d'argent, il y a là un socialisme hypocrite et menteur qu'il faut dénoncer, qu'il faut flétrir. Si, un jour, la loi du travail se formule pour la vérité et pour le bonheur, elle recréera l'humanité entière ; et peu importera qu'on soit juif ou qu'on soit chrétien, car les comptes à rendre seront les mêmes, et les mêmes aussi les nouveaux droits et les nouveaux devoirs.

Ah ! cette unité humaine, à laquelle nous devons tous nous efforcer de croire, si nous voulons avoir le courage de vivre, et garder dans la lutte quelque espérance au cœur ! C'est le cri, confus encore, mais qui peu à peu va se dégager, s'enfler, monter de tous les peuples, affamés de vérité, de justice et de paix. Désarmons nos haines, aimons-nous dans nos villes, aimons-nous par-dessus les frontières, travaillons à fondre les races en une seule famille enfin heureuse ! Et mettons qu'il faudra des mille ans, mais croyons quand même à la réalisation finale de l'amour, pour commencer du moins à nous aimer aujourd'hui autant que la misère des temps actuels nous le permettra. Et laissons les fous, et laissons les méchants retourner à la barbarie des forêts, ceux qui s'imaginent faire de la justice à coups de couteau.

Que Jésus dise donc à ses fidèles exaspérés qu'il a pardonné aux juifs et qu'ils sont des hommes !

Paru le mercredi 1er décembre 1897

Le syndicat

On en connaît la conception. Elle est d'une bassesse et d'une niaiserie simpliste dignes de ceux qui l'ont imaginée.

Le capitaine Dreyfus est condamné par un Conseil de guerre pour crime de trahison. Dès lors, il devient le traître, non plus un homme, mais une abstraction, incarnant l'idée de la patrie égorgée, livrée à l'ennemi vainqueur. Il n'est pas que la trahison présente et future, il représente aussi la trahison passée, car on l'accable de la défaite ancienne, dans l'idée obstinée que seule la trahison a pu nous faire battre.

Voilà l'âme noire, l'abominable figure, la honte de l'armée, le bandit qui vend ses frères, ainsi que Judas a vendu son Dieu. Et, comme il est juif, c'est bien simple, les juifs qui sont riches et puissants, sans patrie d'ailleurs, vont travailler souterrainement, par leurs millions, à le tirer d'affaire, en achetant des consciences, en enveloppant la France d'un exécrable complot, pour obtenir la réhabilitation du coupable, quitte à lui substituer un innocent. La famille du condamné, juive elle aussi naturellement, entre dans l'affaire. Et c'est bien une affaire, il s'agit à prix d'or de déshonorer la justice, d'imposer le mensonge, de salir un peuple par la plus impudente des campagnes. Tout cela pour sauver un juif de l'infamie et l'y remplacer par un chrétien.

Donc, un syndicat se crée. Ce qui veut dire que des banquiers se réunissent, mettent de l'argent en commun, exploitent la crédulité publique. Quelque part, il y a une caisse qui paye toute la boue remuée. C'est une vaste entreprise ténébreuse, des gens masqués, de fortes sommes remises la nuit, sous les ponts, à des inconnus, de grands personnages que l'on corrompt, dont on achète la vieille honnêteté à des prix fous.

Et le syndicat s'élargit ainsi peu à peu, il finit par être une puissante organisation dans l'ombre, toute une conspiration éhontée pour glorifier le traître et noyer la France sous un flot d'ignominie.

Examinons-le, ce syndicat.

Les juifs ont fait l'argent, et ce sont eux qui payent l'honneur des complices, à bureau ouvert. Mon Dieu ! je ne sais pas ce qu'ils ont pu dépenser déjà. Mais s'ils n'en sont qu'à une dizaine de millions, je comprends qu'ils les aient donnés. Voilà des citoyens français, nos égaux et nos frères, que l'imbécile antisémitisme traîne quotidiennement dans la boue. On a prétendu les écraser avec le capitaine Dreyfus, on a tenté de faire, du crime de l'un d'eux, le crime de la race entière. Tous des traîtres, tous des vendus, tous des condamnés. Et vous ne voulez pas que ces gens, furieusement, protestent, tâchent de se laver, de rendre coup pour coup, dans cette guerre d'extermination qui leur est faite ! Certes, on comprend qu'ils souhaitent passionnément de voir éclater l'innocence de leur coreligionnaire ; et, si la réhabilitation leur apparaît possible, ah ! de quel cœur ils doivent la poursuivre !

Ce qui me tracasse, c'est que, s'il existe un guichet où l'on touche, il n'y ait pas quelques gredins avérés dans le syndicat. Voyons, vous les connaissez bien : comment se fait-il qu'un tel, et celui-ci, et cet autre, n'en soient pas ? L'extraordinaire est même que tous les gens que les juifs ont, dit-on, achetés, sont précisément d'une réputation de probité solide. Peut-être ceux-ci y mettent-ils de la coquetterie, ne veulent-ils avoir que de la marchandise rare, en la payant son prix. Je doute donc fortement du guichet, bien que je sois tout prêt à excuser les juifs, si, poussés à bout, ils se défendaient avec leurs millions. Dans les massacres, on se sert de ce qu'on a. Et je parle d'eux bien tranquillement, car je ne les aime ni ne les hais. Je n'ai parmi eux aucun ami qui soit près de mon cœur. Ils sont pour moi des hommes, et cela suffit.

Mais, pour la famille du capitaine Dreyfus, il en va autrement, et ici quiconque ne comprendrait pas, ne s'inclinerait pas, serait un triste cœur. Entendez-vous ! Tout son or, tout son sang, la famille a le droit, a le devoir de le donner, si elle croit son enfant innocent. Là est le seuil sacré que personne n'a le droit de salir. Dans cette maison qui pleure, où il y a une femme, des frères, des parents en deuil, il ne faut entrer que le chapeau à la main ; et les goujats seuls se permettent de parler haut et d'être insolents. Le frère du traître ! C'est l'insulte qu'on jette à la face de ce frère ! Sous quelle morale, sous quel Dieu vivons-nous donc, pour que cette chose soit possible, pour que la faute d'un des membres soit reprochée à la famille entière ? Rien n'est plus bas, plus indigne de notre culture et de notre générosité. Les journaux qui injurient le frère du capitaine Dreyfus parce qu'il fait son devoir sont une honte pour la presse française.

Et qui donc aurait parlé, si ce n'était lui ? Il est dans son rôle. Lorsque sa voix s'est élevée demandant justice, personne n'avait plus à intervenir, tous se sont effacés. Il avait seul qualité pour soulever cette redoutable question de l'erreur judiciaire possible, de la vérité à faire, éclatante. On aura beau entasser les injures, on n'obscurcira pas cette notion que la défense de l'absent est entre les mains de ceux de son sang, qui ont gardé l'espérance et la foi. Et la plus forte preuve morale en faveur de l'innocence du condamné est encore l'inébranlable conviction de toute une famille honorable, d'une probité et d'un patriotisme sans tache.

Puis, après les juifs fondateurs, après la famille directrice, viennent les simples membres du syndicat, ceux qu'on a achetés. Deux des plus anciens sont M. Bernard Lazare et le commandant Forzinetti. Ensuite, il y a eu M. Scheurer-Kestner et M. Monod. Dernièrement, on a découvert le colonel Picquart, sans compter M. Leblois. Et j'espère bien que, depuis mon premier article, je fais partie de la bande. D'ailleurs, est du syndicat, est convaincu d'être un malfaiteur et d'avoir été payé, quiconque, hanté par l'effroyable frisson d'une erreur judiciaire possible, se permet de vouloir que la vérité soit faite, au nom de la justice.

Mais, vous tous qui poussez à cet affreux gâchis, faux patriotes, antisémites braillards, simples exploiteurs vivant de la débâcle publique, c'est vous qui l'avez voulu, qui l'avez fait, ce syndicat !

Est-ce que l'évidence n'est pas complète, d'une clarté de plein jour ? S'il y avait eu syndicat, il y aurait eu entente, et où est-elle donc l'entente ? Ce qu'il y a simplement, dès le lendemain de la condamnation, c'est un malaise dans certaines consciences, c'est un doute, devant le misérable qui hurle à tous son innocence. La crise terrible, la folie publique à laquelle nous assistons est sûrement partie de là, de ce frisson léger resté dans les âmes. Et c'est le commandant Forzinetti qui est l'homme de ce frisson, éprouvé par tant d'autres, et dont il nous a fait un récit si poignant.

Puis, c'est M. Bernard Lazare. Il est pris de doute, et il travaille à faire la lumière. Son enquête solitaire se poursuit d'ailleurs au milieu de ténèbres qu'il ne peut percer. Il publie une brochure, il en fait paraître une seconde, à la veille des révélations d'aujourd'hui ; et la preuve qu'il travaillait seul, qu'il n'était en relation avec aucun des autres membres du syndicat, c'est qu'il n'a rien su, n'a rien pu dire de la vraie vérité. Un drôle de syndicat, dont les membres s'ignorent !

Puis, c'est M. Scheurer-Kestner, que le besoin de vérité et de justice torture de son côté, et qui cherche, et qui tâche de se faire une certitude, sans rien savoir de l'enquête officielle – je dis officielle – qui était faite au même moment par le colonel Picquart, mis sur la bonne piste par sa fonction même au ministère de la guerre. Il a fallu un hasard, une rencontre, comme on le saura plus tard, pour que ces deux hommes qui ne se connaissaient pas, qui travaillaient à la même œuvre, chacun de son côté, finissent, à la dernière heure, par se rejoindre et par marcher côte à côte.

Toute l'histoire du syndicat est là : des hommes de bonne volonté, de vérité et d'équité, partis des quatre bouts de l'horizon, travaillant à des lieues et sans se connaître, mais marchant tous par des chemins divers au même but, cheminant en silence, fouillant la terre, et aboutissant tous un beau matin au même point d'arrivée. Tous, fatalement, se sont trouvés, la main dans la main, à ce carrefour de la vérité, à ce rendez-vous fatal de la justice.

Vous voyez bien que c'est vous qui, maintenant, les réunissez, les forcez de serrer leurs rangs, de travailler à une même besogne de santé et d'honnêteté, ces hommes que vous couvrez d'insultes, que vous accusez du plus noir complot, lorsqu'ils n'ont voulu qu'une œuvre de suprême réparation.

Dix, vingt journaux, où se mêlent les passions et les intérêts les plus divers, toute une presse immonde que je ne puis lire sans que mon cœur se brise d'indignation, n'a donc cessé de persuader le public qu'un syndicat de juifs, achetant les consciences à prix d'or, s'employait au plus exécrable des complots. D'abord, il fallait sauver le traître, le remplacer par un innocent, puis c'était l'armée qu'on déshonorerait, la France qu'on vendrait, comme en 70. Je passe les détails romanesques de la ténébreuse machination.

Et, je le confesse, cette opinion est devenue celle de la grande majorité du public. Que de gens simples m'ont abordé depuis huit jours, pour me dire d'un air stupéfait : « Comment ! M. Scheurer-Kestner n'est donc pas un bandit ? Et vous vous mettez avec ces gens-là ! Mais vous ne savez donc pas qu'ils ont vendu la France ! » Mon cœur se serre d'angoisse, car je sens bien qu'une telle perversion de l'opinion va permettre tous les escamotages. Et le pis est que les braves sont rares, quand il faut remonter le flot. Combien vous murmurent à l'oreille qu'ils sont convaincus de l'innocence du capitaine Dreyfus, mais qu'ils n'ont que faire de se mettre en dangereuse posture, dans la bagarre !

Derrière l'opinion publique, comptant sans doute s'appuyer sur elle, il y a les bureaux du ministère de la Guerre. Je n'en veux pas parler aujourd'hui, car j'espère encore que justice sera faite. Mais qui ne sent que nous sommes devant la plus têtue des mauvaises volontés ? On ne veut pas avouer qu'on a commis des erreurs, j'allais dire des fautes. On s'obstine à couvrir les personnages compromis. On est résolu à tout pour éviter l'énorme coup de balai. Et cela est si grave, en effet, que ceux-là même qui ont la vérité en main, de qui on exige furieusement cette vérité, hésitent encore, attendent pour la crier publiquement, dans l'espérance qu'elle s'imposera d'elle-même et qu'ils n'auront pas la douleur de la dire.

Mais il est une vérité du moins que, dès aujourd'hui, je voudrais répandre par la France entière. C'est qu'on est en train de lui faire commettre, à elle la juste, la généreuse, un véritable crime. Elle n'est donc plus la France, qu'on peut la tromper à ce point, l'affoler contre un misérable qui, depuis trois ans, expie, dans des conditions atroces, un crime qu'il n'a pas commis ? Oui, il existe là-bas, dans un îlot perdu, sous le dur soleil, un être qu'on a séparé des humains. Non seulement la grande mer l'isole, mais onze gardiens l'enferment nuit et jour d'une muraille vivante. On a immobilisé onze hommes pour en garder un seul. Jamais assassin, jamais fou furieux n'a été muré si étroitement. Et l'éternel silence, et la lente agonie sous l'exécration de tout un peuple. Maintenant, osez-vous dire que cet homme n'est pas coupable !

Eh bien ! c'est ce que nous disons, nous autres, les membres du syndicat. Et nous le disons à la France, et nous espérons qu'elle finira par nous entendre, car elle s'est toujours enflammée pour les causes justes et belles. Nous lui disons que nous voulons l'honneur de l'armée, la grandeur de la nation. Une erreur judiciaire a été commise, et tant qu'elle ne sera pas réparée, la France souffrira, maladive, comme d'un cancer secret qui peu à peu ronge les chairs. Et si, pour lui refaire de la santé, il y a quelques membres à couper, qu'on les coupe.

Un syndicat pour agir sur l'opinion, pour la guérir de la démence où la presse immonde l'a jetée, pour la ramener à sa fierté, à sa générosité séculaires. Un syndicat pour répéter chaque matin que nos relations diplomatiques ne sont pas en jeu, que l'honneur de l'armée n'est point en cause, que des individualités seules peuvent être compromises. Un syndicat pour démontrer que toute erreur judiciaire est réparable et que s'entêter dans une erreur de ce genre, sous le prétexte qu'un Conseil de guerre ne peut se tromper, est la plus monstrueuse des obstinations, la plus effroyable des infaillibilités. Un syndicat pour mener campagne jusqu'à ce que la vérité soit faite, jusqu'à ce que la justice soit rendue, au travers de tous les obstacles, même si des années de lutte sont encore nécessaires.

De ce syndicat, ah ! oui, j'en suis, et j'espère bien que tous les braves gens de France vont en être !

Alphonse Daudet

(1840-1897)

Vic
2011

Daudet, le joyeux compère

La critique le classe, comme ses amis Goncourt et Zola, dans la famille des naturalistes ; il est moins sombre qu'eux, plus naïf, plus lumineux. C'est un méridional, gourmand des choses de la vie, des êtres modestes, des parfums de l'enfance : « J'ai toujours été très curieux de ces petites scènes silencieuses et intimes qu'on devine encore plus qu'on ne les voit, de ces pantomimes de la rue qui vous coudoient quand vous marchez et d'un geste vous révèlent toute une existence. » D'Alphonse Daudet, ceux qui le côtoient vantent la verve, la faconde, la bonne humeur. C'est un conteur né. Il manie la tendresse et l'ironie, se laisse porter par son imagination, ses sentiments, picore les anecdotes. Il aime dépeindre, dans ses romans, les humbles, la Provence. Son style est vif, coloré : « Il fait voir, fait vivre et fait plaisir », résume Thibaudet. C'est un moulin, à mots, à paroles, à images. Quand il travaille, il disserte sur ses livres en même temps qu'il les écrit ; il appelle cela « penser tout haut ».

À vingt ans, cet enfant de bohème fréquente une actrice, publie une plaquette de vers, Les Amoureuses, *qui lui vaut ses entrées dans les gazettes. Il débute au* Figaro *en même temps qu'il est engagé comme secrétaire du duc de Morny, un proche de Villemessant, qui se rêve en auteur dramatique : la vie, c'est du théâtre. Il publie dans le journal des contes fantaisistes, sous le titre de « Chroniques rimées », « Chapatin, le tueur de lions », les « Lettres de mon moulin » qui lui assurent la célébrité. Attiré par la scène, il en fera une pièce,* L'Arlésienne, *mise en musique par Georges Bizet, qui connaît un triomphe.*

Au Figaro, *il fait partie du paysage. On le trouve sympathique, pittoresque, on parle de lui dans les colonnes. L'inventeur de*

Tartarin excelle dans l'art du portrait. Sous sa plume, légère comme le vent, la poussière de l'histoire s'envole ; des personnages surgissent. Ils vivent, parlent, s'animent. Voici Rochefort face à Gambetta : « L'un serré, tout en dedans, le rire sec, le geste rare ; l'autre qui rit, gesticule, débordant et fumeux comme une cuve de vin de Cahors. » On y est. Gambetta encore : « Toujours agité, flairant la poudre... parlant haut, serrant fort la main et rejetant en arrière ses cheveux drus d'un geste plein de décision et d'énergie. » Plus loin, c'est le directeur du Figaro, *Villemessant, tempêtant dans les couloirs où le jeune Alphonse Daudet, timide, serre sous le bras « son premier article paternellement roulé et ficelé ». « Cette façon de secouer sa rédaction par la fenêtre, comme un vieux tapis », d'accorder à chacun « son quart d'heure de célébrité ». Warhol n'a rien inventé. En lisant ce portrait, on se surprend à lui trouver quelque ressemblance avec une autre figure de la presse du XXe siècle, passé du* Figaro *au* Point... *Les années passent, les modèles restent.*

Les dernières années de Daudet sont marquées par la maladie. Avec un stoïcisme souriant, il fait front. Disparu à cinquante-sept ans, il laisse l'image d'un grand-oncle amical dont les souriantes histoires tournent encore dans la tête des enfants sages d'aujourd'hui.

Paru le samedi 3 décembre 1881

Mémoires d'un homme de lettres

Nous avons reproduit dans notre dernier supplément un fort intéressant portrait de M. Gambetta, écrit par Alphonse Daudet, en 1871.

Aujourd'hui nous en publions la contrepartie, datant d'il y a quelques mois, sans nous préoccuper nullement de la question politique, et réservant toutes nos sympathies pour la valeur littéraire de ces deux pages d'un excellent écrivain.

Gambetta

J'ai déjà raconté qu'en 1857, à mon arrivée à Paris, j'étais descendu dans un hôtel de la rue de Tournon qu'habitait Léon Gambetta, alors étudiant. Un jour, à cette table d'hôte de l'hôtel du Sénat – toute petite, au rez-de-chaussée, dans le fond d'une étroite cour, au pavé froid et balayé, où des lauriers-roses et des fusains s'étiolaient dans les classiques caisses vertes –, Gambetta et Rochefort se rencontrèrent. J'avais amené Rochefort, alors inconnu lui aussi et simple rédacteur à la Ville. Il m'arrivait ainsi quelquefois d'inviter un ami, au lendemain d'un article, quand souriait la fortune, et j'étais heureux des deux heures passées au milieu des chaudes discussions, des éclats de voix et des rires, dans la bruyante somnolence d'un dîner prolongé trop tard.

Gambetta et Rochefort n'étaient pas faits pour s'entendre, et je crois bien que ce soir-là ils ne se parlèrent guère. Je les vois encore chacun à un bout, séparés par toute la longueur de la table, et tels déjà qu'ils demeureront, l'un serré, tout en dedans, le rire sec, le geste rare ; l'autre qui rit, qui gesticule, débordant et fumeux comme une cuve de vin de Cahors. Singulière chose que la destinée, et combien d'événements tenaient entre ces deux hommes, sur ces quatre mètres de toile cirée, au milieu des pois à goudron et des ronds de serviettes de maigres dîners d'étudiants !

Gambetta alors jetait sa gourme et assourdissait de sa tonitruante faconde les cafés du Quartier latin. Mais ne vous y trompez point ; les cafés du quartier à cette époque n'étaient pas seulement l'estaminet où l'on boit et où l'on fume. Au milieu de Paris muselé, sans vie publique et sans journaux, ces réunions de la jeunesse studieuse et généreuse, véritables écoles d'opposition ou plutôt de résistance légale, demeuraient ou peu s'en faut les seuls endroits où pouvait encore se faire entendre une voix libre.

Là, chaque soir, s'agitait, criait, pérorait une jeunesse ardente, mais laborieuse en somme, qui venait, au sortir de l'école ou de l'étude, répandre son trop-plein d'ardeur en paroles, comme l'usine, après la journée finie, lâche la vapeur de ses chaudières au ruisseau.

Que d'idées généreuses envolées dans la fumée des pipes, que de phrases éloquentes jetées ainsi aux rosaces ternies du plafond ! Efforts perdus, va-t-on dire, et forces inutilement gaspillées ! Non, certes ! car tout cela en somme préparait une génération et tenait en éveil cette France qu'on croyait définitivement chloroformisée. Plus d'un doctrinaire qui, aujourd'hui loti ou espérant l'être, affecte pour ces mœurs un dédain de bon goût, et traite volontiers de vieux étudiants les hommes nouveaux, a longtemps vécu et vit encore (j'en connais !) des bribes d'éloquence ou de haute raison que des prodigues bien doués laissaient alors traîner sur les tables. Sans doute quelques-uns de ces jeunes tribuns s'attardèrent, vieillirent sur place, parlèrent toujours et ne firent jamais rien. Tout corps d'armée a ses traînards, qu'en fin de compte la tête abandonne. Gambetta n'était pas de ceux-là. S'il s'escrimait le soir sous le gaz, ce n'était qu'après avoir rempli de travail sa journée. On parlait déjà au quartier de ses aptitudes politiques et de son assiduité à suivre les travaux de la Chambre, mais cela ne l'empêchait point d'être un étudiant sérieux, d'avoir des triomphes à la conférence Molé, de prendre ses inscriptions, de conquérir ses diplômes et ses licences. Un soir – qu'il y a longtemps de cela, bon Dieu ! –, dans ce petit salon de la rue Saint-Guillaume, plein de vieillards pétillants et d'oiseaux en cage, que je me suis amusé à vous décrire, je me rappelle très exactement avoir entendu Mme Ancelot dire : « Mon gendre Lachaud a un nouveau secrétaire, un jeune homme très éloquent, paraît-il, avec un bien drôle de nom... attendez... il s'appelle M. Gambetta. » Et assurément la bonne vieille dame était loin de prévoir jusqu'où irait ce jeune secrétaire, qu'on disait éloquent et qui avait un si drôle de nom !

À part l'inévitable apaisement dont la pratique de la vie se charge d'apprendre la nécessité à de moins subtilement compréhensifs que lui, à part certaine connaissance politique des mobiles et des dessous, facilement puisée dans l'exercice du pouvoir et le maniement des affaires, Gambetta, dès cette époque, pour l'ensemble du caractère et de la physionomie, était bien ce qu'il est resté. Non pas gros encore, mais carrément taillé, le dos rond, et aimant déjà à s'appuyer, tout en marchant, tout en causant, au bras familier d'un ami. Il parlait beaucoup, à tout propos, de cette dure et forte voix méridionale qui découpe les phrases comme au balancier et frappe les mots en médailles ; mais il écoutait aussi, interrogeait, lisait, s'assimilait toutes choses, et préparait déjà cet énorme emmagasinement de faits et d'idées si nécessaire à qui prétend diriger un temps et un pays aussi compliqués que le sont les nôtres.

Gambetta est encore aujourd'hui un des rares hommes politiques qui aient des curiosités d'art et qui soupçonnent que les lettres ne sont pas sans tenir quelque place même dans leurs discours, mais sans morgue, sans pédantisme et comme venant de quelqu'un qui a vu des artistes de près, qui connaît des lettres de longtemps, et pour qui les choses des lettres et des arts sont quotidiennes et familières. Du temps de l'hôtel du Sénat, le jeune avocat dont j'étais l'ami brûlait parfois un cours pour aller dans les musées admirer les maîtres, ou défendre, aux ouvertures de Salon, contre les endormis et les retardataires, le grand peintre François Millet, alors inconnu.

Son initiateur et son guide dans les sept cercles de l'enfer de la peinture était un Méridional comme lui, plus âgé que lui, poilu, bourru, avec de terribles yeux qu'on voyait luire sous d'énormes sourcils retombant comme un feu de brigands au fond d'une caverne voilée de broussailles. C'était Théophile Silvestre, parleur superbe et infatigable, à la voix montagnarde et sonnant le fer ariégeois, écrivain de haute saveur, critique d'art incomparable, épris des peintres et les pénétrant avec la subtilité compréhensive d'un amoureux et d'un poète.

Il aimait Gambetta inconnu, pressentant chez lui son grand rôle ; il continua à l'aimer plus tard malgré de terribles dissentiments politiques, et vint mourir un jour à sa table, de joie on peut le dire, et dans l'ivresse d'une tardive réconciliation. Ses promenades à travers le Salon, à travers le Louvre, au bras de Théophile Silvestre, avaient fait à Gambetta, auprès de certains hommes d'État en herbe, dès l'enfance sanglés et cravatés, une sorte de réputation de paresse.

Ce sont ceux-là encore, mais grandis, qui, toujours pleins d'eux-mêmes et toujours hermétiquement bouchés, le traitent, en petit comité, d'homme frivole et de politique pas sérieux, parce qu'il se plaît à la compagnie d'un garçon d'esprit qui est comédien. Cela prouverait tout au plus qu'alors comme aujourd'hui Gambetta se connaissait en hommes et savait le grand secret pour se servir d'eux, qui est de s'en faire aimer.

Un trait de caractère qui achèvera de peindre le Gambetta d'alors : cette voix de porte-voix, ce parleur terrible, ce grand gasconnant n'était pas gascon. Est-ce influence de la race ? Mais par plus d'un côté cet enragé fils de Cahors se rapprochait de la frontière et de la prudence italiennes : le mélange du sang génois faisait de ce Gascon presque un avisé Provençal.

Parlant souvent, parlant toujours, il ne se laissait pas emporter dans le tourbillon de sa parole ; très enthousiaste, il savait d'avance le point précis où son enthousiasme devait s'arrêter, et, pour tout exprimer d'un mot, c'est à peu près le seul grand parleur, à ma connaissance, qui ne fût pas en même temps un détestable prometteur.

Un matin, comme cela finit toujours par arriver, cette bruyante couvée de jeunesse qui nichait hôtel du Sénat prit son vol, ayant senti pousser ses ailes. L'un tira au nord, l'autre au sud ; on se dispersa aux quatre coins du ciel ; Gambetta et moi, nous nous perdîmes de vue. Je ne l'oubliais pas cependant ; piochant pour mon compte, écrivant beaucoup et vivant très à l'écart du monde politique, je me demandais quelquefois : « Où est passé mon ami de Cahors ? » Et cela m'eût étonné qu'il ne fût pas en train de devenir quelqu'un. Plusieurs années après, me trouvant au Sénat, non plus à l'hôtel, mais au palais du Sénat, un soir de réception officielle, je m'étais réfugié loin de la musique et du bruit, sur un coin de banquette d'une petite salle de billard taillée dans les appartements immenses, hauts de plafond à y loger six étages, de la reine Marie de Médicis.

C'était l'époque de crises et de velléités d'être aimable où l'Empire faisait des mamours aux partis, parlait de concessions mutuelles, et, sous couleur de réformes et d'apaisement, essayait d'attirer à lui, en même temps que les moins engagés des républicains, les derniers survivants de l'ancienne bourgeoisie libérale. Odilon Barrot, je me rappelle, le vénérable Odilon Barrot, jouait au billard. Une vraie partie d'ancien ministre ! Toute une galerie de vieillards ou d'hommes prématurément graves l'entourait, moins attentive, certes, à ses carambolages qu'à sa personne.

On attendait qu'une phrase, un mot, tombât de ses lèvres jadis éloquentes, pour recueillir le mot ou la phrase, et l'enfermer dans le cristal, pieusement, dévotement, comme fit l'ange pour la larme d'Elna et le voyageur de la légende pour le « han ! » exhalé dans l'effort d'un coup de hache de la poitrine de saint Joseph. Mais Odilon Barrot ne disait rien, n'ayant rien à dire ; il mettait du blanc, poussait l'ivoire, tout cela noblement et d'un beau geste, où tout un passé de solennité bourgeoise et de parlementarisme haut cravaté semblait revivre. On ne parlait guère davantage autour de lui : ces pères conscrits d'autrefois, ces Épiménide endormis depuis Louis-Philippe et 48 ne s'entretenaient qu'à voix très basse, comme pas bien sûrs d'être réveillés. Deux mots revenaient à tout instant « Procès Baudin… Procès Baudin. » Ne lisant guère de journaux et sorti très tard dans la journée, j'ignorais, moi, ce qu'était le procès Baudin. Tout à coup j'entendis le nom de Gambetta : « Et qu'est-ce que c'est que ce M. Gambetta ? » disait un des vieillards avec une impertinente voix de nez. En un moment tous les souvenirs de ma vie au quartier me revinrent. J'étais bien tranquille dans mon coin, indépendant comme un brave homme de lettres gagnant sa vie, et trop dégagé de toute attache et de toute ambition politique pour qu'un tel aréopage, si vénérable fût-il, m'en imposât. Je me levai et dis ce que je pensais de toute la jeunesse, du talent et de l'avenir de Gambetta. Si vous aviez vu la stupéfaction générale à cette sortie, les carambolages arrêtés, les queues de billard suspendues, tout ce monde irrité, et les billes elles-mêmes sous les lampes qui me regardaient avec leurs yeux ronds ! « D'où sortait ce monsieur, cet inconnu, qui se permettait de défendre un autre inconnu, et devant Odilon Barrot, encore ? » Un homme d'esprit, M. Oscar de Vallée, me sauva ; il était avocat, lui ! procureur général, que sais-je ? de la boutique, enfin, et sa toque, même laissée au vestiaire, lui conférait le droit de parler n'importe où. Il parla : « Monsieur a raison, parfaitement raison ! Maître Gambetta n'est pas le premier venu ; nous en faisons tous grand cas au Palais pour son éloquence... » Et, voyant sans doute que ce mot d'éloquence laissait froide la compagnie, il ajouta, en insistant : « Pour son éloquence et pour sa jugeote ! »

Vint le suprême assaut contre l'Empire, les mots chargés à poudre, bourrés de menaces, tout Paris frémissant sous je ne sais quel souffle précurseur, comme la forêt avant l'orage ; ah ! nous allions en voir, et en voir de belles, nous tous de la génération qui se plaignait de n'avoir rien vu.

Gambetta, à la suite de sa plaidoirie au procès Baudin, était en train de passer grand homme. Les anciens du parti républicain, les combattants de 51, les exilés, les vieilles barbes, avaient pour le jeune tribun des tendresses paternelles, les faubourgs attendaient tout de « l'avocat borgne », la jeunesse ne jurait que par lui. Je le rencontrais quelquefois : « Il allait être nommé député... Il revenait de faire un grand discours à Lyon ou à Marseille. » Toujours agité, flairant la poudre, toujours dans l'excitation d'un lendemain de bataille, parlant haut, serrant fort la main, et rejetant en arrière ses cheveux drus d'un geste plein de décision et d'énergie. Charmant, d'ailleurs, plus que jamais familier, et se laissant volontiers arrêter dans son chemin pour causer ou rire. « Déjeuner à Meudon ? répondait-il à un de ses amis qui l'invitait, volontiers mais un de ces jours, quand nous en aurons fini avec l'Empire ! »

Voici maintenant la grande bousculade, la guerre, le 4 septembre ; Gambetta, membre de la Défense nationale en même temps que Rochefort. Ils se retrouvèrent face à face devant le tapis vert où se signent proclamations et décrets, comme douze ans auparavant, devant la toile cirée de ma table d'hôte. L'arrivée subite au pouvoir de mes deux compagnons du Quartier latin, ne m'étonna point, l'air était plein, à ce moment, de choses bien autrement étonnantes. Paris était ivre, nageait dans la joie, une joie fébrile de veille d'assaut ! Le grand bruit de l'Empire écroulé remplissait encore les oreilles et empêchait d'entendre le bruit de bottes de l'armée prussienne qui s'avançait. Je me rappelle ma première promenade à travers les rues.

Je revenais de la campagne (un coin tranquille de la forêt de Sénart), respirant encore l'odeur fraîche des feuilles, l'oreille pleine de chants d'oiseaux. Je me sentis comme étourdi : plus de Paris, une immense foire, et avec cela quelque chose d'une immense caserne en fête ; tout le monde en képi, et les petits métiers, subitement rendus libres par la disparition de la police, remplissant, comme aux approches du jour de l'An, la ville entière d'étalages multicolores et de cris. La foule grouillait, le jour tombait, dans l'air, des lambeaux de *Marseillaise* ! Tout à coup, bien dans mon oreille, une voix du faubourg, goguenarde et traînante, cria : « Ach'tez la femme Bonaparte, ses orgies, ses amants… deux sous ! » et on me tendait un carré de papier, un ignoble canard, frais d'encre de l'imprimerie. Eh quoi ! en plein Paris, à deux pas de ces Tuileries, où le bruit des dernières fêtes flotte encore, sur ces mêmes boulevards que, quelques mois auparavant, j'avais vus balayés à coups de casse-tête, chaussées et trottoirs, par des escouades de policiers ! L'antithèse me fit une impression profonde, et dans la mélancolie de la nuit qui venait, des gaz qu'on allumait, j'eus cinq minutes durant le sentiment net et aigu de cette chose effrayante et grandiose qu'on appelle une révolution.

Je vis Gambetta une fois, dans cette première période du siège, au ministère de l'Intérieur – où il venait de s'installer comme chez lui, sans étonnement, en homme à qui arrive une fortune dès longtemps prévue – en train de recevoir tranquillement, avec sa bonhomie un peu narquoise, ses chefs de service, qui, hier encore, disaient dédaigneusement : « Le petit Gambetta ! » avec une moue de fonctionnaire, et qui, maintenant, arrondissaient l'échine pour soupirer, l'air pénétré et la voix rendant des soupirs de flûte : « Si Monsieur le Ministre permettait ! »

Après, je ne revis plus Gambetta que de loin en loin, par apparition, et comme à travers quelque subite déchirure faite dans la grande nuée de poudre brûlée et de sang fumant qui planait sur le Paris du siège. Sa dernière poignée de main m'a laissé un souvenir inoubliable. C'était à Montmartre, sur la place Saint-Pierre, au pied de cet escarpement de plâtre et d'ocre que les travaux de l'église du Sacré-Cœur ont couvert depuis de gravats roulants, mais où alors, malgré les pas nombreux des flâneurs dominicaux et les glissades des gamins, verdissaient encore, rongés et déchiquetés, quelques lambeaux de gazon maigre. Au-dessous de nous, dans la brume, la ville, avec ses mille toits et son grand murmure qui, de temps en temps, s'apaisait pour laisser entendre au lointain la voix sourde des canons des forts. Il y avait là, sur la place, une petite tente, et au milieu d'une enceinte tracée par une corde, un ballon, tirant sur son câble, qui se balançait. Gambetta, disait-on, allait partir, électriser la province, la ruer à la délivrance de Paris, exalter les âmes, réchauffer les courages, renouveler, enfin (et peut-être sans la trahison de Bazaine y eût-il réussi), les miracles de 92 ! D'abord, je ne vis que Nadar, le bon Nadar, avec sa casquette d'aéronaute, mêlé à tous les événements du siège. Puis j'aperçus, au milieu d'un groupe, Spuller et Gambetta, tous deux emmitouflés de fourrures ; Spuller, fort tranquille, courageux avec simplicité, et regardant le ballon de temps en temps comme pour dire : Drôle de machine ! et il va falloir monter dedans ; Gambetta, comme toujours, causant et roulant son dos rond, presque réjoui de l'aventure. Il me vit, me serra la main, puis Spuller et lui entrèrent dans la nacelle : « Lâchez tout ! » crie une voix de matelot. Quelques saluts, un cri de : « Vive la République ! », le bâton qui file, et plus rien.

Le ballon de Gambetta arriva sain et sauf, mais combien d'autres tombèrent percés de balles prussiennes, périrent en mer, dans la nuit, sans compter l'invraisemblable aventure de celui qui, poussé vingt heures par la tempête, s'en alla tomber en Norvège, à deux pas des fjords et de l'Océan glacés ! Certes ! quoi qu'on ait pu dire, il y avait de l'héroïsme dans ces départs, et ce n'est pas sans émotion que je me rappelle cette poignée de main dernière et ce petit ballon qui, plus fragile que la barque historique de César, portait cette chose si grande : l'espérance de Paris assiégé !

Je ne retrouvai Gambetta que plus d'un an plus tard, au procès Bazaine, dans cette salle à manger d'été du Trianon, de Marie-Antoinette, dont les entrecolonnements gracieux se prolongent entre la verdure de deux jardins, et qui, élargie, agrandie, à grand renfort de tentures et de cloisons, transformée en conseil de guerre, gardait encore avec ses trumeaux peuplés de colombes et d'amours comme un souvenir, un parfum des élégances passées.

Le duc d'Aumale présidait. Bazaine était à son banc d'accusé, hautain, têtu, inconscient, despotique, la poitrine barrée de rouge par le grand cordon. Et vraiment il y avait quelque chose de haut dans ce spectacle d'un soldat qui, traître à la République, allait être jugé par le descendant des anciens rois. Les témoins défilaient : des uniformes et des blouses, des maréchaux et des soldats, des employés des postes, d'anciens ministres, des paysans, des bonnes femmes, des gardes forestiers et des douaniers, dont le pied, habitué à l'humus élastique des bois ou au rugueux cailloutis des grandes routes, glissait sur les parquets et butait aux plis des tapis, et qui, par leur salut interloqué et craintif, eussent fait rire si l'embarras naïf de tant d'humbles héros n'avait pas plutôt tiré des larmes. Fidèle image de ce sublime drame de la résistance pour la patrie, où tous, grands et petits, trouvent leur devoir. On appela Gambetta. À ce moment les haines réactionnaires se déchaînaient contre son nom, et l'on parlait, lui aussi, de le poursuivre. Il entra, en petit pardessus, son chapeau à la main, et fit en passant, au duc d'Aumale, un petit salut, oh ! mais un petit salut que je vois encore : ni trop sec, ni trop bas, moins un salut qu'un signe de maçonnerie spéciale, entre gens qui, tant séparés soient-ils, sont toujours sûrs de se rencontrer et de s'entendre sur certaines questions de patriotisme, de dévouement et d'honneur. Le duc d'Aumale n'eut point l'air fâché, et je fus ravi, dans mon coin, de la correcte et digne attitude de mon ancien camarade.

Nous ne nous parlâmes pas cette fois, et à vrai dire, je le regrettai. Mais, Paris à peine débloqué et tremblant encore de la fièvre obsidionale, j'avais écrit sur Gambetta et la défense en province un article sincère, mais injuste, que j'ai eu grand plaisir, une fois mieux informé, à retrancher de mes livres. Tout Paris était un peu fou à ce moment, moi comme les autres ; on nous avait tant menti, tant joués ! Nous avions lu aux murs des mairies tant d'affiches rayonnant l'espoir, tant de proclamations enlevantes suivies le lendemain de si lamentables retombées à plat ! On nous avait fait faire fusil sur l'épaule et sac au dos tant d'imbéciles promenades ! On nous avait tenus si souvent à plat ventre dans la boue ensanglantée, immobiles, inutiles, bêtes, tandis que les obus pleuvaient sur les dos ! Et les espions, et les dépêches !

« Nous occupons les hauteurs de Montretout, l'ennemi recule ! » ou bien encore : « À l'engagement d'avant-hier, nous avons pris deux casques et la bretelle d'un fusil. » Et cela pendant que, ne demandant qu'à sortir et à combattre, quatre cent mille gardes nationaux battaient la semelle dans Paris. Puis ç'avait été autre chose ; et tandis qu'on disait à la province : Paris ne s'est pas battu ! on disait à Paris : Tu as été lâchement abandonné par la province. Si bien que, furieux, honteux, impuissants à rien distinguer dans ce brouillard de haine et de mensonge, soupçonnant partout la trahison, la lâcheté et la sottise, on avait fini par tout mettre, Paris et province, dans le même sac. L'accord s'est fait depuis, quand on a vu clair ! La province a appris ce que, cinq mois durant, Paris a déployé d'héroïsme inutile ; et moi, Parisien du siège, j'ai reconnu pour mon humble part combien furent admirables l'action de Gambetta dans les départements, et ce grand mouvement de la défense où nous n'avions tous vu d'abord qu'une série de fanfaronnes tarasconnades.

Nous nous sommes rencontrés de nouveau, avec Gambetta, il y a deux ans. Aucune explication ; il est venu à moi, les mains tendues. C'était à Ville-d'Avray, chez l'éditeur Alphonse Lemerre, dans la maison de campagne qu'a si longtemps habitée Corot. Une maison charmante, faite pour un peintre ou un poète, tout XVIIIe siècle, avec ses boiseries conservées, les trumeaux sur toutes les portes et un petit portique pour descendre au jardin. C'est dans le jardin que nous déjeunâmes, en plein air, parmi les fleurs et les oiseaux, sous les grands arbres virgiliens que le vieux maître aimait à peintre, d'un vert si doux au frais voisinage des étangs ! On resta toute l'après-midi à se rappeler le passé et comme quoi nous sommes à Paris, Gambetta et moi, les deux plus vieux camarades l'un pour l'autre. Puis vint le tour de l'art, de la littérature. Gambetta, je le constatai avec joie, n'avait pas cessé de suivre le courant, lisait tout, voyait tout, demeurait expert, connaisseur et fin lettré. Ce furent cinq heures délicieuses, ces heures passées ainsi, dans cet abri fleuri et vert, placé entre Paris et Versailles, et si loin pourtant de tout bruit politique. Gambetta, paraît-il, en comprit le charme : huit jours après ce déjeuner sous les arbres, il s'achetait, lui aussi, une maison de campagne à Ville-d'Avray.

Paru le samedi 10 décembre 1887

Villemessant

Les pages consacrées par Alphonse Daudet au fondateur du Figaro *furent écrites en 1879 pour une revue russe ; nous pouvons donc les offrir à nos lecteurs comme à peu près inédites.*

Elles trouveront leur place dans un volume prêt à paraître, auquel il a donné le titre alléchant Trente ans de Paris.

Je vais quelquefois – quand mon besoin personnel et le hasard de mes courses coïncident – me faire rogner la barbe ou tailler les cheveux chez Lespès. Un coin curieux et bien parisien, cette grande boutique de barbier, tenant tout l'angle de la maison Frascati, entre la rue Vivienne et le boulevard Montmartre ! Comme clients, le *Tout-Paris*, c'est-à-dire cet infiniment petit morceau de Paris qui mène son train entre le Gymnase et l'Opéra, Notre-Dame-de-Lorette et la Bourse, et s'imagine exister seul : des coulissiers, des comédiens, des journalistes ; sans compter la légion agitée, affairée, des bons boulevardiers qui ne font rien. Vingt ou trente garçons en permanence frisent et rasent tout cela.

Surveillant tout, l'œil aux rasoirs et aux pots de pommade, çà et là, rôde le patron, Lespès, petit homme alerte que la fortune faite (car il est très riche) aurait pu engraisser, mais que certaine ambition déçue entretient dans un état de fièvre convenable. C'est dans cette maison vraiment prédestinée qu'il y a vingt ans, à l'entresol même où Lespès fait la barbe, *Le Figaro* avait ses bureaux. Voici le couloir, les abonnements, la caisse et, derrière une grille en fil de fer, l'œil rond et le bec du père Legendre, toujours irrité, rarement aimable, comme un perroquet qui serait caissier. Voici la salle de rédaction (*Le public n'entre pas* ! sur les vitres dépolies de la porte) ; quelques chaises, une grande table avec un immense tapis vert. Je vois encore tout cela distinctement et je me vois moi-même timide, assis dans un coin, serrant sous le bras mon premier article paternellement roulé et ficelé. Villemessant n'était pas rentré, on m'avait dit d'attendre : j'attendais.

Ils étaient ce jour-là une demi-douzaine autour de la table verte, en train de dépouiller des journaux, d'écrire. On riait, on causait, on grillait des cigarettes ; la cuisine infernale se faisait gaiement. Parmi eux, un petit homme à figure rouge, sous des cheveux tout blancs, relevés, qui lui donnaient un air de Riquet à la Houppe. C'était M. Paul d'Ivoi, le chroniqueur célèbre, enlevé au *Courrier de Paris* à prix d'or, Paul d'Ivoi, enfin, dont les appointements fabuleux (ils étaient fabuleux pour l'époque, mais le paraîtraient moins maintenant) faisaient l'envie et l'admiration des brasseries littéraires. Il écrivait en souriant comme un homme content de lui-même ; les carrés de papier allaient se noircissant sous sa plume ; moi, je regardais écrire et sourire M. Paul d'Ivoi.

Tout à coup un bruit de pas lourds, une voix joyeusement éraillée : Villemessant ! Les plumes grincent, les rires cessent, les cigarettes se dissimulent, Paul d'Ivoi seul relève la tête et, familièrement, ose contempler le dieu. VILLEMESSANT : « Très bien, mes enfants, je vois qu'on est en train... (*À Paul d'Ivoi*, d'un air bon garçon) : Êtes-vous content de votre chronique ? » – PAUL D'IVOI : « Je la crois réussie. » – VILLEMESSANT : « Allons, tant mieux ; ça se trouve parfaitement, comme ce sera votre dernière... » – PAUL D'IVOI (*tout pâle*) : « Ma dernière ? » – VILLEMESSANT : « Parfaitement ! je ne plaisante pas... votre copie est assommante... il n'y a qu'un cri sur le boulevard... voilà assez longtemps que vous nous embêtez. » Paul d'Ivoi s'était levé : « Mais, monsieur, notre traité ? » – « Notre traité ? elle est bien bonne ! Essayez de plaider, ce sera drôle : je donnerai lecture de vos articles en plein tribunal, et nous verrons s'il y a un traité qui me force à fourrer dans mon journal de pareilles niaiseries ! » Villemessant était homme à faire comme il le disait, et Paul d'Ivoi ne plaida point. Mais c'est égal, cette façon de secouer sa rédaction par la fenêtre, comme un vieux tapis, me donna froid dans le dos, à moi naïf. J'aurais voulu être à cent pieds sous terre avec mon malheureux manuscrit ridiculement roulé. C'est une impression sur laquelle je n'ai jamais pu revenir. J'ai vu souvent Villemessant depuis, toujours il s'est montré fort aimable, et toujours j'ai ressenti en le voyant le frisson de désagréable terreur que dut ressentir le petit Poucet à sa rencontre avec l'ogre.

Ajoutons pour être juste que, plus tard, à la mort de ce même Paul d'Ivoi si brutalement exécuté, ce fut Villemessant – ogre doublé d'un saint Vincent de Paul – qui voulut se charger de la pension de ses enfants.

« Est-il bon ? est-il méchant ? » On est embarrassé pour répondre, et la comédie de Diderot semble écrite à son intention. Bon ? il l'est, certainement ! Méchant aussi, suivant le jour et l'heure ; et un peintre pourrait, sans mentir d'une ligne ni d'un ton, faire de lui deux portraits : l'un paterne, l'autre cruel ; l'un tout en noir, l'autre tout en rose, qui ne se ressembleraient pas entre eux et pourtant ressembleraient au modèle.

À vouloir raconter sur cette singulière dualité les anecdotes caractéristiques, on n'aurait vraiment que l'embarras du choix.

Avant la guerre, j'avais fait la connaissance d'un brave homme, père de famille, employé au bureau central des postes, dans la rue Jean-Jacques-Rousseau. Au moment de la Commune, cet homme resta à Paris. Avait-il au fin fond du cœur quelque faiblesse pour l'insurrection ? Je n'en jurerais pas. S'était-il dit qu'après tout, les lettres continuant d'arriver à Paris, il fallait quelqu'un pour les classer, les distribuer ? C'est possible encore. Peut-être aussi qu'avec une femme, de grandes filles, un déplacement subit ne lui était pas facile. Paris s'est trouvé à cette époque contenir pas mal de pauvres diables dans une situation pareille, barricadiers par la force des choses, insurgés sans savoir pourquoi. Toujours est-il que si, malgré les ordres de M. Thiers, mon ami resta à son bureau, derrière sa grille, triant ses lettres au bruit de la bataille comme si de rien n'était, il ne voulut accepter de la Commune ni avancement, ni augmentation. La Commune vaincue, il ne s'en vit pas moins – heureux d'échapper aux conseils de guerre – jeté sans ressources sur le pavé, destitué à la veille d'obtenir sa retraite. Dès lors une existence lamentable et comique commença pour lui. Il n'avait pas osé annoncer à sa famille son renvoi de l'administration ; tous les matins ses filles lui préparaient la chemise frais empesée (il faut qu'un employé soit propre !), lui faisaient soigneusement, joyeusement, comme autrefois, son nœud de cravate et l'embrassaient sur la porte, à l'heure réglementaire, s'imaginant qu'il allait à son bureau. Le bureau ? Ah ! il était loin, le bureau, frais l'été, bien chauffé l'hiver, où les heures coulaient si paisibles. Il fallait maintenant battre Paris, sous la pluie, à travers la neige, cherchant un emploi qu'on ne trouvait jamais, et rentrer le soir, la mort dans l'âme, mentir, inventer des histoires sur un sous-chef qui n'existait pas, sur un garçon de bureau fantastique, tout en se donnant un petit air gai. (Je me suis servi du pauvre homme pour le type du père Joyeuse dans mon roman du *Nabab* ; en quête d'une place, lui aussi, mentant à ses filles.) Je le rencontrais quelquefois, c'était navrant. Sa détresse me décida à aller trouver Villemessant. Villemessant, pensais-je, lui trouvera bien un petit coin au *Figaro*, dans l'administration. Impossible : toutes les places étaient prises. Et puis un communard, pensez donc ! Le beau tapage si on avait découvert que Villemessant employait dans ses bureaux un communard ! Pourtant, l'histoire des petites filles, des chemises blanches, des nœuds de cravate, avait, paraît-il, attendri l'excellent ogre.

— Une idée ! dit-il, combien gagnait par mois votre protégé ?

— Deux cents francs.

— Eh bien ! je vous remettrai pour lui deux cents francs par mois jusqu'à ce qu'il ait trouvé une place. Il aura toujours l'air d'aller à son bureau, ses filles lui feront toujours ses nœuds de cravate… Et, pour conclusion à son discours, l'éternel : « Elle sera bien bonne ! »

Elle fut bien bonne en effet : trois mois durant, le bonhomme toucha sa petite rente. Au bout de trois mois, ayant trouvé enfin une place, il économisa tant et tant, et se serra si fort le ventre, qu'un beau matin il m'arriva avec les six cents francs et une belle lettre de remerciements pour M. de Villemessant, dont je lui avais révélé le nom, et que, malgré le dissentiment politique, il appelait noblement son bienfaiteur. Je portai le tout à Villemessant :

— Elle est bien bonne ! Mais je l'avais donné, cet argent !… Il veut me le rendre… C'est la première fois que ça m'arrive. Et un communard, encore, elle est bien bonne !

C'étaient des exclamations, des rires, un enthousiasme ! Villemessant s'en renversait dans son fauteuil. Mais voici qui va achever de vous peindre l'homme : joyeux, ravi, et de la bonne action qu'il avait faite, et du plaisir bien naturel qu'on éprouve – si sceptique soit-on – à ne pas se sentir dupe et à ne pas avoir obligé un ingrat, Villemessant, tout en causant, s'amusait à manier les six cents francs et à les ranger en six petites piles sur la table. Tout à coup, se retournant vers moi :

— Eh ! dites donc, Daudet, il manque cent sous à notre compte !

Il manquait cent sous en effet, une malheureuse piécette en or oubliée dans un pli de doublure. Au plus beau de l'enthousiasme, l'homme pratique apparaissait.

Tel est cet homme compliqué, très réfléchi, très malin au fond sous une apparence de bonhomie et de prime saut, à faire croire que Toulouse est proche voisine de Blois et que les tourelles de Chambord se mirent dans un bras de la Garonne.

Dans la vie privée et même publique, Villemessant a érigé la familiarité en principe, vis-à-vis des autres, bien entendu ! car il exige volontiers le respect dès qu'il s'agit de lui-même. Au lendemain d'un de ces échos au picrate qu'il avait coutume d'introduire dans le journal, au dernier moment, quand les presses roulent, Villemessant est mandé à la présidence du Corps législatif. (Ceci se passait sous l'Empire.) Il s'agissait, je ne crois pas me tromper, du fameux « Morny est dans l'affaire », dont les vieux boulevardiers doivent se souvenir. Le duc était très fâché ou feignait de l'être, mais le garçon de Blois ne se démonta point :

— Comment ! monsieur le duc, ce n'est donc pas pour me décorer que vous m'avez fait appeler ?... Ce garde de Paris avec son pli cacheté, son casque, peut se vanter de m'en avoir donné une d'émotion... Mes rédacteurs illuminent déjà... Cette fois, par exemple, elle est bien bonne !... Puis vite une histoire, une anecdote, un mot bien fin, bien parisien, enveloppé dans un gros rire ; avec cela des airs pénétrés, une joie intime et visible de dire : « Monsieur le duc ! » et le grief était oublié.

Ailleurs, chez Persigny, par exemple, la familiarité réussissait moins ; et Villemessant vit certain jour, dans la froide atmosphère officielle, ses plus tourbillonnantes bouffonneries geler en l'air, et retomber raides. Mais Morny, lui, pardonnait tout ; cet homme raffolait de Villemessant, et grâce à sa souveraine protection, *Le Figaro* pouvait se permettre mille frasques. Aussi, quel respect, quelle vénération pour le président : je vis le moment où on allait lui construire une petite chapelle dans l'épaisseur des murs du bureau de rédaction, comme au génie protecteur du lieu, comme au dieu Lare. Ce qui n'empêcha pas *Le Figaro* de publier un matin, en belle place, à propos du théâtre de M. de Saint-Rémy (c'est le pseudonyme que prenait le duc pour faire de la littérature), un article d'Henri Rochefort corrodant comme une éprouvette d'acide, pénétrant et désagréable comme un cent d'aiguilles oublié sur un fauteuil.

— Pourquoi ce monsieur Rochefort m'en veut-il ? Je ne lui ai jamais rien fait ! disait le duc avec la vanité naïve à laquelle n'échappent point les plus délurés hommes d'État, quand ils ont trempé le doigt dans l'encre, et Villemessant, prenant des mines désolées, s'écriait :

— C'est épouvantable !... Avec moi, un pareil article n'aurait jamais passé... Vous me voyez désolé... Mais, ce jour-là, précisément, je ne suis pas allé au journal... Les gredins en ont profité... Je n'ai pas revu les épreuves.

Le duc pensa ce qu'il voulut de l'excuse ; mais le numéro faisait du bruit. On se le montrait, on se l'arrachait. Villemessant n'en désirait pas davantage.

Villemessant, on le voit d'après cela (et c'est ce qui fait au fond l'unité de cette nature en apparence diverse et contradictoire), est avant tout, par-dessus tout, l'homme de son journal. Après les tâtonnements du début, des bordées tirées çà et là un peu au hasard dans l'existence, des pointes poussées à tous les coins de la rose des vents, une fois la voie trouvée, il s'est fixé et a filé droit. Son journal est devenu sa vie.

L'homme et l'œuvre se ressemblent ; et jamais personne, on peut le dire, ne fut plus exactement taillé à la mesure de son destin. D'une activité étonnante, vivant, remuant, déplaçant une quantité d'air énorme, sobre avec cela, comme on l'était jadis, ce qui étonne les gens d'aujourd'hui ; ne buvant pas, ne fumant pas, ne craignant ni le bruit, ni les coups, ni les aventures ; peu scrupuleux au fond, toujours prêt à jeter les préjugés par-dessus bord, et n'ayant jamais eu de foi politique bien profonde, mais aimant à faire parade d'un légitimisme assez platonique et d'un certain respect qu'il suppose bien portés, Villemessant était le capitaine qu'il fallait pour commander ce hardi corsaire qui, vingt ans durant, sous pavillon du Roy semé de fleurs de lys, a fait la course un peu pour son compte.

Il est tyrannique, capricieux ; mais allez au fond, et toujours l'intérêt du journal vous donnera le pourquoi de sa tyrannie et de son caprice. Nous sommes en l'an de grâce 1858, au Café des Variétés, ou au Café Véron, sur les onze heures, un jeudi. *Le Figaro* vient de paraître, Villemessant déjeune. Il cause, essaie des anecdotes qu'il mettra dans le prochain numéro si elles font rire, qu'il oubliera si elles font four. Il écoute, interroge : « Que pensez-vous de l'article d'un tel ? – Charmant ! – Du talent, n'est-ce pas ? – Énormément de talent ! » Villemessant monte au journal radieux : « Où est *un tel ?* Faites-moi venir *un tel !...* Énormément de talent !... il n'y a que lui !... Tout-Paris parle de son article ! » Et voilà *un tel* félicité, choyé, augmenté. Quatre jours après, à la même table, le même convive déclare l'article du même *un tel* ennuyeux, et Villemessant se dresse encore, non plus radieux, mais furieux, non plus pour l'augmenter, mais pour lui régler son compte. C'est sans doute à la suite d'une de ces consultations entre poire et fromage que se produisit la scène entre Villemessant et Paul d'Ivoi, qui scandalisa si fort ma candeur première.

Qu'importe un rédacteur à Villemessant ! Celui-ci parti, un autre se retrouve ; et le dernier venu est toujours le meilleur. Selon lui, tout homme a *son article dans le ventre*, il ne s'agit que de le faire sortir. Monselet avait brodé là-dessus une ravissante légende : Villemessant rencontre un ramoneur dans la rue ; il l'amène au *Figaro*, le débarbouille, l'assied devant du papier et lui dit : « Écris ! » Le ramoneur écrit, et l'article se trouve charmant. C'est ainsi que le Tout-Paris, illustre ou obscur, qui tient une plume, a traversé *Le Figaro*. C'est ainsi que de braves garçons – voyant se renouveler en leur faveur l'histoire du quatrain de Saint-Aulaire – ont eu, pour une heureuse trouvaille de quinze lignes, leur quart d'heure de célébrité. Après, le miracle ne se renouvelant plus, on les déclarait vidés, et vidés par Villemessant. J'ai connu un Paris rempli ainsi de gens vidés. Époque de candeur où l'on était vidé pour quinze lignes !

Octave Mirbeau

(1848-1917)

V
I
C
2011
Octave Mirbeau

Mirbeau, l'indomptable

Tout en lui est exagéré. De nos jours, Gérard Depardieu pourrait l'incarner à l'écran. Il a de larges épaules, de la fureur dans sa moustache rousse, de la douceur dans ses yeux bleus. Il en veut à l'Homme d'être si sombre, a soif d'absolu. Quand il vitupère, tempête, on dirait que le canon se met à tonner.

Octave Mirbeau naît en 1848 à Trévières, dans le Calvados, dans une famille bourgeoise, où la tradition veut que l'on soit notaire. Sa mère meurt alors qu'il est enfant, son père lui fait horreur. Il grandit dans la tourmente, élevé par les jésuites, avant de venir faire son droit à Paris. Il tâte de politique, de bourse, puis jette l'encre sur les « terres desséchées du journalisme ». Les journaux se multiplient, il va les abreuver de sa prose vengeresse, satisfaisant son besoin frénétique d'attaquer ou de défendre. C'est un chien de garde, un dogue aux crocs aiguisés. Il mord autant qu'il protège. Tandis que ses grands romans autobiographiques – Le Calvaire, L'Abbé Jules, Sébastien Roch *– clament avec un réalisme torturé sa souffrance, son obsession de la noirceur, sa propension à la pitié, la presse est son champ de batailles. Il monte au combat. Ses articles sont autant de charges contre la mollesse, le goût des honneurs, la trahison des idéaux : « M. Octave Mirbeau, écrira Georges Rodenbach, a cherché l'infini dans tout. C'est le Don Juan de tout l'Idéal. » La plume à la main, parfois l'épée – il se battra à plusieurs reprises en duel –, il bouscule, raille, renverse l'adversaire, aussi puissant soit-il ; ou au contraire, apercevant un homme seul, un artiste attaqué de toutes parts, se rue à son secours pour le protéger. Il est toujours dans l'héroïsme. La prudence n'est pas son fort, il balaie les tabous, les compromis, manie le verbe comme un fouet.*

Il rejoint Le Figaro *en août 1882. Deux mois plus tard, il en est exclu à la suite du scandale provoqué par son article pamphlet sur « Le Comédien ». Extraordinaire modernité de ce texte : « Aujourd'hui où l'on ne s'intéresse plus à rien on s'intéresse au comédien... Le public veut être renseigné non seulement sur la manière dont ils jouent leur rôle, mais sur leur intimité. » La dérive* people *contemporaine est inscrite dans cette flamboyante description. On lui en veut. Le visionnaire mettra six ans à sortir du purgatoire. Il revient en 1888.* Le Figaro *ne saurait se passer de cette voix, l'auteur de cette tribune. Le combat reprend de plus belle. Mirbeau, après avoir porté aux nues « la fierté invaincue » de Barbey d'Aurevilly, assassine Zola, cet ancien intransigeant qui cède aux sirènes de l'Académie française. L'indomptable ne pardonne rien, ne faiblit pas dans sa révolte. Anarchiste dans l'âme, il appelle l'électeur à la désertion, célèbre les Impressionnistes, Claude Monet ou Van Gogh, Cézanne ou Rodin ; par la puissance de sa tribune, il lance du jour au lendemain un écrivain belge totalement inconnu, Maurice Maeterlinck.*

Le XXe siècle arrive trop tard. Retiré loin de la ville, Mirbeau compose pour le théâtre, Les affaires sont les affaires ; vit au milieu des fleurs : « Pauvres imbéciles que vous êtes, enragera-t-il dans l'un de ses derniers recueils, La 628-E-8, *vous avez toujours ignoré la belle source de tendresse qu'il y avait en moi. » Pas toujours facile à percevoir. Il meurt en février 1917, comme il a vécu, de chagrin.*

Paru le lundi 21 août 1882

La chanson de Carmen

Conte à la manière d'Edgard Poe

Une des plumes les plus alertes qu'ait révélée le jeune journalisme, M. Octave Mirbeau, est désormais des nôtres, et vient grossir le bataillon de nos chroniqueurs accoutumés.

Il débute aujourd'hui par une très curieuse étude d'une saveur et d'un charme tout particuliers que nous recommandons spécialement à l'attention de nos lecteurs.

Dieu m'est témoin que je suis un brave homme, de mœurs douces et même d'une excessive sensitivité. Je pleure facilement sur les malheurs d'autrui, et toutes les douleurs humaines éveillent douloureusement ma compassion. Je ne puis voir passer un pauvre sans lui donner ma bourse. J'ai doté des orphelines, établi des jeunes gens méritants, nourri des vieillards, fondé des hospices. J'ai prêché la vertu à des prostituées, le renoncement à des riches. J'ai ramené au bien et au repentir des misérables qui, un soir, au détour d'un chemin, avaient voulu m'assommer à coups de hache. Partout où j'ai rencontré une blessure, je l'ai pansée et je l'ai guérie. Et, bien des fois, descendu dans la nuit des géhennes sociales, j'ai porté aux moribonds la résignation, l'espérance aux désespérés ; bien des fois j'ai changé en cris de joie les lamentations farouches de ces damnés.

Ma pitié et ma bienfaisance s'étendent jusque sur les animaux pour lesquels j'éprouve des tendresses presque humaines. Le jour que mon petit chien mourut, je tombai malade. J'eus de terribles crises de nerfs, et le médecin qui me soignait désespéra de me sauver. Je n'ai jamais permis qu'on chassât sur mes terres, et jamais, jamais je n'ai chassé, car cette idée que j'aurais pu, délibérément et de sang-froid, arracher la vie à un être quelconque me semblait impossible et monstrueuse. Je veille sur les nids bâtis aux hautes branches des arbres ou dans les fentes des vieux murs, et je protège contre les maraudeurs les couvées de perdreaux éparses dans les luzernes et dans les blés.

Suis-je une brute inconsciente, livrée au despotisme de l'instinct, vouée au fatalisme de la perversité ? Un fou que le sang attire comme des lèvres de femme, et qui se rue au meurtre, comme on se rue à l'amour ? Non ! mille fois non. Je vous ai dit que j'étais sensible et bon, je suis aussi ce qu'on appelle un délicat. J'aime et je comprends toutes les mystérieuses beautés de l'art et de la nature et nul ne ressent plus vivement que moi les sublimes jouissances qu'elles donnent. J'ai la passion de la philosophie et de la science qui vont cherchant l'inconnu du cœur de l'homme et le pourquoi des lois de la vie. Et les vers, et la musique, et les grands horizons baignés de vapeurs blondes, et les soirs rouges, et les nuits bleues, et les soleils qui s'enfoncent dans la mer glorieuse font naître en moi d'étranges enthousiasmes et m'emportent en des extases où ma pensée, ravie, plane dans l'universelle beauté, dans l'universelle harmonie des choses. Je crois en Dieu, au Dieu qui récompense et au Dieu qui châtie, au Dieu qui verse sur nous les parfums de l'amour éternel, au Dieu qui pour nous allume les flammes du bûcher expiateur.

Alors, pourquoi ? Pourquoi ai-je commis ce crime horrible ? Pourquoi ai-je tué, avec ce raffinement de calme férocité – oui, pourquoi ai-je tué un être inoffensif qui m'aimait et que j'aimais ? Car je l'aimais, la pauvre et douce victime ! Et pourtant, je l'ai tuée, lâchement ; je l'ai tuée pendant que, près de moi, elle dormait ; pendant que, près de moi, en ses songes bienheureux, peut-être, mon image lui apparaissait, et qu'elle lui souriait tendrement – près de moi !

Ce crime, ce monstrueux et abominable crime que, depuis deux lentes, éternelles années, je traîne comme un carcan, ce crime qui me torture la chair et me ronge le cœur, je vais vous le dire. Et vous frissonnerez tant de l'entendre, et vous aurez tant d'horreur de le savoir que – ah ! je l'espère, oh ! je vous en supplie – vous me dénoncerez, vous me livrerez à la justice, vous me conduirez à la guillotine. Car, vous le voyez bien, il faut que je meure. La mort seule peut me délivrer de mes épouvantes, seul mon sang, que versera le bourreau, peut apaiser mes remords et laver dans son bain lustral mon âme couverte d'immondes souillures.

J'aimai Carmen, une enfant de dix-huit ans à peine. Je l'avais, un soir, rencontrée vêtue de haillons, qui se mourait de faim et de misère sur la grand'route. Elle était jolie, mince et fine, toute pâle, avec de grands yeux cernés par la souffrance. Elle était orpheline et faible, personne ne s'intéressait à elle ; elle était douce et triste, de méchantes gens l'avaient battue. Alors, elle était partie loin, bien loin, s'arrêtant, la nuit, dans les villages et dans les fermes, demandant, pour manger, l'aumône quelquefois, et quelquefois ramassant au bord du chemin les pommes pourries tombées des arbres. Elle marchait ainsi depuis huit jours. Vers quel pays ? Elle ne le savait pas, n'en connaissant aucun. L'enfant me raconta tout cela en pleurant.

Je fus ému et je pleurai avec elle. Qu'allait-elle devenir, seule ainsi, dans la vie ! Le vice et le crime cheminent dans la campagne, s'embusquent derrière les talus, se tapissent dans l'ombre des bois, et la mort rôde partout. En ce moment un vol sinistre de corbeaux tournoya dans le ciel gris et glacé. J'eus peur, et je me dis que le bon Dieu sans doute l'avait mise là, tout exprès pour moi. Je l'emportai. Riche, je pouvais bien me payer ce luxe d'une bonne action… Deux mois après, j'épousais Carmen. Dans le pays, où déjà je passais pour un homme étrange et maniaque, ce mariage fut considéré comme un acte de pure démence, et ma réputation de fou s'établit définitivement. En me voyant, les gens entre eux se disaient, un peu tremblants : « Le fou, voilà le fou ! » Hélas, que ne disaient-ils vrai ?

Heureux, certes, je l'étais. Carmen se montrait pleine de tendresse, la plus aimante et la plus dévouée et la plus docile des femmes. Elle me craignait comme un maître et m'adorait comme un dieu. J'entrepris de lui faire une éducation en rapport avec son nouvel état, car, vous devez le penser, n'ayant vécu qu'avec des paysans, ses manières étaient celles des paysans, et elle ne savait rien que garder les oies et chanter des chansons apprises en liant des gerbes de blé, en compagnie des moissonneurs, et dans la salle commune de la ferme, durant les veillées d'hiver. Mais si son cœur était bon, la nuit, la nuit la plus obstinée régnait en son cerveau. Les choses les plus simples, elle ne les comprenait pas, en dépit de ses prodigieux efforts et de son ardent désir de me plaire et de m'obéir. Je dus renoncer à orner l'esprit de Carmen des notions les plus élémentaires, et j'en ressentis un vrai chagrin.

Elle ne comprenait qu'une chose, la pauvrette, c'est qu'elle m'aimait, et elle s'ingéniait à m'en donner des preuves, par sa soumission aveugle et ses allures rampantes et craintives de jeune chien. Et puis elle chantait. Elle chantait en s'habillant, en mangeant, en se promenant, en m'embrassant, qu'elle fût triste ou gaie, elle chantait tout le jour. Ce qu'elle chantait – ah ! la fatale et maudite chanson ! – c'était une vieille romance larmoyante et tendre, pareille à celles que les aveugles nasillent dans les rues. Et sa voix alors prenait une intonation dolente et uniforme, enflant les mots, appuyant indéfiniment sur des syllabes. Cela m'agaçait beaucoup. La chanson de Carmen avait pris toute ma vie. Elle hantait mes lectures, mes rêveries, mes travaux, mes prières. Elle s'était blottie au fond de mon cerveau et l'emplissait de son bruit stupide et tremblé ; elle avait chassé de mon existence studieuse et réfléchie tout ce qui, autrefois, faisait ma joie et mon orgueil. Je ne pouvais plus lire, je ne pouvais plus écrire… Je ne pouvais plus penser… J'essayai de fuir cette obsession. Durant des journées entières, je courais à travers les champs, dans la forêt, le long de la rivière, chantant moi-même pour étouffer l'abominable refrain qui me poursuivait. Mais ni les champs, ni la forêt, ni la rivière, ni ma voix elle-même ne purent me délivrer de l'air maudit. Je le retrouvai partout. Les champs le murmuraient ; il était dans les roulades des fauvettes, dans le bruissement des feuilles, dans la plainte du vent ; la rivière le portait sur ses lentes eaux ; et les bergers conduisant les troupeaux, et les bœufs couchés dans la prairie redisaient la chanson, l'épouvantable, la suppliciante chanson de Carmen.

Pauvre petite Carmen ! Elle ignorait ces tortures. À quoi bon ? Je n'avais pas voulu lui faire la moindre observation, dans la crainte de lui causer de la peine. Et elle continuait de chanter, pensant que sa voix m'était douce. Un jour, cependant, à bout de patience, je la priai de se taire. Elle parut très étonnée, pleura longtemps et promit que plus jamais elle ne chanterait. L'habitude était si forte chez elle, cette chanson faisait si bien partie de son être que, souvent, s'oubliant, tout d'un coup, elle se reprenait à chanter. Alors je la regardais sévèrement. La voix se taisait, et je m'apercevais au remuement de ses lèvres qu'elle continuait intérieurement l'air commencé à haute voix, malgré elle et comme poussée par une force invincible. Enfin elle ne chanta plus. Mais ses lèvres toujours remuaient. Ce qui obsédait mes oreilles obséda mes yeux. Et il arriva cette chose effrayante : je n'entendais plus la chanson, mais je la voyais, je la voyais distinctement, nettement, implacablement. De même qu'autrefois tous les objets me renvoyaient sa voix, de même, maintenant, tous les objets me renvoyaient sa forme terrifiante de fantôme.

Six années – six siècles – six années de ce tourment diabolique passèrent ainsi. Ma santé s'altérait visiblement, mon intelligence s'ébranlait. Je n'avais plus de goût à rien, et tout m'était insupportable. J'avais délaissé mes études, je devenais sombre, inquiet comme une bête sauvage prisonnière, et souvent tombais en proie à des colères terribles et à de bizarres hallucinations. Je m'en allais à la mort, et c'était pour moi une grande consolation de penser que je serais bientôt délivré du cauchemar qui pesait sur ma vie.

Une nuit, Carmen, près de moi, dormait paisiblement. Ah ! qu'elle était jolie, avec son maigre, fin et triste visage, sa bouche entr'ouverte, ou passait un souffle léger et régulier, et son bras nu replié sous sa tête. Je la regardais, et doucement je jouais avec ses longs cheveux noirs, dénoués, qui ruisselaient sur l'oreiller. La veilleuse éclairait Carmen d'une pâle lueur rose. Et soudain, dans le silence de la chambre, une voix s'élève… La chanson ! La chanson ! Oui, c'est elle, c'est bien elle qui est revenue. La voilà, je l'entends, la maudite, la criminelle chanson. Elle s'échappe des lèvres endormies de Carmen. Un flot de sang me monte au cerveau, un frisson me secoue le corps. Je lève le bras comme pour frapper… Au-dessus de moi, dans l'alcôve, un lourd crucifix d'argent massif est accroché. Je le saisis nerveusement. Mais sa chanson s'est tue… Je n'entends plus que la respiration de Carmen. Combien de temps suis-je resté ainsi, penché sur la pauvre femme, haletant, suffoquant, le crucifix levé, prêt à frapper ? Je n'en sais rien. La pendule tinta des heures et des heures… Oh ! elle ne m'échappera plus cette fois, la chanson ! me disais-je. Et je la guettais au coin des lèvres de Carmen, comme un bandit guette au coin d'un bois le voyageur qui va passer, et j'étais irrité qu'elle demeurât muette, et qu'elle n'apparût pas !

Ha ! ha ! enfin je te tiens. La voilà. À peine s'est-elle montrée que, brandissant le crucifix à deux mains, de toute la hauteur de mes bras, je le laisse retomber lourdement sur la tête de Carmen. Han ! han ! Cela fait un bruit sourd. Han ! han ! Pas un cri, pas une plainte ! Quelques contractions tordent les membres de Carmen. Ses petites mains ont battu l'air, se sont accrochées au drap du lit. Puis elle s'est raidie, et n'a plus bougé. C'est tout. La chanson est morte.

Je le croyais ! Hélas ! Carmen est morte, l'innocente et plaintive Carmen. Mais la chanson est plus vivante que jamais, plus impitoyable que jamais, plus torturante que jamais. De l'âme de Carmen, elle est entrée en mon âme. Elle ne me quitte plus. Je la chante, maintenant, je la chante toujours. Et je ne peux pas ne pas la chanter. J'ai voyagé, elle m'a suivi ; je me suis jeté dans la débauche, elle m'a suivi ; je me suis perdu dans la foule, elle m'a suivi. Elle est partout où je suis, elle est en moi, comme ma chair et comme mon sang.

Oh ! vous aurez pitié de moi et, je l'espère, vous me dénoncerez, vous me livrerez à la justice, vous me conduirez à la guillotine. Car la mort, la bienfaisante mort pourra seule me sauver de ce diable, de ce spectre, de ce remords, de cette vengeance de Dieu, la chanson de Carmen.

Paru le dimanche 8 octobre 1882

Barbey d'Aurevilly

Barbey d'Aurevilly vient de publier un nouveau livre : *Une histoire sans nom*. Et ce livre, le plus beau et le plus puissant et le plus petit de ses livres qui comptent pourtant *Le Chevalier des Touches*, *La Vieille Maîtresse*, *L'Ensorcelée*, *Les Diaboliques*, *Brummel*[1], est un chef-d'œuvre. Naturellement – j'excepte *Le Figaro* – la critique, retenue ailleurs et solennellement occupée à tresser des couronnes aux épiciers et menus détaillants de la littérature courante, a laissé passer, même sans la saluer *Une histoire sans nom*. Le gros public qu'émoustille M. Alexis Bouvier, que M. Cherbuliez enivre, que Mme Gréville enthousiasme, qui croit au dieu Sarcey et au prophète Lapommeraye, a fait de même. Le gros public qui va aux succès grossiers est logique. Le livre de Barbey d'Aurevilly n'est pas écrit pour lui. On ne peut pas s'extasier, trois cent soixante-cinq fois par an, devant les imbécillités, platitudes et pitreries qui grimacent quotidiennement aux devantures des libraires, et s'extasier en même temps et du même coup devant une œuvre magnifique et sévère, dominant les autres comme un chêne domine les fougères et les brins d'herbe pâlissant dans son ombre. C'est consolant d'ailleurs pour un artiste de la taille et de la trempe de Barbey d'Aurevilly, car ce dédain ou cette ignorance lui donne exactement la mesure de supériorité de son talent. Il y a des suffrages qui déshonorent, et je sais tels compliments, signés de tels noms, qui feraient rougir de honte des écrivains qui, comme l'auteur du *Prêtre marié*, ont le cœur et le cerveau placés aux endroits qu'il faut.

1. Note de l'éditeur : *Du dandysme et de George Brummel*, 1845, Éd. de Paris – Max Chaleil, 2008.

Il existe encore une autre raison – plus humaine et par conséquent plus odieuse – à cette sorte d'oubli stupide dans lequel on semble vouloir enterrer, de son vivant, Barbey d'Aurevilly avec ses œuvres. Je dis *de son vivant* car, plus tard, quel est celui, parmi ses éphémères et tristes croquemorts de maintenant, qui pourra l'empêcher de soulever le couvercle mal fermé de son tombeau, et d'en sortir, comme Lazare, dans la gloire d'une résurrection éclatante ? Cette raison, c'est sa grande, impeccable et implacable honnêteté littéraire.

Barbey d'Aurevilly, en ce temps de Camaraderie qui ne distingue plus entre M. Burani et Molière, qui accouple dans le même dithyrambe M. Déroulède et Leconte de Lisle, qui, dans la même immortalité, réunit Shakespeare et M. Barbier, a, durant sa vie de lutte, blessé beaucoup de petites vanités, froissé beaucoup de petits amours-propres, dégonflé beaucoup de petites gloires bouffies, jeté bas beaucoup de petites statues, en plâtre et en marbre, élevées – et mal élevées – par la toute-puissance de la réclame à la toute-puissance de la bêtise. Il a passé à travers les choses et les hommes de son temps, incorruptible et farouche, bataillant comme un chevalier, la plume au poing, sans se soucier que le sang des blessures qu'il avait faites vînt rougir l'encre dont elle était armée. Elles restent encore sur bien des visages, les balafres que ses coups de plume et ses coups de mots y ont incrustées, et bien des livres sont marqués de l'estampille de sa haute ironie et de sa belle colère. On ne lui pardonne pas, au milieu des écroulements de cette fin d'un siècle, au milieu des idolâtries qui mettent, agenouillé au pied de la Mode – cette divinité des gens qui ne croient plus à rien – tout un peuple d'imbéciles et d'athées ; on ne lui pardonne pas, au milieu des septicismes gouailleurs et des irrespects de la Blague qui font – comme disent les Goncourt – « que le titi, au Jardin des Plantes, crache sur la majesté des bêtes et la royauté des lions » ; on ne lui pardonne pas d'avoir gardé entières ses croyances, défendu courageusement sa foi et préservé d'impurs contacts la beauté de son rêve et la virginité de son idéal. Ah ! si Barbey d'Aurevilly, comme beaucoup de médiocres et de peureux, du haut de ses feuilletons et de ses livres, au lieu de répandre sur les plaies l'acide qui brûle et qui purifie, avait distribué à tous le miel des paroles menteuses, s'il avait flatté les faux artistes, les faux écrivains, les journaux et les foules ; s'il avait élevé ce qui est bas et petit, s'il avait rapetissé ce qui est sublime et grand, combien riche et combien populaire il serait aujourd'hui ! Mais aussi, comme il ne serait plus notre Barbey d'Aurevilly, celui que nous nous plaisons tant à admirer dans sa pauvreté noble et dans sa fière obscurité !

Je ne prétends point que toutes ses opinions soient articles de foi et, volontiers, je concède que ses jugements furent souvent injustes et parfois cruels. Il a sacrifié au despotisme brutal de ses idées, avec un emportement regrettable, de réels talents pleins de promesses, et qui ont tenu ces promesses, j'en conviens. Mais il avait des excuses, sa convention, sa sincérité et son violent amour de la littérature, un amour qui, comme l'autre, vous fait souvent commettre bien des erreurs et bien des folies.

C'est qu'il l'aime, la littérature, ainsi qu'on aime une femme – mais quelle femme ! – une femme en qui on a mis toutes les espérances, tous les bonheurs, toutes les fiertés, tous les respects de sa vie, une femme dont on est jaloux jusqu'à la férocité, de laquelle on écarte le moindre souffle du dehors qui la peut ternir, la moindre parole qui peut la salir, le moindre effleurement qui peut la blesser, et près de qui on se repose, comme en un port céleste, des tempêtes qui grondent au loin. Rappelez-vous l'article – ou plutôt la magnifique défense – qu'il consacra, lui catholique (catholique irrégulier, il est vrai, et d'une orthodoxie contestée), à Baudelaire poursuivi et athée – article que M. Schérer, cet Allemand gonflé de haine française, eût bien dû relire avant d'accabler le poète des *Fleurs du mal* de sa lourde prose.

Barbey est plus connu par l'étrangeté de ses costumes et l'affectation de son dandysme que par la magistrale beauté de son œuvre. À quoi bon revenir sur une bizarrerie de détails qui n'a rien à voir, en réalité, avec l'homme et l'écrivain ? Dans tout grand homme et tout grand écrivain, il y a de ces enfantillages, de ces puérilités et, disons le mot, de ces ridicules dont les badauds s'amusent et auxquels ils attachent une importance excessive, qui finit par déborder sur le caractère de l'homme et de l'écrivain et le caricaturer dans l'esprit du public. D'ailleurs, on les a souvent décrites, ces redingotes à jupes plissées et ces cravates à dentelles d'or. Je veux seulement rappeler deux incidents de la vie de Barbey d'Aurevilly, qui le montrent armé de ce masque sous lequel le littérateur intrépide aime à cacher l'homme privé.

Barbey d'Aurevilly et Gustave Flaubert se détestaient. Pourquoi ? On ne le sait pas exactement. Le surent-ils bien eux-mêmes ?

Quoique de tempérament et de génie différents, ils étaient faits pour s'entendre et se comprendre, car tous deux avaient, à un degré égal, l'ardente et sincère passion des lettres. Mais Flaubert reprochait à Barbey d'être un romantique, et Barbey en voulait à Flaubert d'être un bourgeois.

— Bourgeois, bourgeois, disait Flaubert, mais il l'est plus que moi, avec toutes ses manières.

Au fond, bien qu'il en plaisantât, Flaubert enviait les redingotes et les pantalons de Barbey, et Barbey eût donné beaucoup pour posséder les terrifiantes moustaches et la carrure d'hercule de Flaubert, petites faiblesses assez communes chez de grands artistes.

Naturellement, ces deux sincères et ces deux violents se reconnaissaient du talent, mais dans leurs discussions, que Barbey surtout ponctuait de mots étincelants, ils cherchaient à ne s'en point reconnaître.

— Oui, monsieur, avait coutume de dire Barbey, oui, monsieur, vous faites admirablement la fioriture et le détail joli, mais vous ne faites que cela. Au lieu d'un soufflet de forge qui allume les grands brasiers et met les lourds marteaux en branle, vous possédez un petit soufflet de rien du tout, avec lequel vous soufflez de menus et invisibles filigranes de verre teinté, de verre de Venise. C'est joli, cela s'enroule bien le long des coupes, et puis après, quand on les prend, ça casse.

— Et vous, les romantiques ! s'écriait Flaubert, comme les peintres, vous n'êtes que les arrières-vitriers du Moyen Âge.

Une phrase qu'il affectionnait, qu'il répétait souvent et qui lui semblait un argument décisif contre le romantisme.

Un jour ils se fâchèrent tout net, et plus jamais ils ne se revirent. Vers la fin de sa vie pourtant, Flaubert, très découragé, dont la maison se vidait peu à peu de ses anciens amis et s'emplissait de figures nouvelles qu'il eût mieux aimé ne pas y voir, désira se rapprocher de Barbey d'Aurevilly. Le comte d'Osmoy, ce délicat esprit, qui souffrait beaucoup de la séparation de ces deux amis, voulut bien tenter la réconciliation. Mais ce fut en vain. Barbey refusa de telle façon que M. le comte d'Osmoy n'insista pas et parla d'autre chose.

J'arrive à l'autre incident.

Dans l'année de 1869, l'Empereur, cédant aux réclamations de la presse libérale et républicaine, autorisa la représentation de *Lucrèce Borgia*. Ce fut un beau jour pour les hugolâtres qui tous étaient à leur poste – cela va de soi. Barbey d'Aurevilly, en sa qualité de critique au journal *Le Pays*, assistait à la représentation, placé au premier rang des fauteuils de balcon. La pièce marchait tant bien que mal, plutôt mal, car à peine si les acteurs savaient leurs rôles. Mme Marie Laurent, qui jouait Lucrèce, s'embrouillait, bredouillait, confondait les répliques, néanmoins les applaudissements éclataient, forcenés, de minute en minute. Soudain, à l'une des scènes les plus palpitantes du drame, un coup de sifflet, aigu, déchirant, retentit. On s'indigne. Toute la salle est debout, frémissante. On eût dit qu'un blasphème venait de profaner un temple. Second coup de sifflet plus perçant que le premier.

— À la porte ! crie M. Lockroy.

— À la porte ! répète, d'une même voix formidable, la salle tout entière déchaînée.

Au balcon, un homme s'agite. La taille cambrée, le buste en avant, l'œil brillant, il gesticule et riposte à des spectateurs qui l'insultent. C'est Barbey d'Aurevilly.

— À la porte ! hurle la foule.

— À la porte ? s'écrie Barbey, furieux, dont la voix domine le bruit des autres voix, vous voulez me jeter à la porte ? Comment, je n'aurais pas le droit de la protestation ? Je n'aurais pas le droit de siffler M. Hugo, quand M. Hugo m'a fait *mameluker* par tous ses séides ?

Et, du doigt, il désigne MM. Vacquerie, Lockroy, Meurice, Paul Foucher.

— Je, sifflerai messieurs, je sifflerai.

Pendant ce temps, on avait baissé le rideau, au milieu de l'acte. On menaçait Barbey. Les insultes pleuvaient sur lui. Il fallut néanmoins l'entremise de quelques- uns de ses amis pour le décider à quitter la salle devenue dangereuse pour sa vie. Mais il la quitta lentement, avec un air de défi superbe et le poing sur la hanche.

On croirait, n'est-ce pas ? en le voyant ainsi rodomont et bravache comme un reître du seizième siècle, on croirait n'est-ce pas ? en lisant ses articles où les phrases vont frapper en pleine poitrine, comme des coups de rapière, ce qu'il appelle les malfaiteurs, les aventuriers et les pieds plats de lettres, que Barbey d'Aurevilly, dans la vie, est un farouche et un haineux. Aucun homme n'est plus doux, n'est plus tendre, n'est plus aimant, n'est plus généreux que lui. Aucun ne possède une sensibilité plus exquise, plus affinée, une indulgence plus inépuisable et, ce qui surprendra beaucoup de gens, une simplicité plus charmeuse. Un de ses grands bonheurs, à ce vieillard, est de rencontrer, chez des jeunes gens, des enthousiasmes de poète, des ardeurs de croyant et l'oubli des intérêts matériels. Et avec quelle joie il leur dit :

— Ah ! monsieur, vous avez mangé la même mandragore que moi.

À ceux qui s'étonneraient de voir ce grand écrivain presque pauvre et presque obscur, et qui seraient tentés de le plaindre, je répondrai : « Ne le plaignez pas, car en attendant la gloire qui naîtra de lui, pendant toute sa vie, il a marché au milieu de rêves heureux. Au fond de sa petite chambre à peine meublée de la rue Rousselet, comme un visionnaire et comme un sage, il s'est bâti des palais merveilleux, il s'est créé de surnaturelles richesses, et il a aimé des femmes idéales et vierges, auprès desquelles les plus belles et les meilleures ne sont que de hideuses goules. »

Paru le jeudi 25 octobre 1882

Le comédien

Le procès Mayer-Coquelin est revenu hier devant le tribunal de commerce. Il faut s'attendre à un débordement de comptes-rendus, discussions, gloses et commentaires, comme s'il s'agissait d'un acte diplomatique d'où dépend le sort d'un peuple. Les journaux seront remplis d'anecdotes à ce sujet. Chacun prendra parti pour ou contre. Il y aura des gros mots, des disputes dans les cafés, des brouilles dans les familles, peut-être des duels. Et le comédien, une fois de plus, aura bouleversé le monde.

Aujourd'hui où l'on ne s'intéresse plus à rien, on s'intéresse au comédien. Il a le don de passionner les curiosités en un temps où l'on ne se passionne plus pourtant ni pour un homme, ni pour une idée. Depuis le prince de maison royale qui le visite dans sa loge jusqu'au voyou qui, les yeux béants, s'écrase le nez aux vitrines des marchands de photographies, tout le monde, en chœur, chante la gloire du comédien. Alors qu'un artiste ou qu'un écrivain met vingt ans de travail, de misère et de génie à sortir de la foule, lui, en un seul soir de grimaces, a conquis la terre. Il y promène, en roi absolu, au bruit des acclamations, sa face grimée et flétrie par le fard ; il y étale ses costumes de carnaval et ses impudentes fatuités. Et, de fait, il est roi, le comédien. Avec le bois pourri de ses tréteaux il s'est bâti un trône, ou plutôt le public – ce public de décadents que nous sommes – lui a bâti un trône. Et il s'y pavane, insolent ; il s'y vautre, stupide, se faisant un sceptre du bec usé de sa seringue, et couronnant sa figure d'eunuque vicieux d'une ridicule couronne de carton peint. Cet être, autrefois rejeté hors de la vie sociale, pourrissant, sordide et galeux, dans son ghetto, s'est emparé de toute la vie sociale. Ce n'est point assez de la popularité dont on l'honore, des richesses dont on le gorge. En échange des mépris anciens, on lui rend les honneurs nationaux, et nous en sommes venus à un tel point d'irrémédiable abaissement que, marchandant la récompense à de vrais courages et à de sublimes dévouements, nous attachons la croix sur la poitrine de ce pitre, dont le métier est de recevoir, tous les soirs, sur la scène, des coups de pied et des gifles.

On accuse les journaux de ce grandissement démesuré du comédien. « C'est vous qui les faites », nous dit-on. C'est une erreur. C'est le public qui les fait ; c'est le public qui veut être renseigné non seulement sur la manière dont ils jouent leurs rôles, mais sur leurs intimités ; non seulement sur leurs souliers à bouffettes de satin, mais aussi sur leurs pantoufles. Il veut les voir sur la scène, et les voir aussi chez eux. Il est attiré vers le comédien comme vers une chose qui laisse du mystère après elle. Il flaire en lui un parfum de vice inconnu, à la fois délicieux et redoutable à humer. Les irrégularités, les camaraderies, les promiscuités de la vie de théâtre, tout cela le trouble étrangement. Et il demande qu'on lui soulève un coin de rideau qui lui cache les priapées qu'il a rêvées.

Est-ce la faute des journaux aussi si le public se rue, pendant trois cents représentations, dans une même salle de spectacle pour y applaudir et y ensevelir sous les fleurs une chanteuse d'opérette dont la voix est laide, mais dont les mollets sont beaux et qui sait, par un renversement de toute logique et de toute raison, tirer du mot le plus simple une obscénité qui fait se pâmer tous ces braves gens sur leurs fauteuils ou dans le fond de leurs loges ? Les journaux constatent, voilà tout. Ils ne peuvent pourtant pas écrire qu'on a sifflé M. Coquelin quand on l'a applaudi, et qu'on a jeté des pommes cuites à Mlle Ugalde quand ce sont des roses-thé et des violettes.

En cet article rapide, je ne parle pas du *cabot*, du pauvre *cabot*, souffreteux, maigre et jaune, du *cabot* sans théâtre et sans rôle, qui traîne de cafés en brasseries ses bottes trouées, son linge crasseux, ses regrets d'hier et ses espérances de demain. Je parle seulement du comédien, du vrai, du grand, de celui dont on dit qu'il est un *artiste*, à qui les femmes écrivent des lettres d'amour, qui va dans le monde non point comme un salarié de plaisir, mais comme un visiteur de luxe dont on s'enorgueillit ; du comédien qui gagne cent mille francs par an, comme un président de la Chambre, et dont la critique, complaisamment et durant trois colonnes de feuilleton, vante, chaque semaine, les talents variés, la voix géniale, le geste sublime du comédien enfin qui prend, dans la vie, une place qui ne lui appartient pas et que tout le monde, par une aberration de la responsabilité sociale, s'efforce à faire encore plus belle et plus conquérante.

Qu'est-ce que le comédien ? Le comédien, par la nature même de son métier, est un être inférieur et un réprouvé. Du moment où il monte sur les planches, il a fait l'abdication de sa qualité d'homme. Il n'a plus ni sa personnalité, ce que le plus inintelligent possède toujours, ni sa forme physique. Il n'a même plus ce que les plus pauvres ont, la propriété de son visage. Tout cela n'est plus à lui, tout cela appartient aux personnages qu'il est chargé de représenter. Non seulement il pense comme eux, mais il doit marcher comme eux ; il doit non seulement se fourrer leurs idées, leurs émotions et leurs sensations dans sa cervelle de singe, mais il doit encore prendre leurs vêtements et leurs bottes, leur barbe s'il est rasé, leurs rides s'il est jeune, leur beauté s'il est laid, leur laideur s'il est beau, leur ventre énorme s'il est efflanqué, leur maigreur spectrale s'il est obèse. Il ne peut être ni jeune, ni vieux, ni malade, ni bien portant, ni gras, ni maigre, ni triste, ni gai, à sa fantaisie ou à la fantaisie de la nature. Il prend les formes successives que prend la terre glaise sous les doigts du modeleur. Il doit vibrer comme un violon sous cent coups d'archet différents. Un comédien, c'est comme un piston ou une flûte, il faut souffler dedans pour en tirer un son. Voilà à quoi se réduit exactement le rôle du comédien – ce comédien qu'on acclame, aux pieds duquel, auteur, directeur et public se traînent agenouillés, comme devant une idole – au rôle inerte et passif d'un instrument. Si l'air est joli, s'il vous fait rire ou s'il vous fait pleurer, est-ce au violon que vous en êtes reconnaissant, est-ce le hautbois que vous applaudissez, est-ce au trombone à qui vous jetez des fleurs ? Le comédien est violon, hautbois, clarinette ou trombone, et il n'est que cela.

Il y a aussi le côté macabre et sinistre qui seul suffit à justifier et à faire regretter l'état de répugnante abjection dans lequel l'ancienne société tenait le comédien. Dieu lui-même l'avait chassé de ses temples et ne permettait pas qu'il pût reposer son cadavre dans l'oubli tranquille et béni de ses cimetières. Errant de la vie, il voulait qu'il fût aussi un errant de la mort. Et c'était justice, car le comédien, ce prostitueur de la beauté, des douleurs et des respects de la vie, eût prostitué également la majesté, la sainteté et les consolations de la mort.

Avez-vous vu passer parfois un comédien malade ? Il est pâle avec des yeux cernés et creusés. Son dos est voûté, son allure chancelante. Il tousse et, sur ses lèvres blêmies, mousse un peu de salive rougie de sang. C'est un phtisique. Le pauvre diable ! Il fait peine à voir et il vous émeut. On a pour lui la pitié et cette sorte de respect poignant que la vue de ceux qui s'en vont inspire même aux plus sceptiques et aux plus endurcis. Le pauvre diable !

Le soir, il est dans sa loge : il s'habille pour la représentation. Des pots de fard sont rangés devant lui ; à droite, à gauche se hérissent des perruques rousses, blanches ou noires ; des houppettes bouffent, enfarinées de poudre, sur des boîtes ébréchées ; des crayons errent çà et là, mêlés à des ustensiles bizarres, à des peignes et à des brosses. Le voilà devant sa glace, et ce phtisique, qui sera peut-être mort dans un mois, cynique, maquille ses traits malades. Au milieu des hoquets de la toux, des jurements et des calembours, il creuse dans sa figure déjà creusée par la souffrance des grimaces rouges, il plaque des rires stupides et enluminés au coin de ses lèvres livides ; il avive de vermillon ses pommettes qui pointent comme des clous, sous la peau, puis, la bouche grand ouverte, l'œil arrondi, les jambes écartées et les poings sur la hanche, il se regarde, ravi, chantonne un air, se félicite de l'effet qu'il va produire, et conduit sa maladie au carnaval, comme une fille qu'on insulte. La pitié qui vous avait serré le cœur, en le voyant passer dans la rue, devient du mépris. Et cette pâle et douloureuse vision de maladie, qui s'en va lentement, se courbant vers la mort, prend un aspect hideux et repoussant de cauchemar.

Avez-vous vu parfois passer un comédien vieillard ?

Il vacille sur ses jambes et s'appuie lourdement sur sa canne. Il est propre et soigné. Ses cheveux sont tout blancs et dans ses yeux, dont les paupières tremblotent, il semble qu'on voit de la lumière, cette lumière des bons vieux dont parle Victor Hugo. On est prêt à se découvrir devant ce long cortège d'années qui défilent. Pauvre vieux !

Le soir il est sur la scène, grotesque, effrayant. Sa couronne de cheveux blanchis se hérisse en toupet. Dans ses yeux brille une lueur falote, grimace un clignement de débauché impuissant, et ses jambes qui peuvent à peine le porter se secouent et vaguement ébauchent un pas de cancan.

Le comédien a déshonoré ces deux choses respectables et saintes : la maladie et la vieillesse.

Il ne peut même pas souffrir, le comédien. Il est à la piste d'une douleur pour la noter ou la reproduire, sur la scène. Ce sera son *effet*, au *deux* ou au *trois !*

Il a perdu sa femme, ou son enfant. Le cadavre est là, dans la chambre, raide sur le lit paré funèbrement. Une grande douleur lui est venue, mais il a passé devant la glace. Il se regarde. Ah ! comme ses traits sont décomposés, comme ses larmes ont tracé là, sous les yeux, un sillon rouge ; comme la lèvre s'est plissée, curieusement ! Et il note tout ; et il recommence à plisser ses lèvres, à décomposer ses traits, à voiler ses yeux, à gonfler ses paupières. Oui, c'est bien cela ; l'*effet* est trouvé. Comme il sera applaudi demain !

Le comédien a déshonoré la souffrance.

Voilà ce qu'il appelle son art, ce métier horrible et honteux pour lequel nous n'avons pas, nous public, assez de battements de mains, assez de fleurs, assez de couronnes ; ce métier pour lequel toute la vie d'une grande ville se met en branle, en l'honneur duquel il faut dresser des statues, des palais et des panthéons.

Et plus l'art s'abaisse et descend, plus le comédien monte. Quand, au grand soleil de la Grèce, à la pleine clarté du jour, le peuple applaudissait, emporté dans le génie de Sophocle, le comédien n'était rien, il disparaissait sous le souffle superbe de l'œuvre. Aujourd'hui, le comédien est tout. C'est lui qui porte l'œuvre chétive. Aux époques de décadence, il ne se contente pas d'être roi sur la scène, il veut aussi être roi dans la vie. Et comme nous avons tout détruit, comme nous avons renversé toutes nos croyances et brisé tous nos drapeaux, nous le hissons, le comédien, au sommet de la hiérarchie, comme le drapeau de nos décompositions.

Paru le jeudi 9 août 1888

La fin d'un homme

C'est de M. Émile Zola qu'il s'agit.

M. Émile Zola fut puissant par le talent et par la force morale. Il nous donna l'exemple – aujourd'hui trahi – d'un homme courageux dans sa vie, indompté dans sa foi, conquérant tout seul, malgré les cris, les insultes et les haines, une large place au soleil de la gloire et de la fortune. Attaqué dans ses idées, méconnu jusque dans ses intentions d'artiste, chansonné au café-concert devant des foules ivres de sottise et d'ordure, couvert de la vomissure immonde des couplets de revue, où son nom était devenu le synonyme d'une obscénité ; harcelé sans cesse par la glapissante meute des aboyeurs, il ne se découragea pas, ne se rebuta pas, se défendit âprement. Loin de trembler et de fuir devant l'insulte grandissante, il fonça sur elle, tête basse, poings fermés, avec une vaillance superbe, et l'obligea, victorieux, à reculer et à se taire. Il n'était d'ailleurs plus, à ce moment, un isolé.

À l'appel de cette voix mâle, qui formulait si crânement, en de belles bravoures dc pensée, bien des aspirations latentes, qui donnait un corps vivant, palpitant, à bien des enthousiasmes impatients de prendre des ailes, des jeunes gens étaient accourus qui combattirent avec M. Zola, pour M. Zola : les mêmes que, dans ses expansions récentes et ses publiques confidences, M. Zola, avec une tranquille désinvolture qui étonne, traite amèrement de « bons petits jeunes gens », sans doute parce que quelques-uns d'entre eux sont maintenant ses égaux, sinon en renommée, du moins en talent. Enfin, depuis douze ans, M. Zola possédait l'universel respect ; il avait l'une des popularités les plus étendues que puisse rêver un écrivain que cela amuse d'être populaire ; des amis groupés en école retentissante ; toutes les formes, toutes les caresses, toutes les ivresses, tous les orgueils du succès – du vrai. Que voulait-il encore ? Libre, consacré, glorieux, riche, sans une tache, sans une défaillance dans sa vie de lutte, semée d'obstacles franchis et féconde en dégoûts surmontés, à quoi pouvait-il encore aspirer, sinon à jouir des délices d'une fortune et d'une gloire si justement, si vaillamment acquises ?

Aujourd'hui, pour un bout de ruban que peut obtenir, en payant, le dernier des escrocs ; pour une broderie verte que peut, en intriguant, coudre à son habit le plus navrant des imbéciles, M. Zola renie tout : luttes, amitiés anciennes, indépendance, œuvres. Prêt aux plus fâcheuses humiliations, décidé à s'en aller, la corde au cou ; pieds nus, quémander d'une voix repentie la bienveillance de M. Camille Doucet qui le nargue, de M. Sardou qui l'outrage, de M. Claretie qu'il assomma jadis à si formidables coups de massue, on le sent prêt à la pire des apostasies : l'apostasie de soi-même. Il peut mieux encore. Si un duc l'exige, il crachera sur l'œuvre admirable qui lui a coûté tant de dures peines, tant de douloureux efforts, tant de labeur prodigieux ; il la brûlera sur le seuil fermé de cette Académie qui, désormais, va rouler dans la boue de ses intrigues et le ridicule de ses pichenettes ce magnifique talent dévoyé, ce haut caractère découronné. Une âme noble peut regretter publiquement un passé douteux, des opinions irréfléchies et condamnables. À cela, il n'y a que de l'honneur.

Mais ce n'est point le cas de M. Zola. Son passé à lui est pur, ses opinions furent ardentes, utiles et sincères. Il a mis sur la dernière moitié de ce siècle la triomphale empreinte de sa large main. Après Flaubert, après les Goncourt, trop sensitifs, trop dégoûtés, trop nerveusement artistes pour se jeter dans les ennuis et les écœurements de la bataille d'au jour le jour, M. Zola, plus vulgarisateur, plus conquérant, diffusa la lumière qu'ils avaient allumée, montra les horizons élargis, détermina les courants nouveaux. Et on l'admira, non seulement pour la beauté de son œuvre, mais surtout pour la virile et inaltérable fierté avec laquelle il avait imposé au public cette œuvre contestée, honnie, calomniée. Qu'avait-il donc à désavouer, puisque tout ce qu'il a fait était à son honneur, et puisque chaque désaveu sera un ravalement de son œuvre, un abaissement de sa dignité d'écrivain, et presque une trahison envers ceux qui l'ont suivi, soutenu, aimé ?

Je ne prétends point qu'il est criminel d'ambitionner l'Académie. Il faut croire que les baisers de la Vieille ont d'assez puissantes caresses, pour que tant de gens qui, jeunes, les repoussaient, s'y soient, l'âge venu et l'organisme affaibli, précipités avec furie. M. Zola eût dit carrément : « Eh bien ! oui, l'Académie me tente... Au fond de mon indépendance, il y avait un vieux germe de servitude. Il me faut une étiquette, une discipline, des maîtres, le coup de fouet des honneurs officiels. Je veux figurer dans les cortèges, et, dans les salons où l'on cause encore, traiter le duc d'Aumale de "cher collègue", goûter aux joies inconnues que versent sur les élus de M. Camille Doucet les orléanistes prunelles de Mme Eviza. » Ces désirs eussent paru mesquins, et voilà tout. L'on pouvait regretter qu'un homme de cette trempe, de cette carrure, qu'on croyait supérieur à ces petits préjugés, inaccessible à ces petites vanités, n'eût point le cœur assez haut placé pour demeurer intact dans sa belle indifférence, et pour ne point comprendre que, voulant se grandir et monter plus haut, il se rapetissait à la taille commune et descendait au niveau de l'idéal vulgaire.

Mais là se bornaient les droits du critique, parce que chacun, en définitive, est le maître de diriger sa vie comme il l'entend. Il n'en a point été ainsi. M. Zola, qui eut tous les courages, n'eut point le courage d'avouer naïvement cette faiblesse, moins tardive, moins imprévue qu'on ne le pense, car j'en retrouve les premiers symptômes dans *L'Œuvre*, où il sacrifie ses camaraderies de jeunesse, ses amitiés de combat, et dans une conversation d'art, publiée il y a trois ans, où l'ancien défenseur de Manet souriait galamment à la peinture académique. Conscient de son ridicule, et s'imaginant y échapper, M. Zola a tenté de « sauver les apparences » par une suite d'inacceptables et romanesques raisons dont M. Albert Wolff, ici même, a très bien démontré le jésuitisme et l'inanité. M. Zola parle du triomphe de son art, et il sait qu'il entrera à l'Académie, non point avec les honneurs du conquérant, mais avec les humiliations du vaincu. Son art, frémissant des audaces du verbe et de la pensée, triomphe partout, excepté là où il veut le conduire, repentant et soumis.

Et comme il se rend compte que cette raison burlesque ne peut suffire à convaincre le public, il s'en prend à son entourage, il rejette l'anormal de sa décision sur le dos de ces « bons petits jeunes gens » qui l'encourageaient, dit-il, dans son dédain des récompenses officielles. Et, avec la mine contristée, pleurarde d'un enfant qui vient de briser un joujou, il gémit : « Et eux, tous les ans, on les décorait ! » Sans insister davantage sur l'étrange aberration d'un homme fort, qui a un but, et qui subordonne piteusement ses actes aux actes de ceux qu'il appelle « de bons petits jeunes gens », je serais curieux de savoir qui sont ces « bons petits jeunes gens ». Est-ce M. Huysmans, qui travaille dans un mépris souverain de toute réclame et de toute vaine notoriété ? Est-ce M. Guy de Maupassant, dont on raconte qu'il a refusé la croix ? Est-ce M. Hennique, dont je connais les hautes visées et l'horreur du charlatanisme ? Est-ce M. Géard ? Est-ce M. Paul Alexis ? À moins que ces bons petits jeunes gens ne soient M. Edmond de Goncourt et M. Alphonse Daudet ?

Le spectacle de cet écroulement, de cette fin d'un homme, admiré entre les plus admirés, est douloureux, même à ceux-là qui, comme moi, n'ont jamais été de ses familiers, mais qui l'aimaient jusque dans les écarts de son mâle génie, les brutalités de sa force, et la farouche intolérance de son caractère. Et je ne puis m'empêcher de penser, avec un redoublement de respect, à M. Barbey d'Aurevilly, qui donne à M. Zola l'exemple d'une fierté invaincue, d'une indépendance continuée jusque dans l'extrême vieillesse, à M. Barbey d'Aurevilly sur l'âme de qui, jamais, rien n'a mordu de ces ambitions séniles, et qui préservera sa mémoire immaculée d'une de ces attristantes faiblesses qui marquent, chez ceux qui en sont atteints, l'heure de l'irrémédiable décadence.

Il y a dans *L'Œuvre* des confidences autobiographiques qui expliquent la nature intime de M. Zola, et montrent, sous un jour parfois pénible, le parvenu qui est en lui. Sandoz, en qui M. Zola s'est personnifié, a enfin vaincu, à force de volonté, de travail, de courage, la sottise et la haine qui entravèrent ses débuts. Il est presque illustre ; il commence à être riche. Toutes les semaines, il invite à dîner ses amis pauvres, attardés dans la malchance ou dans la bohème. Et il éprouve une joie immense, non à les voir réunis autour de sa table, mais à les écraser de son luxe naissant ; il mesure son bonheur d'homme bien nourri, bien vêtu, aux visages maigres, aux habits râpés de ses hôtes. En termes blessants, il insiste sur l'abondance du menu, sur la variété des plats rares et compliqués. Ah ! ce ne sont plus les misérables dîners d'autrefois, dans la petite chambre à peine meublée, où ils étouffaient, autour d'un pot-au-feu morose. Et Sandoz rappelle les plus lointains souvenirs des *dèches* anciennes, anciennes pour lui, toujours présentes pour eux. « Mangez donc, leur dit-il, emplissez-vous, mes vieux ; profitez de mes largesses... Demain, ce sera le ventre serré, ou bien la nausée de l'infâme crémerie... Tenez, du homard !... et du kilkis !.... Vous ne savez pas ce que c'est, vous autres, que du kilkis ! » Il leur met des morceaux dans la bouche, en leur disant ce que cela coûte.

M. Zola a été un fort ; mais il lui a manqué, comme à Sandoz, ce qui fait l'esprit et le sourire de la force : la bonté ; tout son malheur vient de là. Tant que dura la lutte, son implacable volonté de parvenir, sa fièvre de créer l'œuvre glorieuse suffirent à remplir sa vie, donnèrent une constante activité à ses constants besoins de victoires et d'égoïsme. La tête en feu laissait le cœur glacé. Aujourd'hui que l'heure bien gagnée du repos a sonné, il regarde autour de lui. Son œuvre est immense, toujours debout en son bloc de lumière ; mais les amis d'autrefois ne sont plus là. Écrasés dans la bataille, ou bien chassés par les kilkis, ils sont partis. À mesure que les hospitalières et accueillantes maisons de M. de Goncourt et de M. Daudet s'emplissent d'amis, la sienne se vide. Il a peur de la solitude pour sa vieillesse, il redoute de devenir une sorte de vieux Fouan, errant à travers les plaines glacées de la littérature, si durement, si sauvagement, si superbement labourées par lui. Alors, il cherche. Il espère que l'amitié des académiciens comblera le vide laissé par les artistes, camarades des premières luttes, des premiers espoirs.

« Celui qui n'a pas d'amis, dit Saint-Just, sera mis à mort. » M. Zola a compris ce que, sous sa forme fantaisiste, cette parole contenait de profonde psychologie humaine. Il s'exécute.

Paru le mercredi 28 novembre 1888

La grève des électeurs

Une chose m'étonne prodigieusement – j'oserai dire qu'elle me stupéfie – c'est qu'à l'heure scientifique où j'écris, après les innombrables expériences, après les scandales journaliers, il puisse exister encore, dans notre chère France (comme ils disent à la Commission du budget), un électeur, un seul électeur, cet animal irrationnel, inorganique, hallucinant, qui consente à se déranger de ses affaires, de ses rêves, ou de ses plaisirs, pour voter en faveur de quelqu'un ou de quelque chose. Quand on réfléchit un seul instant, ce surprenant phénomène n'est-il pas fait pour dérouter les philosophies les plus subtiles et confondre la raison ? Où est-il le Balzac qui nous donnera la physiologie de l'électeur moderne ? Et le Charcot qui nous expliquera l'anatomie et les mentalités de cet incurable dément ? Nous l'attendons.

Je comprends qu'un escroc trouve toujours des actionnaires, la Censure des défenseurs, l'Opéra-Comique des dilettanti, le *Constitutionnel* des abonnés, M. Carnot des peintres qui célèbrent sa triomphale et rigide entrée dans une cité languedocienne ; je comprends M. Chantavoine s'obstinant à chercher des rimes ; je comprends tout. Mais qu'un député ou un sénateur, ou un président de la République, ou n'importe lequel, parmi tous les étranges farceurs qui réclament une fonction élective, quelle qu'elle soit, trouve un électeur, c'est-à-dire l'être irrêvé, le martyr improbable, qui vous nourrit de son pain, vous vêt de sa laine, vous engraisse de sa chair, vous enrichit de son argent, avec la seule perspective de recevoir en échange de ces prodigalités des coups de trique sur la nuque, des coups de pied au derrière, quand ce n'est pas des coups de fusil dans la poitrine ; en vérité, cela dépasse les notions déjà pas mal pessimistes que je m'étais faites jusqu'ici de la sottise humaine, en général, et de la sottise française, en particulier, notre chère et immortelle sottise, ô chauvin !

Il est bien entendu que je parle ici de l'électeur averti, convaincu, de l'électeur théoricien, de celui qui s'imagine, le pauvre diable, faire acte de citoyen libre, étaler sa souveraineté, exprimer ses opinions, imposer – ô folie admirable et déconcertante – des programmes politiques et des revendications sociales ; et non point de l'électeur « qui la connaît » et qui s'en moque, de celui qui ne voit dans « les résultats de sa toute-puissance » qu'une rigolade à la charcuterie monarchiste, ou une ribote au vin républicain. Sa souveraineté à celui-là, c'est de se pocharder aux frais du suffrage universel. Il est dans le vrai, car cela seul lui importe, et il n'a cure du reste. Il sait ce qu'il fait. Mais les autres ?

Ah ! oui, les autres ! Les sérieux, les austères, les *peuple souverain*, ceux-là qui sentent une ivresse les gagner lorsqu'ils se regardent et se disent : « Je suis électeur ! Rien ne se fait que par moi. Je suis la base de la société moderne. Par ma volonté, Floquet fait des lois, auxquelles sont astreints trente-six millions d'hommes, et Baudry-d'Asson aussi, et Pierre-Alype également. » Comment y en a-t-il encore de cet acabit ? Comment, si entêtés, si orgueilleux, si paradoxaux qu'ils soient, n'ont-ils pas été, depuis longtemps, découragés et honteux de leur œuvre ? Comment peut-il arriver qu'il se rencontre quelque part, même dans le fond des landes perdues de la Bretagne, même dans les inaccessibles cavernes des Cévennes et des Pyrénées, un bonhomme assez stupide, assez déraisonnable, assez aveugle à ce qui se voit, assez sourd à ce qui se dit, pour voter bleu, blanc ou rouge, sans que rien l'y oblige, sans qu'on le paye ou sans qu'on le saoûle ?

À quel sentiment baroque, à quelle mystérieuse suggestion peut bien obéir ce bipède pensant, doué d'une conscience et d'une volonté, à ce qu'on prétend, et qui s'en va, fier de son droit, assuré qu'il accomplit un devoir, déposer dans une boîte électorale quelconque un quelconque bulletin, peu importe le nom qu'il ait écrit dessus ? Qu'est-ce qu'il doit bien se dire, en dedans de soi, qui justifie ou seulement qui explique cet acte extravagant ? Qu'est-ce qu'il espère ? Car enfin, pour consentir à se donner des maîtres avides qui le grugent et qui l'assomment, il faut qu'il se dise et qu'il espère quelque chose d'extraordinaire que nous ne soupçonnons pas. Il faut que, par de puissantes déviations cérébrales, les idées de député correspondent en lui à des idées de science, de justice, de dévouement, de travail et de probité ; il faut que, dans les noms seuls de Barbe et de Baïhaut, non moins que dans ceux de Rouvier et de Wilson, il découvre une magie spéciale et qu'il voie, au travers d'un mirage, fleurir et s'épanouir dans Vergoin et dans Hubbard des promesses de bonheur futur et de soulagement immédiat. Et c'est cela qui est véritablement effrayant. Rien ne lui sert de leçon, ni les comédies les plus burlesques, ni les plus sinistres tragédies.

Voilà pourtant de longs siècles que le monde dure, que les sociétés se déroulent et se succèdent, pareilles les unes aux autres, qu'un fait unique domine toutes les histoires : la protection aux grands, l'écrasement aux petits. Il ne peut arriver à comprendre qu'il n'a qu'une raison d'être sociale, qu'une raison d'être historique, c'est de payer pour un tas de choses dont il ne jouira jamais, et de mourir pour des combinaisons politiques qui ne le regardent point. Que lui importe que ce soit Pierre ou Jean qui lui demande son argent et qui lui prenne sa vie, puisqu'il est obligé de se dépouiller de l'un, et de donner l'autre ? Eh bien ! non. Entre ses voleurs et ses bourreaux, il a des préférences, et il vote pour les plus rapaces et les plus féroces. Il a voté hier, il votera demain, il votera toujours. Les moutons vont à l'abattoir. Ils ne se disent rien, eux, et ils n'espèrent rien. Mais du moins ils ne votent pas pour le boucher qui les tuera, et pour le bourgeois qui les mangera. Plus bête que les bêtes, plus moutonnier que les moutons, l'électeur nomme son boucher et choisit son bourgeois. Il a fait des révolutions pour conquérir ce droit.

Ô bon électeur, inexprimable imbécile, pauvre hère, si, au lieu de te laisser prendre aux rengaines absurdes que te débitent, chaque matin, pour un sou, les journaux grands ou petits, bleus ou noirs, blancs ou rouges, et qui sont payés pour avoir ta peau ; si, au lieu de croire aux chimériques flatteries dont on caresse ta vanité, dont on entoure ta lamentable souveraineté en guenilles ; si, au lieu de t'arrêter, éternel badaud, devant la séduction odieuse des affiches, devant les lourdes duperies des programmes ; si tu lisais, parfois, au coin de ton feu, Schopenhauer et Max Nordau, deux philosophes qui en savent long, sur tes maîtres et sur toi, peut-être apprendrais-tu des choses étonnantes et utiles. Peut-être aussi, après les avoir lus, serais-tu moins empressé à revêtir ton air grave et ta belle redingote, à courir ensuite vers les urnes homicides où, quelque nom que tu mettes, tu mets d'avance le nom de ton plus mortel ennemi. Ils te diraient, en connaisseurs d'humanité, que la politique est un abominable mensonge, que tout y est à l'envers du bon sens, de la justice et du droit, et que tu n'as rien à y voir, toi dont le compte est réglé au grand livre des destinées humaines.

Rêve après cela, si tu veux, des paradis de lumières et de parfums, des fraternités impossibles, des bonheurs irréels. C'est bon de rêver, et cela calme la souffrance. Mais ne mêle jamais l'homme à ton rêve, car là où est l'homme, là est la douleur, la haine et le meurtre. Surtout souviens-toi que l'homme qui sollicite tes suffrages est, de ce fait, un malhonnête homme, parce qu'en échange de la situation et de la fortune où tu le pousses, il te promet un tas de choses merveilleuses qu'il ne te donnera pas et qu'il n'est pas, d'ailleurs, en son pouvoir de te donner. L'homme que tu élèves ne représente ni ta misère, ni tes aspirations, ni rien de toi ; il ne représente que ses propres passions et ses propres intérêts, lesquels sont contraires aux tiens. Pour te réconforter et ranimer des espérances qui seraient vite déçues, ne va pas t'imaginer que le spectacle navrant auquel tu assistes aujourd'hui est particulier à une époque ou à un régime, et que cela passera. Toutes les époques se valent, et aussi tous les régimes, c'est-à-dire qu'ils ne valent rien. Donc, rentre chez toi, bonhomme, et fais la grève du suffrage universel. Tu n'as rien à y perdre, je t'en réponds ; et cela pourra t'amuser quelque temps. Sur le seuil de ta porte, fermée aux quémandeurs d'aumônes politiques, tu regarderas défiler la bagarre, en fumant silencieusement ta pipe.

Et s'il existe, en un endroit ignoré, un honnête homme capable de te gouverner et de t'aimer, ne le regrette pas. Il serait trop jaloux de sa dignité pour se mêler à la lutte fangeuse des partis, trop fier pour tenir de toi un mandat que tu n'accordes jamais qu'à l'audace cynique, à l'insulte et au mensonge.

Je te l'ai dit, bonhomme, rentre chez toi, et fais la grève.

Paru le dimanche 10 mars 1889

Claude Monet

M. Claude Monet expose, chez MM. Boussod et Valadon, une série de toiles incomparables. Je n'ai pas à rendre compte ici de cette Exposition, et je le regrette, car elle offre un tout à fait exceptionnel intérêt d'art par l'étonnante diversité et la nouveauté hardie des sensations exprimées en ces œuvres – paysages, marines et figures – sensations qu'aucun peintre, à aucune époque, n'exprima, je crois, avec cette passion de la vie, avec cette force d'éloquence et ce charme de sensibilité, avec, surtout, cette supérieure intelligence des grandes harmonies de la nature. Je veux seulement, à cette occasion, parler du très rare, du très puissant artiste qu'est M. Claude Monet, si toutefois, en ces temps d'agitations imbéciles, il est permis de s'occuper encore de quelque chose de noble, où la boueuse politique n'a rien à voir.

En peinture, tout le monde est le maître, ou l'élève de quelqu'un, suivant qu'on est vieux ou jeune, et plus ou moins décoré. Lorsqu'on n'a point de génie, on le professe pour le compte d'autrui ; on devient cette chose impudente et burlesque : professeur d'art. Transmettre de génération en génération, théoriquement, mécaniquement, des lois fixes du *beau*, enseigner l'art d'être ému, d'une façon correcte et semblable, devant un morceau de nature, comme on apprend à métrer des pièces de soie ou à confectionner des bottes, cela semble, au premier abord, un extravagant métier. Cependant, il n'en est pas de plus honoré et qui rapporte davantage. Le maître met son amour-propre à posséder le plus d'élèves possible, l'élève à copier le plus fidèlement qu'il peut la manière du maître, lequel copia son maître qui, lui-même, copia le sien. Et cela remonte, de la sorte, d'élèves en maîtres, jusqu'aux siècles les plus lointains de nous. Cette suite ininterrompue de gens se copiant les uns les autres, à travers les âges, nous l'appelons la tradition. Elle est infiniment respectée. Les gouvernements, aidés des critiques d'art et des amateurs, veillent à ce qu'elle soit officiellement continuée et qu'aucun accident fâcheux n'en vienne briser la chaîne ; ils lui donnent des ministères, des écoles, des instituts, et ils la protègent contre les personnalités géniales qui, de temps à autre, tentent de la rompre.

Avec M. Claude Monet, nous sommes loin de la tradition. Une de ses grandes originalités, ce qu'on ne peut vraiment lui pardonner, c'est qu'il n'a été l'élève de personne. Il se trouve dans cette situation rare et bienheureuse de n'avoir pas d'état civil artistique. Aucun Cabanel ne le baptisa, aucun Bouguereau. Dans les livrets d'exposition et les catalogues de vente, il figure avec son nom seul, sans accolade d'aucun maître. Très jeune, il est vrai, il entra à l'atelier du père Gleyre, mais quand il eut compris et vérifié l'étrange cuisine qu'on faisait là, il s'empressa de fuir, sans avoir déplié son carton ni ouvert sa boîte de couleurs. Il eut alors une idée de génie, mais fort irrévérencieuse, et par quoi, certainement, il vaut d'être devenu l'admirable peintre qu'il est : il ne copia aucun tableau du Louvre. Même il découvrit qu'il y avait dans la nature des personnages, des arbres, des fleurs, de l'eau, de la lumière, et que cela vivait, et que cela était beau, d'une beauté souveraine, sans cesse renouvelée, d'une toujours claire, fraîche et saine jeunesse, et que cela valait tous les maîtres s'écaillant tristement, en leurs cadres dédorés, sous les successives couches de vernis et de poussière dont ils sont affligés. Non point qu'il fût réfractaire aux mérites d'un Giotto, d'un Holbein, d'un Velasquez, d'un Delacroix, d'un Daumier et d'un Hokusai. Nul plus que lui n'avait l'âme pour les sentir et pour les aimer ; mais il se dit, avec raison, que chacun doit faire son œuvre, c'est-à-dire exprimer sa propre émotion, et non point recommencer celle des autres. Il partait de ce principe que la loi du monde est le mouvement, que l'art, comme la littérature, comme la musique, la science et la philosophie, est continuellement en marche vers des recherches nouvelles et de nouvelles conquêtes ; que les découvertes de demain succèdent aux découvertes d'hier, et qu'il n'y a point d'époques définitives comme le croit M. Renan, ni d'hommes sacrés en qui se soit à jamais fixé le dernier effort de l'esprit humain.

M. Claude Monet admira ces gloires du passé et ne s'y attarda pas, de même qu'il ne s'était pas attardé dans les ateliers des professeurs contemporains. Il regarda la nature où dort encore le trésor du génie que le souffle de l'homme n'a pas réveillé, il vécut en elle, ébloui par l'inépuisable magie de ses formes changeantes, de ses musiques inentendues, et il laissa courir, vagabonder son rêve sur le léger, le féerique rêve de lumière qui enveloppe toutes les choses vivantes, et qui fait vivre toutes les choses mortes de la vie charmante des couleurs. Il ne voulut point d'autre maître qu'elle.

Si bien doué que l'on se sente, si peu porté que l'on soit à l'imitation, un jeune homme, dans sa hâte de produire, aux prises avec les tâtonnements du début, avec les difficultés d'une technique rebelle et d'une éducation de l'œil si lente à se faire, est fatalement destiné à subir l'influence de ses premières admirations et de ses premiers enthousiasmes. En ses premières toiles, si pleines d'effort, de volonté, de qualités personnelles, où déjà se devine la maîtrise future de l'artiste, on sent néanmoins l'influence de Courbet et de sa manière noire, puis celle de Manet, et de ce grand peintre méconnu, M. Camille Pissarro. Il s'en rendit compte, car personne ne fut plus sévère pour ses œuvres que M. Monet, et il mit toute son énergie, par une communication encore plus intime et plus abstraite avec la nature, à se défaire de ces quelques souvenirs extérieurs qui nuisaient au développement complet de sa personnalité.

Bientôt, à force d'isolement, de concentration en soi, à force d'oubli esthétique de tout ce qui n'était pas le *motif* de l'heure présente, son œil se forma au jeu capricieux, au frisson des plus subtiles lumières, sa main s'affermit et s'assouplit en même temps à l'imprévu, parfois déroutant, de la ligne aérienne ; sa palette s'éclaircit. Il divisa son travail, sur un plan méthodique, rationnel, d'une inflexible rigueur, en quelque sorte mathématique. En quelques années, il arriva à se débarrasser des conventions, des réminiscences, à n'avoir plus qu'un parti pris, celui de la sincérité, qu'une passion, celle de la vie. Et c'est la vie, en effet, qui emplit ces toiles d'un art tout nouveau et qui étonne, la vie de l'air, la vie de l'eau, la vie si compliquée des lumières, synthétisée en d'admirables hardiesses. La clameur est grande ; l'insulte est prête à saluer ce grand effort, le rire montre les dents et lance sa bave. Qu'importe ? Un peintre est né, qui nous apporte enfin des harmonies neuves. Et son œuvre déjà est immense.

Je ne puis malheureusement, en ce court article, suivre M. Claude Monet dans sa vie artiste et dans son œuvre. À l'étude d'un pareil homme et d'une pareille œuvre, il faudrait l'espace d'un volume. Je ne puis non plus raconter ses luttes, les scandaleux refus au Salon de ses toiles superbes, ses expositions avec les impressionnistes, ses découragements vite surmontés et aussitôt suivis de travaux acharnés, car il avait un but et il y marchait, droit devant lui, à peine arrêté de temps à autre par les misères d'une existence où il sentait à chaque pas l'hostilité embusquée. Aujourd'hui M. Claude Monet a vaincu la haine, il a forcé l'outrage à se taire. Il est ce qu'on appelle *arrivé*. Si quelques obstinés pour qui l'art n'est que la résurrection des formes glacées et des formules mortes discutent encore les *tendances* de son talent, ils ne discutent plus ce talent qui s'est imposé de lui-même par sa propre force et son charme si intense, qui pénètre au plus profond des sensations de l'homme. Des amateurs qui riaient autrefois s'honorent de posséder des tableaux de lui ; des peintres, les plus acharnés à se moquer jadis, s'acharnent à l'imiter. Et lui-même vit dans la plus belle, dans la plus inaltérable sérénité d'art où un artiste puisse se réfugier.

Ce qui distingue ce talent de M. Claude Monet, c'est sa grandiose et savante simplicité, c'est son implacable harmonie. Il a tout exprimé, même les plus fugitifs effets de lumière ; même l'insaisissable, même l'inexprimable, c'est-à-dire le mouvement des choses inertes ou invisibles, comme la vie des météores ; et rien n'est livré au hasard de l'inspiration, même heureuse, à la fantaisie du coup de pinceau, même génial. Tout est combiné, tout s'accorde avec les lois atmosphériques, avec la marche régulière et précise des phénomènes terrestres ou célestes. C'est pourquoi il nous donne l'illusion complète de la vie. La vie chante dans la sonorité de ses lointains, elle fleurit, parfumée, avec ses gerbes de fleurs, elle éclate en nappes chaudes de soleil, se voile dans l'effacement mystérieux des brumes, s'attriste sur la nudité sauvage des rochers, modelée ainsi que des visages de vieillards. Les grands drames de la nature, il les saisit, les rend, en leur expression la plus suggestive.

Aussi, nous respirons vraiment dans sa toile les senteurs de la terre ; des souffles de brises marines nous apportent aux oreilles ces orchestres hurlants du large ou la chanson apaisée des criques ; nous voyons les terres se soulever sous l'amoureux travail des sèves bouillonnantes, le soleil décroître ou monter le long des troncs d'arbres, l'ombre envahir progressivement les verdures ou les nappes d'eau qui s'endorment dans la gloire pourprée des soirs, ou se réveillent dans la fraîche virginité des matins. Tout s'anime, bruit, se colore ou se décolore, suivant l'heure qu'il nous représente et suivant la lente ascension et le lent décours des astres, distributeurs de clartés. Et il nous arrive cette impression que bien des fois j'ai ressentie en regardant les tableaux de M. Claude Monet : c'est que l'art disparaît, s'efface, et que nous ne nous trouvons plus qu'en présence de la nature vivante complètement conquise et domptée par ce miraculeux peintre. Devant ses mers farouches de Belle-Isle ou ses mers souriantes d'Antibes et de Bordighera, souvent j'ai oublié qu'elles étaient faites sur un morceau de toile avec de la pâte, et il me semblait que j'étais couché sur les grèves, et que je suivais d'un œil charmé le vivant rêve qui monte de l'eau brillante et se perd, à travers l'infini, par-delà la ligne d'horizon confondue avec le ciel.

Aucun n'aura mené une existence plus belle que M. Claude Monet, car il a incarné l'art dans sa propre chair, et il ne vit qu'en lui et par lui, d'une vie de travail incessante et rude. Admirable et curieuse folie qui est la sagesse suprême, car il aura connu des joies suprêmes que bien peu connaissent. Paris ne pouvait convenir, avec sa fièvre, ses hâtes, ses vaines intrigues, à un contemplateur obstiné, à un passionné de la vie des choses, comme l'est M. Claude Monet. Il habite la campagne dans un superbe paysage, en constante compagnie de ses modèles ; et le plein air est son unique atelier. Aucun n'est plus orné de richesses que celui-là. On peut le voir, installé dès l'aube, qu'il neige, qu'il vente, que le soleil monte sur la terre, en nappe de feu, cherchant des nouveaux horizons, impatient de découvrir quelque chose de mieux, de voir un dessin qu'il n'ait pas vu encore, de saisir un ton qu'il n'ait pas encore saisi. Aujourd'hui, il s'est remis aux figures. Et comme il inventa pour la vie des choses une poésie nouvelle, il découvrit, pour la vie des êtres, un art qui n'avait pas encore été tenté jusqu'ici. En attendant, il ignore qu'il y a un Salon des Académies, qu'on décore les artistes, et il poursuit, loin des coteries, des intrigues, la plus belle et la plus considérable parmi les œuvres de ce temps.

Auguste de Villiers de L'Isle-Adam

(1838-1889)

VIC
2011

Villiers de l'Isle-Adam, l'enflammé

C'est un gentilhomme. Il compte parmi ses ancêtres un maréchal de France et le fondateur de l'ordre de Malte. La Révolution a ruiné sa famille. Il vit dans ses songes, persuadé que la fortune lui sourira à nouveau. Arrivé à Paris sans le sou avec l'ambition « d'ajouter à l'illustration de sa race la seule gloire vraiment noble de nos temps, celle d'un grand écrivain » ; il se lie à Baudelaire, Mallarmé, découvre Edgar Poe, s'imprègne d'Hegel. En 1859, ses Essais de poésie *passent inaperçus ; son premier roman,* Isis, *paru trois ans plus tard également. Mais il y a toujours quelqu'un parmi ses proches pour lui trouver du génie. C'est un conteur fascinant, un magicien du verbe, un exalté. Il emporte son auditoire dans des histoires qu'il n'écrira jamais, passant les sujets comme des plats à ses convives éblouis. Son œuvre est une chimère. Il trouve sa voie en publiant des contes dans* La Revue des Lettres et des Arts. *La réalité lui importe peu : « Le Réel, pour nous, est seulement ce qui nous touche, soit les sens, soit l'esprit. » C'est un symboliste cassant. Il pourfend la froideur du naturalisme, croit à la puissance suggestive des mots, jusqu'à la superstition. Son vocabulaire est soigné, précieux. C'est la garde-robe de ce somptueux dénudé. Il invente des expressions comme on crée sa propre monnaie. L'ironie lui sert d'exutoire quand ses rêves sont épuisés.*

Il est fantaisiste, idéaliste, original ; fougueux et enthousiaste. C'est le metteur en scène de l'existence imaginaire d'un grand seigneur frissonnant, égaré dans les corridors de l'histoire. « Dédain » est un mot qui revient souvent sa plume. On trouve aussi de « l'effroi », des « sabres », la « mort », le « Moyen Âge », « Dieu », du « fantaisisme ». Il se pique de n'écrire que « pour les personnes atteintes d'âme ».

Dans les années 1870, il connaît une éclipse. On le dit, pour survivre, professeur de boxe, maître d'armes, patient guéri dans le cabinet d'un aliéniste. Il revient à la littérature et au journalisme dix ans plus tard ; publie ses Contes cruels, *et son grand œuvre,* L'Ève future, *rédigée, selon un témoin, « couché à plat ventre, sur le plancher d'une chambre vidée de ses meubles », rue Maubeuge. Il délaie « dans de l'eau les dernières gouttes de son encrier ».* Le Figaro *lui ouvre ses colonnes. Il va s'y « ancrer ». Ses textes sont majestueux, sa plume hautaine. Il n'admet pas ce qui abaisse, croit aux symboles, à l'importance du sacré, aux correspondances entre les êtres. Ses chroniques semblent une conversation qu'il se fait à lui-même. Il s'indigne devant l'exécution d'un condamné à mort à qui un fonctionnaire zélé a volé sa dignité en supprimant les marches qui montent à l'échafaud ; se souvient des rois qui enflammèrent son imagination d'enfant : « Avec vous, disparaissaient l'éclair de chevalerie, le droit aux obéissances désintéressées, la sanction des élans généreux, l'étendard des traditions sublimes. » Il conte une histoire d'amour poignante et illusoire entre un soldat et une femme, qui n'est pas celle qu'il croit. C'est un homme mélancolique. Il signe ses articles comte de Villiers de l'Isle-Adam ; il est plus pathétique que cruel.*

Paru le jeudi 19 juillet 1883

L'avertissement

En Bretagne, c'était, il y a trente ans, notre coutume d'écoliers de tracer, en haut de nos *devoirs*, ces trois caractères : « V. H. V ! » Cela signifiait : « *Vive Henri V* ! » Il semblait à nos imaginations d'enfants que la page en était plus belle.

Nous n'effeuillâmes la déclinaison de *Rosa, la rose*, qu'en dessinant, autour de la leçon transcrite, de ces héraldiques fleurs de lis dont le sommet tient du fer de lance.

Aux promenades, les marchands ambulants nous offraient de ces emblèmes en or ou en argent – et nous nous privions pour en acheter toujours.

Les murs, les pupitres, les arbres de la cour de récréation, le chevet de nos lits, au-dessous du bénitier, présentaient aux regards des inspecteurs l'un ou l'autre de ces signes symboliques. Nous recélions aussi, dans nos livres de prière et de classe, à titre de signets, des images du descendant de saint Louis ; elles s'y confondaient avec celles des saints et des martyrs.

La nuit, lorsque passait dans nos songes la vision du roi de France, il y apparaissait comme un homme d'un visage noble et souriant, de blanc vêtu, entouré de lumière.

Dans nos jeux, s'il s'élevait une contestation et que l'un d'entre nous prononçât le nom du roi, les querelles s'apaisaient : il semblait qu'IL se trouvait soudain au milieu de nous et nous réconciliait de son bon sourire en nous appelant : « Mes enfants. »

Un jour – je me souviens ! – sur le déclin d'une belle journée, l'un des miens et moi, nous étions seuls dans l'avenue d'un manoir aux environs de Vannes. Nous attendions, auprès de la grille, l'heure de la rentrée, en saluant, d'une vieille chanson royale, le tomber du soir.

Au-dessus de nos têtes, mille derniers ramages, dans les radieuses feuillées trouées de feu, accompagnaient – car les oiseaux de Bretagne savent le nom du roi – cet air dont nos bonnes nourrices, braves chouannes de jadis ! nous avaient bercés douze ans plus tôt.

Un passant du grand chemin s'arrêta, et nous dit en ricanant :

— Mais, il n'a pas d'enfants, votre roi !

— Eh bien ! et nous ? lui répondis-je naïvement.

Sur quoi Tinténiac ramassa simplement des pierres.

— À quoi bon ?... dis-je, en arrêtant son bras : va, laisse passer les passants.

Nous demandions souvent aux prêtres de nos lycées – et ceux qui survivent aux journées de Patay et de Coulmiers doivent ressentir, à ce rappel, un long serrement de cœur :

— Pourquoi n'allons-nous pas LE chercher ?

Et alors les bons pères nous répondaient :

— Chut ! petits amis ; IL viendra lorsque Dieu voudra.

Nous ne comprenions pas bien pourquoi nous devions baisser la voix en parlant du roi légitime de France, ni sous quel prétexte il nous était interdit de nous enorgueillir de notre bonne cause. Cela passait notre entendement naturel.

Certes, les *Mémoires de Cléry* nous avaient plongé dans une indignation froide et terrible ; certes, la descente de la lampe dans le caveau d'ossements du *Champ des Martyrs* nous avait fait étendre, en silence, nos mains droites, pour une bénédiction qui était un serment ; certes, les pèlerinages sur ces places publiques où tombèrent les têtes de tant des nôtres nous avaient déjà durci le regard, mais ce *Chut* ! de nos dignes « recteurs » avait la vertu douloureuse de troubler la piété de notre impression. Cet excessif intérêt que l'on prenait « de notre santé » nous semblait un contre-sens à la fois humiliant et risible.

Et nous nous disions, d'un coup d'œil, en leur taisant notre étonnement :

— Soit. Quand nous serons grands, nous irons LE prendre et nous saurons bien LE ramener avec nous.

Comme dans la légende lyrique de *Richard Cœur-de-Lion*, nous avions tous l'âme chevaleresque de Blondel.

Les soirs de promenade en forêt, soit dans la Brocéliande, soit dans Bois-du-jour-bois-de-la-nuit, après avoir dîné dans quelque clairière, à l'ombre de ces chênes dont les hauts branchages avaient, autrefois, béni les chevaliers d'Armor s'exilant pour la croisade, ou nous avaient fourni les fermes lances du Combat des Trente, nous revenions, en chantant, toujours en chœur, une romance aujourd'hui ancienne – douce, naïve, haute et pure comme notre fidélité : « *Vers les rives de France* ! »

Ah ! je suis sûr qu'aucun d'entre nous ne l'a oubliée, malgré les lourdes années subies !... Elle personnifiait le retour du roi. C'était d'une mélancolie poignante et, cependant, qui nous semblait tout illuminée d'avenir :

« Sur les vagues grises,
De suaves brises
Embaument les airs
Du parfum des mers :
Là bas, une grève...
— N'est-ce pas un rêve,
Pour nos yeux ravis ?...
Non, c'est le pays ! »

Ainsi, dès l'enfance, nous avions pris ce fatal pli de pensées de ne songer au roi qu'avec cette sorte d'espoir attristé qui, s'augmentant des années, produit les inactions crédules, s'il n'aide à la durée de l'exil.

S'en remettre à ce point aux décrets de Dieu, n'est-ce pas oublier qu'il n'ouvre qu'à ceux qui frappent ?

Bientôt l'espérance devient platonique, le dévouement, plutôt verbal qu'effectif, quelque bonne que soit la volonté dont on se vante : l'habitude s'aggrave, dans les âmes, de ne pressentir les retours que *toujours* au futur, dans le vent d'on ne sait quelles miraculeuses aurores ! – Et ce futur finit par ne pouvoir *jamais* être que l'amer présent qui se perpétue.

Pour peu que l'on réfléchisse, l'impression que cause, au pays, la nonchalance attendrie des partisans d'un prince proscrit, n'éloigne ou ne rapproche-t-elle pas, en réalité, la distance qui sépare cet exilé de sa patrie ? Le peuple, aux colères méritées, s'écrie, en montrant les irrésolus : « Écoutez-les ! »

N'est-ce pas là l'exil ?

Oui, toute mélancolie, en s'invétérant, dégénère en résignation coupable et devient d'une contagieuse faiblesse, car elle change en rêveries les projets puissants et, par excès de sagesse ou de sensibilité, s'épargne les efforts sacrés des fières initiatives.

Bien plus. En toute cause, une sorte de communion s'établit entre le chef et les soldats. De ce courant de songeries morbides, créé par toute une génération d'aussi paisibles partisans, se dégagent, à la longue, d'incessantes influences qui, contraires à l'esprit des hautes aventures, n'ont pour effet que d'assombrir l'adversité de Celui qui les inspire.

Tôt ou tard, lorsque ces influences, qui tendent nécessairement vers lui, l'ont enveloppé de leurs mornes effluves, il s'alanguit lui-même sous leur oppression secrète.

Alors sonnent les heures des soupirs étouffés et des longs silences ! Enfin, s'unissant aux siens pour ne subir plus qu'un mirage, il s'immobilise, hélas ! en de vaines contemplations !

Le roi devient pareil à ce pêcheur des légendes dans les filets prédestinés duquel, par une nuit de bonheur, les Destinées jetèrent la suprême perle. L'ayant offerte aux riches de son pays, qui la marchandèrent toujours, il préféra – plutôt que de la céder à un prix moindre que son inestimable valeur – la rejeter, mystiquement, dans la mer !

Et, tout à coup, lorsque les indolences d'une expectative éternelle ont efféminé, usé, sinon attiédi, l'élan natal des soldats d'une grande cause, il arrive souvent qu'au milieu des toasts, où l'on s'attarde en vœux souriants, en discours et en regards levés au ciel, la Mort surgit, Dieu étant lassé d'attendre l'aide indispensable et sacrée de l'homme.

Philosophie de gardien du sérail que celle qui, alors, murmure pour assourdir le *mea culpa* de la conscience : « C'était écrit ! » Propos mensonger et sans profondeur ! Car les pensées, incorporées en toutes choses par leur intime correspondance, devancent les événements. Conseillères hâtives du Destin, elles font l'avenir ou propice ou funeste – et, librement épousées de nos esprits, fixent, de concert avec notre vouloir, l'indécision de la Fortune.

D'où il suit que les illusions tristes engendrent les tristes réalités.

C'était avec joie, quand même ! et aussi haut que si le sceptre eût rayonné dans sa main tranquille, et comme des gens qui ne tiennent pas à mourir dans leurs lits – qu'il fallait nous habituer, dès notre jeune âge, à parler du roi de France ! À la longue, cette incantation sagace eût anéanti l'exil. Et qui sait, même, si ceux-là dont le dévouement s'épuise à déplorer l'injuste sort d'un prince, à leur insu, n'attirent pas sur lui un surcroît de malheur ?

Et comment les pensées moroses d'un ensemble d'hommes n'auraient-elles pas cette occulte énergie, alors qu'en de simples entourages d'objets inanimés les événements futurs, comme s'ils se dégageaient de la physionomie des choses, concordent toujours avec les impressions que semblaient évoquer, déjà, les formes mêmes de ces objets ?

Considérez, par exemple, l'ameublement d'un salon Louis XVI. Entrez, seul – et laissez venir en votre esprit les pensées que suggère le style des objets environnants. Contemplez-les avec attention, de l'horloge aux tapisseries. Regardez fixement ces urnes cinéraires sur lesquelles tombent, en plis désolés, ces longs voiles ; ce sablier d'or, au coin de la pendule ; ces dossiers en médaillons revêtus d'étoffes aux couleurs systématiquement éteintes ? Ces peintures *trop* charmantes, aux tons crépusculaires, où des oiseaux s'envolent si loin dans le soir, où des fleurs semblent si près de se faner, à peine écloses, où les féminins sourires paraissent empreints d'une grâce si mystérieusement triste – et dites si, sur toutes ces choses, ne semble pas être tombée, dès leur mélancolique survenance, la fine poussière ensevelissante des siècles !

Ici, tout est présage ; tout annonce une fin, un déclin, une inévitable disparition. Comment la noblesse d'un règne s'est-elle plu, durant un quart de siècle, à vivre en l'usage, l'aspect, sous le *regard*, enfin, de semblables objets !…

Aveugles, ceux qui n'ont pas remarqué l'intime expression de ces meubles pâles ! Sourds, ceux qui n'ont pas entendu le silencieux avertissement qui résulte de leur présence ! *Sunt lacrymœ rerum* !… il fallait que ce sablier doré laissât couler son sable idéal ! Et que tombât ce crépuscule ! Et que l'heure de toute cette *fin* sonnât à ce cadran coquet et sombre ! Et que chacun de ces longs voiles essuyât des yeux en deuil ! Et que ces urnes cinéraires continssent des cendres.

Oui, ces objets appelaient leurs terribles correspondances, leurs continuations, leurs prolongements, pour ainsi dire, en une plus concrète réalité. Ils projetaient, d'avance, l'histoire que leurs lignes semblent, aujourd'hui, avoir prophétisée ! Car les décrets du Destin s'incarnent, peu à peu, en tout ce qui nous environne, et l'Homme ne fait qu'attirer par mille chaînons ce qui lui arrive.

Ainsi, cette nuit, dans le trouble où nous avaient jeté les funèbres bulletins de Frohsdorf, j'écrivais, au bruit d'une fête publique, ces lignes consternées.

Mais… voici qu'un rayon de soleil, soudain, chasse l'ombre qui pesait sur nos pensées ! Que signifie ce tintement de cloches de Pâques ? J'entends des voix amies qui crient la bonne nouvelle !

— Qu'est-ce donc ? Est-ce que l'enfant du miracle serait aussi l'homme du miracle ?

— Lisez ! disent-elles : et rassurons-nous ! Un Français revient à la vie ! La *Saint-Henri* est de joyeux augure ! Adieu l'anxiété ! Élevons nos verres en l'honneur de notre roi, dont la convalescence présage la résurrection !...

Puisque, selon l'ancienne coutume, le plus obscur convive qui porte une santé doit l'accompagner d'un vœu cordial, je dirai :

— Sire, *alleluia* ! que ce toast soit le premier qui sonne votre retour sur le sol natal ! À vous boivent ceux-là que console de toutes les épreuves la seule grandeur de leur cause et qui trouvent la récompense de leurs sacrifices dans cette grandeur sauvegardée ! S'il eût fallu à la Providence que l'âme du roi de France entrât, du fond de l'exil, dans la sainte lumière, la hauteur de notre tristesse eût été digne de votre souveraine intégrité, puisque Votre Majesté ne douta jamais de notre foi.

Avec vous, cependant, avec vous, disparaissaient l'éclair de chevalerie, le droit aux obéissances désintéressées, la sanction des élans généreux, l'étendard des traditions sublimes. Ensevelie dans la blancheur de votre linceul, la Royauté se fût endormie, pour nous, dans les plis de notre unique drapeau. Mais ne nous eût-elle légué que cette gloire de lui être demeurés, quand même, fidèles jusqu'au dernier moment, fiers encore de cet héritage, nous eussions porté noblement le deuil de nos vieilles espérances.

Donc – plaise à Dieu que cet Avertissement nous devienne salutaire ! Et qu'il soit, enfin, pour tous, Monseigneur, comme l'un de ces sursauts définitifs, après lesquels... on se réveille !

Paru le mercredi 18 février 1885

Le réalisme dans la peine de mort

Les considérants, d'un ordre très élevé, au nom desquels un projet de loi sur les exécutions à huis clos vient d'être rejeté par la cour d'appel de Paris m'encouragent à livrer aux méditations du public (à simple titre de « documents humains ») les quelques notes suivantes, crayonnées place de la Roquette, sous les fumeuses lanternes de notre instrument de supplice, au cours de la dernière exécution : celle d'un anonyme.

À cet angle de la rue, au coin d'une guinguette en lumières, se boucle, d'un poste, la ceinture de gardes à cheval qui enserre la place. Quelle foule depuis minuit ! L'inspecteur de service prend nos cartes. Nous entrons.

Autour de nous la place est déserte et obscure. Sous les arbres, là-bas, passent des lueurs, des ombres humaines. Je m'approche. Entre deux rangs d'uniformes noirs, sorte d'allée vivante, un intervalle de vingt mètres est laissé libre : il s'étend depuis le portail de la prison jusqu'au dallage de l'endroit pénal. Aux alentours, une centaine de publicistes causent à voix basse. L'heure tinte : on dirait les pleurs sonores du glas.

À ma gauche je vois des sabres briller : c'est un gros de gendarmes à cheval, massé dans l'ombre.

Traversons. Mais, qu'est-ce que ceci ? Je me trouve auprès d'un objet isolé qu'éclairent, d'en haut, la lune et, d'en bas, deux falots posés à terre.

La chose est d'un brun rouge : elle éveille l'idée d'un haut prie-Dieu Moyen Âge. C'est placé là de plain-pied. Entre les montants de cette cathèdre je distingue, accrochée au sommet, une suspension de fonte, noircie, carrée comme un sac de soldat – et sous laquelle s'emboîte, au centre, le biais terne d'un hachoir.

C'est la « louisette ».

Quoi ! plus d'échafaud ?... Non. Les sept marches sont supprimées. Signe des temps. Guillotine de progrès dont on ne se range que... comme de la courroie de transmission d'un moteur. En vérité, ce meuble pourrait servir à couper le pain chez les grands boulangers. Où donc est la majesté de la Loi, la solennité de la Mort, la hauteur de l'exemple, la dignité de la sentence ? Phrases, paraît-il, tout cela...

Passons. Pendant que je regarde flotter sur le miroitement de la large lame l'ombre des feuillages environnants, cette lame disparaît tout d'un coup. J'entends un choc sec et lourd, amorti par des ressorts – pareil à celui d'une *demoiselle* enfonçant un pavé. Je comprends. C'est un essai. La planche mortelle s'est couchée sur sa coulisse, comme une rallonge de table, plagiant ainsi le chevalet du classique Procuste. Rien de nouveau sous la lune ! Donc l'on répète, ici, le drame pour les accessoires. Ah ! j'aperçois, soudain, à côté de moi, le metteur en scène lui-même, qui échange un coup d'œil oblique avec ses deux régisseurs. En face de l'instrument se tient quelqu'un (M. le chef de la Sûreté, je crois) devant la censure duquel on a fait jouer le tragique mécanisme. Il approuve de la tête, en silence – puis tire sa montre dont il essaie de distinguer l'heure.

Ayant résumé l'outil d'un regard, il se dirige vers le seuil de la prison pour les derniers ordres, car le petit jour blanchit peu à peu l'espace, les choses, les silhouettes ; lanternes et réverbères jaunissent. Le moment approche.

Chacun pense : Dort-il ?

Le geôlier-chef, qui passe, affirme que oui, et profondément.

À l'entrée, auprès d'un fourgon, je vois une forme noire, un prêtre : c'est l'aumônier. Je viens à lui. Sa voix est fort émue, ses yeux sont en pleurs ; il a le frisson. C'est sa première fête. Mais on l'appelle à voix basse. Il est temps de réveiller le dormeur. Il entre, suivi des cinq ou six témoins d'ordonnance. L'exécuteur et ses seconds ferment la marche.

Leur réapparition, augmentée d'un nouveau personnage, se produira, désormais, sous trente ou trente-cinq minutes au plus.

Je m'éloigne donc et me promène dans une allée, vers la foule lointaine.

Les étoiles pâlissent au ciel : on commence à s'entrevoir.

Je suis un peu pensif, je l'avoue. De cette guillotine moins l'échafaud – de cette chute, un peu trop basse, en vérité, du couteau légal (qui a l'air de s'abîmer dans une souricière) se dégage, pour tout esprit, l'impression d'on ne sait quelle grossièreté commise envers la Loi, la Nation et la Mort. Ce sans-façon trivial, cette exagération dans le terre-à-terre de l'instrument justicier n'est ici que de la plus choquante inconvenance. L'aspect de l'appareil semble, en effet, nous dire, avec une prudhomie spécieuse :

— « Tel individu a tué. Soit. Nous l'expédions donc, à son tour, de la manière la plus brève, la moins cruelle possible, c'est-à-dire en gens pressés, pratiques AVANT TOUT et peu soucieux du théâtral, du déclamatoire. Pour lui épargner quelques secondes d'angoisses inutiles, nous avons supprimé des marches d'un Moyen Âge aujourd'hui démodé, ce qui réduit la peine au strict nécessaire. »

— *Nous* ?... Qui cela ?

Tout d'abord cette mesure doit être illégale, car une loi, quelque ancien décret, un droit de coutume française, au moins (que la Révolution elle-même adopta mille et mille fois), ont dû prescrire l'échafaud, stipuler sa hauteur approximative et son ensemble formel, *comme condition expresse, réglementaire du fonctionnement normal de la peine de mort*. Or, cette loi, ce droit, ce décret, n'ayant pas été rapportés par les Chambres, nul particulier, se couvrît-il d'un assentiment tacite ou verbal quelconque, n'a licence de les abroger ni de les modifier à mesure et au gré de son fantaisisme.

Quant à la prétendue philanthropie de cet « adoucissement », 1° celui-là qui s'évanouit durant la toilette, anesthésié par sa syncope, ne ressentira nul surcroît d'horreur pour quelques marches qu'on l'aide à monter ; d'ailleurs, se laisser porter en cette circonstance, c'est mériter d'être porté.

2° Celui qui, d'une conscience enfin réveillée, peut-être, par l'expiatoire agonie quotidienne qu'il a subie depuis l'heure de son arrêt, *tient*, maintenant, à bien montrer que, sans exagérée terreur ni vile forfanterie, il meurt du moins mieux qu'il n'a vécu, a droit, en toute éventualité, à ce que son désir prévale ici. Les marches de l'échafaud sont, en effet, la *propriété* de tout condamné à mort, et c'est le frustrer d'une illusion *quand même sacrée* que de lui ravir, avec elles, l'occasion de sauvegarder en nous (s'il y tient) sa triste mémoire d'une aggravation d'opprobre imméritée.

Bref, en abaissant à ce point son instrument de mort avec des allures d'une obséquiosité déplacée, d'une sensiblerie louche, la Loi n'a pas à donner à celui qu'elle punit l'exemple du cynisme.

Il ne peut que trop se passer, la plupart du temps, de cet encouragement-là.

Quant au « théâtral » et au « déclamatoire », on ne l'évite pas. On conserve les mille fantasmagories d'un cérémonial suranné, les hermines et les robes rouges de la Cour d'assises, le ton solennel de la sentence, le déploiement nocturne des troupes, le salut funèbre des sabres, l'embrassement du prêtre, (qui ne doit plus sembler à d'aucuns qu'une dernière concession au Moyen Âge, une perte de temps), toute cette antique mise en scène de mystérieux symboles, on la tolère – mais en éludant comme oiseux celui de l'Échafaud qui, *seul*, les conclut, les sanctionne et en réfracte l'intime réalité ; l'on dément le respect (dès lors douteux !) dont on feignait de les honorer jusqu'à lui ; l'on compromet ainsi le sérieux de tout le reste de la Loi, ce qui ne peut qu'inquiéter gratuitement les dernières consciences.

Au dire de quelques-uns, la presse qui entoure la guillotine, aujourd'hui, suffit à la publicité de l'exécution : la Plate-forme ne ferait plus que double emploi. *Mais c'est le fait unique de tuer au grand air* qui constitue la publicité donnée par la Loi ! La presse n'est là que pour constater cette publicité même, dont elle fait partie, et pour la divulguer ensuite à la foule, comme le vent qui passe emporte un cri.

La Plate-forme notifie tout autre chose ! En effet, l'État s'arrogeant, ici, froidement, un attribut d'un caractère extra-vital, absolu, *divin*, pour ainsi dire, l'Échafaud, dans son figuré, ne doit être élevé au-dessus du niveau moyen des têtes humaines que par ce qu'il représente et matérialise le terrain supérieur de la Loi – qui, au-dessus de toute vengeance individuelle ou sociale, avertit et préserve SEULEMENT au moyen de l'expiation même – et qui, ne pouvant en aucun cas descendre jusqu'au criminel, l'élève jusqu'à elle pour ne le frapper qu'à hauteur d'Humanité.

La guillotine, en un mot, n'est qu'un billot perfectionné, lequel n'a de raison d'être que sur sa plate-forme officielle. Elle et lui sont d'ensemble. Une même dénomination sombre enveloppe leur œuvre commune. Aux yeux de la foule, les marches de l'Échafaud sont impressionnantes pour le même motif que les gradins d'une estrade sur laquelle on distribue des récompenses sont honorifiques. Car ce n'est pas sur un échafaud d'où l'on puisse descendre, ni sur tel échafaudage, que monte ici le criminel : *être monté sur l'Échafaud* signifie que l'on y est mort – et ce qui constitue l'exemple, bien plus que le spectacle restreint du fait, c'est la tradition d'effroi de cette parole autour d'un nom. *Avoir été guillotiné* n'est qu'une locution elliptique, sous-entendant, quand même, *sur l'Échafaud.* De telle sorte que soustraire celui-ci de l'exécution, c'est faire mentir la Loi, c'est avouer qu'*on ne l'ose plus qu'à demi*, ce qui, est d'une timidité sombre.

Concluons. Si, comme on nous l'affirme, cette étrange modification n'est due qu'à l'imaginative de feu l'exécuteur précédent, je trouve qu'il a excédé, ici, son mandat. Qu'il ait amélioré l'*économie* de la machine, rien de plus louable ! Mais qu'il ait touché à ce qui *doit* la supporter… ceci n'était plus de son ressort. Ce fut là du zèle, et l'esprit de la Loi ne saurait s'inspirer, dans l'espèce, des uniques lumières de ce conseiller. Or, cette guillotine tombée, sournoise, dépourvue de l'indispensable mesure de solennité qui est inhérente à ce qu'elle ose, a simplement l'air d'une embûche placée sur un chemin. Je n'y reconnais que le talion social de la mort, c'est-à-dire l'équivalent de l'instrument du crime.

Bref, *on va se venger* ici, voilà tout, c'est-à-dire commettre un nouveau meurtre sur le prisonnier ligoté qui va sortir et que nous guettons pour l'égorger *à son tour.* Cela va se passer en famille. Mais, encore une fois, c'est méconnaître ce qui peut seul conférer le droit de tuer, que de tuer dans cet esprit-là, de cette façon-là ! L'ombre que projette cette lame terne sur nos pâleurs nous donne à tous des airs de complices : pour peu qu'on y touche encore d'une ligne, cela va sentir l'assassinat ! Au nom de tout sens commun, il faut exhausser à hauteur *acceptable* notre billot national. Le devoir de l'État est d'exiger que l'acte suprême de sa justice se manifeste sous des dehors mieux séants. Et puis, s'il faut tout avouer, la Loi, pour sa dignité même, qui résume celle de tous, n'a pas à traiter avec tant de révoltant dédain cette forme humaine qui nous est commune avec le condamné et en France, définitivement, on ne peut saigner ainsi, à ras de terre, que les pourceaux !

Que signifient ces deux cyniques ressorts à boudins qui amortissent sottement le bruit terrible du couteau ? Pourquoi sembler craindre qu'on l'entende ? Ah ! mieux vaudrait abolir tout à fait cette vieille loi que d'en travestir ainsi la manifestation ! Ou restituons à la Justice l'Échafaud dans toute son horreur salubre et sacrée, ou reléguons à l'abattoir, sans autres atermoiements homicides, cette guillotine déchue et mauvaise, qui humilie la nation, écœure et scandalise tous les esprits et ne fait grande peur à personne.

Comme j'achève ces réflexions moroses, j'entends un cri lointain, suivi d'une rumeur. Un « curieux » (on dirait que c'est toujours le même) vient de se laisser choir d'une échelle, d'où il voulait « mieux voir », et, dans sa chute, s'est, au dire d'un gardien, « fracturé la boîte osseuse ». On l'emporte agonisant. Tout à l'heure, il eût traité de farceur celui qui lui eût chuchoté à l'oreille : « C'est toi qui passes le premier. » Ah ! quel rêve, cette vie ! Quel feu de paille attisé par des ombres !… Cependant, la foule n'accorde aucune attention à ce décès : l'incident n'est, pour elle, qu'une sorte de lever de rideau. Ce défunt banal vient d'essuyer la planche. Pourquoi son trépas n'intéresse-t-il personne ? N'est-ce donc pas mourir qu'on est venu voir ?

Non. Pas précisément, puisque tête brisée vaut tête coupée. D'ailleurs, derrière ces arbres, ces chevaux, à cette distance du drame, la foule sait bien qu'elle ne verra pas « couper la tête ». Alors pourquoi vient-elle passer la nuit, ici, debout dans le froid et les ténèbres ?… Pour communier moralement et du plus près possible avec l'horreur d'un homme qui, seul entre les humains, *est averti de l'instant où il va mourir.* C'est, jointe à la célébrité sinistre de cet homme, la *seule solennité de* SA MORT qui fascine la foule et l'épouvante ; c'est, enfin, *ce qui reste de l'échafaud* dans l'imagination de cette foule qui l'impressionne, la moralise peut-être et lui donne à réfléchir ! Et non point la mort *en soi*, laquelle n'est qu'un fait secondaire, qu'elle voit tous les jours, pour lequel elle ne se dérangerait pas – attendu, vous le constatez, que le phénomène en est si insignifiant à ses yeux qu'elle vient d'y demeurer complètement indifférente.

Rapprochons-nous. C'est pour… dans quelques instants.

Me voici tout auprès du sombre instrument : j'ai pris place dans une sorte d'éclaircie de l'allée vivante dont il a été parlé. Il faut examiner jusqu'à la fin tout cet accomplissement.

Quatre heures et demie sonnent. Les formalités du réveil et de la hideuse toilette sont terminées. À travers la petite porte, scindée dans le portail même de la prison, je vois qu'on lève la grille de l'intérieur : le condamné est en marche vers nous, déjà, sous les galeries – et… avant un instant… Ah ! les deux vastes battants du noir portail s'entr'ouvrent et roulent silencieusement sur leurs gonds huilés.

Les voici tout grands ouverts. À ce signal, vu aux lointains, de tous côtés, on se tait ; les cœurs se serrent ; j'entends le bruissement des sabres ; je me découvre.

L'exécuteur apparaît – le premier, cette fois ! – puis, un homme, en bras de chemise, les mains liées au dos – près de lui, le prêtre. Derrière eux les aides, le chef de la Sûreté publique et le directeur de la prison. C'est tout.

Ah ! le malheureux !… Oui, voilà bien une face terrible. La tête haute, blafard, le cou très nu, les orbites agrandis, le regard errant sur nous une seconde, puis fixe à l'aspect de ce qu'il aperçoit en face de lui. De très courtes mèches de cheveux noirs, inégales, se hérissent par places sur cette tête résolue et farouche. Son pas ralenti par les entraves est ferme, car il ne *veut* pas chanceler. Le pauvre prêtre, qui, pour lui cacher la vue du couteau et lui montrer l'au-delà du ciel, élève son crucifix qui tremble, est aussi blanc que lui.

À moitié route, l'infortuné toise la mécanique :

— *Ça ?… C'est là-dessus ?…* dit-il d'une voix inoubliable.

Il aperçoit la grande manne en treillis, béante, au couvercle soutenu par une pioche. Mais le prêtre s'interpose et, sur la licence que lui en octroie celui qui va périr, lui donne le dernier embrassement de l'Humanité.

Ah ! lorsque sa mère, autrefois, le berçait, tout enfant, le soir, et, souriante, l'embrassait, heureuse et toute fière – qui lui eût montré, à cette mère, cet embrassement-ci au fond de l'avenir !

Le voici, debout, en face de la planche.

Soudain – pendant qu'il jette un coup d'œil presque furtif sur le couteau – la pesée d'un aide fait basculer le condamné sur cette passerelle de l'abîme ; l'autre moitié de la cangue s'abaisse : l'exécuteur touche le déclic… un éclair glisse… plouf ! Pouah ! quel éclaboussis ! Deux ou trois grosses gouttes rouges sautent autour de moi. Mais déjà le tronc gît, précipité dans le panier funèbre. L'exécuteur, s'inclinant très vite, prend *quelque chose* dans une espèce de baignoire d'enfant, placée *en dehors*, sous la guillotine…

La tête que tient, maintenant, par l'oreille gauche, le bourreau de France – et qu'il nous montre – est immobile, très pâle – et les yeux sont hermétiquement fermés.

Détournant les regards vers le sol, que vois-je, à quelques pouces de ma semelle !…

La pointe du Couteau-glaive de notre justice nationale effleurer piteusement la sanglante boue du matin !

Paru le samedi 10 août 1889

Le meilleur amour

Nouvelle

Entre les êtres destinés non pas au bonheur convenu, mais au réel bonheur, nous devons compter un jeune Breton nommé Guilhem Kerlis. L'on peut dire qu'il naquit sous une étoile heureuse, et que peu d'hommes, en leur amour, furent plus favorisés que lui. Cependant, combien simple fut son histoire !

Ce fut en 1882, à la brune d'un beau soir de septembre, qu'Yvaine et Guilhem se rencontrèrent dans la campagne de Rennes, près d'une barrière de prairie. Yvaine, fort jolie, avait seize ans ; c'était la fille unique d'une métayère presque pauvre ; elles habitaient le gros bourg de Boisfleury, près de la ville.

Ce soir-là, suivie de deux génisses et d'une demi-douzaine de brebis, tout son troupeau, elle rentrait.

Guilhem, beau gars de dix-huit ans, était le fils d'un garde-chasse du baron de Quélern : il rentrait aussi, son gibier en gibecière. Tous deux, s'étant regardés, s'étonnèrent de ne pas s'être vus plus tôt, car le bourg n'était pas à plus de deux lieues de la chaumière du garde. Autour d'eux, les champs de luzerne, les avoines fauchées, encore mêlées de fleurs, et, venues du lointain, les senteurs des bois embaumaient l'air vespéral. Ils se dirent quelques paroles.

Yvaine offrit à Guilhem des bluets qu'elle avait au corsage. Guilhem lui fit présent d'une belle perdrix rouge, et l'on se sépara sur un rendez-vous que la jeune fille accorda sans hésiter, car on avait parlé mariage – et Guilhem, tout de suite, lui avait plu.

Ils se revirent le lendemain, non loin de Boisfleury, dans un sentier que l'automne parsemait déjà de feuilles dorées, ce fut la main dans la main qu'ils échangèrent de naïves confidences, sans même penser à se dire qu'ils s'aimaient. Puis, tous les jours, jusqu'à la fin d'octobre, Guilhem la revit, se passionnant pour elle.

C'était un grave cœur, plein de croyances, dont les sentiments étaient à la fois purs, ardents et stables. Yvaine était joueuse, engageante et d'un babil d'oiseau ; peut-être un peu trop rieuse. Ils se fiancèrent avec d'innocents baisers, de doux projets de ménage.

Et c'était une longue étreinte silencieuse, lorsqu'ils se quittaient.

Comme Guilhem avait gardé son secret, même pour son père, le vieux garde attribuait l'air nouvellement soucieux de son fils aux seules approches du moment de la conscription – ce qui entrait pour une part, aussi, dans la vérité. L'ancien sergent lui donnait, à souper, des conseils pour réussir au régiment.

Le primitif Guilhem aimait donc avec ferveur, avec foi – sans remarquer qu'Yvaine, étant seulement très jolie, mais sans une lueur de beauté, ne pouvait être qu'incapable de sentiments bien solides.

Amoureuse, peut-être ; amante, sa nature s'y refusait. Certes, elle se fût peu défendue, s'il eût voulu, d'avance, en obtenir des privautés conjugales plus sérieuses que des baisers et des étreintes ; mais, en ce croyant, une sorte d'effroi de ternir sa fiancée maîtrisait la fièvre des désirs, l'emportement de la passion ; de tels entraînements, trop oublieux de l'honneur, sentaient le sacrilège, et ceci les refrénait. Yvaine, de tempérament plus frivole, regrettait, au fond de ses idées, qu'il eût si fort cette qualité du respect – et même son inclination pour lui s'en attiédit un peu. Elle avait envie de rire, parfois, de ce trop grave amour – qu'elle comprenait à l'étourdie, et selon d'étroites sensations ; bref, elle eût bien préféré que Guilhem fût « plus amusant » ; mais un mari (se disait-elle), ce doit, sans doute, être comme cela, *d'abord*.

Au moment des adieux, quand Guilhem tomba au service militaire, elle ressentait pour lui plutôt de l'amitié que de l'amour. Cependant, ils échangèrent la bague ; elle l'attendrait. Cinq ans de fidélité ! N'était-ce pas compter sur un rêve que d'y croire, l'ayant bien regardée ? Pourtant, l'idée ne vint même pas à Guilhem qu'elle pût manquer à sa parole.

Le matin de son départ, au moment de s'éloigner vers la ville, il lui dit, la tenant embrassée : « Va, je reviendrai sous-lieutenant, avec la croix. – Ah ! mon Guilhem, lui répondit-elle (avec un accent si sincère qu'elle en fut dupe elle-même sur le moment), si tu te faisais tuer à la guerre, je te jure que je me ferais religieuse ! » Il eut un tressaillement : c'était la promesse inespérée ! Dans un élan de tendresse profonde, il lui ferma les paupières d'un long baiser… C'était scellé ! Ils étaient mari et femme. L'on s'écrirait toutes les semaines. La vérité, c'est qu'Yvaine l'avait entrevu en uniforme d'officier, ce qui l'avait transportée. Ils se séparèrent, les yeux en pleurs, n'ayant l'un de l'autre qu'une petite photographie, tirée par un artiste de passage, au prix de un franc.

Guilhem fut incorporé dans les chasseurs d'Afrique et dirigé sur la province d'Alger.

Les premières lettres furent pour tous deux une joie charmante, presque aussi douce que les premiers rendez-vous. L'éloignement avait rendu Guilhem, pour la jeune fille, une sorte de « chose défendue » dont on la privait, et qu'elle désirait par cela même.

Puis, il y avait le devoir, maintenant qu'on s'était bien promis l'un à l'autre.

En six mois, cependant, les pâlissements de l'absence altérèrent un peu la constance déjà longue d'Yvaine. Elle soupirait et s'ennuyait de cette monotonie, de cette solitude. Sa parole jurée lui pesait parfois comme une chaîne. Elle en était revenue à l'amitié. Ses lettres, sa seule distraction, demeuraient toutefois les mêmes, ayant pris le pli des phrases tendres. Celles de Guilhem témoignaient qu'il ne vivait de plus en plus que d'elle – et d'espoir. Mais quatre ans et demi encore !… Naïve, elle bâillait, parfois, en y songeant. Sur ces entrefaites, le père de Guilhem, le vieux garde Kerlis, mourut, laissant un pécule des plus modestes, que Guilhem plaça, par correspondance, pour jusqu'à son retour.

Cette présence, qui avait gêné la mère et la fille, ayant disparu, celles-ci respirèrent plus à l'aise. La mère Blein, des plus accortes et jolie encore, devint de mœurs un peu libres.

Si bien qu'un jour, moins de dix mois après le départ de Guilhem, il arriva comme si un absurde coup de vent eût passé tout à coup.

Yvaine, en effet, par un soir de fête de village, s'en laissa dire par un jeune élève de marine, venu en congé, qui la séduisit à l'improviste et dut, après deux jours, la laisser seule.

Elle comprit alors trop tard qu'elle avait commis, *en riant trop*, l'irréparable. Allons, c'était fini ! Que faire ? S'étourdir ? Elle sentit que la vie allait l'entraîner.

Un mois après, à Rennes, elle avait un amant, qui l'installa, sans luxe d'ailleurs. Bientôt, devenue fille galante, elle mena l'existence de gros plaisirs qu'offre la province aux personnes désireuses de « s'amuser ».

Cependant, par une féminine bizarrerie, elle avait gardé, au fond du cœur, un faible pour le passé lointain qu'elle avait trahi si follement. Les lettres douces et réchauffantes qu'elle recevait toujours formaient un tel contraste avec le ton dont les « autres » lui parlaient !... Ne sachant d'elle que ce qu'elle lui en apprenait, le soldat continuait, là-bas, de la respecter et de la chérir. Il est des soupirs qui éclairent : elle l'appréciait davantage, à présent !... De sorte que, sans bien se rendre compte de ce qu'elle osait, elle lui répondait avec la candeur d'autrefois, qu'elle retrouvait en lui écrivant – lui laissant croire, par un jeu triste et pour gagner du temps, qu'elle était toujours celle qu'il avait connue.

Se savoir aimée de vrai, cela lui faisait du bien. Comment y renoncer ? Pourquoi le rendre si vite malheureux ? Ne saurait-il pas toujours assez tôt ? Elle devait s'efforcer de faire durer l'illusion de Guilhem jusqu'à la fin, s'il était possible. « Il a encore trois années ! » se disait-elle – et cela l'enhardissait. Et puis, elle ne pouvait s'en empêcher. C'était son seul et poignant bonheur. « Tant mieux, s'il vient me tuer, quand il apprendra mon inconduite !... pensait-elle. Soyons *heureux* d'ici là ! » Ce qui ne l'empêchait pas, lancée comme elle était, de continuer, dans les intervalles, son train de fille qui s'étourdit et se donne « du bon temps » avec les étudiants et les officiers.

Tout à coup, plus de lettres. C'était la cinquième année, aux premiers mois seulement.

Ce silence brusque la remplit d'une angoisse violente. Saurait-il ? A-t-il appris ? Elle en fut d'autant plus consternée qu'au moment où ce silence compta plusieurs semaines, elle se trouvait à l'hospice, officiellement soignée pour un mal abominable, gagné au cours de sa vie joyeuse, et qui la défigurait.

Voici ce qui s'était passé.

Une fois incorporé dans son escadron, Guilhem, fort de son grave amour et sûr de sa fiancée, s'était bientôt fait remarquer comme soldat solide, studieux, exemplaire. Il lui semblait, chaque jour, qu'il gagnait Yvaine et leur bonheur futur. De là, sa conduite irréprochable. Ne vivant que des lettres qu'il recevait de France, et qui lui remplissaient le cœur, Yvaine était là, pour lui ! L'absence la multipliait, sous le beau ciel oriental, et la mélancolie du désir l'y faisait apparaître encore plus charmante, plus délicieuse que dans les champs bretons. La joie, certaine pour lui, de l'avoir pour femme – il l'éprouvait ainsi, d'avance, et chaque jour l'en rapprochait.

Lorsqu'il passa maréchal des logis, avec la médaille militaire, son fier contentement se doubla de l'écrire à sa digne et chère petite femme !... Ah ! comme en son être, les mots foi, patrie, honneur, foyer, conservaient toutes leurs vibrations virginales – grâce à ce pur sentiment qu'il avait emporté du pays !... Au point d'inaltérable confiance où il était parvenu, Guilhem, en lisant les phrases, où parfois un mot trouble eût dû l'étonner, faisait la demande et la réponse – et justifiait tout.

Étant supposé qu'il eût soudainement appris de quelqu'un la réalité et qu'à force de preuves l'évidence eût fait chanceler sa foi, quel noir dégoût, quel poison, quelle horreur de vivre ! Quel effondrement ! Certes, celui qui lui eût fourni ces preuves, sous prétexte « d'être dans le vrai », n'eût-il pas été, dans son zèle aussi niais que maudissable, bien moins un ami qu'un meurtrier ? Les braves lettres de son honnête et sainte petite Yvaine, n'était-ce pas pour lui le réel bonheur au milieu de cette séparation forcée, mais saturée d'espérance, qui était, au fond, la plus grande chance de sa vie ? N'était-ce pas même le seul bonheur possible, entre eux, que cette ombre ?

En admettant que son numéro l'eût exempté du service et qu'il eût épousé, là-bas, son Yvaine, quelle différence ! Après les ivresses brèves, lorsqu'il se serait aperçu de la futile, oisive, inconsistante, coquette et dangereuse nature de sa femme, que de pleurs secrets il eût versés, lui qui ne pouvait concevoir que sacré le foyer conjugal !...

Quel ennui bientôt ! quelle vieillesse redoutable ! quelle solitude à deux, si toutefois une légèreté de sa femme n'eût pas amené quelque tragique dénouement !

Eh bien ! au lieu de ce résultat *positif* du bonheur soi-disant réalisé, sa bonne étoile d'homme prédestiné à n'être que *réellement* heureux l'avait comblé de ces quatre ans et demi de félicité sans nuage, faite d'espoir bien fondé, d'absence illusoire, de réconfortants souvenirs chaque jour revécus ! Et cela grâce à la duplicité mêlée d'effroi, grâce, enfin, à la supercherie pardonnable de celle qu'il ne pouvait soupçonner !... – *Pardonnable ?* avons-nous dit. Certes, comment, en effet, juger « coupables » ou « innocentes » ces sortes de natures ?

Autant prétendre les alouettes criminelles parce qu'elles ne peuvent résister au miroir !

Et si l'on objecte que ce bonheur n'était que le fruit d'un mensonge, nous répondrons : cela prouve que, pour ceux qui en sont dignes, un Dieu fait toujours naître le bien du mal. D'ailleurs, dans ce bas monde, quel est le bonheur qui, au fond, ne tient pas à quelque mensonge ?

Une nuit, aux premiers mois de cette cinquième année, Guilhem fut réveillé par le clairon. C'était une révolte d'Arabes. Il sauta en selle. On chargea.

L'escarmouche fut chaude ; mais, moins d'une heure après, le mouvement séditieux était réprimé.

Comme l'on revenait au campement, sous la clarté des étoiles, deux ou trois coups de feu lointains, attardés, retentirent ; des balles sifflèrent – et, soudain, se glissant du milieu des alfas, entre les chevaux, une ombre passa. Sans doute quelque fuyard tenant à venger un mort.

En effleurant le maréchal des logis, et comme celui-ci levait son sabre, l'Arabe étendit son flissah. De bas en haut, l'arme traversa la poitrine de Guilhem, qui s'inclina, mourant, sur l'encolure de son cheval, pendant que l'indigène disparaissait sous une étendue de dattiers, au long de la route.

On l'étendit sur une civière ; mais il fit signe de s'arrêter ; il n'arriverait pas vivant. C'était fini.

La pleine lune, au grand ciel africain, éclairait le groupe militaire.

Le voyant, d'instants en instants, s'éteindre, tous ceux qui l'entouraient, l'estimaient et l'aimaient sentaient leurs yeux se mouiller et le contemplaient, tête nue.

Il tira de sa poitrine la petite photographie de la fiancée vénérée, qu'il ne devait plus revoir, *mais qui lui avait juré, s'il était tué à la guerre, de se consacrer à Dieu.*

Puis, comme le réel bonheur ne peut se trouver, ici-bas, *qu'en soi-même*, et que, par miracle, sa foi l'avait protégé contre tout scandale extérieur, emportant ses nobles et pures croyances préservées, il fit le signe de la croix. Alors, le visage rayonnant d'une joie extatique, tranquille, nuptiale, et touchant de ses lèvres l'image d'Yvaine, il expira doucement, d'un air d'élu.

Pierre Loti

(1850-1923)

Entré à l'Académie française en 1891.

Loti, le voyageur sentimental

Drôle de zèbre, ce Loti. Personnage singulier. Petit en taille, haut en couleur, il détonne. Il est très timide, dit son amie qui tient salon, Juliette Adam, ce qui le rend parfois un peu solennel auprès des inconnus ; mais en privé, facétieux, il aime surprendre, faire des farces. Un caractère d'enfant, des frasques légendaires. Une autre de ses amies, Sarah Bernhardt, le surnomme « Pierrot le fou ».

Né à Rochefort, dans une vieille famille protestante, Julien Viaud, très tôt, choisit de devenir marin : l'appel du large, l'envie d'exotisme. Jeune aspirant, il embarque sur le Jean-Bart. Du Japon à l'Océanie, du Tonkin à l'Arabie, il parcourt le monde. Tahiti l'enchante. Il y cueille son nom d'écrivain ; c'est celui d'une fleur. Ses livres seront des pétales de souvenirs, de portraits, de paysages, d'instants vécus ou rêvés qu'il dispersera au fil du temps. Un tableau impressionniste, un flacon entrouvert d'où s'échappent des parfums enivrants. Son premier roman, Aziyadé, *parait en 1879, sans nom d'auteur. Il est présenté comme « le récit, circonstancié et agrémenté de descriptions, d'une amourette à la turque », entre un officier de marine européen et une jeune femme d'un harem. Sensibilité extrême et baroque, amour du merveilleux, fascination pour la mort, le décor est posé. Naïf et sentimental, porté par une insondable mélancolie, celui qui va désormais signer Pierre Loti évoque dans ses ouvrages qui se succèdent –* Le Mariage de Loti, Le Roman d'un spahi, Fleurs d'ennui *–, des paysages enchanteurs, des idylles mystérieuses, des désenchantements lointains : « Un temps viendra, gémit-il, ou de tout ce rêve d'amour, rien ne restera plus, ou tout sera englouti avec nous dans la nuit profonde. » Semblable à un enfant qui a* *peur qu'on l'abandonne, il est hanté par le sentiment qu'un jour tout se fane. Il travestit le monde aussi facilement qu'il se déguise, pour échapper à la triste réalité.*

Son univers fascine, son vocabulaire simple et imagé séduit. Ses romans connaissent un succès populaire qui ne se démentira pas. Lieutenant de vaisseau, il poursuit son périple en Asie. C'est un reporter de guerre, une caméra embarquée. Le récit de ses batailles est publié en feuilleton dans Le Figaro. *En 1883, il y déclenche un scandale en décrivant les massacres de civils auxquels se sont livrées les troupes françaises lors de la prise de Hué. Sanctionné, puis réhabilité, intronisé Académicien – face à Zola –, il repart pour l'Inde, puis la Chine. Le quotidien s'enorgueillit de cette « glorieuse » collaboration. Loti y a son bivouac. Il y adresse sa correspondance, y recommande ses amis ; toujours prêt à s'enflammer, il y défend les causes les plus diverses, les aveugles, la Turquie, la nature ; c'est un écologiste de la première heure, un humaniste, un homme de cœur, plus que de raison.*

Lorsque vient l'âge de la retraite, il recréé, dans sa maison de Rochefort, l'atmosphère de ses romans. Chinois, turc, gothique, tous les styles se côtoient. Il installe une mosquée. On le trouve curieux, complexe, mystérieux. Il passe des heures sur sa chaise longue, devant la fenêtre ouverte, à fixer l'horizon. Il est toujours en voyage.

Paru le vendredi 28 septembre 1883

La prise du Tonkin vue de l'escadre

Le courrier d'Indochine, arrivé hier par le Yan-Tsé, *nous apporte une primeur qui sera fort appréciée de nos lecteurs. C'est la relation détaillée et prise sur le vif des opérations militaires accomplies pendant le mois d'août et à la suite desquelles nos soldats s'emparèrent de la capitale de l'Annam.*

Ce récit a été écrit à l'intention du Figaro *par un officier de marine, à qui sa situation ne permet pas de signer.*

Ce n'est pas seulement un document historique important, c'est aussi, comme on va en juger, un fort joli morceau de littérature.

17 AOÛT. – L'escadre se réunit dans la baie de Tourane. L'attaque des forts de la ville de Hué sera pour demain.

Aucune communication avec la terre. La journée se passe en préparatifs. Le thermomètre marque 33,5 °C au vent et à l'ombre. De hautes montagnes entourent la baie, rappelant les Alpes, moins leurs neiges. Sur une langue de sable, on aperçoit la ville de Tourane, un assemblage assez misérable de huttes basses, en bois et en roseaux.

On s'occupe à bord d'équiper les hommes des compagnies de débarquement, de leur délivrer à chacun sac, bidon, bretelle de fusil, etc., même de leur faire essayer leurs souliers. Les matelots sont gais comme de grands enfants, à cette idée de débarquer demain, et ces préparatifs sont absolument joyeux.

Pourtant, les insolations et les fièvres ont déjà fait parmi eux plusieurs malades ; de braves garçons, qui tout dernièrement étaient alertes et forts, se promènent tête basse, la figure tirée et jaunie.

Dans l'après-midi, on voit arriver de terre un canot portant des mandarins vêtus de noir, l'un d'eux abrité sous un immense parasol blanc. Ils vont conférer à bord de l'amiral, et s'en retournent comme ils étaient venus.

À cinq heures, réunion et conseil des capitaines, à bord du *Bayard*. Orage et pluie torrentielle.

Les matelots passent la soirée à chanter, plus gaiement que de coutume. On entend même les vieux sons aigres d'un *biniou*, que des Bretons ont apporté.

SAMEDI 18 AOÛT. – À neuf heures du matin, l'escadre (*Bayard, Atalante, Annamite, Château-Renaud, Drac, Lynx, Vipère*) sort en ligne de file de la baie de Tourane, par un temps lumineux et splendide, traverse une légion de jonques de pêcheurs bizarrement voilées, et fait route vers Hué, la capitale du Tonkin.

À 2 heures 20, l'escadre arrive devant l'entrée de la rivière de Hué. Au premier plan, une côte de sable, étincelante dans le soleil, quelques cocotiers aux panaches verts, quelques maisons aux toits arqués à la chinoise. Un seul grand fort apparent, gardant l'entrée de la rivière, où la mer brise.

L'escadre s'approche avec précaution, en sondant, mouille le plus près possible, et *s'embosse*, en hissant les pavillons français, pour commencer le bombardement.

Le fort répond bravement, en hissant le pavillon jaune d'Annam. On dirait un fort moderne, bien construit et casematé, mais on n'y aperçoit pas de canons. Quelques personnages apparaissent aux embrasures, ayant l'air de flâner et de nous regarder fort tranquillement : la résistance sans doute ne sera pas sérieuse ; et on s'attend à les voir déguerpir au premier coup de nos canons.

Au-dessus de la ligne brillante des sables, les montagnes du Tonkin forment un fond obscur qui monte très haut dans le ciel et se découpe en sombre sur la grande lumière bleue.

5 heures et demie du soir. – Un premier obus lancé par le *Bayard* donne le signal du feu. Il tombe en plein sur le fort annamite, soulevant une trombe rougeâtre de sable et de gravier. De tous les bâtiments de l'escadre, le bombardement commence, régulier et méthodique, chacun tirant sur le point précis qui lui a été indiqué hier. Quelques minutes se passent et, à terre, rien ne bouge ; évidemment, les Annamites se sont sauvés.

Mais voici tout à coup de petites lueurs rapides qui éclatent aux embrasures du fort, accompagnées de fumées blanches ; c'est la riposte, on tire sur nous.

Il y a même des canons en quantité, des petites batteries qu'on ne voyait pas, qui étaient échelonnées tout le long de la côte dans le sable, et qui font feu tant qu'elles peuvent.

Mais ce sont des boulets ronds, qui ne portent pas jusqu'à nous. Ils tombent à moitié route, en faisant des remous dans l'eau. Les avisos, seuls, qui se sont approchés davantage, peuvent en recevoir par raccroc quelques-uns ; les cuirassés, trop éloignés, les regardent venir sans crainte ; on les voit sautiller sur l'eau, en faisant des ricochets, comme des paumes d'enfant, et puis disparaître en chemin.

Bientôt de grandes flammes rouges commencent à monter, derrière le fort de Thouane-An, c'est un incendie que nos obus ont allumé là-bas, des villages qui flambent ; cela gagne vite, et cela monte très haut, avec une épaisse fumée.

Le bombardement continue. Malgré le roulis qui gêne notre tir, les obus pleuvent sur les Annamites, chavirant tout ; mais eux tiennent toujours et précipitent leur feu. Assurément, ils sont braves.

7 heures du soir. – La nuit est presque venue ; c'est la lueur du village brûlé qui nous guide pour notre tir. Des nuages très épais se sont amoncelés sur les montagnes de l'Annam ; cela forme un immense fond noir, avec des éclairs qui se promènent dessus ; en bas, au ras de la mer, toujours les petites lueurs rapides des canons tirant sur nous. Une grosse lune jaune, qui se lève très embrouillée de nuages, éclaire mal la situation – on commence à ne plus rien voir. L'amiral signale de cesser le feu, et tout se tait.

Mais les Annamites ont riposté jusqu'à la fin, avec une force de résistance inattendue, et les pavillons du roi Tu-Duc flottent toujours sur la plage.

C'est demain matin, dimanche, au petit jour, que nous devons tenter le débarquement de vive force – on a préparé, avec des bambous, des ponts, des radeaux, tout le matériel nécessaire. Les matelots ont toujours leur entrain insouciant ; mais les gens raisonnables se préoccupent un peu de ce coup de main, avec si peu de monde, au milieu des brisants, sur une plage garnie de canons et de soldats. Vu de près, cela semble moins facile qu'hier, quand on en causait à Tourane.

Dimanche 19 août. – Branle-bas à 4 heures du matin. Les compagnies de débarquement prennent à la hâte les armes, les munitions, les vivres. On embarque dans les canots les pièces de campagne et les canons-revolvers.

5 heures et demie. – Contre-ordre de l'amiral, débarquement ajourné. Des baleinières de l'escadre sont allées dans la nuit à la plage examiner des brisants qui sont trop dangereux aujourd'hui. Avant le soleil levé, les hommes sont désarmés, le matériel ramassé, et on commence à bord, comme si de rien n'était, le grand lavage traditionnel du dimanche.

Au petit jour, l'air est si pur qu'on distingue à terre, jusque dans les lointains, les moindres détails des choses. Les longues-vues sondent le fond de la rivière de Hué ; de grands arbres, des palmiers verts, et, de distance en distance, des pavillons d'Annam, indiquant des forts et des batteries. On n'aperçoit rien de la ville, où, dit-on, la tête du pauvre commandant Rivière est encore exposée en place publique, au bout d'une perche.

Voici un mouvement de troupes sur le sable de la plage. Des gens sortent du fort de Thouane-An, que nous avons bombardé hier ; ils sont habillés de noir et coiffés de grands chapeaux chinois, chapeaux chinois blancs, en forme de champignon ; on voit leurs armes briller au soleil – ce sont des soldats de l'armée régulière du roi Tu-Duc. Ils commencent à traverser la rivière dans un bac, pour se concentrer en face, dans un fort de la rive sud. Le *Bayard* leur envoie des obus ; il en résulte des paniques, des chutes dans l'eau ; on les voit courir comme des fous sur le sable. Mais le mouvement continue toujours, et les forts annamites se mettent à nous riposter.

Ce matin, à notre surprise, leurs projectiles arrivent jusqu'à nous et sifflent en l'air avec un bruit pareil à celui des nôtres. Évidemment, ce sont des pièces *rayées* qui nous les envoient. Ils n'en avaient pas hier, ils ont dû les établir pendant la nuit.

Un projectile traverse la hune de la *Vipère*, un autre enfonce les tôles du *Bayard*, et frappe un matelot dans la poitrine. Alors, au signal de l'amiral, le bombardement général recommence.

Pas de roulis aujourd'hui ; les pièces de l'escadre, parfaitement pointées, portent toutes en plein sur les batteries annamites, qui doivent être écrasées. À chacun de nos coups on voit voler des tourbillons de sable et de pierres. Leur feu ne tient pas dix minutes. Au bout d'une demi-heure, nous cessons aussi le nôtre, la terre ne ripostant plus.

Il est onze heures. Ce sera une journée de repos pour les matelots, qui en ont besoin ; on donne à bord le coup de sifflet bien connu : *L'équipage aux sacs, les jeux sont permis !* Les batteries de l'escadre, salies par la poudre, la fumée, l'eau boueuse des écouvillons, n'ont pas leur aspect habituel, leur réjouissante propreté du dimanche : mais il y passe aujourd'hui une bonne brise de mer, pas trop chaude, très respirable. Au lieu de *prendre leurs sacs*, les matelots, fatigués par quelques journées de travail excessif et de veilles, se couchent à plat pont et s'endorment. Les bâtiments deviennent silencieux comme de grands dortoirs.

À huit heures du soir, conseil de guerre à bord du *Bayard*. Les brisants se sont beaucoup calmés ; les forts annamites, deux fois bombardés, ne doivent plus être en état d'opposer une résistance très longue, le débarquement est décidé pour demain matin et les marins se couchent bien vite, afin d'avoir un peu le temps de dormir avant le branle-bas qu'on doit leur faire à quatre heures.

Les officiers du corps de débarquement sont désignés d'avance d'après certaines règles fixes basées sur leur ancienneté et leurs fonctions à bord ; ceux qui doivent rester pour la manœuvre et le service des batteries sont donc préparés depuis longtemps à cette privation et l'acceptent sans murmures.

Pour les matelots, il y a plus d'arbitraire ; bien des *gabiers*, qui n'avaient pas été désignés d'abord, ont réussi aujourd'hui à se substituer à d'autres moins dégourdis qu'eux, et partiront à leur place. Il s'agit demain matin de s'emparer de toute la rive gauche de la rivière de Hué, qui est la partie la plus sérieusement fortifiée de la côte. Indépendamment des petites batteries disposées çà et là dans le sable, il y a le grand fort circulaire du sud qui garde l'entrée de la rivière avec une quarantaine d'embrasures à canons ; puis la batterie du magasin au riz, et enfin, en remontant toujours vers le N.-O., le fort extrême du nord. Tous plus ou moins abîmés par les obus, mais sans doute réparés pendant la nuit et capables encore de recommencer le feu.

Nuit splendide. Les bâtiments de l'escadre promènent sur la terre de grands jets de lumière électrique qui doivent effrayer beaucoup les Annamites. Pendant ce temps-là, les baleinières françaises sondent l'entrée de la rivière, et explorent les brisants de la plage.

JOURNÉE DU LUNDI 20 AOÛT

4 heures du matin, branle-bas. – Nuit close. Le corps de débarquement déjeune à la hâte, s'arme, prend ses munitions et deux jours de vivres. Quelques poignées de mains, quelques petites recommandations échangées entre ceux qui partent et ceux qui restent ; puis on s'embarque dans les canots. Toutes les pièces de l'escadre sont pointées sur la côte, prêtes à faire feu.

5 heures 30. – Au petit jour, les pavillons français sont hissés en tête de chaque mât, le vacarme du bombardement commence. La terre ne répond pas. Les dunes font tout le long de l'horizon une ligne blanche ; les montagnes d'Annam dessinent au-dessus, sur le ciel qui s'éclaire, de hautes découpures violettes.

5 heures 50. – Toute la flottille des canots se met en marche. Temps très pur, absolument calme. Le soleil se lève dans de petits nuages couleur d'or. Le jour est venu tout d'un coup, comme il est de règle dans les pays des tropiques. Tous les détails des montagnes s'accentuent en rose et en bleu. On voit au-dessus des dunes des cocotiers verts, batteries, villages, pagode, maisons aux toits ornés de découpures. Dans tout cela rien ne bouge, et nos obus semblent tomber sur un pays abandonné.

6 heures 20. – Les compagnies de débarquement du *Bayard* et de l'*Atalante* arrivent à la plage, commencent à mettre pied à terre par les brisants, en se mouillant un peu. Un instant d'anxiété : des navires de l'escadre, on distingue nettement des rangées de têtes annamites qui apparaissent au-dessus des dunes et que les marins débarqués ne peuvent pas voir ; ils paraissent les attendre là, dans des tranchées. Le *Lynx*, le plus rapproché, leur envoie un *feu de salve* qui semble en abattre une vingtaine ; les autres se baissent.

C'est près du fort du Nord, en face d'un village, qu'a lieu ce débarquement. Tout à coup, de derrière les dunes, part une pluie de bombettes enflammées, avec quelques projectiles et des morceaux de ferraille. Personne de blessé. Les bombettes sont presque inoffensives, elles retombent tout doucement sur le sable comme de petits météores. Les matelots montent en courant sur les dunes, trouvent les Annamites à peine armés, font feu sur eux, en assomment à coups de crosse comme en s'amusant. Toute la bande jaune est en fuite. Un millier d'hommes, peut-être, se sauve devant cette poignée de matelots. La compagnie de débarquement de l'*Atalante* court sur le fort du Nord. Des Annamites en sortent brusquement, s'avancent, font feu sans tuer personne, puis reculent et se sauvent.

6 heures 40. – La compagnie de l'*Atalante* est dans le fort du Nord. Le pavillon annamite est amené, et le premier pavillon français hissé à sa place par M. le lieutenant de vaisseau Poidloue, commandant la compagnie. Les marins poursuivent les Annamites dans la direction du Nord-Ouest.

7 heures. – L'artillerie de débarquement et le premier groupe d'infanterie de marine mettent pied à terre. Les canots reviennent, pour faire un second transport. Une nouvelle batterie annamite établie dans le sable ouvre le feu contre la *Vipère* qui lui répond. Les marins ont mis le feu au village nord, qui commence à flamber.

7 heures 30. – La batterie annamite du Magasin-au-Riz ouvre le feu. Les marins ont allumé un second incendie, celui-ci, magnifique, village, pagode, tout brûle avec d'immenses flammes rouges et des tourbillons de fumée.

7 heures 40. – Le second convoi d'infanterie de marine met pied à terre, toute l'artillerie est débarquée et hissée sur la crête des dunes. Les troupes françaises se massent perpendiculairement à la plage, face au sud, se disposant à marcher sur les grands forts.

7 heures 50. – Un incendie est allumé par les obus de l'escadre dans le fort circulaire du sud. Toutes les troupes françaises sont massées ; l'artillerie de débarquement ouvre le feu contre les forts. Au nord, toutes les maisons brûlent.

8 heures. – Les troupes françaises se divisent et se portent en ayant vers le sud.

8 heures 35. – Les premiers groupes français arrivent, peu nombreux, à la batterie du Magasin-au-Riz, et font un feu précipité.

8 heures 40. – Ils reculent de quelques pas et s'abritent : le fort circulaire tire sur eux. L'escadre accélère le bombardement.

8 heures 45. – Le corps de débarquement signale de terre au vaisseau amiral (au moyen de pavillons de timonerie hissés à une perche) : « Demande de cesser le feu sur les forts. » Le vaisseau amiral répond en signalant à l'escadre : « Cessez le feu. »

8 heures 50. – Un moment de serrement de cœur pour ceux qui regardent du bord : les Annamites sortent en masse du Magasin-au-Riz et font un feu assez rapide contre les premiers groupes français qui reculent et se jettent tous à terre, dans le sable.

8 heures 55. – On recommence à respirer. Tous les Français se sont relevés. Pas un n'est blessé sans doute, car ils courent tous ; ils courent sur les Annamites sans leur laisser le temps de recharger leurs armes. D'ailleurs, des renforts de matelots et de soldats d'infanterie de marine leur arrivent par derrière. Les Annamites se sauvent à toutes jambes, toujours vers le Sud, et ils se réfugient dans un pâté de maisons sur lequel leur pavillon flotte. Les Français courent après eux.

9 heures. – On ne voit pas bien ce qui se passe, au milieu de ces maisons et de ces arbres. On y entend une fusillade très vive, et le pavillon d'Annam tombe. Les Français continuent de courir en avant, vers le fort circulaire du Sud. Le soleil commence à beaucoup monter et la chaleur devient terrible.

9 heures 5. – On entend l'artillerie française, qui est arrivée à Thouane-An (le dernier village au Sud), faire feu, tout près du fort circulaire. Le village de Thouane-An s'allume brusquement d'un seul coup et se met à flamber comme un immense feu de paille.

9 heures 10. – Les Français sont entrés par deux côtés à la fois dans le grand fort circulaire que les obus de l'escadre ont déjà rempli de morts. Les derniers Annamites qui s'y étaient réfugiés se sauvent, dégringolent des murs, absolument affolés ; quelques-uns se jettent à la nage, d'autres essayent de passer la rivière dans des barques, ou à gué, pour se réfugier sur la rive du sud. Les Français, qui sont montés sur les murailles du fort, tirent sur eux, de haut en bas, presque à bout portant, et les abattent en masse. Ceux qui sont dans l'eau essayent de se couvrir naïvement avec des nattes, des boucliers d'osier, des morceaux de tôle ; les balles françaises traversent le tout. Les Annamites tombent par groupes, les bras étendus ; trois ou quatre cents d'entre eux sont fauchés en moins de cinq minutes par les *feux rapides* et les *feux de salve.* Les marins cessent de tirer, par pitié, et laissent fuir le reste ; il y aura bien assez de cadavres dans le fort à déblayer ce soir avant l'heure de se coucher.

Le grand pavillon jaune d'Annam, qui flottait depuis deux jours, est amené, et le pavillon français monte à sa place. C'est fini, toute la rive Nord est prise, balayée, brûlée. En somme, une matinée heureuse et glorieuse, admirablement conduite.

Du côté des Annamites, environ six cents morts jonchent les chemins et les villages, la tête criblée de balles ou la poitrine crevée à coups de baïonnette. De notre côté, une dizaine de blessés à peine, pas un mort, pas même une blessure désespérée.

9 *heures* 15. – Le *Bayard*, vaisseau-amiral, fait monter ses hommes dans les haubans et crier : « hurrah ! » Tous les bâtiments de l'escadre imitent l'amiral.

Et puis, partout, le calme se fait. On va se reposer au moins jusqu'à ce soir. Les troupes débarquées demandent à l'escadre du vin et de l'eau qu'on leur envoie, et puis s'installent à l'ombre.

On était admirablement placé à bord pour suivre de haut et comme sur un plan tous les mouvements de l'attaque. Maintenant, avec les longues-vues, on distingue les détails, les costumes, les attitudes, les épisodes.

Un gabier se promène gravement le long de la plage, sous un grand parasol de mandarin. Un Annamite, qui jouait le mort sur le sable, est rencontré par un matelot porteur d'un baril, qui le menace du doigt comme on menace les gamins. L'Annamite lui fait humblement : « tchin tchin » et lui embrasse les pieds, demandant grâce. Le matelot a bon cœur et se laisse toucher. « Seulement, par exemple, tu vas porter mon baril. » Il lui place l'objet sur les épaules et s'en fait accompagner comme d'un groom.

Plus un souffle dans l'air. L'accablement de midi commence à gagner partout. La mer immobile brille et chauffe par en-dessous comme un miroir. La ligne des dunes est sous le soleil d'une blancheur fatigante ; deux ou trois cadavres annamites se dessinent sur le sable ; des moutons et des porcs, chassés par le feu, leur passent dessus ; un pauvre chien qui, sans doute, n'a plus de maître, galope de droite et de gauche, ayant l'air d'avoir aussi perdu la tête. Derrière les sables, les montagnes d'Annam pâlissent sous une espèce de buée chaude, et le bleu du ciel est comme terni de chaleur. On n'entend plus rien. Seulement, les villages brûlent toujours avec de longues flammes très rouges ; leurs fumées montent tout droit, à d'étonnantes hauteurs, tant l'air est calme ; au milieu de tout cet éblouissement de bleu, elles ressemblent à de gigantesques colonnes noires.

Encore une petite canonnade vers trois heures du soir. L'escadre a changé de mouillage et est venue se poster en face de l'embouchure de la rivière. Les forts annamites de la rive Sud tirent sur la *Vipère* et le *Lynx* qui sont venus mouiller tout près de la barre, pour être en position de la franchir demain matin. L'escadre riposte, et le feu cesse.

La nuit est absolument calme. On voit, tout le long de la côte, la lueur des villages annamites, qui flambent au clair de lune jusqu'au matin.

Paru le jeudi 9 mai 1901

Vers Pékin

De Takou à Tien-Tsin

Jeudi 11 octobre 1900

A midi, par un beau temps calme, presque chaud, très lumineux sur la mer, je quitte le vaisseau amiral, le *Redoutable*, pour me rendre en mission à Pékin.

C'est dans le golfe de Petchili, en rade de Takou, mais à de telles distances de la côte qu'on ne la voit point, et que rien nulle part n'indique aux yeux la Chine.

Et le voyage commence par quelques minutes en canot à vapeur, pour aller à bord du *Bengali*, le petit aviso qui me portera ce soir jusqu'à terre.

L'eau est doucement bleue, au soleil d'automne qui, en cette région du monde, reste toujours clair. Aujourd'hui, par hasard, le vent et les lames semblent dormir. Sur la rade infinie, si loin qu'on puisse voir, se succèdent immobiles, comme pointés en arrêt et en menace, les grands vaisseaux de fer. Jusqu'à l'horizon, il y en a toujours, des tourelles, des mâtures, des fumées – et c'est la très étonnante escadre internationale, avec tout ce qu'elle traîne de satellites à ses côtés : torpilleurs, transports, et légion de paquebots.

Ce *Bengali*, où je vais m'embarquer pour un jour, est l'un des petits bâtiments français, constamment chargés de troupes et de matériel de guerre, qui, depuis un mois, font le pénible et lassant va-et-vient entre les transports ou les affrétés arrivant de France et le port de Takou, par-dessus la barre du Peï-Ho.

Aujourd'hui, il est bondé de zouaves, le *Bengali*, de braves zouaves arrivés hier de Tunisie, et qui s'en vont, insouciants et joyeux, vers la funèbre terre chinoise : ils sont serrés sur le pont, serrés à tout touche, avec de bonnes figures gaies et des yeux grands ouverts

– pour voir enfin cette Chine qui les préoccupe depuis des semaines et qui est là tout près, derrière l'horizon…

Suivant le cérémonial d'usage, le *Bengali* en appareillant doit passer à poupe du *Redoutable*, pour le salut à l'amiral. La musique l'attend à l'arrière du cuirassé, prête à lui jouer quelques-uns de ces airs de marche dont les soldats se grisent. Et, quand nous passons près du gros vaisseau, presque dans son ombre, tous les zouaves – ceux qui reviendront et ceux qui doivent mourir – tous, pendant que leurs clairons sonnent aux champs, agitent leurs bonnets rouges, avec des hourras, pour ce navire qui représente ici la France à leurs yeux et pour cet amiral qui, du haut de sa galerie, lève sa casquette en leur honneur.

Au bout d'une demi-heure environ, la Chine apparaît.

Et jamais rivage d'une laideur plus féroce n'a surpris et glacé de pauvres soldats nouveaux venus. Une côte basse, une terre grise toute nue, sans un arbre ni un herbage. Et partout des forts de taille colossale, du même gris que la terre ; des masses aux contours géométriques, percées d'embrasures de canon. Jamais entrée de pays n'a présenté un attirail militaire plus étalé ni plus agressif ; sur les deux bords de l'horrible fleuve aux eaux bourbeuses, ces forts se dressent pareils, donnant le sentiment d'un lieu imprenable et terrible – laissant entendre aussi que cette embouchure, malgré ses misérables alentours, est d'une importance de premier ordre, est la clef d'un grand État, mène à quelque cité immense, peureuse et riche – comme Pékin a dû être.

De près, les murs des deux premiers grands forts, éclaboussés, troués, déchiquetés par les obus, laissent voir des brèches profondes, témoignent de furieuses et récentes batailles.

(On sait comment, le jour de la prise de Takou, ils ont tiré à bout portant l'un sur l'autre. Par miracle, un obus français qu'avait lancé le *Lion* était tombé au milieu de l'un d'eux, amenant l'explosion de son énorme poudrière et l'affolement de ses canonniers jaunes : les Japonais, alors, s'étaient emparés de ce fort-là, pour ouvrir un feu imprévu sur celui d'en face, et aussitôt la déroute chinoise avait été commencée. Sans ce hasard, sans cet obus et cette panique, toutes les canonnières européennes mouillées dans le Peï-Ho étaient inévitablement perdues ; le débarquement des forces alliées devenait impossible ou problématique, et la face de la guerre était changée.)

Nous avançons maintenant dans le fleuve, remuant l'eau vaseuse et infecte où flottent des immondices de toute sorte, des carcasses le ventre gonflé, des cadavres humains et des cadavres de bêtes. Et les deux rives sinistres nous montrent, au soleil déclinant du soir, un défilé de ruines, une désolation uniformément noire et grise : terre, cendre et charpentes calcinées. Plus rien, que des murs crevés, des écroulements, des décombres.

Sur ce fleuve aux eaux empestées, une animation fiévreuse, un encombrement au milieu duquel nous avons peine à nous frayer passage. Des jonques par centaines, portant chacune les couleurs et, écrit à l'arrière, le nom de la nation qui l'emploie : France, Italia, United States, etc., en grandes lettres par-dessus des diableries et des inscriptions chinoises. Et une innombrable flottille de remorqueurs, de chalands, de charbonniers, de paquebots.

De même, sur les affreuses berges, sur la terre et sur la vase, parmi les détritus et les bêtes mortes, une activité de fourmilière. Des soldats de toutes les armées d'Europe, au milieu d'un peuple de coolies menés à la baguette, débarquant des munitions, des tentes, des fusils, des fourgons, des mulets, des chevaux : une confusion encore jamais vue d'uniformes, de ruines, de canons, de débris et d'approvisionnements de toute espèce. Et un vent glacé, qui se lève avec le soir, fait frissonner, après le soleil encore chaud du jour, apporte tout à coup la tristesse de l'hiver...

Devant les ruines d'un quartier où flotte le pavillon de France, le *Bengali* accoste la lugubre rive, et nos zouaves débarquent, un peu décontenancés par cet accueil sombre que leur fait la Chine. En attendant qu'on leur ait trouvé quelque gîte, assemblés sur une sorte de place qui est là, ils allument par terre des feux que le vent tourmente, et ils font chauffer le petit repas du soir, dans l'obscurité, sans chansons et en silence, parmi les tourbillons d'une infecte poussière.

Au milieu des plaines désertes qui nous envoient cette poussière-là, ce froid, ces rafales, la ville envahie de soldats s'étend dévastée et noire, sent partout la peste et la mort.

Une petite rue centrale, rebâtie à la hâte en quelques jours, avec de la boue, des débris de charpentes et du fer, est bordée de louches cabarets. Des gens accourus on ne sait d'où, métis de toutes les races, y vendent aux soldats de l'absinthe, des poissons salés, de mortelles liqueurs. On s'y enivre et on y joue du couteau.

En dehors de ce quartier qui s'improvise, Takou n'existe plus. Rien que des pans de muraille, des toitures carbonisées, des tas de cendre. Et des cloaques sans nom où croupissent ensemble les hardes, les chiens crevés, les crânes avec les chevelures.

Couché à bord du *Bengali*, où le commandant m'a offert l'hospitalité. Des coups de fusil isolés traversent de temps à autre le silence nocturne, et, vers le matin, entendus en demi-sommeil, d'horribles cris, poussés sur la berge par des gosiers de Chinois.

Vendredi 12 octobre

Levé à la pointe de l'aube, pour aller prendre le chemin de fer, qui marche encore jusqu'à Tien-Tsin, et même un peu au-delà. Ensuite, les Boxers ayant détruit la voie, je continuerai je ne sais encore comment, en charrette chinoise, en jonque ou à cheval, et, avant six ou sept jours, à ce que l'on vient de me dire, je ne puis compter voir les grands murs de Pékin. J'emporte un ordre de service, afin que l'on me donne ma ration de campagne aux gîtes d'étape en passant ; sans cela je risquerais de mourir de faim dans ce pays dévasté. J'ai pris le moins possible de bagage, rien qu'une cantine légère. Et un seul compagnon de route, un fidèle serviteur amené de France.

À la gare, où j'arrive comme le soleil se lève, retrouvé tous les zouaves d'hier, sac au dos. Pas de billets à prendre pour ce chemin de fer-là : tout ce qui est militaire y monte par droit de conquête. En compagnie de soldats cosaques et de soldats japonais, dans des voitures aux carreaux brisés où le vent fait rage, nos mille zouaves parviennent à se loger. Je trouve place avec leurs officiers – et bientôt, au milieu du pays funèbre, nous évoquons ensemble des souvenirs de cette Afrique où ils étaient, des nostalgies de Tunis et d'Alger la Blanche…

Deux heures et demie de route, dans la morne plaine. D'abord, ce n'est que de la terre grise comme à Takou ; ensuite, cela devient des roseaux, des herbages fripés par la gelée. Et il y a partout d'immenses taches rouges, comme des traînées de sang, dues à la floraison automnale d'une espèce de plante, de marais. Sur l'horizon de ce désert, on voit s'agiter des myriades d'oiseaux migrateurs, semblables à des nuées qui s'élèvent, tourbillonnent et puis retombent. Le vent souffle du Nord et il fait très froid.

La plaine bientôt se peuple de tombeaux, de tombeaux sans nombre, tous de même forme, sortes de cônes en terre battue surmontés chacun d'une boule en faïence, les uns petits comme des taupinières, les autres grands comme des tentes de campement. Ils sont groupés par famille, et ils sont légion. C'est tout un pays mortuaire qui ne finit plus de passer sous nos yeux, avec toujours ces mêmes plaques rouges lui donnant un aspect ensanglanté.

Aux stations, les gares détruites sont occupées militairement par des cosaques ; on y rencontre des wagons calcinés, tordus par le feu, des locomotives criblées de balles. D'ailleurs on ne s'y arrête plus, puisqu'il n'y reste rien ; les rares villages qui jalonnaient ce parcours ne sont plus que des ruines.

Paru le mercredi 21 octobre 1908

Le château de la Belle au bois dormant

« Il y a deux choses que Dieu même ne peut pas faire : un vieil arbre et un gentilhomme. »

(Vieux proverbe de Bretagne.)

Souvent j'ai jeté un appel d'alarme vers mes amis inconnus pour qu'ils m'aident à secourir des détresses humaines, et toujours ils ont entendu ma voix. Aujourd'hui il s'agit de secourir des arbres, de nos vieux chênes de France que la barbarie industrielle s'acharne partout à détruire, et je viens implorer : « Qui veut sauver de la mort une forêt, avec son château féodal campé au milieu, une forêt dont personne ne sait plus l'âge ? »

Cette forêt-là, j'y ai vécu douze années de mon enfance et de ma prime jeunesse ; tous ses rochers me connaissaient ; et tous ses chênes centenaires et toutes ses mousses. Le domaine appartenait alors à un vieillard qui n'y venait jamais, vivant cloîtré ailleurs, et qu'en ce temps-là je me représentais comme une sorte d'invisible personnage de légende. Le château restait livré à un régisseur, campagnard solitaire et un peu farouche, qui n'ouvrait la porte à personne ; on ne visitait pas, on n'entrait pas ; j'ignorais ce que pouvaient cacher les hautes façades closes et ne regardais que de loin les grandes tours ; mes promenades d'enfant en forêt s'arrêtaient au pied des terrasses moussues, enveloppées de la nuit verte des arbres et de leur silence.

Ensuite, je m'en suis allé courir toute la terre, mais le château fermé et ses chênaies profondes hantaient mon imagination toujours ; entre mes longs voyages, je revenais comme un pèlerin ramené pieusement par le souvenir, me disant chaque fois que rien des lointains pays n'était plus reposant ni plus beau que ce recoin si ignoré de notre Saintonge. Le lieu du reste se maintenait immuable : aux mêmes tournants des bois, entre les mêmes rochers, je retrouvais les mêmes graminées fines, les mêmes fleurettes exquises et rares ; dans les clairières, sur les tapis des lichens jamais foulés, je voyais, çà et là, comme autrefois, pareilles à des turquoises, les petites plumes bleues tombées de l'aile des geais ; dans les fourrés, les renards en maraude poussaient leurs mêmes glapissements du soir. Rien ne changeait ; seulement les mousses épaississaient leurs velours sur les marches des perrons, les capillaires délicats gagnaient lentement les terrasses, et, dans les marais d'en bas, les fougères d'eau se faisaient plus géantes.

Or cette situation de délaissement, invraisemblable à notre époque utilitaire, s'était prolongée plus d'un demi-siècle, et on se disait que ce sommeil du château peut-être durerait longtemps encore, comme il arriva pour celui de la Belle au bois dormant. Mais voici que le vieillard invisible vient de mourir, rassasié de jours ; ses héritiers vont vendre le domaine enchanté, et des coupeurs de forêts sont là, prêts à acheter pour abattre : songez donc, il y aurait deux cent mille francs de bois réalisables tout de suite, et la terre resterait !

Avec quelle mélancolie, l'autre jour, un après-midi de fin d'été, je suis revenu là faire un pèlerinage qui pourrait bien être le dernier ! L'un des nouveaux héritiers – jusqu'alors un inconnu pour moi –, averti de ma visite, avait eu la bonne grâce de me précéder pour me recevoir. Mais je voulais d'abord être seul, et, laissant ma voiture à une demi-lieue du château, en familier de ces bois, je me suis glissé par d'étroits sentiers dans le ravin dont j'avais eu, au temps de mon enfance, mes visions les plus passionnées de nature et d'exotisme.

C'est un lieu certainement unique dans nos climats. La petite rivière sans nom, qui traverse toute la forêt dans une vallée très en contrebas, s'attarde là, plus enclose de rochers, plus enfouie sous l'amas des verdures folles ; elle s'épand au milieu des tourbes et des herbages pour former un semblant de marais tropical. Avant que j'aie vu les vraies flores exotiques, ce ravin déjà les révélait à mon imagination d'enfant. Les arbres qui y font de la nuit verte sont singulièrement hauts, sveltes, groupés en gerbes qui se penchent à la manière des bambous. À l'abri de ces voûtes de feuillage et de cette sorte de falaise qui garantit comme un mur contre le vent d'hiver, toute une réserve de nature vierge demeure blottie dans une humidité et une tiédeur presque souterraines ; les roseaux jaillissent de souches si vieilles et si hautes qu'on les dirait montés sur un tronc, comme les dracénas ; de même pour la plus grande de nos fougères, l'osmonde, qui y semble presque arborescente. C'est aussi la région des mousses prodigieuses, qui sur toutes les pierres du sol imitent des plumes frisées, et de mille autres plantes inconnues ailleurs, d'une fragilité et d'une défiance extrêmes, qui ne se risquent à paraître que sur les terrains tranquilles depuis toujours. Il faudrait préserver jalousement de tels édens, sans doute millénaires, que ni volonté ni fortune ne seront capables de récréer. Dans la pénombre de sous-bois, je prends le sentier, plutôt l'incertaine battue, qui passe tout au pied de la falaise d'enceinte. Souvent les roches surplombent, des roches d'un grisâtre un peu rose, tellement frottées par les siècles qu'elles n'ont plus que des surfaces arrondies. Voici d'abord dans cette muraille une étrange et adorable niche, toute festonnée de stalactites et frangée de capillaires, d'où s'échappe une source. Un peu plus loin, les roches lisses, ayant l'air de se plisser comme des draperies qu'on relève, découvrent peu à peu de profondes entrées obscures – et ce sont les grottes préhistoriques ouvertes le long de cet ombreux marécage ; rien n'a dû beaucoup changer aux entours, depuis les temps où des hôtes primitifs y aiguisaient leurs couteaux de silex. Il y en a plusieurs de ces grottes, qui se suivent, montrant des porches en plein cintre ou bien dentelés et d'un dessin ogival. Et enfin j'arrive à la plus grande, dont la salle d'entrée a comme un dôme d'église ; le demi-jour verdâtre des feuillées n'y pénètre pas très loin, et on aperçoit au fond, entre les piliers trapus que lui ont faits les stalactites, des couloirs qui s'en vont plonger en pleine nuit. J'aimais m'y aventurer jadis avec une lampe et un fil conducteur, et je me rappelle qu'une fois, vers ma quinzième année, j'avais failli me perdre dans le dédale de ces galeries, que tapissaient comme d'épaisses coulées de neige ou de lait, et qui étaient toutes de la même blancheur de suaire.

Le sentier, toujours couvert et demi-sombre, mais de plus en plus facile, remonte enfin au niveau de la plaine, dans des bois touffus où la flore devient tout autre, sur un terrain sec, feutré de mousses différentes.

Maintenant une large avenue droite, dans la direction du nord, va me conduire au château. Elle passe au milieu des bois, les pervenches lui font au printemps des tapis tout bleus, et les « chênes verts » la recouvrent, lui donnant l'air d'une interminable nef ; on s'en contenterait ailleurs, de ces chênes-là, mais ce ne sont que des arbres d'une soixantaine d'années, autant dire des arbrisseaux, comparés à ceux qui m'attendent plus loin.

Au bout de l'avenue, la nuit verte tout à coup s'épaissit davantage ; ici, les grands chênes ont des siècles, les mousses et les fougères se sont installées sur les vigoureuses ramures. Et enfin commence d'apparaître cette demeure de Belle au bois dormant. Dans la même pénombre toujours, c'est d'abord la vieille grille en fer forgé et le perron moussu d'une immense et royale terrasse à balustres, et puis, au-delà, encore loin, dans une échappée entre les branches, une façade et plusieurs tours dorées au soleil d'automne. Deux pavillons Louis XIII, fermés depuis cent ans, se dressent aux angles de cette terrasse déserte, qui domine de trente ou quarante pieds la rivière enclose, le monde frémissant des peupliers et des yeuses, la mêlée des herbages, des joncs, des fougères d'eau et des nénuphars, toute l'inextricable jungle d'en bas...

Celui des nouveaux maîtres de céans qui m'attendait vient à ma rencontre. Il va donc me donner accès dans le château, près duquel j'ai vécu si longtemps sans y pouvoir entrer.

Premier portail en pierre rougeâtre, où des bas-reliefs de quatre siècles représentent des lions endormis. Puis, donjon avancé du guet, ancien pont-levis, cour d'honneur. Et les tours du château même sont à présent au-dessus de nos têtes, avec leurs créneaux du Moyen Âge féodal et leurs toits d'ardoise ajoutés lors de la Renaissance.

La porte s'ouvre et nous sommes dans la place. Bien que les murailles extérieures n'eussent point de lézarde, je prévoyais un délabrement de logis abandonné. Non, rien n'a souffert. Les parois, il est vrai, sont badigeonnées de modeste chaux paysanne, mais tous les plafonds ont gardé leurs énormes solives, peinturlurées à la Renaissance ; et il suffirait d'un lavage pour en ressusciter complètement les dessins et le coloris. Çà et là, des meubles fanés à point, des soies qui s'éteignent, du Louis XV, du Louis XVI ou du Directoire... Vraiment un acquéreur, assez affiné pour comprendre cette sorte de simplicité seigneuriale qui fut celle de nos châteaux de province à la fin du dix-huitième siècle, n'aurait ici que la peine de prendre place.

Une salle pourtant détonne par son luxe plus lourdement princier. Des artistes de la Renaissance italienne, mandés par les seigneurs d'alors, y avaient prodigué les peintures et les ciselures ; aux murailles et au plafond, des encadrements sculptés en plein bois, avec une précieuse finesse, entourent de curieux tableaux d'une époque indécise et transitoire, où certains visages ont la naïveté des primitifs, tandis que des clairs-obscurs et des détails de muscles sentent l'influence de Michel-Ange.

Mais ce qui est sans prix, ce qui est sans égal nulle part, c'est la vue que l'on a des fenêtres d'en haut et des chambres, des tours au-delà des grandes terrasses superposées et des vieux jardins à la française, partout, n'importe où l'on regarde, un lointain qui fait oublier le siècle présent, un lointain qui n'indique aucune époque de l'histoire ; si l'on veut, c'est le Moyen Âge, ou même c'est le temps des Gaules ; rien que le tranquille déploiement des branches, la paix infinie des choses que l'homme n'a pas encore dérangées. On respire l'éternelle senteur des arbres, des mousses et de la terre. Vers le sud, il y a les bois par lesquels je suis arrivé et qui tombent dans le ravin des grottes. Dans tout l'ouest, au-dessus de la rivière et d'une ligne rocheuse, ces autres bois très embroussaillés – où je connais des sépultures gallo-romaines et qui, en dehors du champ de la vue, confinent à un étrange petit désert de pierrailles. Vers le nord, enfin, c'est un moutonnement de cimes plus hautes et plus sombres, d'un vert intense où jamais l'automne ne met ses teintes de rouille : la forêt de « chênes verts » que nous visiterons tout à l'heure.

Et, devinant déjà aux allures de mon hôte, à son esprit distingué, qu'il saura comprendre, je lui représente quel crime il commettrait en livrant à des barbares ce domaine. En effet, il était pleinement de mon avis. Mais, pour des questions de partage (nombreux héritiers tous dispersés et établis en d'autres sites), il fallait vendre, et les coupeurs d'arbres renouvelaient des offres pressantes.

« Vous, me dit-il, achetez-le ! » Réponse à prévoir, évidemment. Mais ce serait une fantaisie de près d'un demi-million[1], et pour ne venir jamais, car j'ai déjà, moi aussi, fixé ma vie ailleurs...

Le soleil déclinant, nous sommes allés terminer ce pèlerinage dans la forêt de couleur sombre qui, du côté nord, commence tout de suite, dès que finissent les terrasses et les vieux balustres.

J'ai dit que le ravin des grottes était un lieu unique ; de même pour cette forêt-là, en courant le monde je n'en ai pas rencontré qui lui ressemble, si ce n'est peut-être en un coin perdu de la Grèce. Le « chêne vert », qui en France n'existe à l'état d'arbre forestier que dans nos régions sud-ouest tempérées par le vent marin, porte des feuilles d'une nuance foncée, un peu grisâtres en dessous comme celles de l'olivier, et, l'hiver, quand tout se dénude ailleurs, il reste en pleine gloire. C'est un arbre d'une vie très lente, auquel il faut des périodes infinies pour atteindre son complet épanouissement. Lorsqu'il a pu se développer dans une tranquillité inviolable, comme ici, son tronc multiple s'arrange en gerbe, en bouquet gigantesque ; alors, avec son branchage touffu du haut en bas qui descend jusqu'à terre, avec sa belle forme ronde, il arrive presque à la majesté du

1. La mise à prix est de 60 000 francs.

banian des Indes. Or cette forêt *n'a jamais été touchée* ; au cours des temps, elle s'est faite comme il lui a plu de se faire ; les arbres ne s'y sont pas serrés les uns aux autres, mais déployés avec calme, laissant entre eux des intervalles comme en une sorte de mystérieux jardin. Le sol y est d'une qualité rare : un plateau calcaire sur lequel les siècles n'ont déposé qu'une mince couche d'humus, et qui ne convient qu'à de patientes essences d'arbres, ainsi qu'à de très exquises petites graminées, des mousses et d'extraordinaires lichens. Par endroits, ce sont les lichens qui dominent ; les pelouses alors prennent des teintes d'un grisâtre très doux, le même grisâtre que l'on voit ici sur toutes les ramures et à l'envers de toutes les feuillées, et c'est un peu comme si la cendre des âges avait poudré la forêt. Jadis on avait tracé au travers des chênaies deux ou trois larges avenues – jadis, on ne sait plus quand ; elles subsistent sans qu'il soit besoin de les entretenir, car ce terrain ne connaît ni la boue, ni les ajoncs, ni les broussailles ; elles sont adorables, en décembre surtout, ces avenues, puisque les grands « chênes verts », et les phyllireas, qui forment parfois des charmilles à leurs pieds, jamais ne s'effeuillent ; on peut y cheminer plus d'une demi-lieue sans voir autre chose que ces arbres magnifiquement pareils, et lorsqu'on arrive enfin au bord de la muraille rocheuse, qui limite le plateau et ses futaies, pour descendre à la zone plus basse des roseaux et de l'eau courante, l'horizon que l'on découvre est encore un horizon sans âge.

Et le charme si singulièrement souverain de cette forêt, c'est l'espace, les passages libres partout. Entre les touffes majestueuses des feuillages vert bronze atténués de grisailles, on circule aisément sur de très fins tapis, et cela donne une impression de bois sacré, de parc élyséen. Séjour pour le calme à peine nostalgique ou même pour le définitif oubli, dans l'enveloppement des vieux arbres et des vieux temps...

Comme nous rebroussions chemin, sur les velours délicatement nuancés des mousses vertes ou grises, et que les tours du château, rougies par le soleil couchant, commençaient de réapparaître entre les énormes chênes tranquilles, mon hôte me dit tout à coup :

— Non ! c'est trop beau, et nous serions trop coupables ! Écoutez-nous, allons essayer de surseoir à la vente, si vous voulez nous aider à trouver l'acheteur qui ne détruirait pas.

Voilà donc pourquoi j'adresse cet appel à tous et vraiment j'ai conscience de remplir un devoir envers ma province de Saintonge, même envers mon pays. Il y aura, je le sais, des imbéciles pour dire que je fais une réclame intéressée, mais cela me sera égal parce qu'ils resteront seuls à le croire.

À notre époque, qui est celle de la laideur envahissante, cette rage éhontée de déboiser partout arrive à son paroxysme, et, lorsque nos descendants comprendront enfin l'étendue de notre stupidité sauvage, il sera trop tard, car il faut des siècles et des siècles pour recréer de vraies forêts. Aux Pyrénées, restait celle d'Iraty, qui était immense et où la cognée n'avait jamais été mise ; or la voici bientôt rasée jusqu'au sol, par des fabricants de je ne sais quel carton-pâte. Toutes celles de l'Est, vendues à des juifs allemands, et celle d'Amboise, condamnée à mort. L'Institut de France, qui, semble-t-il, devrait être gardien de toute beauté, donne lui-même l'exemple du meurtre. Près d'Hendaye où j'ai mon ermitage, deux vieillards que j'affectionnais tendrement avaient en 1902 légué à l'Académie des sciences leur château et leurs bois qui s'étendaient jusqu'au bord des hautes falaises marines ; averti par la rumeur publique très accusatrice, j'y suis allé hier pour me rendre compte : hélas ! je n'ai plus trouvé trace des allées où je me promenais naguère avec ces vénérables amis ; les chênes étaient coupés et par endroits les souches arrachées. Ainsi une compagnie d'hommes distingués ou illustres, qui séparément désapprouveraient tous, a pu fermer les yeux sur ce vandalisme.

Dans notre pays cependant, tous les gens riches ne sont pas les grossiers brasseurs d'affaires qui abattent pour alimenter des scieries mécaniques ou des usines à papier. À mon appel surgira peut-être quelque acheteur d'élite, digne d'être l'habitant du château enchanté et capable de respecter alentour la vie des grands chênes séculaires. Mais qu'il se hâte, car la menace est pressante ! Par discrétion envers celui-là, oh ! je m'engagerais de bon cœur à renoncer au pèlerinage que tous les ans je faisais dans certains sentiers, satisfait avec la seule certitude que la chère forêt, où sont restés mes rêves d'enfant, poursuivrait le cours indéfini de sa durée, même après que j'aurai cessé de vivre.

P.S. – Il faut pourtant bien que je me résigne à faire une sorte d'annonce plus précise, car je m'aperçois que l'on ne saurait même pas de quoi je veux parler. Il s'agit du château et de la forêt de La Roche-Courbon, sis en Saintonge, à vingt-deux kilomètres de Rochefort, environ trente-cinq de Royan et onze de la gare la plus prochaine. P.L.

Paru le mercredi 3 janvier 1912

La guerre italo-turque

La presse française a observé depuis le début de la guerre italo-turque une exacte neutralité. Au Figaro*, particulièrement, nous nous sommes efforcés d'enregistrer les faits – qui souvent étaient des hauts faits – et d'expliquer les événements, sans prendre parti. Sans doute n'avons-nous pu nous défendre de sympathie pour la nation-sœur que nos vœux ont accompagnée sur la terre d'Afrique et dont les soldats se montrent si vaillants, mais dans nos appréciations de la campagne et de ses incidents, nous nous sommes volontairement tenus dans la réserve la plus stricte.*

Nous publions aujourd'hui un article que nous adresse notre illustre collaborateur Pierre Loti. C'est un admirable plaidoyer pour la paix, en même temps qu'une violente protestation contre la conquête entreprise par nos amis d'au-delà des Alpes. Nous semblons en insérant cette page dans Le Figaro *manquer à la règle d'impartialité que nous nous sommes imposée et que nous continuerons d'observer.*

Mais quoi ? Parce qu'il se jette dans la mêlée, allons-nous fermer notre porte à l'écrivain merveilleux qui, depuis tant d'années, donne au Figaro *un peu de sa gloire ? Parce que son généreux mouvement d'indignation peut soulever contre lui des colères, sera-t-il soumis ici à une censure préventive, honteuse pour ses censeurs ? Serions-nous dignes de la liberté de la presse si, dans une maison comme la nôtre, un écrivain comme Loti rencontrait des entraves ? Et si la thèse qu'il développe – avec quelle ardente et belle éloquence – n'est point celle que nous aurions préféré lui voir adopter, pouvons-nous cependant accueillir cet appel en faveur de demi-vaincus autrement qu'avec le respect imposé par la générosité du cœur et la puissance du génie ?*

Je me souviens qu'une nuit, dans un hallier d'Afrique, la lueur du magnésium me fit entrevoir pendant quelques secondes la lutte d'un buffle contre une panthère qui venait de lui sauter sur le dos. Admirable, le pauvre buffle, dans sa façon désespérée de bondir pour secouer la bête qui l'avait agrippé au col ; mais le combat était inégal, d'abord à cause de l'imprévu de l'attaque, et puis aussi il n'avait pas de griffes, lui, qui se défendait contre la mangeuse, tandis qu'elle au contraire venait de lui en planter une dizaine dans la chair vive, une dizaine de griffes aiguës et longues qui le saignaient à flots.

Entre l'épisode du hallier et la guerre italo-turque, un rapprochement se fait dans mon esprit ; même brusquerie – et même mobile, hélas ! – chez l'agresseur, même inégalité des armes, même fureur héroïque dans la défense.

Et aujourd'hui ce sont des hommes ! Et l'Europe, comme chaque fois que l'on massacre, regarde fort tranquillement ! Quelle dérision que tous ces grands mots vides : progrès, pacifisme, conférences et arbitrage.

J'entends déjà les Italiens me riposter que nous avons joué aux conquérants, nous-mêmes, en Algérie d'abord – dans des temps abolis, il est vrai –, plus tard au Tonkin et ailleurs. Hélas ! oui, courbons la tête. Ce fut toutefois infiniment moins sanglant que leur œuvre de Tripolitaine ; mais un peu de crime subsiste là malgré tout pour entacher notre histoire. Aussi n'est-ce pas contre les Italiens seuls que s'élève ma protestation attristée, mais contre nous tous, peuples dits chrétiens de l'Europe ; sur la terre, c'est toujours nous les plus tueurs ; avec nos paroles de fraternité aux lèvres, c'est nous qui, chaque année, inventons quelque nouvel explosif plus infernal, nous qui mettons à feu et à sang, dans un but de rapine, le vieux monde africain ou asiatique et traitons les hommes de race brune ou jaune comme du bétail. Partout nous broyons à coups de mitraille les civilisations différentes de la nôtre, que nous dédaignons *a priori* sans y rien comprendre, parce qu'elles sont moins pratiques, moins utilitaires et moins armées. Et, à notre suite, quand nous avons fini de tuer, toujours nous apportons l'exploitation sans frein, nos bagnes d'ouvriers, nos grandes usines destructives des petits métiers individuels, et l'agitation, la laideur, la ferraille, les « apéritifs », les convoitises, la désespérance… À nous voir de près à l'œuvre, loin de la métropole où s'échangent de suaves discours fraternels, on constate que, depuis l'époque des Huns, l'espèce humaine n'a pas fait dix pas vers la Pitié. (Je dirai pourtant, et avec la certitude d'être appuyé par le témoignage des Chinois eux-mêmes, que, lors de la dernière expédition de Chine, les Latins, Italiens ou Français étaient ceux qui, après le combat, se montraient incomparablement les plus charitables et les plus doux.)

Les journaux de France pour la plupart sont facilement favorables à l'Italie. Ils enregistrent avec calme des victoires où, grâce à une artillerie écrasante, les Italiens ne laissent que trois ou quatre morts, tandis que les Turcs gisent à terre par centaines. Ils racontent sans broncher la pendaison à grand spectacle d'une rangée de prisonniers arabes, iniquement qualifiés de rebelles. On saccage, on brûle, on tue : ils appellent cela *déblayer*, et c'est à croire qu'il s'agit d'une chasse à la bête fauve. Le correspondant d'un grand journal parisien célébrait récemment la *beauté* (*sic*) d'un tir d'artillerie à longue distance, d'une précision telle que les Arabes en face, avec leurs pauvres fusils, étaient fauchés comme l'herbe d'un champ ; il parlait même d'une *maudite* (*sic*) mosquée qui retardait la marche en conquête, parce que les Turcs s'y étaient retranchés pour s'y défendre comme des lions !... Un autre contait que, dans les ruines des villages de l'oasis, éventrés par les canons de toutes parts, on ne rencontrait plus, parmi les cadavres, parmi les troupeaux et les chiens de garde affolés, que quelques derniers *fanatiques* (le mot est une trouvaille : fanatique, on le serait à moins !) qui essayaient encore de tirer contre les envahisseurs ; mais on les *capturait* et les emmenait sans peine (vers le gibet probablement). Tout cela est stupéfiant d'inconscience. C'est que les reporters de nos journaux vivent dans les camps italiens, et là, ils se laissent influencer par la bonne grâce de l'accueil. De même ces officiers, dont ils sont les hôtes, se grisent chaque jour à l'odeur de la poudre ; dans le fond de leur âme cependant, aux heures de silence, sans doute reconnaissent-ils avec quelque angoisse que l'entreprise est déloyale et que les moyens sont cruels.

Mais si les feuilles françaises penchent du côté des envahisseurs, jamais elles n'ont moins bien reflété le sentiment de la nation ; j'en ai la certitude, ayant questionné des gens de tous les mondes, même des paysans au fond des campagnes. Le blâme, la pénible stupeur chez nous sont presque unanimes. Je tiens à le dire bien haut, ne fût-ce que pour les sept ou huit millions de sujets arabes que nous avons en Afrique, et que l'attitude de la presse dans l'aventure a consternés ou révoltés.

En passant, j'ajouterai que nous procédons avec ces sujets-là d'une façon honteuse, les accablant de vexations inutiles. En Algérie, à

Tunis, par centaines, nous avons de ces mesquins petits fonctionnaires, qui traitent tout musulman avec une morgue imbécile, et nous font sourdement haïr, préparant ces exodes en masse vers la Syrie ou le Maroc, vers n'importe quel pays de l'islam.

Aux yeux de l'Europe dite chrétienne, les musulmans de tous les pays représentent un gibier dont la chasse est permise – et cette chasse en général lui réussit, grâce à la supériorité de ses machines à tuer, qui font tout de suite de grands charniers rouges. En Afrique, voici la chasse presque terminée, depuis Zanzibar jusqu'au Maghreb, en passant par l'Égypte si lourdement asservie. Asservis de même, tous les musulmans de l'Inde. Et vers la Perse, deux terribles chasseurs s'acheminent, l'un par le Sud, l'autre par le Nord.

Reste surtout la Turquie, mais elle n'est pas disposée à se laisser faire, celle-là ; malgré la plaie du modernisme, qui commence de ronger ses fils, elle demeure une redoutable lutteuse ; avec sa fière et héroïque armée, elle ira jusqu'à son dernier sang pour se défendre.

On mène grand bruit, en Italie naturellement, contre les *atrocités* bédouines. Soit ! Je connais les habitants du désert ; je ne les donne certes pas pour des gens très tendres, et je plains de tout mon cœur les pauvres petits soldats qui tombèrent entre leurs mains excitées. Mais comme je comprends la férocité de leur haine, leur besoin exaspéré de vengeance !... Oh ! ces étrangers qui, sans provocation aucune de leur part, débarquèrent, un sinistre jour, comme des démons, sur leurs sables pour tout saccager, tout incendier et tout tuer !... Car enfin, si les Italiens peuvent avoir contre les Turcs quelques griefs (dans le genre de ceux du loup de la fable) – ces Arabes, que leur avaient-ils fait ?

Des atrocités italiennes, hélas ! il y en a eu beaucoup aussi, et tellement moins excusables ! Les journaux de tous les pays les ont enregistrées ; les Kodaks, dont le témoignage ne se conteste pas, nous en ont apporté la vision à faire peur. En ces journées néfastes d'octobre, n'a-t-on pas osé, contrairement au droit des gens et aux règles absolues de la Convention de La Haye, donner l'ordre de fusiller en masse les Arabes *suspects seulement* d'avoir pris les armes ? Et alors on a tué comme en s'amusant, et les cadavres de plusieurs centaines de cultivateurs inoffensifs ont jonché l'oasis, qui est devenue un charnier humain. Et les scènes de sauvagerie qui accompagnèrent l'exécution du cawas Marko ! Et les pendaisons de prisonniers ! Et, dans la mer Rouge, tous ces humbles voiliers arabes, qui n'étaient pourtant pas des navires de guerre, brûlés par l'escadre italienne sous prétexte qu'ils pourraient *peut-être* servir à transporter des soldats !

Ce que je dis là, je suis sûr que beaucoup de cœurs italiens le sentent comme moi, au moins tous ceux qui, au début, avaient manifesté pour la paix, et bien d'autres encore. De même, quand les troupes de l'Angleterre, à l'aide de balles *trop perfectionnées*, réduisirent en une bouillie sanglante des milliers de derviches qui s'étaient défendus avec d'honnêtes vieux fusils ; ou quand M. Chamberlain poursuivit flegmatiquement la destruction des admirables Boers, il ne manqua point d'Anglais, Dieu merci, pour s'indigner et souffrir, – et le roi Édouard VII, visiblement, fut du nombre, à en juger par la douceur des conditions qu'il posa au Transvaal après la victoire.

Pauvre belle et pimpante Italie ! Est-ce que sincèrement elle s'imagine marcher à la gloire ? Je suppose bien qu'elle a perdu, à présent, cette illusion des premiers jours. D'ailleurs, une réprobation générale lui est acquise, et elle le sait.

De la gloire individuelle pour ses combattants, oh ! oui, sans nul doute, elle en a récolté. Ses soldats sont des latins, nos frères : il a dû s'en trouver beaucoup parmi eux pour se battre comme des héros et tomber avec noblesse. Mais tout cela ne saurait racheter le crime initial, qui est d'avoir allumé la guerre. Pauvre belle nation, amie de la nôtre, je veux croire qu'elle était partie légèrement, comme au Moyen Âge on partait, empanaché, pour des jolies équipées de batailles ; elle n'avait pas prévu tant de sang et tant d'horreurs. Aujourd'hui, engagée à fond, elle penserait se déshonorer en lâchant prise. Combien au contraire ce serait réhabilitant, nouveau, grandiose, de dire : « Assez, assez de morts ; nous ne voulons pas davantage nous rougir les mains. Nous modérons nos demandes, pour que ce cauchemar enfin s'achève. »

J'en reviens à mon hallier d'Afrique.

Au même lieu, deuxième éclair de magnésium quelques minutes plus tard. (Dans l'intervalle, on avait entendu glapir ces bêtes de nuit qui, toujours, dès qu'elles flairent que l'on tue, s'approchent en tapinois pour finir de déchiqueter les restes.) Donc, deuxième éclair de magnésium. Le drame s'achevait ; le buffle, éventré, gisait sur l'herbe, la panthère lui étirait les entrailles. Et, dans la brousse alentour, on voyait poindre ces museaux qui glapissaient, attendant leur part : des hyènes !

Certains États européens qui s'agitent sournoisement autour de la Turquie, maintenant qu'elle est aux prises avec une guerre terrible, et s'apprêtent à lui demander des *compensations*, me font songer à ces hyènes assemblées auprès du buffle mourant. Des « compensations » de quoi, mon Dieu ? Qu'est-ce qu'on leur a fait, à ceux-là ? Vraiment, je leur préfère encore les hyènes du hallier, qui, au moins, n'employaient pas de formules ; non, elles ne demandaient pas des *compensations*, mais leurs glapissements disaient tout net : « On dépèce, on mange, ça sent la chair et il n'y a plus de danger ; alors, nous arrivons, nous aussi, pour nous remplir le ventre. »

Je prévois sans peine les injures que me vaudra ce manifeste de la part de certains énergumènes, intéressés ou aveugles, qui confondent civilisation avec chemin de fer, exploitation et tuerie ; elles ne m'atteindront point dans la retraite de plus en plus fermée où ma vie va finir. J'approche du terme de mon séjour terrestre, je ne désire ni ne redoute plus rien ; mais, tant que je pourrai faire écouter ma voix par quelques-uns, je croirai de mon devoir de dire tout ce qui me paraîtra l'éclatante vérité.

Sus aux guerres de conquêtes, quels que soient les prétextes dont on les couvre ! Honte aux boucheries humaines !

Paru le lundi 27 janvier 1913

Une lettre de Pierre Loti contre les vandales

Notre illustre collaborateur Pierre Loti nous adresse cet appel qui sera certainement entendu de tous les artistes et peut-être, souhaitons-le, des pouvoirs publics.

Je me lasse à la fin d'être toujours la voix qui crie dans le désert contre la barbarie moderne, et je crois surtout que l'on s'est trop lassé de m'entendre. Qui donc a seulement pris garde quand j'ai protesté contre la mort de Philae, contre les destructions de Stamboul ou celles du Pays basque ? Aussi ne voulais-je plus rien dire, certain, du reste, de ne plus voir longtemps les laideurs que le modernisme nous prépare, puisque le moment approche où mes yeux devront se fermer à jamais sur toutes choses.

Mais ce cri d'alarme m'arrive aujourd'hui des Pyrénées, avec prière de le faire entendre aussi loin que ma voix pourra porter :

« Un "Syndicat de vallées" est en pourparlers pour céder à une société financière toutes les chutes d'eaux de la vallée de Gavarnie, avec droit d'établir des tuyaux d'amenée sur les terrains communaux, d'édifier des usines, etc. La réalisation de l'affaire n'est arrêtée que par un marchandage de un franc par cheval-vapeur ! »

Ainsi donc nous avions déjà ces sauvages qui vendent aux Américains tous les antiques trésors de nos églises des campagnes, nous avions ces bandes noires qui font sauter nos rochers à la mine et abattent nos forêts séculaires. Et maintenant voici le cirque de Gavarnie, une des merveilles légendaires de la France, le cirque de Gavarnie qui demain va être détruit pour emplir les poches de quelques drôles ! Est-ce possible qu'on laisse un pareil crime s'accomplir dans notre pays, qui, de tous ses prestiges anciens, n'en gardait plus qu'un seul, celui d'être l'un des moins fermés aux idées d'art et de beauté. On classe des monuments, pourquoi ne pas classer aussi des paysages, des cascades ? Il n'y aura donc pas de loi, sous notre République, contre ces éhontés qui s'enrichissent par la mort de tous les sites de notre pays ! Un jour, il n'y aura donc pas une levée en masse de bâtons et de fourches pour lyncher ces cuistres-là !

Paru le samedi 29 juin 1918

À propos de son plus récent bafouillage

Le pitre sanglant, dont les pantalonnades nous ont déjà fait tant de fois sourire au milieu de nos pires angoisses, vient donc de se surpasser lui-même dans un toast ineffable, au banquet anniversaire de la trentième année de son règne. Et il faudrait, pour la joie de nos descendants, pouvoir fixer la bouffonnerie de cela, qui, je le crains, sera trop vite oubliée.

Trente ans de cabotinage et de basse scélératesse ! Trente ans de préméditation acharnée, pour aboutir à battre tous les records du crime ! Trente ans à préparer dans l'ombre, et par les ignobles moyens que chacun sait, l'horreur immense que nous subissons tous... Vraiment se peut-il qu'on ait trouvé, même en Prusse, des gens pour célébrer un tel anniversaire, des êtres humains pour fêter ça !

À ce banquet, le toast d'Hindenburg au moins ne manquait pas d'une certaine crânerie barbare : « Eh bien ! oui, là, osait-il dire ; oui ; les brigands du monde, c'est ce que nous sommes et ce que nous avons toujours été. » Et puis, lui, fut un vrai soldat, non pas, comme l'autre, un général pour cinématographe... Mais l'autre, oh ! l'autre, le macabre empereur, quel radotage sénile que sa réponse ; comme on sent bien qu'il achève de perdre l'équilibre et que la peur détraque ses rouages !... Quelques éclats de rire – mais pas assez, cela en méritait tellement plus – ont fusé en France et même en Allemagne, au milieu de nos deuils, quand nous avons appris de sa bouche candide que son ami le Seigneur Dieu lui avait mis sur les épaules la bien lourde charge d'améliorer le monde ; qu'il était surtout le prince de la paix et qu'il ne se battait que « pour faire triompher la conception prussienne, allemande, germanique du droit de la liberté, de l'honneur et de la morale » (*sic*). Quelle insanité, quelle misère ! Oui, c'est bien la peur, la Grande Peur devant l'abomination de son œuvre, qui déjà le tenaille au ventre ; peur de toutes les nations civilisées que le dégoût soulève contre lui, mais peur aussi de son propre peuple qu'il a si impudemment trompé et qui déjà s'ameute à ses trousses, avec de la haine plein ses millions de gros yeux bleu faïence. – « Si pourtant on le pendait, celui-là, commence-t-on à dire de l'autre côté du Rhin, est-ce que du même coup les boucheries ne finiraient pas ? »

Or, pendant que l'on festoyait le Monstre, la désolation battait son plein partout alentour. À la vaste région anciennement saccagée, sur laquelle trois ou quatre printemps ont déjà passé et où il ne reste plus rien que de méconnaissables ruines dans un silence de mort, une zone nouvelle venait de s'ajouter, empiétant un peu plus sur notre France ; la zone sur quoi s'est abattue la plus récente des ruées barbares, la grande ruée d'hier, avec des moyens de destruction toujours plus perfectionnés ; la zone qui saigne encore, où tout est pantelant, où les incendies n'ont pas fini d'exhaler leurs fumées noires, ni les cadavres de répandre leur odeur. On sait que, sur les grèves, le flot qui s'est retiré laisse une ligne de détritus ; de même ici le flot germanique, avant son endiguement, a laissé, comme pour marquer la limite de son avance, des séries de petits tertres – qui de loin ne sont pas effroyables, mais de près révèlent des détails devant quoi les cheveux se dressent –, on en voit sortir çà et là des mains crispées, ou bien des figures qui sont blêmes, qui ont des barbes jaunes et qui ouvrent tout grand des mâchoires où s'assemblent les mouches. Or, ce sont les enfants de l'Allemagne, l'élite physique de l'Allemagne, tous ces petits tertres : c'est la fine fleur de ses guerriers, ce sont les soldats que l'envahisseur, pour les rendre invisibles, avait habillés, les uns de gris verdâtre, les autres de vert feuille ; ils gisent ici, des milliers et des milliers, sacrifiés comme simple troupeau d'abattoir par le « *prince de la paix* » et par son dégénéré de fils au masque fuyant de singe lémurien…

Après ces monticules, d'une trompeuse couleur de terre et d'herbe, dans un rayon de plusieurs kilomètres encore, en continuant de s'éloigner du Grand Quartier Général où le Monstre trône en sécurité, tout a été bouleversé, bien entendu ; par les tirs « préparatoires » en cinq ou six jours, les obus avant-coureurs, toujours plus énormes et plus foudroyants, ont mis la désolation presque au point, comme dans nos autres provinces depuis plus longtemps sous la botte. Oh ! les atroces dernières nuits qu'ils auront connues ici, nos martyrs français, surpris cette fois comme nous tous par la brutalité sournoise de l'agression, mais obstinés malgré tout à s'accrocher aux vieilles demeures héréditaires. Avant les rafales d'artillerie, ils avaient été attaqués par tous ces horribles procédés de la science moderne, dont l'Allemagne n'a pas craint d'inaugurer l'emploi contre nos villes ouvertes, contre nos vieillards, nos femmes et nos enfants. D'abord étaient venus les grands oiseaux d'acier, pour terroriser, pour empoisonner l'air respirable, commencer de tuer et de démolir, du fond des caves de refuge, on les entendait qui passaient très bas, plus bas que jamais, presque à raser les toits comme par honte pour faire davantage frémir avec le bruit infernal de leur vol, leur ronronnement tout proche servait de basse constante au fracas déchirant de leur mitraille. Oh ! le bruit, rien que le continuel excès de bruit, il faut avoir connu cela pour comprendre que c'est déjà un genre de torture… Enfin, bon gré malgré, il avait fallu partir, car décidément les Boches arrivaient. Partir, puisque ce serait demain l'orgie, le viol et le massacre ; fuir et en toute hâte, quand les voies ferrées étaient déjà détruites, partir dans les plus impossibles carrioles, ou bien à pied, emportant sur des brouettes ou sur les épaules de pauvres objets choisis très vite, presque au hasard, dans l'affolement suprême.

C'est alors que les routes se sont peuplées de processions à fendre l'âme – nos routes de France, si jolies et si gaies pourtant à la splendeur de juin, avec leurs bordures de beaux arbres et leurs talus pleins de fleurs. Je n'avais plus vu de ces fuites éperdues depuis l'automne 1914, quand, après la violation éhontée de la Belgique, les premières hordes s'étaient jetées sur nous.

Et, pour quelques-uns, c'était même le second exode. On sait qu'au lendemain de nos victoires de la Marne, beaucoup étaient revenus, rassurés, n'imaginant pas que le Monstre nous préparait le « coup » de la Russie, ils avaient même rebâti, replanté, ensemencé – « Que retrouverons-nous, disaient-ils aujourd'hui, *la prochaine fois que nous reviendrons ?* » – car, tous, ils comptaient bien revenir, et ils s'en allaient confiants malgré tout dans l'éternité de notre France.

Dieu merci, il faisait des temps merveilleux, des nuits tranquilles et douces, bienveillantes à ceux qui tomberaient d'épuisement pour se coucher en tas, n'importe où, à la belle étoile, au bord du chemin…

Confiants, oui ; mais quand même je revois toujours quelques-uns de ces regards de détresse infinie, que j'aimerais mieux n'avoir jamais croisés. Je revois cette femme encore jeune, qui surgit tout à coup d'un fossé, me présentant un misérable petit être de quelques mois, qu'elle allaitait malgré la faim et qui avait la figure crispée à force de pleurer. Qui sait, peut-être naguère encore avait-elle été heureuse et aimée ? – « Monsieur, dit-elle, vous le voyez, mon petit ; il pleure parce qu'il a tout mouillé ses langes, et je n'ai pas de quoi le changer. Oh ! monsieur, faites-moi donner une couverture, n'importe quel vieux morceau de couverture pour l'envelopper. Autrement, s'il reste dehors, comme ça toute la nuit, vous pensez bien qu'il va mourir ! » Je me rappelle aussi cette vieille dame aux yeux d'agonisante, qui avait l'air si comme il faut avec ses boucles blanches et ses longs voiles de crêpe ; elle avait mis un chapeau, un manteau, mais gardé des pantoufles, sans doute pour marcher avec moins de peine : peut-être quelque grand-mère qu'avaient tendrement vénérée des fils tombés au champ d'honneur et qui n'avait plus personne ; elle trottinait à petits pas, toute penchée en avant, d'une allure de machine détraquée, sans savoir où elle allait, mais vite, aussi vite qu'elle pouvait, pour fuir l'horreur qui, derrière elle, arrivait à grande allure…

Plus touchants encore ces pauvres petits de cinq ou six ans, les élèves d'une école maternelle, qui, sous la conduite d'un chef d'une dizaine d'années, marchaient si graves en se donnant la main, allongeant de leur mieux leurs jambes frêles, et qui emportaient pendu au cou leur masque contre les gaz de mort – ces gaz qui détruisent aussi les plantes et qui sont comme une des formes de la puanteur boche. Oh ! pauvres, pauvres petits, quel enfantillage de leur avoir donné des masques ; est-ce qu'ils seraient jamais capables de les garder sur leur figure, ces enveloppes étouffantes que les grandes personnes ont à peine le courage de supporter ? Non, et leurs poumons tendres seraient brûlés au premier souffle.

Et puis, aux abords de tous les villages, ces cohues de malheureux qui, par un effort suprême, avaient fini par arriver là, exténués, dans l'espoir d'y trouver au moins l'abri de quelque grange, mais que l'on avait dû laisser dehors parce que tout était plein ; aux entrées des petites rues, ces amas de fuyards, plus lamentables encore par l'entassement, par l'humiliant fouillis des êtres humains, des bêtes et des choses : vieilles charrettes dételées, hardes et matelas déjà souillés par la terre des routes, aïeules à bout de forces, à moitié ensevelies parmi de la paille sordide, nourrissons qui hurlaient de souffrance et de mouillure ; serins en cage, chats du foyer que l'on avait voulu emmener et qui miaulaient longuement la faim dans leur panier… Pauvre humanité qui hier encore était gaie et prospère, mais qui, de par l'ambition enragée d'un Guillaume II, s'en allait on ne sait où, mourir de mort affreuse, aux carrefours des routes de l'exil.

Quand on a tout cela encore frais dans la mémoire et que l'on repense au toast du professionnel imposteur qui l'a décrété, vraiment on ne sait plus si l'on va pouffer de rire ou grincer les dents de rage !…

Encore un autre groupe dont j'ai gardé la vision, d'un singulier charme : une vingtaine de jeunes filles, assises sur un entassement de matelas et de couvertures, dans une grande vieille charrette qui était tout ornée de bouquets piqués au bout de bâtons, des bouquets d'humbles fleurs cueillies en route dans les champs. Elles semblaient presque élégantes et s'en allaient sans une larme, sans une plainte, sans une parole, l'air fier et résolu, ayant chacune au corsage les mêmes fleurs que celles dont leur charrette était décorée. Qu'est-ce que cela pouvait bien être que ce jeune monde-là ? Ah ! vraisemblablement les « *grandes* » de quelque lycée de province. Et mon étonnement presque indigné de les voir si fleuries fit tout à coup place à une émotion profonde quand j'eus compris ce qu'ils signifiaient leurs bouquets, tous pareillement composés de trois touffes réunies, l'une de bleuets, l'autre de pâquerettes blanches, la troisième de coquelicots : les trois couleurs, plus que jamais glorieuses, de nos cocardes et de nos drapeaux !

Bleuets, pâquerettes blanches et coquelicots, c'étaient du reste ces trois sortes de fleurs et point d'autres qui foisonnaient partout ici dans les blés, dans les foins parfumés. Je ne l'aurais pas remarqué sans ces petites filles : on eût dit que les champs avaient voulu d'eux-mêmes prendre nos couleurs de France !…

Guy de Maupassant

(1850-1893)

VIC
2011

Maupassant, la force brutale

C'est un physique, un fort en bras ; il fait de l'aviron sur la Seine. Tous les critiques s'accordent pour reconnaître à son style une vigueur, un naturel, une efficacité époustouflante. On entre dans ses récits comme dans l'eau. Ils vous emportent, dans un courant irrésistible. Guy de Maupassant devient célèbre du jour en lendemain en 1880 avec la publication dans le recueil collectif des Soirées de Médan, *de son premier conte,* Boule de Suif. *Le public s'emballe ; surtout les femmes. Elles sont bouleversées par le talent et la force brutale de l'écrivain normand. Il ne lâche pas son lecteur, retrace, avec des mots simples la réalité ordinaire de gens qui le sont également. C'est sombre, sans pitié. Pas d'encombrements sentimentaux, de digressions moralistes. Droit au but. Maupassant est dans l'épure, la clarté, la vitesse. Sa maîtrise précoce époustoufle, ses images renversent. Avant d'éclore, l'élève a bénéficié des leçons du plus prestigieux des auteurs – aujourd'hui on dirait un coach –, Gustave Flaubert.*

Le succès, foudroyant, va durer autant que sa brève carrière : une dizaine d'années. « En traversant son cerveau, note un critique du Figaro *ébloui, Édouard Rod, les événements ou les spectacles de la vie se transforment en récits. » Jules Lemaître surenchérit : « Il fait des chefs-d'œuvre comme les pommiers de son pays donnent des pommes. » C'est le champion de la nouvelle. Il travaille d'arrache-pied, avec une énergie prodigieuse. Sollicité de toutes parts, il fuit les salons mondains, ne répond pas aux enquêtes littéraires, refuse que l'on publie son portrait : « Nos œuvres appartiennent au public, pas nos figures. » En privé, il ne connaît que l'amour physique. Pas de passions. La littérature – transformation du réel en prose sèche –, est le combat de sa vie ;*

une affaire d'hommes, un affrontement à mains nues, auquel il se livre sans retenue.

Gil Blas, Le Gaulois, L'Écho de Paris, *l'écrivain multiplie les contributions dans les grands journaux de l'époque. En juin 1884,* Le Figaro *annonce fièrement « l'entrée de cette brillante recrue » dans ses colonnes. L'année précédente, il a publié son premier roman,* Une Vie. *Il est au faîte de sa gloire. Il donne au quotidien une douzaine de contes et à peu près autant de chroniques. La forme politique, les problèmes de société suscitent ses réflexions, plus que la littérature sur laquelle il n'aime guère s'étendre. Il commente la loi sur le divorce : un sujet d'écrivain. Ce n'est pas un intellectuel. Il fuit l'enflure, aime pétrir la matière, tenir les choses en main. Spontané, instinctif, il façonne ses textes avec une rigueur terrienne.*

Sa fortune est considérable. Il se fait construire une villa à Etretat, donne à son yacht le nom d'un de ses romans, « Bel Ami ». Sa santé mentale se détériore. En janvier 1892, Le Figaro *décrit en Une son retour de Cannes après une tentative de suicide. Il est interné : « Mon esprit suit des vallons noirs qui me conduisent je ne sais où », écrit-il à un ami. Sa fin est tragique, pathétique, la réalité lui échappe. L'un de ses derniers récits,* Le Horla, *qui traite de la folie, donnera son nom à un dirigeable. En juillet 1893, à l'âge de quarante-trois ans, Guy de Maupassant, qui a perdu la tête, gagne l'éternité.*

Paru le jeudi 12 juin 1884

Le divorce et le théâtre

Voici que le divorce entre dans la loi, à la grande joie d'une infinité de ménages ; mais ce qui va être particulièrement intéressant, c'est de le voir entrer dans les mœurs.

Il entre dans la loi, tant mieux. Il était vraiment peu logique que cette loi, qui ne permet pas à un homme de prononcer des vœux religieux, qui ne lui permet point de prendre, vis-à-vis de lui-même, un engagement aussi long que son existence, trouvât au contraire juste et sage et naturel de le lier jusqu'à sa mort à un autre être, de l'ensaquer dans le mariage, de le river au boulet de l'amour à perpétuité et de l'accouplement à vie.

Cette obligation de la fidélité, ordonnée par le maire, dont on tenait compte d'ailleurs autant que de la défense de marcher sur les gazons du Bois de Boulogne, va devenir, sinon plus respectée, du moins plus respectable, par cela même qu'on pourra s'affranchir légalement de cette contrainte, au moyen de quelques voies de fait.

Étant donné que la loi humaine est destinée à contrarier nos instincts, qui constituent la loi naturelle, il est bien juste qu'on laisse, entre les articles coercitifs, entre les textes rédigés pour réprimer nos gaietés, pour contraindre nos penchants, pour modérer nos goûts, pour restreindre nos libertés, quelques échappatoires de compensation ou de consolation. Le divorce sera un des plus appréciés parmi ces articles de consolation.

Chez nous, d'ailleurs, on tombe dans le mariage comme dans un puits sans garde-fou. Il semble équitable qu'on jette au moins dedans une corde à nœuds pour permettre aux imprudents, aux naïfs et aux imbéciles, de s'en tirer.

Alors qu'il est si difficile d'assortir deux chevaux pour un attelage, on vous assortit deux êtres à l'aveuglette, au petit bonheur, pour le plus grand malheur de l'un et de l'autre.

Chez les peuples nos voisins, on tolère des épreuves préliminaires, des expériences de caractère et de vie commune au moyen de voyages d'essai, de flirtations et de familiarités limitées qui peuvent être suffisamment révélatrices sans devenir des acomptes. On respire la fleur sans la cueillir.

Chez nous, rien. On se regarde une ou deux fois en présence des parents et des grands-parents. C'est tout juste si on peut s'assurer de la rectitude des yeux et de la taille, on ne s'apercevrait certes pas d'un défaut de prononciation, car on échange à peine les paroles nécessaires pour se convaincre que la jeune fille n'est pas muette, mais on ne découvrirait point qu'elle est bègue. Quant à toutes les autres accordances indispensables pour vivre ensemble sous le même édredon, on les néglige.

Et le prêtre et le maire vous déclarent enchaînés l'un à l'autre jusqu'à la mort, jusqu'à la mort désirée de celui qui délivrera son compagnon de misère. Voilà.

Donc, le divorce a du bon ; et pour beaucoup d'autres raisons encore qui ont été énumérées à satiété depuis que l'honorable M. Naquet est parti en guerre contre le mariage indissoluble, à la façon du chevalier Don Quichotte, le plus noble, le plus généreux et le plus désintéressé des hommes.

Mais il va être tout à fait curieux d'observer quelle sera l'influence de cette ressource sur les mœurs, sur la littérature et sur le théâtre en particulier.

La littérature et les mœurs ont toujours marché de front. À l'époque où on écrivait *Manon Lescaut, Thémidore* ou *Le Sopha*, la morale française n'était point la même qu'à l'époque d'*Antony*. Il suffirait aujourd'hui de lire le roman si remarquable et bien typique d'Alphonse Daudet, *Sapho*, pour comprendre que nous ne ressemblons guère aux hommes de 1830. Cependant, autrefois comme maintenant, c'est principalement dans l'adultère qu'ont travaillé les écrivains. L'impossibilité de rompre le lien conjugal a fourni à l'imagination rusée des auteurs une foule de situations, de péripéties et de dénouements. L'art dramatique surtout doit une vive reconnaissance aux articles du code civil qui ligaturaient si bien les époux.

Que va-t-il advenir de la situation nouvelle ? Changera-t-elle l'optique littéraire ?

Mais d'abord il faut qu'elle déplace définitivement le point d'honneur marital.

Avec les unions indissolubles, l'époux trompé se jugeant déshonoré se trouvait contraint ou de tuer, moyen odieux, ou de fermer les yeux, complaisance indigne et lâche, ou de pardonner, compromis ridicule peu fait pour rendre facile la vie commune par la suite.

Aujourd'hui, il lui suffira de battre sérieusement sa femme pour créer un cas de divorce, et s'en faire débarrasser par la loi.

Mais les drames de la vie conjugale ainsi simplifiés, il se peut que les auteurs dramatiques se trouvent subitement tout à fait à court de dénouements. Ils seront donc forcés de s'ingénier, d'inventer des combinaisons adroites ou tragiques, de diversifier par des procédés astucieux, de mouvementer cette fin d'acte monotone et plate du divorce prononcé.

Ils trouveront d'ailleurs mille moyens encore inattendus dans la présence et l'intervention des enfants. Et la Justice divine apparaîtra par la voix d'un mioche de dix ans qui maudira son père ou sa mère suivant l'origine des torts.

En somme, le premier résultat du divorce sur les Lettres va être de diminuer considérablement la mortalité dans les livres et sur les planches, car les auteurs pouvant se débarrasser facilement, par un moyen aussi simple, de personnages gênants pour conduire le héros à d'autres aventures, négligeront de plus en plus le vieux procédé tragique du suicide ou de l'assassinat.

Ils auront toujours, d'ailleurs, la grande et éternelle ressource de la jalousie, car Othello n'a rien de commun avec George Dandin.

À ce point de vue même, le divorce ouvrira un horizon nouveau, il va éveiller dans les cœurs une jalousie encore ignorée, la jalousie du passé.

Nous apportons dans les affaires du cœur une manière de voir très spéciale, déterminée par la tradition et par le tempérament français.

Quand nous nous décidons à nous marier, après avoir pas mal roulé, suivant l'expression consacrée, nous n'admettons pas que la jeune fille choisie par nous puisse avoir le plus léger soupçon du mystère organique de la vie. Elle doit être tellement ignorante, innocente et naïve, que ces trois qualités ne pourraient se trouver réunies, poussées à ce point, que grâce à une extrême bêtise. Nous tolérons la bêtise de notre fiancée, nous la déclarons même adorable, mais nous nous révoltons absolument au plus léger doute sur son parfait aveuglement.

Nous n'admettons même pas qu'une simple amourette ait traversé son cœur avant notre apparition ; et la pensée qu'un cousin a pu hanter ses rêves, la croyance qu'un autre homme a dû l'épouser, l'aventure chuchotée d'un mariage manqué pour des raisons inconnues, souvent pour des raisons de dot, nous la fait considérer comme défraîchie, comme avariée, comme dépréciée.

Or, si nous ne tolérons pas qu'une jeune fille ait été même effleurée par le désir d'un autre homme, comment consentirions-nous à prendre une femme notoirement entamée par un précédent possesseur en titre ?

Et les veuves, dira-t-on ?

Le cas est différent. Le prédécesseur n'existe plus. Et puis la veuve n'est-elle pas un peu considérée chez nous comme un objet d'occasion ? Les veuves épousent en général des veufs, des vieux militaires éclopés, des célibataires goutteux, tous les débris de la race mâle.

Il se peut donc que la femme divorcée perde beaucoup de sa valeur à nos yeux, de sa valeur commerciale.

Enfin, admettons que ce préjugé, assez vif dans les premiers temps, s'efface par la suite, comme tous les préjugés, quelle sera l'attitude du second mari s'il est d'un tempérament jaloux ?

Shakespeare, dans *Othello*, n'a pas dit toute la jalousie. Elle est tantôt sourde et tantôt brutale ; tantôt elle attaque le cœur d'un choc impétueux, tantôt elle se glisse, elle rampe, elle ronge, elle a des ruses, des perfidies, des dessous.

Comme il souffre, l'homme jaloux ! Celui que la jalousie travaille incessamment, comme un mal secret, un mal honteux et dévorant.

Dans le mariage tel qu'il existe, la jalousie peut prendre deux formes.

Tantôt l'homme, le possesseur légal, n'est jaloux que du fait, de l'adultère possible, ou même des attentions physiques des hommes, de leur galanterie, de leurs compliments, de leurs regards, de leurs intentions apparentes.

Mais tantôt il est jaloux de l'âme même de sa femme, et celui-là endure un supplice abominable.

Sa femme, il la guette sans cesse, inquiet de tout, de ses gestes, de ses paroles, de ses regards.

Oh ! ne pas savoir ! Aimer et suspecter toujours ! Être le maître de par la loi, le maître violent de ce corps, et ne jamais savoir quelle pensée se cache derrière ces yeux clairs !

Il la serre dans ses bras, il ne la tient jamais. Sait-il où est son désir, où va son caprice ?

La voilà, si près de lui, si loin peut-être ? Elle sourit ! À qui ? À lui ou à un rêve, à un autre, à l'autre qu'il ne connaît pas, qu'il ne voit point, qu'elle appelle de toute sa tendresse, à qui elle se donne sous les baisers conjugaux ?

Oh ! misère ! Ne jamais pouvoir pénétrer dans cet esprit, tenir, sentir, serrer cette chair et jamais cette âme ! Songer que sa bouche peut mentir, que son abandon peut mentir, que ses caresses peuvent mentir, qu'il n'aura jamais autre chose que l'illusion physique et vaine de la possession ; et qu'elle peut, avec sa grâce séduisante, le tromper tant qu'il lui plaît dans le secret impénétrable de son cœur ?

Que lui importe même la chasteté du corps ; ce qu'il veut, c'est le consentement ravi de son désir ! L'a-t-il eu jamais ? L'aura-t-il jamais ?

Il connaît cette torture atroce du soupçon incessant qui harcèle, s'évanouit une seconde, revient plus vif, qui cherche des preuves, tend des pièges, et toujours, toujours, épie la pensée, la seule pensée. Il a sans cesse cette odieuse sensation d'être trompé, non par le fait, mais par l'âme.

C'est au torturé de cette nature que le divorce réserve d'indicibles angoisses. Que fera-t-il, cet homme, s'il a pris pour compagne intime de tous les instants une femme qu'un autre a déjà possédée ?

Un amant a le droit de se dire : « Cette femme est bien à moi, puisqu'elle s'est donnée librement, bravant tous les risques et tous les enseignements de la morale. »

Mais le mari, celui qu'on a choisi peut-être pour des raisons pratiques, pour un nom, pour sa fortune, pour d'autres motifs encore, par fatigue, par dépit, a le droit aussi de toujours douter que sa femme lui appartienne dans le secret de son cœur.

Or, si cette femme a déjà appartenu à un autre, quelle forme prendra la jalousie chez lui, et comment naîtra-t-elle ?

C'est ici que l'auteur dramatique découvrira une Californie de situations nullement soupçonnées jusqu'à ce jour. Nous en pouvons, à première vue, noter plusieurs, les unes comiques, les autres tragiques.

Les deux nouveaux mariés sont tranquillement assis au coin du feu, ils parlent de la pluie et du beau temps. Elle dit : « Duhamel, mon premier mari, avait un cor qui le tracassait beaucoup les soirs d'orage. »

Le nouvel époux devient sombre, un premier frisson le parcourt, ce cor le fait rêver à d'autres choses, etc.

Une femme rusée et méchante pourra sans cesse établir tout haut des comparaisons morales ou physiques tout à fait désobligeantes pour le second époux. Ce moyen scénique sera certainement souvent employé.

Certains maris seront obsédés par le souvenir du premier et ne cesseront de questionner leur femme, jour et nuit, sur ce qu'il faisait, sur ce qu'il disait, sur ce qu'il pensait, sur toute sa manière d'agir et de se comporter dans toutes les situations de la vie. Ils finiront même par l'appeler de son petit nom tout court : « Qu'est-ce qu'Octave aurait fait à ma place, en cette circonstance ? »

Il y aura encore là, assurément, un gros élément de comique.

Un grand nombre d'effets pourront être tirés de cette situation. Un mari, jaloux rétrospectivement, est torturé par la crainte que son prédécesseur n'ait été trompé par leur femme.

L'autre était bête, il le sait ; ridicule, il le sait ; brutal, il le sait ; sournois, il le sait ; certes, cela n'aurait pas été volé ; cependant il a une peur horrible que cet accident n'ait eu lieu, et il emploie toutes ses ruses à le découvrir.

Elle a, en parlant de l'autre, un petit ton méprisant et gai, tout à fait réjouissant, tout à fait favorable au successeur, mais aussi un peu inquiétant. Car enfin… si cela était arrivé… quelles garanties aurait-il, lui, le nouveau, pour la suite ?

Et puis, il veut bien épouser une femme qui a eu un mari, mais pas une femme qui a eu un amant !

Alors, à force d'astuce, à force de la questionner, de se moquer lui-même du n° 1, de la blaguer, de répéter : « Comme ce serait drôle si tu l'avais trompé, comme ce serait drôle ; c'est ça qui m'amuserait à savoir. En voilà un qui le méritait, hein, quelle brute ? »

Il finit par la faire avouer. Elle laisse comprendre. Elle sourit d'une telle façon, qu'il devine.

Alors, tout à coup, mordu au cœur, exaspéré, il commence à la traiter de misérable, de gueuse, de fille, puis, vengeant l'autre, il la gifle, la bat, l'assomme et finit par l'abandonner, ne pouvant vivre avec cette idée qu'elle a trompé son précurseur.

Que de complications amusantes aussi avec l'introduction dans le nouveau ménage de tous les amis du premier ménage, avec les inquiétudes de l'époux n° 2 devant ces visages qu'il ne connaît pas, qu'il suspecte ? Que de points d'interrogation et de doutes dans son esprit ?

La scène à faire se passerait entre les deux maris. Le dernier occupant ne parvient point à découvrir tous les mystères du cœur de sa femme. Il reste devant elle comme devant un coffre à secret. Alors il se décide à aller demander quelques renseignements intimes et pratiques au premier, qui le renseigne avec la plus large complaisance et lui donne une multitude de détails précis, certains, terribles.

Grand dialogue plein de mouvements.

Et puis que de piqûres morales, à la pensée de la première intimité, au soupçon de choses mystérieuses que le second n'ose pas deviner.

Et puis, qu'arriverait-il si elle rencontrait par hasard le premier ? Quel regard échangeraient-ils ? Qui sait, la femme oublie si vite ! Elle est si capricieuse !

Enfin, sous mille faces nouvelles, cette nouvelle situation pourra être envisagée. Il est probable que l'Ambigu y perdra ; que le Gymnase n'y gagnera rien, mais que le Palais-Royal y fera fortune.

Paru le samedi 9 janvier 1892

Les conseils d'une grand-mère

Il n'est question, depuis huit jours, dans le monde des lettres et des arts, que du mal atroce qui vient de frapper Guy de Maupassant. On sait que le grand écrivain a dû être transporté dans la maison du Dr Blanché. Maupassant avait abordé tous les genres avec un égal succès : le roman, la nouvelle, le voyage, la poésie, le théâtre, la critique d'art, la chronique.

Toutes ses chroniques n'ont pas été réunies en volume. Celle qu'on va lire est dans ce cas ; elle aura, pour la majorité de nos lecteurs, le charme de l'inédit.

Le château, de style ancien, est sur une colline boisée, de grands arbres l'entourent d'une verdure sombre, et le parc infini étend ses perspectives tantôt sur des profondeurs de forêt, tantôt sur les pays environnants. À quelques mètres de la façade se creuse un bassin de pierre où se baignent des dames de marbre, d'autres bassins étagés se succèdent jusqu'au pied du coteau et une source emprisonnée fait des cascades de l'un à l'autre. Du manoir, qui fait des grâces comme une coquette surannée, jusqu'aux grottes incrustées de coquillages, et où sommeillent des Amours d'un autre siècle, tout en ce domaine antique a gardé la physionomie des vieux âges ; tout semble parler encore des coutumes anciennes, des mœurs d'autrefois, des galanteries passées et des élégances légères où s'exerçaient nos aïeules.

Dans un petit salon Louis XV, dont les murs sont couverts de bergers marivaudant avec des bergères, de belles dames en paniers et des messieurs galants et frisés, une toute vieille femme, qui semble morte aussitôt qu'elle ne remue plus, est presque couchée dans un grand fauteuil et laisse pendre de chaque côté ses mains osseuses de momie. Son regard voilé regarde au loin par la campagne, comme pour suivre à travers le parc des visions de sa jeunesse. Un souffle d'air, parfois, arrive par la fenêtre ouverte, apporte des senteurs d'herbe et des parfums de fleurs ; il fait voltiger ses cheveux blancs autour de son front ridé et les souvenirs vieux dans son cœur.

À ses côtés, sur un tabouret de velours, une jeune fille, aux longs cheveux blonds tressés sur le dos, brode un ornement d'autel. Elle a des yeux rêveurs et pendant que travaillent ses doigts agiles, on voit qu'elle songe.

Mais l'aïeule a tourné la tête.

— Berthe, dit-elle, lis-moi donc un peu des gazettes, afin que je sache encore quelquefois ce qui se passe en ce monde.

La jeune fille prit un journal et le parcourut du regard :

— Il y a beaucoup de politique, grand-mère, faut-il passer ?

— Oui, oui, mignonne. N'y a-t-il pas d'histoires d'amour ? La galanterie est donc morte, en France, qu'on ne parle plus d'enlèvements, ni de combats pour les dames, ni d'aventures comme autrefois ?

La jeune fille chercha longtemps.

— Voilà, dit-elle. C'est intitulé : « Drame d'amour. »

La vieille femme sourit dans ses rides.

— Lis-moi cela, dit-elle.

Et Berthe commença.

C'était une histoire de vitriol. Une dame, pour se venger de la maîtresse de son mari, lui avait brûlé les deux yeux. Elle était sortie des assises acquittée, innocentée, félicitée, aux applaudissements de la foule.

L'aïeule s'agitait sur son siège et répétait :

— C'est affreux, mais c'est affreux cela ! Trouve-moi donc autre chose, mignonne.

Berthe chercha et, plus loin, toujours aux tribunaux, se mit à lire : « Sombre drame. » Une jeune fille de vertu trop mûre s'était laissée choir tout à coup entre les bras d'un jeune homme, et, pour se venger de son amant dont le cœur était volage et la rente insuffisante, lui avait tiré à bout portant quatre coups de revolver. Deux balles étaient demeurées dans la poitrine, une dans l'épaule, l'autre dans la hanche. Le monsieur resterait estropié toute sa vie. La jeune fille avait été acquittée, aux applaudissements de la foule ; et le journal maltraitait fort ce séducteur de vierges faciles.

Cette fois, la vieille grand-mère se révolta tout à fait, et, la voix tremblante :

— Mais vous êtes donc fous aujourd'hui, vous êtes fous ! Le bon Dieu vous a donné l'amour, la seule séduction de la vie ; l'homme y a mêlé la galanterie, la seule distraction de nos heures ; et voilà que vous y mettez du vitriol et du revolver, comme on mettrait de la boue dans un flacon de vin d'Espagne !

Berthe ne paraissait pas comprendre l'indignation de son aïeule :

— Mais grand-mère, cette femme s'est vengée. Songe donc, elle était mariée, elle, et son mari la trompait.

La grand-mère eut un soubresaut.

— Quelles idées vous donne-t-on, à vous autres jeunes filles d'aujourd'hui ?

Berthe répondit :

— Mais le mariage, c'est sacré, grand-mère.

L'aïeule tressaillit en son cœur de femme née encore au grand siècle galant.

— C'est l'amour qui est sacré, dit-elle. Écoute, fillette, une vieille qui a vu trois générations et qui en sait long, bien long, sur les hommes et sur les femmes. Le mariage et l'amour n'ont rien à voir ensemble. On se marie pour former une famille, et on forme une famille pour constituer la société. La société ne peut pas se passer du mariage. Si la société est une chaîne, chaque famille en est un anneau. Pour souder ces anneaux-là, on cherche toujours les métaux pareils. Quand on se marie, il faut unir les convenances, combiner les fortunes, joindre les races semblables, travailler pour l'intérêt commun qui est la richesse et les enfants. On ne se marie qu'une fois, fillette, et parce que le monde l'exige ; mais on peut aimer vingt fois dans sa vie, parce que la nature nous a faits ainsi. Le mariage, c'est une loi, vois-tu, et l'amour, c'est un instinct qui nous pousse tantôt à droite tantôt à gauche. On a fait des lois qui combattent nos instincts ; il le fallait, mais les instincts toujours sont les plus forts, et on a tort de leur résister puisqu'ils viennent de Dieu, tandis que les lois ne viennent que des hommes.

« Si on ne poudrait pas la vie avec de l'amour, le plus d'amour possible, mignonne, comme on met du sucre dans les drogues pour les enfants, personne ne voudrait la prendre telle qu'elle est.

Berthe, effarée, ouvrait ses grands yeux ; elle murmura :

— Oh ! grand-mère, grand-mère, on ne peut aimer qu'une fois !

L'aïeule leva vers le ciel ses mains tremblantes comme pour invoquer encore le dieu défunt des galanteries. Elle s'écria, indignée :

— Vous êtes devenus une race de vilains, une race du commun. Depuis la Révolution, le monde n'est plus reconnaissable. Vous avez mis de grands mots partout, vous croyez à l'égalité et à la passion éternelle. Des gens ont fait des vers pour vous dire qu'on mourait d'amour. De mon temps, on faisait des vers pour nous apprendre à aimer beaucoup. Quand un gentilhomme nous plaisait, fillette, on lui envoyait un page. Et quand il nous venait au cœur un nouveau caprice, on congédiait son dernier amant à moins qu'on ne les gardât tous les deux.

La jeune fille, toute pâle, balbutia :

— Alors les femmes n'avaient pas d'honneur ?

La vieille bondit :

— Pas d'honneur parce qu'on aimait, qu'on osait le dire et même s'en vanter ? Mais, fillette, si une de nous, parmi les plus grandes dames de France, était demeurée sans amant, toute la cour en aurait ri. Et vous vous imaginez que vos maris n'aimeront que vous toute leur vie ? Comme si ça se pouvait, vraiment ! Je te dis, moi, que le mariage est une chose nécessaire pour que la société vive, mais qu'il n'est pas dans la nature de notre race, entends-tu bien ? Il n'y a dans la vie qu'une bonne chose, c'est l'amour, et on veut nous en priver. On vous dit maintenant : « Il ne faut aimer qu'un homme », comme si on voulait me forcer à ne manger, toute ma vie, que du dindon. Et cet homme-là aura autant de maîtresses qu'il y a de mois dans l'année ! Il suivra ses instincts galants qui le poussent vers toutes les femmes comme les papillons vont à toutes les fleurs et alors, moi, je sortirai par les rues avec du vitriol dans une bouteille, et j'aveuglerai les pauvres filles qui auront obéi à la volonté de leur instinct ! Ce n'est pas sur lui que je me vengerai, mais sur elles ! Je ferai un monstre d'une créature que le bon Dieu a faite pour être aimée ! Et votre société d'aujourd'hui, votre société de manants, de bourgeois, de valets parvenus m'applaudira et m'acquittera ! Je te dis que c'est infâme, que vous ne comprenez pas l'amour et je suis contente de mourir plutôt que de voir un monde sans galanteries et des femmes qui ne savent plus aimer. Vous prenez tout au sérieux à présent, la vengeance des drôlesses qui tuent leurs amants fait verser des larmes de pitié aux douze bourgeois réunis pour sonder les cœurs des criminels. Et voilà votre sagesse, votre raison ? Les femmes tirent sur les hommes et se plaignent qu'ils ne sont plus galants !

La jeune fille prit en ses mains tremblantes les mains ridées de la vieille :

— Tais-toi, grand-mère, je t'en supplie.

Et à genoux, les larmes aux yeux, elle demandait au ciel une grande passion, une seule passion éternelle, selon le rêve nouveau des poètes romantiques, tandis que l'aïeule, la baisant au front, toute pénétrée encore de cette charmante et saine raison dont les philosophes galants emplirent le dix-huitième siècle, murmurait :

— Prends garde, pauvre mignonne, si tu crois à des folies pareilles, tu seras bien malheureuse.

Paru le samedi 7 avril 1906

Une lettre inédite de Guy de Maupassant

Jamais l'admirable auteur de Boule de Suif, *de* Mademoiselle Fifi *et de* Fort comme la mort *ne voulut confier à personne le fond de sa pensée d'artiste ; il se déroba toujours aux enquêtes littéraires…*

Nous avons eu la bonne fortune de mettre la main sur une lettre que le grand écrivain écrivit un jour à un jeune poète ignoré… Là où les interviewers avaient échoué, le débutant réussissait d'emblée ; car Maupassant lui fait en deux pages une véritable profession de foi littéraire.

Voici, telle quelle, la copie de la lettre adressée par le Maître, il y a quelques années, à l'audacieux qui avait pris la liberté de lui envoyer une demi-douzaine de sonnets :

Monsieur, établir les règles d'un art n'est pas chose aisée, d'autant plus que chaque tempérament d'écrivain a besoin de règles différentes. Je crois que pour *produire*, il ne faut pas trop raisonner. Mais il faut regarder beaucoup et songer à ce qu'on a vu. *Voir :* tout est là, et *voir juste.* J'entends par voir juste, voir avec ses propres yeux et non avec ceux des maîtres. L'originalité d'un artiste s'indique d'abord dans les petites choses et non dans les grandes. Des chefs-d'œuvre ont été faits sur d'insignifiants détails, sur des objets vulgaires. Il faut trouver aux choses une signification qui n'a pas encore été découverte et tâcher de l'exprimer d'une façon personnelle.

Celui qui m'étonnera en me parlant *d'un caillou, d'un tronc d'arbre, d'un rat, d'une vieille chaise*, sera, certes, sur la voie de l'art et apte, plus tard, aux grands sujets.

On a trop chanté les aurores, les soleils, les rosées et la lune, les jeunes filles et l'amour, pour que les derniers venus n'imitent pas toujours quelqu'un en touchant à ces sujets.

Et puis, je crois qu'il faut éviter les inspirations vagues. L'art est *mathématique*, les grands effets sont obtenus par des moyens simples et bien combinés. Chateaubriand a dit : « Le génie n'est qu'une longue patience. »

Je crois que le talent n'est qu'une longue réflexion, étant donné qu'on a l'intelligence.

Certes, vous avez des dons poétiques, un esprit qui reçoit bien les impressions, qui se laisse bien pénétrer par les objets et les idées. Il ne vous faudrait, à mon humble avis, qu'une tension de réflexion pour *utiliser* pleinement vos moyens en évitant surtout les *pensées* dites poétiques, et en cherchant la poésie dans les choses précises ou méprisées où peu d'artistes ont été la découvrir.

Mais surtout, surtout, n'imitez pas, ne vous rappelez rien de ce que vous avez lu ; oubliez tout, et (je vais vous dire une monstruosité que je crois absolument vraie), pour devenir bien personnel, *n'admirez personne.*

Il est difficile, en cinquante lignes, de parler de ces choses sans avoir l'air pédant, et je m'aperçois que je n'ai pas évité l'écueil.

Je vous serre cordialement la main.

Cette lettre prouve que Maupassant resta fidèle à la discipline de Flaubert, dont la correspondance développe avec abondance les idées qu'on vient de lire.

Maurice Vaucaire

Maurice Barrès

(1862-1923)

Entré à l'Académie française en 1906.

V-C
2011

Barrès, l'enraciné

« Teintes violettes d'un soir tragique, sombres espaces, élans pour la tuer de ces jeunes gens qui l'eussent tant désirée »... Les Déracinés. *« On écrit, dit Maurice Barrès, avec la volonté de satisfaire au double besoin de musique et de géométrie que nous portons tous, à la française, dans une âme bien faite. »*

Barrès : un style, un phrasé, des images qui rebondissent, comme un écho, portées par un souffle puissant. La voix du « Prince de la jeunesse ». En réhabilitant les frémissements intimes dans la trilogie du Culte du Moi – Sous l'œil des barbares, Un Homme libre, Le Jardin de Bérénice –, *l'orgueilleux écrivain fusille le naturalisme, Zola et consort : « Je suis un homme pour qui le monde extérieur n'existe pas. » Seuls importent les mouvements secrets, les émotions propres, les frémissements de la sensibilité. Ce sont les vagues de l'âme qui donnent au paysage son relief. Exaltation, analyse, il faut faire une pause pour s'écouter. Barrès la prend. C'est un dandy : cravate blanche, air dédaigneux, fleur à la boutonnière ; un passionné au sang-froid, un maître qui n'a pas trente ans : « Toute une génération, dira Léon Blum, respira cet entêtant mélange d'activité conquérante de philosophie et de sensualité. » Du dégoût, de l'impertinence, de l'ironie. Le siècle s'achève, il faut l'abattre. Un général, Boulanger, propose de nettoyer les écuries. Barrès saute en croupe, se fait élire député. Il a vingt-sept ans. Dans* Le Figaro, *il annonce le programme : « Bavards du Palais-Bourbon... le fait seul que vous existiez abaisse tellement ce pays que nous entendons agir... seulement pour vous supprimer. » C'est la guerre, des nerfs. Il faut laisser parler son instinct, ce sentiment mystérieux qui ne saurait tromper. En 1890, il porte l'écrivain engagé vers le socialisme. Il l'annonce en Une du* Figaro.

C'est le rassemblement de la nation derrière un « chef bien aimé ». L'intelligence en éveil, il vole comme un oiseau, au-dessus de lui-même, cherchant sa cible, la vérité, une nourriture intellectuelle : « Le Moi est le meilleur terrain d'attente. » Barrès prône l'enrichissement des valeurs nationales par un cosmopolitisme choisi : Vive la culture européenne ! « Elle nous réveille par des poivres et des épices nouveaux. » Le scandale de Panama, révélateur de corruptions multiples, le voit en observateur féroce. Dans « Leurs Figures », il décrit d'une plume shakespearienne la décomposition des visages et du panorama politique. Il faut revenir aux sources. Puisant au fond de lui-même, c'est dans le passé, l'attachement à la terre natale, aux ancêtres, l'ancrage dans la nation, les traditions, les racines que ce Lorrain va trouver la flamme qui illumine l'homme de l'intérieur. Il publie en trois volets, – dont le premier, Les Déracinés, *connaît un retentissement unique –,* Le Roman de l'énergie nationale. *Il est désormais le grand patriote, anti-dreyfusard, enveloppé dans les plis du drapeau tricolore. Élu à l'Académie française, député de Paris, la guerre le trouve en première ligne ; il se fait le propagandiste de l'héroïsme national.*

Au lendemain de la guerre, qui le voit entrer dans Metz reconquise, Barrès est démodé. Les années folles ne sont plus les siennes ; trop cambré. C'est l'heure des danseurs, de l'étourdissement. Le maître oublié s'éteint en 1923 après avoir lu, en cohérence avec lui-même, sur la tombe de son père, sexagénaire, que son heure était arrivée.

Paru le dimanche 27 octobre 1889

Notes d'un nouvel élu

Enfin, me disait-on l'autre jour, qu'ayez-vous promis à vos électeurs ?

— Des améliorations.

Et ces hommes qui m'interrogeaient sourirent, tant le scepticisme est répandu dans les maisons où l'on dîne. Mais je parlais avec un grand sérieux, car ces réformes, je les ai disputées avec mes chers ouvriers de Lorraine, dans leurs tristes cités, bien des soirs, tandis que nous fumions fraternellement de maigres cigares. Une taxe sur les travailleurs étrangers, une caisse de retraite pour leur vieillesse, voilà les rêves très modestes, très réalisables que nous formions ensemble et que j'appelle de tout mon cœur.

Il est impossible de vivre pendant quelques semaines au milieu des déshérités sans recevoir d'eux une émotion, un sincère mouvement d'amour. À quoi songeait mon ami Gabriel, élu hier, lui aussi, député de Nancy, pendant ce monotone retour des réunions publiques, tandis que, le long de la Moselle, nos ouvriers en rangs serrés nous entouraient, chantant les *Marseillaises* boulangistes ? J'imagine que j'étais arrivé, moi nouveau venu parmi les ouvriers, à les aimer comme lui-même les aime, qui partage leurs labeurs depuis vingt ans. Engourdie par la fatigue physique que donne ce sport violent, ce lawn-tennis d'injures électorales, il y avait en moi une joie sincère : le sentiment que j'avais touché l'âme populaire, la sensualité presque d'être en contact avec une belle chose vigoureuse, bien vivante, substituée enfin à ces abstractions qui m'avaient tant lassé dans l'ombre des bibliothèques.

Cette période électorale me laissera un fécond souvenir. J'aimais mes amis pour leur confiance ; je goûtais dans mes adversaires l'énergie de leurs insultes. Pas de milieu plus sain. Délicieuses bagarres de septembre et d'octobre ! Incomparable ballottage ! C'est là que je me pris à comprendre, à aimer la vie, l'instinct tout nu. Comment, après cela, aurais-je l'ingratitude de négliger les améliorations réclamées par ces braves gens qui, sans me connaître, n'hésitaient pas à m'aimer et qui, eux-mêmes, m'améliorèrent ?

Bien qu'ils soient à l'âge où la vie paraît plus belle quand une femme a laissé flotter ses longs cheveux, ceux de ma génération admettent difficilement que le sort du peuple soit embelli parce qu'un tribun, en poussant de longs cris, agite une chevelure déchevelée sous la coupole Bourbon.

Nous ne croyons pas davantage que notre rôle d'élus doive se borner à faire notre réputation en interpellant, ou notre fortune en spéculant. C'est du nouveau qu'il nous faut. Un de nos adversaires disait à Nancy : « M. Barrès prétend reviser la Constitution, son visage trop pâle me rassure mal ; il ferait mieux de reviser la sienne. » Ce mot qui plus généralement me parut judicieux, mais immoral, c'était tout bonnement m'inciter à l'égoïsme. Rien de plus fâcheux. Je n'admire rien tant pour ma part, qu'un être parfaitement désintéressé – désintéressé de tout et principalement de soi-même. Voilà le parfait député.

Celui-là dans la vie politique apportera pour premier souci de connaître ses points de contact avec ses adversaires. Il servira ce qui lui paraît juste dans leur programme ; il osera même collaborer à leurs efforts. C'est le seul moyen d'obtenir enfin aux classes malheureuses des améliorations ; mais que la tâche est délicate ! Pour goûter quoi que ce soit de ses adversaires, il faut une grande clairvoyance, il faut surtout vaincre de continuelles répugnances. Je m'en suis rendu compte durant la période électorale. Chaque matin, lisant les articles où les hommes les plus distingués de l'arrondissement se demandaient si mon dégoût très affiché du parlementarisme venait de ma cupidité, de ma luxure ou de ma barbe trop rare, je me laissais aller à mal goûter ces écrivains.

« Les malheureux ! m'écriais-je, ils ne font rien pour embellir la vie ! Ils risquent même par tant d'injures qu'ils adressent au parti national d'attrister ma journée ! Le pessimisme de ces journalistes serait parfaitement justifié s'ils considéraient leurs propres âmes (on sait que tous les analystes ou égoïstes donnent dans le pessimisme), mais il est injustifiable qu'à considérer mon caractère et ma situation, en somme fort agréables quand on les voit de l'extérieur, ils ressentent une amertume si âcre. »

Tel était, à les lire, mon premier raisonnement ; raisonnement trop hâtif ; bien vite, je le retouchais, je justifiais mes adversaires, je les comprenais.

« Ce sont, me disais-je, des hommes d'action, des passionnés qui empoignent la minute présente. Ils agissent ; ils n'ont que faire de juger sainement les événements auxquels ils sont mêlés. »

Un jour, j'ai entendu à la cour d'assises Gamahut, parlant de sa victime, s'écrier avec une entière bonne foi : « C'est alors que la canaille se débattit, et, me saisissant à la gorge, essaya de m'étrangler. » Gamahut, comme mes adversaires électoraux, était un passionné ; pas plus qu'eux il ne savait se faire une vision nette des événements auxquels il avait été mêlé, ni des personnalités qu'il avait combattues. Eh bien ! voilà le travers qu'à la Chambre je voudrais éviter. Et s'il m'est arrivé à moi aussi, pendant la période électorale, de regarder mes adversaires par leur mauvais côté, au point de me laisser aller à y allonger ma botte, je me propose dorénavant de ne plus considérer que leurs vertus.

Avec quelle curiosité sympathique ne vais-je pas étudier la physionomie de ces hommes supérieurs appelés par le suffrage universel à interpeller et à légiférer ! Délicieuses après-midi du Palais-Bourbon ! Dans cette enceinte, voici que le peuple prend conscience de soi-même par les spécialistes qu'il a délégués. Lui, peuple, il est l'instinct de la nation ; porté par un sentiment mystérieux de ses besoins, par un désir obscur de tirer le meilleur parti de toutes les époques, il choisit spontanément celui qui a prononcé le mot auquel pour l'instant il a foi.

Or le mot du jour n'est pas de politique : ce n'est ni EMPIRE ; ni MONARCHIE ; la forme républicaine nous satisfait – ce n'est pas non plus un appel à la GLOIRE ; quelque souvenir que nous gardions dans l'Est, nos ouvriers se préoccupent peu des complications extérieures : les efforts profonds du peuple sont uniquement pour réclamer des réformes sociales.

SOCIALISME, c'est le dictame où la France contemporaine a mis son espoir. Ceux qui aspirent à se mêler des affaires de leur pays n'ont que faire d'intervenir dans ce travail spontané de l'instinct national ; c'est une éclosion qu'ils doivent simplement étudier et faciliter selon leurs aptitudes.

À considérer les choses d'un peu haut, de l'instinct rien ne peut naître que de bon et de curieux ; tout au moins c'est une force fatale contre laquelle rien ne sert d'aller. Soyons donc socialistes. Mais soyons-le utilement, en négligeant les points qui nous séparent pour cultiver les désirs d'amélioration qui nous sont communs, à nous, hommes de gauche, comme à eux, hommes de droite.

Hors l'union de tous les socialistes au Parlement, aucune loi de protection ouvrière n'est possible. Si cette entente est négligée, si des hommes, à l'ordinaire épars sur tous les bancs de la Chambre, ne peuvent collaborer fraternellement à cinq ou six réformes, et, pour l'amour de ceux à qui la réalité est triste, oublier qu'ils servent des rêves différents, les jeunes hommes nouveaux venus n'ont qu'à démissionner et à passer la main aux purs parlementaires.

Pour deux ou trois réformes que nous comptons réclamer des bancs de l'extrême gauche, nous sommes déjà assurés de trouver à droite un éminent concours. J'ai désigné M. de Mun, mais pourquoi parmi ses amis serait-il seul à sympathiser avec notre tentative ? Un député conservateur de la dernière Chambre, M. de Mactimprey, nous faisait cette objection : « M. de Mun parle du *Socialisme*, ce mot-là n'est pas dans l'Évangile ; je n'y ai trouvé que *Charité !* » Voilà qui est raisonner, pourtant je ne suis pas convaincu. Comme toutes les œuvres divines, l'Évangile se prête merveilleusement aux retouches. Dieu permet qu'on modifie la plupart de ses œuvres selon le goût du jour.

Je connais dans ma circonscription un vicaire qui a créé douze nouvelles espèces de poires ; sa conscience délicate n'en ressent aucun scrupule. Ne peut-on imaginer une variante de l'Évangile où se trouverait le mot *socialisme* ? Déjà de très honnêtes gens, des évêques, l'y ont lu. Précisément ce livre est divin parce que, à toutes les époques, les déshérités y trouvent des phrases consolantes. Pour consoler les ouvriers d'aujourd'hui, il faut une taxe sur les travailleurs étrangers, il faut une caisse de retraite. J'ai confiance que le clergé français qui, aux dernières élections, montra un sens si net de la nécessité de reviser la Constitution de 1875 saura trouver dans l'Évangile le germe de ces réformes.

Cette coopération des républicains les plus dégagés et des catholiques les plus cléricaux peut seule assurer des améliorations aux travailleurs, et voilà l'œuvre que le boulangisme a rendue possible. C'est l'honneur de notre chef aimé. Loin d'être apostat à sa mission démocratique, il a fortifié et élargi les espoirs de la démocratie en rassemblant pour la servir tous ceux qui rendent un culte sincère à la volonté nationale. Cette réconciliation de tous les hommes d'étude pour l'amour de l'âme populaire, voilà qui passionne la nouvelle génération. Paul Adam dans cinquante réunions publiques, Ch. Maurras, hier encore, dans *L'Observateur français*, vingt autres de leur âge l'ont développé. Quelques-uns entrent dans la Chambre demain, portés par le boulangisme. Ayons confiance. Cette belle fête, tout intellectuelle, n'est pas finie.

Paru le dimanche 27 juillet 1890

Du génie insuffisant de nos hypnotiseurs

Dernièrement, j'ai passé une matinée très excitante chez un de ces illustres médecins qui, depuis peu, ont beaucoup fait pour la vulgarisation des phénomènes de la suggestion.

Personne n'ignore ces Charcot, ces Bernheim, ces Luys et les autres. Vous connaissez leurs méthodes : ils substituent leurs propres caprices à la volonté de leurs patients ; sous leur influence, vous commettez les actes les plus graves, sans en avoir conscience. Ils nous font voir la personnalité humaine comme un faisceau, dont ils rompent les liens : en chacun de nous, il y a plusieurs hommes, indépendants les uns des autres. C'est pourquoi nos notions sur la responsabilité sont fort ébranlées.

Aujourd'hui, qu'un criminel soit arrêté, le public crie au juge d'instruction : « Cherchez l'hypnotiseur ! » Niez donc que ces questions soient populaires ! En revanche, elles énervent les gens de goût. Est-ce réclame excessive de ces illustres savants, est-ce sottise des commentaires ? C'est aussi que ces expériences d'hypnotisme, éternellement ressassées dans les journaux et promenées dans les salons, ne dépassent guère en qualité le niveau des petits jeux de société.

Si je me suis plu l'autre matin chez cet hypnotiseur, c'est simplement que son imagination et celle de ses aides avaient pris je ne sais quel tour héroïque. Ils me firent voir dans des raccourcis sublimes tout ce qui honore l'humanité. Grâce à leurs suggestions, ce n'était dans ce cabinet, à droite et à gauche, que martyrs, soldats et poètes ; même en face de moi, une petite servante se glorifiait d'être Dieu le père. On visite, à Londres, le musée Tussauds, le musée des horreurs ; je me flatte d'avoir passé ma matinée dans le musée des héros, le musée Carlyle.

... Une petite prostituée, à qui l'on avait suggéré d'être un poète, se tenait le front entre les mains, comme fait André Chénier sur les pendules. « À quoi penses-tu ? » lui dis-je. – Je cherche mes rimes. – Est-ce difficile ? – Oui, pour en avoir de bonnes. » Dans le même temps, un général passait en revue ses troupes, le poing sur la hanche, le nez en l'air et frappant du talon. Près de la fenêtre, une extatique adorait la Vierge, agenouillée et disant : « Comme elle est belle, avec des rubans bleus ! » Et son visage m'émerveillait par son rayonnement et son ardeur. Une cinquième, durant une heure, annonça la victoire de Marathon, le cou gonflé de joie patriotique et demi-morte pour avoir traversé les plaines fameuses de l'Attique. À une sixième, nous dîmes : « Soyez Madier de Montjau. » J'en rougis pour elle, elle hésitait. Nous lui soufflâmes son rôle : « Vous êtes un proscrit très éloquent ; vous écrasez le boulangisme et du même coup vous flétrissez 52. » Elle se mit aussitôt à faire les gestes qui flétrissent et les gestes qui écrasent.

... Durant une heure, ce fut dans cette petite salle le jeu le plus complet qu'on puisse imaginer de salamalecs sublimes. Je m'y sentais un cœur plus fier, comme à la lecture de Plutarque. Avec une véritable clairvoyance de mon état d'âme, l'illustre savant, gagné par mon émotion, se mit à pleurer doucement, et il répétait, appuyé d'une main sur André Chénier et de l'autre sur Madier de Montjau : « Je sens bien que je n'aurai pas vécu une vie inutile. »

Visiblement, par ce dernier trait, il complétait sa collection.

Et pourtant, j'en revins à mon premier mécontentement. Ce n'est pas que je n'aie passé chez cet hypnotiseur un bon moment ; ce n'est pas que ces petites servantes ne soient bien heureuses d'être, quelques instants de leur misérable vie, des grands hommes et des vierges. Mais tout de même, ça piétine, l'hypnotisme ! Il serait temps qu'on nous fît un peu sérieusement apparaître des morts. Et nous aimerions aussi à connaître l'avenir.

Dans ce siècle-ci, on s'exagère les difficultés. Évoquer les morts ! Mais, comme tout le monde, deux ou trois fois déjà, j'ai failli projeter devant moi des êtres que j'entendais au fond de mon âme. Je me rappelle notamment une soirée que je passai avec Jean-Jacques Rousseau, et puis une autre, en juin dernier, avec Fichte ; il ne tint qu'à quelques scrupules de ma part que je contraignisse ces messieurs de s'asseoir à mes côtés. Leurs pensées, leurs sentiments, leurs actions ne m'embarrassaient guère ; mais habillerais-je Jean-Jacques en turc ? Pour Fichte, j'ignorais trop les traits de son visage. Ils profitèrent de mon incertitude pour me glisser hors du cerveau. En vérité, évoquer les morts, ce n'est pas le diable (on l'a cru longtemps), mais c'est purement de la philosophie.

Quant à connaître notre avenir, c'est notre droit naturel. Si nous nous en privons, c'est par la faute de notre détestable éducation universitaire. Elle nous apprend à ne pas écouter notre instinct, à lui préférer le raisonnement. Ce que notre instinct nous dit, c'est en somme l'avenir ; ce que disent leurs raisonnements à la plupart des hommes, c'est des bêtises. En vérité, un chien est plus compétent à diriger sa propre vie que la plupart de nos faux raisonneurs ne le sont à soigner la leur. Tous les hommes se piquent de se conduire d'après des raisonnements ; tous n'arrivent pas à en faire de bons ; ils perdent par leur demi-sagesse le bénéfice de l'instinct, et n'acquièrent pas le bénéfice de la haute culture.

Dans le bienheureux sommeil magnétique, nous retrouvons toute la vigueur de notre sens intérieur, de notre instinct atrophié par la vie de société. Des personnes hypnotisées annoncent la maladie qu'elles auront dans quelques mois, réclament les médicaments qui leur seraient convenables. C'est qu'elles reportent, d'une prodigieuse intensité, toute leur attention sur les nuances de la vie qui est en elles. Elles voient ce qu'elles sont en train de devenir, assistent à l'avenir qui naît !

Prédire l'avenir ! Évoquer les morts ! En vérité, ne serait-ce pas un but plus excitant pour nos hypnotiseurs que les fantaisies assez insignifiantes où nous les vîmes s'attarder ?

Dans cette clinique où l'on me convoqua, ils s'extasient devant un hypnotisé qui se figure être André Chénier ! Eh ! nous en étions tous là, dans ma classe de rhétorique. Le monde est plein de personnes qui croient avoir inventé la poudre.

Vous prétendez ensuite nous étonner avec vos « sujets » prosternés devant une garde-malade et l'honorant comme le Fils de Dieu ? Mais des esprits sérieux ont-ils jamais douté qu'on pût faire prendre des vessies pour des lanternes ? C'est le train ordinaire du monde. Il y a des braves gens qui ne voient point que M. Q. de B… a été décoré comme romancier et non comme magistrat intègre ; ne sont-ce pas des illusionnistes ? D'autres tiennent M. X… comme un député sans prix : illusionnistes, eux aussi ! Et si quelques-uns prennent M. d'Haussonville pour un homme qui passe ses soirées parmi les misérables de ce monde, n'est-ce pas un très bel exemple d'illusion ?

On voit bien que ce ne sont pas nos magnétiseurs qui ont découvert cette facilité qu'ont les hommes de prendre avec bonne foi le blanc pour le noir. Au moins je les crois capables de nous donner une explication nouvelle de ces vieux phénomènes.

Prenons par exemple le cas de M. d'Haussonville. Quelques lecteurs s'imaginent que cet aimable moraliste, ayant visité entre deux agents de la Sûreté les asiles de nuit et le Château-Rouge, en a rapporté une grande expérience des besoins de la démocratie. Pour expliquer leur illusion, autrefois, dans l'école rationaliste, on eût dit : « Ce sont des esprits peu réfléchis. »

Aujourd'hui, avec l'école critique et idéaliste, nous les expliquons en disant que l'homme n'atteint jamais à une conscience claire et réfléchie des sentiments ni des actions des autres. Sans le vouloir, ni le savoir, il transforme tout ; il ne se fait jamais que des représentations subjectives. « Celui qui croit distinguer une profonde connaissance de l'âme populaire chez M. d'Haussonville, diraient nos philosophes, ne fait en réalité que prêter à ce philanthrope sa propre émotion, éveillée par les nobles thèmes où se plaît ce galant homme. » L'interprétation n'est pas mauvaise ; j'entrevois pourtant que nos hypnotiseurs pourraient l'améliorer.

De leur point de vue, pourquoi ne diraient-ils pas quelque chose comme ceci : « Certains concèdent à M. d'Haussonville toutes les qualités qu'il lui plaît de s'accorder, parce qu'ils savent que tout jeune il en avait déjà infiniment. Tant d'éclat qu'il tient de sa famille et ce brillant que lui ajoute sa dignité d'académicien nous hypnotisent exactement comme font ces miroirs à facettes employés par M. Luys, qui mettent le sujet dans l'impossibilité de protester contre les idées qu'on lui suggère. »

… On me pardonnera si j'ai un peu insisté là-dessus. Je ne veux pas contrarier un esprit distingué, mais simplement montrer que l'hypnotisme est fort capable de modifier l'interprétation que nous donnons à l'ordinaire de la vie.

Admirable chose si l'hypnotisme modifiait notre position intellectuelle ! J'ai souhaité de tous mes vœux le boulangisme afin de voir une révolution avant ma trentième année, enviant nos pères qui en virent quatre en cinquante ans. Mais reviser la Constitution de mon pays, quelle misère auprès de l'ivresse de refaire la Constitution de l'univers ! Créer le monde d'une autre façon que le conçurent nos aînés, c'est la plus noble des joies. À cette heure, cela prend même les proportions d'un devoir.

On sait, en effet, que les systèmes du monde, depuis un siècle, ne sont plus considérés comme ayant une valeur absolue et correspondant à des réalités. Ils expriment simplement la façon dont un esprit distingué et fortifié par l'approbation de l'élite de ses contemporains a vu le monde. Or l'élite, depuis quelques années, a modifié son tour d'esprit. Il y a un écart réel entre sa façon de sentir et le dernier système qui est une façon de positivisme. Les formes sous lesquelles notre esprit perçoit les choses sont moins dures, plus nuancées que jadis. Surtout, nous avons repris goût aux régions dites mystérieuses. Il serait grand temps qu'un bon esprit nous fournît une nouvelle hypothèse explicative.

J'ai indiqué plus haut les très grands agréments matériels que l'humanité pourrait trouver dans l'hypnotisme (oubli des souffrances morales, quelque anticipation de l'avenir, de bons réconforts tels que la fréquentation des morts et en général de tous les absents). J'aurais pu ajouter les bases sérieuses que nous y trouverons pour l'action sociale (en particulier pour l'éducation et pour créer de grands courants populaires). D'un autre point de vue, on entrevoit bien que les historiens s'y feraient une conception plus exacte de certains incidents du passé demeurés mystérieux. Mais le palpitant, c'est qu'à n'en pas douter cette jeune science des hypnotiseurs va apporter son témoignage pour fortifier les affirmations de notre grande reine, de notre divine maîtresse au manteau flottant et au visage secret. Elle se met au service de cette *sublime vanité de la métaphysique*, seule digne à cette époque de nos soins passionnés.

Encore pour utiliser les phénomènes aperçus chez les Charcot, Bernheim, Luys, faudrait-il de bonnes hâtitudes d'esprit. Ce fut chez nous tous un vrai soupir de soulagement quand M. Paul Janet vint y mettre un peu d'ordre. Nous serions assez gênés qu'on nous prêtât des mérites qui ne sont pas nôtres ; nous ne sommes pas des fidèles de M. Janet ; mais il apporta de la méthode dans ce pêle-mêle d'observations recueillies par les hypnotiseurs professionnels. Il rapprocha les faits de même ordre ; il distingua ceux qui offraient un caractère de certitude, puis les probables ; il insista pour qu'on reprît les douteux. Besogne modeste, mais de grand secours en ce terrain mouvant !

Dans ce chaos d'un univers qui naît, seul un philosophe sut mettre quelque clarté. Il est fâcheux qu'à tous ces médecins laborieux et zélés, quelque homme de génie n'apporte pas une hypothèse d'après laquelle pourraient se classer toutes leurs observations et qui les stimulerait enfin à pousser un peu les timides expériences où bruyamment ils piétinent.

C'est assez peloter en attendant partie.

Paru le lundi 4 juillet 1892

La querelle des nationalistes et des cosmopolites

Cela est certain, nous allons vers une culture qui sera plus cosmopolite que nationale.

Les personnes ayant un peu l'habitude de lire les petites revues peuvent déjà y distinguer, parmi les niaiseries et les affectations inévitables dans des sociétés aussi mêlées, une saveur très forte d'exotisme. MM. Francis Vielé-Griffin, Stuart Merrill, Henri de Régnier, qui sont considérés par leurs pairs comme des poètes élevés, se sentent peut-être plus les frères des poètes anglais que des français, auxquels ils sont destinés à succéder dans les honneurs publics. Plusieurs conteurs également importants, tels M. Rosny et M. Marcel Schwob, sont tout remplis du large sentiment de l'américain Walt Whitman, qu'invoque aussi l'ex-président de l'Association des Étudiants, M. Henry Bérenger, comme l'un des intercesseurs les plus autorisés entre *L'Âme moderne* et l'idéal le plus récent.

Pour vous faire entendre l'influence de Tolstoï, il me suffira de rappeler deux traits :

1° Qu'un tolstoïsant, M. Desjardin, s'est emballé, lui, professeur de lycée, jusqu'à rapprocher Tolstoï de son chef hiérarchique, M. Léon Bourgeois. Une telle audace professionnelle montre bien jusqu'à quel point les tolstoïsants se sont pénétrés du grand principe chrétien de leur auteur : il faut que chacun porte la croix.

2° Que les tolstoïsants, après avoir échoué à constituer une association formelle, se sont du moins groupés sous le nom générique de cigogne (quoique l'expression *contes de cigogne* soit synonyme de baliverne, ce gros oiseau voyageur symbolise les bons sentiments. Pour quelle raison ? « Je ne sais, écrivait Voiture [lettre 193], si c'est à cause que les cigognes mangent les serpents ou parce qu'elles nourrissent leurs pères en vieillesse, ou pour avoir été les inventrices des clystères, qui est une louable et utile invention. »).

Quant à l'empire d'Ibsen et de Dostoïevski, je pense que nul n'y échappe. Et depuis trois mois, Nietzsche, philosophe allemand qui n'a pas encore été traduit, peut compter sur les parfaites sympathies de la jeunesse qui lui ont été acquises dès qu'on a eu prononcé son nom.

Assurément, on n'avait pas attendu ces nouveaux venus pour s'intéresser en France au mouvement intellectuel des étrangers. Il y a là-dessus, dans le *Cours familier de littérature* de Lamartine (livre admirable de flamme et de génie lucide), de très fermes déclarations. Et puis on se rappelle Scherer, Bourget, Vogüé, Rod, etc. Mais voici la différence essentielle : il ne s'agit plus seulement de comprendre à la façon de Taine ; on prétend créer des œuvres qui seraient autant les filles des littératures du Nord et du Midi que de la tradition nationale.

C'est, en un mot, à l'âme française substituer l'âme européenne.

L'âme européenne ! Eh bien ! que sera-t-elle ? Et M. Pouvillon, dans la préface d'un roman récent de M. Le Goffic, répond avec une jolie mauvaise humeur : « L'âme européenne, mais c'est l'âme belge ! »

Je ne sais, mais il se publie en Belgique un magazine : *La Société Nouvelle*, de reproductions internationales, en effet, qui est bien le plus intéressant, avec Nietzsche, Kropotkine, Emerson, Whitman, Gustave Kahn, Broucz, etc., de tous les recueils imprimés en langue française.

Les Belges offensent souvent notre goût, mais ils ont l'intelligence hospitalière. C'est une grande vertu intellectuelle. Aussi, tout en trouvant gentil le trait que leur adresse M. Pouvillon, je ne le signale que comme un témoignage du dédain et de l'impatience que ressentent à cette heure beaucoup d'esprits contre le caractère cosmopolite de notre jeune littérature.

« Ces littérateurs étrangers ! a-t-on dit, mais c'est une mode, une vogue passagère ! Nous, Français, de culture gréco-latine, nous ne pouvons rien entendre là. »

Cette affectation à ne pas comprendre est assez répandue. M. Jules Lemaître, par l'autorité incontestable qu'il possède au centre gauche de la littérature et la variété d'arguments qu'il a mises au service de cette thèse, peut être tenu comme le représentant de cette « incompréhension ».

M. Lemaître ne veut comprendre ni Shakespeare, ni Ibsen, ni Dostoïevski. Ne vous y trompez pas, il les comprend à merveille (se rapporter aux conférences du Vaudeville, il les comprend mieux que nous ne faisons vous et moi, car son trait distinctif est une extrême facilité à tout expliquer, seulement il ne sent pas comme eux. Il les admire ; mais comme il admirait les petites Javanaises de l'Exposition, en s'étonnant qu'on puisse être si fort Javanais. Aussi, quand nous lui disons que nous nous sentons parfaitement d'accord avec Ibsen et Dostoïevski, il s'agace. Il déclare volontiers que, nous aussi, il ne nous comprend point. Toutes proportions gardées entre les grands génies étrangers et les écrivains français qui se sont révélés depuis dix ans, ceux-ci comme ceux-là, et pour les mêmes raisons, agacent M. Lemaître.

Les nationalités n'y font donc pas grand-chose. On peut être du même pays, du même temps, des mêmes mœurs, et se sentir étrangers l'un à l'autre. Il y a des rangs épais de douaniers entre nous et M. Sarcey, par exemple. Nous lui ferions payer un fort droit d'entrée sur tous les Paul Ferrier qu'il a dans ses bagages.

La voilà, la vraie littérature exotique pour nous ! C'est Sarcey (ce qui ne nous empêche nullement de reconnaître l'aisance et la netteté avec lesquelles il résume l'intrigue d'un livre ou d'une pièce), c'est Zola, lui-même ! Le goût de la saleté pittoresque, l'abondance des détails oiseux, la perpétuelle exagération des traits, tout ce gros méridionalisme, voilà qui nous semble plus exotique que l'angoisse, le frisson, la frénésie d'un Dostoïevski. Et pourtant Zola, nous aussi nous le comprenons ; nous voyons bien son élan, ses foules grossissantes, son lyrisme émouvant, mais quoi ! nous ne sentons pas comme cela.

Il y a entre les artistes des différences plus profondes que celles qui tiennent aux nationalités, ce sont celles qui naissent des tempéraments.

Les jeunes gens, une bonne part des jeunes gens du moins, se plient mieux sur le plus frénétique des Russes, sur le plus embarrassé des Danois, sur le plus fumeux des Américains, que sur le plus clair des Français modernes.

« Eh bien ! quoi ? ripostent les *nationalistes*, se rejetant sur un second argument, ces étrangers, après tout, ne nous apportent rien que nous n'ayons dans notre littérature, et, d'ailleurs, tous ces prétendus novateurs, ils ont été à l'école de nos grands Français. »

MM. de Goncourt, Daudet et Zola, sans que je puisse trop préciser dans quels écrits ou conversations, ont à plusieurs reprises énoncé cette opinion, qui d'ailleurs est plausible.

Oui, Dostoïevski a lu Eugène Sue et *Les Misérables*, oui, Tolstoï, écrivant la bataille de Borodino, pouvait se souvenir de Fabrice à Marengo, etc. Ce petit jeu littéraire de rapprochements et de parallèles à la Saint-Marc Girardin pourrait être poursuivi indéfiniment, et pour donner toute sa valeur à l'argument, il n'est que de le présenter ainsi : « Dans la littérature française se trouvent indiquées et plus ou moins mises en valeur toutes les nuances que nous croyons découvrir chez les étrangers. »

Et en effet, cette angoisse, cette compassion poussée jusqu'à l'épilepsie que nous adorons dans Dostoïevski (et dans Dickens), elle est dans notre Michelet. Cette noblesse militaire, cet héroïsme simple de telle page de Tolstoï (*Souvenirs de Crimée*), elle est dans *Grandeur et servitude militaire* de Vigny ; l'école de Yasnaïa Poliana[1], mais c'est l'*Émile* ! Ah ! ce Rousseau ! mais avec les *Rêveries du promeneur solitaire* et les *Dialogues*, il dispense de tous les Russes !

Fort vrai, fort juste, mais les meilleurs raisonnements ne prévalent contre une sensation. Ce qui était fané et insipide pour nous dans les moules français trop connus a repris un sens à venir du pays des Cosaques. Et puis, ceci est essentiel et banal, on trouve de l'esprit, du talent, du génie à ceux qu'on connaît, mais de l'autorité, on n'en accorde qu'aux inconnus. Pour tenir le rôle d'apôtre il ne faut pas dîner en ville. Jésus-Christ n'accepta les invitations que dans les trois dernières années de sa vie, et encore n'allait-il que dans le monde juif. Eh bien ! c'est à cette société juive, parce qu'elle le connaissait trop bien, que ses disciples firent le moins accepter sa divine autorité ; il fut un dieu d'abord pour les gentils.

Au résumé, les jeunes gens qui se composent aujourd'hui une ménagerie de littérateurs de tous pays, au lieu de s'en tenir aux espèces nationales, ne sont ni des snobs ni des illettrés.

1. Note de l'éditeur : Tolstoï passa son enfance à Yasnaïa Poliana, domaine dont il hérita à la mort de sa mère. Il revint y vivre après son séjour à Moscou et y rédigea notamment *Guerre et Paix* et *Anna Karénine*. Il y ouvra une école en 1859.

Ils le savent bien que, dans Racine, on trouve poussées jusqu'au sublime toute la tendresse, toute la passion, toute la tristesse que peut donner aucune littérature. Mon cher poète Jean Moréas et le critique Charles Maurras ont fondé l'école romane précisément pour soutenir cette opinion. Ils sont des artistes très audacieux, très érudits, et pourtant ils donneraient toute la Bibliothèque nationale (côté des chefs-d'œuvre littéraires) pour *Bérénice, Phèdre, Andromaque* et *Esther*. Je suis un peu des leurs, mais n'est-il pas des jours où, pour nous passionner, et pour que nous pleurions (chose si nécessaire !), ces livrets trop connus deviennent insuffisants ? Nous relevons ces viandes exquises avec des sauces anglaises, avec les hors-d'œuvre russes, caviars et sproutens fumés. C'est Dickens et Dostoïevski, mais c'est toujours Racine.

Les littératures étrangères nous donnent ces curiosités de bouche si nécessaires à des lettrés français fatigués de la table nationale trop bien servie. Vive la France ! Elle est parfaite. Mais surtout Vive l'Europe ! Elle a pour nous ce mérite d'être un peu inédite. Elle nous réveille par des poivres et des épices nouveaux. Nos maîtres français sont des épiciers dont nous avons épuisé la boutique.

Toutes ces métaphores culinaires sont bien grossières. En voici une de meilleur ton :

Quand le voyageur a passé la ligne et que la nuit s'éclaire d'astres nouveaux, ce lui est sur le pont du paquebot une mélancolie, une ivresse sentimentale que depuis longtemps les nuits d'Europe étaient insuffisantes à lui fournir. Est-ce à dire pourtant que ce ciel soit plus mystérieux que celui des soirs de Montmartre ? Ces astres nouveaux lui versent les mêmes splendeurs et les mêmes tristesses qu'épandent les nôtres sur Paris et sa banlieue, et pourtant il sera sincère quand il nous dira : « C'est là-bas que la nuit a su le mieux me parler et m'a répété ce que les étoiles de chez nous n'avaient pas cessé de dire, mais avaient cessé de me faire entendre. »

Paru le mercredi 25 janvier 1893

Leurs figures

Que de fois, ces semaines-ci, ne m'a-t-on pas répété : « Vous devez faire de belles observations à la Chambre ! » C'est la vérité même. Un des plus grands esprits de ce temps m'écrit : « Que je vous envie par moments votre fenêtre sur la vie dans cette période ! Comme vous devez comprendre la Convention et les grandes Assemblées ! » Mon bénéfice fut plus étroit. Livré tout entier à ces abominables spectacles, j'ai différé d'en faire des réflexions. Ce n'est vraiment pas la peine de s'occuper d'il y a cent ans quand on a du présent de cette qualité-là ! Mais j'ai vu des choses pittoresques et fortes.

Oui, des figures tragiques, des choses d'un dur relief. Ainsi, ce premier jour où fut suspendue l'inamovibilité parlementaire, l'arrivée à la Chambre des suspects : c'est ça qui était beau !

Rouvier des projets du gouvernement ignorait tout et probablement ne craignait rien. Avec son aplomb de sanguin fortement musclé, ses larges épaules, son regard de myope qui ne daigne s'arrêter sur personne, avec tout cet aspect singulier d'Arménien transporté des quais de Marseille à Paris, et toujours parlant haut, de cette admirable voix autoritaire qui depuis quatre ans brutalise, subventionne et soutient tout ce monde-là, il allait de groupe en groupe, disant : « Qui cite-t-on sur les chèques ? »

… Quinze minutes après, au sortir des bureaux, dans ces mêmes couloirs tout bouillonnant d'un si gros événement, on voyait ce même Rouvier, mais combien transformé ! Les mains dans les mains de deux ou trois amis fidèles, de ceux qu'il tutoie. Sa figure bouleversée d'une façon inexprimable, je ne puis la comparer qu'à l'épouvante qui demeure sur la face des assassinés. Une telle angoisse fait mal à voir. Il ne bougeait pas, mais violemment congestionné, ses yeux, sa bouche tout agités, il semblait possédé par un cauchemar d'où il n'entendait rien.

On sait comment, le bruit ayant couru qu'il allait « manger le morceau », cinquante députés l'entourèrent, le pressèrent de raisons pour le dissuader. Se dépitèrent-ils de son entêtement qui eût été leur ruine ; réclama-t-il quelque répit pour préparer sa défense ? Ils l'abandonnèrent, et nous le vîmes marcher au milieu de nous tous, seul et s'épongeant le front, sans qu'il tendît la main à des amis qu'il coudoyait et qui tous détournaient les yeux.

Il est à remarquer que, ce premier jour, le lâchage fut quasi unanime et de la part même des familiers qui avaient coutume de manger dans cette main de ministre.

Pendant ce même entracte, M. Emmanuel Arène écrivait. Il ne s'attardait pas en vaines conversations. Il rédigeait le discours qu'à la reprise de la séance il prononça.

Discours charmant, plein de jeunesse et d'une singulière fierté aventurière qui détendait les pires inimitiés. Sa voix cadencée d'Italien montait là-haut vers la tribune des journalistes, leur demandant leurs bons offices au nom de quinze ans de confraternité ; elle s'en allait là-bas, vers la rive corse, saluer les compatriotes, les électeurs, leur rappeler dix ans de confiance réciproque. Je le voyais nettement, le malentendu entre notre notion d'honorabilité et la notion d'honneur de ce partisan qui dit : « J'ai été fidèle à mon parti, j'ai mérité d'avoir des amis », et ne cherche pas plus loin. Natures brillantes, nullement méchantes, affamées de jouissances, si légères, gâtées par la vanité plus encore que par de vrais vices et gardant malgré tout une certaine générosité cavalière !

Pour les hommes de cette sorte, nos aïeux avaient une indulgence que leur garde encore le boulevard. Pour ce filleul d'Edmond About (qui lui aussi eut plus d'esprit tout court que d'esprit de conduite), certains se sentaient un peu de cette sympathie que, lui-même, dans trop de chroniques, voulut nous donner pour Bellacoscia (son Hadji Stavros). Et nous lui aurions crié : « Voilà le chemin du maquis… »

Forte séance, pleine de ces terribles sentiments simples, l'épouvante et la pitié, dont nous avons si peu l'usage dans nos vies modérées ! Un député du centre gauche m'a dit : « À les voir monter à la tribune dans un pareil silence, j'avais mes jambes qui tremblaient sous moi. » Peut-être ceux mis en cause ne prirent-ils pas les choses aussi tragiquement, et M. Arène lançait, dit-on, cette boutade : « Pour une fois que je suis sur une liste ministérielle ! »

Après lui, Rouvier parla ; comme à son ordinaire, il fut puissant, mais aussi dans son ton ordinaire, c'est-à-dire que pour affirmer son innocence il frappa sur sa poitrine et sur la table de la tribune ainsi qu'il eût fait en combattant un dégrèvement. Aussi son vigoureux discours ne fit-il, dans le silence de l'auditoire, que le bruit d'une masse pesante qui tombe.

Sans doute il sentit la chute complète, car longeant, pour regagner sa place, le banc des ministres, il leur dit : « Au moins, vous n'allez pas me faire coucher à Mazas ? »

Telle était son ignorance de leurs projets qu'il fit venir notre collègue et son ami, M. G... « Écoutez, G..., rendez-moi un service. J'ai une jeune femme, il me faut savoir si l'on viendra m'arrêter cette nuit, j'aurais des précautions à prendre. » G... alla trouver M. Lozé et, sans ruser : « Rouvier veut savoir si on l'arrêtera. » – « Non. Je n'ai pas d'ordres. »

L'indignation contre le ministère qui venait d'exécuter des amis, bien plus que contre l'opposition, tel fut le sentiment dominant des frappés et de leurs partisans dans les jours qui suivirent.

Le mot émouvant de M. Arène était commenté : « Ce sont mes chefs, ceux-là que j'ai toujours soutenus de mon mieux, qui m'envoient aujourd'hui brusquement une balle en pleine poitrine. »

À en juger d'après la physionomie de la Chambre, le banc des ministres semblait le banc des accusés. Ils avaient deux cents haines dans le dos, de la défiance aux deux extrémités de la salle. Parfois l'outrage en face.

« C'est toi, Viette, qui m'as fait cela, toi ! » disait Roche, rappelant une vieille amitié ainsi trahie ; et à tous les ministres, il jetait son fameux : « Vous êtes des canailles ! »

M. Proust déclara qu'il ne saluerait plus M. Bourgeois. La veille de la demande de suspension, il était sorti de l'Assemblée au bras de ce ministre. « Je veux être entendu par M. Franqueville à nouveau, lui disait-il, j'ai des explications à lui donner. » – « Parfaitement », lui répondit-on. Le lendemain, M. Franqueville, dans son cabinet, disait à M. Proust : « Je regrette, monsieur le député, de ne plus pouvoir vous entendre comme témoin ; à cette heure même, la Chambre suspend votre inviolabilité. »

M. Dugué de La Fauconnerie, fatigué par une goutte violente, venait à petits pas vers le Palais-Bourbon. Sur le pont de la Concorde, un journaliste l'arrêta, le prévint des terribles incidents de la Chambre. M. de La Fauconnerie n'avait jamais entrevu un pareil dénouement à sa participation qu'il considère comme très licite. Il rebroussa chemin et, ce soir-là, ne coucha pas chez lui.

Après cette première journée, après cette imprévue agression de leurs amis eux-mêmes, chaque jour je vis leurs figures, marquées d'un tel coup de cravache, s'altérer plus profondément. Celui-ci en huit jours fut un vieillard ; de cet autre, les chairs devinrent jaunes et tombantes ; le sang âcre de ce troisième lui corrode la peau.

C'est ce Rouvier, apoplectique et fortement musclé, qui fait tête avec le plus d'énergie à la meute des révélations. Par deux fois, pourtant, je le sentis sur ses boulets ; dans deux détresses, je le crus voir qui s'avouait un pauvre homme exténué. Spectacle inoubliable, ces deux gestes rapides !

Ce fut d'abord quand il exposait à la tribune son système de défense (séance du 23 décembre) : « MM. Vlasto et de Reinach ont avancé de l'argent au gouvernement pour ses fonds secrets. » Une explosion de murmures lui prouva que la Chambre ne voulait pas de cette explication. Donc, tout ce qu'il avait préparé depuis trois jours s'effondrait ! Son œil alors lâcha son monocle ; il jeta ses deux bras à terre, se détourna en se courbant : « Voilà, semblait-il dire, je ne puis rien trouver d'autre ! Si vous ne voulez pas de mon explication, soit ! Mais j'ai tout passé en revue, je ne trouverai rien de mieux. » Et, détail de caractère, ce n'était pas tant une défaillance d'énergie que l'acculement du logicien qui doute de son meilleur et suprême argument.

Son second geste de vaincu, c'est lors du vote par appel nominal pour l'élection de M. Casimir-Perier, quand il y eut ce scandale de M. de Bernis criant : « À Mazas ! » et que personne parmi tant d'amis et d'obligés de ce ministre tombé ne s'interposait. Enfin, l'un d'eux, M. D…, se mit en avant, protesta. Et nous vîmes Rouvier, tout ému de cette affreuse scène, écouter, bouche ouverte, approuver chaque mot de la tête, comme un enfant ou un vieillard qu'on protège.

Voilà les cinq frappés, mais les suspects ?

Ah ! dans notre Parlement où le déshonneur remplace la guillotine et n'est pas moins tragique, les suspects, comme il y a cent ans, sont plus frémissants, plus tragiques encore que les frappés.

Deux grandes catégories de suspects : les agités, d'allure provocante, la tête haute, vraiment trop haute, qui passent et repassent. Jusqu'à ces derniers jours, ils pensaient intimider les petits papiers par un duel énergique. Ils s'en tiennent maintenant à la gaieté et font la fête comme des bonnes sans place. Puis les accablés. Ceux-ci viennent rarement à la Chambre. Encore ont-ils tort de s'y contraindre : quand le philosophe penche à reconnaître en eux des naïfs, des débutants de la malhonnêteté, l'homme d'action, en les examinant, se dit : « Hé, hé ! ne pourrions-nous en faire nos boucs émissaires ? »

De jour en jour, je vois s'exacerber le système nerveux des suspects. Qu'ils puissent résister indéfiniment à la terrible douche écossaise d'espoir et d'épouvante que leur versent les journaux, la Commission d'enquête et M. Franqueville, je ne le crois pas. Sauf chez quelques êtres admirablement musclés, comme MM. Rouvier ou Clemenceau, le système nerveux s'épuise assez vite. Et ce sera alors le suicide pour les accablés qui veulent à tout prix du repos ; la folie pour ceux qui se tendent tout le jour à payer de figure et toute la nuit à combiner d'impossibles justifications.

XXe siècle

Marcel Proust

(1871-1922)

Combray
2011

Proust, le fiévreux

13 février 1900. En ouvrant ses colonnes à son plus fiévreux amant, Marcel Proust, Le Figaro *peut se flatter d'accueillir en son sein l'un des plus grands écrivains du siècle. Nul ne s'en doute. L'auteur de* Les Plaisirs et les jours, *préfacé par Anatole France mais ignoré de la critique, n'est encore qu'un jeune homme pâle de vingt-huit ans, sujet aux crises d'asthme, en proie à l'épuisement, mourant de ne pas être reconnu. Ce mondain a un mal fou à quitter son lit. Il dort le jour ; sa mère lui apporte son courrier. Ce matin-là, si l'on en croit le récit paru dans « Contre Sainte-Beuve », son visage a dû prendre un « air de distraction, d'indifférence, tandis qu'elle posait négligemment » le quotidien au pied du lit, avant de « sortir précipitamment de la chambre comme un anarchiste qui a posé une bombe. Je compris immédiatement, poursuit l'auteur, ce que maman avait voulu me cacher, à savoir que l'article avait paru, qu'elle ne m'en avait rien dit pour ne pas déflorer ma surprise et qu'elle ne voulait pas que personne fût là, qui pourrait troubler ma joie par sa présence, seulement m'obliger par respect humain à dissimuler. » « Pèlerinages ruskiniens » est la première pierre que dépose Marcel Proust dans le jardin français dont il va être le peintre si subtil. D'autres suivront, écrits mondains que l'auteur masqué – il signe « Dominique », « Horatio » – sème comme des petits cailloux pour marquer son chemin. Puis la plume s'affine, remonte les sentiments comme des allées, ratissant le moindre frémissement du paysage, de l'âme humaine pour tenter de le retranscrire au plus juste. Ce sont des « Impressions de route » à l'arrière d'une automobile, le portrait, plein de finesse et d'humour, d'une grand-mère défunte, celle de son ami, l'écrivain Robert de Flers, une défense intransigeante de la magnificence menacée des cathédrales. Un rayon de soleil suffit à le ramener en enfance. Dans une valse lente, les phrases glissent, comme des caresses, au plus profond des êtres pour suivre le cheminement de leurs pensées secrètes. Proust met sa sensibilité de grand nerveux au service de l'art littéraire. En février 1907, ouvrant son journal de chevet, il est attiré par un fait divers : « Drame de la folie ». Un jeune homme, Henri van Blarenberghe, a assassiné sa mère. L'écrivain, qui a dîné plusieurs fois avec le meurtrier, possède deux lettres témoignant de son profond amour pour sa mère. Le directeur du* Figaro, *Gaston Calmette, lui commande une chronique qui paraît en Une, sous un titre provocateur : « Sentiments filiaux d'un parricide ». L'auteur, qui paraît parfois s'observer dans un miroir, y démontre « dans quelle pure, dans quelle religieuse atmosphère de beauté morale eut lieu cette explosion de folie et de sang ».*

Paru le mardi 16 août 1904

La mort des cathédrales

Une conséquence du projet Briand sur la séparation

Supposez pour un instant que le catholicisme soit éteint depuis des siècles, que les traditions de son culte soient perdues. Seules, monuments devenus inintelligibles, mais restés admirables, d'une croyance oubliée, subsistent les cathédrales, muettes et désaffectées. Supposez ensuite qu'un jour, des savants, à l'aide de documents, arrivent à reconstituer les cérémonies qu'on y célébrait autrefois, pour lesquelles elles avaient été construites, qui étaient proprement leur signification et leur vie, et sans lesquelles elles n'étaient plus qu'une lettre morte ; et supposez qu'alors des artistes, séduits par le rêve de rendre momentanément la vie à ces grands vaisseaux qui s'étaient tus, veuillent en refaire pour une heure le théâtre du drame mystérieux qui s'y déroulait, au milieu des chants et des parfums, entreprennent, en un mot, pour la messe et les cathédrales, ce que les félibres ont réalisé pour le théâtre d'Orange et les tragédies antiques.

Est-il un gouvernement un peu soucieux du passé artistique de la France qui ne subventionnât largement une tentative aussi magnifique ? Pensez-vous que ce qu'il a fait pour des ruines romaines, il ne le ferait pas pour des monuments français, pour ces cathédrales qui sont probablement la plus haute mais indiscutablement la plus originale expression du génie de la France ? Car à notre littérature on peut préférer la littérature d'autres peuples, à notre musique leur musique, à notre peinture et à notre sculpture les leurs ; mais c'est en France que l'architecture gothique a créé ses premiers et ses plus parfaits chefs-d'œuvre. Les autres pays n'ont fait qu'imiter notre architecture religieuse, et sans l'égaler.

Ainsi donc (je reprends mon hypothèse), voici des savants qui ont su retrouver la signification perdue des cathédrales : les sculptures et les vitraux reprennent leurs sens, une odeur mystérieuse flotte de nouveau dans le temple, un drame sacré s'y joue, la cathédrale se remet à chanter. Le gouvernement subventionne avec raison, avec plus de raison que les représentations du théâtre d'Orange, de l'Opéra-Comique et de l'Opéra, cette résurrection des cérémonies catholiques, d'un intérêt historique, social, plastique, musical, dont rien que la beauté est au-dessus de ce qu'aucun artiste a jamais rêvé, et dont seul Wagner s'est approché, en l'imitant, dans *Parsifal*.

Des caravanes de snobs vont à la ville sainte (que ce soit Amiens, Chartres, Bourges, Laon, Reims, Rouen, Paris, la ville que vous voudrez, nous avons tant de sublimes cathédrales !), et une fois par an ils ressentent l'émotion qu'ils allaient autrefois chercher à Bayreuth et à Orange : goûter l'œuvre d'art dans le cadre même qui a été construit pour elle. Malheureusement, là comme à Orange, ils ne peuvent être que des curieux, des *dilettanti* ; quoi qu'ils fassent, en eux n'habite pas l'âme d'autrefois. Les artistes qui sont venus exécuter les chants, les artistes qui jouent le rôle des prêtres, peuvent être instruits, s'être pénétrés de l'esprit des textes ; le ministre de l'Instruction publique ne leur ménagera ni les décorations ni les compliments. Mais, malgré tout, on ne peut s'empêcher de se dire : « Hélas ! combien ces fêtes devaient être plus belles au temps où c'étaient des prêtres qui célébraient les offices non pour donner aux lettrés une idée de ces cérémonies, mais parce qu'ils avaient en leur vertu la même foi que les artistes qui sculptèrent le jugement dernier au tympan du porche, ou peignirent la vie des saints aux vitraux de l'abside. Combien l'œuvre tout entière devait parler plus haut, plus juste, quand tout un peuple répondait à la voix du prêtre, se courbait à genoux quand tintait la sonnette de l'élévation, non pas comme dans ces représentations rétrospectives, en froids figurants stylés, mais parce qu'eux aussi, comme le prêtre, comme le sculpteur, *croyaient*. Mais, hélas ! ces choses sont aussi loin de nous que le pieux enthousiasme du peuple grec aux représentations du théâtre et nos "reconstitutions" ne peuvent en donner une idée. »

Voilà ce qu'on dirait si la religion catholique n'existait plus et si des savants étaient parvenus à retrouver ses rites, si des artistes avaient essayé de les ressusciter pour nous. Mais précisément elle existe encore et n'a pour ainsi dire pas changé depuis le grand siècle où les cathédrales furent construites. Nous n'avons pas besoin pour nous imaginer ce qu'était, vivante et dans le plein exercice de ses fonctions sublimes, une cathédrale du treizième siècle, d'en faire, comme du théâtre d'Orange, le cadre de reconstitutions, de rétrospectives exactes peut-être, mais glacées. Nous n'avons qu'à entrer à n'importe quelle heure du jour où se célèbre un office. La mimique, la psalmodie et le chant ne sont pas confiés ici à des artistes sans « conviction ». Ce sont les ministres mêmes du culte qui officient, non dans une pensée d'esthétique, mais par foi, et d'autant plus esthétiquement. Les figurants ne pourraient être souhaités plus vivants et plus sincères, puisque c'est le peuple qui prend la peine de figurer pour nous, sans s'en douter. On peut dire que grâce à la persistance dans l'Église catholique des mêmes rites et, d'autre part, de la croyance catholique dans le cœur des Français, les cathédrales ne sont pas seulement les plus beaux monuments de notre art, mais les seuls qui vivent encore leur vie intégrale, qui soient restés en rapport avec le but pour lequel ils furent construits.

Or, la rupture du gouvernement français avec Rome semble rendre prochaine la mise en discussion et probable l'adoption d'un projet de M. Briand[1] aux termes duquel, au bout de cinq ans, les églises pourront être, et seront souvent désaffectées ; le gouvernement non seulement ne subventionnera plus la célébration des cérémonies rituelles dans les églises, mais pourra les transformer en tout ce qui lui plaira : musée, salle de conférence ou casino. Ô vous ! monsieur André Hallays, qui allez répétant que la vie se retire des œuvres d'art, dès qu'elles ne servent plus aux fins qui présidèrent à leur création ; qu'un meuble qui devient un bibelot et un palais qui devient un musée se glacent, ne peuvent plus parler à notre cœur, et finissent par mourir – j'espère que vous allez cesser pour un moment de dénoncer les restaurations plus ou moins maladroites qui menacent chaque jour les villes de France que vous avez prises sous votre garde, et que vous allez vous lever, donner de la voix, harceler, s'il le faut, M. Chaumié, mettre en cause, au besoin, M. de Monzie, rallier M. John Labusquière, réunir la Commission des monuments historiques. Votre zèle ingénieux fut souvent efficace, vous n'allez pas laisser mourir d'un seul coup toutes les églises de France.

1. Je dis projet Briand pour simplifier, les dispositions qui effrayent étant communes aux différents projets. Mais naturellement le projet Briand est beaucoup moins mauvais que les autres, étant l'œuvre d'un esprit sectaire, sans doute, mais, par certains côtés, tout à fait supérieur. M. Briand, s'il ne la connaît pas, devrait bien lire une conférence de M. Charles Gide sur la séparation, conférence que le *Bulletin de l'action pour l'union morale* a publiée. M. Gide n'envisage le problème qu'au point de vue économique. Mais ces quelques pages sont ce qui a été écrit de plus profond sur ce sujet.

Il n'y a pas aujourd'hui de socialiste ayant du goût qui ne déplore les mutilations que la Révolution a infligées à nos cathédrales, tant de statues, tant de vitraux brisés. Eh bien ! il vaut mieux dévaster une église que de la désaffecter. Tant qu'on y célèbre la messe, si mutilée qu'elle soit, elle garde au moins un peu de vie. Du jour où elle est désaffectée elle est morte, et même si elle est protégée comme monument historique d'affectations scandaleuses, ce n'est plus qu'un musée. On peut dire aux églises ce que Jésus disait à ses disciples : « Excepté si l'on continue à manger la chair du fils de l'homme et à boire son sang, il n'y a plus de vie en vous » (Saint Jean, VI, 55), ces paroles un peu mystérieuses mais si profondes du Sauveur devenant, dans cette acception nouvelle, un axiome d'esthétique et d'architecture. Quand le sacrifice de la chair et du sang du Christ, le sacrifice de la messe, ne sera plus célébré dans les églises, il n'y aura plus de vie en elles. La liturgie catholique ne fait qu'un avec l'architecture et la sculpture de nos cathédrales, car les unes comme l'autre dérivent d'un même symbolisme. On sait qu'il n'y a guère dans les cathédrales de sculpture, si secondaire qu'elle paraisse, qui n'ait sa valeur symbolique. Si, au porche occidental de la cathédrale d'Amiens, la statue du Christ s'élève sur un socle orné de roses, de lis et de vigne, c'est que le Christ a dit : « Je suis la rose de Saron. Je suis le lis de la vallée. Je suis la vigne véritable. »

Si sous ses pieds sont sculptés l'aspic et le basilic, le lion et le dragon, c'est à cause du verset du psaume XC : *Inculcabis super aspidem et leonem.* À sa gauche est représenté, dans un petit bas-relief, un homme qui laisse tomber son épée à la vue d'un animal, tandis qu'à côté de lui un oiseau continue de chanter. C'est que « le poltron n'a pas le courage d'une grive » et que ce bas-relief a pour mission de symboliser, en effet, la lâcheté, comme opposée au courage, parce qu'il est placé sous la statue qui est toujours (du moins dans les premiers temps) à la gauche de la statue du Christ, la statue de saint Pierre, l'apôtre du courage.

Et ainsi des milliers de figures qui décorent la cathédrale.

Or les cérémonies du culte participent au même symbolisme. Dans un livre admirable auquel je voudrais avoir un jour l'occasion de rendre un entier hommage, M. Émile Mâle analyse ainsi, d'après le *Rational des divins offices*, de Guillaume Durand, la première partie de la fête du Samedi Saint.

Dès le matin, on commence par éteindre dans l'église toutes les lampes, pour marquer que l'ancienne Loi, qui éclairait le monde, est désormais abrogée.

Puis le célébrant bénit le feu nouveau, figure de la Loi nouvelle. Il la fait jaillir du silex, pour rappeler que Jésus-Christ est, comme le dit saint Paul, la pierre angulaire du monde. Alors, l'évêque et le diacre se dirigent vers le chœur et s'arrêtent devant le cierge pascal.

Ce cierge, nous apprend Guillaume Durand, est un triple symbole. Éteint, il symbolise à la fois la colonne obscure qui guidait les Hébreux pendant le jour, l'ancienne Loi et le corps de Jésus-Christ. Allumé, il signifie la colonne de lumière qu'Israël voyait pendant la nuit, la Loi nouvelle et le corps glorieux de Jésus-Christ ressuscité. Le diacre fait allusion à ce triple symbolisme en récitant, devant le cierge, la formule de l'Exultet.

Mais il insiste surtout sur la ressemblance du cierge et du corps de Jésus-Christ. Il rappelle que la cire immaculée a été produite par l'abeille, à la fois chaste et féconde comme la Vierge qui a mis au monde le Sauveur. Pour rendre sensible aux yeux la similitude de la cire et du corps divin, il enfonce dans le cierge cinq grains d'encens qui rappellent à la fois les cinq plaies de Jésus-Christ et les parfums achetés par les Saintes Femmes pour l'embaumer. Enfin, il allume le cierge avec le feu nouveau, et, dans toute l'église, on rallume les lampes, pour représenter la diffusion de la nouvelle Loi dans le monde.

Mais ceci, dira-t-on, n'est qu'une fête exceptionnelle. Voici l'interprétation d'une cérémonie quotidienne, la messe, qui, vous allez le voir, n'est pas moins symbolique.

Le chant grave et triste de l'Introït ouvre la cérémonie ; il affirme l'attente des patriarches et des prophètes. Le chœur des clercs est le chœur même des saints de l'ancienne Loi, qui soupirent après la venue du Messie, qu'ils ne doivent point voir. L'évêque entre alors et il apparaît comme la vivante image de Jésus-Christ. Son arrivée symbolise l'avènement du Sauveur, attendu par les nations. Dans les grandes fêtes, on porte devant lui sept flambeaux pour rappeler que, suivant la parole du prophète, les sept dons du Saint-Esprit se reposent sur la tête du fils de Dieu. Il s'avance sous un dais triomphal dont les quatre porteurs peuvent se comparer aux quatre évangélistes. Deux acolytes marchent à sa droite et à sa gauche et figurent Moïse et Hélie, qui se montrèrent sur le Thabor aux côtés de Jésus-Christ. Ils nous enseignent que Jésus avait pour lui l'autorité de la Loi et l'autorité des prophètes.

L'évêque s'assied sur son trône et reste silencieux. Il ne semble prendre aucune part à la première partie de la cérémonie. Son attitude contient un enseignement : il nous rappelle par son silence que les premières années de la vie de Jésus-Christ s'écoulèrent dans l'obscurité et dans le recueillement. Le sous-diacre, cependant, s'est dirigé vers le pupitre, et, tourné vers la droite, il lit l'épître à haute voix. Nous entrevoyons ici le premier acte du drame de la Rédemption.

La lecture de l'épître, c'est la prédication de saint Jean-Baptiste dans le désert. Il parle avant que le Sauveur ait commencé à faire entendre sa voix, mais il ne parle qu'aux juifs. Aussi le sous-diacre, image du Précurseur, se tourne-t-il vers le nord, qui est le côté de l'Ancienne Loi. Quand la lecture est terminée, il s'incline devant l'évêque, comme le précurseur s'humilia devant Jésus-Christ.

Le chant du Graduel qui suit la lecture de l'épître se rapporte encore à la mission de saint Jean-Baptiste, il symbolise les exhortations à la pénitence qu'il adresse aux juifs, à la veille des temps nouveaux.

Enfin, le célébrant lit l'Évangile. Moment solennel, car c'est ici que commence la vie active du Messie ; sa parole se fait entendre pour la première fois dans le monde. La lecture de l'évangile est la figure même de sa prédication.

Le Credo suit l'évangile comme la foi suit l'annonce de la vérité. Les douze articles du Credo se rapportent à la vocation des douze apôtres.

« Le costume même que le prêtre porte à l'autel », ajoute M. Male, les objets qui servent au culte sont autant de symboles. « La chasuble, qui se met par-dessus les autres vêtements, c'est la charité qui est supérieure à tous les préceptes de la loi et qui est elle-même la loi suprême. L'étole, que le prêtre se passe au cou, est le joug léger du Seigneur ; et comme il est écrit que tout chrétien doit chérir ce joug, le prêtre baise l'étole en la mettant et en l'enlevant. La mitre à deux pointes de l'évêque symbolise la science qu'il doit avoir de l'un et de l'autre Testament ; deux rubans y sont attachés pour rappeler que l'Écriture doit être interprétée suivant la lettre et suivant l'esprit. La cloche est la voix des prédicateurs. La charpente à laquelle elle est suspendue est la figure de la croix. La corde, faite de trois fils tordus, signifie la triple intelligence de l'Écriture, qui doit être interprétée dans le triple sens historique, allégorique et moral. Quand on prend la corde dans sa main pour ébranler la cloche, on exprime symboliquement cette vérité fondamentale que la connaissance des Écritures doit aboutir à l'action. »

Ainsi, tout jusqu'au moindre geste du prêtre, jusqu'à l'étole qu'il revêt, est d'accord pour le symboliser avec le sentiment profond qui anime la cathédrale tout entière et qui, comme l'a très bien dit M. Male, est le génie même du Moyen Âge.

Jamais spectacle comparable, miroir aussi géant de la science, de l'âme et de l'histoire, ne fut offert aux regards et à l'intelligence de l'homme. Le même symbolisme embrasse jusqu'à la musique qui se fait entendre alors dans l'immense vaisseau et de qui les sept tons grégoriens figurent les sept vertus théologales et les sept âges du monde. On peut dire qu'une représentation de Wagner à Bayreuth est peu de chose auprès de la célébration de la grande messe dans la cathédrale de Chartres.

Sans doute ceux-là seuls qui ont étudié l'art religieux du Moyen Âge sont capables d'analyser complètement la beauté d'un tel spectacle. Et cela suffirait pour que l'État eût l'obligation de veiller à sa perpétuité. C'est ainsi que l'État subventionne les cours du Collège de France, qui ne s'adressent cependant qu'à un petit nombre de personnes et qui, à côté de cette résurrection intégrale qu'est une grande messe dans une cathédrale, paraissent de froides dissections. Et à côté de l'exécution de pareilles symphonies, les représentations de nos théâtres également subventionnés correspondent à des besoins littéraires bien mesquins. Mais empressons-nous d'ajouter que ceux-là qui peuvent lire à livre ouvert dans la symbolique du Moyen Âge ne sont pas les seuls pour qui la cathédrale vivante, c'est-à-dire la cathédrale sculptée, peinte, chantante, soit le plus grand des spectacles. C'est ainsi qu'on peut sentir la musique sans connaître l'harmonie. Je sais bien que Ruskin, montrant quelles raisons spirituelles expliquent la disposition des chapelles dans l'abside des cathédrales, a dit : « Jamais vous ne pourrez vous enchanter des formes de l'architecture si vous n'êtes pas en sympathie avec les pensées d'où elles sortirent. » Il n'en est pas moins vrai que nous connaissons tous le fait d'un ignorant, d'un simple rêveur, entrant dans une cathédrale, sans essayer de comprendre, se laissant aller à ses émotions, et éprouvant une impression plus confuse sans doute, mais peut-être aussi forte. Comme témoignage littéraire de cet état d'esprit, fort différent à coup sûr de celui du savant dont nous parlions tout à l'heure, se promenant dans la cathédrale comme dans une « forêt de symboles, qui l'observent avec des regards familiers », mais qui permet de trouver pourtant dans la cathédrale, à l'heure des offices, une émotion vague mais puissante, je citerai la belle page de Renan appelée la *Double Prière* :

« Un des plus beaux spectacles religieux qu'on puisse encore contempler de nos jours (et qu'on ne pourra plus bientôt contempler, si la Chambre vote le projet Briand) est celui que présente à la tombée de la nuit l'antique cathédrale de Quimper. Quand l'ombre a rempli les bas côtés du vaste édifice, les fidèles des deux sexes se réunissent dans la nef et chantent en langue bretonne la prière du soir sur un rythme simple et touchant. La cathédrale n'est éclairée que par deux ou trois lampes. Dans la nef, d'un côté sont les hommes, debout, de l'autre, les femmes agenouillées forment comme une mer immobile de coiffes blanches. Les deux moitiés chantent alternativement et la phrase commencée par l'un des chœurs est achevée par l'autre. Ce qu'ils chantent est fort beau. Quand je l'entendis, il me sembla qu'avec quelques légères transformations on pourrait l'accommoder à tous les états de l'humanité. Cela surtout me fit rêver une prière qui, moyennant certaines variations, pût convenir également aux hommes et aux femmes. »

Entre cette vague rêverie qui n'est pas sans charme et les joies plus conscientes du « connaisseur » en art religieux, il y a bien des degrés. Rappelons pour mémoire le cas de Gustave Flaubert étudiant, mais pour l'interpréter dans un sentiment moderne, une des plus belles parties de la liturgie catholique :

« Le prêtre trempa son pouce dans l'huile sainte et commença les onctions sur ses yeux d'abord... sur ses narines friandes de brises tièdes et de senteurs amoureuses, sur ses mains qui s'étaient délectées aux contacts suaves... sur ses pieds enfin, si rapides quand ils couraient à l'assouvissance de ses désirs, et qui maintenant ne marcheraient plus. »

C'est ainsi quc dcvant cette réalisation artistique, la plus complète qui fut jamais puisque tous les arts y collaborèrent, du plus grand rêve auquel se soit jamais élevée l'humanité, on peut rêver de bien des manières, et la demeure est assez grande pour que nous y puissions tous trouver place. La cathédrale qui abrite tant de saints, de patriarches, de prophètes, d'apôtres, de rois, de confesseurs, de martyrs, que des générations entières se pressent jusqu'à l'entrée des porches, souvent suppliantes, angoissées, élevant l'édifice en tremblant sous le ciel comme un long gémissement, tandis que des anges se penchent en souriant du haut des galeries qui dans l'encens rose et bleu du soir et l'or éblouissant du matin apparaissent vraiment comme « les balcons du ciel », la cathédrale, dans son immensité, peut aussi bien donner asile au lettré qu'au croyant, au vague rêveur qu'à l'archéologue ; ce qui importe, c'est qu'elle reste vivante et que du jour au lendemain la France ne soit pas transformée en une grève desséchée où de géants coquillages ciselés sembleraient comme échoués, vidés de la vie qui les habita, et n'apportant même plus à l'oreille qui se pencherait sur eux la vague rumeur d'autrefois, simples pièces de musée, musées glacés elles-mêmes. « Il n'est pas trop tard, écrivait il y a quelques années M. André Hallays, pour relever une idée saugrenue, qui paraît-il est née dans la cervelle de quelques Vézeliens. Ceux-ci voudraient qu'on désaffectât l'église de Vézelay. L'anticléricalisme inspire de grandes sottises. Désaffecter cette basilique, c'est vouloir lui retirer le peu d'âme qui lui reste. Lorsqu'on aura éteint la petite lampe qui brille au fond du chœur, Vézelay ne sera plus qu'une curiosité archéologique. On y respirera l'odeur sépulcrale des musées. » C'est en continuant à remplir l'office auquel elles furent primitivement destinées que les choses, dussent-elles lentement mourir à la tâche, gardent leur beauté et leur vie. Croit-on que dans les musées de sculpture comparée, les moulages des célèbres stalles en bois sculpté de la cathédrale d'Amiens peuvent donner une idée des stalles elles-mêmes, dans leur vieillesse auguste et toujours exerçante ? Tandis qu'au musée un gardien nous empêche d'approcher de leurs moulages, les stalles inestimablement précieuses, si vieilles, si illustres et si belles continuent à exercer à Amiens leurs fonctions modestes de stalles – dont elles s'acquittent depuis plusieurs siècles à la grande satisfaction des Amiénois –, comme ces artistes qui, parvenus à la gloire, n'en continuent pas moins à garder un petit emploi ou à donner des leçons. Ces fonctions consistent, avant même d'instruire les âmes, à supporter les corps, et c'est à quoi, rabattues pendant chaque office et présentant leur envers, elles s'emploient modestement. Bien plus, les bois toujours frottés de ces stalles ont peu à peu revêtu ou plutôt laissé paraître cette sombre pourpre qui est comme leur cœur et que préfère à tout, jusqu'à ne plus pouvoir regarder les couleurs des tableaux qui semblent, après cela, bien grossières, l'œil qui s'en est une fois enchanté. C'est alors comme une sorte d'ivresse qu'on éprouve à goûter, dans l'ardeur toujours plus enflammée du bois, ce qui est comme la sève, avec le temps, débordante de l'arbre. La naïveté des personnages ici sculptés prend de la matière dans laquelle ils vivent quelque chose comme de deux fois naturel. Et pour tous ces fruits, ces fleurs, ces feuilles, ces branches, ces végétations amiénoises que le sculpteur amiénois a sculptés dans du bois d'Amiens, les frottements divers y ont laissé paraître ces admirables oppositions de tons où la feuille se détache d'une autre couleur que la tige, faisant penser à ces nobles accents que M. Gallé a su tirer du cœur harmonieux des chênes.

Ce n'est pas seulement aux chanoines suivant l'office dans ces stalles dont les accoudoirs, les miséricordes et la rampe racontent l'Ancien et le Nouveau Testament, ce n'est pas seulement au peuple emplissant l'immense nef que la cathédrale, si le projet de M. Briand était voté, se trouverait fermée, ne pourrait plus donner la messe et les prières. Nous disions tout à l'heure que presque toutes les images dans une cathédrale étaient symboliques. Quelques-unes ne le sont point. Ce sont les images peintes ou sculptées de ceux qui ayant contribué de leurs deniers à la décoration de la cathédrale voulurent y conserver à jamais une place pour pouvoir, des balustres de la niche ou de l'enfoncement du vitrail, suivre silencieusement les offices, et participer sans bruit aux prières, *in sæcula sæculorum*. On sait que, les bœufs de Laon ayant chrétiennement monté jusque sur la colline où s'élève la cathédrale les matériaux qui servirent à la construire, l'architecte les en récompensa en dressant leurs statues au pied des tours, d'où vous pouvez les voir encore aujourd'hui, dans le bruit des cloches et la stagnation du soleil, lever leurs têtes cornues au-dessus de l'arche sainte et colossale jusqu'à l'horizon des plaines de France, leur « songe intérieur ». Pour des bêtes, c'est tout ce qu'on pouvait faire : aux hommes, on accordait mieux.

Ils entraient dans l'église, ils y prenaient leur place qu'ils gardaient après leur mort et d'où ils pouvaient continuer comme au temps de leur vie à suivre le divin sacrifice, soit que, penchés hors de leur sépulture de marbre, ils tournent légèrement la tête du côté de l'évangile ou du côté de l'épître, pouvant apercevoir, comme à Brou, et sentir autour de leur nom l'enlacement étroit et infatigable des fleurs emblématiques et d'initiales adorées, gardant parfois jusque dans le tombeau, comme à Dijon, les couleurs éclatantes de la vie ; soit qu'au fond du vitrail dans leurs manteaux de pourpre, d'outremer ou d'azur qui emprisonne le soleil, s'en enflamme, remplissent de couleur ses rayons transparents et brusquement les délivrent, multicolores, errant sans but parmi la nef qu'ils teignent, dans leur splendeur désorientée et paresseuse, leur palpable irréalité, ils restent les donateurs qui, à cause de cela même, avaient mérité la concession d'une prière à perpétuité. Et tous, ils veulent que l'Esprit-Saint, au moment où il descendra de l'Église, reconnaisse bien les siens. Ce n'est pas seulement la reine et le prince qui portent leurs insignes, leur couronne ou leur collier de la Toison d'or. Les changeurs se sont fait représenter vérifiant le titre des monnaies, les pelletiers vendant leurs fourrures (voir dans Male la reproduction de ces deux vitraux), les bouchers abattant des bœufs, les chevaliers portant leur blason, les sculpteurs taillant des chapiteaux. Ô vous tous, de vos vitraux de Chartres, de Tours, de Bourges, de Sens, d'Auxerre, de Troyes, de Clermont-Ferrand, de Toulouse, tonneliers, pelletiers, épiciers, pèlerins, laboureurs, armuriers, tisserands, tailleurs de pierre, bouchers, vanniers, cordonniers, changeurs, ô vous, grande démocratie silencieuse, fidèles obstinés à entendre l'office, non pas dématérialisés mais plus beaux qu'aux jours de votre vie, dans la gloire de ciel et de sang du précieux vitrage – vous n'entendrez plus la messe que vous vous étiez assurée en donnant pour l'édification de l'église le plus clair de vos deniers. Les morts ne gouvernent plus les vivants, selon la parole profonde. Et les vivants oublieux cessent de remplir les vœux des morts.

Mais laissons les tonneliers de rubis, les vanniers de rose et d'argent, inscrire au fond du vitrail la « muette protestation » que M. Jaurès saurait nous rendre avec tant d'éloquence et que nous le supplions de faire parvenir jusqu'aux oreilles des députés, et, oubliant ce peuple innombrable et silencieux, ancêtres d'électeurs dont la Chambre ne se soucie guère, pour finir, résumons-nous.

Premièrement : la protection même des plus belles œuvres de l'architecture et de la sculpture françaises qui *mourront* le jour où elles ne serviront plus au culte des besoins duquel elles sont nées, qui est leur fonction comme elles sont ses organes, qui est leur explication parce qu'il est leur âme, fait un devoir au gouvernement d'exiger que le culte soit perpétuellement célébré dans les cathédrales au lieu que le projet Briand l'autorise à faire des cathédrales, au bout de quelques années, tels musées ou salles de conférences (à supposer le mieux) qu'il lui plaira, et même, si le gouvernement ne prenait pas cette initiative, autorise le clergé s'il en trouve la location trop dispendieuse (et par le fait qu'il ne sera plus subventionné, on peut dire le force) à n'y plus célébrer d'offices.

Deuxièmement : le maintien du plus grand ensemble artistique qui se puisse concevoir, historique et pourtant vivant, des millions pour la reconstitution duquel on ne reculera devant aucune dépense s'il n'existait plus, à savoir la messe dans les cathédrales, fait un devoir au gouvernement de subventionner l'Église catholique pour l'entretien d'un culte qui importe autrement à la conservation du plus noble art français (pour continuer à nous tenir uniquement à ce point de vue profane), que les conservatoires, théâtres de comédie ou de musique, entreprises de reconstitution des tragédies antiques au théâtre d'Orange, etc., etc., toutes sociétés ayant un but artistique contestable, conservant des œuvres dont beaucoup sont faibles (que reste-t-il devant le chœur de Beauvais ou les statues de Reims, du *Jour*, de *L'Aventurière* ou du *Gendre de M. Poirier ?*), tandis que l'œuvre qu'est la cathédrale du Moyen Âge avec ses milliers de figures peintes ou sculptées, ses chants, ses offices, est la plus noble de toutes celles à laquelle se soit jamais haussé le génie de la France.

Et nous n'avons parlé dans cet article que des cathédrales pour donner à ces conséquences du projet Briand leur forme la plus frappante, la plus choquante pour l'esprit du lecteur. Mais on sait que la distinction entre les églises cathédrales et les autres est tout à fait artificielle, puisqu'il suffisait, à l'occasion d'une fête, d'y dresser la cathèdre d'un évêque pour qu'une église devînt momentanément cathédrale. Ce que j'ai dit des cathédrales s'applique à toutes les belles églises de France et on sait qu'il y en a des milliers. En suivant une route française entre les champs de sainfoin et les clos de pommiers qui se rangent de chaque côté pour la laisser passer « si belle », c'est presque à chaque pas que vous apercevez un clocher qui s'élève contre l'horizon orageux ou clair, traversant, les jours de pluie ensoleillée, un arc-en-ciel qui, comme une mystique auréole reflétée sur le ciel prochain de l'intérieur même de l'église entrouverte, juxtapose sur le ciel ses couleurs riches et distinctes de vitrail ; c'est presque à chaque pas que vous apercevez un clocher s'élevant au-dessus des maisons qui regardent à terre, comme un idéal, s'élançant dans la voix des cloches, à laquelle se mêle, si vous approchez, le cri des oiseaux. Et bien souvent vous pouvez affirmer que l'église au-dessus de laquelle il s'élève ainsi contient de belles et graves pensées sculptées et peintes, et d'autres pensées qui n'ayant pas été appelées à une vie aussi distincte et sont restées plus vagues, à l'état de belles lignes d'architecture, mais aussi puissantes ainsi, quoique plus obscures, et capables d'entraîner notre imagination dans le jaillissement de leur essor ou de l'enfermer tout entière dans la courbe de leur chute. Là, des balustres charmants d'un balcon roman ou du seuil mystérieux d'un porche gothique entrouvert qui unit à l'obscurité illuminée de l'église le soleil dormant à l'ombre des grands arbres qui l'entourent, il faut que nous continuions à voir la procession sortir de l'ombre multicolore qui tombe des arbres de pierre de la nef et suivre, dans la campagne, entre les piliers trapus que surmontent des chapiteaux de fleurs et de fruits, ces chemins dont on peut dire, comme le Prophète disait du Seigneur : « Tous ses sentiers sont la paix. » Enfin nous n'avons invoqué en tout ceci qu'un intérêt artistique. Cela ne veut pas dire que le projet Briand n'en menace pas d'autres et qu'à ces autres nous soyons indifférent. Mais enfin c'est à ce point de vue que nous avons voulu nous placer. Le clergé aurait tort de repousser l'appui des artistes. Car à voir combien de députés, quand ils ont fini de voter des lois anticléricales, partent faire un tour aux cathédrales d'Angleterre, de France ou d'Italie, rapportent une vieille chasuble à leur femme pour en faire un manteau ou une portière, élaborent dans leur cabinet des projets de laïcisation devant la reproduction photographique d'une « Mise au tombeau », marchandent à un brocanteur le volet d'un retable, vont pour leur antichambre chercher jusqu'en province des fragments de stalles d'église qui y serviront de porte-parapluie et le Vendredi Saint à la « Schola Cantorum », sinon même à l'église Saint-Gervais écoutent « religieusement », comme on dit, la messe du pape Marcel, on peut penser que le jour où nous aurions persuadé tous les gens de goût de l'obligation que c'est pour le gouvernement de subventionner les cérémonies du culte, nous aurions trouvé comme alliés et soulevé contre le projet Briand nombre de députés, même anticléricaux.

Paru le vendredi 1er février 1907

Sentiments filiaux d'un parricide

Quand M. van Blarenberghe le père mourut il y a quelques mois, je me souvins que ma mère avait beaucoup connu sa femme. Depuis la mort de mes parents je suis (dans un sens qu'il serait hors de propos de préciser ici) moins moi-même, davantage leur fils. Sans me détourner de mes amis, plus volontiers je me retourne vers les leurs. Et les lettres que j'écris maintenant, ce sont pour la plupart celles que je crois qu'ils auraient écrites, celles qu'ils ne peuvent plus écrire et que j'écris à leur place, félicitations, condoléances surtout, à des amis à eux que souvent je ne connais presque pas. Donc quand Mme van Blarenberghe perdit son mari, je voulus qu'un témoignage lui parvînt de la tristesse que mes parents en auraient éprouvée. Je me rappelais que j'avais, il y a déjà bien des années, dîné quelquefois, chez des amis communs, avec son fils. C'est à lui que j'écrivis pour ainsi dire au nom de mes parents disparus, bien plus qu'au mien. Je reçus en réponse la belle lettre suivante, qui témoignait d'un si grand amour filial chez celui qui l'avait écrite. J'ai pensé qu'un tel témoignage, avec la signification qu'il reçoit du drame qui l'a suivi de si près, avec la signification qu'il lui donne, surtout, devait être rendu public. Voici cette lettre :

Les Timbrieux, par Josselin (Morbihan)
24 septembre 1906

Je regrette vivement, cher monsieur, de ne pas avoir pu vous remercier encore de la sympathie que vous m'avez témoignée dans ma douleur. Vous voudrez bien m'excuser : cette douleur a été telle, que, sur le conseil des médecins, pendant quatre mois, j'ai constamment voyagé. Je commence seulement, et avec une peine extrême, à reprendre ma vie habituelle.

Si tardivement que cela soit, je veux vous dire aujourd'hui que j'ai été extrêmement sensible au fidèle souvenir que vous avez gardé de nos anciennes et excellentes relations, et profondément touché du sentiment qui vous a inspiré de me parler, ainsi qu'à ma mère, au nom de vos parents, si prématurément disparus. Je n'avais personnellement l'honneur de les connaître que fort peu ; mais je sais combien mon père appréciait le vôtre et quel plaisir ma mère avait toujours à voir Mme Proust. J'ai trouvé extrêmement délicat, et sensible, que vous nous ayez envoyé d'eux un message d'outre-tombe.
Je rentrerai assez prochainement à Paris, et si je réussis d'ici peu à surmonter le besoin d'isolement que m'a causé jusqu'ici la disparition de celui à qui je rapportais tout l'intérêt de ma vie, qui en faisait toute la joie, je serais bien heureux d'aller vous serrer la main et causer avec vous du passé.

Très sympathiquement à vous.

H. van BLARENBERGHE

Cette lettre me toucha beaucoup, je plaignais celui qui souffrait ainsi ; je le plaignais, je l'enviais : il avait encore sa mère pour se consoler, en la consolant. Et si je ne pus répondre aux tentatives qu'il voulut bien faire pour me voir, c'est que j'en fus matériellement empêché. Mais surtout cette lettre modifia, dans un sens plus sympathique, le souvenir que j'avais gardé de lui. Les bonnes relations auxquelles il avait fait allusion dans sa lettre étaient en réalité de fort banales relations mondaines. Je n'avais guère eu l'occasion de causer avec lui à la table où nous dînions quelquefois ensemble, mais l'extrême distinction d'esprit des maîtres de maison m'était et m'est restée un sûr garant qu'Henri van Blarenberghe, sous les dehors un peu conventionnels et peut-être plus représentatifs du milieu où il vivait que significatifs de sa propre personnalité, cachait une nature plus originale et vivante. Au reste, parmi ces étranges instantanés de la mémoire que notre cerveau, si petit et si vaste, emmagasine en nombre prodigieux, si je cherche, entre ceux qui figurent Henri van Blarenberghe, celui qui me semble resté le plus net, c'est toujours un visage souriant que j'aperçois, souriant du regard surtout qu'il avait singulièrement fin, la bouche encore entrouverte après avoir jeté une repartie originale. Agréable et assez distingué, c'est ainsi que je le « revois », comme on dit, et comme on a bien raison de dire. Nos yeux ont plus de part qu'on ne croit dans cette exploration active du passé qu'on nomme le souvenir. Si au moment où sa pensée va chercher quelque chose du passé pour le fixer, le ramener un moment à la vie, vous regardez les yeux de celui qui fait effort pour se souvenir, vous verrez qu'ils se sont immédiatement vidés des formes qui les entourent et qu'ils reflétaient il y a un instant. « Vous avez un regard absent, vous êtes ailleurs », disons-nous, et pourtant nous ne voyons que l'envers du phénomène auguste qui s'accomplit à ce moment-là dans la pensée. Alors les plus beaux yeux du monde ne nous touchent plus par leur beauté, ils ne sont plus, pour détourner de sa signification différente une expression de Wells, que des « machines à explorer le Temps », des télescopes de l'invisible, qui deviennent à plus longue portée à mesure qu'on vieillit. On sent si bien, en voyant se bander pour le souvenir le regard, fatigué de tant d'adaptation à des temps si différents, souvent si lointains, le regard rouillé, des vieillards, on sent si bien que sa trajectoire, traversant « l'ombre des jours » vécus, va atterrir, à quelques pas devant eux semble-t-il, en réalité à cinquante ou soixante ans en arrière. Je me souviens combien les yeux charmants de la princesse Mathilde changeaient de beauté, quand ils se fixaient sur telle ou telle image qu'avaient déposées *eux-mêmes* sur sa rétine et dans son souvenir tels grands hommes, tels grands spectacles du commencement du siècle, et c'est cette image-là, émanée d'eux, qu'elle voyait et que nous ne verrons jamais. À ces moments-là, j'éprouvais une impression de surnaturel quand mon regard rencontrait le sien qui, d'une ligne courte et mystérieuse, dans une activité de résurrection, joignait le présent au passé.

Agréable et assez distingué, disais-je, c'est ainsi que je revoyais Henri van Blarenberghe dans un des meilleurs instantanés que ma mémoire ait conservés de lui. Mais après avoir reçu cette lettre, je le retouchai au fond de mon souvenir, cet instantané, en interprétant, dans le sens d'une sensibilité plus profonde, d'une mentalité moins mondaine, certains éléments du regard ou des traits qui pouvaient en effet comporter une acception plus intéressante et plus généreuse que celle où je m'étais d'abord arrêté. Enfin, lui ayant dernièrement demandé des renseignements sur un employé des Chemins de fer de l'Est, à qui un de mes amis s'intéressait, je reçus de lui la réponse suivante qui, écrite le 12 janvier dernier, ne me parvint, par suite de changements d'adresse qu'il avait ignorés, que le 17 janvier, il n'y a pas quinze jours, moins de huit jours avant le drame :

48, rue de la Bienfaisance
12 janvier 1907

Cher Monsieur,

Je me suis informé à la Compagnie de l'Est de la présence possible dans le personnel de *** et de son adresse éventuelle. On n'a rien découvert. Si vous êtes bien sûr du nom, celui qui le porte a disparu de la Compagnie sans laisser de traces ; il ne devait y être attaché que d'une manière bien provisoire et accessoire.

Je suis vraiment bien affligé des nouvelles que vous me donnez de l'état de votre santé depuis la mort si prématurée et cruelle de vos parents. Si ce peut être une consolation pour vous, je vous dirai que moi aussi j'ai bien du mal, physiquement et moralement, à me remettre de l'ébranlement que m'a causé la mort de mon père. Il faut espérer toujours... Je ne sais ce que me réserve l'année 1907, mais souhaitons qu'elle nous apporte à l'un et à l'autre quelque amélioration, et que dans quelques mois nous puissions nous voir.

Veuillez agréer, je vous prie, mes sentiments les plus sympathiques.

H. van BLARENBERGHE

Cinq ou six jours après avoir reçu cette lettre, je me rappelai, en m'éveillant, que je voulais y répondre. Il faisait un de ces grands froids inattendus qui sont comme les « grandes marées » du ciel, recouvrent toutes les digues que les grandes villes dressent entre nous et la nature, et venant battre nos fenêtres closes, pénètrent jusque dans nos chambres, en faisant sentir à nos frileuses épaules, en un vivifiant contact, le retour offensif des forces élémentaires. Jours troublés de brusques changements barométriques, de secousses plus graves. Nulle joie d'ailleurs dans tant de force. On pleurait d'avance la neige qui allait tomber, et les choses elles-mêmes, comme dans le beau vers d'André Rivoire, avaient l'air d'attendre de la neige ». Qu'une « dépression s'avance vers les Baléares » comme disent les journaux, que seulement la Jamaïque commence à trembler, au même instant à Paris les migraineux, les rhumatisants, les asthmatiques, les fous sans doute aussi, prennent leurs crises, tant les nerveux sont unis aux points les plus éloignés de l'univers par les liens d'une solidarité qu'ils souhaiteraient souvent moins étroite. Si l'influence des astres sur certains au moins d'entre eux doit être un jour reconnue (Framery, Pelletan, cités par M. Brissaud), à qui mieux appliquer qu'à tel nerveux le vers du poète :

Et de longs fils soyeux l'unissent aux étoiles.

En m'éveillant je me disposais à répondre à Henri van Blarenberghe. Mais avant de le faire je voulus jeter un regard sur *Le Figaro*, procéder à cet acte abominable et voluptueux qui s'appelle *lire le journal* et grâce auquel tous les malheurs et les cataclysmes de l'univers pendant les dernières vingt-quatre heures, les batailles qui ont coûté la vie à cinquante mille hommes, les crimes, les grèves, les banqueroutes, les incendies, les empoisonnements, les suicides, les divorces, les cruelles émotions de l'homme d'État et de l'acteur, transmués pour notre usage personnel à nous qui n'y sommes pas intéressés, en un régal matinal s'associent excellemment, d'une façon particulièrement excitante et tonique, à l'ingestion recommandée de quelques gorgées de café au lait. Aussitôt rompue d'un geste indolent, la fragile bande du *Figaro* qui seule nous séparait encore de toute la misère du globe, et dès les premières nouvelles sensationnelles où la douleur de tant d'êtres « entre comme élément », ces nouvelles sensationnelles que nous aurons tant de plaisir à communiquer tout à l'heure à ceux qui n'ont pas encore lu le journal, on se sent soudain allègrement rattaché à l'existence qui, au premier instant du réveil, nous paraissait bien inutile à ressaisir. Et si par moments quelque chose comme une larme a mouillé nos yeux satisfaits, c'est à la lecture d'une phrase comme celle-ci : « Un silence impressionnant étreint tous les cœurs, les tambours battent aux champs, les troupes présentent les armes, une immense clameur retentit : "Vive Fallières !" » Voilà ce qui nous arrache un pleur, un pleur que nous refuserions à un malheur proche de nous. Vils comédiens que seule fait pleurer la douleur d'Hécube, ou moins que cela, le voyage du président de la République ! Ce matin-là pourtant, la lecture du *Figaro* ne me fut pas douce. Je venais de parcourir d'un regard charmé les éruptions de volcans, les crises ministérielles et les duels d'apaches, et je commençais avec calme la lecture d'un fait divers que son titre : « Un drame de la folie », pouvait rendre particulièrement propre à l'énergique stimulation des énergies matinales, quand tout d'un coup, je vis que la mère assassinée c'était Mme van Blarenberghe, que l'assassin, qui s'était ensuite tué, c'était son fils, Henri van Blarenberghe, dont j'avais encore la lettre près de moi, pour y répondre. « *Il faut espérer toujours...* (disait, en finissant, cette lettre que j'ai citée tout à l'heure). *Je ne sais ce que me réserve 1907, mais souhaitons qu'il nous apporte un apaisement*, etc. » Il faut espérer toujours ! Je ne sais ce que me réserve 1907 ! La vie n'avait pas été longue à lui répondre. 1907 n'avait pas encore laissé sombrer son premier mois de l'avenir au passé, qu'elle lui avait apporté son présent, fusil, revolver et poignard, avec, sur son esprit, le bandeau qu'Athénê attachait sur l'esprit d'Ajax pour qu'il massacre pasteurs et troupeaux dans le camp des Grecs sans savoir ce qu'il faisait. « C'est moi qui ai jeté des images mensongères dans ses yeux. Et il s'est tué, frappant çà et là, pensant tuer de sa main les Atrides, et se jetant tantôt sur l'un, tantôt sur l'autre. Et moi j'excitais l'homme en proie à la démence furieuse et je le poussais dans les embûches ; et il vient de rentrer là, la tête trempée de sueur et les mains ensanglantées. » Tant que les fous frappent, ils ne savent pas, puis la crise passée, quelle douleur ! Tekmessu, la femme d'Ajax, le dit bien : « Sa démence est finie, sa fureur est tombée comme le souffle du Notos. Mais ayant recouvré l'esprit, il est maintenant tourmenté d'une douleur nouvelle, car contempler ses propres maux quand personne ne les a causés que soi-même accroît amèrement les douleurs. Depuis qu'il sait ce qu'il s'est passé, il se lamente en hurlements lugubres, lui qui avait coutume de dire qu'il était indigne d'un homme de pleurer. Il reste assis, immobile, hurlant, et certes il médite contre lui-même quelque noir dessein. » Mais quand l'accès est passé, pour Henri van Blarenberghe, ce ne sont pas des troupeaux et des pasteurs égorgés qu'il a devant lui. La douleur ne tue pas en un instant, puisqu'il n'est pas mort en apercevant sa mère assassinée devant lui, puisqu'il n'est pas mort, en entendant sa mère mourante lui dire, comme la princesse dans Tolstoï : « Henri, qu'as-tu fait de moi ! qu'as-tu fait de moi ! » « En arrivant au palier qui interrompt la course de l'escalier entre le premier et le second étage, dit *Le Matin*, ils (les domestiques que dans ce récit, peut-être d'ailleurs inexact, on n'aperçoit jamais qu'en fuite et redescendant les escaliers quatre à quatre) virent Mme van Blarenberghe, le visage révulsé par l'épouvante, descendre deux ou trois marches en criant, criant : “Henri ! Henri ! qu'as-tu fait !” Puis la malheureuse couverte de sang leva les bras en l'air et s'abattit, la face en avant... Les domestiques épouvantés redescendirent pour chercher du secours. » Peu après, quatre agents qu'on est allé chercher forcent les portes verrouillées de la chambre d'Henri van Blarenberghe. « En dehors des blessures qu'il s'était faites avec son poignard, il avait tout le côté gauche du visage labouré par un coup de feu. *L'œil pendait sur l'oreiller.* » Ici ce n'est plus à Ajax que je pense. Dans cet œil « qui pend sur l'oreiller » je reconnais arraché, dans le geste le plus terrible et le plus beau que nous ait légué l'histoire de la souffrance humaine, l'œil même du malheureux Œdipe ! « Œdipe se précipite à grands cris, va, vient, demande une épée... Avec d'horribles cris il se jette contre les doubles portes, arrache les battants des gonds creux, se rue dans la chambre où il voit Jocaste pendue à la corde qui l'étranglait. Et la voyant ainsi, le malheureux frémit d'horreur, dénoue la corde, le corps de sa mère n'étant plus retenu tombe à terre. Alors il arrache les agrafes d'or des vêtements de Jocaste, il s'en crève les yeux ouverts, disant qu'ils ne verront plus les maux qu'il avait souffert et les malheurs qu'il avait causés, et, criant des imprécations, il frappe encore ses yeux aux paupières levées, et ses prunelles saignantes coulaient sur ses joues, en une pluie, une grêle de sang noir. Il crie qu'on montre à tous les Cadméens le parricide. Il veut être chassé de cette terre. Ah ! l'antique félicité était ainsi nommée de son vrai nom. Mais à partir de ce jour, rien ne manque à tous les maux qui ont un nom, les gémissements, le désastre, la mort, l'opprobre. » Et en songeant à la douleur d'Henri van Blarenberghe, en voyant sa mère morte, je pense aussi à un autre fou bien malheureux, à Lear étreignant le cadavre de sa fille Cordelia. « Oh ! elle est partie pour toujours ! Elle est morte comme la terre. Non, non, plus de vie ! Pourquoi un chien, un cheval, un rat ont-ils la vie, quand tu n'as plus même le souffle ? Tu ne reviendras plus, jamais ! jamais ! jamais ! jamais ! jamais ! Regardez ! Regardez ; ses lèvres ! Regardez-la ! Regardez-la ! »

Malgré ses horribles blessures, Henri van Blarenberghe ne meurt pas tout de suite. Et je ne peux m'empêcher de trouver bien cruel (quoique peut-être utile, est-on si certain de ce que fut en réalité le drame ? Rappelez-vous les frères Karamazov !) le geste du commissaire de police (que *Le Matin* appelle, par erreur je crois, M. Proust). « Le malheureux n'est pas mort. M. Proust le prit par les épaules et lui parla : "M'entendez-vous ? Répondez." Le meurtrier ouvrit l'œil intact, cligna un instant et retomba dans le coma. » À ce cruel commissaire j'ai envie de redire les mots dont Kent, dans la scène du *Roi Lear*, précisément que je citais tout à l'heure, arrête Edgar qui voulait réveiller Lear déjà évanoui : « Non ! ne troublez pas son âme ! Oh ! laissez-la partir ! C'est le haïr que vouloir sur la roue de cette rude vie l'étendre plus longtemps. »

Si j'ai répété avec insistance ces grands noms tragiques, ces grands noms surtout d'Ajax et d'Œdipe, le lecteur doit comprendre maintenant pourquoi, pourquoi j'ai publié ces lettres et écrit cette page. J'ai voulu montrer dans quelle pure, dans quelle religieuse atmosphère de beauté morale eut lieu cette explosion de folie et de sang qui l'éclabousse sans parvenir à la souiller. J'ai voulu aérer la chambre du crime d'un souffle qui vint du ciel, montrer que ce fait divers était exactement un de ces drames grecs dont la représentation était presque une cérémonie religieuse, et que le pauvre parricide n'était pas une brute criminelle, un être en dehors de l'humanité, mais un noble exemplaire d'humanité, un homme d'esprit éclairé, un fils tendre et pieux, que la plus inéluctable fatalité – disons pathologique pour parler comme tout le monde – a jeté – le plus malheureux des mortels – dans un crime et une expiation dignes de demeurer illustres.

« Je crois difficilement à la mort », dit Michelet dans une page admirable. Il est vrai qu'il le dit à propos de la mort d'une méduse, de qui la mort, si peu différente de sa vie, n'a rien d'incroyable, en sorte qu'on peut se demander si Michelet n'a pas fait qu'utiliser dans cette phrase un de ces « fonds de cuisine » que possèdent assez vite les grands écrivains et grâce à quoi ils sont assurés de pouvoir servir à l'improviste à leur clientèle le régal particulier qu'elle réclame d'eux. Mais si je crois sans difficulté à la mort d'une méduse, je ne puis croire facilement à la mort d'une personne, même à la simple éclipse, à la simple déchéance de sa raison. Notre sentiment de la continuité de l'âme est le plus fort. Quoi ! cet esprit qui tout à l'heure de ses vues dominait la vie, dominait la mort, nous inspirait tant de respect, le voilà dominé par la vie, par la mort, plus faible que notre esprit qui, quoi qu'il en ait, ne se peut plus incliner devant ce qui est si vite devenu un presque néant ! Il en est pour cela de la folie comme de l'affaiblissement des facultés chez le vieillard, comme de la mort. Quoi ! l'homme qui a écrit hier la lettre que je citais tout à l'heure, si élevée, si sage, cet homme aujourd'hui... ? Quoi ! même pour descendre à des infiniment petits fort importants ici, l'homme qui très raisonnablement était attaché aux petites choses de la vie, répondait si élégamment à une lettre, s'acquittait si exactement d'une démarche, tenait à l'opinion des autres, désirait leur paraître sinon influent, du moins aimable, qui conduisait avec tant de finesse et de loyauté son jeu sur l'échiquier social !... Je dis que cela est fort important ici, et si j'avais cité toute la première partie de la seconde lettre qui, à vrai dire, semblait ne pouvoir intéresser que moi, c'est que cette raison pratique semblait plus exclusive encore de ce qui est arrivé que la belle et profonde tristesse des dernières lignes. Souvent, dans un esprit déjà dévasté, ce sont les maîtresses branches, la cime qui survivent les dernières quand toutes les ramifications plus basses sont déjà élaguées par le mal. Ici la plante spirituelle est intacte. Et tout à l'heure en copiant ces lettres, j'aurais voulu pouvoir vous faire sentir l'extrême délicatesse, plus, l'incroyable fermeté de la main qui avait tracé ces caractères, irréprochables et fins...

« Qu'as-tu fait de moi ! qu'as-tu fait de moi ! » Si nous voulions y penser, il n'y a peut-être pas une mère vraiment aimante qui ne pourrait, à son dernier jour, souvent bien avant, adresser ce reproche à son fils. Au fond, nous vieillissons, nous tuons tout ce qui nous aime par les soucis que nous lui donnons, par l'inquiète tendresse elle-même que nous inspirons, mettons sans cesse en alarme. Si nous pouvions voir dans un corps chéri le lent travail de destruction poursuivi par la douloureuse tendresse qui l'anime, si nous savions voir les yeux flétris, les cheveux longtemps indomptablement noirs, ensuite vaincus comme le reste et blanchissants, les artères amollies, les reins bouchés, le cœur forcé, vaincu le courage devant la vie, la marche alentie, alourdie, l'esprit qui sait qu'il n'a plus à espérer, alors qu'il rebondissait si inlassablement en invincibles espérances, la gaieté même, la gaieté innée et semblait-il immortelle qui faisait si aimable compagnie avec la tristesse à jamais tarie, peut-être celui qui saurait voir cela, dans ce moment tardif de lucidité que les vies les plus ensorcelées de chimère peuvent bien avoir, puisque celle même de don Quichotte eut le sien, peut-être celui-là, comme Henri van Blarenberghe quand il eut achevé sa mère à coups de poignard, reculerait devant l'horreur de sa vie et se jetterait sur un poignard, sur un fusil, pour mourir tout de suite. Chez la plupart des hommes, une vision si douloureuse, s'ils sont capables de l'avoir, s'efface bien vite aux premiers rayons de la joie de vivre. Mais quelle joie de vivre, quelle raison de vivre, quelle vie peut résister à cette vision ? Des deux laquelle est la vraie, est « le Vrai » ?

Paru le mardi 23 juillet 1907

Une grand-mère

Il y a des personnes qui vivent sans avoir pour ainsi dire de forces, comme il y a des personnes qui chantent sans avoir de voix. Ce sont les plus intéressantes ; elles ont remplacé la matière qui leur manque par l'intelligence et par le sentiment. La grand-mère de notre cher collaborateur et ami Robert de Flers, Mme de Rozière, qu'on enterre aujourd'hui au Malzieu, n'était qu'intelligence et que sentiment. Consumée de la perpétuelle inquiétude qu'est un grand amour qui dure toute la vie (son amour pour son petit-fils), comment eût-elle pu être bien portante ! Mais elle avait cette santé particulière des êtres supérieurs qui n'en ont pas et qu'on appelle la vitalité. Si frêle, si légère, elle surnageait toujours aux plus effroyables sautes de la maladie, et au moment où on la croyait terrassée, on l'apercevait, rapide, toujours au sommet, et suivant de tout près la barque qui menait son petit-fils à la célébrité et au bonheur, non pour qu'il en rejaillît rien sur elle, mais pour voir s'il n'y manquerait de rien, s'il n'y aurait pas encore un peu besoin de ses soins de grand-mère, ce qu'au fond elle espérait bien. Il faut que la mort soit vraiment bien forte pour avoir pu les séparer !

Moi qui avais vu ses larmes de grand-mère – ses larmes de petite fille – chaque fois que Robert de Flers faisait seulement un voyage, ce n'était pas sans inquiétudes pour elle que je pensais qu'un jour Robert se marierait. Elle disait souvent qu'elle avait envie de le marier, mais je crois qu'elle le disait surtout pour s'aguerrir. Au fond, elle avait encore plus peur de cette échéance fatale de son mariage qu'elle n'avait redouté son entrée au collège et son départ pour le régiment. Et Dieu sait seul – car on est courageux quand on est cendre – ce qu'elle avait souffert à ces deux moments-là ! Le dirai-je ? Sa tendresse pour son petit-fils ne me semblait pas devoir, quand Robert serait marié, être une source de tristesses que pour elle : je pensais à celle qui deviendrait sa petite-fille... Une tendresse aussi jalouse n'est pas douce toujours à ceux avec qui elle doit partager... La femme qu'épousa Robert de Flers accomplit avec une simplicité divine le miracle de faire de ce mariage si redouté une ère de bonheur sans mélange pour Mme de Rozière, pour elle-même et pour Robert de Flers. Tous trois ne se quittèrent ni ne se querellèrent un seul jour. Mme de Rozière disait bien que par discrétion elle ne continuerait pas à habiter avec eux et irait vivre de son côté, mais je ne crois pas que ni elle, ni Robert, ni personne aient jamais pu sérieusement envisager cela comme possible. Ce n'est que dans un cercueil qu'on a pu l'emmener.

Une autre chose m'avait paru ne pas devoir aller sans des difficultés très grandes, qui, grâce à l'esprit et au cœur délicieux de Gaston de Caillavet et de sa femme, se passa le plus simplement et le plus heureusement du monde. À partir d'un certain moment, Robert eut un collaborateur. Un collaborateur ! Mais vraiment quel besoin pouvait-il avoir d'un collaborateur, lui son petit-fils, lui qui avait plus de talent à lui seul que tous les écrivains qui avaient jamais paru sur la terre ? Du reste, cela n'avait pas d'importance ; il était bien sûr que dans les œuvres écrites en collaboration tout ce qui serait bien serait de Robert, et que si, par hasard, quelque chose était moins bien, ce serait de l'autre, de l'audacieux... Eh bien ! rien ne fut « moins bien » et pourtant elle déclara que tout n'était pas de Robert. Je n'irai pas jusqu'à dire que dans les triomphes incessants qui ont marqué cette collaboration, elle estimait que toute la gloire devait revenir à Caillavet, mais il aurait été le premier à ne pas le souffrir. Et dans l'harmonieuse réussite, elle fit la part de dons différents qui savaient admirablement s'unir. C'est qu'elle était avant tout merveilleusement intelligente et que c'est encore ce qui rend le plus juste. C'est même sans doute pour cela que l'intelligence, qui est une si grande source de maux, nous apparaît tout de même comme si bienfaisante et si noble : c'est que nous sentons bien qu'il n'y a qu'elle qui sache honorer et servir la Justice : « Ce sont deux puissants dieux. »

Elle ne quittait pas plus son lit ou sa chambre que Joubert, que Descartes, que d'autres personnes encore qui croient nécessaires à leur santé de rester beaucoup couchées sans avoir pour cela la délicatesse d'esprit de l'un ni la puissance d'esprit de l'autre. Ce n'est pas pour Mme de Rozière que je dis cela. Chateaubriand disait de Joubert qu'il restait constamment étendu et les yeux fermés, mais que jamais il n'était si agité et ne se fatiguait tant que dans ces moments-là. Pour la même raison Pascal ne put jamais, sur ce point, suivre les conseils que lui prodigua Descartes. Il en est ainsi de beaucoup de malades à qui on recommande le silence, mais – comme la jeunesse au petit-fils de Mme de Sévigné – leur pensée « leur fait du bruit ». Elle se rendait si malade à se soigner qu'elle aurait peut-être mieux fait de prendre tout simplement le parti si compliqué d'être bien portante. Mais cela était au-dessus de ses forces. Dans les dernières années ses yeux ravissants, qu'elle avait couleur de jacinthe, tout en reflétant de plus en plus ce qui se passait en elle, cessèrent de lui montrer ce qui se passait alentour : elle était devenue presque aveugle. Du moins, elle l'assurait. Mais moi je sais bien que si Robert avait seulement un peu mauvaise mine, elle était toujours la première à s'en apercevoir. Et comme elle n'avait pas besoin de voir au-delà de lui, elle était heureuse. Elle n'a jamais rien aimé, pour prendre l'expression de Malebranche, qu'en lui. Il était son dieu.

Elle a toujours été indulgente à ses amis, et sévère aussi, car elle ne les trouvait jamais dignes de lui. À aucun elle ne fut plus indulgente qu'à moi. Elle avait une manière de me dire : « Robert vous aime comme un frère », qui signifiait à la fois : « Vous ne ferez pas mal de chercher à le mériter », et « vous le méritez tout de même un tout petit peu ». Elle poussait l'aveuglement en ce qui me concernait jusqu'à me trouver du talent. Elle se disait sans doute que quelqu'un qui avait tant fréquenté son petit-fils n'avait pas pu ne pas lui en prendre un peu.

Des amitiés aussi parfaites que celle qui unissait Robert de Flers à sa grand-mère ne devraient jamais pouvoir finir. Comment ! deux êtres si entièrement correspondants que rien n'existait dans l'un qui ne trouvât dans l'autre sa raison d'être, son but, sa satisfaction, son explication, son tendre commentaire, deux êtres qui semblaient la traduction l'un de l'autre, bien que chacun d'eux fût un original, ces deux êtres n'auraient fait que se rencontrer un instant, par hasard, dans l'infini des temps, où ils ne seront plus rien l'un à l'autre, rien de plus particulier qu'ils ne sont à des milliards d'autres êtres ? Faut-il vraiment le penser ? Toutes les lettres de ce livre spirituel et passionné qu'était Mme de Rozière sont-elles devenues subitement des caractères qui ne signifient plus rien, qui ne forment plus aucun mot ? Ceux qui comme moi ont pris trop tôt l'habitude d'aimer à lire dans les livres et dans les cœurs ne pourront jamais le croire tout à fait...

Je suis sûr que depuis bien longtemps Robert et elle, sans jamais se le dire, devaient penser au jour où ils se quitteraient. Je suis sûr aussi qu'elle aurait aimé qu'il n'eût pas de chagrin... Ce sera la première satisfaction qu'il lui aura refusée...

J'ai voulu au nom des amis de Robert de Flers – ses jeunes amis à elle – lui dire ce que je ne puis pas appeler un dernier adieu, car je sens que je lui en dirai bien d'autres, et puis, pour parler exactement, on ne dit jamais vraiment adieu aux êtres qu'on a aimés, parce qu'on ne les quitte jamais tout à fait.

Rien ne dure, pas même la mort ! Mme de Rozière n'est pas encore en terre, et déjà elle recommence à s'adresser assez vivement à moi pour que je ne puisse m'empêcher de parler d'elle. Si on trouve que je l'ai fait par moments avec un sourire, qu'on n'aille pas croire que je n'avais pas pour cela moins envie de pleurer. Personne ne m'aura mieux compris que Robert. Il aurait fait comme moi. Il sait que les êtres qu'on a le plus aimés, on ne pense jamais à eux, au moment où on pleure le plus, sans leur adresser passionnément le plus tendre sourire dont on soit capable. Est-ce pour essayer de les tromper, de les rassurer, de leur dire qu'ils peuvent être tranquilles, que nous aurons du courage, pour leur faire croire que nous ne sommes pas malheureux ? Est-ce, plutôt, que ce sourire-là n'est que la forme même de l'interminable baiser que nous leur donnons dans l'Invisible ?

Paru le mardi 19 novembre 1907

Impressions de route en automobile

I

ARRIVÉE À CAEN

Parti de *** à une heure déjà assez avancée de l'après-midi, je n'avais pas de temps à perdre si je voulais arriver avant la nuit chez mes parents, à mi-chemin à peu près entre Lisieux et Louviers. À ma droite, à ma gauche, devant moi, le vitrage de l'automobile, que je gardais fermé, mettait pour ainsi dire sous verre la belle journée de septembre que, même à l'air libre, on ne voyait qu'à travers une sorte de transparence. Du plus loin qu'elles nous apercevaient, sur la route où elles se tenaient courbées, de vieilles maisons bancales couraient prestement au-devant de nous en nous tendant quelques roses fraîches ou nous montraient avec fierté la jeune rose trémière qu'elles avaient élevée et qui déjà les dépassait de la taille. D'autres venaient appuyées tendrement sur un poirier que leur vieillesse aveugle avait l'illusion d'étayer encore, et le serraient contre leur cœur meurtri où il avait immobilisé et incrusté à jamais l'irradiation chétive et passionnée de ses branches. Bientôt la route tourna et le talus qui la bordait sur la droite s'étant abaissé la plaine de Caen apparut, mais sans la ville qui, comprise pourtant dans l'étendue que j'avais sous les yeux, ne se laissait voir ni deviner, à cause de l'éloignement. Seuls, s'élevant du niveau uniforme de la plaine et comme perdus en rase campagne, montaient vers le ciel les deux clochers de Saint-Étienne. Bientôt nous en vîmes trois, le clocher de Saint-Pierre les avait rejoints. Rapprochés en une triple aiguille montagneuse, ils apparaissaient comme, souvent, dans Turner, le monastère ou le manoir qui donne son nom au tableau, mais qui, au milieu de l'immense paysage de ciel, de végétation et d'eau, tient aussi peu de place, semble aussi épisodique et momentané, que l'arc-en-ciel, la lumière de cinq heures du soir, et la petite paysanne qui au premier plan trotte sur le chemin entre ses paniers. Les minutes passaient, nous allions vite et pourtant les trois clochers étaient toujours seuls devant nous, comme des oiseaux posés sur la plaine, immobiles, et qu'on distingue au soleil. Puis, l'éloignement se déchirant comme une brume qui dévoile complète et dans ses détails une forme invisible l'instant d'avant, les tours de la Trinité apparurent ou plutôt une seule tour, tant elle cachait exactement l'autre derrière elle. Mais elle s'écarta, l'autre s'avança et toutes deux s'alignèrent. Enfin un clocher retardataire (celui de Saint-Sauveur, je suppose) vint par une volte hardie se placer en face d'elles. Maintenant, entre les clochers multipliés, et sur la pente desquels on distinguait la lumière qu'à cette distance on voyait sourire la ville, obéissant d'en bas à leur élan sans pouvoir y atteindre, développait d'aplomb et par montées verticales la fugue compliquée mais franche de ses toits. J'avais demandé au mécanicien de m'arrêter un instant devant les clochers de Saint-Étienne ; mais, me rappelant combien nous avions été longs à nous en rapprocher quand dès le début ils paraissaient si près, je tirais ma montre pour voir combien de minutes nous mettrions encore, quand l'automobile tourna et m'arrêta à leur pied. Restés si longtemps inapprochables à l'effort de notre machine qui semblait patiner vainement sur la route toujours à la même distance d'eux, c'est dans les dernières secondes seulement que la vitesse de tout le temps, totalisée, devenait appréciable. Et, géants, surplombant de toute leur hauteur, ils se jetèrent si rudement au-devant de nous que nous eûmes tout juste le temps d'arrêter pour ne pas nous heurter contre le porche.

Nous poursuivîmes notre route ; nous avions déjà quitté Caen depuis longtemps et la ville, après nous avoir accompagnés quelques secondes, avait disparu, que, restés seuls à l'horizon à nous regarder fuir, les deux clochers de Saint-Étienne et le clocher de Saint-Pierre agitaient encore en signe d'adieu leurs cimes ensoleillées. Parfois l'un s'effaçait pour que les deux autres pussent nous apercevoir un instant encore ; bientôt je n'en vis plus que deux. Puis ils virèrent une dernière fois dans la lumière comme deux pivots d'or, et disparurent à mes yeux. Bien souvent depuis, passant au soleil couché dans la plaine de Caen, je les ai revus, parfois de très loin et qui n'étaient que comme deux fleurs peintes sur le ciel, au-dessus de la ligne basse des champs ; parfois d'un peu plus près et déjà rattrapés par le clocher de Saint-Pierre, semblables aux trois jeunes filles d'une légende, abandonnées dans une solitude où tombait déjà l'obscurité ; et tandis que je m'éloignais je les voyais timidement chercher leur chemin et, après quelques gauches essais et trébuchements maladroits de leurs nobles silhouettes, se serrer les uns contre les autres, glisser l'un derrière l'autre, ne plus faire sur le ciel encore rose qu'une seule forme noire délicieuse et résignée, et s'effacer dans la nuit.

II

Je commençais de désespérer d'arriver assez tôt à Lisieux pour être le soir même chez mes parents, qui heureusement n'étaient pas prévenus de mon arrivée, quand vers l'heure du couchant nous nous engageâmes sur une pente rapide au bout de laquelle, dans la cuvette sanglante de soleil où nous descendions à toute vitesse, je vis Lisieux qui nous y avait précédés relever et disposer à la hâte ses maisons blessées, ses hautes cheminées teintes de pourpre ; en un instant tout avait repris sa place et quand quelques secondes plus tard nous nous arrêtions au coin de la rue aux Fèvres, les vieilles maisons, dont les fines tiges de bois nervuré s'épanouissent à l'appui des croisées en têtes de saints ou de démons, semblaient ne pas avoir bougé depuis le quinzième siècle. Un accident de machine nous força de rester jusqu'à la nuit tombante à Lisieux ; avant de partir je voulus revoir à la cathédrale quelques-uns des feuillages dont parle Ruskin, mais les faibles lumignons qui éclairaient les rues de la ville cessaient sur la place où la cathédrale était presque plongée dans l'obscurité. Je m'avançais pourtant, voulant au moins toucher de la main l'illustre futaie de pierre dont le porche est planté entre les deux rangs si noblement taillés de laquelle défila peut-être la pompe nuptiale d'Henri II d'Angleterre et d'Éléonore de Guyenne. Mais au moment où je m'approchais d'elle à tâtons, une subite clarté l'inonda ; tronc par tronc les piliers sortirent de la nuit, détachant vivement en pleine lumière sur un fond d'ombre le large modelé de leurs feuilles de pierre. C'était mon mécanicien, l'ingénieux Agostinelli, qui, envoyant aux vieilles sculptures le salut du présent dont la lumière ne servait plus qu'à mieux lire les leçons du passé, dirigeait successivement sur toutes les parties du porche, à mesure que je voulais les voir, les feux du phare de son automobile. Et quand je revins vers la voiture je vis un groupe d'enfants que la curiosité avait amenés là et qui, penchant sur le phare leurs têtes dont les boucles palpitaient dans cette lumière surnaturelle, recomposaient ici, comme projetée de la cathédrale dans un rayon, la figuration angélique d'une Nativité. Quand nous quittâmes Lisieux il faisait nuit noire ; mon mécanicien avait revêtu une vaste mante de caoutchouc et coiffé une sorte de capuche qui, enserrant la plénitude de son jeune visage imberbe, le faisait ressembler, tandis que nous nous enfoncions de plus en plus vite dans la nuit, à quelque pèlerin ou plutôt à quelque nonne de la vitesse. De temps à autre – sainte Cécile improvisant sur un instrument plus immatériel encore – il touchait le clavier et tirait un des jeux de ces orgues cachées dans l'automobile et dont nous ne remarquons guère la musique, pourtant continue, qu'à ces changements de registres que sont les changements de vitesse ; musique pour ainsi dire abstraite, tout symbole et tout nombre, et qui fait penser à cette harmonie que produisent, dit-on, les sphères, quand elles tournent dans l'éther. Mais la plupart du temps il tenait seulement dans sa main sa roue – sa roue de direction (qu'on appelle volant) –, assez semblable aux croix de consécration que tiennent les apôtres adossés aux colonnes du chœur dans la Sainte-Chapelle de Paris, à la croix de saint Benoît, et en général à toute stylisation de la roue dans l'art du Moyen Âge. Il ne paraissait pas s'en servir tant il restait immobile, mais la tenait comme il aurait fait d'un symbole dont il convenait qu'il fût accompagné : ainsi les saints, aux porches des cathédrales, tiennent l'un une ancre, un autre une roue, une harpe, une faux, un gril, un cor de chasse, des pinceaux. Mais si ces attributs étaient généralement destinés à rappeler l'art dans lequel ils excellèrent de leur vivant, c'était aussi parfois l'image de l'instrument par quoi ils périrent ; puisse le volant de direction du jeune mécanicien qui me conduit rester toujours le symbole de son talent plutôt que d'être la préfiguration de son supplice ! Nous dûmes nous arrêter dans un village où je fus pendant quelques instants pour les habitants ce « voyageur » qui n'existait plus depuis les chemins de fer et que l'automobile a ressuscité, celui à qui la servante dans les tableaux flamands verse le coup de l'étrier, qu'on voit dans les paysages de Cuyp s'arrêtant pour demander son chemin, comme dit Ruskin, « à un passant dont l'aspect seul semble indiquer qu'il est incapable de le renseigner », et qui dans les fables de La Fontaine chevauche au soleil et au vent, couvert d'un chaud balandras à l'entrée de l'automne, « quand la précaution au voyageur est bonne » – ce « cavalier » qui n'existe plus guère aujourd'hui dans la réalité et que pourtant nous apercevons encore quelquefois galopant à marée basse au bord de la mer quand le soleil se couche (sorti sans doute du passé à la faveur des ombres du soir), faisant du paysage de mer que nous avons sous les yeux une « marine » qu'il date et qu'il signe, petit personnage qui semble ajouté par Lingelbach, Wouwermans ou Adrien van de Velde, pour satisfaire le goût d'anecdotes et de figures des riches marchands de Harlem amateurs de peinture, à une plage de Guillaume van de Velde ou de Ruysdael. Mais surtout, de ce voyageur, ce que l'automobile nous a rendu de plus précieux c'est cette admirable indépendance qui le faisait partir à l'heure qu'il voulait et s'arrêter où il lui plaisait. Tous ceux-là me comprendront que parfois le vent en passant a soudain touchés du désir irrésistible de fuir avec lui jusqu'à la mer où ils pourront voir, au lieu des inertes pavés du village vainement cinglés par la tempête, les flots soulevés, lui rendre coup pour coup et rumeur pour rumeur ; tous ceux surtout qui savent ce que peut être, certains soirs, l'appréhension de s'enfermer avec sa peine pour toute la nuit, tous ceux qui connaissent quelle allégresse c'est, après avoir lutté longtemps contre son angoisse et comme on commençait à monter vers sa chambre en étouffant les battements de son cœur, de pouvoir s'arrêter et se dire : « Eh bien ! non, je ne monterai pas ; qu'on selle le cheval, qu'on apprête l'automobile », et toute la nuit de fuir, laissant derrière soi les villages où notre peine nous eût étouffé, où nous la devinons sous chaque petit toit qui dort, tandis que nous passons à toute vitesse, sans être reconnu d'elle, hors de ses atteintes.

Mais l'automobile s'est arrêtée au coin d'un chemin creux, devant une porte feutrée d'iris défleuris et de roses. Nous étions arrivés à la demeure de mes parents. Le mécanicien donne de la trompe pour que le jardinier vienne nous ouvrir, cette trompe dont le son nous déplaît par sa stridence et sa monotonie, mais qui pourtant comme toute matière peut devenir beau s'il s'imprègne d'un sentiment. Au cœur de mes parents il a retenti joyeusement comme une parole inespérée… « Il me semble que j'ai entendu… Mais alors ce ne peut être que lui ! » Ils se lèvent, allument une bougie tout en la protégeant contre le vent de la porte qu'ils ont déjà ouverte dans leur impatience, tandis qu'au bas du parc, la trompe dont ils ne peuvent plus méconnaître le son devenu joyeux, presque humain, ne cesse plus de jeter son appel uniforme comme l'idée fixe de leur joie prochaine, pressant et répété comme leur anxiété grandissante. Et je songeais que dans *Tristan et Isolde* (au deuxième acte d'abord quand

Isolde agite son écharpe comme un signal, au troisième acte ensuite à l'arrivée de la nef) c'est la première fois, à la redite stridente, indéfinie et de plus en plus rapide de deux notes dont la succession est quelquefois produite par le hasard dans le monde inorganisé des bruits ; c'est, la deuxième fois, au chalumeau d'un pauvre pâtre, à l'intensité croissante, à l'insatiable monotonie de sa maigre chanson, que Wagner, par une apparente et géniale abdication de sa puissance créatrice, a confié l'expression de la plus prodigieuse attente de félicité qui ait jamais rempli l'âme humaine.

Paru le mardi 4 juin 1912

Rayon de soleil sur le balcon

Je viens d'écarter le rideau : sur le balcon, le soleil a étendu ses moelleux coussins. Je ne sortirai pas ; ces rayons ne me promettent aucun bonheur ; pourquoi leur vue m'a-t-elle caressé aussitôt comme une espérance – une espérance de rien, une espérance désaffectée de tout objet, et pourtant, à l'état pur, une timide et tendre espérance ?

Quand j'avais douze ans je jouais aux Champs-Élysées avec une fillette que j'aimais, que je n'ai jamais revue, qui s'est mariée, qui est aujourd'hui mère de famille et dont j'ai lu le nom l'autre jour parmi les abonnées du *Figaro*. Mais comme je ne connaissais pas ses parents, je ne pouvais la voir que là et elle n'y venait pas tous les jours, à cause de cours, de catéchismes, de goûters, de matinées enfantines, de courses avec sa mère, toute une vie inconnue, pleine d'un charme douloureux, parce que c'était la sienne, et qu'elle la séparait de moi. Quand je savais qu'elle ne viendrait pas, j'entraînais mon institutrice en pèlerinage jusque devant la maison où ma petite amie habitait avec ses parents. Et j'étais si amoureux d'elle que si je voyais sortir leur vieux maître d'hôtel promenant un chien, je pâlissais, j'essayais en vain de comprimer les battements de mon cœur. Ses parents produisaient sur moi une impression plus grande encore. Leur existence mettait du surnaturel dans le monde et quand j'appris qu'il y avait une rue de Paris où on pouvait parfois voir passer le père de mon amie se rendant chez le dentiste, cette rue me parut aussi merveilleuse qu'à un paysan un chemin qu'on lui a dit être visité par les fées, et j'allai m'y poster pendant de longues heures.

À la maison, mon seul plaisir était d'arriver, à l'aide de subterfuges, à faire prononcer son prénom ou son nom, ou au moins celui de la rue qu'elle habitait ; certes je me les répétais mentalement sans cesse, mais j'avais aussi besoin d'entendre leur sonorité délicieuse et de me faire jouer cette musique dont la lecture muette ne me suffisait pas ; mais comme mes parents n'avaient point ce sens supplémentaire et momentané que donne l'amour et qui me permettait de percevoir dans tout ce qui environnait cette petite fille de mystère et de volupté, ils trouvaient ma conversation inexplicablement monotone. Ils craignaient que plus tard je ne fusse bête et – comme j'essayais de me voûter les épaules pour ressembler au père de mon amie – bossu, ce qui semblait encore pire.

Parfois l'heure de son arrivée habituelle aux Champs-Élysées était passée sans qu'elle fût encore là. Je me désespérais quand, décochée d'entre le Guignol et les chevaux de bois, l'apparition tardive mais bienheureuse du plumet violet de son institutrice venait me frapper comme une balle en plein cœur. Nous jouions. Nous ne nous interrompions que pour aller chez la marchande, où mon amie achetait un sucre d'orge et des fruits. Comme elle aimait l'histoire naturelle, elle choisissait de préférence ceux qui avaient un ver. Je regardais avec admiration, lumineuses et captives dans une sébile isolée, les billes d'agate qui me semblaient précieuses parce qu'elles étaient souriantes et blondes comme des jeunes filles et parce qu'elles coûtaient cinquante centimes pièce.

L'institutrice de mon amie portait un caoutchouc. Hélas ! mes parents me refusèrent, malgré mes supplications, à en donner un à la mienne, non plus qu'un plumet violet. Malheureusement cette institutrice craignait fort l'humidité – pour elle. Quand le temps, même au mois de janvier, était au beau fixe, je savais que je verrais mon amie ; et si, le matin, en entrant dire bonjour à ma mère, j'avais appris, en voyant une colonne de poussière se tenir debout toute seule au-dessus du piano, et en entendant un orgue de Barbarie jouer sous la fenêtre « En Revenant de la Revue », que l'hiver recevait jusqu'au soir la visite inopinée et radieuse d'une journée de printemps ; si, tout le long de la rue, je voyais les balcons descellés par le soleil flotter devant les maisons comme des nuages d'or, j'étais heureux ! Mais, d'autres jours, le temps était incertain, mes parents avaient dit qu'il pouvait encore se lever, qu'il suffirait pour cela d'un rayon de soleil, mais qu'il était plus probable qu'il pleuvrait. Et, s'il pleuvait, à quoi bon aller aux Champs-Élysées ? Aussi, depuis le déjeuner, j'interrogeais anxieusement le ciel incertain et nuageux de l'après-midi. Il restait sombre. Devant la fenêtre, le balcon était gris.

Tout d'un coup, sur sa pierre maussade je ne voyais pas une couleur moins terne, mais je sentais comme un effort vers une couleur moins terne, la pulsation d'un rayon hésitant qui voudrait libérer sa lumière. Un instant après, le balcon était pâle et réfléchissant comme une eau matinale, et mille reflets de la ferronnerie de son treillage étaient venus s'y poser. Un souffle de vent les dispersait, la pierre s'était de nouveau assombrie, mais comme apprivoisés ils revenaient ; elle recommençait imperceptiblement à blanchir, et par un de ces crescendos continus comme ceux qui, en musique, à la fin d'une ouverture, mènent une seule note jusqu'au fortissimo suprême en la faisant passer rapidement par tous les degrés intermédiaires, je la voyais atteindre à cet or inaltérable et fixe des beaux jours, sur lequel l'ombre découpée de l'appui ouvragé de la balustrade se détachait en noir, comme une végétation capricieuse, avec une ténuité dans la délinéation des moindres détails qui semblait trahir une conscience appliquée, une satisfaction d'artiste, et avec un tel relief, un tel velours dans le repos de ses masses sombres et heureuses, qu'en vérité ces reflets larges et feuillus qui reposaient sur ce lac de soleil semblaient savoir qu'ils étaient des gages de calme et de bonheur.

Lierre instantané, flore pariétaire et fugitive ! la plus incolore, la plus triste, au gré de beaucoup, de celles qui peuvent ramper sur le mur ou décorer la croisée ; pour moi, de toutes la plus chère depuis le jour où elle était apparue sur mon balcon comme l'ombre même de la présence de ma petite amie qui était peut-être déjà aux Champs-Élysées, et dès que j'y arriverais, me dirait : « Commençons de suite à jouer, vous êtes dans mon camp » – fragile, emportée par un souffle, mais aussi en rapport non pas avec la saison, mais avec l'heure, promesse du bonheur immédiat que la journée refuse ou accomplira, et par là du bonheur immédiat par excellence, le bonheur de l'amour ; plus douce, plus chaude sur la pierre que n'est la mousse même ; vivace ; à qui il suffit d'un rayon pour naître et faire éclore de la joie, même au cœur de l'hiver, quand toute autre végétation a disparu, quand le beau cuir vert qui enveloppe le tronc des vieux arbres est caché par la neige, et que sur celle qui couvre le balcon soudain le soleil apparu entrelace des fils d'or et brode des reflets noirs.

Puis un jour vient où la vie ne nous apporte plus de joies. Mais alors la lumière qui se les est assimilées nous les rend, la lumière solaire qu'à la longue nous avons su faire humaine, et qui n'est plus pour nous qu'une réminiscence du bonheur ; elle nous les fait goûter, à la fois dans l'instant présent où elle brille et dans l'instant passé qu'elle nous rappelle, ou plutôt entre les deux, hors du temps, elle en fait vraiment des joies de toujours. Si les poètes qui ont à peindre un lieu de délices nous le montrent habituellement si ennuyeux, c'est qu'au lieu de se rappeler, à l'aide de leur propre vie, quelles choses très particulières y furent les délices, ils le baignent d'une lumière éclatante, y font circuler des parfums inconnus. Il n'est pour nous de rayons, ni de parfums, délicieux, que ceux que notre mémoire a autrefois enregistrés ; ils savent nous faire entendre la légère instrumentation que leur avait ajoutée notre façon de sentir d'alors, façon de sentir qui nous semble plus originale, maintenant que les modifications souvent indiscernables mais incessantes de notre pensée et de nos nerfs nous a conduits si loin d'elle. Il n'y a qu'eux – et non pas des bêtes de rayons et de parfums nouveaux qui ne savent encore rien de la vie – qui puissent nous rapporter un peu de l'air d'autrefois que nous ne respirerons plus, qui puissent nous donner l'impression des seuls vrais paradis, les paradis perdus ! Et c'est peut-être à cause de la petite « Scène d'Enfant » que je viens de rappeler que j'ai trouvé tout à l'heure aux rayons qui s'étaient posés sur le balcon, et dans lesquels elle avait transfusé son âme, quelque chose de fantasque, de mélancolique et de caressant, comme à une phrase de Schumann.

Paru le mardi 25 mars 1913

Vacances de Pâques

Les romanciers sont des sots qui comptent par jours et par années. Les jours sont peut-être égaux entre eux pour une horloge, mais pas pour un homme. Il y a des jours montueux et malaisés qu'on met un temps infini à gravir et des jours en pente qui se laissent descendre à fond de train, en chantant. Pour parcourir les jours, les natures un peu nerveuses surtout disposent, comme les voitures automobiles, de « vitesses » différentes.

Puis il y a des jours dépareillés, interpolés, venus d'une autre saison, d'un autre climat. On est à Paris, c'est l'hiver, et pourtant, tandis qu'on dort encore à moitié, on sent que commence un matin printanier et sicilien. Au bruit que fait le premier roulement du tramway, nous entendons qu'il n'est pas morfondu dans la pluie, mais en partance pour l'azur ; mille thèmes populaires finement écrits pour des instruments, différents, depuis la corne du raccommodeur de fontaines jusqu'au flageolet du chevrier, orchestrent légèrement l'air matinal, comme une « Ouverture pour un jour de fête ». Et au premier rayon de soleil qui nous touche, comme la statue de Memnon, nous nous mettons à chanter. Il n'y a même pas besoin de ces changements de temps pour amener brusquement dans notre sensibilité, dans notre musicalité intérieure, un changement de ton. Les noms, les noms de pays, les noms de villes – pareils à ces appareils scientifiques qui nous permettent de produire à volonté des phénomènes dont l'apparition dans la nature est rare et irrégulière – nous apportent de la brume, du soleil, des embruns.

Souvent toute une série de jours qui vus du dehors ressemblent aux autres s'en distinguent aussi nettement qu'un motif mélodique d'un tout différent. Raconter les événements, c'est faire connaître l'opéra par le livret seulement ; mais si j'écrivais un roman, je tâcherais de différencier les musiques successives des jours.

Je me souviens que, quand j'étais enfant, mon père décida une année que nous passerions les vacances de Pâques à Florence. C'est une grande chose qu'un *nom*, bien différente d'un *mot*. Peu à peu au cours de la vie, les noms se changent en mots ; nous découvrons qu'entre une ville qui s'appelle Quimperlé et une ville qui s'appelle Vannes, entre un monsieur qui s'appelle Joinville et un monsieur qui s'appelle Vallombreuse, il n'y a peut-être pas autant de différences qu'entre leurs noms. Mais longtemps d'abord les noms nous induisent en erreur ; les mots nous présentent des choses une petite image claire et usuelle, comme celles qu'on suspend aux murs des écoles, pour nous donner l'exemple de ce qu'est un établi, un mouton, un chapeau, choses conçues comme pareilles à toutes celles de même sorte. Mais le nom nous laisse croire que la ville qu'il désigne est une personne, qu'entre elle et toute autre il y a un abîme.

L'image qu'il nous donne d'elle est forcément simplifiée. Un nom n'est pas très vaste ; nous n'y pourrions faire entrer beaucoup d'espace et de durée ; un seul monument et toujours vu à la même heure ; tout au plus, mon image de Florence était-elle divisée en deux compartiments, comme ces tableaux de Ghirlandajo qui représentent le même personnage à deux moments de l'action ; dans l'un, sous un dais architectural, je regardais à travers un rideau de soleil oblique, progressif et superposé, les peintures de Sainte-Marie des Fleurs ; dans l'autre je traversais, pour rentrer déjeuner, le Ponte Vecchio encombré de jonquilles, de narcisses et d'anémones.

Mais surtout cette image que les noms donnent des villes, c'est d'eux-mêmes qu'ils la tirent, de leur propre sonorité éclatante ou sombre ; et ils l'en baignent tout entière ; comme en ces affiches d'une seule couleur, bleues ou rouges, où les barques, l'église, les passants, la route sont également bleus ou rouges, les moindres maisons de Vitré nous semblent noircies par l'ombre de son accent aigu ; toutes celles de Florence me semblaient devoir être parfumées comme des corolles, peut-être à cause de Sainte-Marie des Fleurs. Si j'avais été plus attentif à ma propre pensée, je me serais rendu compte que chaque fois que je me disais, « aller à Florence », « être à Florence », ce que je voyais n'était nullement une ville, mais quelque chose d'aussi différent de tout ce que je connaissais que pourrait être, pour une humanité dont la vie tout entière se serait écoulée dans des fins d'après-midi d'hiver, cette merveille inconnue, un matin de printemps.

Sans doute, c'est une des tâches du talent de rendre aux sentiments que la littérature entoure d'une pompe conventionnelle leur tour véridique et naturel ; ce n'est pas une des choses que j'admire le moins dans *L'Annonce faite à Marie*, de Paul Claudel – n'est-ce pas à ceux qui s'extasient devant la gloire des tympans de savoir goûter la finesse des quatre-feuilles – que les bergers, le soir de Noël, ne disent pas : « Noël, voici le Rédempteur » ; mais : « Kiki, il fait froué » ; et Violaine, quand elle a ressuscité l'enfant : « Quoi qui gnia, mon trésor. » Dans l'œuvre admirable du grand poète Francis Jammes, je trouverais bien d'autres exemples de ce genre. Mais inversement l'office de la littérature peut être, dans d'autres cas, de substituer une expression plus exacte aux manifestations trop obscures que nous donnons nous-mêmes de sentiments qui nous possèdent sans que nous voyions clair en eux. La délicieuse attente où j'étais de Florence, je ne l'exprimais qu'en m'interrompant dix fois de faire ma toilette pour sauter à pieds joints et chanter à tue-tête « Le Père la Victoire » ; mais cette attente n'en ressemblait pas moins à celle de certains croyants qui se savent à la veille d'entrer dans le Paradis.

L'hiver semblait recommencer ; mon père disait qu'il ne faisait guère une température propice au départ. C'était le moment où, les autres années, nous arrivions dans une petite ville de la Beauce pour trouver les violettes bleuissantes et les feux rallumés. Mais cette année-là, le désir des vacances à Florence avait effacé le souvenir des vacances près de Chartres. Notre attention est à tous les moments de notre vie beaucoup plus fixée sur ce que nous désirons que sur ce que nous voyons effectivement. Si on analysait les sensations qui assiègent les yeux et l'odorat d'un homme qui, par un jour brûlant de juin, rentre déjeuner chez lui, on y trouverait bien moins la poussière des rues qu'il traverse et les enseignes aveuglantes des boutiques devant lesquelles il passe que les odeurs qu'il va trouver dans un instant – odeurs du compotier de cerises et d'abricots, du cidre, du fromage de gruyère – tenues en suspens dans le clair-obscur, onctueux, verni, transparent et frais de la salle à manger qu'elles strient, qu'elles veinent délicatement comme l'intérieur d'une agate, tandis que les porte-couteaux en verre prismatique y irisent des arcs-en-ciel fragmentaires, ou y piquent çà et là des ocellures de paon. De même c'était Florence et les fleurs vendues à foison dans l'ensoleillement du Ponte Vecchio que je voyais, tandis que, par un froid comme il n'en avait pas fait en janvier, je traversais le boulevard des Italiens où, dans l'air, liquide et glacé comme de l'eau, qui les entourait, les marronniers n'en commençaient pas moins, invités exacts, déjà en tenue, et que le mauvais temps n'a pas découragés, à arrondir et à ciseler, en leurs blocs congelés, l'irrésistible verdure que la puissance abortive du froid contrariait mais ne parvenait pas à refréner.

Rentré à la maison, je lisais des ouvrages sur Florence qui n'étaient pas à cette époque ceux de MM. Henri Ghéon et Valery Larbaud, la NRF reposant encore pour quelques années dans le Futur. Mais les livres étaient encore moins émouvants pour moi que les guides et les guides que l'indicateur des chemins de fer. Mon trouble, c'était en effet de penser que cette Florence, que je voyais devant moi, proche mais inaccessible, dans mon imagination, je pourrais l'atteindre, par un biais, par un détour, en prenant la « voie de terre ». Je ne pus plus contenir ma joie quand mon père, tout en déplorant le froid, commença à chercher quel serait le meilleur train et quand je compris qu'en pénétrant après le déjeuner dans l'antre fumeux, dans le laboratoire vitré de la gare, en montant dans le wagon magique qui se chargerait d'opérer la transmutation tout autour de nous, nous pourrions nous éveiller le lendemain au pied des collines de Fiesole, dans la cité des lis : « En somme, ajoute mon père, vous pourriez arriver à Florence dès le 29 ou même le matin de Pâques », faisant ainsi sortir cette Florence non plus seulement de l'Espace abstrait, mais de ce Temps imaginaire où nous situons non pas une seule villégiature, mais d'autres simultanées pour la faire entrer dans une semaine particulière de ma vie (semaine commençant le lundi où la blanchisseuse devait me rapporter le gilet blanc que j'avais couvert d'encre, semaine vulgaire mais réelle, car elle ne comportait pas de double emploi). Et je sentis que par la plus émouvante des géométries j'allais avoir à inscrire dans le plan de ma propre vie les dômes et les tours de la cité des fleurs.

Enfin j'atteignis le dernier terme de l'allégresse, quand j'entendis mon père me dire : « Il doit encore faire froid le soir au bord de l'Arno, tu feras bien de mettre, à tout hasard, dans la malle, ton pardessus d'hiver et ton gros veston. »

Car je sentis alors seulement que c'était moi-même qui me promènerais la veille de Pâques dans cette ville, où je n'imaginais que des hommes de la Renaissance, qui pénétrerais dans les églises où, quand on voit les fonds de l'Angelico, il semble que le radieux après-midi ait passé le seuil avec vous et soit venu mettre à l'ombre et au frais son ciel bleu. Alors, ce que j'avais cru jusque-là impossible, je me sentis vraiment pénétrer dans ce nom de Florence ; par une gymnastique suprême et au-dessus de mes forces me dévêtant, comme d'une carapace sans objet, de l'air de ma chambre actuelle qui n'était déjà plus ma chambre, je le remplaçai par des parties égales d'air florentin, de cette atmosphère indicible et particulière comme celle qu'on respire dans les rêves, et que j'avais enfermée dans le nom de Florence ; je sentis s'opérer en moi une miraculeuse désincarnation ; il s'y ajouta ce malaise qu'on éprouve quand on vient de prendre un mal de gorge ; le soir j'étais couché avec la fièvre, le médecin défendit que je fisse ce voyage et mes projets furent réduits à néant.

Pas tout à fait cependant ; car pendant le carême suivant ce fut leur souvenir qui donna leur caractère aux jours que je vécus, qui les harmonisa. Ayant entendu un jour une dame qui disait : « J'ai dû remettre mes fourrures ; ce n'est vraiment pas un temps de saison, on ne se croirait pas si près de Pâques ; on dirait qu'on va rentrer en hiver », ces mots me donnèrent brusquement une sensation de printemps. Le motif mélodique reparut, qui avait enchanté l'an passé les mêmes semaines dont celles-ci semblaient une réminiscence ; si je voulais lui trouver un équivalent musical je dirais qu'il avait la délicatesse embaumée, délicieuse et fragile du thème de la convalescence et des roses dans le « Fervaal » de M. d'Indy. Les rêves que nous mettons dans les noms restent intacts tant que nous gardons ces noms hermétiquement clos, tant que nous ne voyageons pas ; mais, dès que nous les entrouvrons, si peu que ce soit, dès que nous arrivons dans la ville, en eux le premier tramway qui passe se précipite, et son souvenir demeure inséparable à jamais de la façade de Santa Maria Novella.

J'avais eu le soupçon l'an passé que le jour de Pâques n'était pas différent des autres, qu'il ne savait pas qu'on l'appelât Pâques, et dans le vent qui soufflait, j'avais cru reconnaître une douceur que j'avais déjà sentie, la matière immuable, l'humidité familière, l'ignorante fluidité des anciens jours. Mais je ne pouvais empêcher les souvenirs des projets que j'avais faits l'autre année de donner à la semaine de Pâques quelque chose de florentin, à Florence quelque chose de pascal. La semaine de Pâques était encore loin, mais dans la rangée des jours qui s'étendait devant moi les jours saints se détachaient plus clairs, touchés d'un rayon comme certaines maisons d'un village éloigné qu'on aperçoit dans un effet d'ombre et de lumière ; ils retenaient sur eux tout le soleil. Comme pour la ville bretonne qui remonte à certaines époques de l'abîme où elle est engloutie, Florence renaissait pour moi. Chacun déplorait le mauvais temps, le froid. Mais moi, dans une langueur de convalescence, le soleil qu'il devait y avoir dans les champs de Fiesole me forçait à cligner des yeux et à sourire. Ce ne furent pas seulement les cloches qui arrivaient d'Italie, l'Italie était venue elle-même. Mes mains fidèles ne manquèrent pas de fleurs pour honorer l'anniversaire du voyage que je n'avais pas fait. Car, depuis que le temps était redevenu froid autour des marronniers et des platanes du boulevard, dans l'air glacial qui les baignait, voici que, comme dans une coupe d'eau pure, s'étaient ouverts les narcisses, les jonquilles, les jacinthes et les anémones du Ponte Vecchio.

Joseph Kessel

(1898-1979)

Entré à l'Académie française en 1962.

V-C
2011

Kessel, le baroudeur

C'est un joueur ; il joue sa peau. Un baroudeur, un nomade, un grand reporter. À la fin de sa vie, cette image l'agacera. N'empêche, il a sacrément roulé sa bosse. Joseph Kessel voit le jour le 10 février 1898, dans une colonie agricole de la pampa argentine, peuplée d'émigrés juifs des ghettos russes. Quelque temps plus tard, sa famille embarque pour la Russie. Il grandit à Orenbourg, dans l'Oural, avant de venir poursuivre ses études en France. C'est un enfant des grandes étendues, sauvage. Il ne tient pas en place, guette l'aventure comme un train ; quand elle passe, il saute dedans. Il est pressé non pas d'arriver, mais « d'avoir peur ». En 1917, il s'engage dans l'aviation. Escadrille S.29. Cela donnera son premier roman, L'Équipage, *ode à la fraternité des mess. Il se découvre un « attrait morbide pour la violence élémentaire des instincts », le besoin de la retranscrire comme il la vit, à chaud ; c'est un journaliste dans l'âme, un écrivain du réel. Il se nourrit, et son œuvre romanesque avec, de fureur. À vingt ans, tel Loti, mais dans un style plus brutal, il embarque : New York, le Japon, Vladivostok. Mission de soutien aux forces blanches de Sibérie levées contre l'Armée rouge. C'est le chaos. Un monde se vide comme un verre de vodka. Il croque le sien, comme la vie, à pleines dents : tout peut finir si vite. Son premier récit sur le défilé de la victoire, à Paris, le 14 juillet 1919, paraît en Une du* Journal des Débats. *En 1963, élu à l'Académie française, il racontera comment, rentré chez lui pour l'écrire, il se sentit vidé de sa substance et revint précipitamment sous l'Arc de Triomphe pour retrouver le frémissement de la foule. Il trempe sa plume dans l'action. La Liberté l'envoie en Irlande où l'Ira s'oppose à l'Angleterre. Il y publie son premier grand reportage – dix articles – sur ces hommes de l'ombre ; saute dans un bateau qui part pour l'URSS. Cette fois, c'est la « boue sanglante » du bolchevisme. On est en 1921. Pour* Le Figaro, *au fil des semaines, il éclaire comme une torche l'actualité brûlante d'une révolution en marche. Abrutissement, annihilation de la volonté, asservissement, il regarde les hommes tomber sous les coups de boutoir des serviteurs de Lénine. Gros plan sur un mécanisme infernal, celui de l'engrenage de la peur : « J'ai vu arriver à la frontière des fuyards qui n'avaient prévenu ni leurs enfants, ni leurs parents de leur départ par crainte de se voir dénoncés. » On est au cœur du système ; il suffit de lire pour voir. Kessel va au contact. Sous ces mots, on entend le bruit des coups. Dans* La Steppe rouge, *recueil de nouvelles paru chez Gallimard, il retrace au galop ses aventures. Désormais, il ne va plus cesser de chevaucher l'histoire, qu'il teintera parfois de romanesque. Dans les colonnes du* Matin, *de* Paris-Soir, *puis après-guerre de* France-Soir *dont il devient une légende, il regarde monter la « marée brune » du nazisme, défiler « l'armée des mendiants » de la crise économique à New York, compose, avec Maurice Druon, un hymne à la Résistance, s'enflamme pour la naissance d'Israël. C'est le grand témoin du siècle. Il a tenu la plume comme la barre, de préférence dans la tempête. Il s'éteint, octogénaire, en regardant le journal télévisé pour ne rien perdre du spectacle du monde.*

Paru le mardi 4 octobre 1921

Hors de l'enfer russe

Récits autour d'une lampe

Riga, 21 septembre

Une pluie fine chante doucement dans l'ombre du soir et rend plus secret le jardin silencieux qui enveloppe de ses pins et de ses bouleaux la petite maison où j'ai trouvé ce soir refuge chez des amis russes. Elle est bâtie sur une plage voisine de Riga. Les grands sapins de la forêt la parfument et la mer, au rêve changeant, la berce...

Il fait nuit ; les gouttes ne tombent plus et tout se tait dans les herbes mouillées, dans les branches humides. Nous sommes dans une chambre basse, naïvement décorée. Une lampe charge la table et sa lumière d'or pâle donne aux visages qui l'entourent une vie plus profonde. Dans la douceur de son rayonnement elle réunit, ce soir, des êtres étrangement différents. Il y a là un tout jeune homme qui a l'air d'une adolescente travestie et qui fut blessé dans les combats que Youdenitch livra sous Petrograd. Sa voix est grave et c'est un « blanc » convaincu. En face de lui rit le masque puissant d'un silène philosophe : barbe drue, cheveux sur le front, lèvres épaisses et comme fraîchement mordues. Les yeux, à la fois farouches et bons, sont d'un homme qui a vu la mort souvent et qui n'en a point gardé d'amertume. Socialiste révolutionnaire, il a été mené trois fois au poteau par les bolchevistes, deux fois par les officiers de Koltchak ; il s'est échappé, a fait la grande retraite sibérienne avec les Tchèques. Assis près de lui, un de ses camarades, face nerveuse et sèche, mordille ses doigts. Une jeune femme, récemment arrivée de Russie, goûte plus intensément que les autres la quiétude du soir et un sourire sans cause se fixe sur sa bouche détendue.

Mais voici qu'une servante grasse et blonde apporte le thé. Et les paroles, lentes d'abord, commencent à couler, chargées de souvenirs. La jeune femme murmure :

— Comme le soir est silencieux et pourtant sans angoisse. Je ne peux pas encore m'habituer à cette sécurité. Je me rappelle trop les nuits de Kiev où, sous le ciel divin de l'Ukraine, des maisons entières hurlaient à la mort. Mais lorsque tombait le silence, il était si lugubre que le cœur se refusait à battre.

— Oui, j'ai connu cela, dit le silène pensif. Mais ces mœurs sont déjà anciennes. On ne pille plus les maisons et on n'égorge plus les habitants en bloc. Le bolchevisme s'est policé et tout se fait là-bas en ordre, administrativement. Finies les fusillades publiques et les exécutions à la mitrailleuse. Les Tchéka ont leurs bourreaux qui opèrent avec propreté et honnêteté. Un coup de revolver dans la nuque, l'homme tombe et l'on passe au suivant.

— J'habitais, fit son camarade comme s'il reprenait la suite d'un récit, à Rostov, en face de l'immeuble où logeait la commission extraordinaire. Chaque nuit j'entendais des détonations sourdes. Nous comptions un, deux, trois... Le matin, une charrette emportait autant de cadavres. Au début, je ne pouvais m'endormir qu'après avoir terminé le sinistre décompte. Je m'y suis fait assez rapidement...

Le maître de la maison l'interrompit.

— Nous venons de recevoir une lettre de Petrograd, dit-il. Elle raconte un cas monstrueux, mais qui n'est pas rare, paraît-il. Vous savez que la bureaucratie a tout envahi en Russie, y compris les exécutions. Le tribunal révolutionnaire condamne un nombre déterminé d'individus ; ceux-ci sont transmis au bourreau avec la liste de leurs noms. Le bourreau vérifie le nombre, signe sur le registre de la prison : reçu, fait son travail, transmet à son tour la liste au fossoyeur qui, après contrôle, lui signe une décharge, et le cycle administratif et funèbre se trouve terminé. Mais il arrive parfois que les parents d'un condamné réussissent à corrompre le bourreau qui promet de ne pas exécuter le prisonnier. Cependant il lui faut son compte de cadavres. Alors, il s'entend avec des sbires de la Tchéka ; ils partent en chasse, lui ramènent un malheureux cueilli dans la rue qui complètera la liste. Le bourreau aura fait une bonne journée et ses registres seront en règle.

La conversation se prolongeait. Le thème était pareil et avec une horrible richesse de détails. Les voix étaient calmes et singulièrement neutres. Cependant la fenêtre s'était entrouverte et la brise nocturne, pleine de parfums humides, faisait doucement vaciller la lumière de la lampe. L'on eût dit que la flamme tremblait.

Paru le jeudi 15 décembre 1921

La débâcle des consciences en Russie

Les bolchevistes ne trouvent pas assez de sarcasmes ni de mépris pour flétrir la « morale bourgeoise ». Ils lui découvrent toutes les tares, toutes les corruptions, toutes les gangrènes. Cependant, pour l'abattre, ils n'ont pas essayé de créer une morale neuve, communiste ou marxiste. Ils se sont bornés à jouer sur les instincts les plus vifs des hommes, sur l'envie mesquine, la haine inféconde, la bestialité primitive.

La casuistique de Lénine justifie naturellement ces procédés en invoquant le but à atteindre, et on pourrait à la rigueur les lui pardonner si, grâce à eux, il avait dirigé le peuple russe vers un stade moral plus élevé. Mais il est moins facile de ramener à l'ordre une meute que de la déchaîner et, même lorsque les chiens sont attachés de nouveau, il leur reste un goût pour le sang que des coups de fouet ne suffisent point à faire disparaître. Il en a été ainsi pour les masses russes. Après les premières heures rouges, elles ont vu avec étonnement ceux-là mêmes qui les poussaient à massacrer le leur interdire sous peine de mort. Elles se sont soumises, mais l'amour du carnage veille en elles, à peine assoupi, et se dévoile brutalement parfois, contre les communistes, maintenant.

D'ailleurs, si rien n'était changé dans l'âme obscure du peuple, si ses désirs troubles n'avaient été soulevés par une propagande malfaisante, les conditions de la vie imposées par le régime soviétique sont telles qu'elles anéantissent tout sentiment autre que celui de la conservation personnelle.

En effet, nulle part la lutte pour l'existence n'est plus rude qu'en Russie ; l'on peut dire même que l'expression ne prend son sens réel qu'en Russie ; car là-bas, il s'agit vraiment de vivre, dans la crudité élémentaire du mot, c'est-à-dire de ne pas mourir de faim et de ne pas tomber sous les revolvers des bourreaux. Et la recherche quotidienne du morceau de pain boueux ou de la pomme de terre gelée, qui permettra d'atteindre le jour suivant, aveugle, anesthésie, déprave.

Toute la population des villes, mobilisée dans les bureaux soviétiques, reçoit un salaire insuffisant pour subsister. Il lui faut donc se procurer des ressources supplémentaires. Elle le fait par tous les moyens que lui suggère un estomac aussi vide d'aliments que de scrupules. Le mal a gagné jusqu'aux intellectuels, dont la probité, avant la révolution, était exceptionnelle. Dans les autres classes, c'est le règne le plus absolu de l'immoralité. Les principes élémentaires qu'a soufflés aux hommes l'instinct social y sont inconnus. Le vol, le recel, la tromperie sont devenus des gestes courants que personne ne trouve répréhensibles. Il faut bien vivre, et comment ferait-on sans cela ?

Je me rappellerai toujours le sourire avec lequel un Russe réfugié me racontait comment son meilleur ami lui avait donné à Moscou, en échange de tous ses biens, un chèque sur Londres, chèque qui avait été reconnu faux par la suite. Il y avait dans ce sourire et de l'indulgence, et de l'amusement, et de l'admiration, tout, sauf de la colère.

C'est précisément ce caractère d'admiration qui est significatif. Plus qu'ailleurs, en Russie, les débrouillards sont les maîtres. Et quels débrouillards ! Spéculateurs étranglant aussi bien leurs amis que des indifférents, usuriers dont la corporation s'enrichit chaque jour de membres nouveaux, fonctionnaires vendant à leur bénéfice le blé réservé aux enfants malades, etc., etc.

La faim a tué la famille comme elle a tué l'honnêteté sociale. Chez ces Russes, dont l'hospitalité était la suprême des vertus, si quelque hôte entre à l'heure du repas, il est accueilli avec une hostilité brutale et des regards lourds. Et lorsque l'unique plat, bouillie gluante, est servi sur la table, comme chaque enfant surveille l'assiette du voisin, comme les yeux se font durs et les faces crispées lorsque la part du père paraît plus grande, quelles disputes sordides s'éveillent autour d'un os !

La serviabilité a complètement disparu, elle aussi. Tout se paye, un service comme un morceau de pain. L'influence est monnayée.

On marchande pour faire une démarche qui peut sauver une tête. La corruption est d'ailleurs devenue un système. La Russie tsariste était déjà célèbre pour ses pots-de-vin, mais ses fonctionnaires semblent des modèles de pureté auprès des bureaucrates bolcheviques. Rien ne peut arrêter cette concussion effrénée, pas même les exécutions en masse qu'opère impitoyablement la Tchéka contre les fonctionnaires véreux.

Les décrets soviétiques sont eux-mêmes une école de fraude, car leur exécution rendrait la vie des particuliers intolérable. Il est impossible de ne les point violer si l'on veut vivre. Et chacun apprend à ruser, à mentir, à truquer. Les fausses cartes de ravitaillement, les faux laissez-passer, les faux passeports, la fausse monnaie sont devenus d'un usage quotidien. Personne ne trouve malhonnêtes ces peccadilles, et l'on ne songe point qu'une pareille virtuosité peut devenir dangereuse pour le voisin.

Mais toute cette décomposition des mœurs n'est rien auprès de celle qu'entraîne la pratique de la délation. Encouragé par le gouvernement, tenu pour obligatoire dans le Parti communiste, l'espionnage s'est infiltré partout. Les étudiants dénoncent leurs condisciples, les fonctionnaires, leurs collègues, les acteurs, leurs camarades, les officiers, leurs subordonnés et leurs supérieurs. On m'a conté l'histoire d'un garçon qui, ayant été puni par son père, alla, le soir même, porter des documents compromettants pour ce dernier à la Tchéka.

La crainte perpétuelle de la délation fait naître, naturellement, une méfiance de bête traquée. Les regards sont inquiets, les bouches silencieuses, les gestes prudents. Ainsi, lors de la révolte de Cronstadt, tandis que la canonnade emplissait les rues de Petrograd d'une incessante rumeur, les passants n'en parlaient point, comme si tous étaient devenus subitement sourds.

On a peur de sa femme, de son ami, de son frère. J'ai vu arriver à la frontière des fuyards qui n'avaient prévenu ni leurs enfants, ni leurs parents de leur départ par crainte de se voir dénoncés.

La débauche fleurit également. Les employées soviétiques – c'est-à-dire presque toutes les femmes – ne peuvent absolument pas vivre de leurs salaires. Il leur faut trouver des protecteurs puissants. Et leur tendresse intéressée va aux commissaires, aux policiers, aux hauts fonctionnaires, à tous ceux qui ont le moyen, par le vol et la concussion, d'avoir du pain et des vêtements. Et l'opinion publique ne s'indigne point de voir des jeunes filles dont l'éducation fut raffinée unies à des repris de justice, à des bourreaux. Au contraire, elle les approuve en silence, parfois tout haut.

Il faut manger : c'est l'effroyable leitmotiv qui sonne à travers la Russie, comme un glas à tout ce que les hommes ont rêvé de beau, de pur, d'aimant. Et lorsqu'on sait la misère où se débattent les sujets de Lénine, on ne peut ni les condamner, ni les excuser, ces mots-là n'ayant plus de sens là où les femmes noient leurs enfants. On ne peut que plaindre.

Dans une petite ville balte, toute proche de la République des Soviets, je dînais un soir chez des amis russes. Ils avaient invité un avocat, qui, le jour même, venait de traverser à pied la frontière, et qu'ils avaient connu à Moscou.

Je regardais le réfugié. Il mangeait avec la douloureuse attention que mettent les gens affamés à ne point avaler trop vite, comme s'ils avaient honte de leur faim. Il parlait beaucoup, fiévreusement. Et ses yeux, des yeux inquiétants, ternes et brûlants à la fois, couraient d'un objet à l'autre sur la table, sans fixer personne. Il semblait que le brillant des couverts d'argent le fascinait. Soudain, d'un geste rapide d'automate, il saisit une fourchette et allait la mettre dans la poche lorsque nos regards se croisèrent. Il baissa la tête et se tut…

Nous sortîmes ensemble. Le ciel était voilé, la nuit humide. L'homme se mit à parler. L'obscurité cachait son visage et cela donnait à sa voix brisée et tragique l'anonyme grandeur que prend la lamentation de tout un peuple.

— Vous avez surpris mon geste, disait-il, mais vous ne pouvez le juger : vous n'en avez pas le droit. Vous venez d'un autre monde, où l'on pense encore, où l'on rêve. Nous, nous n'avons plus de loi que celle de la nécessité présente. *Ils* nous ont fait oublier le bien et le mal. Nous ne savons plus ce qu'un homme a le droit d'exiger d'un autre homme. Notre âme est couverte d'ombre, de cendre et de suie…

Il parla longuement ainsi, dans la nuit. Quand je lui serrai la main, je la sentis molle, mouillée… trouble…

Paru le lundi 19 décembre 1921

La journée du citoyen soviétique

Le monstrueux s'impose toujours à l'attention. La curiosité humaine est attirée par le côté imprévu des choses, des événements et des êtres, même – ou mieux surtout – si cet imprévu a un caractère de difformité et de sauvagerie. C'est pourquoi les atrocités commises sous les auspices du bolchevisme ont tout d'abord frappé l'imagination. Mais les défenseurs du régime, lorsqu'ils avouent ces horreurs, prétendent qu'elles sont nécessaires et exceptionnelles, qu'elles conditionnent le bonheur de la masse des citoyens.

Examinons donc ce bonheur et, sans penser aux risques d'arrestation et de mort que comporte le fait d'être citoyen soviétique, prenons une journée de ce citoyen, la journée que, dans son uniformité et sa banalité, mènent des millions d'individus, la journée humble de l'homme effacé qui tisse la vie d'un peuple. Ce court tableau permettra de juger, mieux que tout réquisitoire, les avantages que la RSFSR (République socialiste fédérative soviétique russe) donne à ses habitants.

Le citoyen soviétique se lève vers 7 heures. L'ombre est encore épaisse ; elle se mêle à la neige si intimement que l'on ne sait plus si c'est l'ombre qui est blanchâtre ou la neige qui est grise. La chambre glacée n'a pas de lumière. Un bout de chandelle se distingue confusément sur la table, mais il faut la réserver car, avant des mois, il ne sera peut-être pas possible de s'en procurer une autre.

Il n'a pas besoin de s'habiller ; il a dormi avec tous ses vêtements sur lui, les couvertures ayant été vendues depuis longtemps. En tâtonnant, il ouvre la porte. Dans les chambres de son appartement ronflent les soldats ou les ouvriers que les autorités de la ville ont logés chez lui. Il va dans la cour chercher de l'eau, car les conduites ne fonctionnent plus dans les maisons.

Alors commence le difficile problème de la toilette. Si le citoyen soviétique a, par miracle, un morceau de savon qui dure depuis des mois, avec des précautions maternelles, il déroule le chiffon qui l'enveloppe et en enduit légèrement ses mains et sa figure. Puis il remet le précieux objet dans son étui et dépose dans un coin la cuvette remplie d'eau sale où nage un peu de mousse. Elle servira pour le linge, il ne faut rien perdre.

Pour le déjeuner, la chose est plus simple. D'ordinaire, on s'en passe ou, si le besoin de chaleur se fait par trop sentir, avec une chaise brisée, un morceau de palissade rapportée de la rue, on fait du feu dans le poêle de fonte fumant que possèdent maintenant tous les Russes. Cette maigre flambée fait chauffer un peu d'eau qui remplace le thé odorant de jadis.

Ainsi lesté, le citoyen soviétique s'en va à son bureau. Il fait partie de l'une des innombrables administrations par lesquelles le bolchevisme a aggravé la bureaucratie tsariste. L'estomac de notre homme se contracte douloureusement et dans tout le corps il a cette sensation de vide douloureux que connaissent les gens qui ont toujours faim. Les tramways sont bondés ou ne fonctionnent pas. Pour prendre un fiacre, il lui faudrait dépenser une somme plus élevée que son salaire d'un mois. Et il marche, les jambes molles, les yeux ternes, par la neige ou la boue, une heure, souvent plus, avant d'arriver à son bureau.

Là, de 10 h à 4 h, c'est la paperasserie. L'employé de fortune aligne des chiffres, vérifie des fiches, compile des notes, ajoute de nouvelles pages au vertigineux amas de documents qui étouffe de sa poussière et de son inutilité toutes les tentatives communistes. Le citoyen soviétique à son bureau parle peu, et lorsqu'il le fait, c'est en mesurant ses paroles. Le délateur de la Tchéka est peut-être caché dans le camarade qui noircit comme lui des feuilles sans fin ni sens. Il ne faut ni rire ni se plaindre, mais travailler comme une machine insensible et bien réglée.

Son labeur fini, le citoyen soviétique doit aller au ravitaillement, retirer la demi-livre de pain que lui procure sa carte. Et c'est la queue devant la coopérative, la station interminable et épuisante dans le froid, parmi des hommes et des femmes affamés, dont la bouche est crispée et le visage haineux. Parfois il faut se procurer un objet de première nécessité et alors commence tout un calvaire.

Un professeur d'université m'a conté à ce sujet l'expérience typique que voici.

« Il m'arriva un jour un grand malheur, mon verre de lampe se brisa ; on me dit que pour le remplacer je devais aller au soviet du rayon. Je m'y rendis : une demi-heure aller, deux heures là-bas, une demi-heure retour. Il me fut répondu : "Apportez comme preuve les morceaux de votre verre." J'exécutai l'ordre, et retournai au soviet. Une heure aller, deux heures là-bas, une demi-heure retour. On me dit : "Attendez qu'on vienne chez vous vérifier la chose."

« Deux semaines après, une jeune fille du soviet se présenta dans mon appartement. Elle constata que mes affirmations étaient vraies et me donna un certificat en m'enjoignant de le porter au soviet du rayon.

« Une demi-heure aller, deux heures là-bas, une demi-heure retour. Là, on me délivra un ordre pour recevoir un verre de lampe à la fabrique. J'allai à la fabrique, une heure aller, trois heures là-bas, une heure retour.

« À la fabrique, il n'y avait plus de verres de lampe. »

Comme toutes les commodités de la vie sont en Russie soviétique dans ce goût, l'on devine quelle est la fatigue du malheureux citoyen lorsqu'il revient chez lui. Il n'a pas encore mangé, son corps est lourd de fatigue, et son cerveau vide de toutes pensées. Son seul désir est d'avaler le plus vite possible la bouillie répugnante qui lui sert de nourriture. Mais il faut encore allumer le poêle, faire chauffer le brouet, laver la vaisselle de la veille. Souvent, faute d'électricité, de pétrole ou de bougie, l'obscurité est complète.

Lorsque enfin il a mangé et que l'aliment indigeste a engourdi sa faim sans la satisfaire, il n'a plus qu'à se jeter sur son lit, et qu'à s'endormir d'un sommeil de bête harassée.

Ainsi coule du lever au coucher la journée du citoyen soviétique. Elle ne connaît ni rêve, ni chant, ni espoir. Le plus grand crime du bolchevisme est peut-être d'avoir tué chez ceux qu'il opprime la chaude et vibrante joie de vivre.

Colette

(1873-1954)

V
C
2011

Colette, la sensuelle

Sensuelle, instinctive, animale, elle est une bouffée de vie. Elle prend sa source dans la nature, en jaillit, au début du siècle, jeune Bourguignonne aux longues nattes, sous la baguette d'un magicien pervers, son premier mari, Willy. Ce boulevardier viveur, négrier hors pair, lui apprend la patience en écriture ; elle rédige les Claudine *dont la juvénile fraîcheur séduit. Ils sont un couple sulfureux à la mode : « un voyeur et une exhibitionniste ». Puis Colette rompt avec ce mentor indélicat, connaît des amours saphiques retentissantes, s'alanguit sur scène. Elle y joue son propre rôle, celui d'une femme libre échappée de sa cage, griffant le velours des convenances. Elle tourbillonne, épouse Henry de Jouvenel, publie* Chéri *– « enfin un roman dont je n'aurai pas à rougir » (elle, rougir ?). Elle est gourmande de tout, des plaisirs de la table comme de ceux de la chair, s'éprend du fils de son mari, Bertrand, « un grand lévrier de garçon ». En 1923,* Le Blé en herbe *met en scène les amours d'une belle dame de trente ans et d'un jeune homme, Phil, qui lui ressemble.* Le Matin, *qui le publie en feuilleton, doit interrompre sa publication ; c'est le tollé. Colette est folle, comme les années dont elle est l'une des rares plumes féminines. Elle s'enivre de l'air du temps. Tout l'inspire, la mode, la campagne, la ville, les faits divers. Elle se repaît de l'actualité, non pour l'analyser, mais pour la ressentir, l'exprimer. Tout en elle n'est que saveurs, odeurs, couleurs, sensations, pulsions. Elle est une graine volante qui se pose ici et là, au hasard de sa curiosité, parfois même de sa voracité, et donne naissance à un tableau. La presse, qui l'accueille volontiers, est la galerie où elle expose, sous des formes multiples – reportages, chroniques, billets d'humeur, portraits, critiques dramatiques – ses palpitations.*

Elle est tour à tour indignée, enthousiaste, curieuse. Le 29 avril 1924, elle remet son premier article au Figaro *sous la rubrique « L'opinion d'une femme ». Tout lui est ouvert. Elle dresse le portrait saisissant d'un assassin et s'interroge sur cette connivence qui la hante, entre les bêtes et les hommes : « Tous les chats, tous les tigres étreignent leur proie et la lèchent tout autant qu'ils la meurtrissent. » Elle feuillette le livre de la vie comme si c'était celui de la jungle. Dans ses récits, il y a toujours un animal quelque part, des glycines, des roses, du lilas, des violettes. Il fait chaud, voici « l'inspecteur en redingote, étranglé de blanc, debout comme un mort légendaire, secrètement ruisselant ». Elle éprouve un contact physique avec ce qu'elle décrit ; elle jardine, ratisse la nature humaine pour en respirer les effluves. Les enfants l'intriguent, elle évoque les petites filles, telle la sienne, placée dans un pensionnat. Son style est direct, sans fioritures : « La nuit se retire, emportant ses parfums. » C'est tout elle. Elle respire le monde, comme un flacon débouché. Au fil des années trente, elle épouse Maurice Goudeket, prend le chemin de la vieillesse avec une respectabilité de vieil arbre. Le 3 août 1954, dans son appartement du Palais-Royal, l'octogénaire, dont les funérailles seront nationales, contemple un oiseau par la fenêtre : « Regarde », dit-elle à son mari, comme lui disait sa mère, Sido ; puis elle s'envole.*

Paru le mardi 29 avril 1924

Vieillesse d'hier, jeunesse de demain

Aucun souvenir théâtral ne ressuscite, pour moi, la Duse qui mourut cette semaine. Deux fois, à Rome, le cinématographe l'offrit à mon admiration, pendant la guerre. La première fois elle jouait, dans un film, un rôle de vieille paysanne. Sous le fichu noué, sous l'indienne et le tablier sombre, elle montrait des cheveux d'un blanc lumineux, un corps rigide et fin, des mains émouvantes qui se chargeaient de dire tout ce qu'un visage un peu contraint, et comme intimidé, refusait encore à l'écran. Ces mains, pendant la plus belle scène, appelaient, levées vers une fenêtre haute, un enfant bien-aimé. La Duse tournait le dos au spectateur, qui ne contemplait que la blouse d'indienne, le mouchoir noué sur les cheveux, et les mains au bout des bras tendus, de telles mains – ailes amoureuses et battantes, prolongées, exhaussées par leur ombre jusqu'au rebord de la fenêtre – que les pleurs, les soupirs s'échappèrent, au même instant, de la sensible foule italienne où je m'étais mêlée.

La seconde fois, à peu de jours de là, j'avais cherché dans une autre salle sombre et fraîche de cinématographe un refuge contre le printemps romain, éclaté de toutes parts en glycines, en iris, en lilas, et si ardent que le *ponentino* ne le rafraîchissait pas. Une amie me dit tout bas : « Derrière nous, cette dame en noir : c'est Eleonora Duse. » Je reconnus les cheveux lumineux, relevés en flamme oblique sur le front, matés par un chapeau noir, et les grandes orbites profondes, où l'œil baignait dans une ombre favorable à son éclat. Seul le petit nez demeurait un nez de jeune femme, un nez exigeant, ironique, un nez prompt au courroux et au dégoût.

Ce visage célèbre suivait, penché à droite, penché à gauche, les épisodes d'un film misérablement dramatique, et laissait lire, en tous ses traits, une grande naïveté amollie, sans méfiance. Mais l'entracte, ramenant la lumière, assembla autour de la Duse d'assez nombreux admirateurs. Debout, elle reçut les hommages, serra quelques mains. Elle ne souriait pas, présentait son front d'une manière défensive, et le petit nez, offensé, palpitait de dédain. « Voyez, chuchota ma compagne italienne, enthousiasmée, voyez combien elle est *dame* ! »

Je n'ai jamais vu cette hauteur, sans doute involontaire, chez Sarah Bernhardt, que l'amour de la foule, de l'inconnu, du passant, épanouissait, et qui donnait son sourire en échange d'une fleur jetée, d'un baiser, d'un salut lancés dans l'air.

Quand il m'arriva d'être la passante conviée à sa table, quatre ou cinq mois, avant sa mort, la jeunesse de Sarah, sa coquetterie d'octogénaire m'ôtèrent presque, d'étonnement, la voix, et je ne fus qu'yeux, oreilles tendus vers son bavardage vigilant, son pâle regard exalté, ses mains, osselets agiles jouant sous une peau aussi délicate que la peau neuve des brûlures guéries. Elle versa l'eau bouillante sur les doses mesurées de café en poudre, emplit elle-même les tasses, cependant qu'elle me demandait, pour le plaisir malicieux de donner la sienne, mon opinion sur celles qui, trébuchant dans son ombre, reprenaient les rôles qu'elle avait créés. Que de désir de plaire, quel soin, quasi posthume, de briller encore ! Quelle volonté d'oublier, de faire oublier le présent, la déchéance physique, et de reconstruire devant nous, par un seul mouvement des sourcils rejetés vers le haut du front, par un choc impérieux, sur la table, des phalanges sèches et sonores, par un errant sourire immatériel, une Sarah d'autrefois, une Sarah éternelle !

Elles ne s'aimaient point, ces deux mortes. Elles reposent, n'ayant connu ni souhaité, vivantes, le repos. Peut-être qu'en un lieu inconnu elles se plaignent et languissent, la Duse de ne plus pouvoir pleurer sur la scène ses larmes de femme amoureuse et trahie, Sarah d'avoir cessé de simuler, à miracle, les douleurs féminines contre lesquelles le théâtre l'immunisait.

Souffrirent-elles de vieillir ? Pas longtemps. La Duse respecta les rides sur son visage, par un scrupule où l'on peut deviner autant de négligence que de dignité. Sarah atteignit la vieillesse sans le sentir, mais elle rehaussait de couleur et de fards ses traits, avec un goût oriental et intelligent de la parure. La Duse, parce qu'elle avait aimé et n'en guérissait pas, gardait au sein la même fraîche blessure ; Sarah, bercée, soutenue par le fanatisme amoureux des foules, ne faiblissait pas sur sa jambe unique... Derrière elles, qui ne comptaient plus les années, une théorie de survivantes compte les jours et les heures, se macère et veille. Car cette époque épanouit, sur la scène et sur l'écran, et dans la littérature un goût assez trouble, un peu honteux de lui-même : la vedette adolescente fait prime, les héros du film n'atteignent pas toujours l'âge du certificat d'études, et sur vingt romans récents, la moitié relate, avec minutie et délectation, les premiers vertiges des jouvenceaux. Il faut cent cinquante pages pour préparer leur chute, le reste se bâcle en quarante pages – le reste, c'est-à-dire l'amour. Daphnis et Chloé, aujourd'hui, en se mirant au ruisseau, soupirent : « Quand nous étions jeunes… » Je connais une fillette de onze ans qui se toise dans la glace et pince la bouche : « Je t'assure, maman, que cette couturière m'habille vieux ! » Une autre, à douze ans, joue l'étourdie pour se rajeunir : « Que je suis enfant ! » La candeur n'y gagne rien, au contraire. Est-ce avec des grands rires, cristallins exprès, qu'elles gagnèrent et trahirent la confiance de parents naïfs, toutes ces petites « disparues » qui partirent, nanties seulement d'un cartable d'écolière ou d'une boîte à lait ? Il arrive qu'on en retrouve une, et le silence se fait alors sur elle, après la grande quête dans les journaux, et les lamentations maternelles. « On croit qu'un louche individu a attiré la petite Suzanne… étouffé ses cris… » Mais non. Cette simple et brutale couleur tragique n'est pas – on l'apprend trop tard – celle de la vérité. La petite Suzanne, la petite Eugénie, la petite enfin, la trop petite, est une enfant de ce temps-ci, mûrie au feu des images, au soleil des projecteurs, au rayon des regards, au souffle des paroles, et « dessaisonnée » comme un fruit de primeur. Avec le front aventureux des ignorants, avec la folle et froide outrecuidance, la diplomatie des prisonniers, c'est elle qui est allée délibérément à un piège en forme d'issue béante sur un gouffre d'azur, c'est elle qui a traité avec le piégeur. Tous les enfants sont insondables. Mais que penser de la fillette disparue qui, retrouvée, rendue à sa famille, passe de nouveau le seuil, fond, de nuit, comme une chatte, entre le chambranle et le battant entrebâillé ? Nous n'osons pas songer, nous qui ne sommes que de naïfs adultes, à la fillette qui a remis sans trembler sa main dans la main tendue hors de l'ombre, la main qui, peut-être, refermera, sur un cou enfantin, le collier d'empreintes creuses, couleur de violettes…

Il ne faut pas trop trembler, pas trop maudire. Le lyrisme, la tragédie s'expriment comme ils peuvent dans la vie quotidienne ; un enfant prédestiné dispose de moyens nouveaux pour désoler sa famille, c'est-à-dire pour tenter d'être grand. La génération qui enfanta deux célèbres tragédiennes ruisselait encore des larmes romantiques. Quelle mère, parmi nous, se réjouirait de l'adolescence ambitieuse et fébrile, obsédée de strophes, d'une Duse ou d'une Sarah ? Nos enfants réticents et solides couvent cependant le même mal, la même promesse, car toute évasion est lyrisme et obéit à celle qu'Hélène Picard a nommée : « Poésie, seul grand péché… »

Paru le dimanche 11 mai 1924

Assassins

Eveillée par une presse habile, la curiosité de la foule va aux quatre fous que peignit Géricault. Ce sont de beaux portraits, exacts et sans mystère. Il est assez singulier qu'il y ait moins de secret et d'horreur dans ces figures de forcenés que dans l'étude, par exemple, de membres arrachés et mêlés, parés d'un petit bout de linge et d'un peu de sang pâle, ou dans la tête enchanteresse, aux paupières envahies par l'ombre, du *Jeune homme mort les yeux fermés*. Mais je retrouve, à bien regarder *Le Fou assassin*, une expression détachée de nous, des sourcils relevés vers le front avec un vague étonnement offensé, une sorte d'indifférence et de hauteur, que je ne vois pas pour la première fois. Si je néglige le teint enflammé du dément et sa bouche tordue, le reste du visage me rappelle Landru, que je ne quittai pas des yeux pendant une longue audience. Cet homme de bonnes manières subit, ce jour-là, une séance bien tumultueuse. L'avocat général insidieux, Moro-Giafferi, soulevé par un fauve délire, abondait en menaces, en allusions empoisonnées, en clameurs, et le vol de ses manches ventilait la salle. Le public, ému par contagion, montrait un abandon égal, et donnait de la voix en écho… Au-dessus de la mêlée, Landru, couvert de sa pâleur monochrome, gardait un silence qui était une opinion. Ses rares réponses se rehaussaient d'un timbre de voix agréable. Deux fois seulement, en quatre heures de temps, il se tourna vers le public surexcité et son regard erra sans insistance, noir sous les sourcils étonnés, portant vers nous tous un blâme à peine discernable. Autour de lui il s'agissait de dépeçage, d'os, de cuisson ; une fiancée rescapée vint à la barre et n'y eut point de succès, soudain intimidée et soumise derechef à l'œil paisible, noir, insondable, qui ne la cherchait ni ne l'évitait, brillant comme l'œil des oiseaux, comme eux dénué de langage, d'attendrissement et de mélancolie. Œil créé pour voir, guetter, réduire, pour celer l'émotion, jauger tout passant et tout spectacle. Œil serein comme celui des premiers hommes, œil qui contemplait le sang versé, la mort et la douleur sans fermer ses paupières – ainsi font les enfants très petits, ainsi firent nos ancêtres lorsqu'ils n'avaient pas encore inventé la pusillanimité et qu'ils fêtaient le sang délivré de ses prisons de chair, l'eau bondissant hors de la terre, le lait giclant du pis et le jus des grappes écrasées. Ce bel œil inexorable s'attacha pourtant un moment, tandis que je le suivais, à la torsade blonde et la nuque d'une femme qui, penchée sur un carnet, crayonnait, mais il ne marqua ni faiblesse ni convoitise et renonça presque aussitôt, marquant ainsi le terme ascétique des terrestres convoitises…

Une paisible province anglaise voit ressusciter Landru, qui s'appelle Mahon. Mêmes disparitions de jeunes femmes, mais les restes, plus récents, incinérés ou enfouis par une main plus novice, parlent mieux. L'assassin anglais est jeune, d'esprit cultivé, sa figure et son langage frappent l'auditeur : « Qu'il est aimable ! Et quel air doux ! » Car la tradition et la naïveté publique veulent qu'un assassin porte, sur un visage bestial et furieux, son enseigne. Un homme bestial et furieux se laissera aller à tuer, parce qu'il sera pris de vin, ou exaspéré. Mais celui-là n'est qu'un meurtrier d'occasion, inspiré par la colère et l'alcool. Il est méchant. Il ignore le plaisir de tuer, la charité de donner la mort comme une caresse, de la mêler à des jeux qui sont ceux des fauves distingués : tous les chats, tous les tigres étreignent leur proie et la lèchent tout autant qu'ils la meurtrissent.

Landru ne bénéficia d'aucune irresponsabilité ; nous verrons sans doute que Patrick Mahon est sain d'esprit, intelligent, d'humeur gaie. C'est qu'ils ne sont ni l'un ni l'autre des accidents de la dégénérescence ; ce sont des survivants, des persistants. Détenteurs d'une animalité ailleurs abolie, ils rayonnent d'une douceur pleine de ténèbres, baignés de l'aménité dévolue encore aux peuplades que le hasard préserva des contacts européens. Ne savons-nous pas déjà que Patrick Mahon charmait singulièrement « les biches, les cerfs et autres animaux sauvages » ? Il faut faire attention à ce détail. Je crois qu'aucun être profondément civilisé ne charme les bêtes. La bête témoigne volontiers son mépris – c'est-à-dire son indépendance – à ceux chez qui l'humanité a tout conquis. Mahon charme les bêtes : cela semble un attrait romanesque ajouté à l'histoire de ses crimes, au vrai c'est un abîme de plus, et je désespère, à cause de cela, qu'il se fasse jamais entendre d'un jury anglais, et même d'un jury français. Au point de vue humain, c'est à la complicité de la bête que la monstruosité commence, et le point de vue humain a raison. La connivence avec la bête sauvage révèle chez la créature humaine une certaine sorte de simplicité qui est déjà coupable – coupable tout au moins de préférence pour la bête, et à partir de ce point la divergence commence, l'ombre se fait de part et d'autre : l'homme qui reste du côté de l'homme recule devant la créature qui a opté pour la bête, son jugement trébuche, son œil mental se voile, il ne sait plus que décréter, en parlant de son frère déshumanisé : « C'est un monstre… un cas pathologique… » Cependant l'autre, qui s'éloigne aussi et met ses pas dans la trace du sabot ou de la griffe, dissimule d'instinct mais d'instinct aussi agit, et avec une affreuse innocence joue selon les us de sa jungle originelle. Il aime de passion, plaît, conquiert, se lasse de ce qu'il a conquis et s'en débarrasse par le meurtre. Puis, léger, oublieux, exalté par le printemps, la nuit de lune, la grâce des vierges, il recommence. L'oiseau sauvage le reconnaît et le suit, volant au-dessus de sa tête. Le chien à sa vue lève sur son dos son poil tout droit, réfléchit et se soumet ; le félin se frotte à sa jambe comme au long des touffes de valérianes ; sa jument, s'il essaie une autre monture, souffle, les naseaux dilatés, et rue de jalousie… Encensé par un peuple d'animaux déférents, désigné à la rivalité des femmes, Patrick Mahon, candide, foulait sans doute un chemin heureux. Doux monstre, qui se fût contenté du geste, si facile, de tuer, mais que notre temps contraignait à une maladroite, une ennuyeuse cuisine…

Marcel Schwob, qui savait tout et devinait le reste, refusait un jour, aux Tuileries, d'admirer un vieillard couvert, comme un arbre sec, d'oiseaux apprivoisés. « Je n'aime pas les charmeurs d'oiseaux », dit Marcel Schwob à sa femme, Marguerite Moreno.

Elle protestait, et il s'échauffa comme il ne manquait jamais de le faire. Des paradoxes sortirent de lui en flammes courtes :

— Non, je ne les aime pas. Ils me font peur. Ce sont des sadiques. Des sadiques sanguinaires. Des tortionnaires et, généralement, ils assassinent les enfants des deux sexes, les dépècent avec méthode et les enferment dans des cartons à chapeau de forme ronde – ce qui amène fatalement la découverte de leurs crimes, parce qu'au cours du transfert de leurs victimes débitées en tronçons, la ficelle qui attache le carton glisse, et le tout roule sur la chaussée…

Paru le dimanche 20 juillet 1924

Chaleur

C'est au citadin et à l'hôte des déserts qu'est réservé le tragique de la chaleur, car aucun lieu ne prête à la fureur solaire un caractère aussi implacable que le royaume du minéral.

Du désert, j'ai connu pendant quelques jours la chaleur ascensionnelle reçue et rejetée par un sol d'où monte, hissée par l'air brûlant, la torse colonne de sable. Mais, du moins, la nuit saharienne versant sur Bou-Saâda sa clémence de quelques heures, ce froid qui prend dans l'esprit la couleur violette, parce qu'il descend avec elle du haut des monts Paris, pendant la canicule, ne connaît ni trêve ni adoucissement à son mal. Nous sommes un pauvre peuple, qui va, l'hiver, chaussé de soie et de cuir ajouré, et l'été, en vestons pourvus de manches, cravaté, colleté et gileté. Un pauvre peuple ? Pourquoi le plaindre ? Il a l'élégance et le protocole vestimentaire qu'il mérite, et qu'il a choisis lui-même. La chaleur est sur Paris comme un cauchemar. Des milliers et des milliers d'êtres humains, par les fenêtres, ne contemplent que des prisons de pierre, des blocs quadrangulaires, les rectangles de zinc chauffé dcs cubes de fer ou de ciment. Il y a, lorsque le thermomètre marque « désespoir à l'ombre », quelque chose d'inexorable dans toute limite cubique des regards. Je connais un bureau où des hommes suffoquent, dès juin, et quand ils lèvent la tête, ils voient, au-delà d'une grille, une longue cour noire, en corridor, dominée par une haute cheminée blanche, démoralisante entre toutes, que frappe le soleil sur sa plus large face pendant la seconde moitié du jour. Mortelle succession d'angles droits ! Si le végétal vivant, pendant les mois torrides, nous est nécessaire à l'égal d'un aliment, c'est qu'il contient et engendre un trésor inépuisable de courbes. De grâce, supplie l'homme desséché, un verre d'eau fraîche – cylindre, circonférence, repos de l'âme… Je n'oublie pas de reposer mes yeux et mon cerveau sur des sphères de cristal et de verre, toute l'année.

Hélas, dans notre ville, chaque corps de métier cuit à sa manière : qui en pantalon de velours à côtes, épais, rigide, qui en jaquette dont les manches s'usent au bois des pupitres. Le comptable encagé meurt à demi dans son faux-col et la vendeuse chancelle à son poste, sous l'obligatoire robe noire, sans autre réconfort que le coup d'œil stoïque de l'inspecteur en redingote, étranglé de blanc, debout comme un mort légendaire, et secrètement ruisselant. Le milieu torride du jour exige, dans nos pays, la même activité, la même foule travailleuse exposée à périr d'un rais plus cruel, et chaque case humaine, entre ses parois minces, recèle des patients hébétés, des enfants que la nuit n'endort pas et qui poussent jusqu'à l'aube leur petit sanglot régulier.

Levez la tête vers les maisons ouvrières, vers le faîte des immeubles à population dense : pas de volets, des stores qui tamisent la lumière mais laissent passer la chaleur. Les calcinés du cinquième pensent, avec une malveillance envieuse, que le locataire du rez-de-chaussée vit, privilégié, dans une cave. Bientôt on pourra compter les vieilles bâtisses parisiennes, camps retranchés des microbes, mais épais, bastions où la température n'oscille guère plus que celle des chambres de pierre dans la tour d'Elven, en Bretagne. Leurs profondes baies cochères sont, en été, le noir paradis du concierge sur sa chaise et de quelques femmes antiques aux mains couleur de salade d'ombre. Un vent tombal s'exhale de ces porches, en juillet, et touche le front du passant qui ralentit le pas, soupire et pressent qu'il y a pour lui peut-être, de l'autre côté de la vie, le bonheur éternel de l'homme assis sur un seuil frais.

Le soir du samedi terrible, douze juillet, Auteuil lui-même ne valait pas mieux que les boulevards et l'Auteuillois se plaignait, offensé, que le ciel lui versât la même ardeur qu'à l'indigène du neuvième arrondissement.

L'Auteuillois né tient du sybarite pour ce qu'il possède le Bois et ses lacs. Foncièrement villageois, il dit encore : « Je vais à Paris », se défend comme il peut contre les sports, et plaint le centre non sans malignité. Mais il s'indigne lorsque, comme l'autre soir, la canicule ne s'arrête pas, respectueuse du « seizième », à la hauteur de la voie qu'une parente âgée nommait il y a dix ans la « Grande Rue » de Passy.

Habitué à respirer, l'après-dîner, la bouffée de tilleul, de troène, de pré fauché que lui apporte à domicile le faible vent d'ouest qui a caressé le Bois, Auteuil, déçu, lésé, vivait à bien petit bruit samedi soir. Vers dix heures et demie, je m'en fus d'un pas de condamnée prendre les nouvelles de Passy. Tout Passy prostré gisait sur l'herbe brûlée des environs de la Muette et tel corps immobile de femme couché sur le ventre, la tête entre les bras croisés, ressemblait plus à une proie de la mort qu'à celle du sommeil. Je ne vis que des amoureux disjoints. Nulle gaieté ne montait des familles qui avaient dîné là, parmi le papier gras et les écorces de melon. Parfois surgissait dans la pénombre une svelte et légère fille que sa jeunesse requérait encore de courir, de bondir, mais pareille aux champions d'Olympie, elle retombait soudain et sa robe blanche se couchait comme la dernière flamme d'un feu sans aliment.

Cinq ou six êtres silencieux, autour d'un noir buisson de verdure, imitaient ceux qui, l'hiver, se chauffent au brasero, à dessein de profiter d'un singulier rayonnement froid, d'une zone de fraîcheur concentrique dont le buisson constituait le foyer mystérieux. Une femme tendait son bras nu, un enfant, ses deux mains, et je partageai un moment leur parcelle d'oasis.

Un tramway 16 descendant me ramena vers Auteuil. L'approche de minuit et du dimanche y ranimait, malgré l'air immobile et le ciel blanc de poussière, une vie villageoise. Un petit bal aux lampions, non loin de l'avenue Mozart, ressemblait à toutes les Saint-Jean, à tous les Quatorze-Juillet de ma province natale et je me réjouis que le tramway justement s'arrêtât. Quelle honnête jeunesse ! Elle dansait chez elle, loin de tout intrus, la fille de la mercière aux bras du fils du tonnelier, la couturière à façon avec son apprentie, et deux fillettes de dix ans polkaient, et la blonde servante du « Tabac » tournait, étreinte par le propret garçon du limonadier.

Eau de seltz, grenadine, bière, sirop de citron... L'odeur des branches de pin clouées à l'estrade des musiciens rouvrait ma mémoire sur des champs de foire pavoisés, des distributions de prix et des « parquets » de danse... Rien ne manquait ici à l'évocation, pas même les parents confiants, assis en haie, sur les chaises de fer jaune...

Du haut de la plate-forme du tramway vide, je respirais ce passé et ce présent paisibles. Les jeunes gens dansaient sur les rails, et je ne me plaignais pas que la halte fût longue. À la fin je questionnai le contrôleur, accoudé comme moi et contemplatif.

— Il y a un embarras signalé sur la voie ?

— Non pas. On va repartir.

— Tout de suite ?

— Dans un petit moment. On attend.

— Et qu'est-ce qu'on attend ?

— Que leur fox-trot soye fini. On ne voulait pas les déranger.

Paru le dimanche 3 août 1924

Combats

Tu seras contente d'arriver là-bas ?

— Oh ! oui, maman.

Elle rêve, et n'ajoute pas un mot à son acquiescement sans flamme.

— Tu penses à la mer ? à la plage ? à la terrasse ?

— Oh ! oui, maman.

— Qu'est-ce que tu iras revoir avant tout ?

L'œil marron-vert brille, la fossette creuse la joue droite, un éclat enfantin révèle que ce visage est celui d'une fillette de onze ans.

— J'irai tout de suite voir dans la petite boîte bleue si le coquillage y est toujours, et l'hippocampe que j'ai ripoliné en vert !

Elle saute sur ses pieds joints et s'en va, et l'amie qui me fait visite la suit du regard, condescendante :

— Elle est très bébé pour son âge, n'est-ce pas ?

À quoi je réplique par le « Dieu merci, oui ! » des mères offensées. C'est, de ma part, pur réflexe, et je ne m'offense pas. Il y a beau temps que je dédaigne d'expliquer l'enfant aux grandes personnes, bien assez occupée moi-même de le comprendre. Seule, avec ma fille, je me serais abstenue de tant de questions niaises, qui équivalent à : « Donnez la patte ? faites le beau ? » Je trouve que ma fille est bien bonne d'avoir, par révérence et politesse, parlé le langage qui convenait, tout en ne manquant point à la vérité.

Oui, sans doute, elle ira d'abord revoir « la » boîte bleue, où dort « le » coquillage. Uniques, lourds de symbole, reposent, en une secrète armoire, des objets culturels. Quand ma fille atteindra le rivage effrité de l'Ille-et-Vilaine, ce n'est pas vers le cap romanesque qu'elle courra pour redemander à la mer la mer de l'année dernière.

Elle est trop loin de notre simplicité qui n'a plus besoin de symboles. Chaque saison l'en rapproche ; le lycée, en la poliçant, la banalise. Elle exprime maintenant des opinions qui sont les opinions d'un clan, d'une division, d'une coterie, peut-être même les partage-t-elle. C'est son droit. Nous venons de lui arracher quelques mots fades, mais elle sait bien que son silence lui appartient. Elle s'y ébat en sécurité, et elle y mûrit le sentiment du risque et des responsabilités. Nous respectons, elle et moi, la limite des deux domaines mentaux dont je me montre jalouse : le sien et le mien.

Enfants !... Quand il s'agit de vous, nous ne pouvons qu'errer, indécis, et procéder par tâtonnement. D'où vient que nous perdons, à vous mettre au monde, une sagacité du souvenir qui nous donnerait de lire en vous ? Nous la perdons sans retour, par oblitération totale ; nous la perdons comme le sens du vol qui nous revient en songe, comme le sens de la natation quitte, peu d'heures après sa naissance, le nouveau-né. Le hasard permet, mieux que notre discernement, de rejoindre, de comprendre les enfants, alors ils sont notre conquête éphémère. Une douce patience a raison d'eux, mais pas plus que le coup de force. La brutalité de certains parents pourtant nous écœure, mais nous ne songeons pas dans le moment que cette brutalité verbale, la rigueur sentimentale qui l'accompagne, ne sont ni plus ni moins infructueuses qu'une stratégie séductrice. Voilà des mots bien gros d'antagonisme... Hélas ! il faut combattre ce qu'on aime, en amour comme en maternité. Encore l'amour s'accommode-t-il d'une manière de *grosso modo*, et longtemps la possession peut lui servir de « solde de tout compte ».

« Confiance... cœur ouvert, expansion délicieuse de l'enfant dans le sein maternel... Âme de l'enfant claire comme le cristal... » La littérature est tout humide de ces mots-là. Je me demande parfois si les écrivains, de cette sorte attendris, avaient des enfants. D'autres fois je me prends à douter de leur sincérité autant que de leur intelligence. Une foi troublée lie, généralement, l'enfant à ses parents. Une foi qui souffre et qui voudrait des héros, des saints, là où elle contemple des humains défaillants. Nous ne serons jamais assez grands pour nos fils, même si le mieux qu'ils connaissent de nous suscite en eux le fanatisme filial. Mais le fanatisme est affaire d'orgueil. Du doute au fanatisme, il n'y a point encore de place pour la tendresse, car la tendresse, lente à sourdre des cœurs puérils, née d'un chagrin, parfois d'un juste châtiment, presque jamais d'une joie, est une récompense qui nous échoit tardivement. Arbitraire, indépendante de nos mérites et de nos vertus comme l'amour, elle se montre timide comme lui, et annonce la première fêlure dans la sérénité inexorable qui auréole l'enfance. C'est la tendresse, c'est son poids qui entraîne de jeunes êtres, jusque-là intacts, vers la faiblesse des confidences, qui sont à la confiance ce que sont, au grand jour, la lumière et l'ombre saccadées d'une persienne battant sous le vent… Aube de victoire pour nous, félicité qu'il nous faut tenir cachée – d'ailleurs la lutte recommence, la sourde lutte émouvante… Je dramatise ? Sans doute. Les trêves, les heureuses surprises valent que je tremble plus qu'il n'est besoin, surtout plus qu'il n'y paraît. Quel profond amour saurait se passer d'atmosphère dramatique ? La folie de vouloir tout donner empoisonne la maternité, comme pour la punir de son extraction passionnelle. Mais de la précédente brûlure la mère retient que l'enfant exige plus que l'amant, et ne partage pas ; qu'il choisit parmi les dons qu'on entend lui faire ; qu'il demeure inflexible quand l'amant pardonnerait, car l'enfant conserve son grief, l'inhuma dans sa mémoire, vingt ans après le retrouve, frais, gorgé d'une vie mystérieuse de vampire… Ainsi la mère épure, affine en elle-même ce que l'amour lui a laissé d'inculte et de rudimentaire. Un incorrigible orgueil de donatrice s'attachera toujours à elle comme une tare. Mais peu à peu elle renonce à réclamer larme pour larme, et transport pour transport. Plus patiente, elle ménagera le bien qu'autrefois elle eût ravagé par fureur amoureuse. L'échec répété la modèle, elle admet enfin le mystère de l'être aimé, elle qui naguère scrutait, de l'œil et du flair, sa proie bien-aimée, elle qui voyait luire, à travers l'étoffe, un rectangle de papier dans une poche, elle qui se servait du « pourquoi ? », de l'« à quoi penses-tu ? », du « tu m'aimes ? » comme d'une arme à fil double. Elle est fière d'arborer les apparences de la raison, chaque fois que dans sa vie elle croit renoncer à l'esprit de propriété… Comme si elle était capable d'autre chose que de posséder ! N'importe. Adversaire vieillissante, en face de l'enfant où revit, pour la blesser mieux, tout ce qui triomphe d'elle, elle savoure les avantages et les perplexités de la tactique exercée. Il n'est plus, pour elle, de « pied d'égalité ». Car dans le temps que sa vivante œuvre se repose et s'abandonne, pendant les saisons paisibles où la jeunesse rajeunit, où l'enfance retourne à l'enfance, la mère s'arroge en secret ce qu'elle préfère, et s'en délecte. « Tu existes. Tu me prouves, à chaque moment, de quoi je suis capable. La vérité, c'est que tu ne peux rien contre moi, sinon me faire souffrir. Tant que tu existes, je suis la plus forte. Tu as cette joue, cette lèvre relevée, cet œil, ténébreux par l'orbite profonde et l'expression, clair par la couleur : autant d'armes dont d'autres mourront, mais grâce à Dieu j'en suis déjà morte, il y a nombre d'années, et c'est une manière de te défier que de trouver, en ce qui me ruina autrefois, ma fortune et ma subsistance… »

Paru le dimanche 24 août 1924

Progéniture

En Allemagne, un boucher les tue, les sale et les mange. Chez nous, on les vend, achète, laisse, reprend, maquille, échange. De temps en temps, on découvre dans une soupente quelque enfant, séquestré au profond de la nuit et de l'ordure ; chaque mois amène son fait divers d'enfant marqué au tisonnier, bleui de coups, affamé – la voix publique, représentée par des voisins de palier, le signale à la justice au bout d'un laps généralement long, car la voix publique, scrupuleuse, aime à se documenter minutieusement... Pour répéter l'expression d'une petite fille que je connais, « ça devient vraiment impossible d'être enfant » !

Nous possédons maintenant la liste à peu près complète des pseudo-rejetons Galou. Ceux-là, d'ailleurs, ne semblent guère avoir souffert. Si l'on en perdit un ou deux, ce fut distraction et non sévices. Mais que penser des mères qui les remirent, en toute propriété, à une monomane de la maternité ? Le pâle et honteux petit contrat de délaissement, rédigé par une des mères défaillantes, nous effare ; mais c'est que nous ne lisons pas assez les pages des journaux où le commerce de l'enfant fait sa publicité entre le piano d'occasion et le manteau de fourrure « porté deux fois ». Là, un marquis authentique, dont les jours sont comptés, refuse de mourir tout entier et veut que son nom lui survive, anoblissant une chère tête roturière. Là, un ménage sans descendance s'ennuie de vieillir stérile.

Titre, soins clandestins s'échangent contre un peu d'argent, il ne s'agit pas de sommes énormes, et l'adoption mystérieuse est une des rares denrées dont le coût n'ait pas quintuplé depuis la guerre... Comme tout cela est facile, romanesque, inadmissible et quotidien ! Tous les trafics semblent autorisés, quand il s'agit de supprimer ou de bannir l'enfant incommode. Une jolie colonne tronquée marque la place, dans le cimetière de mon pays, d'un nouveau-né qui vécut une semaine. C'est l'enfant d'une dame – disons demoiselle – qui vint en Puisaye, lourde, belle à ravir, pendant trois mois, et s'en alla plus légère, ayant remis son fruit à un médecin de l'endroit. Le médecin aussi mourut, mais beaucoup plus tard, après avoir ajouté à son grade de docteur le titre, éphémère, de ministre des Finances. Mais qui eut jamais le nom de la belle pécheresse ?

Je date d'un temps, je sors d'un pays où le commerce des « nourrissons » parisiens faisait des rentes aux nourrices, sèches ou mouillées. Mon frère aîné, médecin de campagne, m'emmenait avec lui, et je pouvais deviner, à sa figure plus sombre, le jour de la tournée d'inspection des nourrissons de Paris. Pour un marmot qui prospérait dans sa crasse agreste, dix nous ôtaient, à les regarder, le rire et l'appétit. Nous arrivions à l'improviste, et trouvions le petit patient seul dans le bâtiment de ferme, ligoté dans son berceau, la sucette au bec et les yeux tout noirs de mouches. Ou bien, il criait sans repos, confié à une gardienne de quatre ans. L'un d'entre eux, à huit mois, se sustentait de lard, de soupe aux choux et de cidre, comme une grande personne. « Mais ce qu'il aime encore le mieux, assurait la nourrice avec orgueil, c'est les groseilles. Ah ! il n'a pas envie de retourner à Paris ! » Il n'y retourna point, et pour cause...

Bretagne, Puisaye, l'hécatombe fut la même. N'ai-je pas rencontré cette semaine, chez un antiquaire de Saint-Servan, un robuste meuble Louis XIII, bahut courtaud, sorte de buffet profond à deux portes épaisses, hermétiques : « C'est là dedans, me dit en l'ouvrant la marchande, qu'on mettait les petits enfants – voyez, il y a encore les deux planches qui forment berceau – et puis on refermait, et comme ça les parents pouvaient aller travailler aux champs sans que leurs petits soient mangés par les cochons. »

Est-ce que les vingt-cinq ou trente dernières années ont modifié le sort des nourrissons ? Assurément. D'abord, il y a encore moins d'enfants. Et puis, maintenant, on n'attend plus, pour se débarrasser d'un enfant, qu'il vienne au monde. Simplification qui ressortit à une chirurgie criminelle, et qui nous évite le tableau familier qui déshonorait, par exemple, certaine gare en pleins champs où les nourrices, retour de Paris, bien approvisionnées d'enfants vagissants, d'argent et d'alcool, cassaient la croûte... Nouveau-nés prostrés ou fiévreux, odeur surie de lait baratté par le train, langes neufs, quelque ruban rose souillé, une rude main noire berçant la corbeille qui abritait, pêle-mêle, quatre ou cinq petits…

Fillette, je prenais peur de ces ravisseuses, qui n'étaient pour la plupart que des paysannes simples et cupides. Mais mon frère aîné, sensible, perdait auprès d'elles le courage et le goût de son métier. Ma mère, protectrice amoureuse de toute vie naissante, faisait de son mieux pour sauver l'enfant, encore secret. Par deux fois, elle prit à son service des filles-mères et ne leur tint pas d'autre discours que : « Enlevez donc votre corset, ma fille. » Courte morale ? Mon petit pays la jugeait courte, cette morale trop haute pour lui.

Elle suffit à présent au puériculteur, à l'eugéniste qui parent au plus pressé. Vu la disette d'enfants français, la France prendrait bien ses nourrissons n'importe où, à la manière de l'étrange Mme Galou. Recueillir des bâtards et des orphelins, ce n'est pas difficile. Il est moins aisé de protéger, contre leurs propres parents, la quantité lamentable des petits Poil de Carotte qui soupirent : « Tout le monde ne peut pas être orphelin… » Entre le bébé bourgeois gâté – autocrate sans bonheur qui divise, pour mieux régner sur elles, deux familles fanatiques – et le petit martyr amaigri, pâture des faits divers, il y a place pour plus d'un genre d'enfants malheureux, à commencer par ceux des ménages où le divorce assume la périodicité et presque la fréquence d'une cure. Vandérem vous dira que ces enfants, ménagés d'une part, choyés de l'autre, peuvent passer pour les bonshommes les plus réjouis de la terre. N'empêche qu'à défaut de passion et de partialité instinctive, ces enfants-là se sentent flottants, inquiets, et qu'ils regretteraient, s'ils la connaissaient, la paix patriarcale de l'Orient, le harem qui voit grandir, mêlés et riants, les fils de Fatima et les filles d'Aïscha. Ils versent une ombre plus heureuse que celle des cliniques d'accouchement, les murs de chaux rose et les colonnettes du patio fermé au centre duquel un bambin songeur, quittant le jeu, s'appuie au hasard contre des genoux de femme, heurte sa fougue à un sein qui, n'ayant pas porté son poids croissant, se fait quand même maternel…

Paru le dimanche 5 octobre 1924

Rentrée

Ils rentrent. Leurs pieds de sauvages, bruns et durs, retrouvent le poids des gros souliers que notre prévoyance borde et double de clous. Une paire de bons « souliers d'usage » pour adolescents pèse autant qu'une chaîne, et nos enfants, lestés, s'ébattaient d'un vol plus court, pendant les dernières récréations qui leur servaient, avant la rentrée, de répétitions en costumes.

Je ne m'attendris pas sur ma lycéenne, qui exécute la même danse d'allégresse sur le seuil de sa geôle qu'elle y rentre ou qu'elle en sorte. Les lycées de Paris et des environs accueillent certainement beaucoup de luronnes de sa sorte, que l'internat n'a privées ni d'un parc, ni du bain. Nettes, le cheveu coupé comme une herbe soignée, en tablier rose, c'est un joli bouquet d'enfants que je peux surprendre à toute heure sous les arbres de Saint-Germain. Elles ont bonne façon, et leur vivacité un peu garçonnière n'ignore aucune coquetterie. « Une fois n'est pas coutume, me disait un jour ma prisonnière, je me suis payé une ondulation. » À fréquenter ses camarades préférées, il m'apparaît qu'elles apprennent tôt à décider promptement, à courir des risques et se porter responsables de leurs sottises. Le carnet de poche de ma fille note des desiderata variés :

Acheter du papier à lettres.

Du savon, de l'eau de toilette.

Un chapeau imperméable qui m'est inutile ; mais on est mal regardée en promenade si on n'a pas de chapeau.

Demander à maman si je peux me faire israélite.

J'accordai papier à lettres, savon et lotion, et même chapeau en toile cirée, sans discussion. Mais sur la question d'abjuration je me permis une brève enquête :

— Pourquoi veux-tu te faire israélite ?

— Oh ! ce n'est pas que j'y tienne, mais tu comprends, au lycée elles sont presque toutes israélites, alors je pense que c'est un peu comme un uniforme…

Roses sur le mur, pavillons ensoleillés, musique en gammes et rires en roulades… Je sais bien qu'un si clair tableau d'internat ne trouve pas sa réplique partout. Il y a encore des collèges sinistres. Il y a surtout l'extraordinaire, l'inexcusable retard de la province sur Paris, en matière d'internats de garçons. Sentimentalement on s'occupe de ceux-ci, j'entends qu'une publicité annuelle, bénévole, charge l'internat de toutes les hontes et de tous les crimes. Pourtant, cette année, des voix plus nombreuses et plus fermes le défendent, voix qui s'élèvent de Paris et de la périphérie. C'est de la province qu'arrivent les dénonciations indignées, visant la longueur des classes, le mépris de toute hygiène et la tristesse inguérissable qui tombe des édifices décrépits où languissent nos fils clairsemés. Optimistes quand elles ont des filles, des mères chantent les mérites et les avantages de l'internat ; pessimistes lorsqu'il s'agit de leurs fils, d'autres mères le maudissent, et se lamentent du fond de la maison familiale privée de son plus grand orgueil, de sa jeune et mâle parure.

Faiblesse éternelle des sexes l'un pour l'autre ! Le hasard veut que je connaisse cinq familles bien françaises à fleur unique, je veux dire que les cinq couples n'enfantèrent chacun qu'une fille. On dit de la petite fille anglaise qu'aucune autre ne la passe en beauté. Mais je trouve qu'une fillette française jolie, bien portante et aimée n'a guère, à l'étranger, de rivales. Mes cinq fillettes régnantes savent user de leur charme. La vie familiale gravite autour d'elles, normalement, mais parfois péniblement puisque leurs parents travaillent. Cinq mères raisonnables réclament, au nom de l'hygiène physique et morale de leurs filles, qu'un internat, proche de Paris, assure le confort de l'enfant et la tranquillité des parents. Mais cinq pères, jaloux comme des séducteurs, égoïstes comme des époux, résistent. Renoncer à la brève, à la rayonnante rencontre de « la petite », au bavardage du dîner, au baiser du soir, au bruit des pieds bondissants ? Jamais ! Tel d'entre ces pères passionnés défend son trésor avec une fougue si convaincue que je songe au mot de la Palférine : « Couper les cheveux de Claudine ? J'aime mieux qu'elle meure ! »

L'internat est-il un bagne ? « Il le fut de notre temps », affirment beaucoup d'hommes qui ont passé vingt-cinq ans et presque tous ceux qui ont passé quarante. Je ne mets pas en doute leur sincérité, et je me remémore deux frères aînés, confiés autrefois au collège d'Auxerre. Salis, amaigris, mangés de puces l'été, l'hiver enflés d'engelures, ils purgeaient leur peine avec une haine muette. Mais cela remonte à une époque ancienne, l'époque où je voyais aussi ma sœur aînée revenir de son pensionnat du chef-lieu changée, l'air pauvre et cafard. C'est la captivité de ces trois aînés qui décida de ma liberté. « Oh ! non, pas elle », murmurait ma mère en me regardant !...

Le principe de l'internat est probablement monstrueux. Mais son application semble désormais inévitable. Car il importe, dans des cas trop nombreux, d'enlever l'enfant à ce qu'une sensiblerie ignorante nomme encore « la chaude et paisible atmosphère du foyer », au vrai la couveuse rétrécie qui rapproche les coudes et les fronts de deux ou trois générations, l'une de l'autre issues, l'une de l'autre souvent ennemies.

La vie privée des parents est moins mystérieuse aujourd'hui, pour l'enfant, que le livre qu'on enferme dans la bibliothèque, et combien de couples s'astreignent devant l'enfant au mensonge respectable, à la feinte harmonie ? On assure que l'internat corrompt l'enfant ? Il y a gros à parier qu'il le corrompra de moins en moins et que notre progéniture puisera de plus en plus, entre des père et mère qu'un lien léger retient, une précoce documentation, la plus amère, celle qui détruit la sécurité, le sentiment de la durée, la foi. Quoique nous en pensions, nos enfants ne changent guère, mais nous nous appliquons à diminuer devant eux. Une naïveté, une veulerie d'adultes prônent le père-copain et la maman-camarade, innovations bonnes à fabriquer le fils-juge et la fille-rivale.

« Foin de la promiscuité corruptrice des internats ! » Je dis comme vous, honnêtes réformateurs. Mais je ne suis pas sûre que des chuchotements dans un coin d'étude, des journaux ou des livres glissés de pupitre à pupitre, blettissent et tachent le précieux fruit plus que ce que lui enseignent, chez vous, une querelle conjugale, une conversation à mots couverts, la négligente liberté de vos mœurs, le spectacle enfin de votre existence de braves gens, épiée par deux grands yeux impénétrables, par deux petites oreilles qui frémissent de ce qu'elles entendent et retiennent le son d'un mot insultant, d'une servile prière ou d'une porte qui claque.

Paru le samedi 9 décembre 1939

Souvenirs d'un écrivain qui ne voulait pas écrire

Colette parle aux étudiants américains

Cette admirable page de Colette, traduite en anglais, a été émise cette semaine sur l'antenne de Paris-Mondial, *en message aux étudiants américains. Mme Colette a bien voulu en donner au* Figaro *le texte original et inédit.*

C'est *Paris-Mondial* qui a eu l'idée de me demander de parler aux étudiants américains. Je n'aurais pas, de ma propre initiative, osé m'adresser à un auditoire aussi nombreux, aussi émouvant, fier de porter tout entier en lui le destin intellectuel d'une immense nation. Que dire aux étudiants des deux sexes ? Notre guerre européenne, il faut savoir, auprès de nos amis étrangers, nous faire très discrets à son sujet, ne serait-ce que par cette sorte de pudeur qui nous détourne de raconter trop souvent nos ennuis à la voisine... L'un des directeurs de *Paris-Mondial* m'a suggéré qu'une jeunesse intellectuelle, qui, paraît-il – et quel orgueil pour moi ! – n'ignore pas entièrement mon nom et au sein de laquelle mûrissent les romanciers célèbres de demain, aimerait peut-être savoir sous quelles influences, entre les mains de quels guides, dans le respect de quels maîtres a pu naître et se former un écrivain français.

La suggestion m'agréa. Il me plaît toujours de dire ce qui est vrai – surtout quand je peux mêler, à mon hommage rendu à la vérité, une certaine malice. S'il me faut parler de scolarité, de sérieuses études, je reprends une bonne partie de mon assurance et une mémoire précise. Vocation, signes sacrés, poésie enfantine, prédestination ?... Je ne retrouve rien de tel dans ma mémoire ! Au commencement de tout fut une chaufferette... Chaufferette ! Quel nom donner, pour me faire comprendre, à un accessoire que vous ne connaissez pas ? Chaufferette ! Permettez que j'ouvre un dictionnaire français : « Chaufferette, boîte de métal où l'on enfermait des braises allumées mêlées de cendre, et sur laquelle on posait les pieds pour les garder chauds. » Voilà. Une chaufferette, donc, règne sur les débuts de ma vie scolaire. Dans les glaciales et vastes demeures de la campagne française, parmi les courants de bise, l'hiver, la chaufferette était un objet de première nécessité. Chez mes parents, il y avait la chaufferette de la cuisinière, celle de la couturière en journées, la chaufferette de ma mère et, enfin, la mienne, celle que j'emportais à l'école, garnie de braises de peuplier recouvertes de cendres fines… On me donnait la plus belle, parce que c'était la plus solide, un magnifique objet ancien tout en fer forgé, indestructible, qui pesait autant qu'une valise pleine. Aux récréations, vous n'avez pas idée de ce que pouvait donner ma chaufferette en fer forgé comme arme offensive ou défensive. Je porte le témoignage ineffaçable d'un de ces combats à coups de chaufferette – le cartilage de l'oreille cassé. Chaufferette, bouclier, projectile, calorifère, confort primitif d'un petit pays qui ignora si longtemps toute espèce de confort ! Chaque petite fille avait la sienne, dans la première classe – six ans à huit ans – de l'école pauvre et nue. De massives émanations d'oxyde de carbone montaient de tous ces braseros. Des enfants s'endormaient, vaguement asphyxiées… Mon premier hiver scolaire fut un grand hiver, j'allais à l'école entre deux murs de neige plus hauts que moi… Qu'a-t-on fait de ces grands hivers d'autrefois, blancs, solides, durables, embellis de neige, de contes fantastiques, de sapins et de loups ? Après avoir été aussi réels que mon enfance, ils sont donc aussi perdus qu'elle ? Aussi perdus que la vieille Mlle Fanny, immatérielle institutrice fantôme, qui vivait de romans et de privations ? Parfois Mlle Fanny sortait de son rêve romanesque, et poussait un hennissement qui annonçait la leçon de lecture… Cette année-là, nous avons appris à lire dans le Nouveau Testament. Pourquoi le Nouveau Testament ? Parce qu'il se trouvait là, je pense. Et la vieille demoiselle fantôme institutrice scandait, à coups de règle sur son pupitre, le rythme des syllabes sacrées, psalmodiées en chœur : « *En ! – ce ! – temps ! – là ! – Jé ! – sus ! – dit ! – à ! – ses ! – dis ! – ci ! – ples !…* » Parfois une petite élève-bébé, qui s'était assise sur sa chaufferette pour se réchauffer, poussait un cri aigu, parce qu'elle venait de brûler son petit derrière. Ou bien une colonne de fumée montait d'une chaufferette, propageant l'odeur d'une châtaigne, d'une pomme de terre, d'une pomme d'hiver, que l'une de nous essayait de cuire dans la chaufferette… Tout autour de nous, c'était l'hiver, un silence troublé de corbeaux, de vent miaulant, de sabots sabotant, l'hiver et la ceinture des bois autour du village… Rien d'autre. Rien de plus. Une humble, une rustique image… Mais je crois que si une petite magie inoffensive pouvait me rendre ensemble l'arome de la pomme bavant sur la braise, de la châtaigne charbonnant, et surtout l'extraordinaire vieux tome du Nouveau Testament, rongé, loqueteux, moisi, mais où Mlle Fanny conservait, entre les pages, des pétales de tulipes séchés, transparents comme l'onyx rouge, des petits cadavres gris de violettes, les figures à barbe carrée des pensées du printemps, je crois, oui, que je serais bien contente. Je crois que j'emporterais avec moi, je respirerais ce grimoire à dévoiler le passé, cette clef qui rouvre l'enfance, et qu'il me rendrait mes six ans qui savaient lire, mais qui ne voulaient pas apprendre à écrire. Non, je ne voulais pas écrire. Quand on peut pénétrer dans le royaume enchanté de la lecture, pourquoi écrire ? Cette répugnance, que m'inspirait le geste d'écrire, n'était-elle pas un conseil providentiel ? Il est un peu tard pour que je m'interroge là-dessus. Ce qui est fait est fait. Mais dans ma jeunesse, je n'ai jamais, *jamais* désiré écrire. Non, je ne me suis pas levée la nuit en cachette pour écrire des vers au crayon sur le couvercle d'une boîte à chaussures ! Non, je n'ai pas jeté au vent d'ouest et au clair de lune des paroles inspirées ! Non, je n'ai pas eu 19 ou 20 pour un devoir de style, entre douze et dix-huit ans ! Car je sentais, chaque jour mieux, je sentais que j'étais justement faite pour ne *pas* écrire. Je n'ai jamais envoyé à un écrivain connu des essais qui promettaient un joli talent d'amateur, sinon un génie professionnel et, pourtant, aujourd'hui, tout le monde le fait, puisque je ne cesse d'en recevoir. J'étais donc bien la seule de mon espèce, la seule mise au monde pour ne pas écrire. Quelle douceur j'ai pu goûter à une telle absence de vocation littéraire ! Ma sauvage enfance, ma libre et solitaire adolescence, toutes deux préservées du souci de m'exprimer, toutes deux occupées uniquement de diriger leurs subtiles antennes vers ce qui se contemple, s'écoute, se palpe et se respire. Ô déserts limités, et sans périls ! Empreintes, sur la neige, des pattes délicates de l'oiseau et du lièvre ! Étangs couverts de glace, ou voilés de chaude brume d'été, et rires nocturnes de la chouette, perchée sur ma persienne ouverte. Assurément il y eut là, pour une enfant sans projets, sinon sans rêves, autant de joies que j'en pouvais contenir, une plénitude semblable à celle de la bulle ascendante dans l'eau, de la graine de chardon marchant dans l'air. Pouvais-je nommer mon école une école ? Non, mais une sorte de rude paradis où des anges ébouriffés cassaient du bois, le matin, pour allumer le poêle, et mangeaient, en guise de manne céleste, d'épaisses tartines de haricots rouges, cuits dans la sauce au vin, étalés sur le pain gris que pétrissaient les fermières… Point de chemin de fer dans mon pays natal, point d'électricité, point de collège proche, ni de grande ville. Dans ma famille, point d'argent, mais des livres. Point de cadeaux, mais de la tendresse. Point de confort, mais la liberté. Aucune voix n'emprunta le son du vent pour me glisser, avec un petit souffle froid, dans l'oreille, le conseil d'écrire, et d'écrire encore, de ternir, en les couchant chaque fois sur le papier, chacune de mes bondissantes ou tranquilles perceptions de l'univers vivant…

Jeunes gens, qui m'entendez par le truchement d'une jolie voix américaine, j'avais d'abord pensé que je vous ferais rire en vous contant l'aventure comique de l'écrivain qui ne voulait pas écrire. Et voilà que je m'avise en finissant que c'est une aventure mélancolique. Car, lorsque à dix-sept ans l'amour arriva dans ma vie, malgré l'amour et malgré les dix-sept ans, je n'eus pas non plus envie de l'écrire ni de le décrire, et je pensais que l'amour peut se passer de lettres d'amour, réfléchir sur lui-même dans le silence et se satisfaire d'une souveraine présence au lieu d'écrire son propre roman.

Pourtant, ma vie s'est écoulée à écrire. J'ai donc eu une raison qui m'a décidée à écrire ? Oui, il y en a une, et comme elle est honorable, je vous la révèle sans rougir. Née d'une famille sans aucune fortune, je n'avais appris aucun métier. Je savais grimper, siffler, courir – mais personne ne m'a proposé une carrière d'écureuil, d'oiseau ou de biche. Vint un jour où la nécessité me mit une plume en main, où, en échange de pages que j'avais écrites, on me remit un peu d'indispensable, d'urgent argent. Alors je compris qu'il me faudrait chaque jour écrire, lentement, patiemment, docilement écrire. C'est une langue bien difficile que le français. On n'a pas plutôt écrit pendant quarante ans qu'on commence à s'en apercevoir.

Il peut vous arriver, jeunes étudiants d'Amérique, de rencontrer quelque livre de Colette qui soit un peu… ou beaucoup… vous comprenez ce que je veux dire ! Si vous le lisez, dites-vous seulement qu'abrité derrière ce livre, son auteur très sage travaillait avec patience, pesait le son des mots et leur groupement, se levait tôt, se couchait tard et sortait surtout pour faire plaisir à sa chienne. Dire la vérité, est-ce le moyen de gagner votre sympathie ? Je l'espère. Je n'en suis pas tout à fait certaine. Pour me rassurer, quelqu'un, quelqu'une d'entre vous m'écriront-ils ? J'attends, et je vous envoie, à travers la mer et la guerre, l'affectueux salut du vieil écrivain qui ne voulait pas écrire.

Georges Bernanos

(1888-1948)

VIC
2011

Bernanos, l'homme de la résistance

Le vent se lève ; il fait gonfler les mots, tourbillonner les phrases : voilà Bernanos. Cet enfant de Barbey d'Aurevilly, de Barrès, du bon Dieu, a grandi sur les bancs de l'Action française. Professeur : Charles Maurras. Son sujet, celui qui le hante, le fascine, le rend furieux : le bien et le mal. « Ils se cherchent, s'appellent et chuchotent dans les ténèbres. Quelle main saisir ? » En 1926, à près de quarante ans, cet inspecteur des assurances, marié, père de famille nombreuse, lance comme un défi à l'obscurité des temps son premier roman, Sous le soleil de Satan. *Combat spirituel entre Dieu et diable, jeune femme manipulatrice : le chrétien inquiet racle le fond des âmes pour les purifier. « Tu voulais ma paix, s'écrie le saint à son ennemi, viens la prendre ! » L'heure est au combat. Guide engagé, visionnaire, prophète d'un monde qui s'effondre en refusant de croire ce que lui voit, jusqu'à l'aveuglement, Bernanos se lance corps et âme dans la bataille. Il sabre, à tort et à travers. Ses excès sont à la hauteur de sa « clairvoyance désespérée ». Au début des années trente, frémissantes de tentations extrêmes, il publie un pamphlet,* La Grande Peur des bien-pensants, *qui résonne comme un coup de tonnerre. Il y dresse le procès rageur de l'esprit modéré, de cette classe politique au ventre mou qui a mis « la France en viager », de ces conservateurs « qui ne conservent qu'eux-mêmes ». Ses mots sèment le trouble, encore aujourd'hui, « Obsession du légal, goût de la chicane macabre, charabia sentimental » : dans* Le Figaro *du sulfureux industriel François Coty, qui lui ouvre grand ses colonnes, Bernanos décrit les symptômes de « l'esprit de vieillesse ». « Au point où j'en suis d'humiliation et de dégoût, poursuit-il, je dis la vérité chauffée à blanc. » Ça brûle le papier. Ses proies sont saisies comme dans de l'eau bouillante. Il s'adresse à la jeunesse, aux « derniers hommes libres », rompt avec son maître, Maurras, annonce avec tristesse un irrésistible déclin, prophétise des lendemains terribles : « Les vrais charniers ne sont pas dessous mais dessus », lance-t-il aux « messieurs gantés de noir, généralement surmontés d'un parapluie » qui se penchent à n'en plus finir sur les morts de la dernière guerre. Homme de ruptures – y compris avec ses propres intérêts – mais de fidélité à lui-même, ce solitaire cherche l'élévation, se brouille avec Coty dont la ligne lui déplaît, avant de revenir au* Figaro *pour répondre à ses détracteurs. On ne le verra jamais mettre un genou à terre devant quiconque, sauf Dieu. En 1932, il salue un autre voyageur du bout de la nuit qui fait scandale, Céline ; appelle la chrétienté à « courir des risques » pour trouver le salut : « Étrange illusion d'imaginer qu'on puisse arracher Dieu du monde sans y déchaîner des monstres ! » Il voit tout. Quelques années plus tard, il revient d'Espagne avec un pamphlet terrible –* Les Grands Cimetières sous la lune *– dans lequel il dénonce les exactions franquistes, commises avec la bénédiction de certains évêques. Il est un phare qui ne craint pas d'éclairer ses propres ombres. En 1940, installé au Brésil, il poursuit sa résistance au diable.*

Paru le samedi 16 janvier 1932

L'esprit de vieillesse

Tout homme finit par découvrir un jour une vérité dont il serait d'ailleurs peu sage de laisser partager à la jeunesse le fruit amer : c'est que la vieillesse est frivole. D'une frivolité tempérée par la calvitie, le rhumatisme, la goutte et le catarrhe, pour ne rien dire d'autres servitudes et par exemple de ces passions-spectres, sans mouvement, sans couleur et sans chaleur, bien que d'une voracité horrible, images pétrifiées de l'adolescence. Car enfin, n'était ce providentiel épanouissement du ventre et la raideur des muscles qui confère à la démarche du plus modeste retraité quelque chose de la majesté des homérides, on m'accordera volontiers, je suppose, que la dureté de nos mœurs aurait déjà fait du vieillard emporté bon gré mal gré, mains tremblantes et chef branlant, au rythme accéléré de la vie moderne, une sorte de gamin septuagénaire assez lugubre. Ne parlons pas, bien sûr, du caractère sacré de la vieillesse : vous feriez rire les petits barbares polytechniques, lesquels n'ont pas renié leur âme pour retrouver Dieu sous les espèces de n'importe quel bonhomme affligé d'une sous-ventrière. Et ledit bonhomme, entre nous, n'a que faire de nos vénérations : l'idée de jouer les Nestors l'humilie. Je crains même qu'elle n'éveille à la longue en lui une secrète, une inavouable terreur. Cinquante ou soixante ans plus tôt, en pleine apothéose de la science, en pleine crise d'anarchisme mondain – Jean Grave et Bakounine – le patriarche alors ingambe soutenait peut-être la gloire naissante de Malthus. Comment diable ne songerait-il pas aujourd'hui qu'un exact contrôle des naissances risque d'avoir tôt ou tard pour corollaire une solide multiplication et accélération des décès par sénilité ? Pour ma part, rien ne m'empêchera de croire, dussé-je scandaliser une fois de plus les Respectueux, mes frères, qu'une certaine furie anticonceptionnelle aura un jour ce dénouement. Mais cela est une autre histoire. « La Vie moderne – m'expliquait dernièrement un de ces garçons sans âge qui ont l'air de sortir d'un livre de M. Pierre Frondaie – exige des réflexes très sûrs. » Parbleu ! Aussi, n'étant pas plus qu'un autre « à la justice enclin », vêtu non pas « de probité candide ni de lin blanc », mais de flanelle, et d'ailleurs assez connu de toutes les Moabites du quartier de l'Europe, le Booz laïque s'est réfugié dans la politique. Passez la main au creux de n'importe quelle fente, de la simple fissure d'un conseil municipal à la spacieuse crevasse du Luxembourg, vous êtes certain de ramasser par poignées ces grosses mouches d'hiver, couleur de cendre. De ces profondeurs l'esprit de vieillesse gagne peu à peu tout le pays. Et sans doute le savions-nous déjà maître secret de l'histoire moderne. Il l'a faite. La Révolution est son œuvre. Comme la France était jeune encore au temps de la Fronde ! Aussi jeune qu'au treizième siècle peut-être, avec on ne sait quoi d'insolent et d'amoureux qui devait révolter les vieillards bourrés de Plutarque et de droit romain comme les dindes de marrons, ces bonshommes parlementaires à la Broussel, les guignols graves obsédés d'images lugubres, de chaînes, de claies, de carcans, de tout l'appareil enfin du bourreau, avec ce jargon moraliste si bien fait pour exprimer la froide délectation de la haine, et que personne ne s'étonnera de retrouver cent vingt ans plus tard dans la bouche de Robespierre… Oui, de 1774 à 1789, la France a vieilli de mille ans. On dirait que l'avènement d'une jeune reine, sa présence triomphale, a suffi pour porter soudain au dernier degré de la virulence tous les poisons de la sénilité. Contrat social, Assemblée, Constitution – des idées de vieux… Si vieilles qu'un notaire de 1830, libéral et voltairien, apparaît bien plus que Barbès ou Proudhon l'héritier authentique des robins de la Convention. Même obsession du légal, même goût de la chicane macabre, et ce charabia sentimental tel qu'en invente n'importe quel écornifleur septuagénaire qui débauche une servante. L'avarice l'emporte chez l'un, le goût du sang chez l'autre, double forme de l'impuissance. La Restauration elle-même, comme vient de nous le rappeler Robert Vallery-Radot dans son admirable livre plein d'entre-lueurs, ainsi qu'une flamme promenée sur les cimes, a été une création de l'esprit de vieillesse. Tout au long du dix-neuvième siècle le prétendu homme d'ordre, sous le nom réellement impayable de Bien-Pensant, ne se distinguera de son émule mal-pensant, radical et maçon, que par la crainte, d'ailleurs intermittente, du diable. L'un et l'autre croient dur comme fer à la fatalité démocratique, c'est-à-dire qu'ils se considèrent comme des personnages de transition, intermédiaires entre deux âges de l'Humanité, n'ambitionnant que les bénéfices du courtage. Dans la zone de son influence, un Broglie n'est pas moins destructeur qu'un Clemenceau. Mais, chacun selon sa nature, attentifs à ne détruire que ce qu'il faut pour livrer passage au courant irrésistible, aussi peu ménagers des principes que respectueux des habitudes et des préjugés de leur clientèle, ils méritent également le nom de conservateurs. « Conservateur, disait Drumont – conservateur de soi-même. » Un certain radicalisme n'a été, aux temps héroïques du régime actuel, que l'exploitation rationnelle de l'envie. Trop discret, trop véritablement bien élevé pour utiliser un des sept péchés capitaux, le conservateur s'est contenté de tirer modestement parti de l'égoïsme sénile. Il a mis la France en viager.

On a pu croire que le premier choc de la guerre porterait à l'esprit de vieillesse un coup mortel. Mais un moment comme frappé de stupeur, il est reparti presque aussitôt à la conquête du monde. Depuis des siècles, les circonstances ne lui ont jamais été plus favorables. Il faut beaucoup de candeur, en effet, pour juger la vieillesse sur l'image, par exemple, que s'en est faite l'antiquité, au temps où elle apparaissait à tous ainsi qu'une espèce de sacerdoce. Il y a réellement peu de rapport entre un patriarche rustique dont la vie s'est écoulée entre les mêmes collines, qui, entouré de ses petits-enfants, s'apprête à rejoindre les Dieux, et quelques-un de ces bonshommes cyniques, généralement célibataires, tels que l'affairisme ou la politique en nourrit aujourd'hui par millions, que la mécanique docile – machine à écrire, à calculer, téhéseph, téléphone, automobile – entretient dans l'illusion de l'activité, mais qu'enrage un peu plus chaque jour la perspective d'une prochaine plongée dans le Néant. Étrange illusion d'imaginer qu'on puisse arracher Dieu du monde sans y déchaîner des monstres ! Avec ou sans déluge, la boue originelle va recommencer d'engendrer. Nous verrons de quoi est capable l'esprit de vieillesse quand l'anime, non pas seulement l'indifférence, mais la haine de l'avenir dont toute espérance surnaturelle est désormais pour lui bannie, et qui va dévorer ses os ! Voilà peut-être ce qu'est venu annoncer aux niais d'Occident ce vieux petit homme à tête de vipère, Gandhi.

Paru le lundi 29 février 1932

Plaidoyer
pour les crimes passionnels

Les gens qui s'entretuent par amour ne sont pas si bêtes qu'on pense. Comme il y a d'ordinaire un survivant, conformément à la loi qui régit ces sortes de drames, je peux contempler à loisir sa figure sur le journal. Tristes visages obliques que j'imagine au moment décisif, la seule minute décisive de leur pauvre vie, défigurés, torturés par la rage, la peur, la vanité, toutes les impuissances à la fois, misérables, misérables créatures ! Un jour, un jour d'avant-guerre, au coin de je ne sais laquelle de ces petites rues innocentes de Belleville pleines, l'été, du parfum des salades fraîches et d'autres odeurs potagères, j'ai vu entre deux sergents de ville, grimaçant et gesticulant, un de ces pierrots hagards, livides, la face comme barbouillée de farine, avec des yeux qui sautent et la bouche tremblante, la moue pitoyable de l'enfant perdu dans un square. À vingt pas (mais si loin, si loin déjà vers l'irréparable passé !...) un mince petit mannequin noir, drôlement acculé au mur, la tête roulant sur l'épaule. « Je n'en reviens pas, disait la fruitière, vous auriez cru qu'il lui tendait son sac à main. » Mais l'autre, le petit mannequin noir, n'en revenait pas non plus : elle était morte.

Eh bien ! non, quand même, ils ne sont pas si bêtes qu'on pense, ces guignols si laids à voir au grand jour des assises, victimes désignées par avance à toutes les trahisons, mystifications et autres farces lugubres que la vie propose à leur espèce, masques de jocrisse sur lesquels est venue se poser un jour la grosse mouche noire du drame et qui, la mouche envolée, se retrouvent tels quels, face à la foule immense, anonyme, d'où ils sont sortis comme d'un rêve et où ils brûlent de se perdre à nouveau. N'importe ! Ils sont de leur temps, ils sont dans l'esprit du siècle. Je m'épuise à le dire et même à l'écrire : pour comprendre l'esprit du siècle il ne suffit pas d'être moraliste (excusez-moi, je ne peux pas prononcer ce mot sans rire), il faudrait être encore théologien. L'esprit du siècle est une théologie bâtarde, dégénérée. Le monde moderne n'a pas arraché, n'arrachera jamais, sinon peut-être de son cerveau ou de son cœur, du moins de ses entrailles, la notion chrétienne de l'amour absolu, mille fois plus exigeant et plus strict, dans son inflexible pureté, qu'aucune justice. Admirable prévenance du catéchisme qui nous invite à aimer le prochain comme nous-mêmes, sans plus !... Sur l'invitation des nouveaux prophètes, la chrétienté renégate s'est mise à s'aimer elle-même non comme elle avait aimé Dieu, mais comme elle croyait jadis que Dieu l'aimait. Le fameux « Aime-moi ou meurs » commence à retentir d'un bout à l'autre de la planète. Avez-vous remarqué (mais non ! vous ne l'avez pas remarqué !...) combien la littérature humanitaire a depuis vingt ans changé de ton ? La pleurnicherie ne se porte plus. Ces messieurs viennent de découvrir le péché originel sous les espèces de ce qu'ils nomment pudiquement le Bellicisme et il s'agit de résoudre l'objection, n'est-ce pas, par tous les moyens. Coûte que coûte on effacera la tache de sang, dût la peau partir avec, ah, mais ! Le délégué de l'Espagne républicaine le disait l'autre jour à Genève, en patois : « Ne parlons pas d'humaniser la guerre, supprimons-la ! » « Oui ! guerre à la guerre ! », reprenaient en chœur les affreuses pétitionnaires américaines, en grinçant des dents. Et si l'humanité n'allait pas obéir tout de suite ? Dieu sait ce que nous vaudra demain l'abjecte déception sentimentale de ces furies.

On va se tuer par amour, c'est clair ! On ne peut même plus raisonnablement se tuer pour autre chose que pour ça. Tout autre prétexte serait absurde. Mais quand on se tue par amour, rien n'est trop beau, ni trop cher, rien ne tue assez. Pas de pitié pour qui refuse la grâce, pas d'excuse aux péchés de l'esprit ! Du moins Ève pourrait-elle dire au juge : « C'est le serpent qui m'a trompée ! » Il n'y a plus de Dieu, plus de diable, plus de serpent, plus rien. Plus rien que « ce vieux péché en nous organisé » dont parle Claudel et désormais inexplicable. Comme notre espèce, hier toute prête à s'adorer, va se haïr demain ! La moitié du monde occupée à exterminer dans l'autre sa propre contradiction, cela promet de l'agrément ! Qu'importe, n'est-ce pas, pourvu que se réalise le vieux rêve juif de rédemption par le fer ? M. Edmond Fleg, dans sa curieuse *Anthologie,* ne nous cache pas là-dessus sa pensée. « Le Judaïsme, dit-il, est uniquement orienté vers l'avenir de la terre ; c'est sur la terre qu'il veut voir se réaliser le royaume céleste de la vérité et de la vertu. C'est pourquoi il se sent si bien en harmonie avec l'esprit de notre époque, c'est pourquoi il éprouve un si profond besoin d'être admis dans la société moderne, car les temps nouveaux réclament ce qu'il réclame : le Règne terrestre de la vérité et de la vertu. »

Mais je m'en voudrais de ne pas finir sur ce que les agences appellent, avec, bien entendu, le génitif à la mode, « une note de confiance et d'optimisme ». Eh bien ! rassurez-vous. Les capitaux sont prêts, l'outillage au dernier degré de la perfection technique. Cela peut aller très vite. Vous ne souffrirez pas longtemps.

Paru le vendredi 24 juin 1932

Le temps de la colère

A l'annonce de la signature de l'armistice, Lénine écrivait au camarade Zinovieff : « Notre triomphe est complet ; Wilson, Lloyd George et Clemenceau demandent et proposent un armistice. » Et la *Gazette Rouge* avait publié la nouvelle avec cette manchette : « Capitulation complète de la bourgeoisie. »

Le 8 novembre 1920, presque jour pour jour : « On vous ment, disait en substance le maréchal Foch à un rédacteur du journal *Le Matin*. Cette paix n'est pas une paix de justice, c'est l'escroquerie de la victoire et j'en connais les bénéficiaires. »

Les connaissait-il, en effet ? Ou ne pensait-il qu'aux guignols politiques dont les mépris concertés, les mystifications, les silences, exaspéraient son orgueil. A-t-il entrevu derrière eux les maîtres invisibles auxquels sa génération avait si follement refusé de croire ? Qu'importe !

« Voici que mûrit l'idée d'une République universelle basée sur le principe d'égalité absolue des hommes et la communauté des biens d'où soit bannie toute distinction de nationalité... Mises en pratique, ces théories doivent fatalement déchaîner un régime de terreur inouïe. » Ainsi parlait le Souverain Pontife dans son *Motu proprio* du 25 juillet de la même année 1920, l'année augurale, l'année fatale.

Mais, bien avant Benoît XV, la plus puissante des Sociétés spirituelles du monde avait laissé entrevoir ses desseins, marqué sa volonté. En juin 1917, à la première réunion du Congrès maçonnique interallié, le président de l'assemblée, M. Corneau, déclarait que « la Maçonnerie avait changé l'esprit de la guerre en faisant d'un conflit national un conflit social, une nouvelle étape de la Révolution universelle ». « Vous croyez avoir fait la guerre, s'écriait Viviani, président de la Commission de la Paix : vous avez fait une révolution. » Laquelle ?... M. Lebey va vous le dire : « La Société des Nations a été le but même de la guerre. » La Société des Nations que la Grande Loge de France définit ainsi : « Un État supranational investi des trois pouvoirs : exécutif, législatif et judiciaire, dont l'activité sera sanctionnée par une armée internationale. » Société des Nations ? Mais de quelles nations ? « Un peuple, déclare solennellement le même Congrès maçonnique, qui ne possède pas les institutions démocratiques indispensables à son développement, ne peut pas constituer une nation. » Paroles funèbres où tout homme libre peut voir s'inscrire et rougeoyer son destin. La Démocratie ou la Mort.

« L'État moderne, déclare enfin le F. Masaryck, président de la République tchécoslovaque, a pris les fonctions de la théocratie, surtout de l'Église, et c'est par là qu'il est un État nouveau et démocratique. »

Finissons sur un sourire : au légendaire Congrès de Blerville, l'ancien évêque d'Arras, Mgr Jullien, concluait modestement : « Le catholicisme reconnaît dans les organisations de Genève l'aboutissement de sa théologie sur le droit international. »

J'ai emprunté ces citations, entre tant d'autres aussi fulgurantes, au dernier livre de Robert Vallery-Radot dont le titre est à la mesure des perspectives qu'il découvre : *Le Temps de la colère*. Mais sur la bande écarlate dont l'éditeur Grasset a pris soin d'entourer chaque volume vous pourrez lire : « Mystification de la guerre ».

Je pèse ici mes mots. Nulle force au monde n'est capable d'arrêter les immenses troupeaux qui sur toutes les routes de la terre, en silence, se hâtent vers leur destinée. Nous ne parlons, nous n'écrivons plus que pour une poignée d'hommes libres. C'est à ceux-là que je voudrais dire, d'abord : Prenez ce livre. Non pas, notez-le bien, qu'il ait désormais besoin du suffrage de qui que ce soit. Je l'ai vu se former peu à peu sous mes yeux, j'en ai lu les premières épreuves encore fraîches, sans éprouver autre chose qu'un profond sentiment de délivrance intérieure. Il m'a fallu le tenir tout entier entre mes mains pour qu'il m'apparût enfin clairement ce qu'il est : un signe éclatant désormais inséparable des événements qu'il annonce. Car s'il est vrai que le travail de l'esprit ait ici rassemblé les éléments nécessaires, une force beaucoup plus mystérieuse qu'il faudrait appeler de son vrai nom, l'espèce de génie impérieux, divinatoire, qui est l'âme même de la Poésie, une puissance, une volonté que Péguy eût dite charnelle, en a tiré tout à coup une sorte d'évidence surhumaine. Le paysage historique, une fois reconstitué avec ses plans et ses arrière-plans, a été dominé en un éclair, incorporé, ainsi qu'en certains vers prophétiques de Virgile ou de Dante, ces autres paysages de ciel, d'arbres et d'eau... Entre vos mains comme à la vitrine du libraire, rien n'empêchera la vérité ainsi fécondée de bouillir, pareille au vin dans la cuve. Et d'ailleurs pourquoi parler de succès, de publicité, de tirages ? Ce livre s'impose comme un fait.

Mystification de la guerre. Quelle surprise pour les Respectueux, les Circonspects ! Non pas que ces messieurs aient été toujours dupes de l'histoire officielle et n'y flairent même parfois quelque imposture. Mais la secrète, la sournoise espérance de leur cœur reste qu'il n'est réellement de mystifiés que les morts.

« Cette guerre, écrit magnifiquement Robert Vallery-Radot, qu'un Péguy, un Psichari, un Cochin, des milliers d'autres, avaient pressentie et offerte comme l'holocauste de toutes nos erreurs, ils n'en veulent plus accepter l'enseignement mystique ; elle ne sera plus désormais qu'une faillite commerciale, sans auteurs responsables, à liquider le plus vite possible sur le dos des millions de morts, de veuves, d'orphelins, par un consortium international de banquiers, de philanthropes, de démocrates, qui communient dans on ne sait quelle liquéfaction ignoble des vertus chrétiennes. »

On voudrait demander ici, selon l'usage, une minute de silence... À quoi bon ? Voilà des années qu'à chaque commémoration solennelle un certain nombre de messieurs gantés de noir, généralement surmontés d'un parapluie, se conforment à ce rite bizarre, et rien, rien, jamais rien – pas un soupir – n'est monté des grandes demeures souterraines. Citoyens ! au lieu d'aller vous promener de temps en temps dans les cimetières pour jurer je ne sais quoi à des garçons depuis quinze ans hors d'état de vous rappeler vos promesses, vous feriez mieux, tandis qu'achève de mûrir la catastrophe prochaine, de porter vos pas au jardin du Luxembourg, par exemple, vers cinq heures, lorsque les terrasses illustres resplendissent de mille jeunes visages fleuris, ou qu'au coucher du soleil, de la fontaine Médicis aux lointaines pépinières, l'immense parc doré roucoule comme une colombe. Ainsi vîtes-vous leurs pères, en 1914, bons marronniers, avec ce signe au front, ces voix trop dures, ce même regard prédestiné...

Les vrais charniers ne sont pas dessous, mais dessus.

P.-S. – Je n'étonnerai personne en disant que la politique d'Union nationale telle que la proposait Figaro *dimanche dernier n'est pas la mienne. J'ajoute que la formule des hypocrites qui escomptent déjà les bénéfices d'un prochain retour au pouvoir de M. Tardieu ne me satisfait pas davantage. La résolution que je prends de cesser aujourd'hui ma collaboration à ce journal ne change rien, bien entendu, à mes sentiments personnels envers un directeur dont je m'honore de rester l'ami et qui m'assurerait demain comme hier, dans* Figaro, *une liberté absolue d'appréciation personnelle. Et sans doute je ne m'éloigne pas sans regret. Mais dans toutes les circonstances de ma vie je crois n'avoir jamais payé trop cher le droit de mépriser qui me plaît. – G. B.*

P.-S. – *Nous ne pouvons que regretter la décision de notre éminent collaborateur et ami Georges Bernanos. Bien que persuadé qu'un malentendu y entre pour une large part, nous n'estimons ni pouvoir ni devoir nous faire juge d'un éloignement motivé par des raisons personnelles de la nature la plus hautement respectable.* – F. C.

Paru le samedi 22 octobre 1932

Remparts de papier

La note de M. Charles Maurras sur « les malheureux », les « misérables » rédacteurs de ce journal – rédaction qu'il a bien voulu qualifier plus loin d'écurie – me trace assez mon devoir si j'ose appeler de ce grand nom, à propos d'un débat ridicule, une simple convenance, et qui s'accorde d'ailleurs à mon plaisir. Dieu veuille que je réussisse à détourner sur moi seul l'ouragan didactique et scolaire, trois ou quatre colonnes quotidiennes d'un Juvénal bâclé ! Je l'écris ici comme je le pense : d'où qu'il vienne désormais, le pathétique verbal ne m'emplit plus que de tristesse. Hier encore, au cours d'une représentation de l'extraordinaire film de *Kadetten* tandis que nous regardions s'épanouir sur la toile enchantée, dans un silence plein de présages, la rude fleur de la jeunesse allemande, je ne me sentais pas autrement rassuré d'appartenir à un peuple si passionné pour le droit, la logique et la grammaire – ou plus généralement le discours français. Pas rassuré pour nos fils. Car en ce qui me concerne – j'écris ça aussi comme je le pense –, j'avoue n'avoir pas vu sans plaisir cette belle portée de louveteaux. Les voilà déjà presque adultes, et je ne suis pas non plus un vieillard. S'il est vrai que j'ai moi-même ajouté quelques feuilles vaines à la ridicule montagne de papier, maintenant notre seul rempart contre la méfiance, la haine et la rapacité du monde, j'en recevrai volontiers bientôt quittance des mains de ces jeunes guerriers, avec une balle dans le ventre. Tout vaut mieux que de lire encore dans cinq ans, dix ans, vingt ans des phrases sur la rive gauche du Rhin, supposé que le fin du fin et le paradoxe du patriotisme français ne soient pas à ce moment-là l'occupation de la rive gauche de l'Oise. Hélas ! à chaque nouvel enfoncement de mon malheureux pays, j'entends depuis mil neuf cent huit des voix amies me souffler à l'oreille : « Nous avions raison ! » Et la France donc ! Seulement, voyez-vous, en politique comme en amour, d'*avoir eu* raison n'a jamais rien rapporté à personne. *Avoir raison*, tout est là. Avoir raison, c'est d'être vainqueur. Et sans doute il nous est doux de penser que notre peuple compte un si grand nombre de beaux esprits capables de tirer la leçon des maux passés, pour prédire avec plus d'assurance encore les maux à venir, mais j'aimerais beaucoup aussi appartenir à une race de maîtres. L'esclave grec qui jouait de la cithare, commentait Aristote ou donnait médecine à quelque gros Prêteur romain, presque aussi ignorant et barbare qu'un Thrace, avait eu raison, lui aussi. Mais quand son seigneur était rassasié de sagesse, il ne l'en faisait pas moins fouetter par le *lorarius*, et le malheureux allait manger avec les femmes, en pleurnichant, sa galette et ses olives. Car il avait tort d'être esclave, et cet autre tort d'être un esclave raisonneur.

P. S. – *En reprenant ma place dans ce journal en un moment où il serait honteux de me dérober, il m'est malheureusement difficile de ne pas faire, quoique à regret, au moins allusion à la note par laquelle M. Maurras a cru répondre, voici cinq mois, à une lettre d'adieux où je m'étais efforcé, selon mon devoir, de faire toute la part possible à la gratitude, à l'admiration, au respect. La courtoisie de l'auteur allait même jusqu'à y faire une discrète allusion à mes charges de famille, me rappelant ainsi qu'à la guerre prochaine dont il sera cette fois encore la vaine, l'impuissante Cassandre, j'aurai autre chose à risquer que de l'encre et l'approbation des beaux esprits futurs. N'appartenant à aucune coterie, n'ayant jamais écrit que pour quelques âmes dont le nombre, il est vrai, s'était un moment dangereusement accru, mais que l'avenir, je l'espère, réduira de plus en plus, on comprendra que je sois totalement insensible à certaines insolences trop forcées. Disons simplement une fois pour toutes et pour n'y plus revenir que M. Charles Maurras est à l'abri au plus sûr, au plus profond de mes souvenirs de jeunesse, et qu'il lui est parfaitement loisible de m'outrager de là sans risque. Je ne marcherai pas sur mon propre passé pour atteindre un homme dont je souhaite de toutes mes forces que la vieillesse ne soit pas une immense déception pour mon Pays.*

Me sera-t-il permis d'ajouter encore, et pour ne rien omettre, que je me sens parfaitement à ma place aux côtés de l'homme le plus admirablement mal de ce temps ? Grâce à lui j'assiste, depuis six mois, à un spectacle extraordinaire qui eût enchanté d'amertume le vieux Dru-

mont. Du flanc gauche de l'opinion française, l'inflammation a gagné peu à peu vers la droite. L'ingratitude et la peur se rejoignent, ne font plus désormais qu'un seul foyer de purulence. Le pus de la haine fuse et siffle de toutes parts. C'est très beau.

Il est infiniment peu probable qu'on m'intimide jamais assez pour m'arracher à une expérience où la confiance et l'espoir risquent de renaître de la saturation du dégoût. – G. B.

Paru le mardi 13 décembre 1932

Au bout de la nuit

M. Céline a raté le prix Goncourt. Tant mieux pour M. Céline. On n'a pas vu, on ne verra donc plus jamais – Dieu soit loué ! – M. Céline couronné par M. Gaston Chérau, Maupassant de sous-préfecture, ni même par notre cher Dorgelès que nous croyons décidément passé à l'ennemi, c'est-à-dire aux dames du monde que *Partir* avait bouleversées. Malheur aux lapins agiles qui se laissaient approcher par ces charmeuses de lions, jusqu'à venir manger au creux de leurs belles mains !

Il y avait sans doute M. Léon Daudet. Nous avons vu M. Léon Daudet six fois dans notre vie, pas une de plus, nous le disons, nous le répétons, nous le soutiendrons même sous le bonnet cornu et la chemise soufrée lorsque nous auront définitivement convaincu d'hérésie le Consistoire de la bonne ville de Marligues et Maître Maurras en qui l'illustre critique M. Maurice Pujo, seul de toute la presse française, a très bien su discerner le prototype des humbles héros de nos livres, l'abbé Donissan, l'abbé Chevance. Nous n'avons vu M. Léon Daudet que six fois dans notre vie, mais nous le connaissons bien tout de même. Nous n'avons jamais douté du premier mouvement de son cœur, ni qu'il gardât souvenir de son propre *Voyage au bout de la nuit*, avec un nommé Shakespeare. Seulement voilà tantôt vingt-cinq ans que le dictateur spirituel du Nationalisme français prétend, sous prétexte d'hellénisme, nourrir ce carnassier de croquignoles romanes tirées toutes moisies du drageoir de M. Anatole France, et qui feraient éternuer de colère la chouette d'Athénée. Lorsque le romancier des *Bacchantes* échappe à son tyran, Dieu sait d'ailleurs où notre charmant confrère Pampille le retrouve, et les joues barbouillées de quelles sauces ! Allait-il rompre de nouveau son jeûne en faveur de M. Céline ? Braverait-il pour une telle cause les bien-pensants et bien-pensantes de la Ligue, les souscripteurs et souscriptrices indéfectibles, ou ces adolescents déjà centenaires qui croient fermement que l'*Ode à la bataille de la Marne* est avec celle de la *Prise de Namur* le sommet de la poésie française, et fondent des revues sans lecteurs pour avoir le droit de venir eux-mêmes souffler pieusement, tour à tour, dans ce mirliton d'airain ? M. Léon Daudet a tout bravé. Dieu le bénisse !

Pour moi, j'ai un devoir à remplir, non pas certes envers M. Céline qui me paraît capable de faire face tout seul à n'importe quelle conjoncture, mais envers un public que risque de prendre au dépourvu un livre dont aucun homme sensé ne recommandera la lecture à sa femme, et moins encore à sa fille. Nous dirons un autre jour, ou nous laisserons à de plus qualifiés que nous le soin de dire ce que l'artiste peut penser d'une œuvre extraordinaire, comparable au déroulement du flot dans la nuit noire, lorsque paraît et disparaît sans cesse, à chaque palpitation simultanée du vent et de la mer, la frange livide de l'écume. Que ce grand mouvement de poésie passe ou non inaperçu de mes contemporains, cela ne m'importe guère, non plus, je suppose, qu'à M. Céline. J'essaie simplement de calculer sa puissance et sa portée, déjà mesurables d'ailleurs à certain grondement souterrain et à l'ébranlement de plusieurs gloires usurpées.

M. Céline scandalise. À ceci, rien à dire, puisque Dieu l'a visiblement fait pour ça. Car il y a scandale et scandale. Le plus redoutable de tous, celui qui coûte encore le plus de sang et de larmes à notre espèce, c'est de lui masquer sa misère. Jamais cette misère n'a été plus pressante, plus efficace, plus savamment homicide, avec un tel caractère de diabolique nécessité, mais jamais aussi elle ne fut à ce point méconnue. Le grand seigneur d'autrefois pouvait vivre dans une opulence que l'abaissement de nos mœurs nous permet à peine d'imaginer. Il restait, par sa seigneurie, trop près de la terre, du peuple de la terre, de son peuple, pour risquer de montrer l'ignorance imbécile, béate, d'ailleurs repue d'enquêtes et de statistiques, de nos modernes bien-pensants. Nous disons qu'un palatin ou un boyard qui mangeait dans l'or, mais rendait lui-même la justice, et à l'occasion servait les pauvres et touchait les lépreux, en savait infiniment plus long sur la misère qu'un petit bourgeois de notre pays. Nous disons que des millions et des millions d'hommes meurent aujourd'hui sans avoir vu une fois, une seule fois le vrai visage de la Misère, la trogne horrible, le visage sacré de la Misère. En quoi les espèces de contremaîtres qu'une police vigilante filtre à la porte des usines nous renseignent-ils sur le prolétariat ? Que diable les pauvres filles terrorisées de Montmartre ou de Montparnasse peuvent-elles nous apprendre de la prostitution ? À lire les tirades ridicules de certains défenseurs de l'ordre, on comprend très bien que leur expérience de la Misère vaut celle qu'une demoiselle de magasin s'imagine avoir du grand monde. Quelle idée peuvent bien se faire de la Révolution ces gens-là ? Demain comme hier elle les trouvera occupés à astiquer soigneusement les buffleteries du gendarme, dans le ferme espoir que nulle révolution ne prévaudra contre un gendarme bien astiqué.

Pour nous la question n'est pas de savoir si la peinture de M. Céline est atroce, nous demandons si elle est vraie. Elle l'est. Et plus vrai encore que la peinture ce langage inouï, comble du naturel et de l'artifice, inventé, créé de toutes pièces à l'exemple de celui de la tragédie, aussi loin que possible d'une reproduction servile du langage des misérables, mais fait justement pour exprimer ce que le langage des misérables ne saura jamais exprimer, leur âme puérile et sombre, la sombre enfance des misérables. Oui, telle est la part maudite, la part honteuse, la part réprouvée de notre peuple. Et certes, nous conviendrons volontiers qu'il est des images plus rassurantes de la société moderne, et par exemple l'image militaire : à droite les Bons Pauvres, gratifiés d'un galon de premier soldat, de l'autre côté les Mauvais, qu'on fourre au bloc… Seulement n'importe quel vieux prêtre de la Zone, auquel il arrive de confesser parfois les héros de M. Céline, vous dira que M. Céline a raison.

Nous plaignons ceux que le spectacle de la solitude du pauvre, de son effrayant exil, incite au désespoir plus qu'à la compassion – nous voulons dire à toutes les audaces, à toutes les colères, à toutes les fureurs de la compassion. Car enfin, même sous la bannière de l'Ordre, il s'agit de s'entendre ! Veut-on sauver les Misérables, ou veut-on seulement les réduire ? Dans la seconde hypothèse on ne trouvera rien de mieux que l'esclavage, institution d'ailleurs beaucoup plus religieuse que sociale, et à laquelle le monde antique, dont on nous rebat les oreilles, a dû la meilleure part de sa gloire. Mais si l'on tient, comme vous et moi, pour la première, nulle besogne plus pressante que refaire une chrétienté. Seulement une chrétienté, voyez-vous, ça ne se refait pas sans un peu de scandale et même – comme l'écrivait jadis le jeune Lyautey – sans inquiéter les fortunes. Une chrétienté peut se refaire, à condition d'en courir les risques. Et le monde moderne ne paraît pas très décidé à les courir. En sorte que ce voyage au bout de la nuit n'est pas près de finir – mais on en verra sûrement le bout. Le bout de la nuit, c'est la douce pitié de Dieu, cette douce pitié de Dieu à laquelle je m'étais permis de renvoyer un jour M. Maurras, et dont le seul nom l'a fait – du diable si je sais pourquoi ! – siffler et grincer comme un rat pris sous une poutre – la douce pitié de Dieu – c'est-à-dire la profonde – la profonde – la profonde Éternité.

Henry de Montherlant

(1895-1972)

Entré à l'Académie française en 1960.

2011

Montherlant, l'intransigeant

« La sagesse isole autant que le génie »... « La discrétion dans l'amabilité est en tout temps une vertu plus fine que l'amabilité elle-même »... « L'espérance est la volonté des faibles »... Nul besoin de domestique pour annoncer Henry de Montherlant en parcourant ses chroniques du Figaro. *Il se reconnaît à la cambrure de sa phrase. Il vole en altitude, altier, souverain, provocant. C'est un moraliste, sanglé dans son style, impeccable. Au milieu des années trente, trentenaire, bientôt quadragénaire, il est un nom, une colonne, dont les journaux, de tous bords, s'enorgueillissent. Depuis* Le Songe, *il est, aux côtés de Mauriac, Maurois et Morand, l'un des quatre « M » de l'écurie Grasset, maison d'édition qui s'y entend pour faire reluire le pelage de ses cracks. Sa piste est tracée. Il est l'homme des amitiés fraternelles, de l'héroïsme des stades, de la grandeur d'âme. Pour graver ses mots dans le marbre, il pose devant son œuvre en statue. Petit, la mâchoire volontaire, les cheveux coupés en brosse, il masque sa timidité sous une froideur qui passe volontiers pour du mépris. De son éthique émane un parfum d'antique. On le prend pour un héros, ce qui ne lui déplaît pas, mais ce qu'il n'est pas. En 1932, il publie* Mors et Vita, *reproche à la France sa mollesse : « Alors que l'élite allemande a sauvé l'Allemagne des conséquences de sa défaite, l'élite française contribue puissamment au sabotage de notre victoire. » Il brûle, tel un sportif courant en tête avec pour idéal la flamme olympique, devant l'affadissement des corps, la veulerie des esprits. En 1938, au lendemain des accords de Munich, il dénonce le triomphe d'une « morale de midinette ». Le cycle est clos. Dans le domaine romanesque, Montherlant publie* Les Célibataires, *puis la série des* Jeunes Filles. *Elles ne sont pas*

en fleurs, mais en pleurs devant la muflerie de Costals qui résiste au mariage, car un véritable artiste ne saurait y sombrer : « Je me moque de l'humanité, tranche ce personnage sans pitié. Si j'étais Dieu, ce que j'aimerais dans un être, ce serait ma grâce. »

Paru le samedi 9 décembre 1933

Déjà commence le silence des soldats...

Nous sommes heureux de publier la belle page que l'on va lire, due à M. Henry de Montherlant. C'est une primeur de qualité toute particulière, car cette page est extraite d'une causerie que l'auteur de Mors et Vita a faite au Cercle Militaire, sous la présidence du général Hartung, devant les élèves de la promotion de l'École de guerre, qui seuls étaient admis.

Comme moi, et mieux que moi sans doute, vous savez à quoi nous sommes promis. Hommes que nous sommes, ne nous plaignons pas d'avoir été mis dans des conditions d'existence viriles : ce n'est pas un mauvais sort qui nous est là départi, et, si j'ose aller au bout de ma pensée, j'aime presque que la part de l'espérance y soit aussi faible… Il ne s'agit pas de trouver des paroles d'espoir, mais des paroles de réalité.

L'espérance est la volonté des faibles. Elle aussi, comme à l'éloquence, il faudrait lui tordre le cou.

Pessimisme joyeux ? Non, pessimisme serein, de cette sérénité qui est comme l'énergie de l'acceptation.

L'acceptation ! Voilà vingt ans que je réponds par ce mot au spectacle de l'univers. J'en avais seize quand, faisant au collège une conférence, comme président de l'académie de ce collège, je choisissais pour sujet *l'acceptation*. Ce qui nous menace, cela peut paraître abominable, mais cela n'est pas petit. Cela peut paraître absurde, mais cela n'est pas petit. Des raisons plus hautes encore nous justifient de l'accepter. La discorde est aussi nécessaire que l'amour : ces deux principes se font valoir et s'aiguisent l'un l'autre ; Arès et Aphrodite sont unis dans le même filet, et la fille qui leur naît a nom Harmonie.

Cette auguste alternance du repos des peuples et de leur tumulte, qui est la respiration de la vie même, avec simplicité donnons-lui donc notre adhésion. Les anciens Grecs figuraient le temps sous la forme d'un serpent, pour indiquer sans doute que, se roulant sans cesse sur lui-même, il ramène éternellement les mêmes vicissitudes. C'est une donnée sur laquelle il n'y a qu'à tabler. Perdons la manie de croire que les tourmentes de notre époque sont extraordinaires ; elles furent celles de nos pères et seront celles de nos fils : il nous reste cette consolation de les partager avec le genre humain. Et puis, quoi ! une nature bien constituée jouit autant de la douleur morale que du bonheur. C'est pourquoi les épreuves qui se préparent ne me causent qu'un trouble de surface, et je dirai presque de convenance ; le fond n'en a même pas d'étonnement. Que notre chair frémisse, que nos nerfs se crispent, il se peut, cela ne dépend pas de nous ; mais que notre esprit comprenne, approuve, et contemple avec satisfaction cette sublime équivalence, dont le Dieu des chrétiens nous a donné une lueur quand il a prononcé : « Je détruirai et j'édifierai », pour faire entendre que ces deux actes sont indifférents, et que tous les phénomènes que les hommes jugent contradictoires, et sur lesquels ils s'animent si cruellement, ne sont que des parcelles égales de sa vérité.

Je vous ai donné là, messieurs, une vue forte, mais qui n'est pas pour cela inhumaine, comme il y a des gens, hors d'ici, qui vont le prétendre. Adoucir l'épreuve par la raison, cela aussi – tout autant qu'ouvrir les vannes à la « partie pleureuse de l'âme » – cela aussi est donner son dû à la nature.

D'ailleurs, cette vue, c'est à vous, chefs de guerre, que je la donne. Je ne parle pas à d'autres qu'à vous.

Mais l'évocation de cet avenir est bien cc qu'il faut pour clore sur elle notre discours. Dire d'une guerre qu'elle est la dernière guerre, ou qu'elle va enfanter les « États-Unis d'Europe », ou autres niaiseries, cela se dit avec un flot de paroles, nous le savons assez. Dire d'une guerre qu'on la fait pour défendre le sol, cela se dit une fois, ou même ne se dit pas du tout, et tout est dit. L'événement de demain, quand on l'a mis à sa place dans l'ordre des choses, comme j'ai tenté de le faire, en vérité, on ne sait plus qu'en dire, et je crois qu'il n'y a rien à en dire. Déjà commence le silence des soldats.

Du fond de ce silence monte encore une parole, où je vous demande – pour cette fois – d'entendre seulement par le mot *seigneur* la partie la plus haute, la partie seigneuriale de nous-mêmes, si haute qu'elle est presque détachée de nous-mêmes, comme la flamme emportée ne tient à la mèche que par un fil de flamme. Pendant la messe, quand le prêtre a dit : « Élevez vos âmes », le peuple répond : « *Habemus ad Dominum* » (Nous les tenons élevées vers le Seigneur). Entrons donc dans cette élévation, et tenons-nous-y.

Paru le jeudi 15 novembre 1934

Contre les biophages

Il y a une ligue contre le bruit, et plût au ciel qu'elle fût efficace. À quand une ligue contre ceux que Fernand Divoire a appelés *les biophages* : ceux qui rongent, qui dévorent notre vie ? Le but de cette ligue serait une éducation du public : elle s'efforcerait de convaincre les gens que le temps des intellectuels mérite d'être préservé, et qu'il ne faut pas leur en vouloir s'ils le protègent avec une énergie qui d'aventure désoblige.

Les biophages sont d'abord les étrangers à qui les « affaires » nous obligent de donner des brindilles de notre temps – le peuple inoubliable des gens qui ne comprennent pas qu'une affaire sur deux peut se régler par lettre ou par téléphone ; non, il faut à toute force qu'ils nous rencontrent ; il faut à toute force qu'ils nous fassent perdre quarante minutes (parce que, bien entendu, ils sont en retard) où le téléphone nous en eût fait perdre cinq. Contre ceux-là cependant, il est assez facile de se défendre ; cela peut même se faire un peu roidement. Il est beaucoup moins facile de le faire contre les gens de qui le seul tort est d'être trop aimables. Nous avons parlé un jour des « tragédies de la politesse ». Il s'agissait de l'usure nerveuse que nous éprouvons à être poli, c'est-à-dire à nous contraindre. Mais il y a une autre tragédie de la politesse, qui est dans le temps qu'elle nous fait perdre.

Comment faire comprendre à quelqu'un de « gentil » que les quatre heures que nous employons à dîner et à passer l'après-dîner chez lui, pour ne pas le froisser en refusant, nous en aurions un meilleur emploi ? Comment lui faire comprendre que ces quatre heures, si nous les multiplions par les quatre heures que nous nous croyons tenus de consacrer à Pierre, à Paul, à Jacques, qui tous sont « si gentils », des journées et des semaines y passeront, perdues pour notre culture, perdues pour notre vie intérieure, perdues pour notre amélioration, perdues pour notre œuvre ? Comment lui faire comprendre que la vraie bienveillance à notre endroit serait de ne pas nous inviter ?

La discrétion dans l'amabilité est en tout temps une vertu plus fine que l'amabilité elle-même. Mais elle est un devoir quand l'objet de nos faveurs est quelqu'un de qui les heures comptent. Et la discrétion dans l'amitié ? Je songe à ces amis qui ne sauraient nous dire au revoir sans demander : « Quand nous revoyons-nous ? » Hé ! de grâce, laissez-moi souffler ! L'amitié s'empoisonne elle-même, quand elle ne se met pas de son propre mouvement, en jachère. Quels tortionnaires que ces gens qui vous écrivent lettre sur lettre, pour rien, et veulent qu'on leur réponde, encore, quand ce serait déjà bien beau qu'on les lût ! Il n'y a d'amitié agréable que celle où les amis peuvent rester trois mois sans se voir, et sans s'écrire, et sans que leur amitié en souffre. Comme je m'étonnais devant une jeune femme, grande amie des chats, que ses chats n'eussent pas de noms, et lui demandais : « Comment faites-vous donc pour les appeler ? », elle me répondit : « Je ne les appelle pas. Ils viennent quand ils veulent. » Exquise parole, qui devrait être la règle de toute amitié. Et je disais moi-même un jour à une femme – et sans la moindre intention de boutade : « Ma pensée est d'autant plus avec vous que vous vous rappelez moins à moi. »

Un homme qui cherche à réduire dans sa vie les heures perdues risque de passer pour désagréable. S'il ne veut pas blesser, que de combinaisons ! Il faut sans cesse se prétendre absent, avoir quelque campagne pour laquelle on parte *justement* le lendemain, faire le mort pour « gagner » huit jours au retour de chaque absence, etc. La ligue contre les biophages aurait pour but de convaincre les gens qu'un intellectuel ne leur fait nulle offense s'il joue à l'anguille pour leur glisser entre les doigts ; de leur apprendre ce qu'il faut de calme de l'esprit, de liberté d'esprit, de longues heures de silence, et d'une traite, pour faire quoi que ce soit de réfléchi et de construit ; de leur expliquer qu'une journée entière consacrée au travail (le robinet « vie » étant fermé) vaut quatre et cinq journées de travail grignotées – fût-ce de deux ou trois heures seulement chacune – par les biophages. Elle leur montrerait qu'une apparente « misanthropie » est une nécessité *vitale* pour un homme de pensée s'il veut sauver ce qu'il y a d'essentiel en lui, et qu'enfin celui qui dérange inutilement un homme de pensée, fût-ce avec l'intention de lui être agréable, lui *prend* quelque chose, aussi nettement, et plus gravement, que s'il lui prenait son portefeuille dans son veston.

On entend dire parfois de quelque auteur : « Il vit comme un sauvage », ou « Il est insaisissable ». Je réponds : « C'est parce qu'il vit comme un sauvage (ou : "parce qu'il est insaisissable") qu'il vous donne de beaux livres. » – « Mais X. et Y. qu'on voit partout, nous donnent eux aussi de beaux livres ! » – « Savez-vous s'ils ne vous les auraient pas donnés plus beaux (plus achevés, mieux mûris), ou plus nombreux s'ils vivaient, eux aussi, "en sauvages", ou tout au moins avec une discipline de vie par laquelle ils se déroberaient plus souvent à vous ? »

Stefan Zweig, dans son excellent *Casanova*, écrit : « J.-J. Rousseau n'avait pas trop de dix-huit heures par jour pour polir les phrases de *La Nouvelle Héloïse* ». L'exemple de Rousseau ne me semble pas très bien choisi, et la « journée de dix-huit heures » paraît malgré tout un peu longue (dix heures de travail intellectuel, par jour, semblent devoir suffire), mais cette phrase reste de celles qu'il faudrait fixer dans les esprits. L'homme moyen pérore assez volontiers sur la brièveté de la vie. Mais il ne vous entend plus, ou agit comme s'il ne vous entendait plus, quand vous en venez à lui dire que la vie est une question d'heures, et que c'est pour cela que vous serez « désolé » de ne pas aller prendre un porto chez lui. « Qu'est-ce qu'une heure !... » vous dit-il. Eh bien, une heure est une heure, et une heure perdue par-ci, une heure perdue par-là, c'est avec cela qu'on soutire sa force à une existence et qu'on fait avorter son fruit.

Sur l'honnêteté

La sagesse isole autant que le génie ; le bon sens isolait déjà. Tout ce qui est bien, tout ce qui fait quelque chose de bien, ou s'y efforce, est toujours une minorité. Et les gens d'une minorité se sentent toujours en exil. Je pense même qu'ils n'en sont pas fâchés. Mais l'idée que nous nous faisons de nous-mêmes n'est pas seule à nous soutenir. C'est nous sans doute qui sommes notre dernier recours, le lieu de notre confiance la plus profonde ; et toutefois je crois invinciblement que, quelle que soit la société vers laquelle nous allions, nous pourrons nous y reposer en d'autres êtres que nous-mêmes. Tant que ce monde sera monde, les vivants pourront jouir les uns des autres.

Il y a quelque temps, dans une illustre assemblée, une voix pleine d'autorité nous a dit que la vertu était morte. Elle le fondait sur ceci : le mot n'en est plus prononcé qu'avec dérision ou affectation. Cet argument me saisit sans me convaincre. De tous temps, la plupart des langues n'ont eu que très peu de mots pour désigner les vertus, tandis qu'elles en avaient beaucoup pour désigner les vices ; ce qui corrobore l'opinion des pythagoriciens, que le mal participe de la nature de l'infini, et le bien de celle du fini. Mais j'opposerai aussi à M. Paul Valéry des raisons plus vivantes. En vain, la société qui nous entoure me montre-t-elle des canailles et encore des canailles : je trouve toujours des innocents à leur opposer. À juste titre, M. René Doumie attirait notre attention alors sur la surprenante floraison, qui continue chez nous, d'ouvrages qui supposent le désintéressement de l'effort et la liberté de l'esprit, dans un temps où tout leur est si contraire. De même, à la guerre, je fus moins frappé du peu qui suffit pour détruire un corps, que de tout ce qu'il faut, parfois, pour le détruire : comme la vie y résistait ! continuait malgré tout ! Eh bien, pareillement, je suis moins frappé aujourd'hui du manque de vertu que de la vaillance, et de l'« abondance relative » de celle qui subsiste. Est-ce un effet de l'âge, et a-t-on tendance, quand on arrive sur son déclin, à trouver que le pessimisme est affaire de jeunes gens ? Ou si je suis trop sensible à ces pépites de bien, et si l'impression qu'elles me font m'abuse sur leur quantité ? Mais c'est le défaut qui fait le prix. C'est quand il n'y eut plus de bonne foi à Rome que les Romains créèrent la déesse Bona Fides. S'il n'y avait pas eu le règne des Tibère, il n'y aurait peut-être pas eu le règne de Jésus-Christ. Si quelques-uns des plus beaux enseignements de morale dont s'honore l'humanité ont vu le jour dans une ambiance particulièrement corrompue, c'est, je crois, qu'ils en ont été dans une certaine mesure la conséquence : le fumier a nourri les fleurs. Écartons ce mot de *vertu*, puisqu'il est si ridicule, employons celui d'*honnêteté* qui, avec un peu de respiration artificielle, a bien quelques mois encore d'existence devant lui, et disons : plus l'honnêteté est menacée, plus elle nous impose ; plus il y a de vilenie autour d'elle, plus elle resplendit, comme ces lumières du soir dans les villes, allumées quand il fait jour encore, mais qui n'éclairent que quand la nuit est tombée. De même qu'un délicat jouit beaucoup plus d'une vie raffinée s'il a su se la créer au sein de ce vaste repas de Trimalcion qu'est la société d'aujourd'hui – une société où ce sont partout les affranchis qui sont les maîtres – de même, lorsqu'on voit présentement un enfant bien élevé, un jeune homme respectueux et modeste, une jeune fille simple et bonne, une femme qui ne déchire pas celui qu'elle a aimé, un homme d'affaires qui fait honneur à sa signature, un homme du monde qui ne cherche pas à faire un mariage d'argent, un puissant qui n'abuse pas de sa puissance et un petit qui n'abuse pas de sa médiocrité, on est saisi d'une sorte de transport que jamais on n'aurait ressenti dans une société plus saine. On est prêt à concevoir qu'il n'y ait d'autre civilisation que celle de la morale.

Cette honnêteté que tout tente, qui n'a rien à attendre du monde que raillerie et pitié dédaigneuse, nous fait fondre le cœur par sa sublime absurdité. Nous avons peur pour elle, nous avons honte pour nous, nous nous faisons un devoir de lui donner, autant que nous en sommes capables, sa petite récompense terrestre. Elle a ce mystérieux pouvoir, qu'ayant son siège dans un seul être, son rayonnement éclaire toute l'ombre que font les âmes obscures autour d'elle ; ce ver luisant nous donne l'illusion de vivre dans une humanité lumineuse ; peut-être, en ce moment même où je parle, n'y a-t-il pas plus de quatre ou cinq personnes de ma connaissance que je tienne pour de l'or pur : mais elles me suffisent pour savoir ce qu'est l'or pur. Bref, je pense que, si l'honnêteté de nos jours est plus rare, elle est devenue plus efficace en devenant moins commune, et qu'ainsi son action est restée sensiblement la même. Et voilà pourquoi, après lecture du dernier rapport sur les prix de vertu, je fus sur le point de télégraphier à M. Paul Valéry, en m'inspirant d'un télégramme célèbre et dont l'exploitation est devenue un lieu commun : « Vertu pas morte. Lettre suit. »

Oui, en vérité, le don du cœur, les soulèvements et étirements de l'âme, l'intégrité du caractère, sans parler du bonheur des sens, sans parler de l'inlassable et omniprésente intelligence, toute la richesse enfin et toute la dignité de la vie – que cela doive être sauvegardé à travers les tourmentes, l'avouerai-je ? Je ne crois pas que ce soit là chose tellement difficile. L'exercice de la vertu est possible sous tous les régimes. Elle est d'après-demain, comme elle est d'avant-hier, je veux dire : comme elle est antérieure aux morales qui prétendent l'avoir apportée. L'avenir nous laisse l'immense espoir qu'après tous les bouleversements, nous pourrons être encore les spectateurs du bien, et qui sait, peut-être, de fois à autre, ses fauteurs : voilà plus qu'il n'en faut pour nous en rendre la perspective supportable.

Au milieu de ces intumescences sociales, si pleines d'elles-mêmes et qui ne sont pourtant sur le vieux fleuve des âges que des vaguelettes à peine nées, et déjà résorbées, nous verrons encore tel petit acte de gentillesse, tel petit acte de désintéressement, tel petit acte de probité : il suffit, et je me répète, sur un des rythmes qui berça mon enfance : « Qu'il y ait seulement ce petit acte, et mon âme sera guérie. » Nous pourrons aimer ! Nous pourrons estimer ! Nous pourrons faire plaisir à ceux que nous aimons ! Nous pourrons ne nous lasser pas de la joie que cela donne, d'avoir confiance en quelqu'un ! Nous pourrons souffrir de la souffrance qu'on se crée quand on s'attache ! – la seule souffrance, sans doute, qui vaille mieux que le bonheur. Alors nous chanterons avec le pape Grégoire : « Le monde s'est desséché autour de moi, et pourtant il est toujours vivant dans mon cœur. » Car s'il ne reste au monde qu'un seul être à qui nous donnions notre estime, le monde sera sauvé.

François Mauriac

(1885-1970)

Entré à l'Académie française en 1933.

VIC
2011

Mauriac, le tourmenté

« La littérature et le péché », « Sentiments inavouables » : tels sont quelques-uns des titres des chroniques que François Mauriac publie, pour ses premières collaborations au Figaro *– si longtemps espérées – au milieu des années trente. Ils résument à eux seuls l'univers de cet écrivain pétri de catholicisme, gorgé de visions provinciales. On pourrait y ajouter cet article de juin 1934, « Une gorgée de poison ». Quoi de plus délectable que d'approcher ses lèvres d'une coupe maudite ? Le jeune académicien, assistant à la représentation de* Tristan et Iseult, *laisse voguer son imagination dans le public. Cet amour qui déchire les protagonistes, « combien peu l'ont connu ! Ils ont aimé sans être aimés, ils ont été aimés sans aimer... À quoi se mesure-t-il, sinon aux pleurs que nous faisons couler ? » À son habitude, Mauriac oscille entre la joie et la souffrance, les ténèbres et la lumière. Comme dans son œuvre romanesque, il met à nu, avec une sorte de gourmandise – comme on déshabille une femme, peut-être un garçon diront ses biographes ultérieurs –, le misérable petit tas de secrets qui fait une vie, « les passions vives et les barrages » qui rongent les êtres. Dieu n'est jamais loin, même s'il est souvent derrière les nuages ; les démons dansent la sarabande. Au sommet de sa popularité, Gide, maître redouté, leur donne de l'esprit, de la grâce, une dangereuse séduction. « Où est la vérité ? » s'interroge Mauriac. « Au vrai », aime-t-il à ponctuer ses phrases, de sa voix feutrée qui s'impose dans le concert chrétien. « Le bonheur n'existe pas », tranche-t-il. « Ou du moins, il n'existe pas comme un objet qu'on possède une fois pour toutes, comme une perle que l'on serre dans sa main »... Tragédie de l'éphémère. Il faut poursuivre la vérité. Elle est mouvante. C'est un fleuve sinueux. Mauriac le longe,*

comme un chat. Maigre, comme s'il était de gouttière – jusque dans son style – il frémit sous ses éclaboussures, se hérisse, change de voie. Sensible, irascible, exigeant. L'œil ouvert, il commente l'actualité. En lui, le chrétien veille, jetant sur la tombe de Roger Salengro, ministre de Léon Blum qui s'est suicidé après une violente campagne de l'opposition, quelques fleurs pour adoucir sa peine ; le Front populaire l'effraie, il met en garde le gouvernement contre un engagement du côté des républicains espagnols qui ne ferait qu'attiser la haine. Il va évoluer. Il avance lentement, sur la pointe des mots, sourcilleux de son indépendance. Staline et Hitler, alliés d'un jour, lui arrachent des images au couteau : l'un « semble avoir encore du sang au museau », l'autre marche, « le dos arrondi, les mains liées sur les reins, les pieds traînant un boulet qu'on ne voit pas ». Ce sont des figures diaboliques. Il s'en tiendra à l'écart. Au lendemain de la guerre, roseau agité par le vent de l'histoire, il prêchera à moult reprises contre l'opinion de ses lecteurs. De Gaulle sera son chêne. Il l'admirera. Malmené, il omettra de tendre la joue gauche pour répondre à ses adversaires avec le tranchant d'un polémiste. Le Nobel le sanctifiera, mais il n'ignore pas que le vrai jugement est ailleurs.

Paru le vendredi 8 juin 1934

Une gorgée de poison

Au-dessus de la cuve obscure où naît la musique de *Tristan*, Fürtwaengler tourne sa fine petite tête de serpent sacré : le serpent charmeur d'hommes. Il n'est rien au monde qui oppose à la musique une résistance aussi puissante que l'étui des fracs, la carapace des plastrons empesés, si ce n'est la nudité savante des femmes, un soir de gala. Mais les nappes de violons, les cordes à l'unisson, les cuivres, avec une douceur terrible, en quelques secondes ont déjà réduit ces hommes et ces femmes à n'être plus qu'eux-mêmes.

Le silence de cette foule ne trompe pas. Hors l'immense plainte de l'orchestre, je n'entends rien qu'un léger bruit de déglutition : c'est mon voisin dont la gorge se contracte. Dans le sombre d'une loge, un bras pur de femme se lève ; la main, sans précaution, défait un peu l'arrangement des cheveux.

Tous ils ont été, ils veulent avoir été, à une minute de leur vie, cet homme et cette femme confondus, sur ce banc de pierre, dans la nuit assoupie. De ce groupe humain pétrifié, une voix double monte, mais on n'entend qu'une seule voix. Et chacun des milliers d'êtres qui se taisent, ce soir, dans cet Opéra de velours fané et d'ors éteints, s'efforce de découvrir ce que recèle sa pauvre histoire, qui lui puisse donner le droit de se dire : « Moi aussi ! moi aussi ! »

Pour la plupart, ce qui s'éveille dans leurs ténèbres, ce qui surgit à l'appel de ce chant – non certes céleste, mais trop humain ! – ce sont des larves d'amour, des ébauches de tendresse. Car le miracle accompli par le philtre de Brangaine, cette égalité dans l'ardeur, cet équilibre de la passion exactement partagée, combien peu l'ont connu ! Ils ont aimé sans être aimés, ils ont été aimés sans aimer. S'ils touchèrent jamais à cet accord sublime, qui, au second acte, interrompt la durée autour du couple humain anéanti, ils n'effleurèrent qu'un instant cette certitude ; car il n'existe aucune méthode pour connaître l'amour que nous inspirons. À quoi se mesure-t-il, sinon aux pleurs que nous faisons couler ?

Et sans doute étaient-ils nombreux, ce soir-là, qui dans ces loges, dans ces baignoires propices, faisaient de cette musique la voix même de la passion dont ils se sentaient consumés, à cette minute précise de leur vie. Peut-être, tandis que Melchior et Mme Leider s'étreignaient sur le banc de pierre, leur Iseult, auprès d'eux, retenait-elle son souffle ; peut-être cherchaient-ils sa main brûlante.

Pourtant ce n'était pas ceux-là dont le cœur devait battre avec le plus de violence, mais les hommes et les femmes au tournant de l'âge, qui ne trouvaient rien dans leur vie de comparable à cette fureur. Grâce à Wagner, et à ses interprètes, il leur était donné de s'en faire une idée : c'est là le plus grand miracle du génie humain, que des créatures à qui l'amour n'a pas été accordé puissent, au second acte de *Tristan*, verser les mêmes larmes qu'elles eussent répandues dans une nuit pareille s'ils l'avaient connue ; mais ils ne la connaîtront jamais.

Qu'elles se consolent ! L'amour de Tristan et d'Iseult va à la mort, il est déjà la mort. Ce chant d'amour, le plus sublime que l'humanité ait arraché de sa chair, ne cesse à aucun moment d'être un chant funèbre. Il dépasse même en horreur la plupart des chants funèbres où, malgré tout, palpite toujours quelque espérance. Mais à peine le philtre bu, et dès le premier regard qu'ils échangent, Tristan et Iseult savent où leur nef les emporte, et qu'ils cinglent vers le néant.

Le pire est que dans le réel, Iseult, ni Tristan ne meurent de leur passion ; presque toujours ils lui survivent ; et sans doute, entre les mille petits drames muets qui se jouaient, ce soir-là, dans la sombre salle dorée, un des plus tristes tenait tout entier dans le regard vite détourné qu'une créature jette sur le visage qu'elle a chéri, à une époque de sa vie, et qui n'éveille même plus en elle une ombre d'émotion. Ce que Tristan et Iseult fuient dans la mort, c'est l'horreur de s'aimer moins, c'est la honte de ne plus s'aimer.

Et tandis qu'Iseult, mourant, poussait son dernier cri sur la mer, que les vagues successives de l'orchestre se retiraient de nous comme une marée, et que nos cœurs n'étaient plus que sable aride, varechs pourris, méduses mortes, je songeais à ceux et à celles qui ne se trouvaient pas dans cette foule luxueuse, mal réveillée de son triste enchantement, à ceux et à celles qui chantent une musique d'adoration et de louanges, pour qui l'Amour est Dieu, pour qui Dieu est Amour. Sur le péristyle de l'Opéra, la poitrine gonflée, respirant la nuit qu'avait rafraîchie une pluie d'orage, je m'appliquais la parole d'*Une Saison en Enfer* : « J'ai avalé une fameuse gorgée de poison. »

Oui, ce soir-là, se trouvait une fois de plus vérifiée la parole d'André Gide qu'aucune œuvre d'art ne s'accomplit sans la collaboration du démon. Était-il un seul cœur de cette foule désenchantée qui se répandait dans Paris, pour douter que Tristan et Iseult fussent innocents ? Mais c'est dans la mesure où nous croyons à cette innocence que nous sommes perdus. Et quel homme n'y a cru, à une heure de sa vie ? Même Pascal qui a écrit : « Quoi qu'on fasse, on aime toujours. » Et Jean Racine… Car s'il n'y avait, pour nous en persuader, que les romantiques et leurs ineptes revendications, nous ne serions pas convaincus : ils plaident avec une trop mauvaise conscience. Mais je redoute Phèdre aux cris mesurés, et qui porte au flanc cette plaie nettement circonscrite. La musique de *Tristan* confirme l'innocence de Phèdre. « Ce n'est plus une ardeur dans mes veines cachée… » Cette ardeur cachée se fraie une route lente à travers la créature et jaillit enfin, source trouble, que Richard Wagner capte, encore toute souillée de terre et de sang.

En même temps qu'il nous force de croire à l'innocence des amants, l'enchanteur de *Tristan* nous oblige à nous attacher, dans la créature, à ce qu'elle a d'éphémère. L'enfer n'a rien gagné sur un homme s'il ne le rend sensible à la dissolution de l'être chéri : c'est là le plus sûr chemin pour lui inspirer l'amour de la mort. Toute-puissance de la musique et de la poésie sourdement inspirées par le triste archange ! Nous-mêmes qui aspirons à la vie éternelle, nous qui en avons reçu l'espérance, un chant humain suffit pour nous forcer d'aimer, pendant quelques instants, le désespoir, et pour que, l'espace d'un soir de gala, une promesse d'anéantissement fasse battre notre cœur.

Paru le vendredi 20 juillet 1934

Songes d'un jour d'été

À marée basse, les bancs de sable émergent comme les dos roux et salés des dieux qui habitent les profondeurs. À l'entour de ces immenses corps à demi engloutis, s'agitent des flots de jade translucide. Puis, soudain, l'eau devient noire là où elle recouvre des abîmes. Seuls les pins gardent, dans leur attitude tourmentée, le souvenir des assauts qu'ils soutinrent, à d'autres époques, contre la mer démente. Mais qu'ils sont calmes, aujourd'hui, entre le sable et l'azur ! Chacun d'eux porte, sur son écorce, une cigale pour l'endormir. À l'horizon, leur foule pressée sur la crête des dunes pâles sépare les eaux et le ciel.

Les jeunes corps sombres, qui se courbent, se redressent, se poursuivent au bas de ma terrasse, ont la même teinte que les bancs de sable : ils paraissent faits de la même chair que ces dieux endormis sur le calme marin. Ils rient, pleins d'innocence et de bonheur ; et moi, je regarde ce jour parfait, je le contemple ; mais eux, ils le vivent. Ce jour m'apparaît, dès maintenant, tel qu'il sera dans leur mémoire, alors que je serai retourné en poussière. C'est le privilège du poète qu'il n'a plus besoin du temps pour opérer cette transmutation d'un présent toujours confus et trouble en un souvenir radieux.

Ils diront à leurs enfants : « C'était en juillet 1934… Nous habitions la villa Saint-Dominique où avait vécu autrefois Gabriele d'Annunzio. Combien étions-nous de cousins et de cousines dans le vieux chalet qui avait l'odeur des jouets vernis ! Des rosiers grimpants embrassaient les troncs des pins, et de grands dahlias miraculeux poussaient dans le sable. En ce temps-là, il y avait encore de beaux étés… »

Rien encore ne leur découvre le complot de l'eau, de la terre et du ciel pour faire croire aux enfants que le bonheur existe. Et nous-mêmes, au commencement du déclin, nous oublions ce que nous savons, attentifs à ce chuchotement, à cette palpitation des vagues, à ce bercement infini, à ce mensonge qui, avant la dernière étape, nous permet de reprendre souffle.

En vérité, c'est nous-mêmes qui mentons à nous-mêmes. S'il n'y avait pas d'œil humain pour contempler cet horizon, ni d'oreilles pour entendre la mer assoupie, son murmure ne serait pas un hymne à la joie ; les apparences ne contiennent d'humain que ce que nous y avons mis. Comme ces essaims d'abeilles qui, soudain, se condensent, s'épaississent autour d'une branche morte, tous nos désirs se suspendent à ce beau jour. Le paysage n'est qu'une toile tendue où nous projetons notre cœur. J'écris « notre cœur », sans distinguer celui des jeunes êtres qui jouent et s'ébrouent autour des pinasses, du vieux cœur surmené des créatures à leur déclin. Car rien ne ressemble plus au désir de bonheur, chez les adolescents fascinés par tous les mirages, que la faim dont souffrent encore ceux qui pourtant savent, par une dure expérience, que le bonheur n'existe pas ; ou du moins qu'il n'existe pas comme un objet qu'on possède une fois pour toutes, comme une perle que l'on serre dans sa main, comme un gros diamant incorruptible.

Le bonheur ! Sans doute il a mis quelquefois sa main sur leurs yeux, il avait un visage, il tenait tout entier dans le regard mystérieux sur lequel leur front se penchait : il avait sa densité, son poids ; et c'était le poids d'une tête contre leur épaule. Et puis il n'était plus là… Et qu'est-ce que le bonheur qui n'est pas toujours là ?

Il est cinq heures. La marée a recouvert les bancs de sable. La mer est d'un vert plus pâle là où ont disparu les dos fauves des dieux. Le soleil déclinant dessine à la surface des eaux un éventail immense de clarté. Ce mot me revient en mémoire que j'ai lu dans *Le Soulier de satin* : « Il n'y a rien pour quoi l'homme soit moins fait que le bonheur et dont il se lasse aussi vite… » Peut-être n'est-ce pas lui qui nous fuit, mais nous qui le fuyons. N'y a-t-il pas, chez la plupart des hommes, un instinct qui les pousse à abîmer, à détruire ce qui fut leur partage ici-bas, comme si, à travers ce qui leur est donné au départ, ils cherchaient autre chose dont ils ne savent pas le nom – quelque chose qui y ressemble peut-être, et qui pourtant n'est pas cela ? Sur ce bleu sans ombre de ce jour d'été, sur cette mer assoupie où les vagues font de brèves taches d'écume aussi petites que des mouettes, ce que notre cœur projette c'est bien le désir du bonheur, mais d'un bonheur qui ne passera pas : « Saintes douceurs du ciel, adorables idées… »

De même que d'instants en instants, à mesure que ce beau jour touche à sa plénitude, l'horizon change (et déjà l'éventail de clarté se referme et cette voile gonflée le traverse en quelques secondes), c'est aussi un cœur toujours changeant dont le paysage marin nous renvoie le reflet. Qu'importe, soupire une voix, que le bonheur soit essentiellement ce qui ne dure pas ? Car qu'avons-nous à faire d'une vie qui ne serait pas tragique ? Et le tragique de la vie, c'est d'aimer ce qui est éphémère. Il ne serait pas plus fou de s'attacher d'un cœur désespéré à ce beau jour finissant qu'à une créature. Et c'est pourtant ce que tout homme fait dès qu'il commence à aimer. Quelle folie ! mais qui donne à la vie un goût si merveilleusement amer qu'il ne faut rien moins que l'amour de Dieu pour que l'homme renonce à ce désespoir.

« Il n'y a rien pour quoi l'homme soit moins fait que le bonheur… » C'est qu'une certaine souffrance, et même un certain désespoir sont aussi du bonheur. Bientôt, peut-être, serons-nous las de cet azur dormant, las de cette mer dont le sommeil est aussi calme que celui d'un enfant (on dirait, la nuit, la respiration familière d'un être très jeune). Il faudra que le vent d'ouest se lève et tire cette mer de son assoupissement. Il faudra que les pins de nouveau agitent leurs cimes tourmentées et prolongent très loin, à l'intérieur des terres, le gémissement des eaux démentes. Ce soir, criblés par les flèches du couchant (que le soleil est lent à disparaître !), nous songeons à ces jours sombres où les embruns, sur notre figure, auront ce goût de sel qui nous est familier depuis les larmes de la petite enfance.

Paru le mercredi 17 juin 1936

Sentiments inavouables

Lors des fameuses inondations de 1910, comme je longeais la Seine avec un camarade, il me dit tout à coup : « On a peur qu'elle baisse ! » Cette réflexion, d'abord, me fit horreur, et puis je m'avisai qu'elle exprimait justement ce que je ressentais moi-même.

On ne se refait pas : jeudi dernier, sur les Champs-Élysées, je fus péniblement impressionné à la vue d'un petit café qui n'était pas comme les autres, transformé en aquarium, et où, au lieu des poissons grévistes nageant à travers les récifs de chaises et venant coller leur museau aux vitres, les consommateurs de tous les jours buvaient le café crème habituel.

Suis-je le seul Français capable d'éprouver des sentiments inavouables ? D'où vient que les journaux de toutes nuances n'étalent jamais que les opinions faites pour honorer grandement celui qui les formule et pour rendre témoignage à l'amour passionné que lui inspirent la Chose publique et la Classe populaire ? La noblesse des journalistes ne leur retombe-t-elle parfois sur le cœur ? N'arrive-t-il jamais que la grandeur de leur âme les étouffe ?

L'étalage de la bonté humaine, en ces jours où la démocratie coule à pleins bords, devrait nous attendrir et nous faire répandre toutes les larmes de Jean-Jacques. J'avoue qu'elle me glace et qu'après avoir entendu, à la TSF, M. Jouhaux célébrer la plus grande époque de l'espèce humaine, je cherche dans ma bibliothèque le tonique de quelque vieil auteur un peu cynique et bien dépouillé.

Je donnerais gros, je l'avoue, pour découvrir dans les feuilles une réflexion tout à fait désintéressée comme par exemple : « Les ouvriers ont eu rudement raison d'occuper les usines puisque les patrons, après avoir été assez naïfs pour ne pas prévoir le coup, ont été assez faibles pour capituler. »

Cette opinion, que je ne fais pas mienne (grand Dieu ! non !) vaut ce qu'elle vaut ; du moins a-t-elle l'avantage de pouvoir être proférée sans clignement d'œil à gauche ni à droite. On imagine assez bien Stendhal, aujourd'hui, tenant cette espèce de propos.

Louis XVI, qui était innocent des crimes pour lesquels il fut condamné, a expié celui de n'avoir pas su défendre l'irremplaçable dépôt dont il avait la garde. Depuis huit jours, la propriété n'est plus un droit imprescriptible et sacré, et charbonnier n'est plus maître chez lui (c'est vrai qu'il l'est quelquefois chez les autres).

Il y a des époques où tout à coup les gens ont tellement de cœur qu'on a envie, sinon de ne plus en avoir, du moins de ne plus en montrer. Telle belle et honneste Dame qui s'indigne des salaires dérisoires que les grévistes des grands magasins ont affichés aux portes, pendant la plus grande part de sa vie chercha des « occasions », obligea des commis exténués à déplier quinze coupons pour acheter un mètre d'étoffe qu'après réflexion, d'ailleurs, elle rendait. Aux divers degrés de l'échelle sociale, la femme met en pratique l'immortel précepte « d'en avoir pour son argent » : « À ce prix-là, c'est vraiment donné, disent-elles, on aurait tort de s'en priver... Je me demande comment ils s'y retrouvent... » Les ouvrières à domicile, elles, ne se le demandent pas.

Non, il est trop tard pour s'indigner d'une exploitation dont nous fûmes tous plus ou moins complices ; mais ce n'est pas non plus le moment de flatter sans vergogne un peuple ivre de sa victoire sur les employeurs souvent indignes du beau nom de patrons, et dont plusieurs, quand il l'aurait fallu, n'ont su parler ni en maîtres, ni en chefs.

La pire des flagorneries étalée partout aujourd'hui, et qui me paraît indigne de cette classe ouvrière à laquelle on l'adresse, consiste à lui répéter qu'elle seule est créatrice de richesse dans une société d'inutiles et de profiteurs.

Eh bien ! non : le vrai créateur (souvent, d'ailleurs, il sort du peuple) est précisément l'homme qui, parce qu'il est irremplaçable, unique, ne peut pas faire grève. Le ménage Joliot-Curie ne suspendra jamais ses recherches pour des raisons d'ordre politique, et il ne le pourrait pas même s'il le voulait.

Le seul fait d'arrêter le travail au commandement prouve que vous ne créez pas ; on n'enraye que les machines et la machine humaine n'invente rien : elle sert à la fabrication de la chose inventée. Impossible d'imaginer Cézanne s'interrompant, sur un ordre, de construire cet univers qui fut tous ces jours-ci, à l'Orangerie, le refuge des derniers hommes libres : les artistes.

Paru le samedi 25 juillet 1936

L'Internationale de la haine

Nous qui sommes nés entre les Pyrénées et la Garonne, Gascon, Béarnais, Basque, nous qui avons presque tous du sang d'Espagne dans les veines et dont l'enfance fut bercée d'un patois mêlé d'espagnol, nous ne pouvons nous résigner à ce que nos frères d'au-delà des montagnes tombent sous des balles françaises.

Quand je dis nos frères, je ne pense pas seulement aux fascistes, aux royalistes. Notre horreur serait la même si la France fournissait d'avions et de mitrailleuses un dictateur aux prises avec les masses ouvrières.

Hier soir, devant la photographie de deux garçons de Barcelone étendus la bouche contre le pavé, nous nous sentions bouleversés jusqu'aux larmes sans chercher à savoir s'il s'agissait de républicains ou de rebelles. Mais qu'eussent été notre douleur et notre honte si un ami espagnol avait été en droit de nous crier : « Ces deux enfants sont peut-être des victimes de M. Blum » ?

Il faut que le président du Conseil le sache : nous sommes ici quelques-uns à essayer de remonter le courant de haine qui emporte les Français ; depuis l'avènement du Front populaire, nous nous sommes efforcés à la modération. Dans une atmosphère de guerre civile, nous avons voulu « raison garder ». Mais s'il était prouvé que nos maîtres collaborent activement au massacre dans la Péninsule, alors nous saurions que la France est gouvernée non par des hommes d'État, mais par des chefs de bande, soumis aux ordres de ce qu'il faut bien appeler : l'Internationale de la Haine. Nous saurions que le président du Conseil d'aujourd'hui n'a rien oublié de la rancune séculaire qui tenait aux entrailles le partisan Léon Blum.

Un tel geste risquerait de jeter les plus sages dans le parti des violents. Chacun est libre de juger selon sa conscience le *pronunciamiento.* Pour mon compte, reprenant le mot de Mme de Sévigné sur *Bajazet*, j'avoue que je n'entre pas dans la raison de ces grandes tueries que rien à mes yeux ne légitime.

Je ne m'en sens que plus libre d'envelopper du même amour, sans distinction de parti, Navarrais et Castillans, Catalans et Andalous.

Nous ne voulons pas qu'une seule goutte de sang espagnol soit versée par la faute de la France. L'Espagne est indivisible dans notre cœur : celle du Cid, de sainte Thérèse, de saint Jean de La Croix, celle de Colomb et de Cervantès, du Greco et de Goya.

Et je crois être l'interprète d'une foule immense appartenant à tous les partis, de la Guyenne et de la Gascogne au Béarn et au Pays basque, en criant à M. Léon Blum qui brûle d'intervenir, qui, peut-être, est déjà intervenu dans ce massacre : « Faites attention, nous ne vous pardonnerions jamais ce crime. »

Paru le dimanche 22 novembre 1936

Le désespoir des puissants

Il n'est pas naturel à l'homme d'éprouver de la pitié pour ses maîtres : il les hait ou il les adore, il les vénère ou il les méprise ; il n'a pas pitié d'eux.

Un ministre de l'Intérieur évoque des idées de puissance. Que ce soit un devoir de ménager, comme on ferait un adversaire débile, celui qui règne sur les préfets, ces quatre-vingt-dix muets de la République, sur la Garde, sur toutes les forces policières de l'État, cette idée-là ne peut venir à un polémiste qui, croyant viser Goliath, se sait cruel peut-être, mais à la façon de David.

Pascal dit qu'il faudrait avoir une raison bien épurée pour regarder comme un autre homme le grand Seigneur environné dans son superbe sérail de quarante mille janissaires. Il faudrait à un journaliste de l'opposition une raison encore mieux épurée pour deviner que ce ministre qui a pour lui à la fois le Parlement et la Rue est en réalité une créature à bout de résistance, un pauvre gibier forcé.

Quel Français imaginerait que le ministre de l'Intérieur puisse être cet homme qui, au soir d'une journée exténuante, se retrouve seul dans un petit appartement vide, en province, cet abandonné que sa femme de ménage n'a même pas attendu et dont la pitance refroidit sur un coin de table entre deux assiettes ?

Dangereuse frugalité ! Les princes savent pourquoi ils s'entourent de faste : l'exercice du pouvoir tue le petit bourgeois solitaire.

Les masses vont s'ébranler aujourd'hui pour honorer la mémoire du désespéré. Mais un désespéré n'a que faire des masses. Ce qu'il aurait fallu à celui-là, ce ne sont pas les suffrages d'un million de partisans ; c'est sur son front, à l'heure où les autres hommes s'éloignent, la main d'un unique ami.

Plus notre vie est publique et plus nous avons besoin d'une tendresse cachée ; plus nous sommes exposés aux regards et aux coups, et plus nous est nécessaire l'ombre d'un cœur. Je ne sais pas ce qu'est un homme politique, mais je sais ce qu'est un simple écrivain : invulnérable au milieu de ceux qu'il aime et qui le chérissent, mais si facilement atteint dès qu'il se retrouve seul !

Sans doute la plume leur serait tombée des mains, à ces accusateurs impitoyables, s'ils avaient vu se dérouler le film muet : un ministre de l'Intérieur, le plus abandonné de tous les hommes, dans cette grande ville dont il était deux fois le chef, cherchant au milieu de la nuit, sur le carreau d'une petite cuisine, la place où dix-huit mois plus tôt sa femme s'était couchée pour mourir. Cette scène, ses ennemis ne pouvaient même l'imaginer… mais ses amis ?

Qu'ils aillent donc voir, dans le camp adverse, de quelle chaleur d'amitié, de quelle adoration est entouré un Maurras ! Dans tous les partis, c'est à nous de créer autour des chefs que nous aimons cette atmosphère passionnée que la calomnie ne traverse pas. Naguère encore, à l'occasion d'un autre suicide dans les rangs du colonel de La Rocque, Dieu sait que vous vous êtes abattu sur ce cadavre avec une immense espérance qui a été déçue… Mais là aussi, celui que vous visiez, un rempart vivant le protège : il est à l'abri parce qu'il est aimé.

L'amour nous prémunit contre la diffamation, et non les lois. Aucune loi sur la presse n'empêchera le polémiste-né d'aboyer aux chausses des puissants qu'il hait, ni de tout ramasser de ce qui peut leur nuire.

Le polémiste de vocation n'est pas toujours méchant dans le privé. Les familiers de Léon Daudet assurent que sa cruauté ne se manifeste guère en dehors de ses articles. Tous les amis de Béraud, tous ses camarades savent que ce qui domine chez lui, c'est le cœur.

Le polémiste-né est l'homme le plus dépourvu de cette sorte d'imagination (dont je suis moi-même très doué) qui, sous les robes rouges, les habits verts et les hermines, sous les chamarrures des dictateurs et tout l'appareil auguste du pouvoir, se représente la créature telle qu'elle se comporte, loin des regards humains, quand elle se couche seule et dépouillée.

À une heure tardive de la nuit, le maître d'un grand nombre d'hommes s'enferme avec lui-même entre quatre murs, et là, terré au secret de son gîte, le loup exténué lèche ses blessures. Il découvre que durant cette interminable journée, tandis qu'il recevait des solliciteurs, des délégués, qu'il présidait des cérémonies et arbitrait des conflits, il n'a pas cessé de perdre du sang, et qu'à son insu il a déjà accompli plus que la moitié du chemin vers ces sombres bords où nos bien-aimés nous attendent et où les flèches des chasseurs ne nous atteignent plus.

Paru le mercredi 4 août 1937

Un certain regard

Dans ce pays de Valois, l'été n'est que le trouble confluent du printemps et de l'automne. Les dernières cerises que nous mangeons sont mouillées d'une brume qui déjà donne au matin l'odeur de la rentrée. Même au soleil, je ne puis m'étendre sur la prairie sans être saisi du froid de l'argile.

Je sais que l'été règne ailleurs et que son royaume se confond avec celui de mon enfance : « Il y a 35° à l'ombre, m'écrit-on. Depuis trois mois nous n'avons pas de pluie. Tout est cuit : comme petites récoltes on n'aura rien, à part quelques pommes de terre. L'eau manque : nous allons la chercher à la Garonne pour les sulfatages et pour arroser les cyprès... Mais la vigne ne souffre pas. » Autrefois, j'étais comme la vigne : cette saison meurtrière m'exaltait, je bravais le feu du ciel : « On ne sort même pas les bêtes, et tu cours les routes ? » Oui, je courais les routes, je chantais dans la fournaise.

Il me plaît de savoir que la fournaise existe encore, mais aussi d'en être délivré. Le pays de la soif ne m'attire plus. Entre le printemps et l'automne, dans ce Valois qui n'a que trois saisons, j'ai établi ma demeure. Est-ce d'avoir atteint ce tournant de l'âge où un jeune critique, ces jours-ci, m'attaquait avec une délicatesse ravissante ? Je ne sais... Je sais que sous ces ombrages saturés d'eau et dans ce soleil trouble, l'esprit jouit de son propre éveil.

De ce tournant où je suis parvenu, qu'elles me semblent loin les orgies de lectures des vacances d'autrefois, quand on disait : « Cet enfant dévore tout... on ne sait plus que lui donner ! » Quelques lignes me suffisent aujourd'hui, que je rumine et dont je n'épuise pas le suc. Dans la vieille maison pleine de livres, je passe de Montaigne à La Bruyère, du cardinal de Retz à Saint-Simon, mais c'est quelquefois un moderne qui me donne la joie de toucher le vrai, de le tenir captif et tout vivant dans quelques mots simples et irremplaçables.

Par exemple, ces jours-ci, je me récite ce que Chesterton écrit de saint François d'Assise : « Il ne voyait point la forêt à cause des arbres, il ne voyait point la populace à cause des hommes... il ne voyait que l'image de Dieu, multipliée, mais jamais monotone. Pour lui, un homme était toujours un homme, et ne disparaissait pas plus dans une foule compacte que dans un désert. Il honorait tous les hommes, c'est-à-dire qu'il ne les aimait pas seulement, mais aussi qu'il les respectait tous... Jamais un homme n'avait rencontré le regard de ses brûlants yeux bruns sans recevoir la certitude que François Bernardone s'intéressait véritablement à *lui*, à sa vie intérieure unique et particulière, depuis son berceau jusqu'à sa tombe, qu'il était en personne évalué, pris au sérieux... »

Ce texte circonscrit un pays où nous retrouver, nous tous de droite et de gauche qui, comme l'écrit un compagnon de Gide en URSS, ne pouvons nous accoutumer aux rapports imbéciles que, d'un bout du monde à l'autre, on a avec les êtres.

Ce ne sont pas les idées seules qui nous séparent ; ce ne sont pas elles non plus qui suffisent à nous rapprocher, mais une certaine qualité du regard que nous fixons sur autrui. Le regard d'André Gide en URSS vaut celui de Georges Bernanos à Majorque. Ces deux écrivains si différents ont en commun ceci : un œil clair qui trahit la loi de la jungle humaine.

Non, certes, le regard de Jean-Jacques incapable de saisir que la nature est blessée. La connaissance et l'amour de l'homme, tel qu'il est, ne risquent guère de nous rendre aveugles sur sa misère, sur sa férocité, ni de nous gagner aux institutions qui lui accordent trop de confiance ; mais plus encore cet amour nous rend hostiles à toute doctrine qui le détourne de son âme, de ce royaume au-dedans de lui-même.

Cela paraît tout simple, là où il y a un homme, de voir un homme, et non un chameau, un cheval ou une araignée. Et c'est pourtant cette absence de folie qui aujourd'hui passe pour folie – surtout si nous poussons la singularité jusqu'à donner à la vie de la créature une valeur absolue. Il n'est rien qui ne nous rend plus insupportables à tous, amis, adversaires, que d'appeler assassin un assassin, et innocent un innocent, que de ne tenir aucun compte de ce que les Staliniens appellent : *la ligne générale*. Car chaque parti a sa ligne générale et ses lignes secondaires, réseau compliqué hors duquel on ne saurait battre impunément les buissons...

Est-ce une influence propre à cette saison entre le printemps et l'automne, à ce ciel brouillé, à ce souffle vif et frais d'un août dénué de torpeur et qui tient l'esprit en éveil ? Mais je rêve d'un parti de « sans parti » venus de tous les horizons et n'ayant rien en commun que ce regard pur, qui se pose sur les êtres avec cette attention d'où peut naître l'amour.

Paru le samedi 12 mars 1938

La littérature et le péché

Le 21 décembre dernier, la chaire de l'église Saint-Roch à Paris retentissait de paroles redoutables : « À Dieu ne plaise, s'écriait l'évêque du Mans, à Dieu ne plaise que je propose de briser l'envol du génie ! Mais sous prétexte de liberté d'inspiration, est-ce que des écrivains et des artistes ne prétendent pas concilier l'audace des descriptions et des peintures et la pratique des sacrements ? » Et Mgr Grente n'hésitait pas à dénoncer avec une tout apostolique violence : « Ces hommes qui se félicitent d'être pieux pendant qu'ils troublent et pervertissent les autres. »

Hâtons-nous de rassurer les personnes dont le zèle dévorant m'a fait parvenir ce texte, et aussi le rédacteur de la *Semaine religieuse* de Coutances, qui rappelle à ce propos les pieux conseils qu'André Chaumeix voulut bien me prodiguer quand il me reçut sous la Coupole. J'apporte à ces bonnes âmes une nouvelle dont leur charité se réjouira : la mercuriale de Saint-Roch ne s'adressait pas à ma chétive personne. Je le tiens de la meilleure source : durant les quelques rencontres que l'évêque du Mans voulut bien me ménager, vers le temps où il ne dédaignait pas de jeter les yeux sur notre Compagnie, j'eus la consolation d'apprendre de sa bouche que non content d'être charmé par mes ouvrages, il en était aussi grandement édifié.

Mais cette flèche qui ne m'était pas destinée, oserai-je nier que tout de même elle m'a atteint ? Et quel écrivain catholique, s'il est romancier et homme de théâtre, n'a dû souvent l'arracher de sa chair ? Sans l'avoir voulu, l'évêque du Mans a touché une blessure mal cicatrisée, une plaie inguérissable. Rien ne pourra faire que le péché ne soit l'élément de l'homme de lettres et les passions du cœur le pain et le vin dont chaque jour il se délecte. Les décrire sans connivence, comme nous y invitait Maritain, est sans doute à la portée du philosophe et du moraliste, non de l'écrivain d'imagination dont tout l'art consiste à rendre visible, tangible, odorant, un monde plein de délices criminelles, de sainteté aussi, nous ne l'ignorons pas. C'est le roc où nous nous accrochons, que nous embrasserons jusqu'à notre dernier souffle : puisse du moins la Grâce demeurer présente dans notre œuvre ; même méprisée et en apparence refoulée, que le lecteur sente partout cette nappe immense, cette circulation souterraine de l'amour.

Mais il reste qu'en dépit de cette présence, nos romans et nos pièces de théâtre eussent fait horreur ou pitié à la plupart des saints que nous vénérons. Si de pieux vivants nous montrent plus d'indulgence, ils cèdent, je le crains, à une sympathie personnelle. Nous savons bien que nous sommes la faiblesse de plusieurs religieux, de saints prêtres, de grandes âmes. Ce n'est pas l'amour qui est aveuglé (la plus lucide des passions, au contraire) mais cette amitié un peu éblouie, dont les auteurs ont parfois le bénéfice, et qui, je le crois fermement, est d'une portée spirituelle assez grande pour les aider à ne pas perdre cœur ; car, même imméritées, ces affections les suivront au-delà de la tombe.

Un romancier chrétien a d'ailleurs d'autres raisons de demeurer confiant : peut-être est-ce donner trop d'importance à ces œuvres d'imagination que l'Église a toujours traitées avec plus de dédain que de crainte ? Il me semble pourtant que la Grâce utilise parfois cette trouble matière, ces faibles poisons. Ceci n'est pas une opinion en l'air et nous pourrions la soutenir de plus d'un exemple, s'ils ne touchaient à l'intime des cœurs. Une personne malade et très près de Dieu et qui aide de ses lumières et de ses souffrances un grand nombre d'âmes confiait à un romancier que son œuvre lui avait donné du péché la connaissance nécessaire pour atteindre certains pécheurs, pour descendre jusqu'au secret de leur pauvre vie. Une science théorique des vices et des passions, telle qu'on la dispense aux diacres dans les séminaires, l'eût épouvantée et ne lui eût servi de rien pour aider les âmes. Mais le romancier, sans lui ouvrir les yeux sur nos souillures, la guidait cependant à travers les ténèbres de la créature possédée et déchirée. Ceux qu'elle avait vus se débattre au cours d'une histoire inventée, elle les reconnaissait dans la vie, à un cri, à un regard. Une âme héroïque et sainte bénéficiait ainsi de la triste expérience d'un faiseur de romans.

À quoi un théologien nous répondra que même si la Grâce utilise le mal en vue d'un plus grand bien, le mal n'en est pas excusé pour autant, ni rendu légitime. Le chrétien n'étudie, il n'observe ses passions que pour les vaincre ; il ne s'y arrête que dans la mesure où cette attention est nécessaire à cette victoire. Nous nous flattons qu'une peinture fidèle et véridique et qui montre l'horreur du péché en devient inoffensive. La passion telle qu'elle est, l'étalage de ses hontes, de ses suites les plus tristes a-t-elle jamais détourné personne de s'y abandonner ? S'il est vrai, d'une vérité presque inavouable tant elle est amère, que nous ne commettons jamais un acte mauvais, fût-ce avec horreur, sans désirer tôt ou tard de le commettre une fois encore (car l'habitude commence avec le premier acte), la peinture même impitoyable de certains désordres, en nous en rendant complices par l'imagination, risque de nous inciter à une expérience plus concrète, car l'image amorce, elle aussi, une habitude, une accoutumance.

Un seul roman est proposé au chrétien, un seul drame : le sien ; une seule histoire, un seul débat, qui se joue entre lui et son Créateur, et dont toute expression littéraire ne saurait être qu'à base de délectation et de complaisance. Ne vous pressez pourtant point, chers adversaires, de vous jeter sur les armes que je vous livre. Ce qui me choque dans une publication par ailleurs excellente, comme *La Revue des Lectures* de M. l'abbé Bethléem, c'est bien moins ce qu'elle condamne que ce qu'elle recommande. J'approuverais qu'avec Port-Royal et Saint-Sulpice, avec Bossuet et même Fénelon, elle eût le courage de rejeter toute la littérature d'imagination, si par ailleurs elle n'en défendait une de la pire espèce – la seule qui soit justement sans excuse. Car une peinture fidèle de l'homme, toute périlleuse qu'elle soit, a du moins le mérite de cette fidélité. C'est toujours par là que la Grâce se fraie une route pour s'emparer d'une œuvre même trouble mais véridique, et pour la faire servir à ses desseins. Ceux de mes romans qui ont fait le plus crier ont orienté certaines vies. En revanche, une falsification du réel, une peinture menteuse de l'homme est mauvaise absolument et ne profite qu'au démon de la niaiserie, celui qui parfois ouvre à tous les autres démons la porte mal verrouillée de Clara d'Ellébeuse.

Et par exemple, dans un grand effort de vertu, j'arrive à trouver fort bon que *La Revue des Lectures* inscrive ma pièce, *Asmodée*, sous cette rubrique : « Pour les adultes avertis qui pour des raisons (par exemple pour raison de concorde familiale) ne peuvent pas, dans une circonstance donnée, s'interdire le théâtre… » En revanche, quel scandale que de voir proposé au choix et à l'admiration des jeunes lectrices un roman que la revue de l'abbé Bethléem résume ainsi : « Monique de la Vauvize veut d'un amour ailé qui s'élance sur elle comme sur une proie. Mais aussi l'amour secret qu'elle nourrit pour son cousin Bernard de Samereuse ne peut qu'être ailé parce que Bernard est aviateur. Le symbole et la réalité se trouvent un temps gênés, du fait que Monique, par compassion, s'est laissé fiancer à Jean-Loup Derblay. Heureusement rien ne résiste à Bernard, vainqueur de l'Atlantique-Nord. Il foncera sur la proie. Jean-Loup, qui a voulu le tuer et se tuer avec lui, en sabotant l'avion de Bernard, a aidé au résultat : Monique verra son rêve pleinement réalisé... Si les parents n'ont pas peur de romans d'amour pour leurs filles, ils pourront leur confier cette idylle, par instants un peu brûlante. »

Il existe une certaine obscénité, à base de nigauderie et de mensonge, pire que l'autre peut-être, parce qu'elle s'attaque exclusivement aux jeunes filles chrétiennes. Quelle tristesse que la possession de la Vérité condamne nos enfants, seules parmi toutes les autres, à ces basses nourritures, à ces dégradantes pauvretés !

À cette jeunesse, ne pourrions-nous du moins préparer des aliments substantiels ? Rien de moins fade que la vertu ; et la plus grande aventure sera toujours la sainteté. Mais il y a loin de l'hagiographie au roman. Nous pouvons écrire une vie de saint si nous en avons le goût ; nous ne pouvons imaginer le roman d'un saint, créer un saint : la Grâce ne s'invente pas. Seul, Bernanos a su tirer de lui-même, et sans rien emprunter à l'hagiographie, tous ses prêtres crucifiés. Mais justement parce qu'il est romancier, le pied de leur croix s'enfonce en pleine boue. J'ignore ce que *La Revue des Lectures* a pensé de Mouchette et de la faune inquiétante qui rampe dans *L'Imposture*, mais il est évident que le seul romancier de la sainteté que nous possédions est aussi engagé qu'aucun de nous dans l'ordure du monde. Le gibet où il cloue son curé de campagne se détache sur des ténèbres pleines de crimes.

J'ai quelquefois songé à ce que pourrait être le roman d'un jeune homme qui choisit de devenir un saint. Duhamel a créé son inoubliable Salavin : mais Salavin évolue en dehors de l'Église. J'imagine une âme dont l'ambition serait de se conformer au Christ selon les méthodes consacrées par l'expérience des grands mystiques. Il me semble que dans la mesure où le romancier dépasserait les apparences et saurait atteindre profondément l'homme intérieur, bien loin d'éviter de peindre la nature déchue, il toucherait là une région peu connue de notre misère. Ce serait l'histoire des passions qui se masquent pour que l'homme, épris de sa propre perfection, ne les reconnaisse pas. La seule luxure, incapable de déguisement, serait par lui dominée et vaincue. Mais des autres péchés capitaux, et surtout de l'orgueil, il ne reconnaîtrait jamais le visage, parce qu'ils auraient su revêtir un aspect édifiant, et rivaliseraient d'ardeur et de zèle jusqu'à ce que leur victime se considère comme un Dieu. Peut-être, le véritable saint est-il un homme qui ne s'arrête pas de démasquer en lui et d'authentifier à chaque instant toutes ces passions à la face voilée. D'où cette humilité qui nous étonne, ces abîmes d'humilité chez des êtres déjà dans le ciel. Mais eux, ils voient ce que nous ne voyons pas, ils savent que durant toute leur vie ils n'ont cessé d'arracher leur couteau et leur masque aux vices qui se déguisent en vertus.

Paru le mercredi 2 novembre 1938

Mort de Francis Jammes

POUR nous qui ne croyons pas au hasard, nous nous réjouissons de cette grâce que le Père accorde à son vieux poète de l'accueillir dans le tumulte de joie, dans cette jubilation infinie de la Fête des saints.

Ses yeux se sont fermés sur l'office du jour, sur cet Évangile des Béatitudes dont chacune s'adresse à lui en particulier : mais celle surtout qui promet aux doux la possession du monde. Car il fut doux, en dépit de sa violence apparente – de cette douceur intérieure, propre à ceux qui aiment d'amour les pauvres, et dont la Pauvreté incarnée est le Dieu. Et en récompense, tous les souffles et toutes les nuées du Béarn et de la Biscaye courent dans ses poèmes et toutes les odeurs des jardins paysans, quand la pluie est traversée de soleil.

Quelques-uns se scandalisaient du sentiment qu'il avait de sa grandeur. C'est que tous les poètes sont inconnus – même les plus fameux. Hugo l'est autant que Jammes, car ce ne sont pas ses poèmes qui ont fait sa gloire. Mais à Paris un poète a des hochets qui l'aident à oublier qu'il n'a pas d'autre témoin de son génie que lui-même. Francis Jammes, à Orthez et à Hasparren, avait chaque jour, à chaque instant, la sensation presque physique d'être oublié, méconnu, inconnu. D'où ces irritations, ces paroles amères, ces sursauts d'orgueil.

Mais chaque matin, parmi le troupeau humble et pressé des femmes, il courbait de nouveau la tête et recevait le joug de son Dieu.

Et maintenant qu'il voit de ses yeux ce qu'il a cru, et qu'il retrouve dans cette lumière de l'Éternité toute sa poésie transfigurée, il lui importe peu de savoir qu'il va prendre sa place dans la poésie française d'aujourd'hui – une place qu'il ne partage avec personne, au premier rang, certes, à côté de Claudel et de Valéry, mais un peu à l'écart et comme un homme qui ne s'est pas mêlé au monde, qui n'a pactisé avec aucune puissance, qui a refusé tous les harnachements, tous les bicornes – toutes les croix, hors celle qu'il a embrassée avec tant d'amour et sur laquelle il est mort.

J'ai cru longtemps que le plus pur de son œuvre était contenu dans les premiers recueils : *De l'Angélus de l'aube à l'Angélus du soir, Le Deuil des primevères, Clairières dans le ciel.* Je donne aujourd'hui raison à son jeune disciple Jean Labbé : ses derniers vers, *Les Poèmes mesurés* et *Sources*, sont dignes de ce qu'il a écrit de plus beau.

Cher Jammes, je vous ai admiré et aimé entre tous mes maîtres. Je suis fier d'appartenir à une génération qui n'a jamais insulté ses aînés – car nous sommes tributaires de tous ceux qui nous ont précédés – mais vous, vous m'avez ouvert les yeux sur la beauté du monde. Vous avez accompli, sous mes yeux, ce passage des satyres aux anges, et du grand Pan au Christ dont je me sens incapable et indigne. Votre œuvre réconcilie la Nature et la Grâce. Dans ce ciel où vous êtes ce soir, avec Maurice et Eugénie de Guérin, avec André Lafon, continuez de prier pour ceux qui vous ont aimé sur la terre et qui, jusqu'à leur dernier jour, se réciteront vos vers, à voix basse, pour eux seuls.

Paru le samedi 4 novembre 1939

Le jugement de Shakespeare

Balzac, dans *Les Illusions perdues*, admire ce mot de Napoléon : « Les crimes collectifs n'engagent personne. » Mais quel crime n'est collectif ? Même lorsque le meurtrier est seul en face de sa victime, il serait aisé de lui trouver des complices chez les morts et chez les vivants. Pourtant, lui seul est jugé, lui seul paye sa dette.

L'histoire ne traite pas autrement les crimes collectifs que la Société les meurtres particuliers : il lui faut un petit nombre de noms, de visages. Elle a chargé Charles IX et Catherine de Médicis du poids écrasant de la Saint-Barthélemy, crime collectif s'il en fut. Quelques Montagnards partagent avec Robespierre l'odieux de la Terreur et de tout ce qu'a résolu la Convention nationale.

Les protagonistes d'une guerre européenne le savent bien qui, la paix à peine rétablie, publient leurs souvenirs, leurs mémoires, et la mort entre les dents, se défendent et accusent encore. Qui pourrait dénombrer les volumes inspirés en France et en Allemagne, depuis 1918, par la peur de l'histoire ? L'homme d'État, le chef militaire le plus assuré de son innocence la redoute, et avec raison : l'histoire n'est pas impartiale. Des témoins prévenus se relaient de siècle en siècle, assiègent sa barre et se renvoient la balle ; car les passions survivent au fléau qu'elles ont déchaîné.

Il est curieux de penser que le dramaturge, lorsqu'il s'appelle Shakespeare, si la fantaisie lui vient de mettre en scène des personnages historiques, autant qu'il s'abandonne à ses inventions et à ses songes, offense moins la justice que ne fait l'histoire officielle. J'en étais frappé, ces temps-ci, en relisant d'affilée ses pièces historiques (tous les *Henry, Richard III*, le *Roi Jean*, etc.) où jusqu'alors je n'avais pénétré qu'avec ennui, mais dont le drame de la guerre qu'il nous faut vivre, jour après jour, éclaire étrangement les beautés.

Sans doute Shakespeare nous montre-t-il, lui aussi, dans des cœurs vivants, la source de l'histoire. Le destin de l'Angleterre est orienté par des passions qu'il nous désigne, incarné dans quelques êtres de l'espèce de ceux dont Napoléon a livré une fois l'affreux secret : « Que me fait à moi la vie de millions d'hommes ? »

C'est Shakespeare qui, depuis deux mois, me permet de suivre avec les yeux de l'esprit les grands premiers rôles de cette guerre. Certains magazines m'y aident, il faut le reconnaître. Je songe à cette photo où Staline, derrière les diplomates allemands très corrects, semble avoir encore du sang au museau ; et cette autre plus récente où le long d'un ballast, en Pologne, le chancelier Hitler et son ministre des Affaires étrangères marchent, le dos arrondi, les mains comme liées sur les reins, les pieds traînant un boulet qu'on ne voit pas.

Shakespeare sait ce que se dit le chancelier du Reich, quand il demeure seul et qu'il appuie son front à une vitre, ou qu'il se regarde dans une glace, et qu'il touche sa joue en murmurant : « C'est moi, Hitler… » Alors la vision de Varsovie éventrée l'oblige à demeurer un long temps immobile au milieu de la pièce. Comme Richard III, dans l'horreur de sa dernière nuit, peut-être murmure-t-il : « Est-ce que j'ai peur de moi-même ? Il n'y a que moi ici. Richard aime Richard et je suis bien moi… »

Shakespeare épouse les va-et-vient de la pensée du maître de l'Allemagne, ses angoisses, ses soupçons ; tous les conflits d'intérêt lui demeurent connus, tous les remous de la jalousie, de la rancune et de la peur autour du malheureux qui, le 1er septembre 1939, donna le signal à la mort.

Shakespeare nous dénonce donc, comme font les tribunaux humains et comme fait la postérité, le seul coupable, le seul responsable. Mais par un miracle du génie, il nous le montre baigné, enveloppé de nécessité ; il ne le sépare pas des forces obscures qui se conjuguèrent pour aboutir à l'existence de cette nature pétrie d'audace et de crime. C'est par là que l'art, lorsqu'il juge les créatures de l'histoire, l'emporte sur l'histoire. Dans Shakespeare, le dernier des assassins garde jusqu'au bout l'excuse d'être un homme à ce moment de sa race, pris dans un tourbillon d'événements qui ne dépendent pas de lui. Sa soif de domination vient de plus loin que sa propre vie.

Au-dessus de ces destins éphémères, aussi sanglants qu'ils nous apparaissent, les grandes constellations brillent indifférentes aux passions criminelles. Le même clair de lune que je regardais dormir, durant ces dernières nuits, dans le brouillard des vignes dépouillées, nous rend sensible à travers le théâtre de Shakespeare l'harmonie d'un monde dont ces luttes que nous croyons titanesques ne troublent même pas le silence.

« Je songe à cette photo où Staline semble avoir encore du sang au museau... »

Voilà le point où Shakespeare devient dangereux à lire dans les jours que nous vivons : le moment où il nous souffle par la petite bouche de Cléopâtre mourante : « Tout est néant. La résignation est stupide et la révolte pareille à l'aboiement d'un chien fou. » Il ne nous tient pas captifs, comme notre Jean Racine, d'une humanité lucide, mais qui ne voit qu'elle au monde (si Phèdre invoque le soleil, c'est qu'elle en est charnellement descendue). Shakespeare ne reste pas prisonnier d'une tragédie circonscrite dans l'humain. Il nous entraîne dans ces landes que j'imagine : « à ce moment que le berger soufflant dans ses ongles ne peut appeler ni le jour ni la nuit... » Il nous oblige à sortir du jeu, à prendre de la distance, à dépasser notre indignation, notre haine, tout ce qu'il importe d'entretenir dans son cœur durant une guerre ; il nous arrache le cri d'Édouard d'York dans *Henry IV :* « Je n'aurai plus jamais de joie, jamais ! Oh ! je ne connaîtrai plus jamais la joie ! »

Cette sorte de désertion, plus d'un intellectuel y est exposé à son insu, parmi ceux qui se fatiguent de mettre leur esprit au pas. Et sans doute l'un des enjeux de cette guerre demeure, si l'on peut dire, le droit pour chaque homme de penser ce qu'il pense. Mais nous n'en devons pas moins nous interdire l'évasion par cette porte intérieure dont Shakespeare a la clef et qui ouvre sur le néant.

C'est à peine si une brève sortie nous est permise, au long de ces lectures silencieuses de la nuit, une fois tourné le bouton sur la dernière radio de Londres ou de Rome, et lorsque sans remords nous avons ravi chez l'ennemi de Stuttgart, de Leipzig ou de Breslau, et retenus captifs une *Suite* de Bach, un *Quatuor* de Mozart... Oui, alors peut-être pouvons-nous un instant nous détacher de cette partie terrible, laisser notre cœur errer sur les confins nocturnes de l'univers shakespearien, là où le vent caresse trop doucement les arbres pour qu'ils fassent du bruit, là où Portia soupire que son petit corps est bien las de ce grand monde.

Paru le vendredi 22 mars 1940

Ce jour-là...

Le jour où la question qui tiendra le monde en suspens ne sera plus : « Que complote Hitler avec Staline ? » mais : « Quel coup méditent les Alliés ? » ;

le jour où au lieu de parler de notre droit à des neutres qui s'en moquent, nous en élargirons les limites aussi loin qu'il nous paraîtra nécessaire ;

le jour où nous accepterons le principe que les sauveteurs n'ont d'autre obligation envers les gens qui se noient que de les tirer de l'eau ;

le jour où dans une partie engagée avec des tricheurs, qui ne trichent pas par accident mais par principe, nous ne nous croirons plus tenus d'observer les règles du jeu ;

le jour où nos gouvernants découvriront que les pires sophismes peuvent tout à coup, dans des circonstances nouvelles, se transmuer en vérités, et reprendront à leur compte, mais avec une meilleure conscience, le propos de Napoléon III : « Je suis sorti de la légalité pour entrer dans le droit… ;

le jour où pour mieux comprendre l'adversaire qu'il leur faut réduire, nos chefs mettront le nez dans *La Volonté de puissance* de Frédéric Nietzsche, et méditeront les aphorismes tels que ceux-ci, pris presque au hasard : « La morale est dès maintenant anéantie : constater ce fait. Ce qui reste, c'est : *je veux*. – L'avenir des hommes supérieurs est dans cette direction : porter la plus grande responsabilité sans en être brisé.

— Nous avons besoin d'une doctrine assez forte pour exercer une action sélective : fortifiant les forts, paralysant et brisant ceux qui sont las de la vie. – Régir l'humanité afin de l'obliger à se dépasser. Obtenir qu'elle se dépasse au moyen de doctrines qui la feront périr, à l'exception de ceux qui les supporteront. – Nulle grandeur qui n'inspire la terreur... » ;

le jour où ayant lu cela, et mesuré la redoutable puissance que tirent de cette morale ceux qui s'en réclament, nos chefs règleront là-dessus leur conduite, et au besoin en prendront de la graine (mais à la manière des grands Français qui surent toujours raison garder, et comme des chrétiens qui ne croient pas au bienfait d'une victoire déshonorée par le crime) ;

le jour où ils entendront ce que veut dire le Coadjuteur lorsqu'il remarque, à propos du comte de Soissons, que la hardiesse du cœur qu'on appelle communément vaillance est la chose du monde la plus ordinaire, mais ce qu'il importe d'avoir c'est « la hardiesse de l'esprit qui est ce que l'on nomme résolution » ;

le jour où tout à coup, à un signe peut-être à peine perceptible, le monde aura le sentiment que notre adversaire bute contre un obstacle et que notre volonté, sur un point médiocre mais précis, bride la sienne ;

le jour où un homme d'État français (et pourquoi ne serait-ce pas M. Paul Reynaud ?) trouvera dans les circonstances qui nous étreignent, dans la menace d'un ennemi ramassé sur lui-même et prêt à bondir, dans les réflexions attristées ou moqueuses des autres peuples, la hardiesse de résoudre en quelques heures une crise ministérielle, et de présenter bien moins aux Chambres qu'au Pays une petite équipe d'hommes choisis dans l'élite réelle de la France ;

le jour où ce chef donnera, non seulement au reste du monde mais à notre peuple lui-même, le sentiment que la ressource subsiste pour nous d'une réforme intellectuelle, morale et sociale, et que cette tentative n'excède pas nos forces ;

le jour enfin où ce pouvoir de redressement ne se manifestera pas seulement dans les grandes choses mais dans les plus petites, comme le programme de la radio ou la voix du speaker... ;

ce jour-là, des Nations guéries tout à coup d'une longue amnésie se rappelleront que nous appartenons à la même famille, que nous avons combattu côte à côte naguère, et elles invoqueront les liens du sang ; et les peuples s'étonneront moins de notre victoire sur l'Allemagne, dont au fond, ils ne doutaient guère, que de cette autre victoire remportée sur nous-mêmes et à laquelle, depuis longtemps, ils ne croyaient plus.

Paul Morand

(1888-1976)

Entré à l'Académie française en 1968.

V·C
2011

Morand, le hors-bord

Le problème, avec Paul Morand, c'est qu'à force de se presser, il est toujours en avance. En 1921, il publie son premier recueil de nouvelles, Tendres stocks. *Préface de Marcel Proust : magnifique entrée de jeu. Dans la foulée,* Ouvert la nuit, *puis* Fermé la nuit *le consacrent comme un prince du bref. L'écrivain trentenaire s'impose comme le DJ de la vie moderne. Des phrases courtes, des images inattendues. Aventuriers, femmes fatales ou businessmen contemporains dansent sur la piste, sous les lumières crues de son style. Exemple type d'une vision d'un lendemain de révolution : « On pouvait ramasser sur le sable des femmes de généraux avec, sur la peau brûlée, le dessin en blanc des perles qu'elles venaient de vendre. » Ou encore : « Un collier d'ivoire végétal errait sur elle comme une deuxième dentition. » Pas un gramme de graisse. Morand passe comme un hors-bord, laissant dans son sillage des vagues étonnantes. Il annonce le futur. Cocteau s'enflamme : « Il est clair, rapide, sobre, riche comme Crésus et simple comme bonjour. » Ces deux-là sont faits pour s'entendre. Ils frottent les mots comme des silex. Morand ne tient pas en place. New York, Londres, une ville, un livre, comme une paire de claques. Il épouse la princesse Hélène Soutzo. Le couple s'installe dans un appartement somptueux de l'avenue Charles-Floquet. Elle l'appelle « mon toutou », mais ne le tient pas en laisse. Il court partout, comme s'il était en fuite. Le monde le réclame, il est snob. En 1934, Pierre Brisson l'installe comme un lustre au comité de direction du* Figaro. *Il est chargé de faire étinceler l'air du temps. Bien sûr, il ne sera là que par intermittence, mais il l'annonce en Une du quotidien : « Dans un Paris où la trahison et la tricherie sont partout, où les salons sont bolchevistes… Ô,* Figaro… *réapprends-nous à éclater de colère en riant.» Morand fait voler sa plume d'un sujet à l'autre, époussetant les mœurs de l'époque. Il défend les sourcils des femmes, évoque la guerre d'Espagne – «Une vieille civilisation chevaleresque, tirée de son sépulcre par des mains jeunes et audacieuses, se brise en mille morceaux» –, annonce la fin de l'incognito pour les grands de ce monde, traqués par les photographes de presse: «Les héroïsmes comme les vices deviennent propriété internationale... L'homme de demain aura-t-il droit à tout, sauf à l'ombre?» C'est écrit en 1936. Qui dit mieux? Il voit venir le triomphe du jeunisme: «La santé avant tout! Des bébés de cinq ans aux octogénaires, tout le monde se mit à lancer une petite balle. Mais la petite balle est devenue un but en soi: ce but, c'est le divertissement.» Ou, plus loin, cet avertissement précurseur: «Nous ne voulons plus être des hommes autonomes, nous demandons que la SDN nous protège; nous demandons que l'État nous donne le sein; plus que de gouvernants, nous avons besoin de gouvernantes.» Morand est une fusée éclairante. À l'avant du bateau, il pressent les tempêtes. Il sombrera avec le navire. Écarté à la Libération, exilé en Suisse, cet homme qui n'a jamais su prendre son temps sera sauvé par son style. En 1971, enfin académicien, il publie son requiem,* Venises, *feu d'artifices final sur un monde qui prend l'eau.*

Paru le mardi 2 octobre 1934

Enfantillages

Je suis venu au monde dans un siècle déjà nonagénaire, où tout avait un aspect chenu ; la vieillesse y était de bon ton ; les Français s'efforçaient de ressembler au vin, qui s'améliore en vieillissant ; les grandes personnes tenaient beaucoup à maintenir les distances entre elles et nous et à paraître de très grandes personnes ; il convenait d'arborer au plus tôt une barbe, un ventre, un ruban à la boutonnière pour avoir l'air posé et « tenir une place dans la vie ». Quand aujourd'hui nous revoyons un film ou un album de photographies de cette époque, ce qui nous frappe, c'est l'aspect de maturité pesante et rigide de toutes ces figures ; de ces femmes alourdies de manches à gigot, jupes cloche, chapeaux triomphaux, ombrelles, boas et falbalas ; de ces messieurs montés sur faux cols, qui s'avancent, compassés et cérémonieux, avec leurs jaquettes à pans, leurs mèches et leurs barbiches. Le monde se prenait alors terriblement au sérieux. Quant à la jeunesse, elle se cachait, elle n'était pas personne morale, elle n'avait droit à rien ; elle n'est entrée en scène qu'en août 1914... mais alors elle a tout changé : l'après-guerre a vécu sous son signe. C'était très bien ; malheureusement, nous avons vite dépassé ce stade ; aujourd'hui nous vivons sous le despotisme de l'enfance et c'est moins bien.

Revenue des combats, la jeunesse avait couru avec une fiévreuse gaieté vers les lieux embellis par ses souvenirs ; à son exemple, les foules aimèrent le cirque, le rugby (cette partie de barres et de ballon), le cinéma (cette lanterne magique), les dessins animés (ce guignol), le roman policier (ce jeu du voleur et du gendarme). La mode, dont on croit qu'elle invente tandis qu'elle ne fait que s'adapter, puis surenchérir, mit l'accent, avec exagération, sur ces mœurs nouvelles ;

les jupes s'arrêtèrent aux genoux, les cheveux furent coupés court, les vieux messieurs revêtirent la culotte et le col rabattu de leurs cinq ans, les grands-mères, leurs robes de fillettes. En amour, les hommes jouèrent avec les femmes comme ils jouaient jadis avec les petites filles : courir ensemble, goûter ensemble, se donner des claques, se rouler sur le sable, se cacher dans l'obscurité : tous ces jeux de vilain, aboutissant à une sexualité fruste. On justifiait ces enfantillages en les disant bons pour l'équilibre moral. Au nom de Freud, on fit des cures de puérilité, comme on fait des cures de raisin. La santé avant tout ! Des bébés de cinq ans aux octogénaires, tout le monde se mit à lancer une petite balle. Mais la petite balle est devenue un but en soi : ce but, c'est le divertissement. Notre mot le plus courant, c'est *amusant*. Nous disons un dessin *amusant*, une couleur, un poème *amusants*. Il nous faut un jouet neuf tous les jours et nous sommes constamment tenus en haleine par les inventeurs qui nous créent des besoins ridicules. Nous ne pensons plus qu'aux grandes vacances ; à cet égard, le point de vue d'un banquier de Wall Street ou de la Cité est exactement celui d'un écolier. C'est par l'influence anglo-saxonne que nous est surtout venu l'infantilisme. Et d'ailleurs aussi, nous regardons avec envie l'URSS qui n'a jamais vu de cheveux blancs, le Fascisme et le Nazisme avec leurs généraux déguisés en boy-scouts.

« Les enfants n'ont ni passé ni avenir, écrit La Bruyère, ils jouissent du présent. » Les nègres aussi et tous les primitifs. Et nous de même. Comme nous avons été volés et dépouillés, nous n'économisons plus en vue d'un incertain lendemain et nous avons cessé de croire à l'expérience ; nous ne croyons plus qu'à l'état d'innocence du bon sauvage, prôné par les révolutions, de l'enfant riche en instincts ; mais notre idéal, ce n'est pas l'enfant de génie, l'enfant héroïque, Pascal ou Pic de La Mirandole, ni l'enfant malheureux et sensible à la Vallès, notre idéal, c'est l'enfant-roi, le Bébé Cadum. Comme lui, nous rions et nous crions pour un rien ; nous ne nous attachons plus qu'à la surface des choses ; nous regardons les images. Cet âge est sans pitié ! Nous sommes durs et cruels… pour les autres ; mais pour nous, douillets, la berceuse et la bouillie. Les salons sont pleins d'égards pour ces messieurs qui n'ont jamais pu se résoudre à grandir et à quitter leur mère ; et ces éternels garçonnets, ces petits incroyables donnent le ton ; ils influencent nos arts dans le sens du baroque, du mignard, de la miniature. Les réunions mondaines s'appellent des « parties », comme au croquet. Nous ne nous asseyons plus sur les chaises, mais par terre. Et chez les peuples encore plus enfants que nous, chez les Américains, les marchands de sucre d'orge font fortune à tous les coins de rue. Ce n'est plus le Beau et le Bon, c'est le bobo et le bonbon. Nos peintres et nos poètes s'exercent aux traces malhabiles, aux couleurs sans danger ; notre culte pour le primitivisme de la famille des Rousseau (de Jean-Jacques au douanier) et pour le vagissement de l'écriture automatique a une même et profonde racine : la peur de grandir ; nous ne voulons plus être des hommes autonomes, nous demandons que la SDN nous protège ; nous demandons que l'État nous donne le sein ; plus que de gouvernants, nous avons besoin de gouvernantes. Quand la génération des vieux de 1900, la génération des derniers vrais anciens se sera éteinte, ne serons-nous plus que des vieillards voués à l'enfance, et qui sauteront, avec une mine poupine, du berceau au cercueil ?

Paru le lundi 19 octobre 1936

Le nœud de serpents

Écoutez ce sombre conte : un jeune noble espagnol, sur le point d'abandonner son château ancestral pour prendre du service à l'armée, s'incline devant sa mère et lui demande sa bénédiction. « Mon fils, dit doucement la vieille dame, confessez-vous à M. le Prieur qui a bien voulu quitter l'abbaye ce matin et venir au château pour vous entendre. Mais d'abord faites votre examen de conscience dans notre chapelle, que vos petites sœurs ont décorée de roses à votre intention. »

La chapelle de famille est un sanctuaire obscur, étouffé sous des baldaquins armoriés, plein d'échos sinistres. Auprès de l'autel où une veilleuse brûle jour et nuit suspendue à des chaînes d'argent, un chevalier de marbre, à genoux, armé de pied en cap, est en oraison devant le tombeau du glorieux ancêtre, cet ancien compagnon du Cid dont les restes desséchés se voient encore à travers la glace du cercueil. On pense à Gautier :

Le cadavre au teint vert
Qui dort le grand sommeil.

Dans la chapelle le jeune homme se recueille, les yeux fermés. Sa mère, ses sœurs sont en prière. Une faible lueur éclaire les robes blanches, les mains diaphanes. Soudain un cri éclate. Les trois femmes, hurlant : « Le crâne, le crâne remue ! », s'enfuient. C'est alors que le Prieur qui, seul, dans cette famille, ne croit pas au surnaturel entre, l'air hautain, et, cassant la vitre derrière laquelle la tête du mort tourne sur elle-même avec d'affreux craquements, s'empare de ce crâne et le tend au futur soldat. Mais lui, glacé de terreur, le laisse tomber à terre où il se brise en morceaux : il en sort un nœud de serpents qui se tordent sur les dalles.

Cette nouvelle de Ramón del Valle-Inclán, c'est toute l'Espagne déchirée sous nos yeux par la guerre civile. Une vieille civilisation chevaleresque, tirée de son sépulcre par des mains jeunes et audacieuses, se brise en mille morceaux d'où sortent deux partis étroitement embrassés dans la haine comme le nœud de serpents. Cette étreinte mortelle, parfois dénouée, n'a jamais cessé de se reformer à travers les siècles, tant l'anarchie est un trait millénaire de la péninsule ibérique. Ni Rome, ni l'Église universelle avec l'appareil magnifique et terrible de ses ordres militaires et monastiques ne réussirent à unifier totalement le pays. La cohésion apparente obtenue par les rois catholiques eut la fragilité du lien dynastique, et l'autocratisme bourbonien ne put s'instaurer que grâce à des appuis extérieurs. La guerre elle-même, l'Espagne la fait à sa façon qui est anarchique. Le mot *guérilla* que nous lui avons emprunté caractérise parfaitement cette suite de petites opérations confuses et féroces dont le type fut autant la lutte contre Napoléon en 1808 que les guerres carlistes où la Cour elle-même était à ce point divisée que le parti des généraux s'efforçait à l'intérieur du palais d'exterminer le parti des confesseurs. Et la stratégie fratricide à laquelle nous assistons aujourd'hui est aussi une guérilla qui pourra s'éterniser même après la victoire décisive.

Sol y sombra. Au-delà des Pyrénées, le soleil et l'ombre se guettent et se retranchent en adversaires de chaque côté des cirques. L'Espagne est moins un pays de lumière qu'un pays de nuit ; comme un fauve, elle dort le jour et s'éveille avec le crépuscule. Son histoire est cryptique : obscurité des cavernes d'Altamira, pénombre des harems andalous, opacité d'un Moyen Âge éternellement prolongé, hermétisme dévot de ses souverains silencieux, arcanes juifs. Des souterrains de la Sainte-Hermandad aux voiles de la franc-maçonnerie, du mystère des sacristies à celui des convents, le tragique de sa destinée s'est déroulé dans les ténèbres. Seuls, les romantiques se sont laissé prendre à son plein midi et à ses cafés illuminés. L'Espagne est née et a vécu sous le signe de la nuit et du feu. De Torquemada à Ferrer, elle a brûlé les livres de Don Quichotte ou noirci les frontons des couvents jésuites. Les ciels du Greco sont des ciels de soufre et les tableaux de Goya sont dessinés avec un tison et peints avec de la braise. La politique espagnole n'est pas ce raisonnable compromis qui, ailleurs, équilibre la vie sociale, c'est un embrasement où les partis se tordent comme des sarments et reforment parmi les flammes l'image du nœud de vipères.

Paru le mardi 27 octobre 1936

Éloge du sourcil

Les femmes disent qu'elles se font belles pour plaire aux hommes. N'en croyez rien : les femmes obéissent à la mode, qui fait horreur aux hommes. Si j'embrasse ici la cause perdue des sourcils, c'est qu'il appartient à tout homme de défendre la beauté féminine contre les traîtres qui la desservent en prétendant la servir.

Pourquoi se rasent-elles les sourcils ? Apparemment pour ressembler aux stars de cinéma. Mais les stars se privent de ce merveilleux accent aigu, grave ou circonflexe selon les sentiments qui le commandent, précisément pour ôter à ces sentiments leur truchement naturel. Une actrice obligée de personnifier chaque mois un être différent trouve plus commode de n'avoir qu'un visage uni comme une assiette, sur lequel l'artiste maquilleur peint à volonté la terreur, la fausse innocence ou l'étonnement stylisé. Ce qu'elles sont impuissantes à exprimer par leurs propres moyens (car les Réjane et les Sarah n'abondent pas à l'écran), le perruquier le leur dessine quelques minutes avant d'entrer dans le champ de l'objectif.

Mais il y a encore quelques femmes qui n'ont pas envie de tourner. Pourquoi se plient-elles à cette abomination qui leur fait une figure égale, pareille à une palette, une face sans l'ombre qui sculpte les visages et est aussi nécessaire à leur beauté qu'à celle des façades, auxquelles les architectes ajoutent moulures, balustres, oves, clés, ornements de tous genres propres à donner la profondeur et le relief ? Le sourcil est la corniche du front. Sans sourcil, le front descend en pente douce, trop douce, vers les yeux, eau pure qu'un rien suffit à rider ou à dérider, et qui reçoivent ainsi brutalement, sans transition, poussière et lumière. « Avec les yeux, la partie du visage qui contribue le plus à marquer la physionomie sont les sourcils », dit Buffon.

Se priver de sourcils, c'est se priver d'expression, c'est refroidir le regard, en effacer toute émotion : en les rapprochant, on crie sa colère ou sa crainte ; en les élevant, c'est la joie ou l'espérance qui descend sur le visage en jolis plis tuyautés.

Le sourcil rehausse d'orgueilleuses chimères.

Jupiter surveille d'un arc épais et noble les hommes qui ont appris ainsi à connaître son humeur avant qu'il n'ait parlé. Guettez toujours le jeu des sourcils de votre auditoire, acteurs, mes amis, conférenciers, mes frères.

Singulière époque qui ajoute aux vrais cils des cils artificiels et qui se prive volontairement des sourcils, c'est-à-dire – l'étymologie l'indique – des « sur-cils ». Je ne sais rien de plus triste que l'éclat électrique d'une soirée, d'un dîner, sur ces pauvres têtes dénudées, où le muscle sourcilier s'évertue en vain sous la peau tendue. Stigmate de dégénérescence, signe d'infection secrète, ce vide fend le cœur. Privé de cette merveilleuse et soyeuse courbure, l'œil déshabillé pleure et souffre sous le grand jour… En vain un trait de crayon installe-t-il un second sourcil à la place du premier et en prolonge-t-il indéfiniment la queue. Le doigt qui voulait lisser cette ligne veloutée se tache de noir gras ; rien ne s'y accroche, faute de surplomb ; le fard est impuissant à changer l'arcade osseuse qui reste malheureusement à sa place, orbite bleue rasée comme un menton et qui continue à boursoufler hideusement le front au-dessus ou au-dessous du faux sourcil.

Sourcils chinois, pareils au premier croissant de la lune, sourcils indiens à peine indiqués au pinceau sur les faces violettes des princes chasseurs, sourcils épilés des donatrices de Memling, sourcils rasés des tyrans de Pisanello ou des courtisanes de Piero della Francesca, fallacieux ornements de fronts où la sueur n'a jamais coulé, combien je vous préfère les poils broussailleux des guerriers du Tintoret, les cintres accusés qui busquent le nez des Greco, ou ces gros traits noirs qui, chez Goya, s'élèvent en demi-cercle au-dessus des yeux, et qui sont comme l'arc triomphal du regard !

Paru le mardi 22 décembre 1936

Incognito

Colette aime à citer cette phrase de l'admirable Sido : « L'amour n'est pas un sentiment honorable. » Montherlant a bouleversé ses lecteurs et surtout ses lectrices en romançant l'idée que l'amour ne mérite pas forcément l'admiration. Il est bon que de temps en temps des âmes fortes tâchent de nous débarrasser de cette affadissante éthique de cinéma qui fait pâmer un public dont le visage seul est faiblement éclairé tandis que le corps trempe dans l'ombre d'un désir collectif et honteux. Sitôt qu'une femme a fusillé son mari, qu'une princesse a filé avec un dompteur de cirque, qu'un homme politique a abandonné sa tâche pour suivre sa maîtresse, sitôt qu'une âme s'est dégradée, une élite déclassée, un prêtre défroqué, bref dès que la passion triomphe du devoir et de la dignité, les actualités entrent en frénésie et Hollywood s'apprête à tourner *a beautiful love story*. Aux États-Unis, seule la race résiste encore à ce flot couleur de rose, car les amours métisses ne trouvent pas indulgente la pellicule sonore fabriquée en Californie pour le consommateur moyen et l'avilissement de l'univers.

Or, l'amour n'est vraiment beau qu'au moment où il est sacrifié.

Ce n'est pas l'amour qu'il faut attendre des rois, c'est le sacrifice de l'amour.

Lorsque nous quittâmes la salle du restaurant parisien et montâmes dans un cabinet particulier où notre hôte avait installé un poste de radio pour nous permettre d'entendre l'ultime discours du roi Édouard VIII, j'eus l'impression que ce drame (dans la mesure du moins où il est sentimental, car je le crois surtout politique) avait quelque chose de banal et d'affreusement démodé. Loin de lancer le signal de la libération prochaine pour tous les cœurs amoureux, il me paraissait qu'Édouard VIII, ce souverain que nous croyions si moderne à cause de son avion *Dragon rouge* et de son protocole simplifié, avait fait plutôt un geste de rébellion tardive qui allait clore cette ère de romantisme sexuel où triomphèrent la poésie des *Three Weeks* d'Elinor Glyn et la morale de *Rêve de valse*, où les Viennois (du moins ceux qui n'étaient pas admis à la Cour) voyaient avec plaisir les archiducs déserter le trône, ajoutant ainsi aux lézardes de l'édifice vermoulu des vieilles valeurs aristocratiques. Dans le décor 1900 de ce cabinet particulier réservé jadis aux joies modern-style, nous écoutions les derniers soupirs d'une aventure qui n'était d'aujourd'hui que par sa soudaineté, son universalité et son éclat au magnésium. Édouard VIII, pour un court moment, n'était plus que M. Windsor, un homme sans titre, sans liste civile, sans patrie, qui partait seul pour s'enfoncer dans la nuit de l'incognito.

Incognito ! mot non pas latin, mais italien, inventé par l'Italie des plaisirs, des opéras bouffes et de la *Commedia dell' Arte* ; incognito, « permission de détente » des souverains, faux nez protocolaire qui ne trompait personne, mais soustrayait le haut personnage aux honneurs ; « le plus strict incognito », formule protectrice des monarques qui traversaient le Paris des girandoles au gaz et du passage des Italiens. (Quel art les rois d'hier montraient dans leur métier et plus encore hors du métier !) « Incognito bien gardé » par ces agents moustachus dont les derniers échantillons cèdent la place à des policiers du style roman-gangster à figure rasée, au chapeau sur les yeux, aux épaules rembourrées et aux talons de caoutchouc.

Aujourd'hui l'incognito est mort, tué par les photographes de presse ; avec eux, comme avec les mitrailleurs, personne ne passe plus ; les héroïsmes, comme les vices, deviennent propriété internationale, et l'être visé, vidé de son secret, dépossédé de son mystère, avoue à des millions d'exemplaires, par tous ses traits, par toute sa personne, par sa pauvre figure qu'il cache en vain de la main. Les objectifs des cameramen américains sont des yeux sans paupières, mais aussi des yeux sans âme, sans discernement et sans pitié. Au moment où Hollywood affirme la prépotence de l'amour, il rend impossible cet arcane suprême. La photographie est pire que l'éloquence ; elle proclame que rien n'est impénétrable, que rien n'est inavouable et que rien n'est voilé.

L'homme de demain aura-t-il droit à tout, sauf à l'ombre ?

Paru le samedi 21 septembre 1940

Cette léthargie

J'étais au coin dangereux de la maladie, me dit le vieillard en riant. Un pouls mal frappé, le point de côté classique, des crachats tournant au brun, tout indiquait que l'affaire allait prendre vilain aspect. Soudain, je me sentis gagné par un assouplissement délicieux, un vrai raccommodement avec la vie ; plus de brouilles, de notes à payer, de livres à écrire. Un courant très fort m'entraînait vers un sommeil réparateur ; juste un somme et je me lèverais. Ma garde se retira, me voyant si calme, et courut rassurer les miens. Moi, j'étais beaucoup moins rassuré qu'elle ; j'enfonçais à chaque minute dans une illusion singulière ; mes yeux refusaient le service, mes bras demeuraient au garde-à-vous ; quand je voulus appeler, mes lèvres restèrent collées. Une fois éveillée, ma défiance s'accrut. Rien de ce qui est facile n'est bon, c'est mon expérience.

« Soudain, je compris que cette euphorie, ce n'était pas la guérison, mais bien la mort qui arrivait. Je reconnus son masque, ses cajoleries, sa nonchalance, sa bonne mine. Mes reins se bloquaient, l'urémie câline avançait, le diable me faisait mille honnêtetés et déjà bassinait ma couche. Alors je fis un effort terrible. Je m'accrochai, me mis en colère, me traitai de lâche, refusai de glisser. Peu à peu, sous les bourrades, le délicieux vertige disparut ; je recommençai à avoir mal ; ma tête, ma poitrine éclataient : j'étais hors d'affaire ; il ne me restait plus qu'à remonter l'escalier ; je vous accueille aujourd'hui au haut du palier. On a crié au miracle, mais c'est en reprenant pied sur la souffrance que je m'étais assuré, cette nuit-là, d'avoir retrouvé *ma* terre. »

Ces propos du vieillard le plus vert de France, je me les rappelais en pensant que, pour les nations comme pour les hommes, il est des léthargies mortelles. On les voit accueillir le malheur avec flegme, on s'étonne de leur innocence devant l'infortune et déjà on se prend à admirer leur manque d'affliction que le châtiment final tombe sur elles et achève leur déchéance. C'est le cas de certains, en ce coin extrême où je suis. Ils demeurent stupides, assis sur le bord de la route parmi les engrenages faussés des alliances et des traités, parmi les rouages brisés de la nation. Ils rentrent dans leurs anciens réflexes comme dans de vieux habits et disent des mots d'hier : « C'est la crise. » Par une longue habitude des dévaluations, ils acceptent la défaite, comme un nouveau palier descendu ; cette fois encore, ils pensent qu'on s'en tirera par un double décime. Dans ma province lointaine, il n'y a plus que les villas vides des étrangers et du très petit peuple perdu dans sa besogne, dans son patois, dans sa fatigue, le dimanche dans la pêche à la girelle.

Comme cette résignation de bétail, comme cette apathie donnent la nostalgie de la douleur vive, celle des yeux hagards, des yeux baissés qui font pénitence sans crier, des yeux détournés sous l'excès de la peine, celle des regards furieux, cruels à soi-même, de la douleur consciente que j'ai croisée chez tant d'êtres, nos frères !

Ce sont ces yeux-là seuls qui nous peuvent sauver. Je cherche leur détresse pour y appuyer la mienne et trouver raison de vivre.

« Point de miracle ; c'est à reprendre pied sur la souffrance que je fus sûr, cette nuit-là, d'avoir retrouvé *ma* terre », m'avait dit le plus vert vieillard de France. Et comme il est en même temps son meilleur historien, je veux lui citer ici, si par hasard il lit cette chronique, ces mots du cardinal de Retz : « Le dernier point de l'illusion en matière d'État, c'est une espèce de léthargie qui n'arrive jamais qu'après de grands symptômes. Les provinces demeuraient abattues, et assoupies sur la pesanteur de leurs maux. Si cette indolence générale eût été ménagée, l'assoupissement eût peut-être duré plus longtemps mais le mal s'aigrit, la tête s'éveilla. Paris se sentit, il poussa des soupirs… »

Les miracles font les mauvaises pièces et les piètres dénouements, ils ont perdu beaucoup plus de gens qu'ils n'en ont sauvé. Ne cherchons appui que dans la souffrance et payons comptant. L'oubli, la léthargie sont des potions du Malin.

Jean Cocteau

(1889-1963)

Entré à l'Académie française en 1955.

2011

Cocteau, l'étincelant

Le 4 avril 1908, le rideau rouge s'ouvre sur un petit prince du XXe siècle : Jean Cocteau. On organise une audition de ses poèmes au théâtre Fémina. Succès immédiat. Le jeune homme terrible devient la coqueluche du Tout-Paris. Femmes du monde, écrivains en vue, les plus belles fées se penchent sur son berceau : Edmond Rostand, Lucien Daudet, Anna de Noailles, Marcel Proust. Il est la bougie des années folles. Son esprit court les antichambres. Il danse avec Diaghilev, vole avec Roland Garros, fréquente l'avant-garde, Picasso, Apollinaire, Max Jacob. Poésie, peinture, théâtre, ballet, rien n'échappe à son désir effréné de création. C'est un virtuose. Il jongle avec les mots, les arts, les lettres, les amants. Visage pointu, cheveux en broussaille, voix précieuse, il est une toupie vibrionnante, un diamant qui glisse de main en main. Au lendemain de la guerre, le jeune Radiguet l'affole, sa disparition le jette dans la dépression, la drogue. Opium. Il ne part pas en fumée, revient au théâtre, tourne son premier film, Le Sang d'un poète. *On le déteste, on l'adore, on le jalouse, on méprise sa tendance à la dispersion. En 1935, il a plus de souvenirs que s'il avait mille ans.* Le Figaro littéraire *lui offre de les éparpiller dans ses colonnes. Ce sont les « Portraits-Souvenirs » : autant d'éclats que de mots. Tel un magicien qui fouillerait dans sa malle à malices, Cocteau éparpille, à l'aveuglette, sans jamais s'attarder, ses trésors sur la page blanche. Ce qu'il veut rendre, c'est « l'empreinte du boxeur sur le linge du ring de boxe, le reflet d'un sourire dans le cadre d'une glace, l'ombre d'un profil sur le mur ». Une pluie d'adjectifs, de mots insolites tombe comme des étoiles d'un ciel enchanté. Ça fuse, ça étincelle, ça brille de tous côtés. Cocteau invente des images, ressuscite des fantômes, donne vie à des rêves. C'est un prodigieux metteur en scène. Voici Serge Lifar, « tunique sanglante d'Apollon musagète, escorté de spectres, huilé de solitude, dramatique, avec un air de crime d'amour » ; le tonnerre, « qui roucoule, qui range les meubles du ciel » ; Paul Poiret, « sultan pâle, émir à barbe de châtaigne, aux yeux à fleur de tête, comédien comme Néron, changeant les femmes en odalisque » ; Anna de Noailles, « ses reniflements, ses renversements, ses croisements de jambes, ses haltes, ses petites mains ouvertes, projetées d'elle comme d'une fronde, ses gestes jonchant le sol de voiles, d'écharpes, de colliers, de chapelets arabes »... Une sorte d'autoportrait au féminin... Ou encore le poète Francis Jammes : « La barbe droite dans le vent, le binocle en bataille, les joues gonflées... il frémissait comme un cheval qui chasse les taons. » Qu'ajouter après un tel feu d'artifices ? Cocteau illumine le réel, transfigure les êtres, les objets. En proie au feu d'une imagination débordante, il dessine le monde comme un incendie. Quelques-uns de ses mots favoris sont « lumière », « féerie », rêve ». Le cinéma – et Jean Marais, dont il s'est épris –, verra s'épanouir ses visions surréalistes. En 1955, il entre à l'Académie française ; c'est la première fois qu'il se met au vert.*

Paru le samedi 2 février 1935

Portraits-Souvenirs

Ma mère s'habille pour le théâtre. – La Grève des forgerons. – *Berthe Cerny. – Cappiello. – La cave des frères Lumière. – Old England. – L'enfance retrouvée.*

III

Le théâtre ! Les soirs de la Comédie-Française et les soirs d'Opéra ! Voici comment se passaient les choses. J'assistais à la toilette de ma mère. Un nuage de parfum et de poudre de riz mauve embaumait sa chambre, la pénombre entre les cretonnes à ramages multicolores (arbres exotiques et oiseaux des îles). Une porte ouverte sur le gaz intense du cabinet de toilette éclairait l'armoire à glace où la scène se reflétait plus belle et plus profonde. C'est dans cette glace que je suivais les préparatifs. Ma mère mince, svelte, monumentale et en raccourci, de ma place assise entre la commode et la cheminée, semblait maintenue debout par la longue robe raide en velours rouge brodée de jais, une robe de chez Raudnitz, à manches ballon, et d'où les bras, les épaules, la poitrine, surgissaient, livides, d'une sorte de torsade du même velours rouge sur un corselet très simple propre à devenir le fond de la scène classique au bord des loges : éventail d'écaille et de dentelle noire qui palpite, mise au point de la lorgnette de nacre, applaudissements discrets. C'est du moins la pantomime que j'imaginais, pendant la cérémonie des gants longs, difficiles à mettre, peaux mortes qui commençaient à vivre, à coller et à prendre forme jusqu'à l'effort successif de chaque doigt et l'adorable rite final qui consistait à boutonner sur le poignet, d'un geste féminin immortalisé par Mayol, la petite lucarne ovale où j'embrassais la paume nue. C'était le terme du spectacle, prologue du spectacle véritable pour lequel toutes ces élégances étaient inventées et la glace de l'armoire me montrait ma mère, que dis-je, cette madone bardée de velours, étranglée de diamants, empanachée d'une aigrette nocturne, châtaigne étincelante hérissée de rayons, haute, distraite, partagée entre les dernières recommandations d'être sage et le dernier coup d'œil au miroir. La femme de chambre étalant la traîne à genoux, prosternée, achevait de conférer à ma mère une noblesse de Vierge espagnole. Ensuite, le manteau de fourrure cachait les bouquets et les poignards lumineux, maman se penchait, m'embrassait vite et partait vers l'océan de rumeurs, de bijoux, de plumes, de crânes, où elle irait se jeter comme un fleuve rouge et mélanger son velours aux velours du théâtre, son étincellement à l'étincellement du lustre et des girandoles.

Je rêvais du théâtre. Je me le représentais mal à l'aide de ces départs et de ces ressemblances préfiguratives. Lorsque mon frère Paul fut emmené, la première fois, à *Samson et Dalila*, si je ne me trompe, je me consolai un peu, du fait que l'un de nous s'embarquait sur le fleuve rouge et qu'il m'arriverait peut-être de m'y embarquer à mon tour et de connaître les grandes salles d'or interdites.

Ma mère et mon père allaient à la Comédie-Française ou à l'Opéra. Les soirs d'opéra, ils emportaient la partition des *Maîtres Chanteurs* ou de *Tannhoeuser*. À la Comédie-Française on jouait *La Grève des forgerons* (Mounet-Sully y déclamait, seul, devant un tribunal de sociétaires qui figuraient sous la pourpre, l'hermine et les toques, l'interminable poème qui débute par « Mon histoire, messieurs les juges, sera brève », et le souvenir, le prestige de cette pièce-monologue, ne furent pas sans m'influencer lorsque je décidai de lire *La Voix humaine* au Comité de lecture du Français).

La Grève passait avec *L'Énigme*, de Paul Hervieu. *L'Énigme*, j'en connaissais une exquise caricature de Cappiello, publiée par le magazine *Le Théâtre*. Le profil crochu de jeune chouette de Mme Bartet « *la divine* » et le profil chevalin de Marthe Brandès s'affrontent sur un escalier de château. *À qui l'amant ?* Ces dames portent d'une main de petites lampes à globe et pincent de l'autre leurs peignoirs garnis de broderie anglaise et de fanfreluches.

C'était l'époque des pièces à thèse, où Berthe Cerny cachait son trouble à Raphaël Duflos en retroussant ses jupes et en offrant, debout, le mollet tendu, sa semelle droite aux bûches d'une cheminée monumentale. Les grandes personnes évitaient de discuter le problème du spectacle en notre présence, et c'est par l'entremise des étonnantes synthèses de Cappiello dont le crayon japonais douait les actrices, outre leur ressemblance parfaite, d'une beauté de flore et de faune, de tigres et d'orchidées, au travers de sous-entendus à table et de cartes postales que mon frère dissimulait entre ses livres d'études que je mêlais les pièces en un seul spectacle, tenant du Guignol, de l'escalier de la rue La Bruyère et de la messe à la Trinité. Ce spectacle meublait d'intrigues, de personnages, de décors fantaisistes les théâtres construits avec les vieux cartons d'Old England, théâtres qui me faisaient bénir la fièvre excitante des rougeoles, des scarlatines et de l'appendicite.

La convalescence s'achevait au soleil dans la cour du 45. On clouait, on collait, on découpait, on peignait, on inventait des systèmes de rampes à bougies et de trous du souffleur qui se rabattent. Mon allemande Joséphine (ma fraülein) cousait les costumes. Cette manie de construire des théâtres dans cette cour, de les décorer et de les éclairer, se prolongea jusqu'à l'époque du lycée Condorcet, où, par suite de certains dons du ciel et à cause de fraülein Joséphine, je remportai les prix de cancre : allemand, dessin, gymnastique ; déconsidérant par ma présence absurde l'estrade d'honneur et le banquet de la Saint-Charlemagne.

René Rocher, mon camarade de classe, secondait mes entreprises. Maintenant qu'il dirige de vrais théâtres, il se souviendra de notre cour du 45, rue La Bruyère. Le désordre s'empilait au milieu. À droite, une remise fournissait les clous, les planches ; c'était une ancienne écurie. Au-dessus de chaque box vide, on lisait le nom du cheval : Gamin, Mascotte. À gauche, derrière un mur de lierre, on entendait la lance d'arrosage doucher la victoria du comte et de la comtesse de Crèvecœur.

Mon Dieu qu'il existait peu de distractions à cette époque ! L'enfance nous enivrait de spectacles ininterrompus, mais les pauvres grandes personnes qui n'aimaient pas rester chez elles et ne possédaient pas nos ressources mystérieuses avaient le choix entre Yvette Guilbert, *la Marche à l'Étoile*, au Théâtre d'Ombres Chinoises, Robert-Houdin, *Théodora* avec Sarah Bernhardt, *Le Nouveau Jeu* avec Lavallière, *La Citoyenne Cotillon* avec Granier, *Le Duel* avec Le Bargy, et Guitry dans *L'Assommoir* (ou quelque programme de ce genre). Et cela plaisait, et cela durait, et il n'existait ni films, ni dancings, ni music-halls véritables.

Les gifles retentissantes et superbes que Françoise Rosay applique à son neveu dans le film de Feyder, *Pension Mimosas*, il faudrait les administrer aux pessimistes, qui répètent sans relâche : « Il n'y a rien au théâtre ni au cinéma, il ne s'y passe rien, on ne nous donne rien… » Car, où est-il l'âge naïf où nous vîmes *L'Arroseur arrosé*, *Le Bock* et *Bébés au bord de l'eau*, dans la cave des frères Lumière, près d'Old England (Old England où s'achetaient les costumes marins avec sifflets, les pet-en-l'air mastic et les ignobles guêtres doublées de flanelle rouge qui gratte les jambes, tenait une place énorme dans notre enfance) ? De nos jours, les ténèbres confortables se peuplent de revenants obéissants et sonores, de statues d'albâtre qui parlent et qui agissent, d'héroïnes fantômes, et la *Vague* de Hokusai a l'air d'un pauvre dessin animé en couleurs qui ne bouge pas. Et sans vous citer les théâtres qui abondent en œuvres fortes, où le génie des comédiens modernes suffirait à rendre l'ennui du public ridicule, je m'émerveille des divertissements innombrables dont la beauté d'une ville borde sa traîne et j'écoute, entre autres, la troupe des filles émouvantes, blondes, brunes, rousses, qui chantent les chansons d'amour. Damia, Fréhel, Lucienne Boyer, Lise Gauty, Oswald… ne dirait-on pas que vos chansons presque anonymes, des sourciers les découvrent toutes faites, célèbres d'avance, et prêtes à jaillir du trottoir des capitales ?

Cette abondance de spectacles majeurs et mineurs, cette dépense folle d'une ville de génie en échange de tant d'ingratitude, j'y songeais dimanche dernier, salle Pleyel, lorsque Serge Lifar, entre les vastes rideaux, parut sous la tunique sanglante d'Apollon musagète, escorté de spectres, huilé de solitude, dramatique, avec un air de crime d'amour.

Lui et All Brown, et Greta Garbo, et toutes les autres vedettes des planches, du ring, des sunlights et même les mannequins d'une présentation des robes de Chanel, mannequins pareils à des jockeys qui seraient leurs propres chevaux et tourneraient dans un paddock de glaces, je me disais qu'ils participent d'une féerie analogue, qu'ils possèdent pour agir les moyens secrets de la foudre et ses effrayantes espiègleries, que le public les suspecte autant que les poètes, que la masse les adore, les déteste et guette leur moindre chute et qu'il faut, afin d'en jouir, cultiver et retrouver l'enfance que les poètes prolongent jusqu'à la mort et que les grandes personnes des villes se vantent d'avoir perdue.

Portraits-Souvenirs

Refus des purges. – La petite mort. – Le sac de la mère Lachique. – Le Châtelet. – Le Tour du Monde en 80 jours. – *Une petite fille incrédule. – Cosima Wagner et Offenbach.*

IV

Je souhaite d'être lu par les personnes qui restent des enfants coûte que coûte. Je les découvre entre mille. Un regard qui donne sur la féerie primitive protège mieux que tous les soins de beauté, tous les régimes, contre les insultes de l'âge. Mais, hélas ! ces personnes-là, qui veulent vivre chaudement pelotonnées dans le refuge de cette féerie crédule comme dans le ventre maternel, notre époque énervante les blesse par sa diversité innombrable, par son désordre, par sa bougeotte, ses tics de lumière, ses véhicules, le nombre des prétextes à se diviser, et à s'arracher des autres et de soi-même.

L'enfant veut une chambre ; y réunir ses jouets et ses amours. Il déteste ce qui éparpille. Il favorise les maladies qui groupent et qui calfeutrent. Je poussais cette phobie des départs, des endroits où l'on imagine mal ceux qu'on aime, jusqu'à idolâtrer le tonnerre. Le doux booling du tonnerre d'Avril, ce tonnerre du dimanche qui roucoule, qui range les meubles du ciel, sans doute est-ce à cause de cela que j'en conserve le culte. C'était, ce tonnerre, le signe des projets de promenade à l'eau, l'assurance que la famille resterait à la maison, que mes cousines m'aideraient au jeu de cubes, que les nourrices coudraient en cercle, que j'entendrais le quatuor et ensuite les boules du billard se heurter en bas et témoigner de l'enfantillage des grandes personnes.

Maudites étaient les circonstances qui, le dimanche, me sortaient de force de mes rêves confortables et de mon trou, ce trou que la séquestrée de Poitiers devait appeler un jour « sa chère petite grotte », son « cher grand-fond Malempia ». Maudites, sauf deux : l'une qui survenait par suite du mécontentement des grandes personnes, l'autre de leur contentement. Ces deux circonstances exceptionnelles provoquaient une petite mort, un jeu de petite mort, une angoisse exquise, attirée, guettée, cachée, redoutée, dorlotée, compliquée à l'extrême, où l'orgueil, la honte d'être récompensé, puni, ne tenaient aucune place. L'une prolongeait le rêve du dimanche à la campagne, l'autre du dimanche en ville. Elles (ces circonstances) me reposaient, en quelque sorte, substituant à mes méthodes intimes de féerie une féerie accidentelle et imprévisible. Voici la première : une tasse infecte à la main droite, une pastille de menthe à la main gauche, je refusais la purge du dimanche matin. On plaidait, je refusais ; on insistait, je refusais ; on suppliait, je refusais. À peine le regard déjà terrible de ma mère venait-il déjouer le piège de sa voix encore charmante, et la gifle touchait-elle ma joue, que la petite mort se mettait en marche.

J'avais beau connaître l'intrigue, la *petite mort* arrivait et me prenait par surprise. Elle me prenait sur son épaule, dans un sac. Pierre Barrère, le domestique à favoris de mon grand-père (il mangeait des escargots vivants et croquait la coquille), se déguisait en mère *Lachique*. Après une petite scène réaliste, il m'enfermait dans le sac et parcourait les étages, de façon à me dépayser et à me les rendre méconnaissables. Je croyais à tout, je savourais mon épouvante. Mon cœur battait, ma bouche se desséchait, mes oreilles bourdonnaient et je quittais le sac, ivre de ténèbres, de secousses, de rêve, prêt à refuser la purge, ayant vraiment traversé le fleuve des morts et serrant dans ma main, en guise d'obole funéraire, une pastille de menthe à moitié fondue.

En ville, la *petite mort* venait d'une récompense : des places pour le spectacle. On irait au spectacle ! À peine savais-je la grande nouvelle que le mécanisme du rêve se mettait en branle. Un couloir obscur, interminable, un couloir de petite mort, prenait naissance dans mon sommeil fébrile, traversait le dimanche matin et débouchait en pleine lumière, en face du tribunal des contrôles et des juges en habit noir de la matinée du Châtelet ou du Nouveau-Cirque.

La Biche au Bois, *Le Tour du monde*. Premiers spectacles ! premiers vertiges ! Après, lorsque nous connaissons les coulisses, les acteurs, les directeurs, lorsque les journaux et notre travail nous mettent en contact avec la scène, c'en est fini d'être dans la salle. Nous croyons y être. C'est fini ! Et jamais la plainte de Tristan mourant qui regarde la mer ne supplantera dans notre âme le : « Vingt mille banknotes pour vous, capitaine, si nous arrivons ce soir à

Liverpool ! » de Philéas Fogg et jamais les décors du Ballet Russe ne nous laisseront le souvenir des neiges enchantées où le chef des Indiens décrochait la locomotive.

Lorsque je montai *Parade* en 1917 au Châtelet, je me plaignis d'un manque de lumière. « Monsieur Colombier, disais-je au chef machiniste, je cherche l'éclairage du Royaume des Légumes dans *La Biche au Bois.* » « Quel âge aviez-vous alors, monsieur Cocteau ? » « Cinq ans. » « L'éclairage était le vôtre », me répondit-il. « Le théâtre ne possédait pas, à cette époque, le quart du jeu d'orgue actuel. »

Hélas ! je vous le répète, l'or du rideau rouge et le brasier de la rampe, nos yeux d'enfants sceptiques ne s'y brûleront plus.

Je me rappelle, puisque je bavarde, une belle petite fille incrédule, aux Champs-Élysées. Elle méprisait les guignols, les carrousels, les anneaux qu'on décroche, les chèvres, les gaufres, la baraque des sucres d'orge et la carafe de coco. Elle m'écoutait raconter en m'exaltant *Le Tour du monde.* Elle souriait, haussait les épaules, secouait ses nattes. Elle connaissait la pièce et m'expliqua que Philéas Fogg était maigre. Moi, j'avais eu la malchance de tomber sur une doublure, et comme mon Philéas Fogg était gros, j'essayais de la convaincre qu'elle avait mal vu la pièce, qu'elle devrait la revoir. Elle se moquait des serpents de la grotte d'Aouda. Elle répétait : « C'est un truc. » Et j'en souffrais et il m'arrive encore de souffrir lorsque des spectatrices de *Tarzan* me parlent de trucs, des faux lions de Hollywood. Certes, mesdames, le truc c'est l'art. Les grandes chasses sont un art, et somme toute, il est moins facile de faire un lion avec une descente de lit qu'une descente de lit avec un lion.

Je suis retourné à une récente reprise du *Tour du monde.* Le matériel neuf respecte la mise en scène originale. Mes voisins me considéraient d'un drôle d'œil. Car les voix très hautes, à la cantonade, qui me rappelaient le célèbre débit de Pougaud, Passe-Partout qui tombe foudroyé par une pipe d'opium, le cuisinier nègre, le SOS du télégraphe, la peau blanche des Sioux, visible entre le tricot trop court et les gants peau-rouges, la sacoche de Philéas, les palmiers du Grand-Hôtel des Indes, les chaudières qui éclatent, le steamer qui sombre et l'épave où Juve et Fantômas pourraient s'accrocher face à face, sur des vagues de toile verte soulevées par les dos des machinistes – cet ensemble de merveilles naïves me firent couler des larmes. Je n'ai, l'avouerai-je ? aucune honte de ces larmes. Sait-on d'où montent les larmes profondes et ce qui nous les cherche ? Un soir, il y a quelques années, à la reprise de *La Belle Hélène* d'Offenbach, une amie me montra dans la pénombre d'une loge voisine une vieille dame qui pleurait. C'était Cosima Wagner. La Suisse ! Triehehen ! Paul Rée ! La phrase de Nietzsche : « Nous irons voir danser le cancan à Paris », la jeunesse joyeuse, les disputes, les brouilles… Cosima Wagner aurait peut-être supporté d'entendre courageusement la chevauchée des Walkyries… elle pleurait à *La Marche des rois*.

Cet épisode, il me semble bien que je le raconte ailleurs et que je me répète. Au reste, je vous ai prévenu du danger d'écrire à l'aveuglette. Ne m'étais-je pas promis de peindre les clowns du Nouveau-Cirque et le cake-walk et n'avais-je pas prié *Le Figaro* de chercher des photographies du pauvre Footit au bar de sa femme ? Je les réserve pour un prochain article. Si ma pente le veut.

Paru le samedi 9 mars 1935

Portraits-Souvenirs

Les prix du mauvais élève. – Ma famille essaye tout.
– Les Enfants terribles *au théâtre de l'Œuvre.*
– La vraie cité Monthiers. – L'élève Dargelos.
– La boule de neige.

VIII

Dans cette sorte de souvenirs en surface, il m'est impossible de passer le collège sous silence – à ma grande honte. Car j'étais l'exemple du mauvais élève – de l'élève incapable d'apprendre et de retenir quoi que ce soit. Mes prix de gymnastique, d'allemand et de dessin donnaient un relief extraordinaire à mon inconduite et l'entouraient, pour ainsi dire, d'un cadre d'or. Si je ferme les yeux, mes souvenirs de collège sont nuls et sinistres : réveils de guillotine, larmes, cahiers sales, livres entrouverts en hâte, taches d'encre, coups de règle sur les doigts, craie qui grince, retenues du dimanche, classes vides qui empestent le gaz, petites tables de bagne sur lesquelles je copiais mille fois : « huit et huit ne font pas quatorze », d'une écriture plus molle que le profil du couteau à poisson, banlieue, départs et retours lugubres, trains d'automne où les *grands* « chahutaient », nous ficelaient et nous envoyaient en l'air, dans le filet à bagages. Je pourrais évoquer d'autres tortures : dortoirs d'aube, angoisses mortelles d'être interrogé, tentatives de copier sur le voisin qui se protège avec des murailles de dictionnaires, déluge de menaces, découverte de caricatures inconvenantes, sueurs froides jusqu'à la délivrance du tambour qui provoquait un joyeux tumulte et me dénouait le cœur. Ah ! ma pauvre famille se désespérait et essayait tout. Le Petit Condorcet, le Grand Condorcet, Fénelon, les professeurs à domicile ! Mais que faire lorsque la tête se vide, lorsque l'enfant, réservé pour certaines tâches mystérieuses, essaye de dormir un sommeil de somnambule, réveillé en sursaut, à l'extrême bord du songe, par des assassins de bonne foi.

Mes vrais souvenirs de collège commencent où les cahiers se ferment. La cour de récréation est encore soumise à l'ombre froide, au couperet du tableau noir. Farces et rixes, escapades, école buissonnière de la rue Blanche et du passage du Havre, voilà mes souvenirs de cancre, ce qui peuple ma mémoire de mauvais élève et d'affranchi.

Crommelinck a tiré de mes *Enfants terribles* une pièce de théâtre. D'après nos premiers plans, cette pièce devait être jouée à l'Œuvre. Or, le champ de bataille de mon enfance, sa cour des Miracles, surtout lorsque la neige l'idéalisait et la calfeutrait de féerie, c'était la cité Monthiers, où l'on entre au théâtre de l'Œuvre par une grille de la rue de Clichy et que notre armée de chevaliers en armures de laine et à boucliers de cartables envahissait, au galop, entre 4 et 5 heures du soir, par la voûte d'un immeuble de la rue d'Amsterdam, en face duquel le Petit Condorcet ouvre ses portes.

On aurait donc pu, comme jadis chez Maeterlinck à Saint-Vandrille, prier le public d'évacuer la salle et le faire assister au prologue, à la bataille des boules de neige, sur le lieu même du crime.

Je n'entreprendrai pas une autre description de la cité Monthiers sous la neige, ou, pour être exact, sous l'espèce de boue miroitante, de neige grise, que je m'efforçai de reproduire dans mon film *Le Sang d'un poète*, et qui faisait croire aux amateurs de films russes à une économie d'ouate et de bicarbonate de soude. Il est vrai que la neige redevenait la neige sur les corniches, les becs de gaz et les stores en tôle des hôtels particuliers qui bordent cette cité minuscule, cité que notre pente à mythifier et à grandir ce qui s'éloigne, par un étrange renversement de perspective, me pousse toujours à décrire et à dessiner beaucoup plus vaste. Le gaz qui clignote ajoutait sa touche scélérate. Les coins d'ombres se creusaient, les hôtels se fortifiaient, la neige pâle et douce faisait le reste. Et maintenant où j'essaye d'être juste, voilà que je glisse et que je m'exalte et que, pour un rien, j'entreprendrais je ne sais quel conte en marge du premier chapitre des *Enfants terribles*.

À vrai dire, il s'est bien passé quelque chose comme l'histoire de la boule de neige. Un camarade est tombé raide, et je devine que les flots de sang qu'il crache dans mon film devaient, par le mécanisme qui pousse les peintres à hausser de plus en plus la colline de Golgotha et la croix du Christ, se réduire à très peu de sang qui coulait d'une narine, le filet de sang qui se caille au nez des lièvres morts. Mais la boule de neige fatale lui avait bien été envoyée par l'élève Dargelos.

De l'élève Dargelos il importe que je vous parle, parce qu'il symbolise le cancre prestigieux, de même que Clinchard symbolisait, dans nos petites classes, le fort en thème. Un jour nous vîmes la mère de Clinchard le gifler en présence de la nôtre, sous la voûte du vestibule. Notre âme s'emplissait d'espérance lorsque nous apprîmes que sa mère le châtiait d'*avoir été second*. Il détenait la première place, une fois pour toutes, et ne devait pas en démordre.

Dargelos, lui, détenait, une fois pour toutes, la dernière, la première place d'élève nul. Mais il la détenait avec une telle force, une telle audace, un tel calme, que personne de nous n'eût songé à la lui prendre, ni même à en être jaloux. Ajouterai-je qu'il était beau, de cette beauté d'animal, d'arbre ou de fleuve, de cette beauté insolente que la saleté accuse, qui semble s'ignorer, tire parti de ses moindres ressources et n'a besoin que d'apparaître pour convaincre. Cette beauté robuste, sournoise, évidente, ensorcelait les personnes les plus certaines de n'y être point sensibles : le proviseur, le censeur, les professeurs, les répétiteurs, les pions, le concierge. Imaginez quels désordres pouvait provoquer un Dargelos, chef de bande, coq du collège, cancre impuni, Dargelos à la mèche nocturne, aux yeux bridés, aux genoux blessés et superbes, sur des larves avides d'amour, ignorant l'énigme des sens et le moins protégées du monde contre les atteintes terribles que porte à toute âme délicate le sexe surnaturel de la beauté.

J'ai toujours supposé que Dargelos connaissait son privilège et en jouait. C'était la vamp de l'école. Il nous dirigeait, nous éblouissait, nous éclaboussait de son luxe moral et développait en nous ce fameux complexe d'infériorité dont, certes, on parle beaucoup trop, mais qui existe et qui, plus que l'orgueil, est la cause de bien des misères.

Dargelos nous méprisait, en bloc. Obtenir de lui une grâce était à l'origine d'intrigues dignes des mémorialistes de Versailles.

J'ai parlé de « lieu du crime ». Y a-t-il eu crime ? Après *Les Enfants terribles*, j'ai tellement lu et entendu que la boule de neige que lance Dargelos contenait une pierre, alors j'ai presque fini par m'en convaincre. Mais la pierre était inutile. J'ai toujours pensé que le seul contact d'un Dargelos suffit à changer la neige en marbre, à la durcir jusqu'au meurtre et qu'elle peut, entre ses mains, devenir aussi dangereuse que les couteaux d'Espagne. Cette boule de neige, qui fut à l'origine d'un scandale dont les suites forment la trame de mon livre, rayonne d'une sorte de phosphorescence. Elle frappe la poitrine de Paul comme un coup de poing de statue. Ensuite, la statue s'immobilise et nul ne songerait à l'accuser. Dargelos s'essuie les mains à sa pèlerine de laine, rejette son cache-nez sur l'épaule, disperse son état-major, tire un peu la langue entre ses lèvres, cligne d'un œil, ramasse sa « serviette » de cuir noir et se sauve par la rue d'Amsterdam, abandonnant sa victime.

Si j'insiste, c'est parce que cet épisode éclaire à merveille les formations et les déformations du souvenir.

Maintenant Dargelos a quitté mon Olympe intime et, comme le violoniste tzigane se détache de l'orchestre pour jouer entre les tables, il verse du rêve à nombre de jeunes lecteurs inconnus. Je n'ai pas changé son nom. Dargelos était Dargelos. Ce nom est un programme de morgue. Où vit-il ? Vit-il ? Se manifestera-t-il ? Verrai-je son fantôme ironique apparaître mon livre à la main ?

Peut-être serai-je très étonné de retrouver un Dargelos humble, laborieux, timide, déshabillé de sa fable et regrettant, à travers moi, ce qu'il dut prendre, à la longue, pour des défauts, et peut-être parvenir à vaincre. Peut-être me demandera-t-il de lui rendre son pouvoir et les secrets de son prestige. J'aimerais mieux qu'il demeure dans l'ombre où je lui ai substitué sa constellation, qu'il me reste le type de tout ce qui ne s'apprend pas, ne s'enseigne pas, ne se juge pas, ne s'analyse pas, ne se punit pas, de tout ce qui singularise un être, le premier symbole des forces sauvages qui nous habitent, que la machine sociale essaye de tuer en nous, et qui, par-delà le bien et le mal, manœuvrent les individus dont l'exemple nous console de vivre.

Paru le samedi 4 mai 1935

Portraits-Souvenirs

Mme Simone et Anna de Noailles
ou la politesse de l'ouïe. – Un merveilleux vertige verbal. –
Soirée chez la princesse de Polignac. –
Rencontre avec Francis Jammes.
– Disputes sur la gloire. – Le fleuve des morts.

XV

Lucien Daudet, Mauriac et moi formions une petite bande et ne nous quittions guère. Surtout nous amusaient les séances des dames du Monde poètes. Nous n'en rations pas une. Le mardi, toutes ces bacchantes se réunissaient chez la duchesse de Rohan, dont le génie bizarre obligeait un Max Jacob, un Claudel, un Proust à connaître certains de ses vers par cœur.

Dorchain venait de publier dans les *Annales* un article où il parlait de ces dames. Sauf la comtesse de Noailles, ce sont, disait-il, des amateurs. Cet article les suffoqua. Au centre d'un groupe empanaché, la baronne de B... s'écriait : « Des amateurs ! Des amateurs ! *Nous qui ne comptons plus nos pieds sur nos doigts !* »

Je devais connaître Mme Simone avant la comtesse de Noailles et c'était logique. Nul ne pouvait préparer mieux à cette rencontre du poète que l'actrice qui la servait et récitait ses poèmes. En outre, Simone partageait avec la comtesse le privilège de la parole : d'une voix nette et chaude, précipitant le débit ou traînant sur certaines consonnes, précise comme une machine à coudre et grave comme l'alto, la grande actrice du théâtre de Bernstein excellait à raconter, à dépeindre, à faire voir ce qu'elle avait vu. Elle possédait, ainsi que tous ceux qui savent voir et dont les auditeurs croient qu'ils brodent, le génie de l'exactitude cher aux vrais imaginatifs. Vous entendrez dire que Mme de Noailles n'écoutait personne. C'est inexact. Elle et

Simone écoutaient à merveille. Elles maniaient divinement cette politesse royale de l'ouïe, toujours prêtes à reprendre la cantilène et le feu d'artifices. À quoi bon se préparer pendant que le partenaire s'exprime ? Elles savaient être tout oreilles, la comtesse feignait une grimace de sourde, relevant d'une main en cornet ses mèches noires, Simone ponctuant ses silences de : « Non ? – Pas possible ! – Pas vrai ! » qui coupaient votre récit, l'encourageaient et fournissaient les preuves d'une attention soutenue. Et le rire ! Les fous rires ! Avons-nous ri ensemble ! À Trie-Château, propriété de campagne des Casimir-Perier, je me rappelle un séjour où les fous rires se prolongeaient et reprenaient, et nous brisaient les côtes, et nous donnaient des crampes, et nous obligeaient à nous asseoir sur les marches de l'escalier avant de rejoindre nos chambres. Alain-Fournier achevait *Le Grand Meaulnes*. Simone dirigeait ses rêves de myope. Elle connaissait à fond la littérature anglaise, et je devine que l'étrange fête qui termine *Villette* n'est pas étrangère à la fête étrange du chef-d'œuvre de notre ami.

… « Les rires qu'on ne rira plus »… Il fait torride. L'herbe bourdonne. Le ruisseau coule. À plat ventre au bord de l'eau fraîche, qui vois-je ? Claude Casimir-Perier ; mort. Alain-Fournier ; mort. Péguy : mort. Ils rient, nous rions. Simone parle, écoute. Un cyclone abject nous menace.

— Parfois, après les fous rires, les fenêtres pâlissent ; le chien et loup apporte le calme. Alors Péguy déroule des strophes et des strophes de Hugo. Il s'arrête, et Simone commence. Les yeux baissés, les mains jointes sur les genoux, elle récite un de ces vastes poèmes que les jeunes universitaires savent par cœur : *Tu seras mort ainsi que David, qu'Alexandre…* Qui se douterait que le malaise de *Meaulnes*, que l'acrobate-somnambule Franz de Galais, que les *Eugènes* du *Potomak*, dessinés entre Offranville et Trie, annoncent le pire, nous avertissent de prendre garde et de jouir des dernières minutes de paix ?

Simone me fit connaître Anna de Noailles dans une voiture. Elle sortait de je ne sais quelle conférence. Au premier abord j'avoue qu'elle m'éberlua. Rompue à briller, à jouer un rôle, à exécuter des exercices célèbres, et par suite du crédit dont je bénéficiais à travers l'intelligence de Simone, la comtesse, sans l'ombre de préambule, me donnait un spectacle dont ses intimes avait l'habitude, mais capable de transformer en provincial n'importe quel spectateur nouveau.

Je devais avoir l'air du Fratellini en redingote sous une averse de chapeaux, au milieu d'une de ces scènes de carnage qui laissent la piste jonchée de vieilles guitares, de meubles démolis, de mousse de savon, de casseroles et de vaisselle en miettes.

Peu à peu je m'accoutumai. La beauté de cette petite personne, la grâce de son timbre de voix au service d'une extraordinaire drôlerie descriptive, l'emportèrent sur le reste et je compris, une fois pour toutes, que ses reniflements, ses renversements, ses croisements de jambes, ses haltes, ses petites mains ouvertes, projetées d'elle comme d'une fronde, ses gestes jonchant le sol de voiles, d'écharpes, de colliers, de chapelets arabes, de manchons, de mouchoirs, de parapluies Tom-Pouce, de ceintures et d'épingles doubles, constituaient sa mise en scène, son mécanisme et, en quelque sorte, les accessoires de son numéro. Je connais des esprits qui la refusent, qui l'expulsent, qui ne veulent pas se laisser vaincre.

J'avoue, dès que je sentis venir entre nous une de ces amitiés qui dépassent la tombe, m'être entouré de toutes les précautions imaginables. À table, elle voulait que les convives l'écoutent et se taisent. Je vous ai déjà cité la phrase de Baudelaire : « Hugo se lance dans un de ces monologues qu'il appelle une conversation. » La comtesse, avant même de passer à table, empoignait une conversation de ce genre et ne la lâchait plus. Buvait-elle ? De la main droite, elle tenait son verre, de la main gauche elle faisait signe de ne pas l'interrompre. Et les hôtes obéissaient. Les maîtresses de maison « l'offraient » et répétaient le *leitmotiv* : « Cette Anna, elle est merveilleuse ! Merveilleuse ! » La comtesse continuait. De sa femme de chambre à George Sand, de son valet de chambre à Shakespeare, elle jonglait, arpentait la corde raide, changeait de trapèze, exécutait des tours de cartes...

Cependant... Cependant ! Puisque je me laisse aller, et que je prouve mon amour fraternel en renonçant au détestable régime des encensoirs qui risquent, balancés trop fort, de causer beaucoup de mal, je me souviens d'un soir de réussite profonde. C'était chez la princesse de Polignac. J'aime la princesse, j'aime sa manière de broyer câlinement les mots de verdicts irrévocables, d'accompagner ces verdicts d'un sourire dans les tulles et d'imprimer à sa tête le balancement d'un jeune éléphant malicieux, j'aime son magnifique profil de roche rongée par la mer... et c'est sans doute au fait que la soirée s'achevait chez elle que nous dûmes le délice d'une Anna de Noailles en pleine possession de ses moyens.

La soirée finissait. Sur le pâle tapis de la Savonnerie, les pupitres de l'orchestre et les chaises des auditeurs étaient échoués en désordre. Tout à coup, parmi ces épaves de la musique, j'aperçus, assise, entourée d'un groupe de dames, la comtesse de Noailles. Elle se livrait à des exercices singuliers. Avant la période du chant, le rossignol s'exerce. Il coasse et croasse, et beugle, et grince, et ceux qui ne connaissent pas ses méthodes s'étonnent au pied de l'arbre nocturne. Ainsi préludait la comtesse. Je l'observais de loin. Elle éclatait de rire, soupirait à fendre l'âme, laissait tomber chapelets turcs et écharpes. Puis elle gonfla sa gorge, puis les lèvres se frisant et se défrisant à toute vitesse, elle débuta. Que disait-elle ? Je ne sais plus. Je sais qu'elle parlait, parlait, parlait, et que la grande salle s'emplissait d'une foule, et que les jeunes s'asseyaient par terre et les vieux occupaient des fauteuils à la ronde. Je sais que les princesses de Polignac et de Caraman-Chimay (son amie et sa sœur), debout à droite et à gauche, semblaient les acolytes d'un rang, d'une boxe de rêve. Je sais que les domestiques en habit noir et les valets poudrés en culotte courte s'approchaient du chambranle des portes entrouvertes. Je sais que, par les fenêtres de juin, comme la valse d'un film de Lubitsch où Liszt jouait, les paroles de la comtesse enchantaient les arbres, les plantes, les étoiles – que ses paroles pénétraient les immeubles voisins, suspendaient les disputes, ornaient les sommeils, et que tout cela, de l'étoile à l'arbre et de l'arbre aux chauffeurs des limousines qui attendaient, se murmuraient : « La comtesse parle... la comtesse parle... la comtesse parle... »

Pauvre chère orgueilleuse ! Elle aurait trop souffert de notre époque rapide, irrespectueuse et inattentive. Wilde pourrait-il raconter un apologue ? J'en doute. « *Il était une fois...* » Chacun se détourne. Les dialogues reprennent. Les potins, les blagues se syncopent. Les cordes se heurtent. Les jambes se frôlent. Wilde reste en panne, seul, blême, un œillet mauve à la main.

Une fois encore, je vis la comtesse en public et en forme. Elle devait rencontrer Francis Jammes, rue de Bellechasse, chez Mme Alphonse Daudet. Jammes venait passer une semaine à Paris. Il portait un complet tabac, une cravate rouge et des guêtres beiges. La barbe droite dans le vent, le binocle en bataille, les joues gonflées, escorté de jeunes spiritualistes, ce superbe triton naviguait de groupe en groupe, sonnant d'une étonnante trompette nasale. La comtesse entra. Le corps à la renverse, le chef coiffé de paille et de coquelicots, elle tendait ses mains et inspectait Jammes. Il tenait les petites mains, se penchait sur le chapeau de paille et répétait : « La grande ! Voilà la grande ! »

On récita des poèmes de Jammes. Il frémissait comme un cheval qui chasse les taons, faisait trembler une cuisse d'examinateur, agitait comme une main, au bord de sa jambe croisée sur l'autre, un pied ganté de clair.

Quelques jours après (je lui avais demandé le récit d'une visite de Jammes) : « Nous avons parlé de la pluie et du beau temps. Cela ne changeait pas d'avec nos livres. »

Ces boutades, elle les décoche à la mitrailleuse. On ne tire pas mieux. Pourvu que le public ne la trouble pas, ne lui donne pas ce vertige funeste, elle fait mouche à chaque coup. L'œuf ou l'aigle, elle ne les manque jamais. Et l'on pouvait s'attendre, ayant abattu l'aigle, à ce qu'elle dise, comme cet archiduc d'Autriche : « Quoi, il n'a qu'une tête ? » Car cette femme se croit la culture d'un Gœthe. L'électricité qui s'échappe d'elle et qui étonne, la foudre qui l'évite, les ondes qu'elle émet, elle s'obstine à les prendre pour de l'intelligence. La naïveté du génie, elle n'en veut pas. Le jugement de Mme de Montebello : « Anna regarde Versailles avec les yeux de Zamora » la révolte. Cette révolte sera le thème de longues séances intimes « entre les cretonnes », c'est le terme qui consacra notre coutume de nous éviter dehors, de ne nous rencontrer que chez elle, 40, rue Scheffer.

Ginet, le vieux domestique, empeste la cave. Il me pousse en zigzags vers une porte capitonnée. Cette porte ouvre sur une petite pièce de silence, un bout de couloir qui intercepte les bruits ; livres et liège sur les cloisons, tapis rembourré d'ouate. Ce silence obscur précède une deuxième porte capitonnée. Celle de la chambre. J'entre. Anna de Noailles reçoit, couchée sur un large lit Louis XV. La chambre est une chambre de jeune fille, vers 1900. Le seul contraste est un agrandissement photographique de la Minerve, le front appuyé contre sa lance. Raide, inclinée, casquée, pareille au chiffre sept, elle médite. Mais cette Minerve pensive n'est pas sa patronne. Elle se trompe. Plutôt serait sa patronne la turbulente Pallas de l'*Énéide*, sauterelle de l'Acropole, la sainte colline d'où elle descend par son oncle Musurus ; certes, ce n'est pas elle, cette Minerve qui est une petite colonne penchée. Ce n'est pas elle que Maurras embrassait au Parthénon. Elle, la jeune comtesse poète, Maurras l'assimile à ces *magots*, à ces dames primitives du musée de l'Acropole, qui s'accoudent sur leur tombe, la face souriante mangée par les yeux, auprès d'un époux barbu. Quel contraste (le même qu'entre la chambre et Minerve) ces rubans, ces dentelles, ces cretonnes, ces meubles à jambes torses, ces colifichets de toutes sortes et la dame du logis ! Coiffée d'une aile de corbeau, catogan et boucle (qu'elle surnomme sa colonne Vendôme) descendant en spirales sur l'épaule. On croirait que ses larges prunelles sont peintes sur un bandeau cachant les yeux et qu'elle lève la tête pour regarder par dessous. Ces yeux postiches, ces yeux immenses ruissellent à droite et à gauche du visage horizontal. Un nez puissant, un bec, des narines aux fortes encoches, propres à respirer toutes les senteurs du monde. La bouche gracieuse, aux lèvres frisées comme la rose, découvre une mâchoire de carnassier. Cette charpente, cette ossature d'animal, illustrent le mot de Lemaître. Quel insecte charmant !

Faite pour l'herbe et pour « qu'un rosier s'élance de ses os », faite pour être morte, elle ne pouvait supporter l'incendie rouge du vieux monde et ses flammes menaçantes. Elle était lasse.

C'est la gloire qu'elle aime, qu'elle idolâtre. La gloire, son idée fixe ! « Vous n'admirez que des ratages ! » me crie-t-elle. En vain je lui démontre que le privilège de la France est justement de posséder des gloires secrètes, des hommes illustres que la foule ne soupçonne pas. Rimbaud à peine. Verlaine tout juste. Hugo ! La gloire c'est le nombre des places, des rues, des avenues. La célébrité, Rome et le nombre de ses temples seraient, aux yeux de la comtesse, une des preuves de l'existence de Dieu.

« Anna, lui dis-je, vous voulez être de votre vivant un buste, mais avec des jambes pour courir partout ! » Elle m'insulte, je riposte. Nos disputes finissaient par ma fuite. Je quittais la table. La princesse de Polignac se souvient d'être partie à ma recherche et de m'avoir trouvé chez Anne-Jules, le fils de la comtesse, jouant aux dames.

Disputes tendres, prétextes à dialogues interminables. Le plus souvent, je lui reprochais sa conception officielle de la grandeur.

Elle m'en voulait de perdre du brio. L'amour est sans brio, répliquai-je. Il le tue. Il l'annule. On ne sait dire que : « Je t'aime. » De la minute où j'ai choisi certaines gens, certaines choses, où j'étais prêt à mourir pour eux, j'ai perdu la parole et ses sortilèges : le virtuose ne sert pas la musique ; il s'en sert. C'est pourquoi il est préférable de l'entendre jouer des musiques médiocres. Il y brille. Vous brillez, faute d'amour. Votre amour est innombrable et nul. Au moins vous n'avez pas commis le crime de vous fabriquer un amour, comme Barrès. Et la dispute reprenait de plus belle. Et je partais. Je descendais la rue Cortambert. En face de l'hôtel Polignac, avenue Henri-Martin, l'asphalte gonflée par le soleil emmagasine de l'air, forme soufflet et pousse la nuit des cris d'oiseau sous la semelle. Ce détail, ces cris du trottoir, c'était la dernière chose qui m'éveillait, qui me distrayait de mes rêves. Je continuais seul la dispute. Mon cœur rageait, aimait, adorait… et, puisque le temps est inventé par l'homme, je me retrouvais instantanément, sans avoir marché, rue d'Anjou, à ma porte.

À la fenêtre de la chambre aux cretonnes, une caisse de jacinthes était un obstacle que la comtesse ne sautait pas. Toujours étendue, je crois (sauf si elle respirait les arbustes d'héliotropes d'Amphion) qu'elle imaginait les jardins, les corolles, le bourdon velu comme un œil de princesse persane, à travers la caisse de jacinthes, à travers ces sentinelles parfumées, veillant, toutes droites, sur son maigre et rare repos. Elle dormait mal ; se bourrait de soporifiques, souffrait et parlait peu de ses souffrances. On la croyait une fausse malade. On traitait Marcel Proust de faux malade. Dire : « Je suis mort, je suis morte », au lieu de dire : « Je suis fatigué, je suis fatiguée », c'est de l'imagination. Les poètes, malades imaginaires. Et ils meurent. Quelle surprise ! Quelle inconvenance ! On nous croyait faits en acier.

Anna recevait mille docteurs. Sauf en ce qui concerne Mme Lobre, qu'elle aimait et croyait, les docteurs furent prétexte à vocalises. Elle ne voulait pas que ses docteurs la soignassent. Elle voulait soigner ses docteurs.

Elle est morte. La vie est morte. Elle est morte celle dont Barrès disait : « C'est le point le plus sensible de l'univers » – et « … Son petit corps de Christ espagnol ». Elle voulut être embaumée. Embaumée je n'osai la voir. Embaumée je me la représente pareille à Thaïs, au musée Guimet. Parmi un effeuillement, un éclatement de vieux cigares, de roses sèches et de pansements secs, Thaïs, sur le fleuve des morts dans son esquif de verre, fait la planche. Un matin, au musée Guimet, je vis un prêtre, en robe blanche, à genoux contre la vitrine. Il portait le cœur et la croix du Père de Foucauld. C'était le Père Charles. Il priait. J'avais oublié que Thaïs était sainte Thaïs.

Après ma mort, j'irai voir Anna de Noailles. Je traverserai le vestibule de nuages. Je pousserai la porte et j'entendrai la voix des disputes : « Mon petit, vous le voyez, il n'y a rien, rien après. Vous vous souvenez… je vous l'avais dit ! »… et pour ma joie éternelle, tout recommence. Anna continue sa cantilène.

Paru le samedi 11 mai 1935

Portraits-Souvenirs

Le pèlerin aux coquilles. – Exactitude, inexactitude. – Couronne d'immortelles. – Reconnaissance à Gide. – Sacha Guitry. – Les loges coulent. – Poiret. – La danse sur le volcan.

XVI

Il ne faut pas en vouloir à ceux qui écrivent des souvenirs d'une plume hâtive et se trompent. Ils écrivent, non pas ce qui fut, mais ce qui est, ce qui reste de ce qu'ils vécurent, et ils travaillent derrière des brumes déformantes. Se formaliser d'une inexactitude reviendrait à se vexer d'une carte portrait-souvenir foraine parce qu'elle vous représente en boxeur, en automobiliste, en toréador. « Ce n'est pas lui ! Ce n'est pas elle ! » En outre, le choix instinctif du décor renseigne sur le modèle.

J'ajoute que j'habite trop loin pour corriger mes épreuves. Le journalisme marche vite, son bâton garni de coquilles, comme un pèlerin. On comprendra que ce n'est pas ma faute si des virgules se déplacent et changent le sens d'une phrase, si le singulier devient un pluriel. Au soleil de Villefranche, je guette ces malchances et *j'y ai mal.* (Mme de Sévigné écrivait : *J'ai mal à ma fille.*) Je compte sur la bonne grâce du lecteur et sur son œil qui corrige à ma place.

L'histoire se compose d'inexactitudes. Elle ressemble à cette tête de mort de Holbein. De près et de face, elle allonge taches et traînées. Il faut s'éloigner et se mettre sous un angle favorable, pour que les tâches se ramassent, se coordonnent et que la tête de mort puisse se voir. Peu importent les détails. Seuls comptent les masses, les volumes, le « grand format » d'un homme ou d'un acte.

Il faut aussi prendre garde au phénomène de perspective abstraite qui fait grandir événements, lieux et personnes lorsqu'ils s'éloignent de nous. S'ils gagnent en lyrisme, ils perdent le relief qui touche. Le Golgotha des peintres hausse la croix, éloigne le Christ. Catherine Emmerich le rapproche, ramène la croix et le mont Chauve à des proportions raisonnables, nous rappelle ce qu'est un clou qui transperce les chairs.

C'est donc par un dosage judicieux du vaste et du petit que le mémorialiste obtiendra la ressemblance. Pourquoi ressasser le livre de comptes ? On imagine mal la reine des Amazones répondant : « La sueur d'Alexandre ne sentait pas la violette. » L'historien pourrait riposter : « Votre mari s'arrangeait peut-être afin de ne pas transpirer en votre présence » ou « vous n'avez pas vécu très longtemps ensemble », etc.

Mon travail du *Figaro* présentait de graves obstacles. Il fallait passer de couleur en couleur, ne jamais se laisser tenter par le doux enchaînement des choses, par l'arc-en-ciel des teintes à la limite où elles se fondent et chantent sur le col du pigeon et de l'asperge. Il fallait éviter la tentation de s'émouvoir, de s'attarder, de se plaindre, de se vanter, de s'entr'ouvrir le cœur. Il fallait réfléchir comme les miroirs qui ne réfléchissent pas, sortir ces miroirs de sa poche et les y remettre en hâte, emporter à l'aveuglette l'empreinte du boxeur sur le linge du ring de boxe, le reflet d'un sourire dans le cadre d'une glace, cerner au crayon l'ombre d'un profil sur le mur.

Et puis quoi ! Exactitude ? Inexactitude ? Abeilles de Salomon, comment vous y reconnaître sur nos couronnes d'immortelles ?...

Un monsieur dont le papier à lettres s'orne de lieux communs gravés : Légion d'honneur – palmes – téléphone – télégraphe... me reproche l'emploi de lieux communs qui traînent partout. Entre autres : « Ceci est une autre histoire. » Je rougirais de honte si le journalisme ne me donnait l'exemple et si le style léger qu'il exige ne comportait pas l'usage des lieux communs, les uns sans excuse, les autres superbes, solides sur leurs socles, d'un marbre pur, véritables chefs-d'œuvre des siècles. Eurent-ils une naissance ? Sortent-ils, sans père, du sol des fouilles ?

Un cultivateur retrouve les bras de la Vénus de Milo. À qui appartiennent-ils ? Au cultivateur ou à la Vénus de Milo ? Ils appartiennent au mythe. Ils enlacent le cou de la poésie. Ce sont des serpents blancs vivant d'une vie propre.

Quel délice d'employer : « En outre – J'ajoute – Dis-je – Au reste – Bref » – qui s'enfoncent tout seuls comme le fragment facile du puzzle !

Pardonnez-moi, lecteur. Comprenez-moi. Aidez-moi. Jouez avec moi. Ne restez pas debout devant ma table. C'est ensemble qu'il convient d'écrire et de lire cette prose d'article, au pochoir et à l'emporte-pièce.

C'est à Gide que je dois ces Portraits-Souvenirs si tant est qu'ils méritent l'éloge. Gide me reprochait (à propos d'une note du *Coq et l'Arlequin* sur le premier jazz) de ne jamais me laisser aller, de ne jamais profiter d'une détente. Écrire avec son sang, crier son amour à la craie sur les murs nécessite des haltes. J'ai trop plaidé contre le sublime pour ne point me méfier de lui.

Comme je dois à Gide ces articles, je dois à Jacques Chardonne *Les Enfants terribles*. Il me grondait : « Vous avez la crampe du chef-d'œuvre. Le papier blanc vous paralyse. Commencez donc par n'importe quoi. Écrivez : Un soir d'hiver... et continuez... (une phrase dans le genre de celle qui ouvre mon film : *Tandis que tonnaient au loin les canons de Fontenoy, dans une modeste chambre, un jeune homme*... phrase où les disciples de Freud virent des sens cachés et qui n'exprime rien d'autre que la courageuse mise en marche d'un ouvrage). » J'écrivis : *« La cité Monthiers se trouve prise entre la rue d'Amsterdam... »* et le livre qui devait attendre en moi se glissa derrière, d'une traite.

Et maintenant que je boucle une première série de Portraits-Souvenirs, j'étouffe à cause de tout ce que j'ai tu. Je ne parle pas de l'essentiel qu'il convenait de taire, mais de silhouettes, dignes de prendre place à la porte du photographe. Vous ai-je parlé du 8 et du 10 rue d'Anjou ? De ce 8 où mourut La Fayette et où Edmond Sée occupe aujourd'hui l'appartement de Sacha Guitry. Sacha était notre voisin direct. Je descendais quatre à quatre. Je négligeais la porte du premier étage – porte de Mme de Guermantes où je vous peindrai bientôt Proust montant la garde – je passais d'une voûte à l'autre et grimpais l'escalier en colimaçon de Sacha. En haut, une charge de moi, grandeur nature, désignait la porte aux visiteurs. Je sonnais un nombre de coups convenu et j'entrais avec délices chez celui qui allégeait la ville lourde, qui chassait les miasmes, qui tenait le trésor de la bonne humeur française en équilibre sur son nez, au milieu de la mauvaise humeur de ce

Paris qui rechigne toujours. Sacha peignait l'affiche LSK. Ce clown et ce damier devaient connaître une gloire que nous ne pressentions guère. Nous vivions, nous étions heureux, gais, indemnes de calculs.

Le seul calcul de Sacha consistait à écrire, en une nuit, debout à son pupitre, des pièces étincelantes, où il n'apparaissait qu'au deuxième acte et en robe de chambre. Ainsi Charlotte Lysès partait-elle la première et prenions-nous le café sans bousculade. Iribe, surnommé « frère tribus », Madeleine Carlier ! Iribe revoit-il notre visite à l'ancien *Témoin*, place de la Bourse ? Je n'ose dépeindre mon costume, ma cravate, mes guêtres ! Je portais sous le bras un des loulous blancs de Madeleine. Elle, improvisait, chez Mme Lanvin, des tailleurs tirés de châle des Indes et des capotes à plume d'autruche copiées sur des gravures de mode Directoire. Un drôle de couple, je vous l'affirme ! Avouerai-je que j'ai conservé mon âme de cette époque et que je m'étonne parfois de perdre contact avec d'autres âmes qui surent croître et embellir ? En ce qui concerne Sacha et Iribe, nous ne pouvons nous rencontrer sans qu'une vague de souvenirs nous saute au bord des lèvres et du cœur.

J'ai parlé de tenues excentriques. Et le mariage de Tiarko Richepin ! J'étais garçon d'honneur avec Maurice Rostand et Mlle Shuro, sœur et cousine de la mariée. Je portais une redingote, un tube, un œillet violet (*sic*), les fournisseurs ricanaient sur mon passage, et ma mère, à la fenêtre de l'avenue Malakoff, pleurait de mon ridicule. Sacha (que je ne fréquentais pas encore) figurait dans le cortège au bras de Cora Laparcerie, en uniforme de tourlourou – (il faisait une période militaire), Sacha et Tiarko composaient une opérette : *Tell père, tell fils*. Un air de l'opérette : *Je suis concierge du palais*, ralenti, servait, à l'orgue, de marche nuptiale. Les paroles s'imposaient en silence et cela secouait le cortège d'un rire contenu.

Pourquoi un soir d'automne, plusieurs années après, eus-je l'absurde idée de mettre une fausse barbe de père Noël, de rôder entre les massifs de l'hôtel Biron et de jouer au crépuscule le personnage de Rodin que Tiarko désirait connaître ? Mon attitude lui fit croire d'abord que Rodin était gâteux. Ensuite, comme je lui criais : « Tiarko ! Tiarko ! c'est moi, Jean ! », il crut que Rodin devenait fou et se sauva de mon parc à toutes jambes.

Chez Sacha, près de Honfleur, dans la maison célébrée par *La Pèlerine écossaise*, une farce du même ordre faillit tourner mal. Nous imitâmes *grosso modo* notre cher docteur Mardrus et sa femme. Nous vînmes à l'improviste. Or, Ajalbert détestait les Mardrus et les craignait comme la peste. « Trop tard », s'écria Charlotte Lysès, « ils entrent ! » et le quiproquo s'engagea. Plus Sacha grimé au bouchon jouait mal son rôle, plus je riais sous mes voiles, plus le pauvre Ajalbert, aveuglé par la haine, croyait entendre le couple haï et s'estimait moqué avec impudence.

Lorsqu'il comprit, il était trop tard. Il regagna sa chambre et une ombre demeura entre nous.

Je voudrais mettre les bouchées doubles, raconter, raconter. Mais quelle est cette robe de Lysès dans *Nono* ? Ces larges rayures noires et blanches, ce turban vert, cette taille empire ? Un signe capital a marqué l'âme légère de la ville. Le signe de Paul Poiret.

Poiret ! – Déjà la raideur de Polaire et des Liane se dénoue. Les corsets se délacent. L'or des loges de théâtre n'encadre plus des cocottes en armures et colliers de chien. Toutes ces lignes implacables se brisent, s'incurvent, s'effondrent, et nous vîmes la loge type de cette période de transition. Un entremets de meringues et de glace, une « bombe » qui coule : Edwards debout ; de sa chemise molle un ectoplasme s'étale, une masse informe, une femme Eugène aux yeux splendides, à chevelure de caniche, à bouche de carpe : Lanthelme.

Les duchesses sont prêtes pour que Paul Poiret les habille. Que dis-je ? les déshabille, les costume. L'album d'Iribe révolte les familles. Il ne s'agit pas encore de sortir le ventre, d'imiter la démarche du crabe et de la mante religieuse, un poing sur la hanche, la mâchoire cruelle et hautaine. Il s'agit d'être des almées, des housses de soie et de fourrure, les abat-jour, les coussins du harem d'un sultan de la mode. Sultan pâle, émir à barbe de châtaigne, aux yeux à fleur de tête, comédien comme Néron, changeant les femmes en odalisques et capable lui-même d'incarner d'innombrables types, avec les oripeaux qu'il ramasse autour de lui. Souvenez-vous, Derain, la nuit de l'armistice. Poiret se déguisait, se métamorphosait, inventait, mimait, suscitait, tant et si bien que nous crûmes à l'aube qu'il était onze heures du soir, pareils à ces voyageurs d'une ballade allemande, victimes du rossignol. Et voilà. Je voudrais vous quitter en hâte. Je déteste les gares, le train qui s'ébranle et qui dévide la pelote du cœur. Une nouvelle série d'articles vous racontera le Ballet russe et la guerre.

Comme le cèdre dans le chapeau de Jussieu, Pepito Soto et Manolo Martinez apportent le tango dans la caisse d'un gramophone. De la villa Montmorency (entre Bergson et Gide) le tango va envahir l'Europe. Les couples noués, les épaules immobiles, exécutent la lente promenade argentine. De gros messieurs glissent à petits pas, de long en large, en face de leur danseuse. De temps en temps ils stoppent, se détournent, lèvent un pied et inspectent leur semelle comme s'ils eussent marché dans quelque horreur.

La terre tremble. Plus sensible que la vermine frivole qui l'habite, elle sent comme un bétail l'orage qui se forme à l'Est. Vieilles et jeunes se frottent et sautent. La terre tremble et les agite tous.

Et voici le Fox-Trott et la *très moutarde* et les élégantes au coude agressif qui bondissent sur *Sambre-et-Meuse* et le drame approche et le vieux monde croule.

De loin on s'étonne toujours de ce que l'art se superpose aux catastrophes qui paraissent l'anéantir. Au contraire. La sottise des foules se porte ailleurs et laisse le terrain libre. La jeunesse morte commande par son sacrifice le respect de la vieillesse pour la jeunesse survivante et jamais l'art n'évolue plus vite.

Il ne faut pas confondre une poésie de révolution (la seule faute russe) et une révolution de poésie. La France, entre 1914 et 1924, offre le spectacle d'une incroyable révolution des lettres. 1935 ouvre un nouvel âge.

Laissez-moi prendre des forces au soleil sur le voilier que me prête Grâce de Sainte-Unefois, voilier dont j'use et j'abuse.

Je ferme boutique. Ainsi reposent les ambulants. J'espère ramener vite ma roulotte à l'ancienne place et ne pas vous trop décevoir avec les Portraits-Souvenirs de cet hier qui précède le *nouvel âge*.

Paul Valéry

(1871-1945)

Entré à l'Académie française en 1925.

2011

Valéry, la mécanique du penseur

En 1927, il est élu, quinquagénaire, à l'Académie française. Dans son discours de réception, il omet de prononcer le nom de son prédécesseur, Anatole France, qui a osé s'en prendre à celui qui fut son idole, Stéphane Mallarmé. Paul Valéry, à ce détour de son existence, est devenu une statue, un monument de la IIIe République qui représente officiellement la poésie dans ce qu'elle a de plus pur, une intelligence en éveil, un raisonnement en marche. Un esprit sain, obsédé par sa propre mécanique. Dans Le Figaro *des années trente, « l'éminent écrivain » présente ses réflexions. Il interroge, tel un professeur du haut de sa chaire, le processus de création, tentant, avec une rigueur mathématique, d'en retracer les différentes étapes. La liberté est son combat. Il la décompose, à la manière d'un objet physique : « Il faut distinguer, en matière de liberté, la notion et la sensation. » Il ne supporte pas la duperie, l'idée d'être soumis à des influences externes. Ses mots n'ont pas vieilli. Ses doutes le préservent du dogmatisme : « Que savons-nous ? Nous savons ce que nous pouvons. » Sans relâche, il opère l'esprit humain avec sa lucidité pour scalpel.*

C'est un personnage énigmatique, secret, alternant les silences et les fulgurances. Chaque matin, il se met à sa table de travail et pratique l'écriture comme un exercice intellectuel. Il aspire à un impossible détachement, à une fluidité parfaite de la pensée qui se mettrait en marche, comme un roulement à billes, sans le moindre frottement avec l'extérieur : « L'esprit qui produit [...] semble fuir dans une œuvre, l'instabilité, l'incohérence, l'inconséquence qu'il se connaît. » Curieux de tout, il étudie les problèmes de la métaphysique, de la science, de la linguistique. Fasciné par Léonard de Vinci – « Je le tiens pour l'un des plus grands écri-

vains possibles » – dont le cerveau remarquable symbolise son idéal, il aspire à être un tout. C'est le poète de la connaissance parfaite, de cette « conscience active qui rassemble les forces de l'homme pour engendrer les œuvres de l'homme », écrit André Rousseaux dans un commentaire de son Introduction à la poétique. Valéry se méfie des sentiments, dont l'avenir révélera combien il le troublèrent, des frémissements stendhaliens. Il écrit : « J'aimerais mieux, dit le poète qui se connaît bien, avoir composé une œuvre médiocre en toute lucidité qu'un chef-d'œuvre à éclairs, dans un état de transe. C'est qu'un éclair ne m'avance à rien. Il ne m'apporte que de quoi m'admirer. »

Curieux état d'esprit. L'auteur de La Soirée avec Monsieur Teste, *de* La Jeune Parque, *si longtemps tenté de renoncer à l'écriture, partagé entre le goût de l'obscurité et la fascination de la lumière, grave pour finir son nom au bas de commandes officielles, se prononçant sur tout, avec une ironie courtoise, créant une œuvre avec un détachement supérieur. C'est un coffre à bijoux, un « cimetière marin » qui, lorsqu'on en entrouvre le couvercle, scintille encore : « Ce toit tranquille où marchent des colombes/ Entre les pins palpite, entre les tombes »...*

Paru le samedi 30 octobre 1937

Comment travaillent les écrivains ?

Les réflexions qu'on va lire ont été suggérées à M. Paul Valéry par l'Exposition des Lettres ouverte au Trocadéro. L'éminent écrivain a bien voulu en réserver la publication aux lecteurs du Figaro*, et nous sommes d'autant plus heureux de les publier que le projet, en cours d'élaboration, d'un Musée permanent des Lettres leur donne une particulière actualité.*

Le problème général d'une Exposition est de faire voir : il consiste à assembler, à mettre en évidence et en valeur ce qui est ordinairement dispersé, retiré, réservé à quelques-uns, peu accessible, et pour beaucoup, véritablement inconnu. On s'ingénie à disposer dans une enceinte et à rendre le plus sensible aux regards les moyens et les résultats de quelques-unes (ou de la plupart) des formes de l'activité humaine : ce sont des objets et des fonctionnements des produits des diverses transformations utiles ou intéressantes que l'on sait faire subir à la matière ou à l'énergie, ou à des êtres vivants. Une machine, une statue, un meuble, une espèce sélectionnée, tout ceci est visible, et le problème de les exposer n'est qu'une affaire de choix et de mise en ordre et en place.

Mais le principal agent de toutes ces transformations, conçues, voulues et accomplies par l'homme, échappe à toute exhibition. Dans une Exposition, il est partout présent par ses effets ; absent de partout, par sa nature même. L'esprit, puissance originale de transformation, ne se révèle que par l'ordre ou le désordre qu'il introduit dans le monde des choses sensibles.

Ce fut donc une grande et paradoxale nouveauté que le dessein formé par les organisateurs de l'Exposition 1937 de donner à ce principe invisible, à l'esprit même, je ne sais quel visage, et de faire apparaître aux yeux des visiteurs l'invention elle-même, auprès des choses inventées, ou ce qu'on peut apercevoir ou soupçonner de la création en deçà de ce qu'elle crée.

Quant aux sciences, la difficulté n'était pas tout insurmontable. La Science, par définition, se réduit en actes bien définis, et toute pensée scientifique se dirige vers une vérification unique et universelle qui exige une transmissibilité aussi parfaite que possible d'esprit à esprit. Il reste de ce progrès les traces d'un tâtonnement expérimental ou les moments d'une généralisation croissante dont on peut montrer la suite assez clairement. Le Palais de la découverte est une manière de chef-d'œuvre de ce genre. Le problème, quant à la Science, est admirablement résolu. Mais les Lettres... Quoi de plus abstrait que l'activité littéraire ? Que faire voir ? Qu'est-ce qui est sensible dans cet étrange emploi du temps et des forces de l'homme, si difficile à définir, et dans lequel l'arbitraire le plus étendu, la diversité la plus capricieuse, les motifs les plus variés, les sensations, les sentiments, la raison, les passions et les circonstances, les tempéraments et les dons les plus différents, viennent se dépenser, s'exprimer et s'organiser pour produire contes, poèmes, systèmes – tout ce que la puissance de transformation la plus libre, agissant sur quelques milliers de mots dont elle exploite les possibilités innombrables de combinaison, peut condenser en œuvres, et livrer à une consommation incertaine, à la lecture, à l'attention, au mépris ou à l'émerveillement d'une quantité indéterminée d'inconnus ?

Ceux dont la tâche difficile fut de rechercher les moyens d'exposer tout ceci s'accordèrent d'abord sur l'impossibilité. Rien de plus simple, sans doute, que de montrer des livres. On l'a fait : on en a mis à la disposition du public ; on a exposé aussi l'histoire du livre, je veux dire tous les états de sa fabrication : papier, encre, types, composition et tirages, illustration et reliure. Mais ce n'est point l'histoire du livre qui pouvait nous embarrasser. C'était, toute mystérieuse et irréductible à des idées claires et distinctes, ce que l'on peut nommer sa *préhistoire* : le travail intérieur dont l'ouvrage est le terme.

C'est alors que nous avons songé à remonter au plus près de la pensée et à saisir sur la table de l'écrivain le document du premier acte de son effort intellectuel, et comme le graphique de ses impulsions, de ses variations, de ses reprises, en même temps que l'enregistrement immédiat de ses rythmes personnels, qui sont la forme de son régime d'énergie vivante : *Le Manuscrit original*, le lieu de son regard et de sa main, où s'inscrit de ligne en ligne le duel de l'esprit avec le langage, de la syntaxe avec les deux, du délire avec la raison, l'alternance de l'attente et de la hâte – tout le drame de l'élaboration d'une œuvre et de la fixation de l'instable.

Une autre considération, qui nous parut de première importance, fortifia dans nos esprits ce projet à peine formé.

Beaucoup pensent, et le pensent d'autant plus naturellement et ingénument qu'ils sont moins instruits, que *littérature* signifie nécessairement *facilité*. Je ne prétends pas du tout qu'ils s'abusent toujours. Notre métier n'exige à peu près rien : une plume, un cahier de papier, quelque ambition y suffisent. On conçoit que tant de gens regardent comme un amusement, parfois favorisé par d'heureux succès de vanité ou d'argent, une occupation qui semble ne demander ni matériel spécial, ni technique certaine, ni apprentissage, ni contrainte. Ils ne savent pas, et ne peuvent savoir, que ce métier bizarre enferme tout ceci dans l'être même qui l'exerce, quand cet être vaut quelque chose. C'est pourquoi nous avons tenté de mettre sous les yeux de la foule ce qu'elle n'avait jamais vu, les pages travaillées, raturées, de quelques-uns des plus grands écrivains du dernier siècle, espérant de faire comprendre que leur gloire fut achetée par un labeur sévère, plus soutenu que nul autre, et qui ne connaissait ni horaires limités, ni congés, ni retraite, ni détente de l'esprit. Il était bon, peut-être, dans une époque dominée par la notion du travail mesurable, de rendre très sensible l'existence et la dignité du travail qui n'ont pas de mesure.

Hugo, Balzac, Flaubert paraissent sur ce mur. Là, Renan, Sainte-Beuve, Anatole France. Et là, Baudelaire, et là, Marcel Proust.

Auprès d'eux se développe une collection, qui me semble assez complète, de cette quantité de petites revues (dont quelques-unes sont devenues fort grandes) qui, depuis plus de soixante ans, entretiennent la vitalité de nos Lettres, naissent et meurent comme des idées ; réagissent – parfois avec quelque violence – au contact des gloires régnantes et du goût généralement répandu. Ce sont elles, qui, chaque dix ans, introduisent dans l'atmosphère intellectuelle ce qu'il faut d'étonnant et d'assez différent de ce qui vient d'être, pour donner des raisons de vivre et d'écrire aux jeunes hommes créés pour créer. Ce sont elles qui réalisent la culture des êtres rares et qui offrent aux talents les plus singuliers quelques chances de se produire. Me sera-t-il permis de marquer ici d'un peu de mélancolie et d'une pensée personnelle ces quelques paroles de circonstance ? C'est que je vois devant mes yeux ce que nous fûmes, et qu'un regard me suffit, sur ces portraits et sur cette rangée versicolore, pour revivre au milieu de morts.

Cette petite exposition des Lettres est une expérience qui jamais, jusqu'à ce jour, n'avait été ni conçue, ni entreprise. Le laboratoire n'est pas grand. Les dépenses et les moyens furent des plus mesurés. Mais il est bien connu que de fort beaux résultats se sont quelquefois déclarés dans les conditions les plus restreintes, et nous savons que l'intelligence, la volonté, une certaine passion de bien faire peuvent accomplir, pour l'amour de quelque œuvre, ce que la magnificence des installations et l'importance des ressources ne parviennent pas toujours à obtenir.

Ces vertus se sont trouvées et se sont employées dans l'invention, l'ordonnance et l'exécution de notre exposition littéraire. Il est temps que je leur rende l'hommage qui leur est dû. Qu'aurions-nous fait sans l'action constante, l'énergie persuasive, égale et irrésistible de M. Julien Cain, administrateur général de notre Bibliothèque nationale, dont il a transformé tout le fonctionnement comme il a fait l'édifice, et qu'il a rendue, par un progrès constant de ses dispositions et de ses aménagements, enfin digne des richesses incomparables qu'elle renferme, et l'égale des plus parfaites de l'étranger. Il est, sans doute, l'homme de France auquel l'organisation des Lettres doit le plus. Il est impossible de mieux concevoir et de prévoir plus lucidement tous les besoins du travail de l'esprit qu'il ne l'a fait, toutes les fois que des problèmes de cet ordre lui ont été proposés. Sous son éminente direction, le zèle, l'ingéniosité, l'érudition de nos collaborateurs ont fait merveille, et dans ce cadre étroit dont ils ont compris que l'étroitesse même pouvait être utilisée à accroître l'intensité des impressions, ils ont condensé les documents, accumulé les images significatives, et ces agrandissements de manuscrits plus parlants que bien des leçons. Jusqu'à la dernière minute, on pouvait voir ici s'affairer le travail désintéressé de MM. Jean Babelon, Jean Fraisse, Léon Pierre-Quint, chacun reconstruisant son grand homme ou sa période préférée. Je ne puis nommer tout le monde, mais comment faire pour ne pas rendre des grâces toutes particulières à notre Marcel Bouteron, qui connaît son Balzac mieux que Balzac lui-même, et qui, entre deux consultations tout aimables qu'il donne à des membres de l'Institut, vit en commerce familier et perpétuel avec son héros, qui n'en était pas ?

Nous espérons que cet effort obtiendra sa récompense, et que cet essai portera des fruits. Sa véritable récompense doit être d'éveiller dans l'homme qui passe une idée plus juste et plus relevée de la Littérature qu'il n'en avait peut-être jusque-là. *Comment*, se dira-t-il, *et pourquoi tant de travail pour un objet si vain ? Pour noircir du papier faut-il tant de fatigues ?* Et peut-être ce visiteur concevra-t-il ce qu'il faut concevoir pour donner tout son prix à ce que cherche et traque l'écrivain, sur une feuille, sous sa lampe.

Demain, le sort de l'art et des recherches supérieures de l'esprit sera entièrement suspendu à l'opinion du plus grand nombre, qui est nécessairement dominée par la considération de l'utilité immédiate. Stendhal disait déjà : « La société ne paye que les services qu'elle voit. » Mot qui n'est jamais que trop juste, mais qui devient une sentence redoutable. Il ne faut rien négliger pour en écarter la menace, et faire comprendre à tous que l'homme n'est homme que dans la mesure où l'utile ne dirige pas toutes ses actions et ne commande pas tout son destin.

Fluctuations sur le mot « liberté »

La France veut la liberté. Personne n'en doute. Mais comment et pourquoi ? Là-dessus, les discussions s'ouvrent. Sur cette question qui passionne si légitimement l'homme d'aujourd'hui, M. Daniel-Rops a rassemblé quelques témoignages qui seront bientôt réunis dans un cahier de la collection « Présences ». M. Paul Valéry ouvrira ce débat par des réflexions sur la notion même de liberté. Dans quelle mesure est-elle une réalité ? Dans quelle mesure une illusion ? De la méditation que lui inspire ce vaste problème, l'éminent écrivain a bien voulu détacher pour Le Figaro *quelques pensées que voici.*

... La Politique nous parle aussi de liberté. Elle parut d'abord n'attacher à ce terme qu'une signification juridique. Pendant des siècles, presque toute société organisée comprenait deux catégories d'individus, dont le statut n'était pas le même : les uns étaient des esclaves ; les autres étaient dits « libres ». À Rome, les hommes libres, s'ils étaient nés de parents libres, s'appelaient ingénus ; s'ils avaient été affranchis, on les disait libertins. Beaucoup plus tard, on appela libertins ceux dont on prétendait qu'ils avaient libéré leurs pensées ; bientôt, ce beau titre fut réservé à ceux qui ne connaissaient pas de chaînes dans l'ordre des mœurs.

Plus tard encore, la liberté devint un idéal, un mythe, un ferment, un mot plein de promesses, gros de menaces, un mot qui dressa les hommes contre les hommes ; et généralement, ceux qui semblent le plus faibles et se sentent le plus forts, contre ceux qui semblent le plus forts et ne se sentent pas le plus faibles.

Cette liberté politique paraît difficilement séparable des notions d'*égalité* et de *souveraineté* ; difficilement compatible avec l'idée d'*ordre* ; parfois avec celle de *justice*.

Les nœuds et les interférences de ces abstractions se manifestent plus clairement si l'on décompose le semblant d'idées « liberté » en ses différentes espèces. La liberté de « penser » (c'est-à-dire de *publier*) ne s'accommode pas toujours avec l'ordre. La liberté du commerce, comme celle du travail, peuvent offenser la justice et l'égalité. La Nation, la Loi, l'État, l'École, la Famille, chacun selon sa nature, sont autant de puissances restrictives des impulsions de l'individu.

En somme, ce serait une recherche assez intéressante, et peut-être féconde, que celle-ci : déterminer ce qui est possible à un individu dans un pays « libre » – ce qui lui reste de *jeu*, quand il a satisfait à toutes les contraintes qui lui sont imposées par le bien public.

Politique et liberté de l'esprit s'excluent : car politique, c'est idoles.

Je trouve que la liberté de l'esprit consiste dans un « automatisme » particulier qui réduit au plus tôt les idées à leur nature d'idées, ne permet pas qu'elles se confondent avec ce qu'elles représentent, les sépare de leurs valeurs affectives et impulsives, lesquelles diminuent ou falsifient leurs possibilités de combinaison. Ces dites valeurs ne sont liées à des idées que par accident. Une idée triste se décompose en une idée qui ne peut pas être triste et une tristesse sans idées.

Il ne faut pas confondre cette « liberté de l'esprit » avec ce que l'on nomme communément la « liberté de penser », ni avec la « liberté de conscience ». Celles-ci sont tout extérieures : il s'agit de manifestations ou d'actions – les unes et les autres généralement peu compatibles, chez ceux qui s'en inquiètent, avec la « liberté de l'esprit », définie ci-dessus.

Un esprit vraiment libre ne tient guère à ses « opinions ». S'il ne peut se défendre d'en voir naître en soi-même, et de ressentir des émotions et des affections qui semblent d'abord en être inséparables, il réagit contre ces phénomènes intimes qu'il subit : il tente de les rendre à leur particularité et instabilité certaines. Nous ne pouvons, en effet, prendre parti qu'en cédant à ce qu'il y a de plus particulier dans notre nature, et de plus accidentel dans le présent.

L'esprit libre se sent inaliénable.

Je me trouve bien en peine de me rendre nette et précise l'idée de *liberté politique*. Je suppose qu'elle signifie que je ne dois obéissance qu'à la loi, cette loi étant censée émaner de tous et faite dans l'intérêt de tous. Que si elle me gêne ou me blesse, je ne dois pouvoir accuser et haïr personne : je la subis comme je fais celles de la nature.

Quand je ne puis du tout assimiler la loi civile à la loi naturelle, soit qu'elle prenne un visage et paraisse l'expression d'une volonté particulière qui ne l'emporte sur la mienne que par la puissance d'action ; soit que cette loi, quoique émanée de tous, me semble absurde ou atroce, alors j'estime que ma « liberté politique » est lésée...

Mais c'est que j'ai appris à la concevoir. Cette notion est inculquée. On a vu des esclaves souffrir d'être affranchis. On voit des peuples embarrassés d'être remis à eux-mêmes et se refaire des maîtres au plus tôt. Il arrive même que ces peuples soient parmi les plus cultivés et les plus intelligents de leur temps.

Une autre remarque : il faut distinguer, en matière de liberté, la notion et la sensation. Sous une autorité même despotique, le relâchement des institutions et de l'administration peut permettre plus de jeu à l'individu, et même plus d'action dans les affaires publiques, qu'il n'en trouverait dans un état libre et rigoureusement tel. Il se sent ici d'autant plus libre que les apparences sont moins libérales.

On appelle « pays libre » un pays dans lequel les contraintes de la Loi sont prétendues le fait du plus grand nombre.

La rigueur de ces contraintes ne figure pas dans cette définition. Si dures soient-elles, pourvu qu'elles émanent du plus grand nombre, ou qu'il croie qu'elles émanent de lui, il suffit : ce pays est un « pays libre ».

Il est remarquable que cette liberté politique ait procédé du désir de constituer la liberté de l'individu en un droit naturel, attaché à tout homme venant en ce monde.

On a voulu soustraire celui-ci aux caprices de quelqu'un ou de quelques-uns, et il n'y avait d'autre solution que de le soumettre aux caprices du nombre.

Mais ceci étant inavouable, la pudeur quelquefois a donné au sentiment confus de ce grand nombre la belle figure de la Raison.

Il est entendu que les droits que l'on est censé se retirer à soi-même le sont en vertu d'une liberté supérieure à la liberté de les exercer. Cette simple remarque suffit à démontrer dans quels embarras d'expression et de pensée le terme de liberté nous introduit.

Dans ce pays qui est *libre*, il est rigoureusement interdit de puiser dans la mer un verre d'eau, de cultiver dix pieds de tabac, et pour un peu, il y serait dangereux d'allumer un cigare au soleil avec une loupe. Tout ceci est fort sage sans doute, et se doit justifier quelque part. Mais la pression n'en existe pas moins, et voici la remarque où je voulais en venir : le nombre et la force des contraintes d'origine légale sont peut-être plus grands qu'ils ne l'ont jamais été. La loi saisit l'homme dès le berceau, lui impose un nom qu'il ne pourra changer, le met à l'école ; ensuite le fait soldat jusqu'à la vieillesse, soumis au moindre appel. Elle l'oblige à quantité d'actes rituels, d'aveux, de prestations ; et qu'il s'agisse de ses biens ou de son travail, elle l'assujettit à ses décrets dont la complication et le nombre sont tels que personne ne les peut connaître et presque personne les interpréter.

Je suis près d'en conclure que la liberté politique est le plus sûr moyen de rendre les hommes esclaves, car ces contraintes sont supposées émaner de la volonté de tous, qu'on ne peut guère y contredire, et que ce genre de gênes et d'exactions imposées par une autorité sans visage, tout abstraite et impersonnelle, agit avec l'insensibilité, la puissance froide et inévitable d'un mécanisme qui, depuis la naissance jusqu'à la mort, transforme chaque vie individuelle en éléments indiscernables de je ne sais quelle existence monstrueuse.

Les grandes choses sont accomplies par des hommes qui ne *sentent* pas l'impuissance de l'homme. Cette insensibilité est précieuse.

Mais il faut bien avouer que les criminels ne sont pas sans ressembler sous ce rapport à nos héros.

Victimes de la liberté.

Plus d'une chose de prix, et quelques-unes du plus grand prix, font les frais de la liberté.

Comme la liberté de nos mouvements n'est pas d'abord ressentie, mais succède comme sensation à quelque empêchement qui s'abolit – ou bien se fait imaginer sous pression d'une gêne – ainsi la liberté politique ou celle des mœurs, ou celle de la pensée ne sont pas primitives, mais se conçoivent, se dessinent, se fortifient dans les esprits, et s'imposent après de très longues périodes de contrainte, de discipline, de formalisme et de soumission. Pendant le temps de cette rigueur, l'homme acquiert des manières de vertus qui sont, dans l'ensemble, favorables à la vie sociale, au fonctionnement régulier des mécanismes de cette vie, à la compréhension mutuelle des individus, à la prévision des réactions personnes ou collectives. Il se peut que les principes, les règles, les usages ou habitudes alors inculqués soient impossibles à déduire d'un examen des choses mêmes à telle époque : il arrive qu'ils y paraissent étranges, absurdes, tyranniques, arbitraires, et qu'on ne puisse imaginer qu'on se soit si longtemps soumis à des formes ou à des formules ou gênantes ou injustes ou ridicules ou atroces ou seulement inutiles. Il en résulte des mouvements qui tendent à renverser ces obstacles, des images qui représentent la jouissance et le bonheur d'en être débarrassés. Aussitôt l'idée naîtra du plaisir que l'on trouverait dans l'acte même de s'y attaquer et de les ruiner en quelques instants. Sous le nom de liberté, la violence et ses fortes couleurs, ses chants et sa mimique, ses efforts et ses compositions dramatiques devient séductrice irrésistible. Dans la plupart des cas, quand le lion, fatigué d'obéir à son maître, l'a déchiré et dévoré, ses nerfs sont satisfaits, et il s'en trouve un autre devant qui s'aplatir...

Cette révolte détruit indistinctement. La violence se connaît à ce caractère qu'elle ne peut choisir : on dit fort bien que la colère est aveugle ; une explosion ou un incendie affecte un certain volume et tout ce qu'il contient. C'est donc une illusion de ceux qui imaginent une révolution ou une guerre comme des solutions à des problèmes déterminés que de croire que le mal seul sera supprimé.

Parmi les victimes de la liberté, les formes, et dans tous les sens du terme – le style. Tout ce qui exige un dressage, des observances d'abord inexplicables, des reprises infinies ; tout ce qui mène, par contrainte, d'une liberté de refuser l'obstacle, à la liberté supérieure de le franchir, tout ceci périclite, et la facilité couvre le monde de ses œuvres. Une histoire véritable des arts montrerait combien de nouveautés, de prétendues découvertes et hardiesses ne sont que des déguisements du démon de la moindre action.

L'idée, la sensation, la soif de liberté se sont affirmées, prononcées d'autant plus nettement que le pouvoir s'est fait plus personnel dans son principe et plus administratif et impersonnel dans ses moyens et formes d'action. Quand il s'est tout concentré dans un individu, il devait, par conséquence, se munir d'un mécanisme de plus en plus réduit à la transmission et à l'exécution automatique des ordres venus du centre et de l'Unique.

Cela se fit en France au dix-septième siècle. C'était rendre une révolution non seulement désirable, mais concevable et possible. Toutes nos révolutions du siècle dernier ont eu pour condition nécessaire et suffisante la constitution centralisée du pouvoir, grâce à laquelle un minimum d'imagination et un minimum de force et de durée de l'effort donnent d'un coup toute une nation à celui qui entreprend l'aventure. Du jour où il apparut que s'emparer de deux ou trois immeubles et de quelques personnages suffisait pour maîtriser le pays tout entier, l'ère des changements politiques par voie de violence soudaine et brève s'ouvrit. Le système créé par Richelieu et par Louis XIV autorisait et favorisait les imaginations à la Blanqui.

Mais ce n'est point là ce qui m'occupe à présent. Je songeais à ce qu'on nomme l'État, et dont je n'ai trouvé nulle part une explication qui me satisfît l'esprit.

Les juristes disent qu'il est une « personne morale », c'est-à-dire un mot et une convention qui évoquent et qui assemblent un certain nombre de capacités ou de facultés ; mais ces facultés elles-mêmes résultent nécessairement de la loi ; or il n'est pas de loi sans État qui la fasse et la fasse obéir. Nous voici dans ce monde mythique si remarquable qui s'impose à toute vie collective, et qui inflige à toute vie individuelle les conséquences réelles et précises d'existences imaginaires ou nominales, qu'il est impossible de circonscrire, de décrire ou de définir.

Quelque jeune homme, un jour, me demandant des éclaircissements sur cette notion, je me trouvai dans l'embarras de lui répondre, car, d'une part, il me pressait ; de l'autre, je sentais ma répugnance accoutumée à énoncer des propositions qui ne me satisfassent pas moi-même et à me servir de termes dont je ne vois pas le fond. Je ne sus enfin que lui proposer une *recette pour concevoir l'État*, qui me vint sur le moment, et qui vaut ce qu'elle vaut.

Vous vous figurez bien, lui dis-je, un monarque absolu ? Un homme, mais qui peut bien des choses, et qui en détient beaucoup d'autres. Il possède tout le pays, en ce sens que tous les autres possédants ne possèdent que par la protection qu'il leur accorde, et lui payent tribut. Il peut enrichir, appauvrir, élever, abaisser les gens ; exiler, mettre à mort qui bon lui semble ; construire et détruire ; faire la guerre et la paix ; organiser, réglementer, permettre ou interdire... Il ne doit de comptes à personne... En somme, il est le seul homme total de son royaume, et s'il annonce : l'*État, c'est MOI*, rien n'est plus clair, et vous entendez aisément ce qu'est l'État dans ce propos, car *vous voyez un homme* et vous constatez son action. Parlons de cette image. Opérons à présent sur cette idée d'un homme tout-puissant. Retranchez tout ce qu'il a d'humain sans rien soustraire à sa puissance ; supposez-le exempt de la vieillesse et de la mort : le temps n'a pas de prise sur lui :

Vainement pour les dieux il fuit d'un pas léger.

Ce n'est pas tout. Ôtez-lui maintenant toute sensibilité : cet immortel n'a pas besoin de *cœur*... Ni sens, ni cœur... Quant à l'esprit ?.... Ma foi, je ne sais trop ce que peut être l'esprit de l'État.

— Votre État est un monstre, me dit ce jeune homme, nous ne vivons que de ce qu'il veut bien nous abandonner. Nos biens, nos vies, nos destinées, ce ne sont que des concessions précaires qu'il nous fait. Je comprends que des mouvements de délivrance répondent de temps à autre à l'inhumanité croissante du système. L'homme s'étonne et tremble devant lui comme il s'émerveille et s'émeut devant ces énormes machines qu'il a construites.

— Ajoutez ceci : si l'État est fort, il nous écrase. S'il est faible, nous périssons.

Certains individus délicats sont choqués par l'idée d'eux-mêmes qui est impliquée dans les harangues et les raisonnements politiques qu'on leur fait entendre. Il en est qui ne peuvent souffrir que le ton s'échauffe, et que l'on profère certains mots si augustes que l'usage leur en paraît indécent. Ils s'éloignent des partis qui le supportent, le pratiquent, en vivent : c'est-à-dire, de tous les partis.

Toute politique, même la plus grossière, suppose une idée de l'homme, car il s'agit de disposer de lui, de s'en servir, et même de le servir.

Qu'il s'agisse de partis ou de régimes ou d'hommes d'État, il serait peut-être instructif de chercher à extraire de leurs tactiques ou de leurs actes les idées de l'homme qu'ils se firent ou qu'ils se font.

Je me demande s'il en est un seul qui ait pris le temps et la peine d'y réfléchir profondément, et je m'assure du contraire.

Je propose une autre recherche : étudier les variations de la liberté individuelle, depuis X années.

Il s'agirait d'examiner les lois successives : les unes accroissent, les autres restreignent le domaine des possibilités de chacun. À partir de tel jour, on ne peut plus être dentiste sans examen et diplôme. À telle date, tout le monde fut astreint au service militaire. À telle autre, il fut permis de divorcer. Trente ans après, l'obligation de confesser au fisc tout ce que l'on gagne fut instituée. Vers 1820, c'était une tout autre confession qui fut requise.

On voit que le contour de notre domaine de libertés est fort changeant. J'ai grand peur que son aire n'ait fait que se rétrécir depuis un demi-siècle. C'est une peau de chagrin.

Mais il serait très injuste et très superficiel de ne considérer que les contraintes légales. L'homme moderne est l'esclave de la modernité : il n'est point de « progrès » qui ne tourne à sa plus complète servitude. Le confort nous enchaîne. La liberté de la presse et les moyens trop puissants dont elle dispose nous assassinent de clameurs imprimées, nous percent de nouvelles à sensation. La publicité, un des plus grands maux de ce temps, insulte nos regards, falsifie toutes les épithètes, gâte les paysages, corrompt toute qualité et toute critique, exploite l'arbre, le roc, le monument, et confond sur les pages que vomissent les machines l'assassin, la victime, le héros, le centenaire du jour et l'enfant martyr.

Il y a aussi la tyrannie des horaires.

Tout ceci nous vise au cerveau. Il faudra bientôt construire des cloîtres rigoureusement isolés, où ni les ondes, ni les feuilles n'entreront ; dans lesquels l'ignorance de toute politique sera préservée et cultivée. On y méprisera la vitesse, le nombre, les effets de masse, de surprise, de contraste, de répétition, de nouveauté et de crédulité. C'est là qu'à certains jours, on ira, à travers les grilles, considérer quelques spécimens d'hommes libres.

Paru le samedi 13 mai 1939

L'œuvre écrite de Léonard de Vinci

J'avais quelque vingt ans quand le hasard (sans quoi nous serions sans esprit...) me fit ouvrir et feuilleter, dans une bibliothèque où j'allais quelquefois perdre mon temps, un des volumes de la reproduction photographique des manuscrits de Léonard, l'un de ceux qu'a publiés Ravaisson-Mollien, d'après les originaux qui appartiennent à l'Institut. Je n'imaginais pas jusque-là qu'il existât au monde un document si extraordinaire de la vie d'un esprit du premier rang et de son intimité avec sa puissance.

Les journaux des particuliers, les confessions, les confidences au public qu'on nous prépare et qu'on nous offre n'exposent que des faiblesses, ou ne livrent que ce dont tous les hommes sont vains ou affligés : ce sont des ouvertures calculées et voulues qui nous sont faites dans l'espoir de nous apprendre sur leur auteur ce qu'il désire que nous en sachions. Mais ces cahiers de Léonard n'étaient absolument que pour lui seul – son laboratoire de secrètes recherches. Il n'y consigne guère que ce qui lui puisse servir au développement de ses moyens. Il y poursuit je ne sais quelle voie de progrès indéfini dans la connaissance et le pouvoir : ces termes pour lui inséparables.

C'est un désordre habituel, et comme organique chez lui, de préceptes, de formules, de figures et de croquis, de recommandations à soi-même, de projets toujours repris, et de quelque autre façon. Ce sont les effusions du désir de l'intellect, qui multiplie les problèmes et accumule les recettes, ne distingue pas l'invention de la découverte, dans une fureur sacrée de *comprendre pour faire* et de *faire pour comprendre*, qui passe toute philosophie. Que savons-nous ? Nous savons ce que nous pouvons. Tout le reste n'est qu'échange de discours.

La pensée de Léonard est essentiellement et consciemment un moment d'action, un simplificateur ou un multiplicateur d'action. S'il s'élève au plus haut, s'il s'insinue au plus subtil, il en revient toujours à quelque ouvrage.

Tout ceci se manifeste fortement à qui compulse les illustres recueils dont je m'émus, et qui observe comme les vues les plus générales et les études les plus serrées de l'extrême détail s'y trouvent toutes mêlées, suggérant une sorte de superbe et supérieure indifférence. Si l'on évalue toutes choses mentales en travail de l'esprit, la recherche d'un engrenage peut ne pas coûter moins que l'analyse d'un système du monde. Léonard, qui avait pris pour modèle non seulement du peintre, mais de l'inventeur qu'il était, la nature vivante, avait certainement appris que cette nature, dans son opération impénétrable, ne sépare jamais l'ensemble du détail, la forme de la matière, la fin d'avec les moyens ; et c'est par quoi elle nous est inimitable, c'est-à-dire incompréhensible.

Quelques années plus tard, le grand ouvrage de Jean-Paul Richter (qu'il ne faut pas confondre avec son homonyme, le célèbre écrivain romantique), *The Literary Works of Leonardo da Vinci*, vint à ma connaissance. Il apportait une révélation presque complète de l'œuvre écrite de l'homme le plus richement doué qui ait existé. On savait assez vaguement que Léonard avait pratiqué bien d'autres arts que la peinture : on connaissait cette lettre célèbre où il énumère ses talents. Mais on était loin de voir distinctement en lui un père de notre science et de notre technique, un créateur de la géologie ; un physiologiste, passionné pour les problèmes de fonctionnement que lui suggérait son étude acharnée de l'anatomie : soif de savoir qui le conduisait de la dissection des organes à une analyse admirable du vol des oiseaux et des chauves-souris, qu'il raisonnait et concevait au point de *passer à l'offensive* – c'est-à-dire de vouloir construire une machine volante, dont il a déterminé les conditions de structure, de stabilité, dessiné et redessiné toutes les pièces, considérant que la perfection d'une connaissance ne se démontre que par les entreprises qu'elle rend possibles. Les ailes du premier appareil pourvu d'un moteur qui ait volé (l'appareil d'Ader exposé au Conservatoire des Arts et Métiers) sont du type imaginé par Léonard au commencement du seizième siècle. Rien de plus surprenant à cette époque que cette condition active et créatrice imposée au savoir. Rien de plus proche de nous.

Le recueil, les traductions et les notes de Richter, fruit d'un travail immense, résultat du dépouillement des manuscrits qui se distribuent entre Paris, Londres, Windsor, Milan, Turin et diverses collections particulières, a été l'instrument inappréciable de tous ceux que la pensée léonardienne a séduits, émerveillés, confondus.

Après une vie depuis cinquante ans consacrée presque entièrement à Léonard, Richter, mort en 1937, laisse une nouvelle édition de son livre, que sa fille, Mlle Irma Richter, qui avait été la collaboratrice de son père, et l'avait en particulier secondé dans la traduction de l'italien en anglais du texte du « Paragone », vient de publier. Deux tomes imposants, qui constituent cette nouvelle édition, magnifiquement exécutés par la célèbre Oxford University Press, assemblent donc enfin la plus grande partie de l'œuvre écrite de Léonard, texte italien et traduction anglaise, avec quantité de reproductions photographiques et de planches, de commentaires et de notes qui tiennent compte de la nombreuse littérature venue, depuis cinquante ans, préciser ou développer l'idée de notre héros de l'intelligence.

C'est là une Somme, un monument de travail, de soins, de piété et de toutes les vertus intellectuelles, dédié moins à la gloire de Léonard qu'à l'*avenir nouveau* d'une partie de son œuvre. Tandis qu'à Milan va s'ouvrir une exposition léonardesque où les expériences du savant et les inventions de l'ingénieur seront, paraît-il, restituées ou représentées par des machines et modèles en action, à côté des ouvrages de l'artiste, l'événement de cette réédition d'importance capitale peut révéler à bien des esprits, préciser à quelques autres, ce que fut l'intime opération d'une curiosité merveilleusement armée. Nous possédons là le monologue d'une recherche universelle qui s'exprime dans un langage auquel je ne trouve rien à comparer.

Je tiens depuis bien longtemps Léonard pour *l'un des plus grands écrivains possibles* ; et peut-être... me sentirais-je quelquefois un goût plus prononcé pour ses écrits que pour ses tableaux. Il décrit des objets naturels avec une précision étrangement mêlée de tendresse, de familiarité, de solennité ; et la forme musicale de ses phrases, très particulière, est toujours dans un accord de parfaite justesse avec leur substance. Il invoque parfois ses divinités.

Paul Claudel

(1868-1955)

Entré à l'Académie française en 1946.

V-C
2011

Claudel, le croyant

Dans les chroniques qu'il donne au Figaro littéraire *en 1938, sous l'appellation « Souvenirs de la "carrière" », un mot revient régulièrement : « bagage ». On sent que les siens sont lourds. Paul Claudel, mis en retraite trois ans plus tôt, a beaucoup voyagé pour le compte du ministère des Affaires étrangères. Il fut en poste à Shanghai, Fou-Tcheou, Pékin, Prague, Francfort, Hambourg, ministre de France à Rio, ambassadeur à Tokyo, Washington, Bruxelles : « Les mutations de poste enrichissent le bagage de références et de comparaisons de l'itinérant, élargissent ses repères et ses points de vue. » Il a rencontré beaucoup de monde, et surtout Dieu, aux vêpres de Noël, à Notre-Dame. Il a foi en ce qu'il croit et en lui-même, porteur de la bonne parole ; il s'exprime de manière sonore, imagée, théâtrale. Poète, il s'est nourri de Rimbaud, a fréquenté Mallarmé. Il vit dans les symboles, les plante comme des fleurs ou des drapeaux. Son œuvre est un jardin luxuriant, foisonnant. Il est un massif tranquille, au-dessus de la mêlée. « Pensée en mer » : « Le bateau fait sa route entre les îles ; la mer est si calme qu'on dirait qu'elle n'existe pas. » Il y a en lui quelque chose de définitif ; on ne le fera pas dévier de sa route : « M. Claudel, écrit le directeur du* Figaro *qui l'a recruté, Pierre Brisson, est le bûcheron de sa propre forêt. Il frappe ses chênes à grands coups de cognée, avec patience, avec certitude, prenant son souffle, son temps, et l'âme tirée vers Dieu. » Dans le drame, il se drape dans l'antique pour confesser un adultère vécu –* Partage de midi *–, met en scène ses visions bibliques, la Vierge dans* Le Soulier de satin *; toujours la femme, mystérieuse. « Mystère » est un mot que l'on retrouve souvent sous sa plume ; comme « sagesse » ou « âme ». Ses phrases empruntent de longs corridors* *qu'on a parfois du mal à suivre jusqu'au bout. Son vocabulaire est précieux. Il se pose en guide, défend son champ – la chrétienté – avec la hargne d'un paysan, pourfend, dans des mises en garde que l'on croirait signées d'aujourd'hui, « l'indignation vertueuse... la sentimentalité déréglée et la confiance aveugle dans ses propres forces et dans ses propres lumières que l'on trouve chez les livresques et les théoriciens ». Devant la guerre qui frappe à nouveau, retiré dans son château de Brangues, il dénonce, dans un lyrisme échevelé, la « Germanie, Cain entre les peuples qui ne fut créée que pour la haine » ! Il est mystique, sauvage, cosmique. En décembre 1940, il compose une ode au maréchal Pétain qui sera lue, le 9 mai 1941, lors d'une représentation de* L'Annonce faite à Marie *à Vichy, et publiée dans* Le Figaro. *Fin 1944, il adresse au même journal un poème « Au général de Gaulle ». Dans* Le Canard enchaîné, *Henri Jeanson ironise sur ce changement de cheval ailé : « C'est vrai, plaide Claudel, après le renvoi et l'arrestation de Laval, j'ai cru à un sursaut d'honneur chez ce vieil homme. Trompé, la honte n'est pas pour moi. » En 1946, après y avoir échoué, il est élu à l'Académie française sans être candidat. Le 23 février 1955, sa plume s'arrête au milieu d'une phrase : « Notre plus grand poète meurt plein de jours et plein d'œuvres comme un patriarche de l'Ancien Testament », conclut sagement Mauriac.*

Paru le samedi 12 février 1938

L'absent professionnel

Ou le Professionnel de l'absence. Qui est-ce ? On pense d'abord à ces martyrs de la politique, à ces « proscrits », comme on disait en 1848, dont les régimes totalitaires ont de nos jours intensifié le recrutement. On pense aussi à ces exclus perpétuels ou temporaires que l'enceinte de nos établissements pénitentiaires sépare de la vie courante. À tort. À cette double catégorie de retranchés, ainsi qu'aux émigrants volontaires, les circonstances créent un milieu et l'habitude des racines. Le professionnel de l'absence, dont le sort, c'est le cas de dire, étrange, la vocation, la condition même d'existence, est de ne plus tenir à rien qu'au seul fil, manié par une volonté impersonnelle, qui le transporte incessamment et hors de toute prévision d'un lieu à l'autre, c'est le diplomate et c'est surtout le consul.

Il y a des exceptions. Certains agents, à part quelques courtes parenthèses, ont fait toute leur carrière dans le même rayon et parfois dans le même poste. C'est le cas, par exemple, de mon distingué collègue, M. de Fleuriau, qui vient de disparaître. Bien des secrétaires pour de longues années ne se sont pas éloignés de Rome, de Londres ou de Washington. On citerait d'autre part, dans ce qu'on appelle la petite carrière, nombre d'interprètes ou des chanceliers qui se sont complètement acclimatés à leurs résidences lointaines, s'y sont mariés, y ont fait souche. On m'a conté la légende charmante d'un attaché de chancellerie qui vivait en Malaisie dans un arbre et qui, les reins enveloppés d'un sarong, lisait tous les soirs le Coran à sa petite famille.

Mais il y a aussi le grand air !

Bien souvent on a protesté contre ces effrayants zigzags qui transportent à grands frais d'un bout du monde à l'autre des agents ahuris et dépaysés. Les inconvénients sont patents. De l'autre côté, il y a quelque chose à dire. Un agent trop longtemps maintenu dans le même poste tend à prendre, trop, la couleur du pays qu'il habite. D'autre part, comme on dit que les voyages forment la jeunesse, les mutations de poste, même nombreuses et variées, du moins enrichissent le bagage de références et de comparaisons de l'itinérant, élargissent ses repères et ses points de vue.

Étonnez-vous que, dans ces conditions, le bonhomme ait cessé de prendre la réalité complètement au sérieux. C'est quelque chose pour lui d'aussi insubstantiel que les images incohérentes qui se succèdent sur l'écran. La patrie est perdue pour toujours, il ne lui est plus rattaché que par des lettres et des journaux qui, parfois, mettent plusieurs semaines à lui parvenir, par de vagues félicitations, par des réprimandes injustes, et par des télégrammes à double sens. Franz Kafka aurait pu écrire là-dessus une de ses paraboles. Quant à la place qu'il a laissée vide en France, là-dessus, son premier retour a suffi à l'édifier. On se passe parfaitement de lui. Il est hors de la partie. À la fois bizarrement présent et posthume. On n'a qu'à souffler dessus, il n'est plus là. *He does not belong*, comme disent les Anglais. Ses interlocuteurs, sous un voile d'indulgence, ont peine à dissimuler le sentiment qu'il leur donne de leur propre supériorité. Pendant qu'il parle et qu'on écoute, le sourire aux lèvres, les curieux propos de l'exotique, une question préjudicielle travaille l'interlocuteur à laquelle il livre enfin issue : « Quand repartez-vous ? » Et, en effet, tout de suite le voici reparti pour l'inconnu, au milieu de ces gens gratuits autour de lui qui parlent la langue des oiseaux.

Le second retour est tout différent. Ulysse a pris son parti. Il a cessé de prendre au sérieux cette Ithaque où les trames de la Pénélope administrative ne suffiront pas à le retenir. L'enfant prodigue écoute avec une jovialité amicale le frère aîné qui lui explique, d'un front plissé par le chagrin, les soucis que lui donne sa mare à fumier. Pour lui, demain il sera ailleurs. Rien ne dure, après tout. Il ne pèse plus sur la terre natale du même poids que les autochtones. Il a déjà le roulis dans les jambes du bateau qui va le remporter. Profitons de ces vacances qui ne durent pas moins que toute la vie ! Comme dit la chanson japonaise : « Bonsoir Monsieur, Madame, la Compagnie ! Et vous, Mademoiselle, ne pleurez pas, adieu ! C'est de bon cœur ! Agitez votre petit mouchoir ! Moi, je vous tire la langue ! » Contre tous les embêtements, le départ est là tout prêt, tout prêt, comme un recours, comme une référence, comme un asile grand ouvert. Déjà dans un port inconnu m'attendent sur une table démantibulée les feuilles d'inventaire et de prise de service en triple exemplaire. Et m'attend aussi ce fauteuil, encore chaud d'un prédécesseur envolé pour un monde préférable.

Et quant à tous ces gens cocasses maintenant qui avec un sérieux impayable s'obstinent à vous parler chinois ou polonais, eh bien quoi, on s'arrange ! C'est le Tour du monde en quatre-vingts jours ! Et d'autre part, la quinine n'a pas été inventée pour les chiens ! Et le prochain courrier apporte des conserves épatantes.

Et puis il y a aussi la joie des retours, quand on en a fini avec quelque chose et qu'un présent avide et crochu ne vous a pas encore happé, quand on en a pour une semaine ou pour un mois et quelquefois plus à n'être nulle part, à faire partie d'une communauté provisoire et hétéroclite, brassée et rebrassée par l'océan, un amalgame de soldats, d'aventuriers, de fonctionnaires, d'entrepreneurs, de missionnaires, de dames sans vertu, de bonnes sœurs et de carmélites en voie de transhumance !

Quelquefois c'est moins gai, mais tout de même intéressant, comme ce voyage que j'ai accompli jadis à travers toute la longueur de l'Asie et de l'Europe en compagnie de deux enfants malades, de ma femme qui attendait le troisième et d'une bonne souffrant d'une hernie, que m'avait passée un obligeant collègue. Ou mon départ de Hambourg en août 1914 au milieu d'une foule vociférante qui voulait nous faire un mauvais parti, exaltée jusqu'à la frénésie par un certain costume tricolore que portait mon fils âgé d'un an, et surtout par un coquin de chapeau melon, couleur de perle rose, qu'arborait insolemment un de mes attachés et qui constituait, je ne sais pourquoi, aux yeux de *Mutter Germania* une intolérable provocation. Je me revois débarquant à Copenhague où m'attendait mon chef Jules Cambon, encore sous l'impression des délicats procédés dont l'avait comblé la police impériale. Il s'agissait de rentrer en France par la Suède, la Norvège et l'Angleterre. M. Cambon, je ne sais pourquoi, craignait de nouvelles mésaventures et il jugea plus prudent de m'expédier en éclaireur à la tête de son personnel domestique. Ainsi le patriarche Jacob, en route vers la Terre Promise où l'attendait le farouche Esaü, après une longue captivité chez Laban, qui divisa sa troupe en trois corps. En avant les servantes et le gros bagage. Puis l'épouse numéro 2, soit Lia, la chassieuse. Enfin lui-même et Rachel la bien-aimée avec ses trésors les plus précieux : c'est-à-dire, dans l'espèce, messieurs les secrétaires, le chiffre et les archives.

Maintenant la guerre est finie et je reviens, avec mon secrétaire Darius Milhaud, du Brésil où je me suis couvert de gloire dans le rayon de la finance et de l'épicerie : l'épicerie, le plus beau des métiers, et que je n'ai jamais cessé depuis lors de considérer comme ma véritable vocation ! L'océan Atlantique est en pleine forme : nous sommes au mois de février, c'est la grande saison, la belle saison de la mare aux harengs, et un vent de fer, sans mauvaise intention, ravage l'aimable flaque depuis le pôle Nord jusqu'à l'autre (si c'est vrai qu'il y en a un !) Hourra ! la guerre est finie ! J'ai déjà eu des retours dans ce genre-là quand, après cinq ans de cuisson dans l'autoclave chinois, je retrouvais l'Europe et les bourrades amicales de la Méditerranée et l'Etna couvert de neige, demain nous serons à Marseille, et Paris après-demain ! Mais maintenant, au déchaînement de ce que les pêcheurs de Terre-Neuve appellent une jolie brise, se mêlent tous les clairons de la victoire ! Il ne faut pas se plaindre d'être un peu rudoyé quand on fait route à travers tout un océan qui chante la Marseillaise ! Nous-mêmes y mêlerons joyeusement les accents de « La Madelon » et de « Over There », quand, dans l'intimité de nos cabines, nous aurons achevé de vomir notre personnalité, accompagnée des angoisses recuites de ces cinq ans de guerre ! Tout danse, tout saute, tout caracole et tout carambole sur l'heureux bateau, ravi aux Boches, qui pique du nez dans la plume et qui offre un flanc complaisant aux énormes tapes que lui administre de temps en temps l'océan dans un emportement de vociférations et de crachats, à quoi l'office répond par les cataclysmes de la vaisselle ! À table, il faut se cramponner pour ne pas être envoyé comme un projectile de bâbord à tribord et pour mûrir cette salade dont on m'a confié la confection et à laquelle je mélange subrepticement un croûton aromatique, assez semblable, somme toute, au philtre de Brangaine ! On a dû attacher par une corde le piano qui voulait s'envoler. Les Français de tous côtés se jettent dans les bras des Américains. Une puissante infirmière n'apparaît en haut de l'escalier, dans un état de majesté instable, que pour traverser au galop tout le salon où les genoux d'un géant du Far West lui servent de refuge.

Sur sa chaise longue, le philologue Théodore disserte et discourt du matin au soir. Son crâne pointu émerge d'équipements militaires et de buffleteries, il a des bottes qui feraient honneur à un général en chef, une carte d'état-major protégée par une feuille de mica lui bat la cuisse comme une sabretache. Tout à coup la ficelle claque, et voici Théodore envoyé avec violence contre la rambarde. Est-il cassé ? Non, mon Dieu ! mais le sang s'échappe de ce front érudit.

– Tiens, c'est drôle ! me dit Gabrielle Gills. Je me serais plutôt attendue à du jaune d'œuf !

Victorieux souvenirs qu'il fait bon en ce moment évoquer ! Demain, ce sera l'avenue des Champs-Élysées sous la pluie toute bordée des dépouilles de l'ennemi… Et aujourd'hui, les Allemands peuvent faire les malins, ils peuvent faire trembler la terre sous ce pas « romain » qu'on appelait alors autrement. Tout de même il y a encore, sur une voie de garage dans la forêt de Compiègne, un certain wagon où nos visiteurs d'outre-Rhin trouvent le temps, il faut l'espérer, de faire quelquefois une petite visite. Ce Hindenburg, ce Guillaume, ce Hitler, ce Ludendorff, ce Wotan, louche d'un œil et borgne de l'autre, flanqué de Fafner et de Fasolt, tout de même, oui, tout de même, pauvres petits Français, mes frères, *on les a eus*, et comment !

Paru le samedi 31 décembre 1938

La mystique des pierres précieuses

Le ver luisant, ermite du gazon, qui allume tous les soirs sa petite lanterne pour lire dans son bréviaire minuscule, les folles mouches à feu qui, dans la nuit tropicale, entrecroisent leurs paraphes vertigineux, le poisson abyssal qui, le phare au front, rôde dans la ténèbre liquide, tous ces bijoux rutilants et mordorés que sont les insectes, la goutte de rosée qui flamboie dans le matin de mai au bout de son brin d'herbe et, guerrier de pied en cap dans sa panoplie de verre, dans son harnachement de feu, l'arbre habillé de verglas qui carillonne dans le rayon hivernal, l'étoile enfin, celle toute petite comme une piqûre que l'on distingue la première et cette grosse comme une goutte d'un élixir sublime qui triomphe au bandeau de l'aurore – tout cela, l'enfant voudrait le prendre entre ses doigts, il sait que, cette merveille à son index, à condition simplement de tourner le chaton, elle le rendrait maître de pouvoirs magiques, il ouvrirait les murs, il percerait les trésors, il pénétrerait les mystères, il lirait l'âme, il tiendrait, il aurait avec lui une source de rayons. Et les rayons, aujourd'hui, eh bien ! tout le monde à l'écho des laboratoires en a entendu parler : les visibles, les invisibles. Une miette de Dieu, qu'on me la donne ! Rien qu'un éclat pour moi de cette lumière qui a créé le monde !

Or, tout cela n'est pas un rêve, c'est vrai ! L'esprit entre nos doigts, qui s'est fait matière, l'invisible qui s'est fait substance et pierre, quelque chose de si positif et de si dur qu'il résiste à tous les instruments, qu'il constitue comme un étalon de résistance, il existe ! C'est à nous ! Et quant à son efficacité magique, le radium est là pour nous en donner une idée, dépassant par les arcanes de sa préparation et par les merveilles dangereuses et bienfaisantes de son opération philosophale tout ce que les vieux alchimistes ont consigné dans leurs grimoires. À coups de pic, à coups de barre à mine, à longueur de patience et de foret, l'homme a interrogé ce que le roc a de plus compact et de plus contracté, et il a trouvé ça dans le quartz et le basalte ! Ce marron dans sa bogue, cet affinement de cristaux au cœur de la bombe, cette éternité qui est un produit de l'effort, cette arrivée à l'essence, ce fruit interne obtenu par la compression d'un monde, cette pureté égale à celle qu'elle répand dans l'éther, que la perle planétaire acquiert par la méditation de sa propre substance ! Il y a deux sortes d'élaborations géologiques. L'une qui est un procès de désintégration : le granit, par exemple, qui devient argile. L'autre – et c'est comme le philosophe qui, par le brassage d'une multitude de faits, arrive au concept, au joyau abstrait d'une définition irréprochable – est une espèce de création ou de parturition, quelque chose à quoi aboutir qui échappe à la décomposition par la simplicité. Les entrailles de la nature en travail ont enfanté ce bézoard. Il a fallu la presse cosmique, l'action qui est passion d'un monde en révolte contre sa propre inertie, l'empreinte tellurique, le vomissement du feu intérieur, ce qui de plus central est capable de jaillir sous une main inexorable, l'écrasement millénaire de ces couches qui se compénètrent, tout le mystère, toute l'usine métamorphique, pour aboutir à ce brillant, à ce cristal sacré, à cette noix parfaite et translucide qui échappe à la pourriture du brou. Parfaite, pas encore ! Il faut que la main de l'homme s'ajoute à ce caillou qui l'invite. Il faut qu'un lent polissage vienne dissiper l'obscurité inhérente, effacer la rugosité adventice, accentuer le clivage, éliminer le défaut, éveiller l'œil secret, compléter la rose ébauchée. Il faut que la facette multiplie le prisme. Il faut user le refus. Il faut que naisse ce prodige minéral qui est un nombre solide ; il faut qu'apparaisse enfin sous la main de l'ouvrier ce soleil minuscule qui doit ses rayons à la géométrie. (Ainsi cette pierre merveilleuse dont parle Buffon et que j'aime autant ne pas identifier, et qu'il appelle le *girasol.*) Non plus un miroir seulement, mais un foyer.

Je ne sais si ma classification est tout à fait celle des lapidaires ; mais, pour moi, les pierres précieuses se rangent en deux catégories : transparentes et opaques, cristal ou marbre : les unes qui accueillent le rayon et les autres qui le repoussent, les unes qui ont un cœur, j'allais dire, qui ont une âme, et les autres qui ne se servent que de leur surface, les unes pénétrées et les autres caressées : émeraude et jade, saphir et turquoise, hématite et rubis : les unes qui brillent et les autres qui reluisent. Tout cela, nous dit la science, carbone ou composé d'alumine et de silice, coloré par des oxydes métalliques, ou quelque autre formule de laboratoire que je laisse aux spécialistes.

Mais c'est de la pierre translucide que je veux surtout parler et, plutôt que d'une substance aveugle, de ce vide solide, de ce buisson ardent, de ce polyèdre réfringent qui attire et concentre en lui tous les angles d'incidence et de réflexion, l'escarboucle dans les contes qui resplendit au front de Mélusine. Comment s'étonner que, de tous les temps et chez tous les peuples, la sagesse populaire ait vu dans ces prunelles fées, toujours prêtes à transformer comme dans l'éclat d'une intention précise, une clarté éparse, non pas seulement un ornement (et, après tout, n'est-il pas écrit que Dieu n'a pas créé les étoiles pour autre chose que pour l'ornement de la nuit ?) mais, étincelante ou latente, une vertu occulte, quelques-uns ajoutent astrologique, à la fois médicale et mystique. L'évêque Marbode, qui florissait à Redon vers l'an Mille, a consacré aux gemmes un poème en hexamètres rugueux, où il vante leur efficacité, bien supérieure, déclare-t-il, à celle des simples, comme l'œil qui en profite est supérieur à l'estomac. En un seul clin d'œil, tout le réseau des veines et des nerfs s'imprègne de cet éclair. Et s'adjoignent à cette apologie de non pas moindres noms que ceux de Boèce et d'Albert le Grand et de tant d'autres ! Telle pierre guérit de la gravelle et telle autre de la colère, telle est un spécifique contre le mal de dents et telle autre contre la luxure, telle attire l'argent et telle autre déjoue l'embûche, telle éblouit l'adversaire, telle gagne les cœurs, et telle autre nous imprègne d'une disposition incompatible avec la malchance. Tout cela, fantaisie, bien entendu, avec le tort de vouloir trop préciser, mais, en même temps, prise de gage sur l'inconnu, conscience d'un éclatant privilège, polarisation à notre doigt ou à notre cou pendue de quelque serment que nous nous sommes fait à nous-mêmes. Ainsi la bague de fiançailles ou celle de l'évêque, qui est le sacrement de son mariage avec le diocèse. *Je te donnerai un caillou blanc*, dit l'Apocalypse, quoi de plus blanc qu'un diamant ? Et le texte ajoute : *sur lequel un nom nouveau est inscrit*. C'est de ce caillou et de ce nom, à la fois abrégé de l'ancien et initiale de quelqu'un de nouveau, que nous nous servons pour cacheter nos lettres et pour affirmer nos engagements.

La perle

La perle au fond des mers naît toute seule de la chair vivante : pure et ronde, elle se dégage immortelle de cet être éphémère qui l'a enfantée. Elle est l'image de cette lésion que cause en nous le désir de la perfection, et qui, lentement, aboutit à ce globule inestimable. Voici dans le repli de notre substance la perle qui est le grain métaphysique, soustrait à la fois par le silence en lui de toute vocation terrestre à la menace du germe intérieur comme de la critique externe, une condensation de la valeur, une goutte de lait, un fruit détaché et sans tige, une solidification de la conscience, l'abstraction jusqu'à la lumière de toutes les couleurs, une conception immaculée. L'âme blessée et fécondée possède au fond d'elle-même un appareil qui lui permet de solidifier le temps en éternité. C'est la perle, c'est cette réalisation de l'essence, c'est ce Un nécessaire, c'est ce résumé entre nos doigts de toute possession qui sert de porte, nous dit l'Apocalypse, à la Jérusalem céleste. Elle ne brille pas, elle ne brûle pas, elle *touche* : fraîche et vivifiante caresse pour l'œil, pour l'épiderme et pour l'âme. Nous avons contact avec elle.

Telle est l'étoile polaire que le pèlerin taoïste va cueillir dans le moyen même de la roue universelle : tel est le limpide joyau qui est enchâssé entre les deux sourcils de Bouddha.

C'est pour nous procurer ce pois inestimable que l'Évangile nous conseille de vendre tout ce que nous avons. Vendre, c'est transformer une possession particulière en un titre sur tout, c'est remplacer une jouissance actuelle par une valeur future. Mais c'est sur cette valeur même, telle qu'elle est indiquée avec précision à l'avers de cette drachme de la veuve et de ce denier de Judas qui, à l'endroit, présente le profil de César, que la parabole nous conseille d'exercer un second agio. Tout ce billon, ces pièces d'or, d'argent et de cuivre, de toutes valeurs et dénominations, encrassées de toute l'ordure des marchés et des lupanars, tachées de sang, rognées par la lime, ce Mammon d'iniquité, ce gravier fiduciaire rejeté sur notre plage, ce sac si lourd à nos reins, il nous est suggéré de le remplacer par quelque chose de portatif, par ce grain de sénevé petit jusqu'à être imperceptible. Le sou a sa valeur d'échange prescrite par la loi et garantie par la Justice. Mais la perle, fruit de la mer et conception de la durée, n'a d'autre valeur que sa beauté et sa perfection intrinsèque, résultant de sa simplicité, de sa pureté et de son éclat, et que le désir qu'elle inspire. Son apparition sur le marché avilit toutes les autres commodités, elle en modifie le cours, elle inquiète les banques, menacées dans l'équilibre de leurs opérations, car elle y introduit un élément qui échappe au chiffre, je veux dire cette convoitise spirituelle qui naît de la contemplation. Elle est cette sagesse supérieure que nous préférons à notre substance. *Si un homme*, dit le Cantique (8.7), *donne toute la substance de sa maison pour l'amour, ainsi que rien il la méprisera.*

Paru le samedi 14 octobre 1939

Ainsi donc encore une fois...

Stella cœli manentes in ordine
et cursu suo pugnaveruni adversum Sisaram.

Jud. 5.20.

Ainsi donc encore une fois la troisième partie de la mer, le tiers encore une fois de la terre qui va se changer en sang,

L'Allemagne épileptique encore une fois et ce Fol au-dessus de l'Europe qui se dresse en vociférant !

C'est donc toi encore une fois, Germanie, ô Caïn entre les peuples, qui ne fus créée que pour la haine !

C'est ta face bouffie et féroce encore une fois, et dès qu'il s'agit de Satan cette volonté toute prête qui ne fait qu'un avec la sienne !

Cette tâche de faire tout le mal possible, il arrive que tu n'en es pas encore assouvie !

Voici les vieux dieux de l'Edda avec toi, barbouillés de sang et de sanie !

Démène-toi ! Fais ce que tu veux, Léviathan ! Pais le fourrage de l'Enfer, Béhémoth ! Mâche le diable !

Pour moi je regarde le soleil et cette nuit sacrée que parcourent les astres vénérables.

Fais ce que tu veux ! J'ai le Ciel à moi ! Tu n'arriveras pas à troubler cette espèce de solennité épouvantable !

J'ai le Ciel et la Terre à moi, et vois, traversée par le Fleuve de Dieu, cette terre innocente qui fume !

Tous ces hommes comme ils peuvent qui ont fait le bien, et dans le ciel cette Vérité immense qui s'allume !

La terre à perte de vue sous mes pieds qui a produit le blé et le froment,

À perte de vue sous mes pieds la terre comme une espèce de sécurité et de firmament,

Et dans le Ciel cette immense Vérité de Midi, le Soleil de toutes parts qui rayonne comme un Saint Sacrement !

Fais ton bruit, Infâme, tant que tu peux : dans le ciel il y a la paix,

Et sur la terre il y a ce visage aussi qui ne dit rien, ce visage qui prie et qui se tait,

Monstre infâme, ce visage des femmes et des mères contre qui tu as fait injustice,

Et qui ne demande pas autre chose sinon que la Volonté de Dieu s'accomplisse !

Cette Volonté dont nous avons le droit de demander chaque jour qu'elle soit faite sur la terre comme au ciel.

C'est une mauvaise habitude pour toi, Germanie, de ne pas être du côté de l'Éternel.

Maintenant c'est ton jour, démène-toi ! Laisse ce Fol en qui tu t'es reconnue faire le diable !

Mais voici une certaine nuit à la fin qui arrive et l'immense Ciel, à son tour, plein de destin, au-dessus de toi qui se met à table !

Est-ce vous, la réserve que j'attendais ? Est-ce vous, légions inépuisables ? Est-ce vous, cohortes ?

Et toi, la chose que j'attendais, est-ce toi qui es derrière la porte ?

Voici que se mêle à nos rangs le rang de ces frères merveilleux.

Pour alimenter de nos cris son cri : *Qui est comme Dieu ?*

Et je garde au milieu du Ciel ce géant que de l'épaule à la hanche traverse le baudrier,

Saint Michel avec l'éperon Sirius au talon qui rugit et qui tire son épée !

(Brangues, 15 septembre 1939)

Paru le samedi 10 mai 1941

Paroles au Maréchal

Poème

Monsieur le Maréchal, il est question dans cette pièce de quelqu'un qui ressuscite.

Et certes ce n'est pas une petite affaire que de ressusciter ! Sept fois de suite

Le prophète bouche à bouche et tout de son long dans la Bible se couche sur le mort récalcitrant :

Tout à coup le voilà qui a ouvert les yeux, il regarde, et avant même qu'il respire on a compris qu'il entend.

Pour rendre d'un seul coup vivant ce qui était mort, il faut être le Fils de Dieu !

Mais c'est déjà beau, comme c'est beau ! ce grand soupir et cet œil qui s'éclaire peu à peu !

Monsieur le Maréchal, voici cette France entre vos bras, lentement, qui n'a que vous et qui ressuscite à voix basse.

Elle n'a pas le droit de parler encore, mais pour faire comprendre qu'elle est lasse

Il y a cet immense corps à qui le soutient si lourd et qui pèse de tout son poids,

Toute la France d'aujourd'hui, et celle de demain avec elle, qui est la même qu'autrefois !

Celle d'hier aussi qui sanglote et qui a honte et qui crie que tout de même elle a fait ce qu'elle a pu !

« C'est vrai que j'ai été humiliée ! dit-elle, c'est vrai que j'ai été vaincue !

Il n'y a plus de rayons à ma tête, il n'y a plus que du sang et de la boue !

Il n'y a plus d'épée à ma main, ni l'égide qui était pendue à mon cou !

Je suis étendue tout de mon long sur la route et il est loisible au plus lâche de m'insulter.

Mais tout de même il me reste ce corps qui est pur et cette âme qui ne s'est pas déshonorée !

Et sans doute c'était un rêve baroque, cette baraque où j'ai vécu soixante-dix ans,

Mais tout de même il a bien fallu que je sois leur mère un peu, à ce point pour que j'aie l'amour de mes enfants !

Pas un, pendant que j'étais en train de mourir, qui ait cessé de m'aimer,

Et pas un, pendant que j'essayais en chancelant de combattre, qui ne m'ait une autre fois dans son cœur choisie et une autre fois préférée.

Et qui ne m'ait répété à voix basse en pleurant ce serment que jadis il a juré,

Plus chère au jour de l'humiliation pour lui que je ne fus au jour de la victoire !

Celle dont on ne voit plus le visage à cause de l'heure qui est noire.

Mère ! mais c'est bon malgré tout, disent-ils, qu'à la fin il me soit permis de t'embrasser !

On ne te reconnaissait plus sous la loque dont ces fous t'avaient embarrassée.

Mais voici que tu ne démens plus à présent ces entrailles où Jeanne d'Arc a été conçue !

Laisse-moi avec piété envelopper tes membres nus.

Je suis seul maintenant avec toi, c'est bon ! et il n'y a personne pour nous regarder.

Le secret que je partage avec toi, Mère, il n'y a personne pour nous l'ôter ! »

Monsieur le Maréchal, rappelez-vous, et c'était il n'y a pas si longtemps.

Ces foules par tous les chemins, comme un fleuve qui devient un torrent,

De femmes et d'enfants et d'hommes, comme un troupeau de bêtes affolées,

Et ce hurlement de désespoir qui se mêlait à nos troupes décimées !

France ! toute l'Europe avec ses digues emportées qui déferlait sur toi, fille de Dieu !

Et qui ne voulait d'autre abri que ton toit déjà qui prenait feu.

Vous me demandiez du pain, dit la France, et moi, je vous ai donné ma chair.

Vous me demandiez un abri, et moi, je vous ai tout ouvert !

Puisqu'on a défoncé ma frontière, entrez tous ! Pénétrez jusqu'au fond de mon cœur béant !

Si ma maison est devenue étroite, mon cœur est grand !

Venez et serrez-vous contre moi, venez, troupeau innombrable et frémissant,

Et partagez avec moi ce pain suprême, trempé de larmes et de sang ! »

Monsieur le Maréchal, il y a un devoir pour les morts qui est de ressusciter,

Et certes nous ressusciterons tous au jour du Jugement dernier.

Mais c'est maintenant et aujourd'hui même qu'on a besoin de nous et qu'il y a quelque chose à faire !

France, écoute ce vieil homme sur toi qui se penche et qui te parle comme un père.

Fille de Saint Louis, écoute-le ! Et dis, en as-tu assez, maintenant, de la politique ?

Écoute cette voix raisonnable sur toi qui propose et qui explique,

Cette proposition comme de l'huile et cette vérité comme de l'or !

Ce n'est pas un coup de trompette d'un seul coup qui fait revivre les morts !

C'est l'exigence d'aujourd'hui même et l'idée poignante du devoir à faire.

Ce n'est pas parce que nous sommes beaux qu'il faut vivre, c'est parce que nous sommes nécessaires !

Quand on a besoin de toi, comprends-tu comme il est bête d'être mort ?

Lève la tête et vois dans le ciel quelque chose d'immense et de tricolore !

Quelque chose à jamais dans le ciel qui ne peut pas s'empêcher d'être le plus fort,

Quelque chose qui ne fait pas exprès d'être plus fort que la nuit, et c'est l'Aurore !

(Brangues, 27 décembre 1940)

Paru le samedi 23 décembre 1944

Au général de Gaulle

Poème

Tout de même, dit la France, je suis sortie !

Tout de même, vous autres ! dit la France, vous voyez qu'on ne m'a pas eue et que j'en suis sortie !

Tout de même, ce que vous me dites depuis quatre ans, mon Général, je ne suis pas sourde ! Vous voyez que je ne suis pas sourde et que j'ai compris !

Et tout de même, il y a quelqu'un, qui est moi-même, debout ! et que j'entends qui parle avec ma propre voix !

Vive la France ! Il y a pour crier : *Vive la France !* quelqu'un qui n'est pas un autre que moi !

Quelqu'un plein de sanglots, et plein de colère, et plein de larmes ! Ces larmes que je n'en finis pas de reboire depuis quatre ans, et les voici maintenant au soleil, ces larmes ! Ces énormes larmes sanglantes !

Quelqu'un plein de rugissements, et ce couteau dans la main, et ce glaive dans la main, mon Général, que je me suis arraché du ventre !

Que les autres pensent de moi ce qu'ils veulent ! Ils disent qu'ils se sont battus, et c'est vrai !

Et moi, depuis quatre ans, au fond de la terre toute seule, s'ils disent que je ne me suis pas battue, qu'est-ce que j'ai fait ?

Ils ont eu le goût de la bataille dans la bouche tout le temps, et moi, quand on est vivant, est-ce qu'ils savent ce que c'est que d'avoir dans la bouche le goût de la mort ?

Il y a tout de même une chose qu'ils ne savent pas et que je sais, c'est cette étroite compagnie que je tiens depuis quatre ans avec la mort !

C'est ce cœur qui ne fléchit pas et cette main lentement dans la nuit qui cherche une arme quelconque !

C'est cet ennemi étouffant dans la nuit fibre à fibre qu'il faut s'arracher du corps avec les ongles !

Et tout à coup, me voici de nouveau dans la lumière debout et sans entrailles dans les mains ainsi qu'une femme qui enfante !

C'est le matin ! Et je vois le grand Arc de triomphe tout blanc qui resplendit dans la lumière innocente !

Et maintenant ce que les autres pensent de moi, ça m'est égal !

Et ce qu'ils veulent faire de moi, ça m'est égal ! Et la place qu'ils disent qu'ils veulent bien m'accorder, ça m'est égal !

Et vous, monsieur le Général, qui êtes mon fils, et vous qui êtes mon sang, et vous, monsieur le soldat ! Et vous, monsieur mon fils à la fin qui êtes arrivé !

Regardez-moi dans les yeux, monsieur mon fils, et dites-moi si vous me reconnaissez !

Ah ! c'est vrai, qu'on a bien réussi à me tuer, il y a quatre ans ! Et tout le soin possible, il est vrai qu'on a mis tout le soin possible à me piétiner sur le cœur !

Mais le monde n'a jamais été fait pour se passer de la France, et la France n'a jamais été faite pour se passer d'honneur !

Regardez-moi dans les yeux, qui n'ai pas peur, et cherchez bien, et dites si j'ai peur de vos yeux de fils et de soldat !

Et dites si ça ne nous suffit pas, tous les deux, ce que vous cherchez dans mes yeux et ce que bientôt je vais trouver dans vos bras !

Le jour à la fin est venu ! Ce jour depuis le commencement du monde qu'il fallait, à la fin il est arrivé !

Délivre-moi de cette chose à la fin, ô mon fils, que Dieu t'envoie pour me demander !

— Et que dois-je donc te demander ? dit le Général.

— La foi !

Les autres, ça m'est égal ! Mais dis que ça ne finira pas, cette connaissance à la fin qui s'est établie entre nous !

Le reste ça m'est égal ! Mais toi, donne-moi cette chose qui n'est pas autre chose que tout !

Ils ont cru se moquer de moi en disant que je suis une femme !

Le genre de femme que je suis, ils verront, et ce que c'est dans un corps que d'avoir une âme !

Ils m'ont assez demandé mon corps, et toi, demande-moi mon âme !

Et le Général répond :

— Femme, tais-toi ! Et ne me demande pas autre chose à mon tour que ce que je suis capable de t'apporter.

— Que m'apportes-tu donc, ô mon fils ?

Et le Général, levant le bras, répond :

— La Volonté !

(Paris, 28 septembre 1944)

André Gide

(1869-1951)

Gide, le professeur

Sur une photo parue dans Le Figaro *en juin 1935, il fait songer à François Mitterrand : même front dégarni, même regard scrutateur, même visage marmoréen. Il est sexagénaire et célébrissime. C'est le « contemporain capital », a dit Malraux. Cet intellectuel règne sur la NRF et la jeunesse lettrée. Ça ne s'est pas fait sans mal. André Gide est un être inquiet. Né sous le signe du Scorpion, ce protestant pourrait être Balance. Il oscille entre puritanisme et hédonisme. Ses goûts sont classiques, ses sens le sont moins. Son premier livre, passé totalement inaperçu,* Les Cahiers d'André Walter, *met en scène un jeune homme qui rate sa vie pour refuser de choisir. De* La Porte étroite *à* L'Immoraliste, *il vogue en eaux souterraines. Il a un sens de la formule presque chimique, un style clair, dénué de tout effet de manche, une froideur qui mène à l'essentiel. Puis il prend son parti : « s'exiger tel qu'on est », aller au bout de soi-même. Cet esthète prône, en littérature, la sincérité avant tout. En 1914, dans* Les Caves du Vatican, *le personnage de Lafcadio illustre jusqu'au meurtre la théorie de l'acte gratuit. Gide délace tous les nœuds qui empêchent d'accéder au plaisir, à sa vraie nature : familiaux (« famille, je vous hais »), religieux, sociaux. Dans l'entre-deux-guerres, lasse des déclarations sur l'honneur et des envolées patriotiques, cette musique intime rencontre un écho assourdissant. Gide est un rebelle à la mode. Il annonce la naissance officielle du « jeune » (qui explosera dans les années cinquante), son besoin de s'affranchir des carcans moraux, de trouver sa place dans une société dessinée par les adultes ; il devient un maître, un éveilleur de conscience : « J'ose me nommer un libérateur. » Il dit tout, de manière simple, avec des prudences de chat ; refuse le mensonge, laisse la porte ouverte à l'inconnu. De retour d'Afrique, il publie un réquisitoire contre le colonialisme,* Voyage au Congo. *Après avoir chanté les louanges du communisme – il n'est pas intellectuel pour rien – il revient de Moscou effaré et lance comme un pavé un* Retour de l'URSS *qui déchaîne ses anciens amis contre sa personne. L'aveuglement a encore de beaux jours devant lui. La guerre qui éclate à nouveau n'est pas son terrain d'action. Cet homme de pensée, de silence, de doutes se dilue dans les engagements guerriers. Hautain, il se drape dans son amour des Lettres, seules dames auxquelles il est attaché. Dans* Le Figaro *de 1941, il publie la série des « Interviews imaginaires » : « Futilités, direz-vous ! Ces questions de langage me paraissent de haute importance. » Conversant avec lui-même – « je n'aime pas les interviewers... Nous, littérateurs, n'avons pas besoin d'un truchement qui travestit fâcheusement notre pensée », il s'exprime en professeur, d'une voix posée, cherchant le mot juste, comme on cherche la consolation. Il évoque Goethe, Montesquieu, regrette la disparition du « goût de la perfection », revient sur sa condamnation des bons sentiments en littérature. Quelques mois plus tôt, il a pris ses distances avec la NRF de Drieu. Encore un pas et le Nobel consacrera ses efforts pour libérer le monde.*

Paru le samedi 12 octobre 1940

Que sera demain la littérature ?

Nous poursuivons notre enquête sur l'avenir de la littérature. Rappelons les questions que nous avons posées :

1° *Quels sont vos projets personnels ?*

2° *Notre littérature faisait-elle fausse route avant la tourmente ?*

3° *Un « redressement », dans ce cas, vous paraît-il nécessaire ? Sous quelle forme ?*

4° *L'écrivain devrait-il jouer un plus grand rôle dans la vie publique ? Quel rôle exactement ?*

5° *Dans quel ordre d'importance actuelle classez-vous les divers genres : roman, essai, critique, poésie ? Vers lequel vous semblent devoir aller les préférences du public ?*

Permettez-moi de répondre d'abord et surtout à la seconde question de votre enquête, de beaucoup la plus importante, à mon avis ; et, du reste, la troisième et la quatrième en dépendent.

Il me paraît aussi absurde d'incriminer notre littérature au sujet de notre défaite qu'il l'eût été de la féliciter en 1918, lorsque nous avions la victoire. La littérature est elle-même un produit et ne peut être tenue pour responsable du vieillissement de l'arbre dont elle est la fleur ou le fruit. À tant engager la littérature, ceux qui accusent la nôtre aujourd'hui prêteraient à croire nécessairement supérieure celle de toute nation victorieuse. Mais, à trop fleurir, l'arbre s'épuise. L'Allemagne avait compris ce danger : tandis que nous formions et émancipions des artistes, elle armait et disciplinait des soldats. Je songe au *quatis artifex pereo*, sans nullement croire pourtant à la mort de la France, dût la flamme de son génie consentir à demeurer quelque temps sous le boisseau.

Je dirai plus… notre culture a peut-être besoin, non tant d'un « retour à la terre » et de reprendre contact avec le sol, comme Antée pour récupérer ses forces perdues, mais bien, comme le grain de l'Évangile, de mourir elle-même d'abord et se renoncer. C'est de l'autre côté du tombeau que, « le troisième jour », elle resurgira rajeunie. C'est là ce qui fait que je ne m'alarme pas trop de cette descente aux enfers où la voici contrainte aujourd'hui.

Et ceci m'amène à la dernière question de votre enquête : dans cette palingénésie et nouvelle enfance de la culture, la poésie sera son expression la plus naturelle. Les autres « genres » que vous citez ressortissent peut-être davantage au passé. Souhaitons pourtant que la France meurtrie ne se dessaisisse jamais de sa qualité maîtresse : la critique. Je parle de la critique non point comme d'un « genre », mais comme d'une qualité très rare, la plus indispensable pour toute réelle culture, où la France se montre incomparable et qui se révélait naguère aussi bien dans les tragédies de Racine ou les poèmes de Baudelaire que dans les *Caractères* de La Bruyère ou dans les romans de Stendhal. Une vertu qui n'empêche pas la poésie, mais lentement l'amène à l'art. C'est bien aussi la critique, de nos jours, qui se trouve le plus en danger, et, partant, c'est à nos qualités et vertus critiques qu'il importe de s'attacher et se rattacher le plus aujourd'hui – fût-ce en silence. En écrivant ceci, je réponds à votre première question.

Paru le mardi 11 novembre 1941

Interviews imaginaires I

Je n'aime pas les interviewers. Bons pour ceux, de quelque profession que ce soit, qui peuvent avoir de grandes et fécondes idées, mais dont le métier n'est pas précisément de les dire. Nous, littérateurs, nous n'avons nul besoin, pour atteindre le public, d'un truchement qui, le plus souvent, travestit fâcheusement notre pensée, fût-ce avec la meilleure volonté du monde. Pourtant, celui-ci, je ne sais trop pourquoi, avait trouvé grâce à mes yeux. Je l'avais accueilli deux fois[1]. Il y avait de cela fort longtemps ; mais cela créait un précédent dont il s'autorisa pour s'introduire, tant il savait qu'une première concession nous oblige. Je le reconnaissais à peine, et lorsqu'il commença de me dire qu'il ne me trouvait pas du tout changé, et que j'étais resté le même, je protestai que je ne savais si je ne devais pas prendre ce courtois mensonge pour un blâme.

« Quel reproche y pourriez-vous voir ? dit-il.

— Celui qui se formule ainsi, d'ordinaire : la guerre ne lui a rien appris.

— N'avez-vous pas écrit, dans le temps, que l'événement enfonçait chacun dans son sens ?

— Je le crois encore. Pourtant il nous ouvre les yeux, parfois, sur des défauts et des vices ; mais de préférence ceux du prochain.

— Si c'est pour y porter remède... L'on s'y efforce, vous le savez ; et je pense que vous approuvez cet effort.

— Parbleu, oui.

1. V. *Nouveaux Prétextes.*

— Et sans doute estimez-vous qu'il est bon, pour notre relèvement, de proposer à la jeunesse un idéal commun ? Elle en manquait.

J'accordai que, dans la période d'avant-guerre, elle tirait à hue et à dia.

— Mais, me dit-il alors, avec un craintif sourire et en m'appelant du coup « Cher Maître », n'y avez-vous pas vous-même aidé, encourageant chacun dans son sens ?

Et comme je ne répondais rien :

— Du moins accordez-vous à notre littérature, *grosso modo*, quelque part de responsabilité dans notre défaite ?

— Laissez-moi, lui dis-je en guise de réponse, vous raconter un apologue des indigènes du Congo. Vous ne le connaissez peut-être pas.

« Pour traverser un vaste fleuve, s'étaient entassés dans une grande barque quantité de gens. La barque, trop chargée, s'enlisa. Il fallut procéder au débarquement de certains. On ne savait à qui s'en prendre. L'on remit à terre d'abord un gros commerçant, un avocat marron, un financier véreux, la tenancière d'un mauvais lieu. L'esquif restait pris dans la vase. En descendirent encore le directeur d'un tripot, un trafiquant d'esclaves et même quelques honnêtes gens. On ne démarrait toujours pas. Mais la barque s'allégeait pourtant et lorsqu'en sortit un missionnaire, maigre comme un clou, voici qu'elle se remit à flot. Les indigènes, alors, de s'écrier : « C'est lui ! Le Père de la Pesanteur. Haro sur lui ! »

— Fit-on remonter les autres dans la barque ?

— L'apologue ne le dit pas.

— Alors il est absurde. À quoi bon une barque, si personne n'y peut demeurer ?

— Reste ceci : qu'il nous faut nous remettre à flot.

— Oui ; je vous entends bien : certains affirment que tels ou tels passagers, qu'ils désignent, compromettent la traversée.

— Dont, pour assurer le *nec mergitur* du navire, ils souhaitent de se débarrasser.

— On n'y voudrait admettre que des purs.

— Et c'est bien d'épuration qu'il s'agit. Naturellement nous ne parlons ici que de littérature. On accuse celle-ci de bien des méfaits ; et d'avoir énervé, découragé, dévirilisé la France.

— Reconnaissez que certains de nos écrivains d'avant-guerre, et des meilleurs, manquaient parfois de vertus… dirai-je, civiques.

— Ne reflétaient-ils point l'état du pays ? Du reste, ce n'est pas à ceux-là seuls qu'on s'en prend. Nous entendons honnir, parfois, globalement toute une époque, tout un siècle : c'est tantôt, avec Léon Daudet, le « stupide dix-neuvième » ; tantôt, avec Abel Bonnard, le dix-huitième qui trinque. Des catholiques incriminent Diderot, Renan, Montaigne même, et des libres-penseurs Bossuet. On reprend le vieux refrain :

C'est la faute à Voltaire
C'est la faute à Rousseau...

« Michelet et Hugo sont vomis par Claudel.

— Lamartine se hérissait devant La Fontaine, découvrant dans ses *Fables* les plus pernicieux conseils.

— Ne m'interrompez pas. Une récente anthologie n'exalte notre seizième siècle qu'aux dépens de l'admirable essor de nos romantiques, ne retenant de ceux-ci que quelques coups d'aile, que quelques vers isolés. C'est se moquer ; et il n'y aurait qu'à sourire de ces vaines dévastations, si les livres incriminés n'étaient en passe d'être effectivement supprimés de nos librairies.

— Croyez-vous vraiment que...

— Je crois tout possible, et rien ne me paraît plus naïf que ce cri que j'entendis tant de fois pousser par ceux qui fuyaient en désordre devant l'invasion : cela ne s'était jamais vu !

— Du « jamais vu ». Par certains côtés, cela doit vous plaire ?

— Oui, « par certains côtés » comme vous dites. Et cela ne serait pas si cruel, parfois cela me paraîtrait exaltant. Mais tant de nouveauté nous étonne, de cataclysmes monstrueux et « sans précédent dans l'histoire ». L'esprit a quelque mal à s'y faire. Le cœur surtout...

Je restai silencieux quelque temps. L'interviewer est de ceux qui ne comprennent pas les silences. Il reprit :

— Quelques phrases de Montesquieu, dans le volume que vient de publier Grasset, sont faites pour nous rassurer. Je les ai transcrites. (Il sortit de sa poche un petit carnet.) Écoutez : « Une des choses que l'on doit remarquer en France, c'est l'extrême facilité avec laquelle elle s'est toujours remise de ses pertes, de ses maladies, de ses dépopulations, et avec quelle ressource elle a toujours soutenu ou même surmonté les vices intérieurs de ses divers gouvernements.

— Lisez la suite. Si j'ai bonne mémoire, il y est question de la diversité de notre patrie.

— « Peut-être en doit-elle la cause à cette diversité même, qui a fait que nul mal n'a jamais pu prendre assez de racine pour lui ôter entièrement le fruit de ses avantages naturels. »

— Ces textes n'étaient pas si inédits que je ne les connusse déjà. Mais Grasset a fort bien fait de les divulguer. Ils sont d'un sage. N'empêche que c'est à cette diversité qu'on s'en prend. On la voudrait aujourd'hui réduire.

Je m'étais levé. Alors lui :

— Avant de vous quitter, permettez-moi de vous demander : Travaillez-vous ?

— Oui ; depuis quelque temps.

— Peut-on savoir à quoi ?

— D'abord à une préface sur le théâtre de Goethe que doit nous donner la Pléiade ; en traduction, hélas ! mais soignée. Et je ne pense pas tirer Goethe à moi, pour retrouver en son œuvre maintes idées qui me sont chères ; celles entre autres sur l'individualisme ; car ces idées, c'est peut-être à lui que je les dois ; ou, pour le moins, les a-t-il encouragées. Quoi qu'il en soit, Goethe reste pour nous le plus parfait exemple d'un serviable individualisme. Je ne dis, parbleu ! pas : servile ; mais serviable, prêt à servir. C'était un homme de devoir ; oui, de devoir envers soi-même. Son apparent et évident égoïsme s'y ramène, s'y soumet. Ceux qui lui ont reproché cet égoïsme me semblent avoir mal compris l'austère exigence que le sain individualisme implique parfois.

— N'avez-vous pas déjà dit tout cela ?

— Laissez-moi vous rapporter le mot d'un ami, septuagénaire lui aussi. Comme on lui reprochait de radoter : À notre âge, ripostait-il, on doit consentir à se répéter, si l'on ne veut pas dire des bêtises.

— Votre ami n'est-il pas cousin de ces complaisants imaginaires que feint de citer Sainte-Beuve lorsqu'il veut se faire valoir ?

— Vous êtes fin.

— Vous reverrai-je ?

— Il se peut. Attendez que je vous rappelle.

Paru le samedi 15 novembre 1941

Interviews imaginaires II

Je ne l'avais pas rappelé. Il est revenu tout de même. Il tenait à la main le numéro du *Figaro* où venait de paraître son interview.

— Les lecteurs ne sont pas contents, me dit-il. C'est de ma faute : j'aurais dû vous interroger mieux. Votre pensée, comme vous le disiez, on peut la trouver dans vos livres. Le rôle d'un interviewer, c'est de forcer l'intimité ; c'est de vous amener à parler de ce dont vous ne parleriez pas de vous-même. Apprendre comment vous vous portez et comportez ; comment vous êtes vêtu : comment vous trouvez le moyen de vous nourrir et si vous supportez allégrement les restrictions, voilà ce que le public attend que je lui dise et vous fasse dire.

Je ne me sentais pas le cœur de chagriner un si digne homme.

— S'il ne tient qu'à cela, lui répondis-je, je vais un peu vous satisfaire. D'abord rassurez vos lecteurs. Dites-leur qu'il ne manque certes pas de gens plus privés et gênés que moi. J'use de vieux vêtements il est vrai, ne pouvant, non plus que vous je suppose, m'en procurer de neufs. Celui que vous me voyez sur le dos en est à sa troisième doublure et j'ai fait rapiécer l'endroit des coudes ; quantité de gens en sont là. Pour la nourriture, il est certes peu de repas à la suite desquels je n'accepterais pas volontiers un beefsteak aux frites, mais j'apprends avec sympathie que les autres départements sont mieux approvisionnés que le nôtre. Je sais aussi, par contre, que quantité de pays le sont moins ; et que, même dans les contrées les plus favorisées, quantité de gens sont plus courts que moi. Du reste je me trouve fort bien de ne pas manger trop de viande et ne me suis jamais mieux porté. Le café ne me manque pas, parce que je n'avais pas accoutumé d'en prendre. Le rationnement dont je souffre le plus c'est, je l'avoue, celui du tabac, ayant pris la lâche habitude de fumer en travaillant ; c'est-à-dire bientôt de ne pouvoir travailler qu'en fumant. Au début, j'ai pensé quelle belle occasion de rompre !... C'était compter sans l'obligeance de quelques amis qui, eux ne fumant pas, favorisent aimablement mon vice. Je suis têtu, persévérant, lorsqu'il s'agit d'agir ; mais facile aux tentations.

— Y céder, c'est ce que l'on appelle aujourd'hui : ne pas dire *Non* à la vie.

— Je sais, je sais, et ne me laisse pas prendre au sophisme. C'est agir que de résister ; et ce n'est pas toujours dans le oui que l'être s'affirme. Allons ! vous êtes satisfait ?

— Oui, voilà ce qui intéressera le public.

— Et maintenant parlons de choses sérieuses.

— Ah ! je voulais vous dire encore : une phrase de vous m'a peiné. Celle où vous dites que je n'ai pas compris votre silence... Oui ; après que vous avez employé le mot : *cœur*. Vous vous êtes mépris. J'étais simplement surpris par cette distinction que vous sembliez faire ou admettre entre le *cœur* et l'*esprit*. Je pensais que, pour vous c'était même chose et me souvenais d'une incidente de Baudelaire ; elle se trouve dans l'opuscule : *Du vin et du haschisch*. Ayant écrit « le cœur », Baudelaire se reprend et ajoute aussitôt : « ou plutôt le cerveau de l'homme ». Je pensais que, comme Valéry, vous teniez en discrédit les « mots vagues ».

— Non ; j'estime que l'on ne saurait s'en passer. *Cœur, Esprit*... l'on sait fort bien ce que l'on entend par là ; encore qu'il ne soit pas aisé de le définir. Les contours seuls sont imprécis et l'un déborde souvent sur l'autre. Certaines émotions empiètent sur le spirituel, et certaines idées sont émues. Il se peut que sans la cervelle, nous n'ayons pas d'émotions du tout et que d'elle dépendent nos sentiments et nos passions. Mais tout de même, cet afflux de sang au cerveau, c'est du cœur qu'il provient et nous ne nous méprenons pas à certains appels du cerveau qui font battre notre cœur plus vite. Maintenons, maintenons, je vous en prie ; ou nous ne nous y reconnaîtrions plus du tout. Il en va pareillement du mot âme, du mot *Dieu*, de tous ces mots de fort tonnage, qui prêtent à la confusion, il est vrai ; mais c'est en raison de cela qu'ils sont utiles. Certainement le mot *Patrie*, par exemple, ne comprend pas les mêmes paysages pour le paysan du nord de la France et pour celui du midi ; il n'est pas compris de même par le cultivateur et par l'intellectuel, par le pauvre et par le rentier. Mais c'est un mot de ralliement. Et lorsque nous entendons que « la Patrie est en danger », l'important c'est que nous nous levions et unissions pour la défendre et qu'importe si ce que nous défendons ce soit particulièrement, pour le paysan, nos cultures ; pour l'intellectuel, notre Culture ; pour l'industriel, notre industrie, et même, pour le rentier, ses revenus. Le mot Patrie comprend à la fois tout cela : il est compris fort bien, à la fois et par l'esprit et par le cœur.

J'en voudrais pouvoir dire autant du mot : *amour*, dont l'indistinct emploi est responsable des confusions les plus graves. Quoi de commun entre l'amour évangélique du prochain qui implique le don de soi, et la concupiscence luxurieuse, le besoin de posséder qui souvent mène jusqu'au crime ? N'êtes-vous pas gêné déjà d'entendre quelques-uns de nos romantiques appeler tour à tour mère, fille ou sœur, leur amante ?

— Nos psychologues sont là pour les discriminer.

— On les accuse alors de « couper les cheveux en quatre ». Mais souvent la nature elle-même, je l'avoue, se charge de tout embrouiller. Il se produit des glissements d'un amour à l'autre, des méprises, des interpolations. On voit, mais rarement, le désir charnel s'élever jusqu'à l'empirée et telle aspiration, à départ éthéré, se corrompre.

— Vous voulez peut-être dire : se compléter.

— Il est vrai que l'amour peut occuper à la fois le cœur et le corps. Mais souvent l'un reste en dette avec l'autre. Et de là des tragédies affreuses ; car alors le partenaire est frustré... Mais je me laisse entraîner.

— Je suis ici pour vous entendre.

— Oui, mais je ne voudrais pas trop parler. Notre littérature déjà s'occupe à l'excès de ces choses et Jean Schlumberger déplorait avec raison, récemment, la place que l'Amour y tient. Son tort, à mon avis, était d'incriminer à ce sujet Racine. Il n'est même pas très juste de dire que l'amour est le ressort unique de presque toutes ses tragédies. Du moins, presque toujours l'amour y est-il balancé par des intérêts supérieurs. Qu'il songe à *Titus* :

Je sens bien que sans vous je ne saurais plus vivre.
Mais il ne s'agit plus de vivre, il faut régner.

— Et que dirait-il alors du théâtre de Marivaux, de Musset ? C'est là que l'amour règne en maître et qu'il n'est question que de lui. À en croire nombre de nos auteurs, non des moindres, il semble qu'il soit la fin de l'homme, que toute sa valeur y mène, y aboutisse, s'y exténue ; que rien ne mérite d'occuper et d'intéresser que l'amour et qu'il n'y ait à considérer, de par le monde, que des maîtresses et des amants. Encore si cet amour exaltait, comme il advient parfois ; s'il poussait l'homme à l'héroïsme, la femme à la vertu, tous deux à quelque épanouissement dont, isolés, ils n'eussent pas été capables et, sans l'éveil de l'amour, même pas entrevu !... Mais pour une *Princesse de Clèves*, ce sont des *Manon Lescaut* sans nombre.

— Attention ! vous commencez vous-même à honnir, à proscrire.

— Non ; j'admire *Manon Lescaut* ; mais je voudrais que de telles œuvres puissent servir de garde-fous. C'est un livre ému, écrit de façon naturelle. On est tenté de surfaire son importance, mais elle est grande.

— Ne pensez-vous pas que seule la France pouvait produire ce chef-d'œuvre ?

— Chef-d'œuvre ! vous allez un peu fort. Que la France seule ait pu l'enfanter... je l'accorde, mais avec un peu de tristesse. En tout cas, je doute, à propos de Manon, qu'aucun autre pays que la France eût pu lui fournir une aussi abondante, une aussi déplorable lignée. Précisons : ce n'est point à la peinture des mauvaises mœurs, des mauvais lieux, que j'en ai. C'est à la veulerie. Tenez : Sartre, aujourd'hui, nous présente, avec un extraordinaire talent, de l'abject ; il n'est jamais veule. Je lui fais, ce pourquoi, grand crédit. Mais avec quel soulagement je me replonge dans *Moby Dick* ou dans *Robinson* ! De telles œuvres viriles n'ont, hélas ! aucun équivalent dans notre littérature... jusqu'à présent du moins.

— Vous auriez pu citer encore *L'Île au Trésor* de Stevenson et plusieurs romans de Conrad. Mais vous dites : « jusqu'à présent », serait-ce que...

— Oui, les œuvres de Giono, de Malraux, de Saint-Exupéry, de Montherlant, leur direction, leur valeur, me permettent grand espoir de sortir de l'ornière souvent fangeuse où notre littérature se complaisait ; de nous redresser et relever de ces « divans profonds comme des tombeaux ». Dignité, noblesse de cœur, héroïsme trouvent écho, je crois, chez les jeunes gens d'aujourd'hui.

— Mais permettez, n'avez-vous pas écrit qu'avec les beaux sentiments on fait de la mauvaise littérature ?

— On m'a suffisamment reproché cette phrase sans la comprendre, et, le plus souvent, en la citant tout de travers, oubliant au surplus que j'avais écrit tout de même *La Porte Étroite*. Il prétend (a-ton prétendu de moi) qu'en art c'est toujours le mal qui triomphe : comme si nous n'avions pas vu le contraire avec *Le Blé qui lève* et *Les Roquevillard* !...

Que les bonnes intentions ne puissent tenir lieu de génie, c'est à peu près tout ce que j'avais voulu dire : l'enfer de la littérature (entendez : la littérature inférieure) en est pavé. Ces livres sottement édifiants ne sont pas seulement médiocres : ils discréditent ce qu'ils prônent et c'est aux *Filles de Roland* que nous devons, par protestation, *Les Parisienne* et *Les Amoureuse...* pour ne parler que du meilleur.

Nous nous tûmes quelques instants, tandis que je formais une cigarette avec des mégots. Alors lui :

— J'ai remarqué, mais je n'ai pas osé vous interrompre, que vous disiez « plus court que moi », et, à un autre moment, faisiez suivre du subjonctif un « si »... Est-ce inadvertance ?

— Non, dis-je. Mais suffit pour aujourd'hui. Nous en reparlerons, au revoir.

Paru le samedi et dimanche 22 et 23 novembre 1941

Interviews imaginaires III

J'étais de fort bonne humeur ce jour-là, car je venais de toucher d'un coup deux paquets de cigarettes. Depuis qu'on est « court de tabac », c'est curieux comme fumer paraît bon !

Aussitôt introduit, mon interviewer revint à la charge, à propos précisément de cette expression qui l'avait surpris lors de sa précédente visite.

— C'est ainsi que l'on doit dire, repartis-je. *Le Figaro,* dans son Anti-Littré, l'apprenait récemment à ceux qui ne le savaient pas encore. J'avoue que j'étais de ceux-là. Mais je voudrais que celui qui tient si savamment cette excellente rubrique me permît de discuter un peu. Reconnaissez, lui dirais-je, que la locution, signalée par Littré comme fautive : *être à court* (d'argent, de combustible, de munitions, d'arguments) a pris le pas sur la légitime : *être court* (de ceci ou de cela) au point que cette dernière risque aujourd'hui de paraître archaïque, affectée ; et, de plus, elle tend à se cantonner, me semble-t-il, dans un sens un peu différent de celui qu'elle avait à son origine. « Être court de tabac » se dirait, je crois, lorsqu'on n'en a plus que très peu ; « à court de… » lorsqu'on n'en a plus du tout.

— De sorte que cette dernière locution, si je vous entends bien, ne supporterait pas le comparatif.

— C'est bien aussi pourquoi j'ai dit « plus courts que moi ». Considéré, ici, en adjectif par l'Académie (v. Littré), ce mot ne doit-il pas être traité comme tel ?

— Curieux de savoir ce qu'en pense l'Anti-Littré.

— Mais ne pensez-vous pas, lui dirais-je encore, que Littré, s'il vivait, se trouverait amené à accorder droit de cité à cet « à court de » qui vous choque et que l'autre expression, le correct « court de », ne me paraît pas remplacer exactement ? Vous savez bien, lui dirais-je, que vous ne pourrez rien contre l'usage et que le cran d'arrêt, pour une langue, c'est l'arrêt de mort. Littré lui-même, par ses exemples les plus récents, autorise l'emploi de certains mots déviés de leur premier sens (comme *mièvre*), de locutions qui d'abord paraissaient fautives, mais que, à la suite de tel bon auteur, on admet. Je songe, par exemple, au « depuis », qui ne devrait être employé que pour le temps : j'étais d'abord gêné par les cartes postales de Suisse représentant « le mont Blanc *depuis* Genève » ; j'ai presque cessé de l'être *depuis* que Barrès s'est permis couramment d'écrire : « depuis la fenêtre » ou « depuis la Chambre des députés » ; et tant d'autres écrivains ensuite.

« Et ne craignez-vous pas, lui dirais-je encore, de rebuter les étrangers qui voudraient apprendre notre langue, en la montrant si difficile ?

— Non, vous répondrait-il (qu'il m'excuse de parler pour lui), car les fautes que je relève, je les choisis chez d'éminents écrivains ; n'est-il pas rassurant, au contraire, de savoir que même eux ont pu trébucher ?

— Sied-il, dirais-je encore, de vous achopper à des vétilles, alors que tant de fautes grossières, que vous laissez passer et pour cause, émaillent des textes presque officiels et nous font sursauter lorsque nous écoutons la radio d'État ?

— Moi, je dirais plutôt : sied-il de s'attarder à ces futilités, alors que les plus graves problèmes nous harcèlent et que des intérêts vitaux…

— Halte-là ! Futilités, dites-vous ! Ces questions de langage me paraissent de haute importance. Je tiens pour bon que les intellectuels s'en occupent ; qu'ils continuent de s'en soucier, à travers les pires bouleversements et les plus tragiques désastres ; pour heureux qu'elles continuent de passionner, en France, un grand nombre de gens. N'était la curiosité, l'attente, l'espoir, il semble par instants que tout nous invite à quitter la vie. Mais on voudrait bien, en mourant, ne pas laisser derrière soi une langue par trop délabrée. Le langage, à chaque époque de la vie d'un peuple, est discrètement révélateur. Jusque dans la défaillance du subjonctif que déjà je déplorais au temps de l'autre guerre ; de ce mode qui marque entre deux propositions et de l'une à l'autre une dépendance, une subordination dont les esprits ne reconnaissent donc plus le besoin.

— En Angleterre, le subjonctif a presque totalement disparu depuis longtemps.

— Précisément ! L'indépendance…
— En tout cas et quoi qu'il en soit, ces questions n'intéressent que les lettrés.
— Détrompez-vous. Les gens du peuple y sont sensibles et savent se flairer à la pureté, fût-ce de leur argot. Souvenez-vous de cette charmante scène de Marcel Achard, où deux amis en viennent à la querelle parce que l'un a dit à l'autre : « Je suis à toi comme la sardine est à l'huile », et que l'autre soutient que « comme la sardine à l'huile » suffit.
— Vous plaisantez.
— Je ne plaisante pas du tout. Cela est révélateur, vous dis-je. Un peuple qui tient à sa langue tient bon. Mais revenons au subjonctif.

Il est vrai que, dans une phrase de notre dernier entretien, le subjonctif après un « si » m'a paru, très exceptionnellement, possible et motivé. L'Anti-Littré le condamnera peut-être. Il me semble que l'indicatif eût un peu faussé ma pensée. Le « si » français reste le grand trébuchoir des étrangers ; car, logiquement, il devrait être suivi du subjonctif, ou du conditionnel, ainsi qu'il advient dans les autres langues. Même parlant fort passablement la nôtre, un étranger dit irrésistiblement, croit devoir dire : « si j'aurais » ou « si je devrais ».
— Il est correct de dire : « Je ne sais si je devrais y aller. »
— Évidemment. Mais ce n'est pas ainsi que je l'entends. Dans ce cas vous mettriez le conditionnel même sans le si. « Je devrais y aller, mais je ne m'en sens pas le courage. » Le mode dans ce cas n'est pas *conditionné* par le si. Mais vous ne devez point dire : « Si j'en aurais le courage, je partirais. »
— L'étranger est également gêné par l'emploi du présent après le « si », lorsque le sens de la phrase implique le futur. Où nous disons : « S'il fait beau temps demain », il est tenté de dire : « S'il fera beau… »
— L'Anglais prend sa revanche et nous déconcerte à son tour en disant : « *When I am old* » (Quand je suis vieux) là où nous voudrions le futur. Mais tenez : j'ai trouvé dans Victor Hugo un merveilleux exemple de l'emploi du futur après *si*. Il écrit, dans le poème des *Contemplations* qu'il intitulera *Claire* :
« Qui donc attendons-nous s'ils ne *reviendront* pas ? »

Assurément Hugo pouvait tout se permettre, car jamais il n'enfreint une règle que pour un effet surprenant.

Mais revenons au subjonctif. Il est en passe de disparaître et déjà nombre d'écrivains français (je ne parle pas seulement de cacographes négligeables) semblent en avoir perdu le sens. Il y paraît surtout chaque fois que celui-ci ne se distingue de l'indicatif que par l'accentuation d'une voyelle.

Entre « fait » et « fasse », la différence est sensible ; insensible à l'oreille entre « fit » et « fît ». Nombre de ceux qui disent correctement « le temps qu'il fait » et « je sortirai quelque temps qu'il fasse » disent aussi correctement « le temps qu'il fit hier » et « quelque temps qu'il fît », mais écriront ce dernier mot sans l'accent circonflexe, à quoi se reconnaît le subjonctif, parce que la sonorité du mot ne les avertit plus du mode : ils emploient le subjonctif sans le savoir, le confondant avec l'indicatif ; de sorte que je m'attends à entendre dire sous peu : « Je sortirai quelque temps qu'il fait. »

— Au fond, le subjonctif est un mode inutile.

— Si tant est que soit inutile tout ce dont on arrive, tant bien que mal, à se passer. C'est, c'était, une sorte d'épreuve, une invite à discriminer, et sa disparition est à la fois le témoignage et l'encouragement de certaine confusion des esprits. Je tiens l'analyse grammaticale pour une excellente école, susceptible d'exercer les cerveaux des jeunes enfants. Je crains que, de nos jours, on ne la néglige et n'estime un peu vite que l'on parle toujours assez bien du moment que l'on se fait entendre.

Pour vous faire mieux comprendre ce que j'en dis, vous plaît-il que je vous montre certains exemples de cette confusion ? Je les prendrai chez Proust, cet esprit pourtant extraordinairement subtil, où ils abondent.

— Les fautes des autres, c'est toujours réjouissant.

— Passez-moi le volume II de *Sodome et Gomorrhe* ; j'ai marqué les pages : « M. de Charlus ne s'inquiétait pas que Madame Verdurin fut debout » (p. 18). « J'avais peur qu'elle ne prit froid » (p. 51) « ... n'ayant même pas l'air de supposer qu'il put y avoir doute sur notre réponse » (p. 62). « Et qui ont regardé en ce moment Morel... eut compris » (p. 69). « J'eus été celui pour qui l'on se cache de tout » (p. 83). « La compagnie... désirait qu'il revint au plus vite à Paris » (p. 97) « afin que mon oncle ne put être froissé qu'on n'eut commencé par lui » (p. 137). J'en passe quantité d'autres qui feraient double emploi : mais le plus remarquable c'est qu'en revanche, il lui arrive, à Proust, de mettre l'accent circonflexe où précisément il ne le faut pas : « Aussitôt qu'il fût là » (p. 150). « Or dès qu'il fût entré à pas de loup dans le vestibule » (p. 166). « Madame

Verdurin n'eût pas besoin de... » (p. 180). Et ce curieux besoin d'employer le subjonctif là où il n'est pas de mise est encore plus sensible lorsque le mot est de forme toute différente : « Bien que je ne sache pas pourquoi on aille sur ces routes-ci » (p. 194).

— Un bon prote aurait dû corriger tout cela.

— Soyez assuré qu'il le fait pour nombre d'auteurs et que Proust est loin d'être seul à commettre ce genre d'erreurs. De plus, un bon prote marque d'un point d'interrogation, en marge des épreuves, les mots douteux ; ainsi qu'il eût fait, ou dû faire, devant le mot « louche », employé deux fois par Proust, à deux pages de distance (p. 20 et 31) « le marquis était louche » et « je fus monté... jusqu'à mon étage... par le chasseur louche », comme adjectif, pour indiquer que l'un et l'autre louchaient ; devant : « Je crois qu'Albertine eût *insupporté* maman (*La Prisonnière,* p. 17) et devant « un instrument nouvellement inventé dont il ne sait pas l'usage et dont il n'ose pas commencer à manger » (ib. p. 40). Il eût corrigé de lui-même « prohéminent » (p. 48) et « la loi causable » (p. 88) ; mis un point d'interrogation en regard de « je sais qu'elle est de celles qui savent ne pas refuser la grandeur des circonstances » (p. 147) et de « si peur qu'il eût » (p. 167), etc.

— Somme toute, un bon prote est tenu, selon vous, de savoir le français mieux que l'écrivain lui-même.

— Son métier de correcteur l'y oblige.

— Pourtant vous considérez Proust comme un grand écrivain.

— Très grand et des plus importants.

— Ce qui implique, selon vous, que l'on peut être un grand écrivain sans être un écrivain correct.

De fait, l'un ne va pas nécessairement avec l'autre ; et Voltaire a cent fois raison de préférer

Les belles fautes du génie
A l'exacte et froide oraison
D'un puriste d'Académie.

(Même nous trouvons aujourd'hui qu'il ne les préférait pas assez). Mais je doute que l'on trouve beaucoup d'exemples de grands écrivains qui ne possèdent admirablement leur langue, qui ne sachent profiter et jouer de ses ressources, tout en tenant compte de ses règles, fût-ce en les bousculant un peu.

— Ne trouve-t-on pas dans Saint-Simon, ainsi que chez Proust, de nombreuses incorrections ?

— Elles sont dues aux bonds, aux sursauts de sa plume. Pourtant Stendhal écrivait aussi vite, aussi impétueusement, sans se relire, et je ne sache pas qu'on puisse relever chez lui de semblables erreurs… Mais attendons que l'*Anti-Littré* l'ait fait passer par son étamine. Assez pour aujourd'hui, s'il vous plaît.

Paru les samedi et dimanche 6 et 7 décembre 1941

Confiance en le deux cent unième

— Savez-vous combien ils sont ? me demanda-t-il tout de go.

— De qui parlez-vous ?

— Des poètes français actuels, parbleu ! André Billy, d'après un dernier recensement enregistré par Philippe Chabaneix dans les *Cahiers de la Jeune France*, s'étonnait déjà d'une centaine. Mais Henri de Lescoët propose de lui communiquer une liste plus complète, laquelle mentionne « exactement deux cents poètes-poètes connus, vivants ».

— Connus ?

— Enfin : connus de lui.

— Miséricorde ! Deux cents, dites-vous ? On n'en demandait pas tant.

— Si vous n'appelez pas cela une renaissance...

— En défalquant la bonne vingtaine de ceux que nous pourrions nommer, qui font partie de la génération déclinante et prête à céder la place, et la douzaine au moins de ceux des nouveaux qui surent déjà retenir notre attention, je pense que le grand nombre des poètes-poètes de cette belle liste ont encore moins de trente ans.

— Je l'espère bien. C'est la « future vigueur » dont parle Rimbaud.

— Et je me dis alors que, si l'on avait dressé une semblable liste aux alentours de 1900, cette liste, assurément moins nombreuse, n'aurait compris ni Claudel, ni Péguy, qui ne nous avaient encore pas donné, je crois, de poèmes-poèmes, ni peut-être même Valéry qui, après quelques vers de jeunesse, avait, pour un long temps, délibérément cessé d'en écrire. Tous trois avaient pourtant, à cette époque, atteint ou passé la trentaine.

— Où voulez-vous en venir ?

— Oh ! simplement à ceci : que le poète le plus important, déjà vivant, dont demain parlera, qu'écouteront ceux de demain, digne chaînon d'une mémorable lignée, que ce poète n'est peut-être même pas mentionné sur cette liste, caché dans l'ombre encore où le destin le tient en réserve. C'est une grande et rare vertu que la patience, que savoir attendre et mûrir, que se corriger, se reprendre et, comme disait l'apôtre : tendre à la perfection. Mais le goût de la perfection va se perdant. C'est dommage. C'était une qualité bien française.

Il me fit part alors d'une remarque assez ingénieuse et qui, je l'avoue, m'étonna de lui.

— Le goût du parfait, me dit-il, semble se réfugier de nos jours dans les instruments, les machines, où la perfection se mesure à l'échelle du rendement et de l'utilité. Dans le domaine des arts, elle échappe au contrôle…

— Que ce soit peinture ou poésie, repris-je, pour tout ce qui est personnel, l'artiste et le public se contentent aujourd'hui d'affirmations sommaires et souvent bâclées. Parfois même on y sent un certain amour de l'informe. Il n'est plus question de « chef-d'œuvre » ; le mot prête à sourire. Il n'est plus question de durée ; on mise sur l'immédiat.

— N'est-ce pas aussi que demain nous paraît trop mal assuré ?

— Les maîtres mêmes que se choisissent ces jeunes gens sont de ceux dont le génie s'épanche à larges flots. C'est l'absence de digues qui séduit en eux le disciple ; de là certain dédain de la contrainte, de l'effort. Lorsqu'on se laisse aller, l'on se plaît à croire que c'est au génie. Le talent, c'est ce qui s'acquiert ; mais on n'en a cure. Je me souviens d'avoir écrit jadis qu'il fallait beaucoup de talent pour rendre un peu de génie supportable.

— Je ne vois pas trop à qui vous en avez…

— Moi non plus.

Et comme je ne disais plus rien, il reprit :

— Ce souci de la perfection, que vous dites chose si française, nous a souvent été reproché par des nations moins cultivées, par des peuples plus primesautiers, plus naïfs. Ils y voient la preuve d'un arrêt de croissance, un retour sur le révolu ; car, disent-ils, on ne cherche à mener à perfection que ce qui a cessé de croître et ce qui se développe ne peut se figer pour se parfaire.

— Dites plutôt : ce qui se fige pour se parfaire renonce à se développer. Oui, je sais me répéter tout cela et discerner, à travers les couacs mêmes des jeunes lyres mal accordées, un effort vers de nouvelles harmonies non encore codifiées. Nulle renaissance qui ne fasse d'abord éclater des gaines. La perfection d'hier gêne l'éclosion de demain… En cherchant un peu, je trouverais peut-être des images moins usagées. Je pourrais jouer sur les deux sens du mot : accompli.

— Vous aimez jouer sur les mots.

— Oui, certes, et les laisser jouer. C'est en jouant que les mots nous instruisent. Mais vous m'interrompez quand je voulais encore vous faire remarquer… Ah ! oui ; c'est à propos du vers d'André Chénier :

Sur des pensers nouveaux formons des vers antiques.

Je crois, en dépit de ce précepte, qu'aucun « penser nouveau » n'entre dans le temple de l'Art avec un vêtement d'emprunt. Le point de perfection est atteint seulement lorsque la nouveauté de la forme répond exactement à la nouveauté intérieure. Or nous ne sommes que trop enclins, dans ce cas, à demeurer insensibles à la fois à l'un et à l'autre ; tandis que nous paraîtra parfaite une forme que nous reconnaissons, alors même que, par rapport au « vin neuf » qu'elle contient, ce « vieux vaisseau » ne saurait proprement convenir. On a vite fait de déclarer informe une apparence entièrement nouvelle, une forme tout insolite (de poème, sonate ou tableau), alors même que cette forme est exigée par la nouveauté de son contenu, dont elle est du reste indissociable, avec laquelle elle se confond. Car c'est une vieille absurde querelle que celle qui s'élève en traitant à part « forme » et « fond » ; à dire vrai, c'est, ou ce devrait être, même chose. La renaissance poétique sera formelle, ou ne sera pas. Tout véritable artiste crée sa forme propre, à la manière dont un mollusque secrète, de son être même, sa coquille. Qu'Apollon garde notre Parnasse des Bernard l'Ermite de l'art !

Il me fit alors craintivement observer que pourtant la forme du sonnet, par exemple, n'avait été inventée non plus par Shakespeare que par Ronsard, Michel-Ange ou Pétrarque et que longtemps ensuite quantité de poètes, des plus grands et des meilleurs, dans plusieurs pays, avaient su couler leur génie dans ce moule conventionnel.

Sa remarque était si pertinente que, quittant la position qu'elle avait prise, ma pensée s'élança tout aussitôt dans ce sens. Il m'apparut soudain que, si rien n'était retenu dans l'histoire de l'art que les seuls créateurs de formes nouvelles, c'en était fait de la culture ; que celle-ci impliquait une continuité et par conséquent des disciples, des imitateurs, des suiveurs qui fissent la chaîne, en un mot : une tradition. Je me sentis quinaud et, crainte de le laisser paraître, prétextai une subite fatigue. Quant à la question qu'il m'avait posée, lors de notre précédent entretien, au sujet de la poésie populaire, j'avais besoin d'y réfléchir encore. Je le priai de revenir.

Après qu'il m'eut quitté, je demeurai longtemps songeur. Oui, revenant sur nos propos et sur ce que j'avais dit du besoin de maturation, je songeai longuement à ceux des jeunes gens qui présentement se taisent et laissent leur pensée, leur vertu, se fortifier peu à peu dans la retraite et le silence. Et je sentais la prière affluer de mon cœur à mes lèvres ; une incertaine et tremblante prière : « Patientez ! patientez encore. Votre heure viendra, futures valeurs de la France… », une ardente prière pour vous qui parlerez quand peut-être je ne serai plus là pour vous entendre. Je ne pourrai plus vous entendre, mais c'est pourtant vous que j'attends.

Table des auteurs

L'astérisque indique lorsque l'article est inédit. La date renvoie au jour de parution dans *Le Figaro*.

Bibliographie des articles cités

Les références des articles repris postérieurement à la parution du journal sont indiquées ci-dessous.

Barbey d'Aurevilly (Jules)

« Les Chicaneau littéraires » et « Courbettes… à Courbet », in *Articles inédits (1852-1884)*, Presses universitaires de Franche-Comté, 1972

« La généreuse jeunesse » et « Un poète prussien » in *Dernières polémiques,* Kessinger Publishing, 2010

« Le journal de Louis XVI », sous le titre « M. Louis Nicolardot », in *Œuvre critique III, les œuvres et les hommes (deuxième série, vol.1)*, société d'Édition les Belles Lettres, 2007

Barrès (Maurice)

« Notes d'un nouvel élu », « La querelle des nationalistes et des cosmopolites », in *Journal de ma vie extérieure,* Éditions Julliard, 1994

Bernanos (Georges)

« L'esprit de la vieillesse », « Plaidoyer pour les crimes passionnels », « Le temps de la colère », « Au bout de la nuit » in *Le Crépuscule des vieux,* recueillis dans *Essais et écrits de combat*, t. I, Éditions Gallimard, 1971

« Remparts de papier », in *Textes non rassemblés par Bernanos (1909-1939),* recueillis dans *Essais et écrits de combat*, t. I, Éditions Gallimard

Claudel (Paul)

« L'absent professionnel » in *Contacts et circonstances,* recueillis dans *Œuvres en prose,* Éditions Gallimard, 1965

« La mystique des pierres précieuses », in *L'Œil écoute,* recueillis dans *Œuvres en prose,* Éditions Gallimard, 1965

« Ainsi donc encore une fois… », « Paroles au Maréchal », « Au général de Gaulle » in *Poèmes et Paroles durant la guerre de trente ans*, recueillis dans *Œuvre poétique*, Éditions Gallimard 1967

Cocteau (Jean)

Tous les articles sont regroupés dans l'ouvrage *Portraits Souvenirs*, Éditions Grasset, 1977

Colette

« Vieillesse d'hier, Jeunesse de demain », « Assassins », « Chaleur », « Combats », « Progéniture », « Rentrée », in *Belles Saisons*, Éditions Flammarion, 1992

Daudet (Alphonse)

« Villemessant » in *Trente ans de Paris à travers ma vie et mes livres*, coll. Rediviva Nîmes. Lacour Éditeur 1997

Gautier (Théophile)

« Mlle George », « Mme Dorval » in *Œuvres complètes*, critique théâtrale, t. I, (1835-1838) Paris, Éditions Champion, 2007

Gide (André)

« Interview imaginaire I », « Interview imaginaire II », « Interview imaginaire III », « Confiance en le deux cent unième » in *Interviews imaginaires*, Éditions Gallimard, 1942

« Que sera demain la littérature ? » sous le titre « Réponse à une enquête – octobre 1940 » in *Articles*, recueillis dans *Essais critiques,* Éditions Gallimard

Loti (Pierre)

« La prise du Tonkin vue de l'escadre », in *Trois journées de guerre en Annam*, Éditions du Sonneur, 2006

« Vers Pékin », in *Les Derniers Jours de Pékin, Voyages (1872-1913),* Édition Robert Laffont, 1991

« Le château de la Belle au bois dormant », in *Nouvelles et récits,* Éditions Omnibus, 2000

« La guerre italo-turque » in *Turquie agonisante,* Éditions Calmann-Lévy, 1913

Maupassant (Guy de)

« Le divorce et le théâtre » in *Chroniques inédites*, Paris, Albin Michel

« Conseils d'une grand-mère », sous le titre « Jadis », in *Contes et nouvelles 1875-1884,* Éditions Robert Laffont, 1988

« Une lettre inédite à Maurice Vaucaire » in *Correspondance II 1881-1887,* Edito-service, Genève, 1973

Mauriac (François)

« Une gorgée de poison », « Songes d'un jour d'été », « Salengro », sous le titre « Le désespoir des puissants », in *Journal*, t. II, Éditions Grasset et Fasquelle, 1937

« Un certain regard », « La littérature et le péché », « Le jugement de Shakespeare » in *Journal*, t. III, Éditions Grasset et Fasquelle, 1940

« Ce jour-là… » in *Mémoire politique*, Éditions Grasset et Fasquelle, 1970

Mirbeau (Octave)

« Barbey D'Aurevilly », « La fin d'un homme » in *Combats littéraires*, Lausanne, Éditions L'Âge d'homme, 2006

« Le comédien », « La grève des électeurs » in *Combats politiques*, Librairie Séguier, Lignes S.A, 1990

« La chanson de Carmen » in *Contes cruels*, t. I, Librairie Séguier, Lignes S.A 1990

« Claude Monet » in *Combats esthétiques*, t. I, Nouvelles Éditions Séguier, 1993

Morand (Paul)

« Éloge du sourcil » in *Le Réveille-matin*, Éditions Grasset & Fasquelle, 1937

« Le nœud de serpent », « Incognito », « Cette Léthargie », « Enfantillages » in *Chroniques 1931-1954*, Éditions Grasset & Fasquelle, 2001

Nerval (Gérard de)

« Un club de célibataires » in *Œuvres complémentaires*, t. VIII, Éditions Lettres Modernes, 1964

« Flâneries extra parisiennes » in Éditions de l'Herne, 1996

Proust (Marcel)

« La mort des cathédrales », « Sentiments filiaux d'un parricide » in *Pastiches et mélanges*, Coll. L'imaginaire, Gallimard, 1992

« Impressions de route en automobile » in *Écrits sur l'art,* Éditions Flammarion, Paris, 1999

« Une grand-mère » in *Les Années créatrices, Essais et articles,* coll. Folio essais, Éditions Gallimard, 1971

Valéry (Paul)

« Fluctuations sur le mot liberté », « Comment travaillent les écrivains ? », sous le titre « Présentation du Musée de la Littérature », in *Œuvres*, t. II, Éditions Gallimard, 1960

Vallès (Jules)

« Le dimanche d'un jeune homme pauvre ou le 7e jour d'un condamné », « Les Victimes du livre », « La Caricature » in *Œuvres*, t. I, Éditions Gallimard, 1975

Villiers de l'Isle-Adam (Auguste, comte DE)

« L'avertissement », « Le meilleur amour », « Le réalisme dans la peine de mort » in *Œuvres complètes,* Éditions Gallimard, 1986

Zola (Émile)

« Les violettes », « Un mariage d'amour » in *Œuvres complètes, Le Feuilletoniste 1866-1867,* t. II, Nouveau Monde Éditions, 2002

« Le divorce et la littérature », « Victor Hugo », « Une statue pour Balzac », « Le naturalisme », « Nos hommes d'esprit » in *Œuvres complètes*, t. XI, *Une campagne*, Nouveau Monde Éditions, 2005

« Pour les juifs » in *Œuvres complètes*, t. XVII, Nouveau Monde Éditions, 2008

« Le syndicat » in *L'Affaire Dreyfus : La Vérité en marche,* Éditions Fasquelle, 1901.

Crédits

Bernanos (Georges) : « L'esprit de la vieillesse », « Plaidoyer pour les crimes passionnels », « Le temps de la colère », « Au bout de la nuit » in *Le Crépuscule des vieux,* recueillis dans *Essais et écrits de combat*, t. I, © Éditions Gallimard, 1971 ; « Remparts de papier », in *Textes non rassemblés par Bernanos (1909-1939),* recueillis dans *Essais et écrits de combat*, t. I, © Succession Georges Bernanos. **Claudel (Paul) :** « La mystique des pierres précieuses », in *L'Œil écoute,* recueillis dans *Œuvres en prose* © Éditions Gallimard, 1965 ; « L'absent professionnel » in *Contacts et circonstances,* recueillis dans *Œuvres en prose* © Éditions Gallimard, 1965 ; « Ainsi donc encore une fois... », « Paroles au Maréchal », « Au général de Gaulle » in *Poëmes durant la guerre de trente ans*, recueillis dans *Œuvre poétique* © Éditions Gallimard 1967. **Cocteau (Jean) :** *Portraits Souvenirs*, © Éditions Grasset, 1977. **Colette** : « Vieillesse d'hier – Jeunesse de demain », « Assassins », « Chaleur », « Combats », « Progéniture », « Rentrée », in *Belles Saisons* © Éditions Flammarion, 1992. « Souvenirs d'un écrivain qui ne voulait pas écrire » © Succession Colette. **Gide (André) :** « Interview imaginaire I », « Interview imaginaire II », « Interview imaginaire III », « Confiance en le deux cent unième » in *Interviews imaginaires* © Éditions Gallimard, 1942 ; « Que sera demain la littérature ? » sous le titre « Réponse à une enquête – octobre 1940 » in *Articles*, recueillis dans *Essais critiques* © Éditions Gallimard. **Kessel (Joseph) :** « Hors de l'enfer russe », « La débâcle des consciences en Russie », « La journée du citoyen soviétique » © Irish Red Cross Society. **Mauriac (François) :** « Une gorgée de poison », « Songes d'un jour d'été », « Salengro », sous le titre « Le désespoir des puissants », in *Journal*, t. II, © Éditions Grasset et Fasquelle, 1937 ; « Un certain regard », « La littérature et le péché », « Le jugement de Shakespeare » in *Journal*, t. III, © Éditions Grasset et Fasquelle, 1940 ; « Ce jour-là… » in *Mémoire politique*, © Éditions Grasset et Fasquelle, 1970 ; « Mort de Francis Jammes », « Sentiments inavouables » « L'Internationale de la haine » © Succession François Mauriac. **Montherlant (Henry de) :** « Déjà commence le silence des soldats », « Chronique contre les biophages », « Chronique sur l'honnêteté » © Succession Henry de Montherlant. **Morand (Paul) :** « Éloge du sourcil » in *Le Réveille-matin*, © Éditions Grasset & Fasquelle, 1937 ; « Le nœud de serpent », « Incognito », « Cette Léthargie », « Enfantillages » in *Chroniques 1931-1954* © Éditions Grasset & Fasquelle, 2001. **Valéry (Paul) :** « Fluctuations sur le mot liberté », « Comment travaillent les écrivains ? », sous le titre « Présentation du Musée de la Littérature », in *Œuvres*, t. II © Gallimard, 1960 ; « L'œuvre écrite de Léonard de Vinci » © Succession Paul Valéry.

Table des matières

L'astérisque indique lorsque l'article est inédit. La date renvoie au jour de parution dans *Le Figaro*.

AUTEURS DU XXe SIÈCLE

Composé par Nord Compo Multimédia
7, rue de Fives, 59650 Villeneuve-d'Ascq

Cet ouvrage a été achevé d'imprimer en avril 2011
dans les ateliers de Normandie Roto Impression s.a.s.
61250 Lonrai
N° d'impression : 11-1602
Dépôt légal : mai 2011

Imprimé en France